中国石油天然气集团有限公司
2023年HSE优秀论文集

中国石油天然气集团有限公司质量健康安全环保部 编

石油工业出版社

内 容 提 要

本书收集了中国石油天然气集团有限公司2023年HSE论文评选活动中获奖的56篇论文，其中，一等奖21篇，二等奖35篇。这些论文从体系建设、风险管理、安全监督、应急管理、消防安全、环境保护、职业健康、节能减排等诸多方面展示了中国石油天然气集团有限公司在健康、安全、环保方面的丰硕成果，同时，也反映出各企业在健康安全环保工作中遇到的实际问题及解决这些问题的成功经验。

本书适合石油石化企业的管理人员及岗位员工阅读。

图书在版编目（CIP）数据

中国石油天然气集团有限公司2023年HSE优秀论文集 / 中国石油天然气集团有限公司质量健康安全环保部编 . — 北京：石油工业出版社，2024.4
ISBN 978-7-5183-6588-3

Ⅰ.①中… Ⅱ.①中… Ⅲ.①中国石油天然气集团公司－企业管理－文集 Ⅳ.① F426.22-53
中国国家版本馆CIP数据核字（2024）第056890号

出版发行：石油工业出版社
（北京安定门外安华里2区1号　100011）
网　　址：http://www.petropub.com
编辑部：（010）64523849　图书营销中心：（010）64523633
经　　销：全国新华书店
印　　刷：北京中石油彩色印刷有限责任公司

2024年4月第1版　2024年4月第1次印刷
787×1092毫米　开本：1/16　印张：28.5
字数：654千字

定价：120.00元
（如出现印装质量问题，我社图书营销中心负责调换）
版权所有，翻印必究

编审人员名单

岳云平	谢国忠	常宇清	黄力维	黄山红	丁　海
崔有泉	杨永华	文　明	李晓明	柴　锐	赵维斌
张　勇	赵　伟	魏　亮	刘小杰	邱志文	郭晓牛
朱明刚	刘　静	宋岗岗	王伟中	李　颖	欧阳振宇
郭宝珠	袁　波	张　敏	王嘉麟	宋文娟	王丽红
李宣仪	吴金桓

前　言

为贯彻落实中国石油天然气集团有限公司（以下简称"集团公司"）高质量发展要求，规范HSE管理体系运行，交流HSE先进经验和技术，夯实HSE管理基础，营造浓厚安全文化氛围，集团公司2023年继续组织开展健康安全环保论文征集活动。2023年的HSE论文征集活动，得到了各单位的高度重视和大力支持，共有82家企业报送了2751篇HSE论文。经过专家认真预审和集中评审，共评选出一等奖论文21篇，二等奖论文35篇，三等奖论文129篇，优秀奖论文281篇。

从本次征文活动可以发现，征文的数量、质量和覆盖面明显提升，充分体现了HSE管理工作的广泛参与性。各级主管领导亲自撰写HSE论文，充分体现了领导对HSE工作的重视。征文突出主题，展示了HSE体系建设的可喜成果；突出重点，总结了基层风险管控的好做法；突出实用性，为其他单位提供了有价值的借鉴。

本书收集了本次征文活动中获一等奖和二等奖的论文共56篇编辑出版，希望能为各级领导和管理人员提供研究改进健康安全环境管理工作所需的参考资料，为各企业学习借鉴成功的管理经验提供丰富的素材，为提升集团公司HSE管理水平，实现安全环保形势的持续稳定发展做出更大的贡献。

由于编者水平有限，书中难免有疏漏之处，敬请广大读者批评指正。

编　者
2024年2月

目 录

一 等 奖

安 全 类

"1+4+N"承包商管理模式在采气基层单位的应用与研究
.... 黄雨露 章惠龙 杨程文 毛 哲 (3)
城市燃气管道冰堵的预防与处置 .... 崔玉泉 王 鑫 (12)
风险系数在HSE绩效评价中的引入和应用 .... 何 爽 杨 镇 邓 谦 (21)
高压气井钢丝注脂密封技术优化 .... 杜 涓 潘云兵 乔 未 (26)
天然气深冷装置关键设备热应力影响分析 .... 杨晓丽 白 伟 (35)
井筒工程安全监督创新管理实践 .... 马立军 文虎成 赵晓春 王秀明 (47)
浅层老油田隐患井治理及预防技术研究 .... 何增军 韩永恒 张兴业 (53)
非常规气藏带压修井作业风险评估与防控 .... 江 源 尹 强 黄 玲 (60)
关于LEC评价修正方法的探讨 .... 沈海凤 张 亮 (69)
危险化学品企业安全培训空间建设的探索与实践 .... 韩广涛 (77)
冰封河流溢油应急处置安全保障策略 .... 陈 昊 管成栋 王泽征 (85)
输气管道内检测技术在安全管理中的应用 .... 梁守才 孙 皓 孙 超 (93)
炼化企业情景构建应急演练三维评估方法体系 ...... 甘亦凡 储胜利 李 娜 (101)

环 保 类

电感耦合等离子体发射光谱法测定 丁辛醇废水中钠的不确定度评估
.... 于 雪 王 旭 郑 凌 (116)
内浮顶储罐挥发性有机物排放模型构建及应用
.... 张 璐 李 琳 (125)
裂解炉氮氧化物在线超标及控制措施 .... 胡永清 程海龙 黄 超 (139)

含油污泥中油类物质提取方法优化研究
　　……………………张雅坤　王　蕊　彭　鹏　陈　波　张　斌　孔　菲（148）
关于溶聚丁苯装置VOCs排放超标的原因及治理措施
　　………………………………………………………李玉红　王　路　向辉廷（156）

健 康 类

某油田企业非生产亡人情况及影响因素分析………李模刚　曹连伟　冯欣欣（166）
炼化企业苯系物作业员工血常规异常及影响因素…于如玉　安　然　王　鹏（172）
四川销售公司健康企业创建探索与实践……………熊　力　邹晓琴　龙思华（179）

二 等 奖

安 全 类

大数据分析在HSE管理中的应用实践………………徐非凡　杨厚天　田衍亮（189）
多维度全生命周期隐患排查治理体系研究与探索
　　………………孙辽东　张　毅　韩文辉　张　良　龚贤忠（197）
作业许可系统在大港石化的应用实践与改进建议……………邢　楠　庞丽娜（205）
"四化"管理模式在东方物探公司交通安全管理中的运用
　　………………………………陈　静　楚保战雪　刘炳希（211）
油气站场雷电监测预警技术研究与实践…李振清　强　龙　喻　华　王　磊（217）
基于失效概率分布的石油化工装置异常早期预警方法
　　………………………………………………………王睿博　俞　快　赵胜楠（221）
集约化管理模式下应急处置优化——以西南油气田分公司川东北气矿某中心站为例
　　………………………………………………………洪　昱　卢训彬　岳懋滔（232）
新能源发电并网对油田电网的安全性影响及对策研究
　　………………………………………………………姜一波　马　超　王　成（238）
油气生产工艺装置协同控制优化研究与应用
　　…………李国荣　宋凤勇　李兵元　赵春雪　司长征　敖开栓　陈子豪（243）
炼化企业作业预约管理技术研究与应用………………徐中轩　韩丽娟　王宏刚（247）
炼化企业安全网格化监管模式的探索应用……………曹进安　郭一帆　郑　杰（254）

基于远程遥控点火装置提升热放空操作安全性的试验研究
　　……………………………………………白　哲　陈庆辉　孙鸣飞　田镇羽（260）
五个"标准化"实现装置检修安全管理………………………张晓惠　亢　鞠（267）
数字化手段在企业安全监督中的应用……………樊正中　宋昌雨　赵艺皓（282）
海外石油钻井安全管理现状及改进策略研究……段晓东　李喜成　赵　晨（289）
油气田企业HSE管理体系运行存在典型问题及解决对策
　　…………………………………………………………王雪梅　周　鹏　朱立新（295）
录井异常预报技术在塔里木油田的应用…………郑鹏飞　王国瓦　胡　伟（302）
"五个安全"方法论在基层安全管理过程中的实践与应用
　　…………………………孙海鹏　张　磊　高圣杰　吴军良　许益栋　陈吉星（312）
新版《健康安全环境管理体系　第1部分　规范》标准理解…………那慧玲（323）
过程安全管理在炼化污水处理全生命周期中的应用…李星焱　孙江虎　吕　东（328）
水锤效应对加油站埋地复合管线管路系统的影响及措施………王爱平　徐晓宇（338）
新型试压工具的研制与应用…………………………覃　勇　杨　磊　周明亮（344）
桥射联作溢流回注装置的研制及应用………………徐嘉超　王继西　贺　剑（350）
基于LEC方法的天然气井带压作业风险辨识与结果运用
　　…………………………………………………………邹长虹　杨　勇　陈　亮（358）
油田热采锅炉安全管理存在问题与对策……………………………………汪生有（365）
录井实验室安全风险辨识和控制措施的探讨………周丽莉　房　伟　张良伟（371）
气田水管道泄漏监测技术研究与应用………………钟　雪　张文艳　谭龙华（378）

环　保　类

过剩氧气对混合燃气锅炉氮氧化物生成的影响……任建宇　代宝鑫　邓光兵（388）
油气钻井"电代油"减碳量核算方法探讨……………周小靖　龙　啸　段　艺（393）
RTO法与催化燃烧法处理有机废气对比综述………………………………赵广权（400）
催化裂化装置催化剂装卸过程粉尘逸散的管控……………………………刘爱民（410）
气相色谱—质谱法测定土壤中多环芳烃的方法探讨
　　…………………………………………………………刘　超　刘菊会　孙　波（416）
西部压裂返排液环保处理技术的研究与应用………杨晓拂　李芳芳　张　帆（422）

健 康 类

国际业务员工健康风险量化评估管理实践············ 胡喜顺　张胜利　刘炳希　(432)
高原长输管道施工的健康管理························ 汪新洲　武国栋　叶广岳　(441)

一等奖

安 全 类

"1+4+N"承包商管理模式在采气基层单位的应用与研究

黄雨露　章惠龙　杨程文　毛　哲

(长庆油田分公司第四采气厂　内蒙古自治区鄂尔多斯市)

摘　要　近年来，随着气田生产建设的快速发展，承包商队伍已全面参与到生产单位生产运行、服务保障等各环节，其带来的安全环保风险、安全管理风险也随之进入企业管理、生产现场，同时，随着国家两法的持续完善，对安全环保要求更是逐年升高，承包商队伍监管难度不断增加，采气生产单位如何制度化、规范化管理承包商，成为安全管理的核心和难点。因此，采气生产基层单位通过不断的探索、实践，持续总结巩固，最终提出了"1+4+N"承包商安全管理模式，有效助推采气基层单位实现安全、高效、和谐发展。

关键词　承包商管理　一体运行　四全管理　N多维度保障

引言

面对日益严峻的安全生产形势，作为苏里格气田开发建设重要组成部分的承包商，在日常管理中存在安全投入不足、风险管控能力不强、安全培训不到位等突出问题，生产单位存在承包商人员准入把关不严、施工作业过程监管不到位等管理薄弱环节，承包商QHSE管理已然成为采气基层单位管理的核心和要点。随着新安全生产法、环境保护法的全面实施，更加强化和落实了生产经营单位的主体责任，安全生产工作实行管行业必须管安全、管业务必须管安全、管生产经营必须管安全，《中国石油天然气集团公司健康安全(HSE)管理原则》第九条也明确提出"承包商管理执行统一的健康安全环境标准"，意味着将承包商HSE管理纳入内部HSE管理体系，实行统一管理，并将承包商事故纳入企业事故统计中，致使生产单位面临的安全环保形势日益严峻，承包商监管难度不断增大，安全管理压力持续增加。

1　承包商安全管理现状

承包商QHSE管理一直是生产单位管理的重点和难点，近年来气田面临的生产任务重，外来承包商作业频繁。在这些承包商队伍中，普遍存在作业人员文化水平低，缺乏相应的安全知识等问题，导致他们的安全生产警惕性差，不能及时发现隐患并正确处理。同时部分承包商大多是社会化的市场队伍，追求效益最大化的过程中极易忽视安全生产。

采气基层单位所涉及承包商具有工作种类多、人员构成杂、作业风险大、施工周期长等显著特点，此外还存在着人员素质参差不齐、安全风险高、监管难度大等管理困难。为进一步严守关键环节风险领域和重要敏感时段安全生产"四条红线",加强安全生产"六项较大风险"管控,提升风险管控能力,确保各类维保、维修及施工作业安全、有序、高效完成,持续推动生产单位安全、和谐、可持续发展,采气作业区通过严格承包商管理,明确双方责任,同时,把人本管理渗透到承包商管理的每一环节、每一细节,开展承包商管理全生命周期安全管控的探索与实践,逐渐总结形成适用于采气基层单位的"1+4+N"承包商管理模式。

2 承包商安全管理存在问题

2.1 承包商对安全管理投入不足

根据《中华人民共和国安全生产法》及相关法律法规的要求,承包商企业主要负责人、安全管理人员和特种作业人员必须要接受专业培训机构的安全教育培训,经过考核并持证上岗。但该类作业单位培训覆盖面较小,其营利为目的的管理模式,形成重效益轻安全、重结果轻质量的能省则省的企业文化和安全管理理念,不愿在员工安全培训上付出切实满足需求的时间和资金,缺乏完善的QHSE管理体系和制度文化,导致承包商作业人员业务素质较低、应急技能差,设备设施简陋、破旧,劳动防护用品数量不足、质量低劣,不能满足安全防护要求。

2.2 承包商风险管控能力不足

采气基层单位在承包商作业日常监督检查过程中发现,部分施工人员对作业现场存在的安全隐患问题无法准确辨识,且对辨识出的安全隐患的管控总是不以为然,采取的防控措施也不到位,承包商管理人员、作业人员的安全意识、风险管控能力存在明显不足。采气基层单位在承包商常规挖掘作业中,未设置逃生通道、逃生爬梯,挖出土方距离坑边安全距离不足等问题层出不穷。生产单位安管人员要求停工整改时,承包商存在抵触心理,对隐患问题未能全面整改、举一反三,且承包商的安全管理人员注重作业效率、轻视作业安全,标准规范技能上存在较大差距,作业过程责任心不强、侥幸心理成为常态。

2.3 承包商安全培训不到位

目前,承包商对岗位员工的培训工作严重不足,仍处于生产单位检查发现后的被动培训层面,绝大多数承包商没有真正意识到QHSE培训对提高从业人员综合素质产生的宏观价值。承包商安全培训自主意识差且流于形式,依赖生产单位组织开展现场作业人员安全教育和作业前安全技术交底,作业现场存在风险及缺少应急处理措施等培训。承包商管理人员、作业人员文化水普遍偏低,安全能力基础薄弱、风险辨识能力不强,甚至部分承包商作业人员未经过全面系统培训就上岗作业。承包商培训不到位,导致作业人员不能熟练掌握,现场风险源不清楚,在工作中随意性较大,不能严格遵守操作规程和管理标准,现场"三违"现象普遍,并且作业现场负责人对存在的"三违"现象辨识能力严重不足。

3 "1+4+N"承包商安全管理的创新和应用

3.1 "1+4+N"承包商安全管理的内涵

"1+4+N"承包商管理模式是以"一体运行、四全管理、N 多维度保障"为抓手,以实现承包商安全管理高质量、零事故为目标,完善承包商管理流程及体系,明确管理要求及职责,全方位、全周期、零容忍、零死角做好承包商作业过程监督,分步分级进行验收考核,做到承包商管理工作有部署、有标准、有措施、有落实、有监督、有考核的长效机制,强化责任准确执行、落地有声,形成严谨、严格、严密的承包商管理模式,为采气基层单位安全生产的持续稳健发展提供有力支撑和长效保障(图1)。

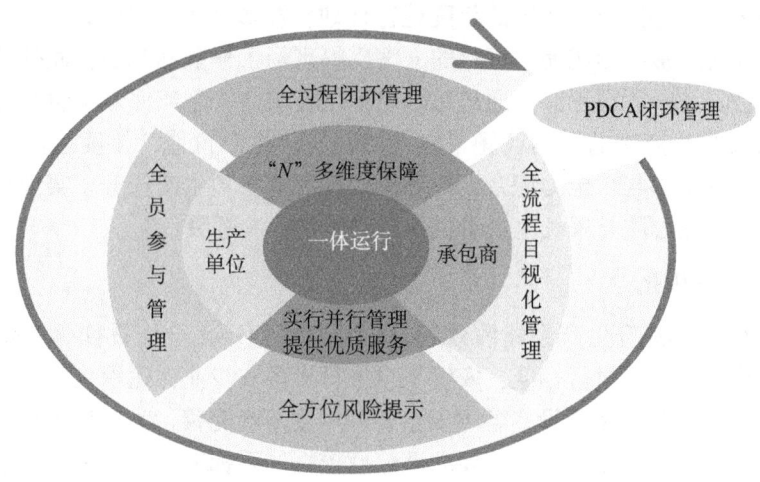

图1 "1+4+N"承包商管理模式

3.2 持续推进承包商"一体运行"

采气基层单位在要求承包商执行统一的 QHSE 管理标准基础上,从组织机构、管理思路、标准体系、考核标准、人员管理等各方面有效地与承包商队伍融合统一,形成管理标准一体化运行,实现良好的安全效应和管理成效(图2)。

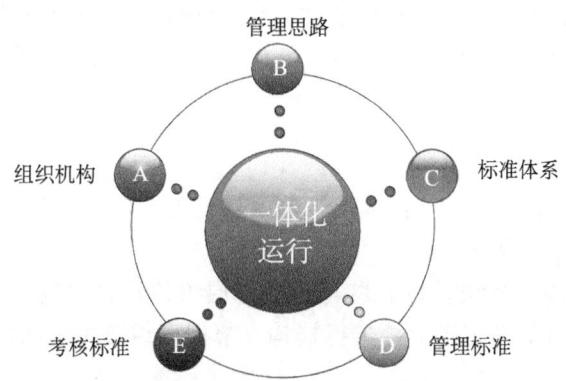

图2 承包商管理一体运行管理体系

3.2.1 组织机构一体化

将承包商作为生产、生活服务保障的延伸。根据专业分工及直线责任，将生产保运承包商纳入生产技术室归口管理，将生活服务承包商纳入综合管理室归口管理，主要负责资质审查、工作计划、日常培训、制度标准修订、工作执行、业绩考核等工作。根据属地管理责任，将生产保运承包商电气仪表、压缩机保运、机泵保运人员等纳入维护队日常管理，将生活服务保运承包商物业、保安、绿化保运人员纳入后勤管理岗日常管理。主要负责日常工作安排、协调、组织、验收等工作，最终实现承包商安全管理与采气生产单位的有机融合。

3.2.2 管理思路一体化

承包商根据采气基层单位制定的年度运行计划、检修大表，积极参与检修方案、施工方案的编制和完善，最终形成完整可行的方案支撑现场工作顺利开展。此外还积极参与作业区承包商例会，统一管理思路，通过每月组织主管组室、生产保运承包商开展交流、考评会议，解决日常生产中的异常问题，在高峰供气、生产抢修、年度检修等特殊时间节点，承包商队伍主动参与、全力配合，优质高效地完成各项生产任务，实现承包商安全管理、生产组织等工作思路与采气生产单位保持同步调、共呼吸。

3.2.3 标准体系一体化

采气基层单位在提升生产经营绩效和 QHSE 管理业绩，全面贯彻标准化管理体系建设的同时，将相关规范、执行标准、安管要求推行至各支专业保运承包商。采气基层单位不断完善 QHSE 标准化体系建设，各项安全管理制度不断完善，为实现承包商与采气基层单位同标准、共体系建设无缝衔接，要求承包商依据体系标准、对照采气基层单位体系建设，建立本单位标准化体系，积极组织保运承包商参与标准化作业程序的学习，通过"作业流程优化、操作步骤细化、关键参数量化""预先削减，风险提示"，不仅规范了日常作业，并且控制了作业风险。

3.2.4 考核标准一体化

统一承包商运行考核机制，在绩效管理中，理清甲方、乙方责任界面，各类保运承包商以维保合同、管理制度等内容为依据开展绩效考核。月度考核中出现的考核项目，根据考核项内容进行区分，其中属于管理责任的，考核作业区直线归口部门；属于现场技术、质量、施工安全问题的，考核保运承包商。考核结果通过月度考核会进行公布，做到公平公正公开。

3.2.5 人员管理一体化

（1）培训教育一体。将承包商纳入培训体系，开展入厂前安全教育、参与安全培训及技能培训，参与安全经验分享。

（2）绩效管理一体。组织承包商参与采气基层单位每月月度检查，共同参与安全管理。同时，将承包商与负责班组业绩进行挂钩，督促班组级主管岗位积极履行监管职责，形成良好的团队氛围。

(3) 文化共建一体。保运承包商与采气基层单位员工共同享受同等业余生活福利，即图书室、健身室、运动场等业余活动场所，节假日时参与共聚欢度节日，在重大节日慰问时，将保运队伍作为慰问体系一分子，送上温馨的祝福，营造和谐的工作氛围。

3.3 严格实行承包商"四全管理"

采气基层单位严格实行承包商"四全管理"，要在全过程、全流程、全方位、全员参与中下功夫、做文章。实现外来承包商人员由"参与作业"到"安全作业"，由"要我安全"向"我要安全"的意识转变，各项作业风险管控到位，工作程序更加科学、严谨。

3.3.1 "六环节"实现全过程闭环管理

按照"计划—准备—实施—验收—总结—改进"六步，实现承包商作业全过程PDCA闭环管理（图3）。

图3 承包商六步管理过程

（1）及时对接，精准计划，实行"总规划—周推进—日跟踪"管理模式。根据承包商作业施工内容及总体工作安排，合理编制施工进度表，明确各项工序时间段，确保整体进度安排合理有序，严格按施工进度表执行，并落实"日安排、日汇报"及"节点控制"的进度管理制度，进度存在偏差及时分析原因并调整，及时纠正，保证按计划顺利完成。

（2）认真核实，提前准备，提前做好施工准备。生产单位作业负责人从材料、方案、单位、人员、工器具、施工现场、过程资料七方面着手，与施工单位沟通提前办理各类方案及票据、落实设备到位及合规情况，核查人员及资质、技能水平，确保准备充足、靠前安排，确保施工人员就位后能立即开展施工。

（3）统筹推进，精细实施，统筹部署承包商施工作业。从入厂培训、作业许可、现场准备、施工作业、质量验收等多方面实行标准化管理，通过细化技术方案和特种作业方案，加强作业现场布置、资料填报、作业过程、隐蔽工程等每个细节的监控、记录、考核、拍照取证，确保各项工作有章可循，有据可依。

（4）分级把关，严格验收。按照作业负责人、属地监督、主管技术员、主管领导四级进行验收审核把关,确保施工内容全面、合理、适应性好、操作性强,施工质量得到有力保障,且施工结束后现场未遗留隐患。

(5)细致分析,全面总结。每日组织召开现场总结会,对接当日工作完成情况及存在问题,及时总结改进,确保程序顺畅,管理到位,改进及时。施工结束后,从项目组织、准备、实施、验收等方面全过程进行剖析施工中存在的问题,并提出进一步改进措施,为下一步施工奠定坚实基础。

(6)资料完善,系统优化。施工结束后,整理相关开工、交底、人员及单位资质证件、合同、施工监护日志、影像资料、工作量核定单、结算验收资料等配套资料并统一装订,以备后期查看及审计,确保施工完成后配套制度及资料及时更新优化。

3.3.2 "五方面"实现全流程目视化监管

(1)人员登记目视化。承包商人员到达现场后,由作业负责人、属地监督进行入厂核对、检查、登记及教育后,派发承包商员工入场许可证,在管理公示栏内进行公示,可实时监控在厂承包商人数,有效方便人员管理及紧急疏散。

(2)安全教育目视化。作业负责人对进厂承包商人员进行安全教育后,填写安全交底记录并签字,重点强调进厂后遵照安全管理要求。生产单位专职安全员制作图文并茂的安全引导手册,重点内容包括:入厂手续必备资料、人员变更程序、进厂注意事项、清洁文明施工要点、应急联系方式及特种作业管理规定等。

(3)人员信息目视化。将承包商人员个人信息、级别、工作内容、健康及防疫信息现场公示,方便作业区域内其他人员准确掌握施工人员信息,方便沟通和组织协调。对承包商作业区域、休息区域等进行详细划分,并对承包商实行袖标管理,指定不同颜色及内容进行区分,进一步提升管理水平。

(4)重点作业内容目视化。对施工作业严格落实《中国石油天然气集团有限公司高危作业安全生产挂牌制实施办法》,建立高危作业区域安全生产"区长"制,在高危作业区域现场挂牌,标明区域范围、"区长"姓名、职务和有效的联系方式,落实相关要求,同时将逃生通道等内容进行现场标识,提升全员应急处置能力及逃生技能。

(5)物资摆放、措施落实目视化。规定施工机具、材料、工具、消防器材等物资摆放位置及防护要求,关键控制阀门严格实行上锁挂牌制度。

3.3.3 "两查三交三检"实现全方位风险管控

(1)两查,即提前进行人员及设备审查。各承包商施工人员入厂前由相关作业负责人与承包商负责人对接,提前准备作业人员清单(姓名、身份证号、从事工种、涉及危险作业),作业负责人审核完毕后对照清单进行人员入厂放行,非清单内人员一律不予入厂施工。按照已备案承包商人员及设备设施清单逐一核对放行,各作业负责人提前与承包商负责人约定入厂时间,实行错峰入厂,避免集中入厂交叉作业,造成效率低下,影响施工作业进度。

(2)两交,即严格技术及安全交底。针对项目类型和实施内容不同,每项作业涉及危险作业类型不同,风险级别、管控程度也有所不同。根据施工作业内容,细化作业管控措施。强化高风险作业关键环节措施管理及公示,详细进行风险及措施交底。主管作业负责人联合专职安全员对施工项目参与所有人员进行提前沟通、提前交底,采用现场和室内相结合的方式进行安全技术交底,并以文本形式签字留存,做到承包商人员所有管控细节有章可循、有据可依。一次性将项目涉及的特种作业进行告知,做到人员、物资及措施条件一步到位,确保施工有条不紊进行。

(3)三检,一是严格作业前人员检查,属地监督按照作业检查表每日核对人员,确认精神状态,组织班前会,进行安全交底。二是严格许可证办理及措施落实检查,作业负责人办理许可票据,属地监督、作业监护人进行措施落实检查,安全员进行监督复核,作业批准人进行最终确认审批,确认所有措施落实后方可开始作业。三是严格作业过程检查,属地监督全程监护,离开后必须停止作业,作业过程中及时发现排除现场隐患,制止危险行为,并记录于每日监护记录中。

3.3.4 "三核五管三确认"确保全员参与过程管理

(1)三级核查施工准入。作业负责人对施工单位资质、人员入厂资料进行初审,之后上交安全员再细致审核把关,之后由业务主管领导对人员及单位资质进行最终审查,确保人员、资质、施工组织计划、方案等内容全部符合要求。

(2)执行五级作业监管。施工过程中,执行属地监督、作业监护人、现场负责人、承包商负责人、安全专管人员分类分级安全巡查和量化检查,检查问题记录检查台账,限期整改,检查发现严重问题按照三个一批要求进行罚款、停工或清退。

(3)三级确认无遗留隐患。每日施工结束承包商人员离开前,必须经属地监督、技术员、作业负责人确认现场未遗留隐患,无遗留工业垃圾,现场标准规范,安全措施到位后,施工人员方可离开。

3.4 推行"多维度保障"确保管理规范有序

3.4.1 尊重管理差异,实行并行管理

(1)对口联系,分清层级。在日常管理工作中,采气基层单位主管领导与承包商负责人保持紧密联系,及时就运行过程中出现的管理问题进行沟通。由维护队人员、属地监督与承包商人员共同解决现场实际问题,由主管技术员与承包商现场负责人直接联系,解决管理、技术工作的问题;若出现问题无法解决时,由技术室主任上报主管领导,由主管领导与承包商单位负责人直接联系,协调解决,建立一个有效、及时、层级分明的对口联系、沟通交流渠道。

(2)作业过程,并行管理。根据已建立的标准作业管理体系,在作业前由主管技术员与承包商共同编写作业计划书,由作业区管理人员审核,确保作业计划书可行性、完整性;作业过程中,作业区、承包商相互监督作业,确保作业安全、高效完成;作业结束后,双方人员及时总结作业前准备、作业过程中的优点及不足,为日后此类作业奠定技术基础。通过以上作业步骤,构建一套完整的作业流程,确保作业区各项作业高质量进行。

(3)队伍建设,互相补充。承包商在自身开展班组建设、人员培训、值班巡检、应急演练、隐患排查等工作的基础上,作业区还定期对承包商开展技术、制度、规范、标准程序、应急、职业健康、保密等内容培训,组织承包商参与作业区应急演练、危害因素辨识、环境保护等相关活动,提升承包商人员合规意识和技能水平。

（4）痕迹留存，相互确认。在日常管理中，作业区检查问题以整改单的形式下发，承包商按时反馈及回复，检查及整改问题清单由双方共同保存。承包商就运行中存在的问题需作业区协调时，以书面形式告知，避免双方推诿现象，减少管理上的不良摩擦。

3.4.2 完善承包商管理要求，强化合规意识

通过不断完善承包商管理细则，细化承包商业务工作，明确承包商管理职责及各项工作流程，使承包商掌握正确清晰的管理流程及规范要求，不断提升合规意识及能力，在完成业务的同时确保各项工作合规。

3.4.3 提质承包商基础资料，细化管理内容

技术改造、施工完成后，作业区负责统一收集、整理、补充、完善配套基础资料，同时将新工艺流程、设备、操作规程、风险及管控措施、应急程序等内容进行详细交底及培训，并配套向维保承包商提供完善的基础资料，确保维保承包商工作范围、配套资料及时跟进。

3.4.4 以合作共赢为目标，提供优质服务

（1）换位思考，多次确认。承包商人员素质及水平参差不齐，对现场工作内容并不完全熟悉，为确保施工顺畅，需与属地监督、作业项目负责人等人员多次沟通反复确认，在此过程中，采气基层单位相关人员采取换位思考、尽量纸质交接、反复培训及要求、提问及督促等方式开展，在承包商执行不到位时及时予以提醒及纠正。

（2）资源共享，人文关怀。作业现场搭设临时休息点、垃圾回收桶，在楼宇内设置饮水设施及生活设施。夏季施工期间，合理利用有利施工条件，同时避开高温时段。

（3）绩效评估，客观公正。严格对承包商安全员、项目负责人定期开展教育并实时提醒，要求安全员、项目负责人根据承包商资质及提供资料认真开展施工前安全评估打分。每月对考核滞后收尾承包商进行约谈，沟通交流存在问题。施工结束后对承包商业绩打分，领导进行统一审核把关。设立意见箱，允许并鼓励承包商提出异议并监督执行。

（4）定期邀访，有效激励。定期邀请常驻维保承包商单位负责人到作业区现场参观、座谈交流，就其维保人员在此期间完成的工作情况进行工作对接。对工作中好的地方进行表扬；将工作中的不足之处提出，让承包商单位出面协调解决，对表现突出的员工进行奖励。

4 结束语

"1+4+N"承包商管理模式在采气基层单位经过不断的探索与实践，已逐步形成了一套健全的管理体系，进一步明确了承包商管理流程，完善了管理要求，建立起各类交底资料、检查清单、检查确认表、过程记录、考核表等基础资料。现场标准化程度稳步提升，依托数字化、智能化设备实行人员及作业监管的能力更加完备，采气基层单位安全环保基础工作不断夯实，为承包商管理提供了新的方向。着眼未来，"1+4+N"承包商管理模式将为采气生产单位的高质量发展提供坚实有力的保障。

参 考 文 献

[1] 高盛驰，乔林峰，刘钞，等.浅谈HSE线上标准化管理系统对承包商管理水平提升的重要作用［J］.中国石油和化工标准与质量，2023，43（6）：1-3.
[2] 郑长青，陈硕.一体化管理：强化承包商安全管理［J］.劳动保护，2022（7）：19-21.
[3] 杜榕军.浅谈化工企业承包商安全管理［J］.中国盐业，2021（24）：34-38.
[4] 仲林.油田产能建设项目承包商安全管理探讨［J］.现代职业安全，2020（5）：67-69.

城市燃气管道冰堵的预防与处置

崔玉泉　王　鑫

(中国石油天然气股份有限公司天然气销售分公司　北京)

摘　要　城市燃气管道频繁发生冰堵问题给天然气安全管理带来了很大的挑战。本文主要针对城市燃气管道冰堵问题展开研究，借鉴哈尔滨中庆燃气公司管道运营现状作为实例，分析了城市燃气管道冰堵的原因，总结了预防管道冰堵的解决方案和措施，同时提出了针对管道冰堵的处置方法。在解决问题的过程中，从保温、管道维护和运营管理等方面入手，通过加强管道的保温、定期检查和维护、提高管道运营管理水平等措施，用以预防城市燃气管道冰堵。管道冰堵处置方面，科学合理地选择最适合管道情况的技术手段和方法，并在操作过程中严格遵守操作规程和安全标准，以确保管道的安全性和正常运行。通过本文的研究，可以为城市燃气管道冰堵的预防和处置提供参考，并为进一步提高城市燃气管道的安全性和稳定运行提供指导。

关键词　城市燃气管道　冰堵　天然气安全　解决方案

引言

城市燃气管道是供应城市居民生活、工业生产和商业服务的主要能源设施。然而，由于气体的物理特性和气体管道的使用环境，城市燃气管道频繁发生冰堵问题，给天然气安全管理带来了很大的挑战。冰堵问题不仅会导致天然气供应中断，还会引起管道爆炸等严重事故，对人民群众的生命财产安全造成威胁。因此，如何有效解决城市燃气管道频繁发生冰堵问题成为天然气安全管理的重要课题。

目前，针对城市燃气管道频繁发生冰堵这一问题，国内外学者已开展了广泛而深入的研究。其中，主要研究方向包括管道材料改进、防冰涂料、加热系统设计、调节阀门设计、管道绝热措施、管道自动化控制等。一些学者通过增加管道内部的光滑度，改善管道内水汽的流动状态，减少水蒸气与管道壁的接触，从而减少结冰的可能性。一些研究还通过添加防结冰剂等方式改善管道内部的水汽状态，减少冰堵发生的概率。有研究者提出了基于加热膜、热水循环等加热方式的解决方案。通过在管道外壁贴上加热膜，或者通过将热水循环送入管道内部，加热管道，从而避免管道结冰的问题。

1　城市燃气管道冰堵现状

在近4年的时间内，哈尔滨中庆燃气公司的城市燃气管道共发生了428次冰堵事故，平均每年发生107次，且呈现逐年上升的趋势（图1）。

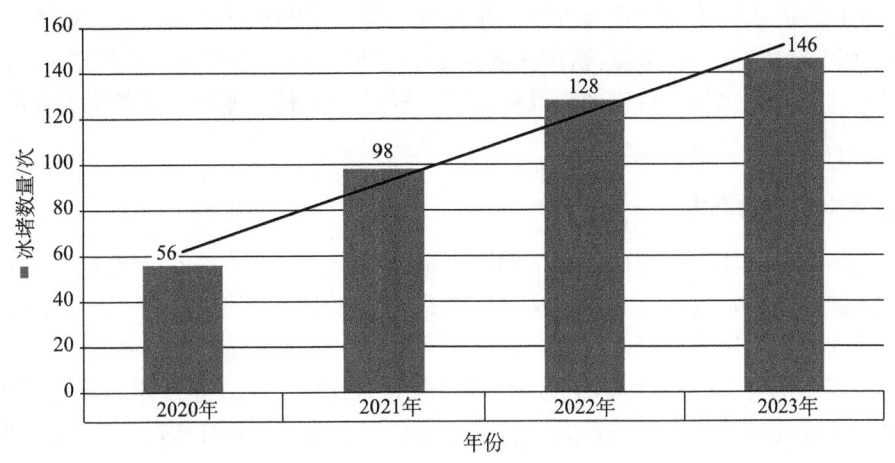

图1 2020—2023年冰堵数量统计图

在428次冰堵事故中，PE管道和钢管道的冰堵比例分别为65%和35%（图2），可见PE管道冰堵的频率相对较高。

在428次冰堵事故中，有72%的冰堵发生在管道弯头处，21%的冰堵发生在管道阀门处，7%的冰堵发生在管道接头处，可以看出管道弯头处是最容易发生冰堵的位置（图3）。

在428次冰堵事故中，外界温度低于−10℃的占80%，外界温度在−10至−5℃之间的占15%，外界温度在−5至0℃之间的占5%，说明外界温度是造成管道冰堵的主要原因（图4）。

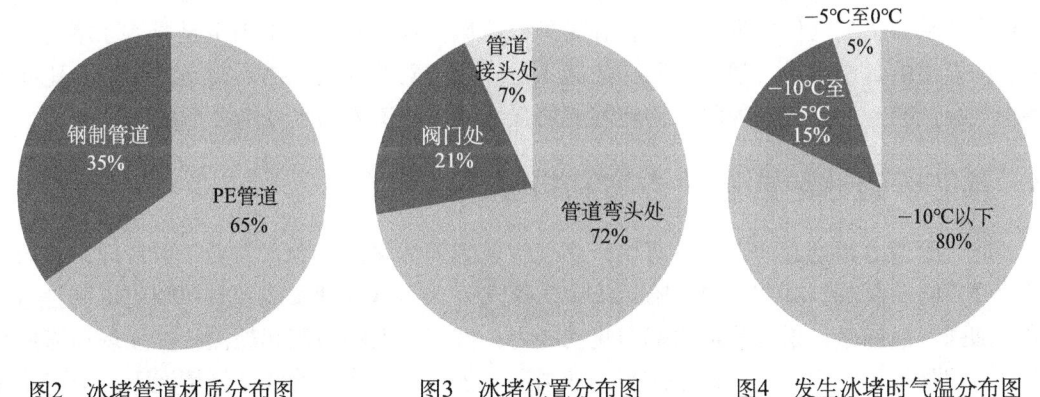

图2 冰堵管道材质分布图　　图3 冰堵位置分布图　　图4 发生冰堵时气温分布图

综上可以看出，城市燃气管道冰堵频率逐年上升，塑料管道的冰堵频率相对较高，管道弯头处是最容易发生冰堵的位置，外界温度是造成管道冰堵的主要原因。

2 城市燃气管道冰堵原因分析

城市燃气管道冰堵问题产生的主要原因是管道中的天然气含有水分，在低温环境下形成冰堵。具体来说，天然气中的水分可以分为游离水和吸附水。游离水指的是在管道中以液态形式存在的水，主要是由空气中的水蒸气和管道中的水分凝结而成。吸附水指的是在管道内壁和天然气分子之间的物理吸附水分，主要是由于管道的制造材料和制造工艺等因素引起的。除此之外，管道的设计和施工、管道的保温措施等也会影响到管道的冰堵情况。

2.1 天然气中水分的产生

天然气由多种气体混合而成，其中包含大量的甲烷、乙烷等烷烃类气体，以及一些氮气、二氧化碳等不稳定气体。其中，水蒸气也是天然气中常见的成分之一。天然气在输送过程中会受到温度和压力的影响，这会影响天然气中水分的含量。当天然气的温度低于露点温度时，其中的水蒸气就会凝结成水，并附着在管道内壁上。这些水分在管道中积累，可能导致冰堵等问题的发生。城市燃气管道中还会存在着一些水分来源。例如，管道安装时残留的水分、管道本身受潮、地下水渗透等，这些水分也会与天然气混合在一起，在输送过程中携带。此外，管道施工过程中吹扫不彻底遗留的水分也会与天然气混合在一起，在输送过程中携带。

2.2 天然气含水后产生冰堵现象机理分析

气体在压缩、膨胀过程中会释放或吸收热量。气体在管道中流动时，由于管道本身存在不规则形状和转角，气体流动速度受到影响，从而导致气体压缩和膨胀的过程不稳定，容易引起温度变化。当管道内的气体流动速度降低到一定程度时，温度降低，水分就会凝结在管道内壁上，形成冰堵。而且随着气体的不断流动，管道内壁的冰层会不断增厚，导致气体流动受阻，甚至导致管道破裂或爆炸事故。管道设计不合理也是导致冰堵的原因之一。如果管道设计不合理，比如管道转角处过多或者管道直径不足，会导致气体流动速度不稳定，从而影响气体的温度变化，容易形成冰堵。操作和维护不当也是导致冰堵的原因之一。管道的日常维护、清洗和防冻措施不足，都会对管道的正常运行造成影响。比如在冬季气温低的时候，管道的防冻措施需要加强，以免管道内的水分结冰形成冰堵。

3 预防管道冰堵的解决方案和措施

防止管道冰堵措施的选择针对城市燃气管道频繁冰堵的问题，需要采取合理、有效的措施来预防和解决，本文主要从哈尔滨中庆燃气公司运营管理实践经验中阐述提高管道埋深、加强保温措施、增强管道内部的流动能力、增强管道的监测和检测、加强现场监控和维护、加强施工过程中管道进水防护、加强通气前吹扫工作、管线微漏情况下后端冰堵现象预防、发生过冰堵情况的管线泄漏排查等措施方面的具体开展方法进行详细阐述。

3.1 提高管道埋深

增加管道的埋深是避免管道冰堵的最基本方法，因为地下温度比较稳定，比地面温度更高，能够减少热交换的可能性，从而避免管道结冰问题。但是这种措施需要考虑土层的厚度和质量，以及地下管道交通、排水等因素，在实际应用中需要进行严谨的分析和评估。需要了解管道设计和现状，需要了解城市燃气管道的设计和现状，包括管道的直径、材质、埋深、管道周围的土壤类型和地下水位等。在采取行动之前，必须对管道进行安全评估,以确定提高管道埋深是否可行。这包括对管道的运行状况、使用年限、施工质量、周围环境和土壤稳定性等因素进行综合评估。在安全评估得出提高管道埋深是可行的结论后,可以增加管道埋深,以确保管道不会被地表冰层覆盖,减少管道结冰的可能性。

3.2 加强保温措施

在管道敷设时,可以采用优质保温材料对管道进行包裹和保护,增强管道的保温能力,从而减少管道冰堵的风险。目前,市场上常见的保温材料有聚氨酯泡沫、玻璃棉、硅酸盐、珍珠岩等。保温材料的选取需要结合地下环境和管道特性进行科学合理的选择与设计。管道敷设后再增加保温的情况需要首先了解城市燃气管道的设计和现状,包括管道的直径、材质、埋深、管道周围的土壤类型和地下水位等。在了解管道设计和现状的基础上,可以设计一套管道保温系统,包括在管道表面加装保温材料,减少热量流失,防止管道表面结霜和结冰;加装隔热材料,保证管道的内部温度不受外部温度影响;在管道周围加装保护层,保护管道不受外界环境影响。在选择保温材料时,需要考虑其热传导系数、耐腐蚀性、防火性等因素。常用的保温材料有泡沫塑料、岩棉、玻璃棉、聚氨酯等。在保温材料选择后,需要进行管道保温施工,包括清理管道表面、施工保温材料、加装保护层等步骤。施工质量直接关系到保温效果。保温措施的有效性需要进行定期检查和维护,包括检查保温材料是否完好,是否有受损的情况。受损的保温材料需要及时更换。采取这个措施需要对管道设计和现状进行全面评估,选择合适的保温材料,并保证施工质量和定期维护。

3.3 增强管道内部的流动能力

燃气管道内部的流动能力越强,管道结冰的可能性就越小。因此,在管道设计和敷设时,应根据实际情况合理选择管道直径、坡度和弯曲度等参数,以保证管道内部气体流动的畅通和快速。在管道设计和维护中,需要考虑管道的直径、流速、流量等因素,以确保管道内部的流动能力足够强大。现代管道技术不断创新,采用新材料和新技术也可以提高管道内部的流动能力。例如,采用新的涂层技术可以减少摩擦阻力,提高流量。

3.4 增强管道的监测和检测

定期对管道进行检测和监测,能够及早发现管道结冰情况,并采取相应的措施进行处理,从而降低管道冰堵的风险。可根据实际需求采用多种检测技术,包括超声波检测、X射线检测、涡流检测、磁粉检测、激光检测等多种技术,以确保检测结果的准确性和全面性。建立完善的管道监测系统,包括监测设备、数据处理和报警系统等。通过实时监测管道内部状况,及时发现管道的异常情况,并对其进行处理和修复。定期开展无损检测工作,可以检测管道的内部和外部,发现管道存在的问题。定期进行管道泄漏检测,可以及时发现管道泄漏的情况,避免安全事故及进水情况的发生。泄漏检测技术包括气体检测、液体检测、震动检测等。建立管道档案,包括管道的设计图纸、工程施工记录、管道的检测和维护记录等。通过建立管道档案,可以追溯管道的历史记录,及时发现管道存在的问题。

3.5 加强现场监控和维护

在管道运行过程中，需要对管道进行实时监控和维护，及时发现管道内的异常情况，并采取相应的措施加以解决。因此，需要对管道系统进行全面的监控和维护，确保管道系统能够在良好的状态下运行。

在现场监控工作方面，为了保障管道的安全性，可以采取有效的监控措施，对管道进行实时监控。比如在管道的关键部位和易冻结的地方，安装温度传感器、压力传感器、流量计等监控设备。这些设备可以实时监测管道内的温度、压力和流量等参数，以便及时发现管道堵塞或温度异常等问题。可以通过无线通信技术，实时将管道状态数据传送到监控中心，并建立相应的预警机制。可以在监控中心设立管道状态图，对管道运行情况进行实时监控。建立现场巡检制度，制定现场巡检计划，定期对管道进行巡检，并制定巡检记录。现场巡检内容包括管道周围环境、管道支架、管道的接口、阀门和附件等方面。通过现场巡检，及时发现管道存在的问题，避免安全事故的发生。

在现场维护工作方面，可以加强管道维护，根据巡检结果和监测数据，及时对管道进行维护和修复。针对冬季易冻结的管道，可以采用保温、加热等措施，以保证管道的正常运行。对于管道出现的故障，需要采取相应的维护措施，确保管道能够及时恢复正常运行。对管道系统进行彻底清洗，保证管道内不会堆积杂物。定期对管道内的绝缘材料进行检查和更换，确保绝缘材料的正常使用。建立应急预案，明确责任人和应急处置流程。一旦发生管道堵塞或其他问题，应急预案将起到重要的作用，有助于及时处理管道问题，减少安全风险。

3.6 加强施工过程中管道进水防护

施工过程要确保施工现场的干燥。管道施工前，需要对施工现场进行彻底的清理和干燥，尤其是要注意避免管道施工过程中遭遇雨水、地下水等自然水源的侵袭。可以采用覆盖防水布、建造临时棚屋等方式，确保施工现场干燥。管道施工过程中，要对管道进行加强防护，以防止进水。可以采用包裹管道的方式，使用防水材料，如聚乙烯薄膜、橡胶等，覆盖在管道表面，从而起到隔绝水分的作用。监测施工质量，施工过程中，需要严格监测施工质量，确保管道的密封性和稳定性，及时发现和修复施工中存在的漏洞与缺陷，避免水分进入管道。建立防水标准，制定管道施工防水标准，并加强对施工方的监管和考核，确保防水标准得到有效执行。

3.7 加强通气前吹扫工作

针对燃气管道中存在水的残留问题方面，可以采取强化通气前的吹扫工作等措施来确保管道中没有水的残留。具体而言，需要在管道施工完成后，对管道进行彻底的吹扫清洗工作，确保管道内没有任何杂质和水分残留。这个过程需要严格遵守操作规程和安全标准，以确保操作的安全性和有效性。具体实施措施包括制定吹扫清洗工作的操作规程和安全标准，明确操作流程和注意事项，确保操作人员熟知并能够有效执行。对施工完毕的管道进行初步检查，如发现有水或者其他杂质残留，需要立即进行清理。在吹扫之前，对管道进行全面排气，确保管道内没有任何积存的气体。在吹扫过程中，使用高效的吹扫设备和工具，对管道进行彻底的清洗及排水处理。吹扫设备的选择需要充分考虑管道的材质和直径，以确保吹扫效果达到最佳。吹扫结束后，对管道进行仔细检查，确认管道内没有任何水分和杂质残留。

3.8 管线微漏情况下后端冰堵现象预防

如果管线已经出现了微漏，针对微漏情况，要避免后端管道冰堵现象的发生，及时采取有关措施。比如加强巡检，定期对管道进行巡检，尤其是对有微漏情况的部位进行重点检查，及时发现漏点并予以处理，避免漏点扩大和冰堵的发生。实行严格的施工和维护标准，加强管道施工和维护的监督与管理，严格遵守施工和维护规范，确保管道系统的安全可靠，防止管道微漏情况的发生。安装加热设备，在管道微漏情况下可以根据实际需要考虑在管道系统中安装加热设备，如电加热带等，以提高管道系统的防冻能力，避免冰堵的发生。加强管道监测，通过建立完善的管道监测系统，对管道进行实时监测和预警，一旦发现管道内部出现异常情况，及时采取措施，避免事故的发生。

3.9 发生过冰堵情况的管道泄漏排查工作

针对燃气管道出现过冰堵现象需要进行管道泄漏排查工作的，可以具体开展以下工作。

（1）收集管道数据。收集管道的运行情况、管道的设计参数、管道周围环境信息等，并对管道的历史运行数据进行分析。

（2）进行管道巡检。对管道的全线进行巡检，查找管道的泄漏点。通过红外扫描仪、气体检测仪等专业仪器检测管道泄漏情况。

（3）进行管道试压。对管道进行试压，通过压力变化情况确定管道是否存在泄漏。若管道存在泄漏，需要找到泄漏点并对其进行维修。

（4）进行追踪检测，在确定泄漏点之后，需要对其周围的区域进行追踪检测，查看泄漏点是否扩散，并采取措施防止泄漏点的扩散。

（5）进行维护保养。针对已经确定的泄漏点，需要及时进行维护保养，确保管道的安全运行。

通过以上的排查工作，可以及时确定管道泄漏情况，找到泄漏点并进行维修，从而避免因为泄漏再次导致管道冰堵等安全隐患的发生。

4 管道冰堵的处置方法

当城市燃气管道出现管道冰堵现象时，需要立即组织开展处置工作，以避免管道安全事故发生。具体处置方法包括以下五个方面的内容。

4.1 确认管道冰堵情况

通过管道的运行数据和巡检情况，确定管道是否存在冰堵情况，确定冰堵的位置和严重程度。可以运用的办法包括：

（1）确认管道段位置。确认管道段的位置和长度，以便更好地确定管道冰堵的情况和位置。

（2）确认管道温度。通过使用温度计等设备测量管道表面温度，确认管道内部的温度情况，以判断管道是否存在冰堵。

（3）确认管道压力。通过使用压力计等设备测量管道内部的压力情况，以判断管道是否存在冰堵并且确定冰堵的位置。

（4）检查管道流量。如果管道内存在冰堵，则会影响燃气的流动，因此需要通过检查管道的流量来确认是否存在冰堵。

（5）考虑管道材料和条件。不同材料的管道在冰堵时表现不同，因此需要考虑管道材料和其他条件，如环境温度、风速等，以确定管道冰堵的情况。

以上确认管道冰堵情况的办法可以在确认过程中使用多种方法相互印证，以提高确认结果的准确性。

4.2 制定处置方案

根据管道冰堵情况，制定针对性的处置方案，包括管道加热、管道通风等方式，选择合适的工具和设备，组织相关人员进行作业。一般来说，如果冰堵较轻，可以采取局部清理的措施；如果冰堵严重，则需要采取全面清理的措施。根据冰堵的情况，确定清理方案，如果冰堵较轻，可以采取使用加热设备、用高压空气吹除等局部清理方法；如果冰堵较严重，需要采取更加彻底的清理方法，如用清洗机械清理管道、用专业人员进行冰块的割除等。根据清理方案，确定清理的时间和地点。需要确保在尽可能短的时间内完成清理，并确保在清理过程中不会对管道和周围环境造成其他损害。在清理过程中，需要采取必要的安全措施，如限制管道附近的人员和车辆通行，防止产生火花等导致事故的行为。在清理完成后，需要对管道进行检查和维护。特别是对于有可能出现管道冰堵的管段，需要增加监测频率，及时发现并解决问题。综上所述，制定管道冰堵处置方案需要根据实际情况，制定相应的清理方案和安全措施，以确保管道的安全和稳定运行。

4.3 保障人员安全

进行处置工作，需要确保作业人员的安全，采取必要的安全防护措施，避免发生燃气泄漏、火灾等事故。

（1）开展培训和授权，确保所有参与处置冰堵的作业人员都接受相关的培训和授权，并且了解所有相关的安全标准和程序。只有经过培训和授权的人员才能参与处置冰堵的工作。

（2）提供适当的个人防护装备，为所有作业人员提供适当的个人防护装备，包括呼吸器、安全鞋、手套、防护眼镜等。

（3）实施现场管理措施，确保作业人员在工作时能够安全地进入和离开现场，并在工作期间保持高度警惕，为所有作业人员明确任务，确保作业人员之间有足够的安全间隔。

（4）确保通风，以避免有害气体积聚，使用特殊仪器检测任何有害气体的存在，并确保所有作业人员都知道如何使用这些仪器。

（5）确保作业区域保持干净和整洁，以避免任何潜在的危险，清除任何危险物质，并确保所有工具和设备都得到适当的处理与存储。

（6）持续监测，在整个冰堵处置工作期间，要持续监测现场的天然气泄漏情况，确保作业人员可以随时撤离，保证人员安全。

4.4 开展冰堵处置工作

冰堵的处置方案确定后，根据方案制定的具体内容开展冰堵处置工作。

（1）管道加压是一种常用的技术手段，可以用于打破冰块并清除管道。首先要开展安全评估，在进行加压操作之前，需要进行安全评估，并制定详细的操作计划，以确保操作过程的安全性。在确保所有安全措施都得到落实的前提下，将管道加压到一定的压力，以打破冰块并清除管道。这个过程需要由经过培训的专业人员进行操作，并且需要严格按照操作规程进行操作。在加压操作期间，要持续监测现场的气体浓度和管道压力等参数，以确保操作过程的安全性。

（2）使用化学药剂是另一种常用的技术手段，可以用于清除管道冰堵。首先要选择适合管道材质和管道冰堵情况的化学药剂，并且确保该药剂对环境和人体健康的影响最小。将化学药剂注入管道中，并让其充分发挥化学作用，清除冰块。在完成化学清洗后，对管道进行冲洗，将任何残留的化学药剂冲洗掉，确保管道内部的清洁和安全。

（3）使用热力技术处置冰堵，热力技术可用于融化管道内的冰块。这种方案首先需要评估管道材质，以确定是否能够承受高温。使用适当的热力设备，将热能传递到管道中，以融化冰块。在热力处理期间，持续监测现场的气体浓度和管道温度等参数，以确保操作过程的安全性。

（4）利用冰块溶解剂。这种技术手段可以用于溶解管道内的冰块。首先选择适合管道材质和管道冰堵情况的冰块溶解剂，并且确保该溶解剂对环境和人体健康的影响最小。将冰块溶解剂注入管道中，并让其充分发挥作用，以溶解冰块。在完成冰块溶解后，对管道进行冲洗，将任何残留的溶解剂冲洗掉，确保管道内部的清洁和安全。

以上技术手段都需要在严格的安全标准和操作规程下进行，以确保操作过程的安全性和有效性。选择最适合管道情况的技术手段，并根据实际情况进行组合使用，以解决管道冰堵问题。

4.5 冰堵处理后的管道检测与监测

在解决管道冰堵后，需要对管道进行检测和监测，以确保管道的正常运行。

（1）开展管道检测以确保管道没有受到任何损坏。可以使用一些先进的管道检测技术，如管道内窥镜检测和超声波检测等。这些技术可以检测管道内部是否存在异常，以及管道是否存在损伤。在检测管道后，需要进行管道压力测试，以确保管道的压力符合标准。可以使用专业的压力测试设备进行测试，并记录测试结果。如果管道的压力不符合标准，需要对管道进行进一步处理或维修。除了检测管道的压力，还需要进行管道气体检测，以确保管道中没有任何泄漏或污染物质。可以使用专业的气体检测设备进行检测，并记录检测结果。如果管道中存在问题，需要及时采取措施进行处理。

（2）在管道处理效果监测工作中，还需要对管道的运行情况进行监测。可以使用一些先进的管道运行监测技术，如声学检测、振动检测和温度检测等，以检测管道的运行状况和运行中是否存在异常。在整个管道处理效果监测工作期间，需要及时记录所有的检测和监测结果，并进行分析。如果存在任何异常或问题，需要及时采取措施进行处理，并进行相应的记录。

管道冰堵处理后需要进行多方面的检测和监测，以确保管道的安全性和正常运行，要采用专业的设备和技术，并对检测结果进行详细的记录和分析，以便及时采取措施进行处理。

5 结论

通过对哈尔滨中庆燃气公司管道运营现状的分析，可以看出城市燃气管道冰堵是一种常见的安全问题，需要引起重视。本文通过对管道冰堵的原因分析，总结出了预防管道冰堵的解决方案和措施，包括加强保温、定期检查管道、提高管道维护质量、提高运营管理水平等。总结了针对管道冰堵的处置方法，包括加压管道、使用化学药剂、使用热力技术、使用冰块溶解剂等。在实践中，针对不同的管道冰堵情况，需要综合运用各种技术手段和方法，确保管道的安全性和正常运行。通过本文分析可以得出结论，预防城市燃气管道冰堵是一项长期且复杂的工作，需要采取加强管道保温、定期检查和维护、提高运营管理水平等多方面的措施。针对管道冰堵的处置需要科学合理，选择最适合管道情况的技术手段和方法，并在操作过程中严格遵守操作规程和安全标准。只有这样，才能保障城市燃气管道的安全性和稳定运行。本文提出的措施方案仅是针对当前城市燃气管道冰堵问题的一部分解决方法，随着技术的不断进步和燃气管道的发展，还需要进一步探索和研究更加先进、更加有效的管道安全管理方案，为城市燃气的安全供应提供更加坚实的保障。

参 考 文 献

[1] 黄骞，彭知军．城镇燃气设施冰堵及改善措施的探讨［J］．上海煤气，2016（5）：4-6，21．
[2] 潘积武．天然气设备冰堵原因及防治措施研究［J］．中国石油和化工标准与质量，2018，38（19）：37-38．
[3] 吉乐涵，高建丰，尤逸超，等．针对天然气设备冰堵问题管理措施的讨论［J］．农村经济与科技，2020，31（2）：208-209．

风险系数在HSE绩效评价中的引入和应用

何 爽 杨 镇 邓 谦

(东方地球物理勘探有限责任公司 四川成都)

摘 要 HSE 绩效评价是评估企业安全、健康和环境管理有效性的一种方法。绩效评价旨在确定企业的绩效水平、强项和改进方向，以便在日常管理和长期规划中加以利用。为了确保绩效评价的准确性和可靠性，必须建立适当的指标和评估方法，这些指标和方法应基于可靠的数据和经验研究结果。近年来，越来越多的研究者使用量化和定量的方法来评估企业的 HSE 绩效，并探索了 HSE 绩效评价与其他变量之间的关系。

关键词 绩效评价 评估方法 变量

引言

近些年公司始终坚持项目 HSE 绩效评价，评价结果作为入选集团公司和公司先进单位的重要依据及先决条件。但量化评价体系得出的结果存在一定程度的失真性，特别是涉及钻井、民爆工序风险大，评价标准繁杂，扣分项比重较大，从评价结果中未能精准体现重大风险的管控效果。本文主要探讨了一种基于模糊数学对实际的综合问题提供评价策略，即以模糊数学为基础，应用模糊关系合成原理，将项目中涉及边界不清、不易定量的因素定量化，计算出工序风险评价的系数大小，从而进行综合性评价，最大程度平衡工序作业的评级结果，客观地展现安全管理的有效性及差异性，实现 HSE 管理与企业经济效益的有机结合。

1 工序风险评价

在风险评价中，风险值通常是指一个特定风险的概率和影响度量，用于评估该风险的重要性和优先级。计算风险值主要从风险来源、风险程度、风险发生概率、风险控制措施等影响因素入手，这个数值可以用于比较不同项目或工序的安全风险水平，还能够在项目实施过程中用于监控和调整安全风险控制措施的有效性。通常风险因素值是通过将风险的概率和影响程度进行综合评估而确定的，一旦确定了风险度具体值，就可以将风险评价结果纳入公司的绩效管理和量化评估中去，确保风险管理与绩效考核的目标及战略方向的一致性。风险因素值涉及多方面影响因素，数值越高，表示风险越大。为了计算风险值得分，基于矩阵法的风险评估和管理方法，将风险度定义为可能性与后果严重性的乘积，计算公式如下：

$$R = L \times S$$

式中　R——风险度得分；
　　　L——发生可能性；
　　　S——后果严重程度。

需要注意的是，不同的因素划分方法可能适用于不同的场景和情况，应根据实际情况选择合适的方法进行分组，同时，为了减少主观性影响，提高评估结果的准确性，建议使用多种方法结合的评价结果进行综合评价。

本文取用发生的可能性以及后果的严重性数据是依据近三年西南物探分公地震勘探项目 HSE 作业计划书相关数据统计，并结合专家意见评估得出，最终依据风险矩阵图表得到工序风险等级评价值，如表1所示。

表1　工序风险评价表

工序环节	发生的可能性	后果的严重性	风险值	风险等级
测量作业	1	2	2	低风险
钻井作业	3	4	12	较大风险
民爆作业	3	5	15	重大风险
排列作业	2	3	6	一般风险

2　建立工序风险层次评价模型

风险评价是指在风险发生时对项目或组织造成的影响程度，通常用于评估风险的大小和重要性。风险评价可以从多个方面进行评估，根据目前物探行业风险识别及隐患类型，按作业工序或班组适当调整和修正，依据层次分析法将项目风险以工序划分，结合相关标准、实验数据及专家意见，构建判断矩阵进行两两配对，形成指标间的量化权重，即测量的权重为10.0%，钻井的权重为30.0%，民爆的权重为40.0%，排列的权重为20.0%，各指标因素赋予对应每个等级的量化分值（分值取值范围在 0 到 1 之间且所有指标因素和为1），指标统计情况如表2所示。

表2　AHP指标指数统计情况

指标	测量	钻井	民爆	排列
测量	1	0.333	0.25	0.5
钻井	3	1	0.75	1.5
民爆	4	1.333	1	2
排列	2	0.667	0.5	1

本文使用层次分析法确定测量、钻井、民爆、排列对项目的权重。首先，通过专家经验判断构造矩阵，然后计算每个指标因素对应的权重比值，最后进行矩阵一致性检验，构

造判断矩阵 A_1 为：

$$A_1 = \begin{pmatrix} 1 & 0.333 & 0.25 & 0.5 \\ 3 & 1 & 0.75 & 0.4 \\ 4 & 1.333 & 1 & 0.4 \\ 2 & 0.667 & 0.5 & 1 \end{pmatrix}$$

根据层次分析结果统计如表 3 所示。

表3　AHP层次分析统计表

项	特征向量	权重值（%）	最大特征根	CI值
测量	0.452	10	4	0
钻井	1.355	30		
民爆	1.807	40		
排列	0.904	20		

利用一致性检验公式可计算 CI 指标：

$$CI = \frac{\lambda \max - n}{n-1} = 0$$

查看矩阵平均随机一致性指标，当 $n=4$ 时，$RI=0.882$，计算得随机一致性比率 CR：

$$CR = \frac{CI}{RI} = 0$$

由 $CR < 0.1$，可知判断矩阵具有可接受的一致性，一致性检验结果通过，整理得到风险权重信息及等级评价结果如表 4 所示。

表4　工序风险评价表

工序	测量	钻井	民爆	排列
风险等级	低风险	较大风险	重大风险	一般风险
风险权重	0.1	0.3	0.4	0.2

根据测量、钻井、民爆、排列安全等级划分情况，将四个工序安全风险权重组成矩阵，得到评价矩阵 B_1，即工序风险集合 $B_1 = [0.1, 0.3, 0.4, 0.2]$。

同样依据上文逻辑，根据炮次、施工区域、技术难度、季节气候，结合物探行业特点及危险性进行评价并划分等级。风险等级具体划分为低风险、一般风险、较大风险、重大风险四类，风险因素赋值依次为 0.01、0.02、0.03、0.04，风险因素赋值如表 5 所示。

表5 风险因素赋值情况

评价结果	低风险	一般风险	较大风险	重大风险
炮　　次	1万以下	1～3万	3～5万	5万以上
施工区域	2类及以下	3～4类	5类	超5类
技术难度	低	中低	中高	高
季节气候	春季	秋季	夏季	冬季

利用一致性检验公式可知 $CR < 0.1$，将风险因素赋值情况代入矩阵，建立模糊综合评价矩阵 W，即风险因素评价矩阵 C：

$$\begin{array}{c} \quad\; W_1 \;\; W_2 \;\; W_3 \;\; W_4 \\ \text{风} \;\; 0.01 \;\; 0.02 \;\; 0.03 \;\; 0.04 \\ \text{险} \;\; 0.01 \;\; 0.02 \;\; 0.03 \;\; 0.04 \\ \text{类} \;\; 0.01 \;\; 0.02 \;\; 0.03 \;\; 0.04 \\ \text{别} \;\; 0.01 \;\; 0.02 \;\; 0.03 \;\; 0.04 \end{array} \quad \text{代入数据表示成} \quad C = \begin{pmatrix} 0.01 & 0.02 & 0.03 & 0.04 \\ 0.01 & 0.02 & 0.03 & 0.04 \\ 0.01 & 0.02 & 0.03 & 0.04 \\ 0.01 & 0.02 & 0.03 & 0.04 \end{pmatrix}$$

根据已经确定的工序风险评价集合 A 和风险因素评价矩阵 B，采用主因素突出型 $M(\wedge, \vee)$ 算子，计算建立总评价矩阵，即工序风险矩阵 $D=B\times C$，利用模糊矩阵计算方法可以得出：

$$D = [0.01, 0.03, 0.04, 0.02]$$

由此进行归一化处理得到测量工序风险系数 =0.01，钻井风险工序 =0.03，民爆工序风险系数 =0.04，排列工序风险系数 =0.02。

3 风险系数在绩效评价中的引入

HSE 绩效评价得分能够确定公司及组织的安全管理现状，识别出安全方面的风险和漏洞，获取数据支持，客观地评估安全管理现状和控制措施效果，并根据评估结果指导安全决策，制定针对性措施进行防范和应对。为了实现物探作业各工序评价差异化的目的，体现出测量、钻井、民爆、排列各作业环节的管理效果，为潜在的不确定性因素、数据误差以及模型偏差等提供一定程度的容错能力，本文在 HSE 绩效评价结果的基础上引入了工序风险系数，即工序风险系数越大，工序评价得分越高，计算公式如下：

工序评价最终得分 = 项目评价得分 × （1+ 工序风险系数）

文中项目评价得分依据东方地球物理公司 HSE 管理体系量化审核标准（物探处、地震队）2020 上半年版本及《西南物探分公司 HSE 绩效考核管理办法》西南物探制〔2020〕117 号文件中相关标准进行评价，读者可结合自身企业制度标准进行评分。

4 工序风险系数的实例运用

以 2021 年度四川盆地渝西区块足 201 井区南页岩气三维地震勘探项目为例,项目各工序实际打分与工序风险系数引入的对比计算,结果如表 6 所示。

表6 工序评价得分统计

工序	测量	钻井	民爆	排列
工序评价评分	878.30	869.49	866.46	857.64
得分排名	1	2	3	4
风险系数	0.01	0.03	0.04	0.02
工序评价最终得分	887.08	895.57	901.13	874.79
最终得分排名	3	2	1	4

从计算结果可以看到测量、排列工序风险系数值不大,评价得分变化相对较小,而钻井与民爆工序因风险系数较大,导致评价得分差距较大,而且四个工序因风险系数的引入计算,评价结果排名也发生相应的变化。

5 结论

利用统一的评价量化标准得出的评价结果未体现出差异性,特别风险较大的作业班组及工序,产生隐患违章的概率相对更高,量化考核扣分项较多,导致评价分值普遍偏低。科学合理地对作业工序进行风险辨识、赋值及计算,能够准确评价出实际风险值大小,结合工序风险系数对 HSE 工序评价分值进行综合调整,充分展现出基层管理者对重大风险的管控成效,有效完善分公司 HSE 绩效评价方法,增强项目绩效评价结果的容错率,达到正向激励的目的,为公司"评先争优"提供了理论依据。

参 考 文 献

[1] Kinnunen U, Pekkarinen A, Ahola T. Occupational safety climate and HSE performance evaluation: A review of empirical studies. Safety Science, 2019, 120, 691-699.
[2] 徐晓敏. 层次分析法的运用 [J]. 统计与决策, 2008 (1): 156-158.
[3] 佟瑞鹏. 常用安全评价方法及其应用 [M]. 北京: 中国劳动社会保障出版社, 2011.
[4] 戴丽平, 马端祝, 董彬彬. 油品装卸作业静电产生机理与安全评价 [J]. 化工安全与环境 2022, 36 (1): 19-24.

高压气井钢丝注脂密封技术优化

杜 涓　潘云兵　乔 未

（西南油气田分公司川中油气矿工艺技术所　四川省遂宁市）

摘　要　高压气井钢丝作业采用传统井口动密封技术易发生节流效应、水合物或脏物卡阻，造成井口动密封失效、含硫天然气泄漏、人员中毒、环境污染等井控安全和健康问题。注脂密封技术是实现井口动密封的关键技术，能有效消除井口节流效应，但普遍用于电缆作业中，在钢丝作业中尚未有成熟经验可借鉴。本文通过对引进首套105MPa防喷装置注脂系统阻流管、密封脂和回脂系统等优化改造，结合现场试验成果形成钢丝注脂密封技术操作标准化和密封脂国产化通用技术指标系列，解决了高压气井传统钢丝作业技术井口易发生节流效应的问题，预防了水合物及脏物卡阻，为复杂气井钢丝作业提供了技术支持。

关键词　井口动密封　注脂技术　优化改造　操作标准化

引言

　　钢丝作业技术是石油行业普遍用以获得气田开发基础资料的重要手段，可准确获取地层渗流特征参数，为气藏开发提供依据。同时，需要钢丝作业投捞配合井下节流生产、排水采气增产措施、保证气井产能，在气藏开发过程中发挥重作用。传统国内外钢丝作业井口动密封技术普遍采用手动或液动控制动密封填料钢丝通道松紧程度来实现，动密封填料为橡胶件，这种方式可满足中低压井钢丝作业安全要求，高压时采用动密封填料密封方式易发生节流效应，造成井口动密封失效、含硫天然气泄漏、人员中毒伤亡、环境污染，是钢丝作业不可接受的风险。

　　注脂密封技术可以实现井口动密封，普遍用于电缆作业中，在电缆与阻流管间循环注入具有一定黏度的密封脂，密封电缆与阻流管间环形空间，该技术可"嫁接"到高压气井钢丝作业技术中，采用"注脂密封为主、动密封填料为辅"的双重动密封方式，有效消除井口节流效应、预防水合物和脏物卡阻，保障钢丝作业测试安全。

　　注脂系统是实现注脂密封技术的专用设备，属于防喷装置组成部分，只需在高压防喷装置中增加钢丝注脂系统可实现钢丝注脂密封技术，因钢丝与电缆结构上存在差异，钢丝注脂密封技术需要在实际操作中重新摸索总结。

1　高压气井传统钢丝作业难点分析

　　钢丝防喷装置是钢丝作业技术实现井控安全的关键设备，用于容纳测试仪器工具，是实现井口动密封和静密封的关键部件。随着勘探开发进程的不断深入，高压高温、高含硫、大产量、超深及大斜度井越来越多，传统钢丝防喷装置未配置注脂系统和化学药剂注入短节，动密封填料钢丝通道是实现动密封填料的唯一手段，高压作业时易在井口发生节流效应及脏物卡阻，造成动密封填料失效、钢丝疲劳断脱、测试仪器掉井、井口密封泄漏风险。

1.1 易发生节流效应，需要锅炉车配合解堵，影响施工进度

传统钢丝作业技术仅靠液压控制5颗动密封填料和1颗陀螺形密封填料通道松紧程度来密封钢丝，高压时易发生节流效应，形成水合物或冰堵冻住钢丝，每个作业队伍需要配1台锅炉车跟随解堵，现有锅炉车数量仅1台，不能满足气藏集中测试多支队伍测试期间解堵需求，如某高压气藏投产初期地层压力达76MPa，井口压力达63MPa。脱硫厂集中检修期间有6支队伍集中作业。另外，对于节流效应严重的测试井，井口及井口以下几百米发生水合物卡阻，常规锅炉车蒸汽热敷井口不能轻易解堵，如某井井口压力82MPa，测流压期间，测试工具串在采气树1号、4号、7号被水合物瞬间冻住，锅炉车连续3天对井口吹热蒸汽未解堵，压裂车循环热水才解堵。

1.2 易脏物卡阻，解堵手段有限，影响施工安全

随着各种科技手段使用，井况越来越复杂，井筒内各种添加物及大产量带出地层脏物易附着在几千米钢丝上。钢丝上附着脏物随着钢丝进入动密封填料通道，导致动密封填料硬化、撕裂、失效，如某井井口温度达105℃，日产气量达$150 \times 10^4 m^3$，日产水达$320 m^3$，硫化氢含量$10.53 g/m^3$，埋深4500～4800m，某井专项试井上起钢丝脏物遇阻，仅能反复活动钢丝解卡，因钢丝疲劳工具掉井。上述节流效应和井下脏物加重井口水合物及脏物卡堵和解卡难度，易造成钢丝疲劳断裂、测试仪器掉井，对高压井钢丝作业安全具有较大挑战。

2015年西南油气田引进国内首套105MPa井口钢丝防喷装置，主要包括105MPa井口压控设备（PCE）总成、PCE橇装独立双动力双驱动双注脂系统、PCE橇装试压系统及试压接头总成。经过第三方检测，现场按图1组装验收，井口密封控制头、防喷管、BOP、捕捉器、化学注入短节、试压橇及注脂橇等能基本满足现场需求，本次引进105MPa钢丝注脂头是钢丝注脂系统专用结构形式，与按箍式电缆注脂控制头有较大差异，无借鉴基础，在现场应用仍处于摸索阶段，其结构形式、密封脂性能指标及现场操作在国内尚无系统安全操作标准。

2 105MPa钢丝防喷装置注脂系统现场使用情况及存在的问题

105MPa注脂系统属于高压防喷装置基本组成，是实现井口动密封的关键。由插入式钢丝注脂控制头和注脂橇组成。钢丝注脂控制头的阻流管2、10和带孔的注入管3之间采用首尾插入式连接，密封脂通过带孔的注入管进入阻流管用于循环密封钢丝，是实现注脂密封的关键设备，其阻流管结构性能、阻流管与钢丝间隙及密封脂技术指标是实现井口动密封技术的关键指标；注脂橇即注脂动力系统，是集成控制单元、密封脂罐、储能瓶、管线的橇装设备，用于实现注脂操作。现场施工过程中发现阻流管结构、密封脂及注脂系统

等存在设计缺陷,影响本质安全。插入式钢丝注脂控制头示意图见图2。

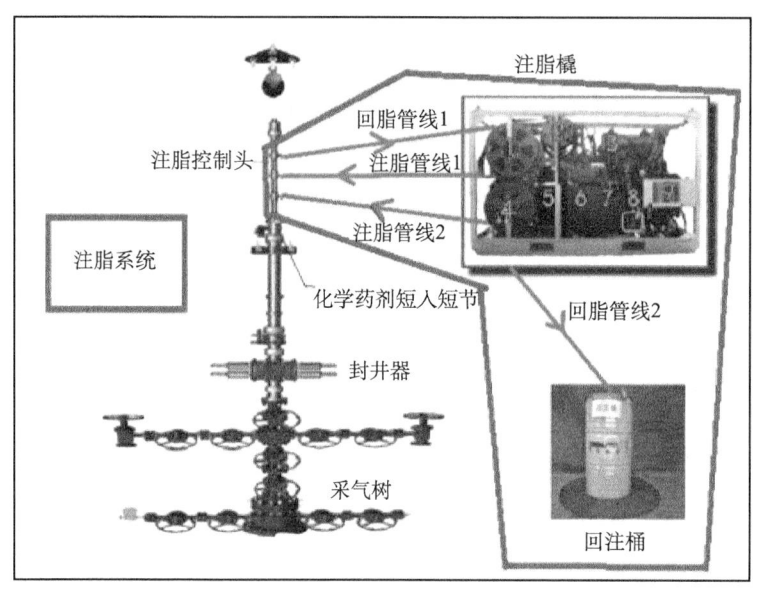

图1　注脂系统工作原理

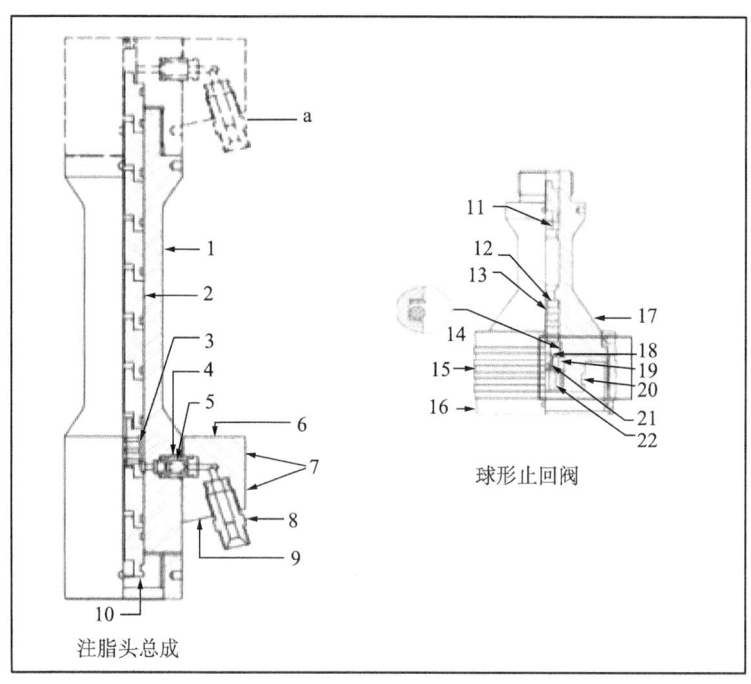

图2　插入式钢丝注脂控制头示意图

1—本体；2—单密封阻流管；3—带孔注入管；4—注入阀本体；5—单向阀；6—注入阀总成；7—SHC 螺头；
8—快速接头；9—垫圈和 SHC 螺栓；10—双密封阻流管；11—阻流管弹簧垫圈；12—弹簧垫圈；13—毛毡；
14—O 形圈及备环；15—螺纹；16—护丝；17—本体；18—O 形圈；19—BCV 外壳；20—弹性体；
21—球（止回阀）；22—球座；a—回流阀总成

— 28 —

2.1 阻流管设计缺陷对钢丝注脂密封失效的影响

试验初期连续3口井均存在密封脂耗量较大，回流管线出口没有密封脂回流，断续出现气体窜漏，起不到注脂密封效果。拆出阻流后分析发现：一是阻流管耐磨性差，材质较软，内径易磨损，造成密封性能变差；二是阻流管与本体之间未密封处理，大部分密封脂通过图2中阻流管2、3、10与本体1间隙流入井内；三是阻流管连接方式为简单串接，导致密封脂不能很好地导入阻流管内。

2.2 敲击式拆卸对阻流管损坏的影响

阻流管与本体间为紧配合，保养和更换时，采用"敲击式"方式将阻流管从本体中取出，平均耗时45min/次，存在拆卸时间长、锤头砸伤手及阻流易损坏等问题。

2.3 进口密封脂单价高采购周期长对现场施工进度影响

使用初期采用进口美国Plusco密封脂进行注脂密封试验，由于受温度影响比较大，厂家建议冬天选用Plusco416，夏天选用Plusco422，能满足现场冬夏需要，但春秋季密封脂消耗量大，价格高，美国Plusco密封脂一桶（170kg）税前采购价位4.9万元，采购周期长。

2.4 回脂系统设计缺陷对回脂管线带压情况无法及时控制的影响

在注脂正常的情况下，回脂管线为大气压，理论上不带压，厂家认为没有必要设计压力表观察压力变化，实际情况是，因早晚温差、密封脂、阻流管及操作原因，均会导致密封脂失效、井筒气进入回脂管线，因此，钢丝注脂密封失效是不可避免的，回脂管线必然存在带压窜气情况，又因密封黏稠度较高，注脂管线长50m，若不及时控制处理，回脂管线压力可达测试井井口压力。

3 105MPa钢丝防喷装置注脂系统优化改造

3.1 阻流管结构优化

针对阻流管结构缺陷、材质较软易磨损问题，开展"阻流管优化设计"技术攻关，通过自主设计、原厂加工及现场验证，选用黄铜加工，从图3优化前后对比可以看出，优化后在阻流管外缘增加了O形密封圈，尾部设计插入孔，规范通道尺寸，阻流管间实现"首尾插入式连接"方式，O形密封将密封脂有效引入了阻流管内，避免密封脂流入井内无法密封钢丝的问题，阻流管由每井全换变成每8～10井次更换部分，至今施工200余井次，运行正常，每套装置年节约成本约10万元。

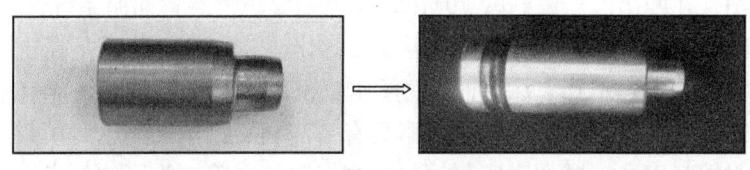

图3　阻流管优化前后对比图

3.2 阻流管旋进式拆卸工具研制

针对敲击式拆卸对阻流管造成变形与损坏问题,组织开展了"阻流管拆卸工具改进"项目,从图4可以看到优化前后对比,设计专用顶杆和旋进推动机构研制,改进后拆卸平均耗时18.5min/次,避免了锤头砸伤手的风险,使用至今,未出现一例因拆卸造成阻流管变形或损坏的情况发生。

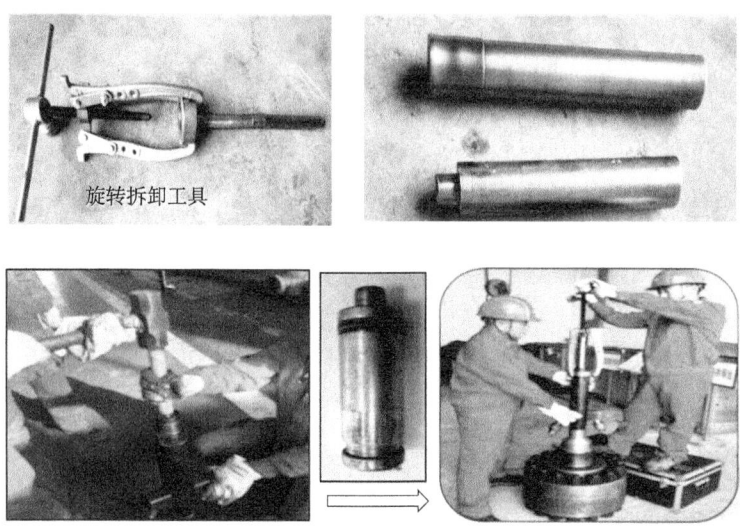

图4 阻流管拆卸工具改进前后对比图

3.3 密封脂国产化

经过调研,通过与国内厂家中科润美合作定制了井口专用高压密封油Lubemater MS30\10,分为夏季和冬季两款,即可满足西南气候条件,密封效果良好,推广到西南油气田公司内部及外部队伍,每桶价格约8000元,为原进口密封脂价格的六分之一,每套年节约8万元左右。

3.4 回脂系统改进

针对105MPa回脂管线窜气情况无法观察压力并提前有效控制问题,组织开展了"回脂系统改进"项目,自主设计后原厂加工三通接头和压力表,压力超过5MPa,停止起下作业,循环密封脂,待压力值降为0后再继续作业,有效解决了回脂管线窜气及时控制问题。回脂系统改进技术被国际知名品牌商如加拿大Lee Special、英国elmar(nov)及国内等生产商采纳,在四川、新疆新购70MPa、140MPa防喷装置回脂系统作了相应改进。

105MPa钢丝防喷装置注脂系统经过近3年优化改进,基本能满足高压井钢丝作业现场安全需求,通过近90井次现场验证,钢丝作业采用注脂密封技术,能有效避免节流效应形成水合物或冰堵,取消锅炉车,密封脂具有清洁润滑钢丝和动密封填料的作用,能延长钢丝和动密封填料寿命,减弱动密封填料脏物卡阻的风险。为了缓解高压气井钢丝作业测试任务需求，2017年，将原进口70MPa钢丝防喷装置返厂大修，新增了70MPa钢丝防喷装置注脂系统和化学药剂注入短节，其中，70MPa钢丝注脂头与电缆密封控制头类似，又经过3年现场和国内厂家室内验证，持续优化了密封脂技术指标，形成了西南油气田密封脂通用技术指标序列和操作标准化，至此，国内外钢丝注脂控制头两种结构形式均得到优化改造和应用。

4 钢丝注脂密封技术操作标准化

通过上述两种注脂系统优化设计，近7年共400余井次现场经验总结发现不当操作也能引起注脂密封失效。密封失效后若不及时控制，可能造成含硫天然气泄漏、环境污染、人员中毒伤亡，因此，形成钢丝注脂技术操作标准化，正确注脂操作是注脂密封技术最关键的环节，下面对可能引起密封失效的操作和环节进一步总结规范和提示。

4.1 阻流管操作要求

4.1.1 阻流管与钢丝直径间隙要求

钢丝与阻流管间间隙大小是实现井口动密封的关键，间隙过大会漏失，间隙过小钢丝穿不过，选用与钢丝直径匹配的阻流管是关键环节，图5中0.125in钢丝应选用0.125in阻流管。阻流管经钢丝长距离和长时间运行摩擦会磨损，间隙过大易漏失失效，接箍式阻流管内径与试井钢丝间隙大于等于0.25mm（0.01in）、插入式阻流管内径与试井钢丝外径间隙大于等于0.2mm（0.008in）应更换，上部阻流管更易磨损。

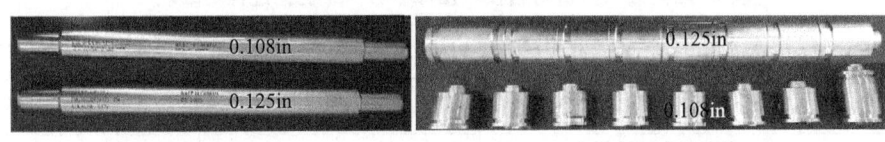

（a）接箍式阻流管　　　　　　　（b）插入式阻流管

图5　钢丝阻流管实物图

4.1.2 接箍式阻流管数量要求

接箍式阻流管数量与压力成正比，从表1可以看出，70MPa、105MPa、140MPa钢丝注脂头分别标配4根、6根和8根阻流管，每个注脂控制头至少配2根阻流管，注脂口为单注入、双注入和三注入。用户在使用时，阻流管数量可选用原厂标配，按下列公式计算：

接箍式阻流管数量 =（井口压力 ×1.2）/ 单支阻流管压降（取整数）+1

对于井口压力超过100MPa油（气）井，理论数（取整）+2。

如井口压力为40MPa，按表1选用4根阻流管，单支阻流管压降按表1计算为17.5MPa，按公式计算需要阻流管数量为3根，这样，在确保安全情况下，少安装1根阻流管及套管，可减小劳动强度。

表1 接箍式钢丝注脂头阻流管数量出厂配置标准

压力等级（MPa）	35	70	105	140	备注
阻流管个数（支）	2	4	6	8	LS公司
注脂口数量（个）	1	1	2	3	

4.1.3 阻流管组装要求

插入式双密封阻流管置于钢丝注脂控制头上部、主体和下部之间的连接处，带孔注入管应置于注脂口处，双注入阀组件安装在注脂口同一水平面上两侧。插入式阻流管数量和配置标准为出厂标配，不可随意增减，接箍式阻流管与电缆组装一致。

4.2 密封脂操作要求

4.2.1 密封脂技术指标持续优化

进口70MPa钢丝防喷装置返厂大修后，新增接箍式阻流管，密封脂国产化并持续优化经过3个阶段，前两个阶段因密封脂适用范围有限，经过现场和国内厂家室内验证，持续优化了密封脂技术指标，形成了西南油气田密封脂技术指标序列。由表2可知，PH-10S（冬季）和PH-20S（夏季）两种密封脂，能同时满足不同类型钢丝注脂密封要求，春秋两季可选择其中一种即可，只需要在注脂前将储脂罐、注脂管线密封脂循环30min就能达到注脂密封要求，这样，便于密封脂的使用和储存。

表2 西南油气田密封脂技术指标参数持续优化过程明细表

技术指标	MS10冬季	MS30夏季	PH-10H冬季	PH-20H夏季	PH-10S冬季	PH-20S夏季
20℃密度（kg/m^3）	0.89	0.87	0.87	0.89	0.87	0.89
40℃运动黏度（m^2/s）	9000~11000	3500~4500	4000~5000	23000~25000	5000~6000	16000~18000
水解安定性（mgKOH/g，不大于）	0.6	0.6	0.5	0.5	0.5	0.5
使用温度范围（℃）	-5~30	-10~10	-5~20	10~50	-10~5	0~50
备注	主要适用于插入式阻流管，已停产		主要适用于接箍式阻流管，已升级		适用于接箍式和插入式阻流管	

4.2.2 注脂橇排空要求

注脂橇即注脂动力系统，用于实现注脂操作。密封脂内混有空气是影响密封性能的重要因素，注脂管和储脂罐均有可能窜入空气，新到设备和每次作业前均要求注脂橇排空。注脂、回脂、液压管线等高压管线首次排空和加压，应将滚筒上管线拉出滚筒平铺在地上。每次作业前，应对注脂橇内系统循环排空约20~25min，直至排空阀出口无气泡且连续密封脂流出。

4.2.3 试压和注脂

试压液与密封脂混合后易乳化影响密封效果，试压与注脂方式、压力和密封脂循环时间是预防两种介质混合的重要步骤，注脂过程中正确选择动力方式有助于加强密封效果，延长设备使用寿命。

（1）若采用"先试压后注脂"方式：确认当前井口压力，用试压液对防喷装置（含阻流管及回流管线）进行密封试压，试压压力高于预计最高井口压力1.1～1.15倍，但不超过井口装置和防喷装置额定工作压力。稳压30min，开始注脂，注脂压力至少为当前井口压力约1.2倍，且高于试压压力，循环稳压5～10min，缓慢全开7号（4号）阀，将填料密封控制头泄压至零。

（2）若采用"先注脂后试压"方式：确认当前井口压力注脂，注脂压力至少为当前井口压力1.2倍，注脂循环稳压20min后，用试压液对防喷装置（不含阻流管及回脂管）进行密封试压，试压压力高于预计最高井口压力1.1～1.15倍，且低于注脂压力，稳压30min，缓慢全开7号（4号）阀，将填料密封控制头泄压至零。

（3）注脂动力系统若配置液动和气动两种方式，液压注脂动力足，可连续提供足够密封脂，但连续运行时间过长影响其性能；气动注脂补充密封脂间隔长排量小，但可连续长时间工作。因此，钢丝起下期间，钢丝运行消耗密封脂多，宜采用液动注脂。工具串长时间悬停（关恢复、测压降、干扰等）期间，钢丝静止不动，消耗密封脂少，宜采用气动注脂。测试期间，专人定期巡查井口、注脂压力、回脂等情况，并记录。注脂橇内排出的密封脂使用合适容器收集，严禁将回脂管线中排出的密封脂重复利用。

4.2.4 注脂密封失效操作

井内气体窜入阻流管内导致注脂密封失效，发现后绞车操作手立即停止钢丝起下，保持试井钢丝静止不动，关闭回脂截止阀后，提高注脂压力，循环注脂，开启回脂截止阀，回脂口无气体泄漏，再缓慢起下钢丝。可避免大量气体泄漏、人员中毒和环境污染。

4.2.5 维护保养

除厂家对注脂系统规定的维护保养外，压恢、压降、干扰等专项试井前，停用半年或作业超过10口井，作业井硫化氢含量大于$30g/m^3$，出现上述任何一种情况均应进行维护保养。

4.2.6 年检

每年应在具有有效资质第三方机构对在用钢丝注脂控制头进行检测，维修后或新启动的钢丝注脂控制头都应进行检测。检测内容至少包括静水密封、探伤试验和功能试验，检测合格并出具检测报告才可使用。

5 结论与建议

通过对70MPa、105MPa钢丝防喷装置注脂系统优化改进和密封脂国产化研究表明，注脂密封技术能满足高压气井钢丝作业井口动密封要求，PH-10S（冬季）和PH-20S（夏季）能适合西南油气田高压气井注脂密封要求，形成了钢丝注脂密封技术操作标准化和川渝地区密封脂国产化通用技术指标系列，能更好地指导钢丝作业。

注脂密封技术在高压气井钢丝作业中是适用的，可进一步推广到高含硫气井、大产量井、超深井及井筒脏物严重等复杂井钢丝作业中。国产密封脂价格低、适用广，可以推广。

参 考 文 献

[1] 张秋平，宋延彰，杜涓，等.试井手册（上册）[M].2版.石油工业出版社，2022.
[2] 杜涓，胡振英，陈怀刚.气井钢丝试井作业技术规范发布.中国石油天然气股份有限公司西南油气田分公司，2015，10.

天然气深冷装置关键设备热应力影响分析

杨晓丽　白　伟

(新疆油田公司采气一厂　新疆维吾尔自治区克拉玛依市)

摘　要　高温、低温及温度交变工况给天然气生产装置长期稳定运行带来不利的影响，开展天然气深冷装置关键设备在温度载荷下的应力分析是保障气田安全运行的关键。本文基于瞬态热力学基础理论，针对某采气厂天然气深冷关键设备建立全尺寸有限元模型，分析了温度载荷下关键部位热应力分布规律，并对最大等效应力位置进行强度评估。结果表明：塔器、换热器的应力薄弱点分布在进出口接管开孔和塔底焊缝位置；储罐的应力薄弱点分布在顶部开孔位置储罐外壁与支撑架连接位置；管线的应力薄弱点分布在橇装管线弯头法兰处以及表面裂纹处；支座的应力薄弱点分布在管道与管托接触位置以及支座接触位置。所得结论可为关键容器在复杂温度工况下的强度设计、寿命预测及维护提供理论依据。

关键词　天然气　深冷　温度　风险

引言

压力容器的疲劳破坏已成为石油化工领域最常见的失效形式，其破坏易导致有毒有害介质的泄漏，造成严重的环境污染和人员伤亡。国际焊接协会对126起装置破坏事故进行统计，以温度为影响因素导致的事故占比42%，某采气厂天然气深冷主工艺热交换超过30℃参数21处，单台设备最高温320℃，最低温-105℃，热交换最大温差260℃，特别是分子筛脱水吸附塔，工作流程为吸附→再生→吸附交替循环进行的过程，温度交变工况复杂，热吹最高温度290℃，时间5.5h；冷吹温度30～40℃，时间6h。在温度交变载荷下，吸附塔局部应力集中易导致塔体失效，因此有必要对天然气深冷装置关键设备开展热应力影响分析。

对于温度应力工作载荷下的压力容器疲劳失效已有颇多研究。K.Hashimoto利用有限元软件ABAQUS对三种反应器封头进行了稳态热应力分析，结果表明峰值拉应力主要分布在喷嘴的焊接区附近。V.Chaudhry利用数值模型对反应堆压力容器稳态下(反应堆启动、关闭等)热应力进行了完整评估。结果表明，壁面应力最大的位置处于覆壳和容器交界面。D. Ferreño对反应堆压力容器热应力过程进行了数值模拟，得到了热冲击作用下加载速率对应的动态参考温度$T_{0,\text{dyn}}$，并与准静态参考温度$T_{0,\text{sta}}$进行了比较。A.Kandil分析了稳态压力和温度共同作用下圆柱形压力容器的应力分布，得到了不同工况下平均应力与应力幅值之间的关系。

一些学者分析了特定结构的热—力耦合作用，但对天然气深冷装置关键设备长期处于高温、低温及温度交变载荷下耦合效应研究较少。本文基于瞬态热力学研究机理，系统分析了分子筛吸附塔、脱甲烷塔、脱乙烷塔等天然气深冷关键设备在温度载荷下的热—力耦合场,以揭示瞬时热应力分布规律,为压力容器结构设计及强度分析提供理论参考和技术支持。

1　基本情况

为充分回收天然气中的 C_2、C_3^+ 等烃类组分,提高气田综合开发效益,某采气厂新建天然气深冷装置2座,采用部分干气循环工艺回收乙烷、液化气、稳定轻烃。

为满足产品需求、充分节能,深冷工艺设计较多换热网络,高温、低温及温度交变工况多。在复杂的温度载荷下,装置易发生应力破坏,导致管线、容器膨胀、变形,基础偏移、结构破坏、脱焊等,影响正常生产。

该厂天然气深冷处理主要分为低压气—中压气增压、分子筛脱水、深冷凝液回收、外输增压四个单元,装置在横向、纵向布局上充分利用空间,采用模块化多层结构设计,包含各种塔、换热器、过滤器、分离器、压缩机、储罐类型,关键设备为分子筛吸附塔、脱甲烷塔、脱乙烷塔、多股流换热器、球罐、子母罐等,以及容易产生应力破坏的橇装管线、管道支撑等部位,如图1所示。

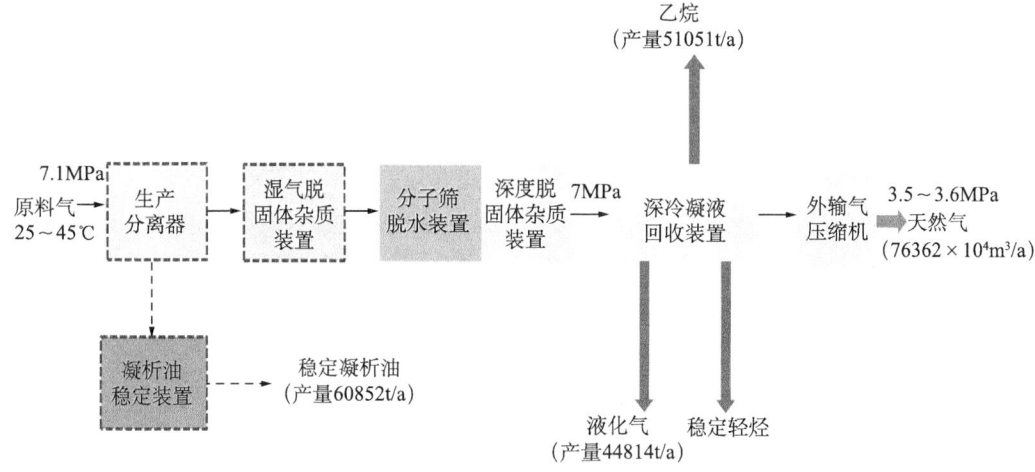

图1　天然气深冷处理工艺简图

2　技术方法

针对深冷装置不同结构特点,采用有限元法分析深冷装置应力薄弱点。主要分析步骤如下:

(1)模型建立。根据深冷装置关键设备结构特点,采用ANSYS有限元模拟软件建立全尺寸数值计算模型,对温度载荷下深冷装置关键设备安全风险进行分析评估。为减少模型计算量,采用1/2对称模型进行计算。

(2)划分网格。为了仿真计算有较好的稳定性与易收敛性,仿真模型分为不同区域的非结构网格,在模型过渡、转角与焊接焊缝等位置增加网格数量,相邻单元尺寸为装置壁厚的1/5，对过渡区域的网格进行粗糙化处理。优化网格敏感性影响，得到最佳网格质量满足计算要求。

（3）设置边界条件。模型载荷边界条件与现场真实工况一致，温度和压力均采用现场实际条件；深冷装置因保温材料的存在，外表面均设为绝热边界条件，热流密度接近于零；此外，对材料的弹性模量、热传导率及热膨胀系数等参数均采取随时间变化量。设置固定约束以限制设备位移，其他位置为自由约束，模型对称面为对称约束。

（4）计算求解。为解决热—力耦合问题，应力分析采用瞬态计算模块。

（5）结果分析。后处理模块展示模型计算结果，使结果更好地可视化展示。

3 分析结果

3.1 分子筛吸附塔

吸附塔材料为Q345R（屈服强度≥345MPa，热膨胀系数1.22×10^{-5}），塔体操作温度40～290℃，设计温度320℃。操作压力7.1～7.2MPa，设计压力7.8MPa；考虑环境最高温度43.1℃、最低温度-42.8℃极端环境温度的影响，塔体外表面设为绝热壁面条件（模拟现场保温层条件）。

3.1.1 常温10℃环境计算结果

温度交变工况下的最大应力集中在塔体进出口接管位置，最大等效应力达212.76MPa，最大应力变化幅度达到塔体屈服强度的61.7%，塔体底部焊缝位置存在较大的残余应力集中，最大应力为199MPa，环焊缝处最大应力变化幅度达到塔体屈服强度的57.7%，如图2和图3所示。

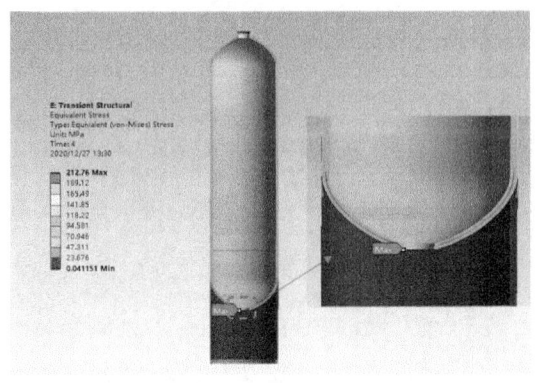 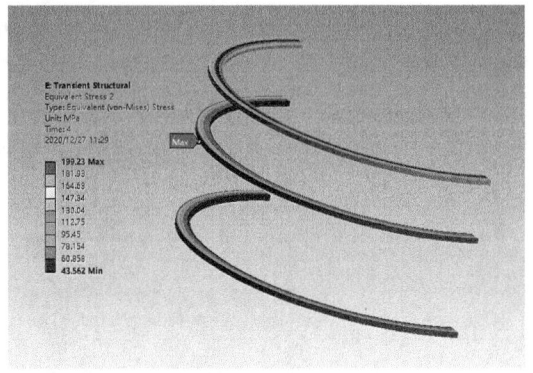

图2　吸附塔塔体等效应力　　　　　　　图3　环焊缝等效应力

3.1.2 极端环境温度（T_{min}=-42.8℃、T_{max}=43.1℃）计算结果

吸附塔底端进出口处均存在残余应力集中，极端环境温度-42.8℃和43.1℃下最大残余应力分别达到197.5MPa和218.91MPa，塔体最大应力变化幅度达到塔体屈服强度的57.2%和63.5%。吸附塔塔体中间部位应力水平较低，小于100MPa，小于塔体材料的屈服强度，如图4和图5所示。

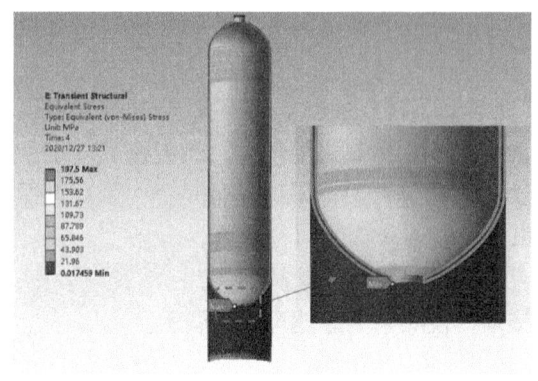

图4 环境温度−42.8℃应力分布　　　　图5 环境温度43.1℃应力分布

3.2 脱甲烷塔

脱甲烷塔主要材质为S30408（屈服强度≥205MPa，热膨胀系数1.52×10^{-5}），塔体操作温度−110～40℃，设计温度−120～60℃，操作压力2.0～2.5MPa，设计压力3MPa。并考虑环境最高温度43.1℃、最低温度−42.8℃的极端环境温度影响，塔体外表面设为绝热壁面条件（模拟现场保温层条件）。

3.2.1 常温10℃环境计算结果

在常温环境下，温度交变引起的脱甲烷塔塔体最大等效应力同样处于塔体出入口接管位置。底部进出口位置，最大应力达133.3MPa，塔体最大应力变化幅度达到塔体屈服强度的65.0%，此位置残余应力集中影响塔体接管位置应力分布。塔身其他位置应力较小，分布较为均匀。由于塔体开孔边缘应力集中的影响，塔体变径位置处焊缝存在较大的残余应力集中，最大应力为112.7MPa，最大应力变化幅度达到塔体屈服强度的55.0%，如图6和图7所示。

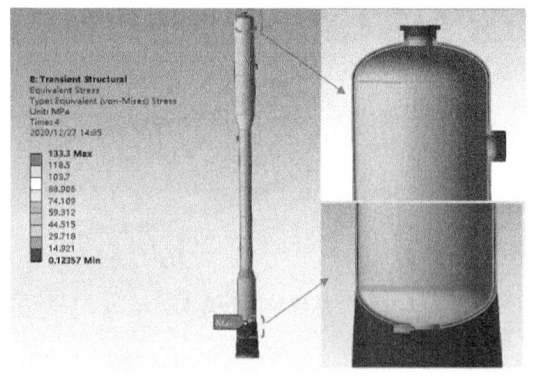 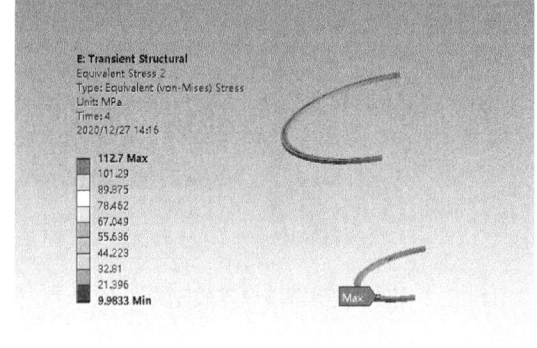

图6 脱甲烷塔塔体等效应力　　　　图7 脱甲烷塔环焊缝等效应力

3.2.2 极端环境温度（T_{min}=−42.8℃、T_{max}=43.1℃）计算结果

极端环境温度下，与吸附塔应力分布类似，在脱甲烷塔的介质进出口处存在较大的应力集中，最大残余应力分别达到110.05MPa和141.21MPa，塔体最大应力变化幅度达到塔

体屈服强度的53.7%和68.7%，如图8和图9所示。

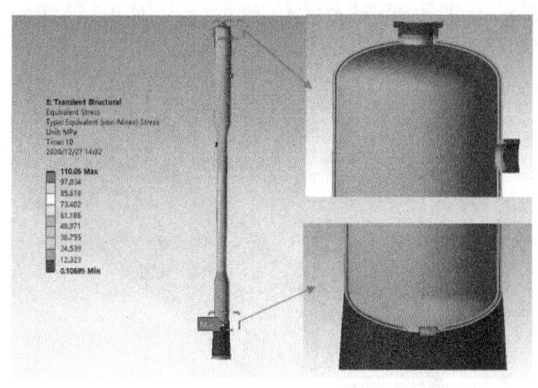
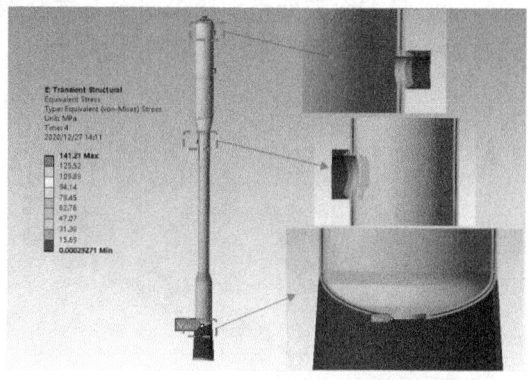

图8　环境温度−42.8℃应力分布　　　　　图9　环境温度43.1℃应力分布

3.3　多股流换热器

采用有限元模拟方法，建立多股流换热器计算模型，对多股流换热器过程中温度交变引起的安全风险进行评定分析（图10）。模型边界条件采用与现场真实工况一致：铝制板翅式换热器材料为3003/5083（屈服强度≥85），冷箱外壳及安全阀材质为Q235，其他参数如表1所示。

图10　多股流换热器

表1　多股流换热器运行参数

通道	A1～A3	B1～B2	C1～C2	D1～D2	E1～E2	F1～F3	G1～G2
压力	7.8/7MPa	7.8/6.9MPa	4.6/4.1MPa	3.0/2.5MPa	3/2.6MPa	3.0/2.6MPa	3.0/2.6MPa
温度	−120/ −45～42℃	−120/ −103.7～−45℃	−120/ −103.7～50℃	−120/ −104.7～31.8℃	−120/ −93.2～−88.4℃	−120/ −39.5～−7.2℃	−120/ −6.9～14.5℃

考虑板翅式热交换器尺寸及现场工况，分析了多股流换热器的应力分布。可以得到，换热器的最大应力分布于冷箱底部温度交换频繁及温度范围大的位置，最大为72.1MPa，达屈服强度的84.8%（图11和图12）。

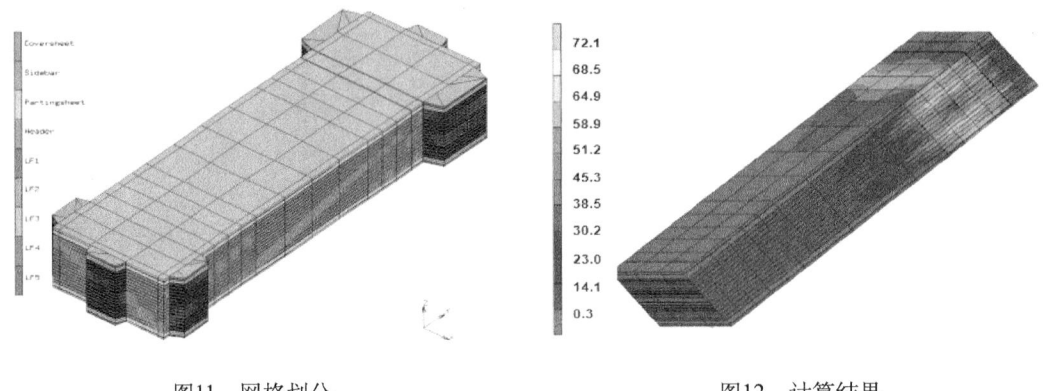

图11　网格划分　　　　　　　　　　　　图12　计算结果

3.4　脱乙烷塔

脱乙烷塔材料为Q345R（98℃时为320MPa），塔体操作温度−13～98℃，设计温度−20～120℃，操作压力1.8～2.6MPa，设计压力3MPa；考虑环境最高温度43.1℃、最低温度−42.8℃极端环境温度的影响，塔体外表面设为绝热壁面条件（模拟现场保温层条件），如图13和图14所示。

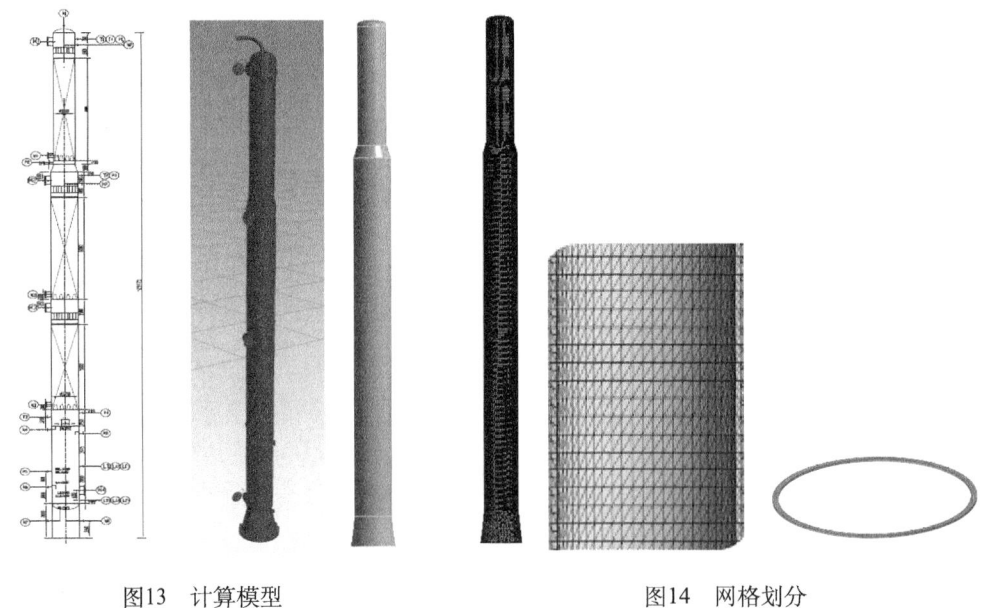

图13　计算模型　　　　　　　　　　　　图14　网格划分

从图15至图17可以看出，在脱乙烷塔介质进出口处（开孔接管位置）存在较大的应力分布，最大等效应力达到227.76MPa，塔体最大应力变化幅度达到塔体屈服强度的70.1%。考虑极端工况环境下塔体的热应力分布得出：塔体开孔处均存在较大的应力集中，塔体最大应力变化幅度达到塔体屈服强度的 73.2%。

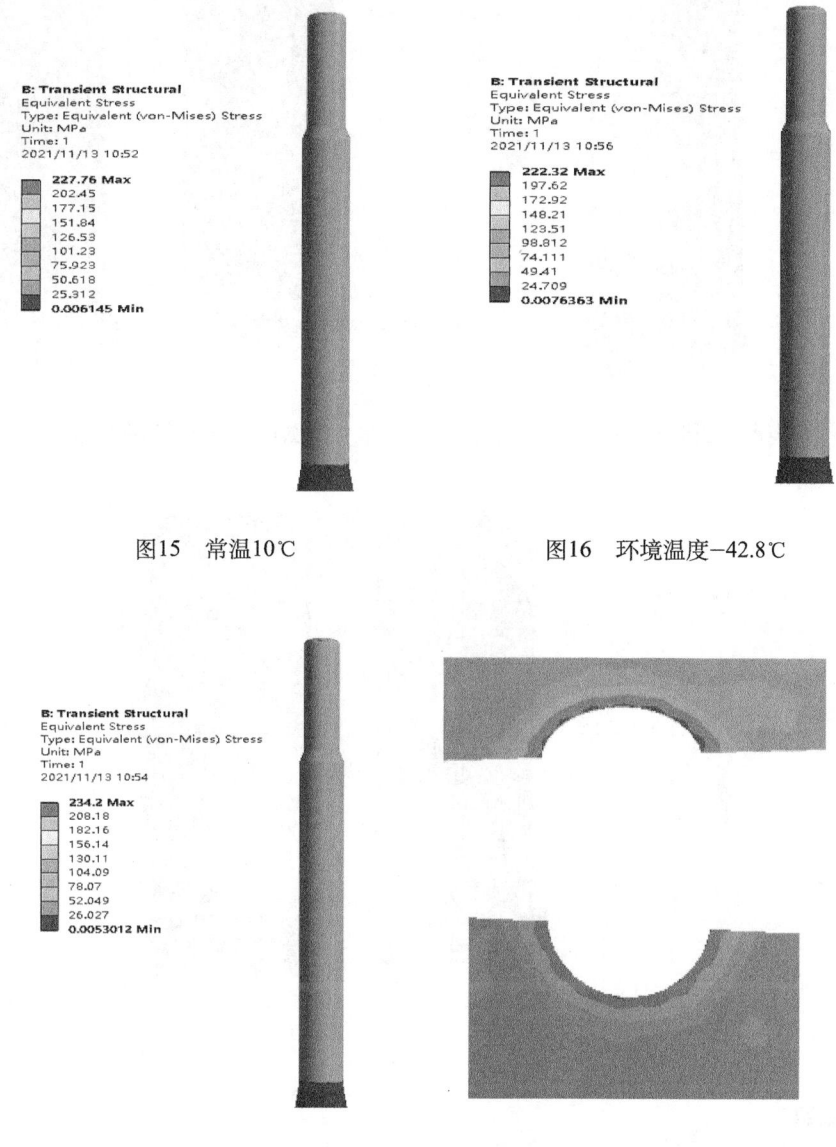

图15　常温10℃　　　　　　图16　环境温度−42.8℃

图17　环境温度43.1℃

3.5　子母罐

借助 ANSYS 软件对子母罐作温度场数值模拟。

图 18 至图 20 为立式圆柱形储罐位移云图、温度分布以及罐体整体等效应力分布图。从图中可以看出，罐体最大位移位置处于罐顶开孔位置，支座位置最小。从温度分布云图可以看出，罐体内壁温度分布均匀且温度较高，沿壁厚方向温度减小，外壁由于保温材料的存在温度基本不变。从等效应力分布云图可以看出，罐体顶部开孔位置应力最大，达到 113.87MPa，最大应力变化幅度达到塔体屈服强度的 33.0%。

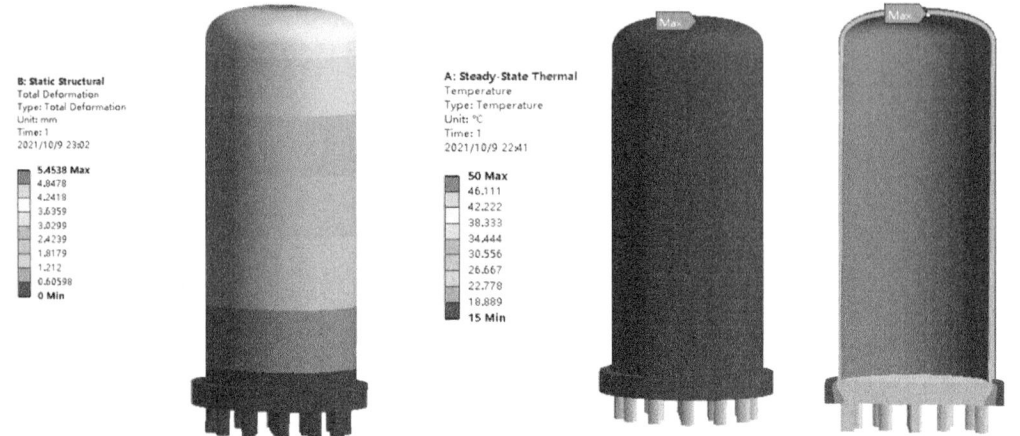

图18 子母罐总位移分布　　　　　图19 子母罐温度分布

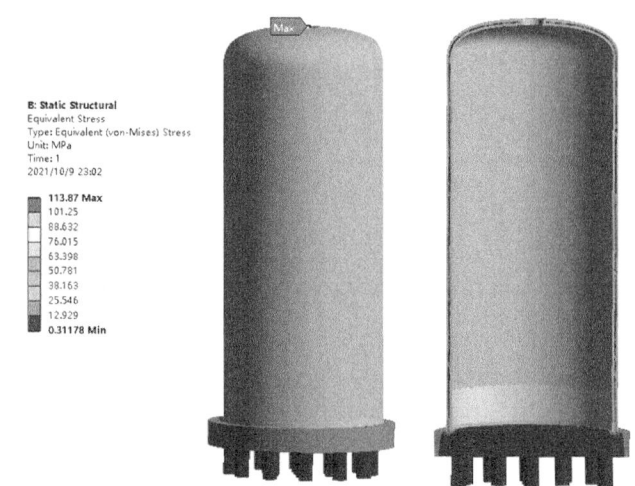

图20 子母罐等效应力分布

3.6 球形储罐

根据 GB/T 12337—2014《钢制球形储罐》建立数值计算模型。

环境温度10℃条件下，沿着厚度方向，球形储罐的温度逐渐减小，内壁温度最大，外壁温度最小。储罐壁及支撑架出现不均匀的应力分布，其中，球形储罐外壁与支撑架连接位置存在较大的应力分布，最大残余应力达到208.42MPa，塔体最大应力变化幅度达到塔体屈服强度的60.4%（图21）。

极限环境温度条件下，沿着厚度方向，球形储罐的温度逐渐减小，内壁温度最大，外壁温度最小。极端工况环境下，储罐壁及支撑架出现不均匀的应力分布，其中，球形储罐外壁与支撑架连接位置存在较大的应力分布，最大残余应力达到247.7MPa 和224.13MPa，最大应力变化幅度达到塔体屈服强度的71.8%和65.0MPa（图22至图24）。

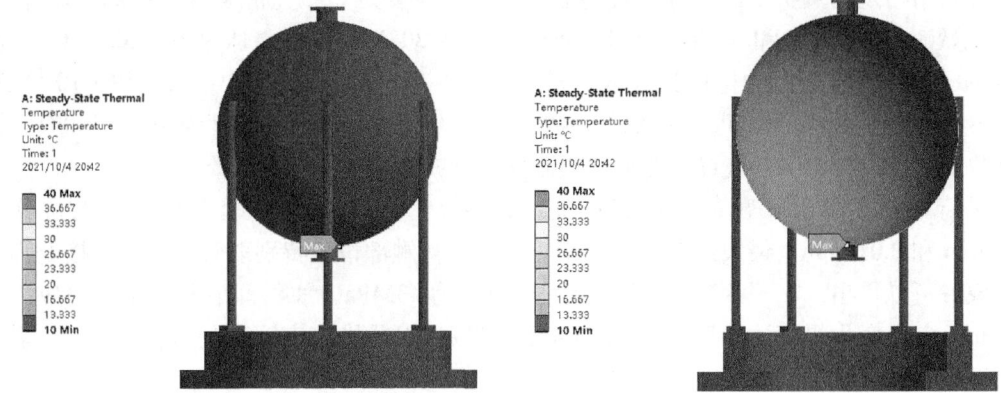

图21　球罐温度分布

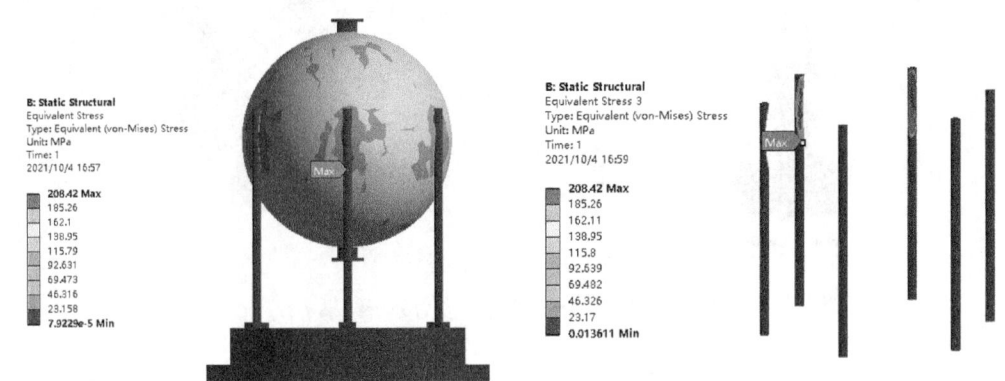

图22　球罐等效应力分布

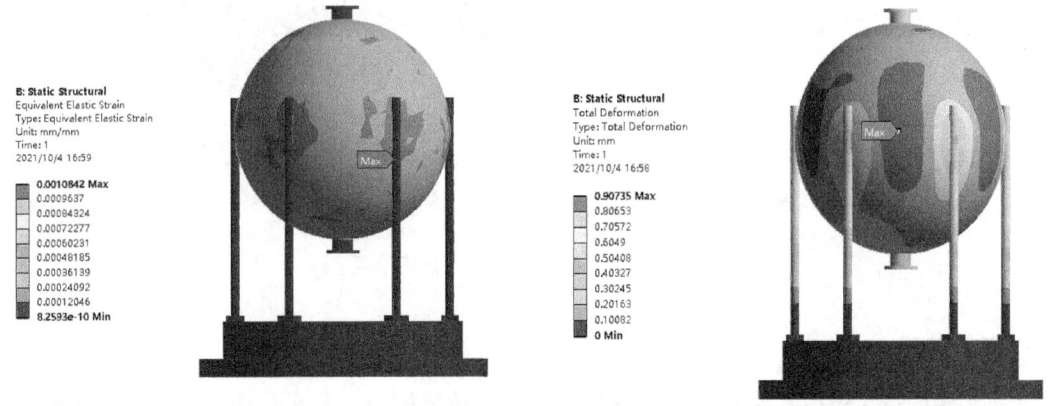

图23　球罐等效应变分布　　　　　图24　球罐总位移分布

3.7　管道与管托

建立"一"字型和"U"型两种不同形式的全尺寸管托计算模型，模拟过程中模型边界条件采用与现场真实工况一致：深冷管道的材料主要是20G（屈服强度≥245MPa，热膨胀系数1.12×10^{-5}）和06Cr19Ni10（屈服强度≥205MPa，热膨胀系数1.52×10^{-5}）高合金钢，而管托和支座的材料为碳钢（屈服强度≥205MPa，热膨胀系数1.19×10^{-5}）和Q235B（屈服强度≥235MPa，热膨胀系数1.22×10^{-5}），管道运行温度为40～290℃。接触部位受挤压或拉伸引起装置的变形，从而导致管托和支座失去承载能力。

进行热应力计算得出，管道管托最大位移为管道与管托连接部位，最大位移为0.098mm和0.015mm；最大残余应力位于管道管托接触部位；特别取管道管托衔接处为研究对象，可以得出，"一"字型管托的最大热应力为43MPa，"U"型管托的最大热应力为20MPa，应力变化幅度达屈服强度的21%和9.8%，因此推荐实际现场多使用"U"型管托（图25和图26）。

图25　"一"字型管托热应力分析结果

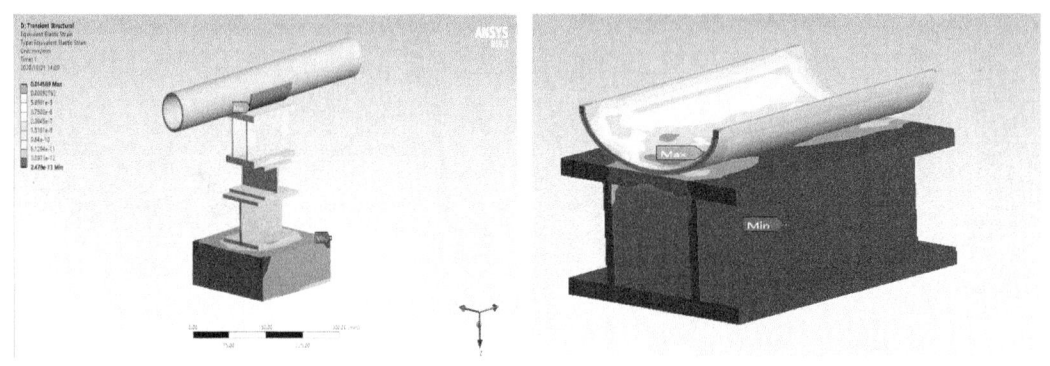

图26　"U"型管托热应力分析结果

3.8　橇装管线

采用ANSYS模拟软件对天然气橇装管线进行数值模拟，分析温度对其产生的影响。

从不同环境温度下橇装管线最大位移、等效应力和等效应变分布云图可以看出，橇装管线在根部固定支撑处应力最大，在管线拐弯处也存在较大的应力分布，应力约为150MPa，约占屈服强度的48.4%。此外，在极限环境温度43.1℃和−42.8℃下，橇装管线的应力分布存在相似的变化趋势，最大应力集中也存在于管线根部支撑位置，弯角处应力变化稍大，因此，现场需重点关注橇装管线弯角与根部管线（图27至图29）。

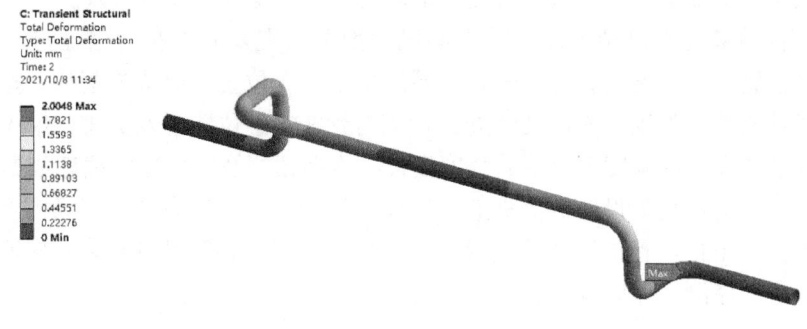

图27　橇装管线总位移分布

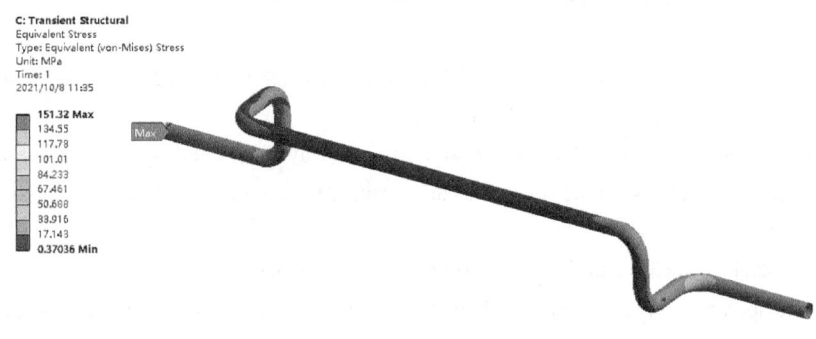

图28　橇装管线等效应力分布

图29　橇装管线等效应变分布

4　结论

（1）通过对深冷装置关键设备及部位温度载荷进行分析，可以得出：对于不同材料，由于材料的热膨胀系数不同，设备的应力应变不同。深冷装置关键设备的平均等效应力随着温度变化成正比例关系,随着温度增大,应力和应变均成比例增大;温度减小,应力和应变成比例减小。交变工况下材料应力变化幅度比较大,易导致疲劳失效。

(2)该厂深冷装置在复杂温度载荷下的风险隐患点主要分布在:塔器进出口接管开孔和塔底焊缝位置、换热器接管开孔位置、储罐顶部开孔位置、储罐外壁与支撑架连接位置、橇装管线弯头法兰处以及表面裂纹处、管道与管托接触位置以及支座接触位置,所得结论可为深冷装置在复杂温度工况下的强度设计、寿命预测及维护提供理论依据。

(3)以上位置均易出现设备疲劳失效,应加大巡检和检维修力度。现场需重点监视和关注吸附塔塔体进出口接管位置及其临近焊缝位置的状态,必要时可安装应变监测装置或光纤监测装置进行监测,保证现场装置服役安全。

参 考 文 献

[1] Hashimoto K, Onizawa K, Kurihara R, et al. Thermal and stress analyses of the reactor pressure vessel lower head of the three mile island unit 2 [J]. International Journal of Pressure Vessels and Piping, 1992, 52(1):25-40.

[2] Chaudhry V, Kumar A, Ingole S M, et al. Thermo-mechanical Transient Analysis of Reactor Pressure Vessel [J]. Procedia Engineering, 2014, 86:809-817.

[3] D. Ferreño R, Lacalle I, Gorrochategui, et al. Analysis of dynamic conditions during thermal transient events for the structural assessment of a nuclear vessel [J]. Engineering Failure Analysis, 2009, 17(4):894-905.

[4] Kandil A. Analysis of thick-walled cylindrical pressure vessels under the effect of cyclic internal pressure and cyclic temperature [J]. International Journal of Mechanical Sciences, 1996, 38(12):1319-1332.

井筒工程安全监督创新管理实践

马立军[1]　文虎成[1]　赵晓春[2]　王秀明[1]

(1. 长庆油田分公司工程监督处　陕西省西安市
2. 长庆油田分公司质量安全环保部　陕西省西安市)

摘　要　随着长庆油田鄂尔多斯盆地油气勘探开发的快速推进，年均钻完井数量持续增加，市场化作业队伍程度高，施工现场监管难度增加，传统的监督方式已无法满足新形势下监督需求等诸多质量安全环保问题及管理缺陷。本文主要结合当前运行实际，探索"1+6+N"监管模式，提炼形成一套具有长庆特色的安全监督文化，通过数智监督赋能的方式，创新对监督人员、监督部、总监站的管理，驱动层级职能充分发挥、锻造过硬的井筒工程监督队伍。

关键词　安全监督　监督管理　文化引领　数智监督　创新实践

1　井筒工程监督形势

当前，油田井筒工程项目建设工作量大、任务重，年均完成钻井约6000余口，承包商作业队伍市场化程度高，管理难度大，安全生产意识较低，作业过程中井控、安全"低、老、坏"问题屡屡发生，监督人员业务素质不高，风险辨识和隐患排查不全不细、不深不透，历年来各油气田井筒工程建设发生的井喷失控、火灾爆炸、高处坠落、物体打击等事故事件为井筒工程安全生产监督工作敲响了警钟，对井筒工程监督人员的业务水平和履职能力提出更高要求和严峻挑战。

2　监督模式管理探索

2.1　优化组织架构，构建总监站监管模式

经过多年探索实践，根据全油田产建区域分布情况，紧靠生产一线设立六个总监站，实行工程总监集中管理，对第三方工程监督履职情况进行监管，充分发挥监督管理职能，形成"1+6+N"监管模式。总监站成立临时党支部，加强党员日常教育，队伍的凝聚力、向心力增强，整体合力稳步提升（图1）。

2.2　修订完善制度，推进工程监督归核化管理

结合监督工作实际，相继制定《工程监督管理实施细则》《工程总监考核实施细则》《工程总监工作站管理手册》《监督部管理手册》《工程监督廉洁风险联防联控工作实施方案》等30余项管理制度，统一规范总监站、监督单位生产信息传递、资料管理等相关工

作，确保资料汇总有模板、汇报有程序、结果有考核，压实层级监督责任，有效推进归核化监督管理。

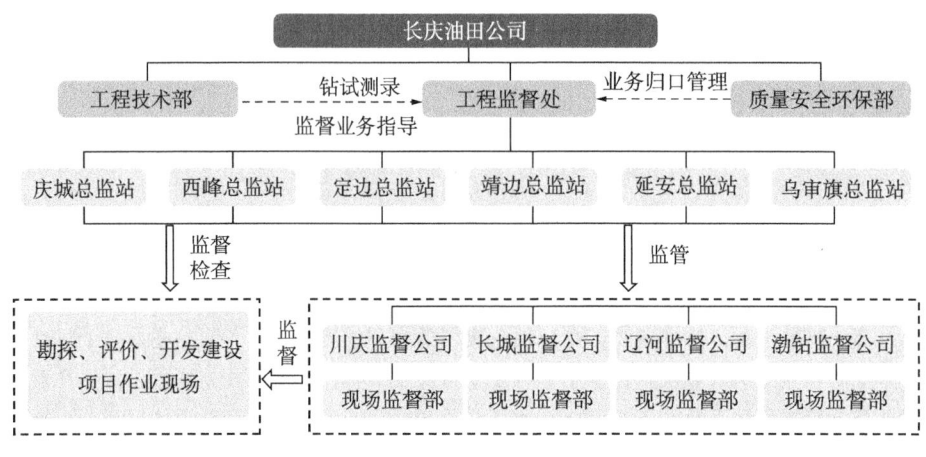

图1　长庆油田公司组织架构

2.3　突出文化引领，提炼形成安全监督文化

凝炼形成了长庆工程监督人"担当、严谨、专业、勤奋、清廉"的行为标准，根植"一个目标、四个理念、六种监督文化"，在广大一线监督队伍中发扬推广，增强员工的认同感和归属感。把"抓质量，谋发展，强素质，创品牌"作为发展目标，将"我靠油井生存、要为油井负责，我靠监督生存，要为监督建功"作为价值理念，将"打铁必须自身硬、重锤敲出好钢来"作为精神理念，将争做"现场巡查的勤快人、设计执行的把关人、工序标准的明白人、问题销项的紧盯人、资料审查的细心人、敢于碰硬的铁面人"作为敬业理念，将"严格履职、正确履职、合规履职"作为管理理念，培育出了"权责明确、重于执行"的制度文化，"坚持标准、专业严谨"的行为文化，"产量第一、效率第一"的服务文化，"井控为天、井控为先"的安全文化，"塑造形象，阳光监督"的廉洁文化，"企兴我荣、以企为家"的家园文化。把从严管住监督、从严监督作业现场"两个从严"效果落实作为评判工程总监监管职能作用发挥的重要标准，着力打造"作风严明、素质过硬、专业优良"的监督团队。

2.4　探索数智监督，推进数字化转型智能化发展

建立油气田井筒工程监督数字化管理系统，深化QHSE管理体系、双重预防机制和安全生产责任制三项融合，把握对标监督依据、量化监督体系、规范监督流程、数字智能驱动、信息互联互通五个关键环节，实现手持终端采集、后台线上检查、问题智能分析、风险预警干预、资料自动生成、量化监督评价六种主要功能，解决监督应到不到、监督履职失责、监督资料冗繁、风险管控缺位、隐患治理乏力、考核评估疲软六大难题，最终达到监督效能提升、风险关口前移、隐患治理精准、管理责任归位、安全环保受控、质量指标提升、数据共享共管七个效果，推动井筒工程监督数字化转型、智能化发展。

3 工程监督管理实践

3.1 抓实第三方监督人员履职监管

以"3+3+X"为抓手,把好监督履职关口。抓实三个评估,即分别开展监督上岗前、汛期、竣工后各一次深度履职能力评估,重点突出监督工作履历、工作评价、职业操守、理论水平和实践能力;抓好三单整治,即重点突出问题整改单、销项单、违约处罚单与监督数字化系统、监督工作记录的相符一致性,整治较大及以上问题层层过滤、该处罚不执行等问题潜在的履职效能衰退和廉洁风险;多频次现场检查验证,即层级监督管理人员对作业现场"四不两直"和专项检查验证监督履职情况,因监督履职失责暴露出的问题对监督责任人严格考核通报,倒逼监督认真履职。

3.2 抓实第三方监督部的监管

"瞄准一个核心、盯住四个关键、关注三类人员",强化对第三方监督部的监管,即瞄准监督部负责人履职落实,"火车跑得快全靠车头带",重点突出对监督处会议精神和各项工作要求的熟悉、贯彻与执行,以及内部监督人员管控措施的落实;盯住钻井、试油、测井、录井四个专业监督负责人的业务水平、职业操守、现场检查和监督数字化系统的专业监督工序审核履职,较大级及以上问题的查改和上报;关注大平台、重点井、固井专职监督等三类监督人员,即重点关注大平台多丛井监督长期不轮换人员,重点井重点工序监督履职能力水平、工作责任心,固井专职监督对用灰质量等原材料符合性、水泥浆体系配方实验、成品料复核实验监督检查、固井水泥浆检测报告的反馈。

3.3 抓实总监站内部人员管理

为防止"上热、中温、下凉"现象发生,将压力层层传递,责任逐级落实,以"发挥三个作用、强化五种措施"为切入点,充分发挥工程总监监管职能。

"发挥三个作用",即发挥总监站班子成员的引领作用,严格按照"一岗双责",班子成员人人有分管专业、责任项目区域,重点井班子成员责任包保、责任区域动态掌控;发挥先进典型示范作用,"先进个人""杰出青年"率先完成责任区域巡查任务,关键工序必须现场紧盯,突出较大级及以上问题的整治效果;发挥老同志的经验传递作用,以业务"传帮带、老带新"为抓手提升年轻工程总监的履职水平,促使总监站队伍稳定,认真履职,凝聚力和向心力进一步提升。

"强化五种措施",即一是党和国家举行重大会议、庆典、国际赛事等活动期间,集团公司工作会议、领导干部会议期间,国家法定节假日期间以及其他特殊敏感时期或者特殊情况,特殊作业、非常规作业实行升级管理,总监站班子成员带队对作业现场开展"夜间巡查",紧盯重点工序井、住井监督责任心相对较弱的井场、作业现场管理薄弱的队伍作业井,查处问题隐患曝光严惩,进一步促进监督人员严格履职。二是开展可能引发事故事件的典型重复性问题专项整治,分专业制定目标措施,班子成员整治项目认领,阶段整治效果分析,以"红脸、出汗"方式接受全站人员对其履职效果评价。三是建立"相互监督+管控补位"机制,对工程总监责任区域相对固定,不定期多频次开展交叉检查,检查结果直接在晨会曝光通报，并将检查结果纳入月度考核记分，旨在消减"标准执行不一、力度硬度不一、深度挖掘不够"等问题；同时针对工程总监轮休期间，及时调整补充在岗工程总监人员负责，确保区域监管管控不缺位。四是开展"链条反应"监督，重点突出作业现场问题隐患"谁发现谁负责整改闭环""一般性问题监督旁站当天整改闭环"，较大级及以上问题监督、监督部专业负责人紧盯，工程总监对整改情况复查验证。突出典型问题、易发频发问题"点上整改、面上排查、区域整治"，切实提升本质安全监督水平。五是强注激励"推进剂"，利用会议讲评、考核评价、先进推荐、专项活动奖励和惩处等多种方式，对能够严格履职、合规履职、正确履职的工程总监、工程监督进行激励，对履职失责人员采取通报曝光、停薪岗训、建议岗位调整或辞退等手段，切实落实好监督人员岗位安全生产责任制，将井筒工程监督利剑插遍各个作业现场，全力确保井筒工程质量、井控、安全、环保全面受控运行。

3.4 数智监督手段为履职赋能

（1）手持终端人手一机一号、人机绑定、轨迹定位、视频拍照、对讲通话。现场监督持手持终端按工序流程逐项检查，信息数据准确采集、照片和影像佐证，步步确认、实时上传，一项检查内容不全不能提交，问题及时整改反馈，一项检查结果不合格不允许下道工序作业。有力促进标准、制度落实落地，提升现场监督工作效率和履职效果（图2）。

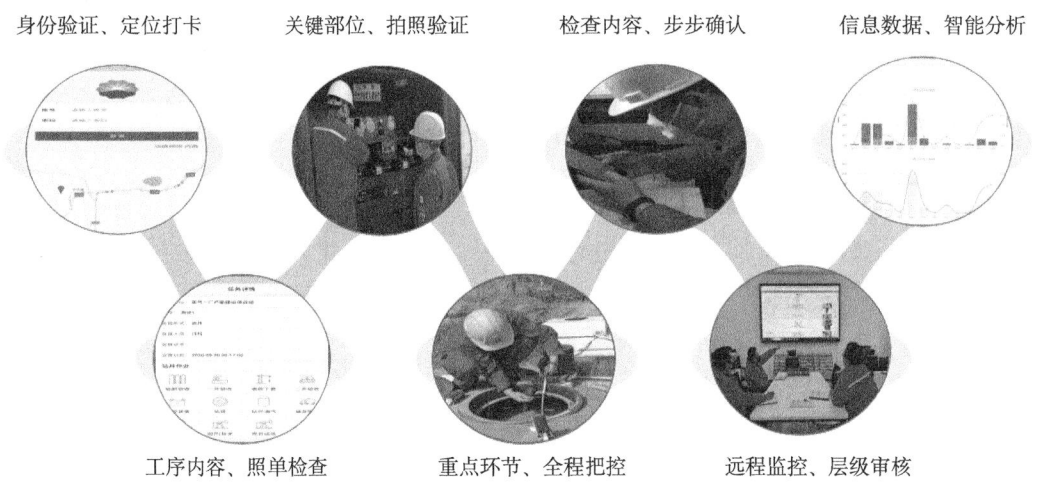

图2　数智监督

（2）系统后台管理PC端根据不同角色用户需求，将量化监督体系与系统深度融合。分专业展示已完井及正施工井、专业监督履职动态；显示一级风险井、周边多口高压注水井、油气重叠井等预警信息；按级别、工程和管理要素智能统计、分类展示各专业问题数量，根据不同需求条件智能钻取。对问题明细、级别、要素、类型、涉及参建方等多维度统计，按需求智能分析。在检查表单中预埋重点风险项，设置重点风险提示推送对象，针对较大及以上问题按照安全生产责任清单逐级推送，视频在线监控，跟踪提醒闭环销项。同时自动生成监督开工令、问题整改通知单、问题整改回执单、停工单、复工单、处罚通知单、监督工作计划书、监督任务书、监督工作日报、周报、月报等基础资料和日常管理报表。建立工程监督人员信息库，在线监督业务培训、评估考核、资质管理，系统智能统计分析管理。通过系统收集的关键数据和信息，对建设单位、总监站、监督单位、承包商的多维度智能量化评价考核。根据参建部门及人员需求自动获取或推送相关数据信息，建立统一规范"数据湖"。

4 工程监督管理成效

4.1 高质量支撑油气田产能建设和勘探增储顺利完成

秉承"高质量发展理念"，齐抓共管，形成统一合力，工程监督服务质量明显提升。保障了油田产能建设、勘探评价建设任务的顺利完成，有力支撑了公司完成油气当量6500万吨并持续稳产增产。

4.2 高水平提升油气田井筒工程质量监督

严守"七条红线"，秉承全生命周期质量管理理念，抓实建完井前端、过程和事后的质量监管，全要素把控建完井质量，2022年度井身、固井合格率得到大幅提升，相比2020年分别提高了28.5%和19.5%。连续三年荣获"中国石油集团公司质量管理先进基层单位""中国石油股份有限公司先进监督管理单位"等荣誉。

4.3 高标准保障油气田井筒工程建设安全平稳

注重重点风险领域差异化监督，突出源头把控和过程管控，落实反违章专项行动，强化双重预防机制，做实风险隐患预警提示，推行一体化监管模式，督促各方责任归位。连续三年未发生井控安全漏监事故，无一般B级以上安全生产责任事故，实现了井筒工程建设整体安全平稳。

4.4 高效能创建井筒工程信息化监督模式

立足安眼工程，落实工程监督业务数字化转型要求，构建形成"1+6+N"的网格化立体式的监督格局，开发建设井筒工程全要素量化监督体系，全面推行"手持终端＋管理系统＋视频监控"三位一体的信息化监督模式，融合多学科信息化平台，加速井筒工程监督信息化平台的提档升级，数字化信息化监督转型初见成效。油田2000余名工程监督全部应用手持终端现场检查，数据实时上传，层级管理人员通过系统PC端和OCEM视频对作业现场督查管理，监督检查13万井次、86万道工序，查改问题27万个，自动生成监督检查资料报告23万份。监督方式创新得到集团、油田公司及兄弟单位的肯定和学习。

4.5 高素质锻造长庆井筒工程监督队伍

根植"担当、严谨、专业、勤奋、清廉"的监督行为标准。通过"思想引导和行为监督相融合、内部总监和外部监督同标准、警示教育和技术培训同发力、正向激励和失职追责同推进"的举措，打造形成作风严谨、履职高效、风清气正的工程监督团队。15名员工荣获集团公司、油田公司先进荣誉，长庆监督品牌进一步彰显。

通过安全文化引领、数智监督赋能和创新监督管理的方式，极大增强监督人员安全意识,"安全为天、安全是企业的生命线"的理念入脑入心入行,让"不安全不作业"成为一种刚性制度,以数智监督的手段,规范监督"只有规定动作,没有自选动作",提高监督工作效率,现场监督信息采集及时精准,杜绝了"视而不见"的侥幸和违章行为,提高了安全作业水平。近两年未发生一起B级安全生产事故,整体运行效果显著。

参 考 文 献

[1] 刘斌,陈忠,庞林.提升石油企业安全监督成效[J].现代职业安全,2015,(8):95-97.

[2] 汪新盛.油田现场安全监督是安全施工的关键[J].企业技术开发,2013,(2):177-178.

[3] 杨屹,杜国玉.浅谈石油企业在安全监督过程中如何发现违章行为[J].石油工业技术监督,2013.

[4] 杨世海,高玉龙,郑光荣,等.长庆油田数字化管理建设探索与实践[J].石油工业技术监督,2011.

[5] 王启胜,杨姝,等.提升安全环保监督管理 实现勘探开发可持续发展[J].中国石油工程监督,2016,1(44)。

[6] 高志强,腾新兴.深化监督管理,完善监督职能,推动监督健康持续发展[J].石油工业技术监督,2012,28(10):1-4.

浅层老油田隐患井治理及预防技术研究

何增军　韩永恒　张兴业

（吉林油田公司扶余采油厂　吉林省松原市）

摘　要　扶余油田目前开发62年，含水已达到96%，井况逐年变差，加之长时间受注水开发、泥岩遇水膨胀、多次压裂改造等多因素影响，造成扶余油田套损井数、套管内外返油、水、泥岩等数量逐年增加，严重制约了油田的正常开发，同时扶余油田30%的含油面积在城区、村屯和工业园区内。一旦油、水从套管内外返出无有效的治理及预防措施，将会对油田安全环保生产带来威胁。针对上述问题，开展套损井因素分析、套返井治理及预防技术系统化研究，并采取标本兼治措施，大幅度降低了隐患井的出现及油土处理，形成了一系列治理技术及一体化预防技术。

关键词　扶余油田　套损　套返　隐患井　治理及预防

引言

扶余油田是吉林油田的发祥地，迄今为止开发62年之久。开发初期受早期钻完井技术、资金投入等因素限制，存在下入油层套管钢级低，尤其是2000年以来，油田开发进入特高含水开发期，地下水窜严重造成套管变形、固井质量差造成套外返出泥浆、油水到地面造成安全环保隐患，同时受近年来吉林省松原市地震频发，加速、加剧了套管损坏及套外返。环保隐患井的出现导致水井停注、油井停产，注采关系不完善，影响原油产量。扶余油田因环保隐患井年均出现120口左右，年均停注水井约50井次，受影响油井125口，年影响原油产量0.86×10^4t。为保证油田安全环保生产，年需投入防污设施建造、油土处理费用近数亿元。受储层非均质性、压裂等措施频繁、注采连通路径复杂等因素影响，套损井数多（占到总井数三分之一左右，其中油井水井各占一半）且机理认识不清、治理难度大。因此，亟需开展套损井机理认识、治理和防控研究，确保松辽油区老油田效益开发，同时让"绿水青山就是金山银山"的理念落地生根、开花结果。针对老油田多层开发中存在的套损井国内外没有成功经验可借鉴的技术瓶颈，研究套损井机理、治理及预防一体化技术，该技术现场实施后套损率大幅下降，套返井治理成功率大幅度提升。

1　套损井、套返井现状及产生因素分析

1.1　套损井、套返井现状

老油田在开发生产过程中，受多因素影响导致目前套损井数占开井数的20.3%，同时

扶余油田每年在套损井中新出现套返井 120 口，套返发生后产生大量油土，需要投入大量资金进行处理；同时造成大量注水井停注，影响区块注水开发。根据套返产生原因分为三大类，一是无效水腐蚀作用使套管漏失、穿孔，注入水通过套漏进入套外形成套返，这类套返井井下技术状况相对较好，井筒存在一处或多处套漏；二是无效水造成泥岩吸水膨胀导致套管错断，注入水从套管错断处进入套外形成套返，这类套返井井况复杂，地层坍塌、吐泥岩不止，套管错断严重，甚至鱼顶丢失；三是多轮次压裂造成支撑剂高速冲击对套管产生损伤。

1.2 套损井、套返井产生因素分析

1.2.1 无效水渗漏导致套管损机理研究

扶余油田为正韵律储层，注入水沿着底部突进，造成异常高压形成套损的压力源；在注水压力较高条件下，注入水可从泥岩的原生微裂缝和节理侵入，也可沿砂泥岩界面处侵入。对泥页岩而言，注入水通过管外窜槽沿其层理面侵入。当泥页岩含水后，其抗剪强度和内摩擦系数大幅度降低，而且由于泥岩中富含蒙脱石等吸水矿物，泥岩发生体积膨胀，此时泥岩往往处于塑性状态，当具备一定倾角时便会发生塑性流动，从而对套管产生挤压，导致套管损坏错断。注入水从套管错断处进入地层，加剧泥岩膨胀，泥岩膨胀后应力释放部分泥岩由套管错断部位进入井筒内造成套管内吐泥岩不止，套外地层坍塌。同时部分井产出的油气水从套管错断处或者水泥环处返出地面。

1.2.2 腐蚀造成套管穿孔

注入水含有大量的腐蚀成分，如 CO_2、H_2S、Cl^-、SO_4^{2-}、HCO_3^-、CO_3^{2-}、Ca^{2+}、Mg^{2+} 等。这些离子降低液体的 pH 值，溶解套管阳极铁导致腐蚀。美国 Little Creet 油田实施二氧化碳驱矿场试验期间，油管在没有采取任何防护措施的情况下，腐蚀速率高达 1217mm/a，不到 5 个月时间油管壁就被腐蚀穿孔。扶余油田伴生气中二氧化碳含量非常高，低碳钢的腐蚀速率达到 3~7mm/a，极易导致套管局部腐蚀、穿孔，加剧套管损坏程度。

1.2.3 各因素对于套管形变量的影响

通过建立地层—水泥环—套管组合体系统力学模型、有含水率的修正 Burger 模型，利用模型计算套管壁厚、套管尺寸、水泥环弹性模量，以套变区岩层不同吸水条件含水率 2%、含水率 6% 和含水率 10% 的三种情况进行数值模拟，围绕这些因素对套管形变量的影响进行分析与讨论。

1. 套管壁厚对套管形变量的影响

通过计算可知，在相同条件下，仅改变套管壁厚，随着套管壁厚增加，套管形变量减小，减小幅度较大，且与地层蠕变同步，在瞬时蠕变阶段，曲线斜率由小变大，套管形变呈加速增加趋势，进入稳定蠕变阶段后，形变量稳定增加。由此可知，套管壁厚对套变具有重要影响。

2. 套管尺寸对套管形变量的影响

套管尺寸为 $4\frac{1}{2}$in 和 $5\frac{1}{2}$in 时，套管壁厚均为 7mm，套管尺寸为 7in 时，套管壁厚为 8.01mm。

在相同条件下，仅改变套管尺寸，随着套管尺寸增加，在壁厚不变的情况下，套管形变量几乎不变，且与地层蠕变同步，在瞬时蠕变阶段，曲线斜率由小变大套管形变呈加速增加趋势，进入稳定蠕变阶段后，形变量稳定增加。只有当套管壁厚变化时，形变量才会有所变化。由此可知，套管尺寸的大小对套变几乎没有影响。

3. 水泥环弹性模量对套管形变量的影响

在相同条件下，随着水泥环弹性模量增加，套管形变量增大，增大幅度较大，且与地层蠕变同步，在瞬时蠕变阶段，曲线斜率由小变大套管形变呈加速增加趋势，进入稳定蠕变阶段后，形变量稳定增加。说明水泥环弹性模量是影响套变的重要因素。

4. 地层含水率对套管形变量的影响

由图1可以看出，相同条件下，由于注水开发后的地层含水率大于原始地层饱和含水率，所以随着含水率的增加，套管形变量增加，且形变量差呈扩大趋势。但在4.7h之前，由于瞬时蠕变阶段泥岩蠕变速率因含水率的不同而不同，套管形变量反而随含水率的增加而减小，在11.3h时形变量反追，并在稳定蠕变阶段影响下呈线性上升。

针对上述模拟计算结果，为钻完井技术、注水政策制定及预防提供依据。

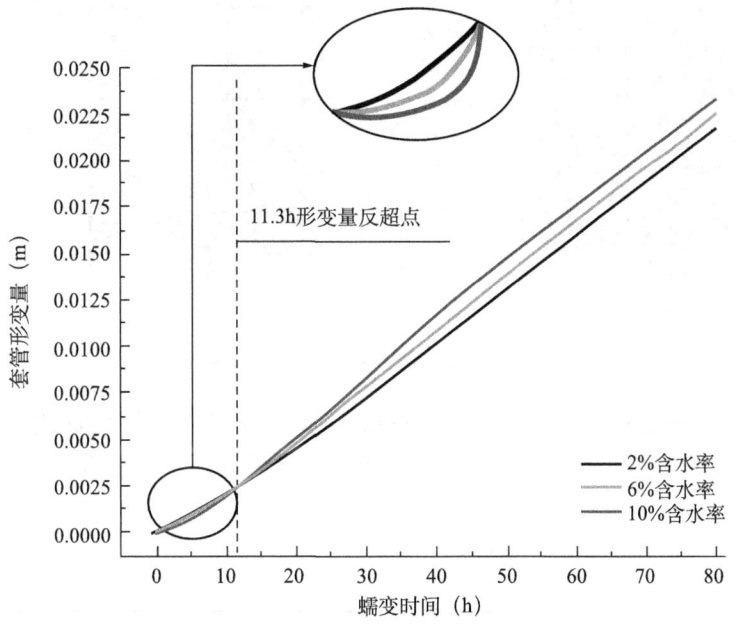

图1 不同含水率下的套管形变量

2 浅层隐患井治理技术及预防技术

2.1 浅层套返井治理技术

2.1.1 三次固井封井工艺技术

针对上部套漏、下部错断、套外窜槽形成的套返井采取三次封固技术。封堵工艺管柱结构采取油管+1封封隔器+油管+2封封隔器+定压器井下工具组合。

三次固井工艺技术，第1次固井（封固套外窜槽），泵入水泥浆至套外返出地面，然后用清水顶替到错断点处，候凝24h；第2次固井（封固油层），泵入水泥浆直至设计用量，泵入清水顶替到定压器以下，候凝24h；第3次固井（封固套管漏点），下管柱循环水泥浆到地面，起出管柱，做井口挤注水泥浆，候凝24h完井。

2.1.2 疑难套返井治理技术

针对地层坍塌、吐泥岩不止，甚至鱼顶丢失的套返井常规治理技术无法有效封固的技术难题，研究断点注水泥控制吐泥岩技术及模框法治理技术。

1. 断点注水泥控制吐泥岩技术

针对套管在80～120m错断地层坍塌且套内外吐泥岩不止，在表套下部80m左右地层大量漏失，套铣作业钻井液不上返，易卡钻，表套与油层套管之间有滚动扶正器难治理问题，采取在套内漏点附近向套外注水泥固化及交联已破碎的泥岩井段使之稳定，稳定后扫塞，再进行套管补贴，适用于浅层地层坍塌疑难井（图2）。

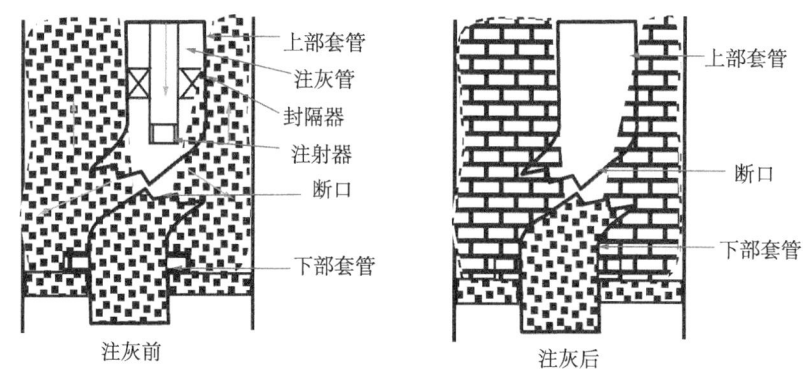

图2 断点注水泥控制吐泥岩技术示意图

2. "贴壁钻井—定向射孔—注水沟通—精准封堵—水泥封固"模框法治理技术

针对深部套管错断和吐泥岩井无法建立封井通道问题，形成了模框法治理技术。采用贴壁钻井方式打新井，利用变渗流阻力驱油技术确定新井与隐患井连通层位，定向射孔建模沟通成功后，实施水泥封固（图3）。

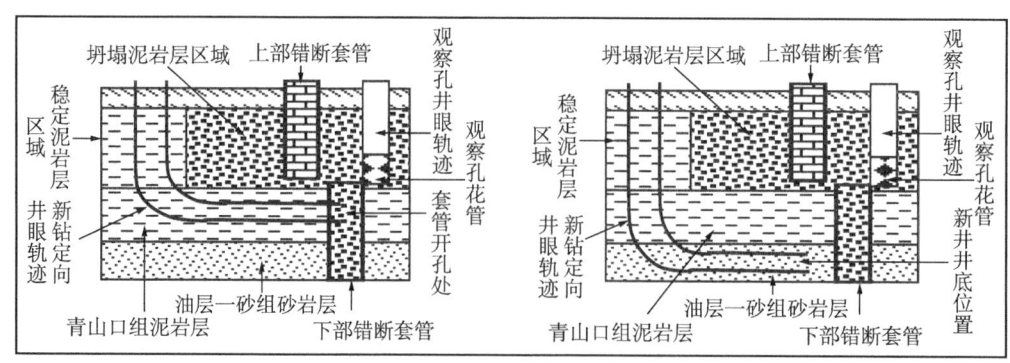

图3 同井场模框法治理技术示意图

(1) 贴壁侧钻井完钻井层确定——建立模框关键——沟通层位确定。

通过等效渗流阻力法，建立了侧钻井见水前后产量公式，结合正交设计数值模拟计算结果并采取非均质储层各层位、位置驱油效率和波及系数的方法，采用多元线性回归方法建立了考虑顶部无量纲高度的累积产油量预测模型，根据侧钻井各层剩余油饱和度、有效厚度、油水井距和无量纲距顶高度，优先选择事故点以下累积产油量最高的层进行侧钻。

(2) 贴壁侧钻井定位射孔——建立与套管窜段井层位有效沟通关键。

通过油层在平面各方位展布特征，建立新老井在平面上最有效的沟通方位，实施定向射孔，先通过定面，控制近井裂缝走向，提高裂缝与油藏匹配程度，实现沿井筒横向的应力集中，降低破裂压力；其次通过定向，向地质分析及工程确定方位定向射孔；最后通过定射角的方法，实现精准定方位射孔。

(3) 贴壁侧钻井堵剂量化——能否有效实现与隐患套返井有效封堵的关键。

在定量表征不同类型封堵体系在靶向地层的流变性基础上，构建了基于堵剂量化的封堵剂注入参数优化模型，确定了不同地层条件、流体条件下的封堵距离与堵剂用量的关系图版，现场应用过程中取得了较好的封堵效果。

2.2 开发调整与风险井预防融合调控技术

2.2.1 注水井注入参数预防调整技术

区块的注采变化会造成地下压力系统的显著变化，从而诱发地层孔隙压力增大以及岩层性质的劣化，从而导致区域性地层滑移，诱发注采井发生套变。因此，地下压力结构调整是预防油水井发生套变的重要措施，注入井的持续高压注入是导致油层压力上升的最直接原因。因此，在不影响油田开发形势及经济效益的前提下，应该从控制套变的角度适当控制注入量和注入压力。

注入压力与油水井套变数量及速度有直接关系。由于部分井固井质量不好，当注水井注入压力过高时，引起注入水上窜并达到或超过 B/A 界限泥岩破裂压力，使其裂缝张开大量吸水，引起泥岩膨胀错动，导致套管变形。

结合储层、能量、连通关系、注采关系等，研究形成扶余油田点弱面强的注水政策，从根本上预防套损井发生率，从根源上防控。

1. 注水压力界限确定方法

(1) 泊松比法。

$P_f = (P_{ob} - P_t) \times [\mu/(1-\mu)] + P_t P_{ob}$（上覆岩层压力）= 压力梯度 × 油层深度 /10

式中，扶余油田压力梯度取 0.23MPa；μ 为泊松比，砂岩为 0.25～0.35，扶余油田取 0.35。P_t（井底油层压力）=（注入压力 − 嘴损压力）+（9.8×1000× 油层深度 /1000000）（表1）。

(2) 压力梯度法。

$P_f = CH$。H—油层深度、C（压裂梯度）= 0.02233 × 0.68+（覆盖压力梯度 −0.68）× P_t/D_0

式中，H 为油层深度；0.68 为常数；D_0 为油层深度取 448m；覆盖压力梯度对于深度小于

3000m 的油层为 1.0（表 2）。

表 1 油层破裂压力计算统计表（柏松比法）

区块	油层深度（m）	压力梯度	上覆岩层压力（MPa）	平均注入压力（MPa）	P嘴损压力（MPa）	P井底油层压力（MPa）	P油层破裂压力（MPa）
东	435	0.23	10.0	5.1	0.3	9.1	9.6
中	451	0.23	10.4	5.6	0.3	9.7	10.1
西	479	0.23	11.0	5.6	0.3	10.0	10.5
全厂	448	0.23	10.3	5.4	0.3	9.5	9.9

表 2 油层破裂压力计算统计表（压力梯度法）

区块	油层深度（m）	压裂梯度	P_f油层破裂压力（MPa）
东	435	0.0219	9.5
中	451	0.0221	10.0
西	479	0.0219	10.5
全厂	448	0.0220	9.8

通过上述两种方法求取平均值，确定注水井注入压力界限。

2. 井口最大注入压力、极限注水量确定法

$$井口最大注入压力 = P_f - P水柱 + P嘴损$$

单井极限注入量 =（井口最大注入压力 - 启动压力）× 吸水指数（表 3）。

表 3 井口最大注入压力、极限注水量计算表

区块	P_f油层破裂压力（MPa）	P嘴损（MPa）	P静水柱（MPa）	P井口最大注入压力（MPa）	目前平均注入压力（MPa）	P启动压力（MPa）	吸水指数[m³/(d·MPa)]	极限单井注水量 m³	单井实际日注水量 m³
东	9.5	0.3	4.3	5.5	5.1	4.34	42.9	51.4	31
中	10.0	0.3	4.4	5.9	5.6	5.01	46.9	40.8	30
西	10.5	0.3	4.7	6.1	5.6	4.86	56.4	70.2	34
全厂	9.8	0.3	4.4	5.7	5.4	4.74	49.3	47.8	32

按照扶余油田水井注水井数结合最大注入压力，确定最高日注量不超 47.8×1745=83411m³/d，结合上述计算值，注入压力控制在 8MPa 以内。目前日注水仅为 47000m³/d，压力控制在 7.2MPa 以内。

2.2.2 合理调整钻井套管下入参数及固井参数

新钻的油水井加 80m 表套，封固三、四水系；提高套管强度，a/b 界限以下用 P110 套管，以上用 J55 套管；采取固井水泥浆全程加速凝剂，固井水泥返高返到地面，入井和返出的水泥浆密度一致。

2.2.3 设计内节流保护套管压裂喷砂器

以"降低喷砂器出口流速、减轻携砂液对套管的喷砂切割作用"为设计前提，自主研发变喷口直径适应于常规低排量压裂的螺旋布孔喷砂器大幅度降低对套管的切割；较大排量压裂，设计研发内节流保护套管压裂专用喷砂器，实现对套管的保护。

3 效果及建议

近年来扶余采油厂针对老井在开发过程中套损井因素分析，通过建立井筒模型分析主要因素，建立了钻井固完井预防技术、注水调整预防技术，该预防技术的成功应用，套损井发生率年降低了 1.5 个百分点。同时对已存在的套返井采取三次固井封井工艺技术、套外加固封堵技术、断点注水泥控制吐泥岩技术、模框法治理技术，有效实现了不同类型套返井的治理。

（1）开发调整与风险井预防融合调控技术从注水政策的制定、压力调控等方面有效预防了老油田套损井的发生率，年发生率由 2.5% 下降到 1% 以内。形成的钻完井一体化防控措施对于五年内新完钻的新井未发生套损。

（2）因套损产生的吐泥岩不止、找不到鱼顶无封井通道井形成的断点注水泥控制吐泥岩技术、模框法治理技术等，治理成功率由以往的 60% 提高到 100%，实现了有效治理。

（3）下步采用弹韧性水泥浆，改善水泥环的性能；增下套管封隔器，避免易套变区岩层形成进水通道。

参 考 文 献

[1] 何修仁. 注浆加固与堵水 [M]. 沈阳：东北工学院出版社，1990.
[2] 刘绘新，张鹏，熊友明. 合理井身结构设计的新方法研究 [J]. 西南石油大学学报（自然科学版），2004.

非常规气藏带压修井作业风险评估与防控

江源 尹强 黄玲

(中国石油西南油气田公司工程技术研究院 四川省成都市)

摘 要 天然气作为清洁能源，全球消费量呈现逐年增长的趋势，高效安全地开发利用天然气资源是我国能源战略升级的重要措施，而非常规气藏则是中国未来油气勘探开发的战略重点之一。带压修井作业技术是保证天然气资源绿色高效开发的革命性井下作业技术，它是通过利用特殊设备控制井筒压力，在井筒带压情况下实现完井、修井目的的特殊作业方式。本文对非常规气藏带压修井作业进行风险评估与防控，通过充分评估风险和原因分析，制定出相应的风险削减措施，有效防控带压作业工程事件或者事故，提高作业效率和效益。

关键词 非常规气藏 带压修井作业 风险评估 防控

引言

目前，我国常规天然气高品质资源逐步开采消耗，剩余天然气资源多为低品质、高风险类型，勘探开发难度较大。所以加大非常规油气资源勘探开采力度显得尤为重要，《国民经济和社会发展十三五规划纲要》提出：积极开发页岩油（气）资源。带压修井作业是石油工业中绿色高效的一种作业方式，它具有高危险性和复杂性，常常会涉及高压气体和高压流体，具有一定的安全风险。因此，对带压修井作业的安全风险进行全面评估分析与防控显得尤为重要。对于带压修井作业的安全风险评估，需要多方面考虑：作业环境是一个重要的因素，其中包括井场环境、井口装置、井身结构等都会影响到安全风险评估；作业内容也是评估安全风险时需要注意的一个方面，其中包括作业步骤、作业工具和设备以及作业人员数量和技能都会对安全风险评估造成影响，工具和设备的安全性和稳定性是安全风险评估中需要考虑的重要因素；对潜在危险源的分析也必不可少，高压气体、高压流体、高速旋转设备等都是潜在的危险源，而这些潜在危险源的存在也会直接影响安全风险评估的结果；安全防控措施也是安全风险评估不容忽视的一个方面，保护装置、监测系统、安全培训、操作手册等都是有效的安全防控措施。所以，对带压修井作业的安全风险进行全面评估需要考虑作业环境、作业内容、潜在危险源和安全防控措施等多个方面，从不同角度进行综合分析和评估，这样才能将带压作业保护储层、降本增效、绿色环保的技术优势最大发挥。

1 带压作业环境风险评估

1.1 井场环境风险评估

带压修井作业是在井口压力较高的情况下进行的一项风险作业。为了确保作业安全，需要首先对井场环境进行全面评估，以识别井场环境潜在的风险和危险因素。带压修井作业的井场环境风险评估内容包括：提前收集井场周围人居情况调查资料，包括井场周围一定范围内的居民住宅、学校、工厂、矿山、国防设施、高压电线、地质评价、水资源情况以及风向变化等环境勘察评价的文字和图件资料，并标注说明。

1.2 井下环境风险评估

作业前需了解本井和邻井的各产层中有毒有害气体含量。

（1）本井产层性质（油、气、水）预测，本井或邻井目前地层压力或原始地层压力、油气比、注水注汽区域的注水注汽压力、采出程度，以及其他地质层段在钻开时的钻井液性能，油、气、水、漏显示资料，原试油情况（层段、产能、压力及流体性质资料）。

（2）地层分层及其岩性。钻进中如遇放空层、特大漏失层、塑性地层、易垮塌层等特殊地层应提示。

（3）井身结构，井内各层套管钢级、壁厚、尺寸、下入井深，水泥返高，固井情况，试压情况，套管腐蚀磨损情况；井下管串的结构、钢级、壁厚、尺寸、下入井深，井下复杂情况；井口情况；以及丛式井组中邻井的井身结构、套管参数、试采简况、地层互相连通情况等资料（表1）。

表1 带压作业前期环境风险评估表

序号	风险评估内容	检查方式	检查依据	执行人员	评估结果及防控措施
1	井场周围人居情况调查资料（井场周围一定范围内的居民住宅、学校、工厂、矿山、国防设施、高压电线、地质评价、水资源情况以及风向变化等环境）	现场查验	《石油天然气工程设计防火规范》	项目负责人、技术负责人	执行人员编写（全体作业人员校核）
2	井下作业预测含有或已知含有硫化氢的油气井井场布置	现场查验、资料查验	《硫化氢环境 井下作业场所 作业安全规范》	项目负责人、技术负责人	执行人员编写
3	带压作业地面流程安装固定	现场查验	《井下作业井控实施细则》	项目负责人、技术负责人	执行人员编写
4	井下流体性质分析	资料查验	《井下作业井控技术规程》	项目负责人、技术负责人	执行人员编写
5	非常规气藏地层分析	现场访谈、资料查验	《石油天然气钻井井控技术 规范》	项目负责人、技术负责人	执行人员编写
6	井下管柱情况分析	现场访谈、资料查验	《石油天然气钻井井控技术规范》	项目负责人、技术负责人	执行人员编写

2 非常规气藏带压作业过程主要风险

表2识别了在非常规气藏带压修井作业期间，不同环境下对作业人员或设备构成的不同风险，并结合国内外行业指导手册进行非常规气藏风险识别和评估，制定了相应的防控措施。具体清单内容参考表2。

表2 非常规气藏带压作业主要风险评估表

序号	风险场景	导致结果	发生概率	风险等级	防控措施
1	工人在紧急情况下无法安全从钻台/工作台面上撤离	人员伤害	中	高	（1）确保在二层台上有工人的情况下，不得将所有管柱架满在钻台上； （2）使用自动机械的管柱排管系统； （3）在辅助式带压修井操作期间，不得允许其他任何人员进入井架； （4）在需要在井架或钻台上定位人员进行的任何工作中，必须放置测试过的双屏障
2	失控高速流体从防喷器与管柱环空窜出，导致管柱和设备完整性受损： （1）窜过已关闭的半封闸板； （2）窜过已关闭的卡瓦； （3）超过管柱弹性或屈服荷载； （4）控压元件被井下流体过度冲蚀磨损或腐蚀	人员伤害 环境污染 设备损坏	中	高	（1）闭合夹紧防卡钻系统，包括①可视化警报；②连接至钻机节气门的节气门中断系统，当闭合夹紧时中断钻机节气门。注意：该系统必须"失效安全"，任何故障都会触发告警和节气门中断。 （2）配备主防喷系统保护装置。 （3）配备带压作业卡瓦锁定装置。当井下带压作业重管柱作业时，卡瓦锁定装置不会影响卡瓦正常运行，并能完成紧急情况下的卡瓦关闭。 （4）举升液缸与设置，记录带压作业力学计算。 （5）实施一项卡扣装置服务程序，并执行"无泄漏"政策。 （6）在井场作业前进行夹紧防卡钻器材与防喷器的流体兼容性测试。 （7）定期进行设备检查和维护，以识别并解决潜在问题，避免成为安全隐患。 （8）为所有参与应急井控的作业人员提供持续的培训，确保他们了解并能够按照安全操作程序进行作业
3	非控制性井下物体喷出	人员伤害	中	高	卡瓦互锁装置，可以防止一个组卡瓦在关闭前不能打开另一个组卡瓦
4	井口起火或者爆炸	人员伤害 环境污染 设备损坏	低	高	考虑在井内进行惰性气体或液体上的置换
5	司钻与带压作业操作员之间沟通不足	人员伤害	高	高	（1）需要相当熟悉相关工艺，并进行大量配合练习，确保有规范的交流指令和操作能力。 （2）要求编写带压作业操作指导手册

续表

序号	风险场景	导致结果	发生概率	风险等级	防控措施
6	井口压力释放	人员伤害 环境污染 设备损坏	高	高	（1）带压操作时，井口设备处于全程带压状态中，因此所有带压作业设备的压力等级应符合设计要求； （2）考虑通过开井降压来降低井口压力，达到更安全的作业水平，尽可能降低带压作业过程中轻管柱作业的时间

3 非常规气藏带压作业井下压力主要控压措施

3.1 管内压力双屏障保护

与常规带压作业方式不同，非常规气藏带压修井作业通常需要采用双屏障保护模式进行作业。这种作业方式不仅能够使带压作业满足更高压力等级要求，同时可使带压作业更适用于大斜度井的使用环境，满足现有页岩气藏水平井使用要求，加速提升页岩气藏和其他非常规气藏的开采效率，降低带压作业风险。它的主要优点有：

（1）形成井下的管内压力控制双保险模式，即使在带压作业中一支堵塞器失效，也能安全完成带压更换井下管柱作业，提升了作业安全性。

（2）通过与工作筒配合，进一步提升堵塞器的坐封稳定性能，便于堵塞器在管柱内的投放与回收，也避免了堵塞器坐封后在管柱内发生位移，降低了堵塞器失效风险。

（3）在使安全性能得到提升的同时，拓展了非常规气藏带压作业选井范围，让带压作业更适用于大斜度井工况作业（图1）。

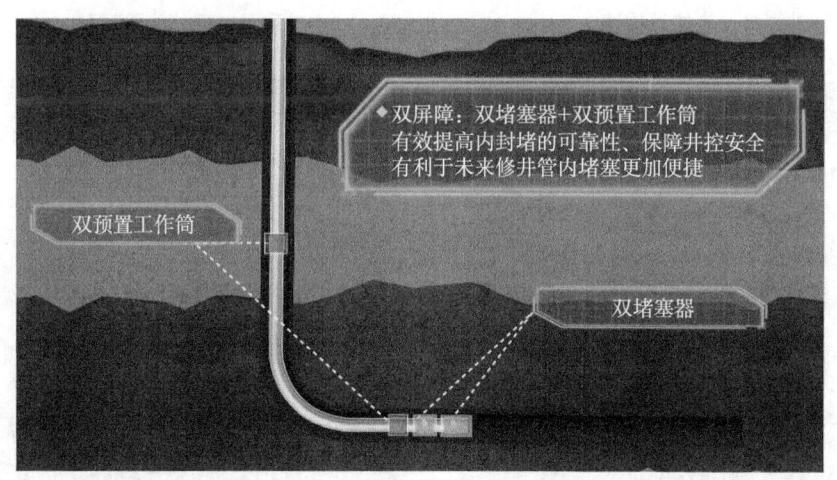

图1 双堵塞器示意图

3.2 多样化管柱底堵控压工具配备

管柱底堵是带压下完井管柱作业时的核心控压部件，安装于完井管柱底部，可以有效控制管柱内压力,实现带压作业高效下入完井管柱。所以管柱底堵的安全可靠性至关重要,一旦失效,则会出现大量井下高压流体从管柱内喷出的危险情况,可能导致人员伤亡、设备损坏、环境污染等问题的发生。针对不同工况选择性能不同的管柱底堵,可大幅提升非常规气藏带压作业的安全性和实效性。

3.2.1 陶瓷破裂盘式底堵

陶瓷破裂盘式底堵的主要优点在于其特殊的几何结构和材质性能,使它在有效控制管柱底部压力的同时,不会受到井下流体性质影响,性能稳定。当需要打开管柱内流体通道时,通过向其上部泵入清水或其他流体,可快速实现盘体破裂,实现油套连通。而且,破裂盘破碎后的陶瓷片具有体积小、密度小、硬度底等优点,利于后期返排,减少了井内的残留物。陶瓷破裂盘式底堵适用于高压和井下流体性质较为复杂的非常规气藏井,如图2至图5所示。

图2 陶瓷破裂盘式底堵结构图　　　　图3 陶瓷破裂盘式底堵密度试验

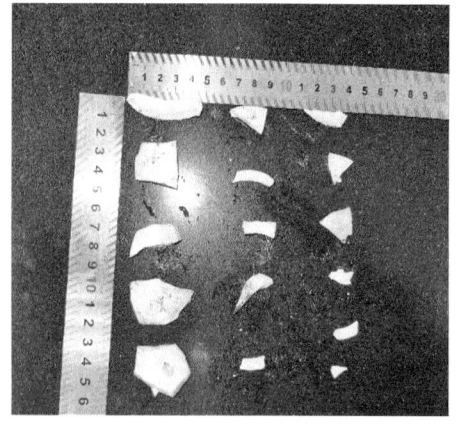

图4 陶瓷破裂盘式底堵高压承压试验　　图5 陶瓷破裂盘式底堵碎片

3.2.2 可溶底堵

可溶底堵是一种针对页岩气藏,适用于大规模压裂施工的油气井中使用,利用压裂完

成后的返排液对可溶底堵进行溶解,最终实现油套管连通。它的主要优点有以下三点:

第一,可溶性好,使用方便。可溶底堵的溶解速度较快慢,可根据返排液性能进行调节,结合后期工艺设计具体溶解速率。

第二,安装便捷,安全可靠。可溶底堵的结构设计不仅可靠简洁,便于现场使用安装,而且其可溶材料是经过特殊加工后具有高强度、耐温、耐腐蚀等性质,能快速有效地控制住井下流体上窜。

第三,环保性好,便于返排。可溶底堵经过特殊处理,溶解于返排液中,其溶解产物对环境及生态影响很小,不存在二次污染的问题。这正好符合绿色发展的理念,符合国际环保法规和标准。

总之,可溶底堵有溶解速度快、安装使用方便、阻塞效果好、安全可靠、环保性好等多种优势,在页岩气藏中得到的应用和推广(图6)。

 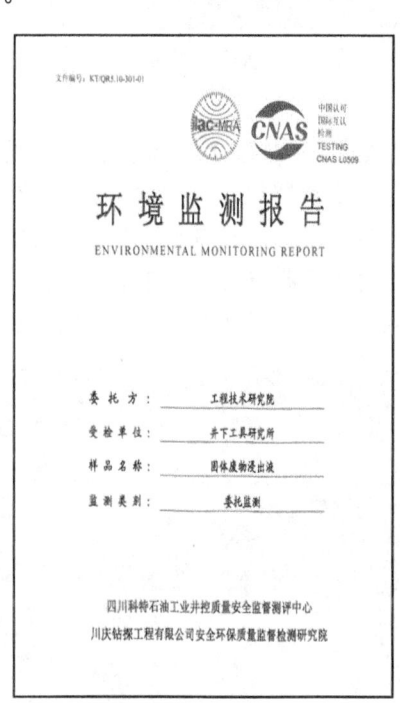

图6　6h后内置可溶堵头全部溶解状态和溶解液环境监测合格报告

3.2.3　筛管底堵

筛管底堵主要用于裸眼井段的带压下完井管柱作业。由于筛管长度较长,传统作业方式采用压井作业来下入筛管,对油气储层存在一定损伤。新型的筛管底堵可实现带压下完井管柱,对油气产层实现最大保护。

新型筛管管体上沿其轴向螺旋设有多个安装孔,安装孔内安装有可溶堵头,可溶堵头朝向管体外的一端上开设有溶解安装孔。管体上的安装孔由于被可溶堵头封闭成为了没有孔的筛管,可以进行带压下入,当到达设定的井深后,由于井下的液体本身具有腐蚀性,可溶堵头和井下的液体进行接触从而发生溶解,管体上的安装孔暴露出来形成筛管。筛管底堵适用于裸眼完井管柱带压作业和储气库带压完井管柱作业(图7)。

3.3 双向承压智能坐封堵塞器

结合非常规气藏多相流体特殊工况，配套完成机电液一体化智能坐封堵塞工具系列，可实现堵塞器上下双向承压，满足非常规气藏的特殊工作环境。双向承压智能坐封堵塞器将原有堵塞工具坐封销钉由冲量剪切转变为静态剪切，实现了坐封力的精确控制，并将坐封力提升至10倍。在简化了操作过程的同时，提高了管柱内压力控制的可靠性，并将投堵作业适应范围从井斜47°/30m提升至69.5°/30m，适用于油气水井多相流的复杂井况。

图7 筛管底堵组装图

新型智能坐封堵塞器解决了现有钢丝堵塞器存在密封质量不高，锚定力不足，通过性不强，下至指定位置困难，对操作人员技能要求极高等问题。新型堵塞器通过配套智能定时器，实现堵塞器定时控制；将动力单元和液压缸应用在堵塞器上，满足堵塞器坐封力充足，密封稳定；不仅提升了堵塞器的工作性能，还提高堵塞器的可靠性和时效性。所以，智能坐封堵塞器适用于对井下多相流、油套变形、堵塞器双向承压、大斜度井、高压井等较为复杂的井况进行压力控制（图8和图9）。

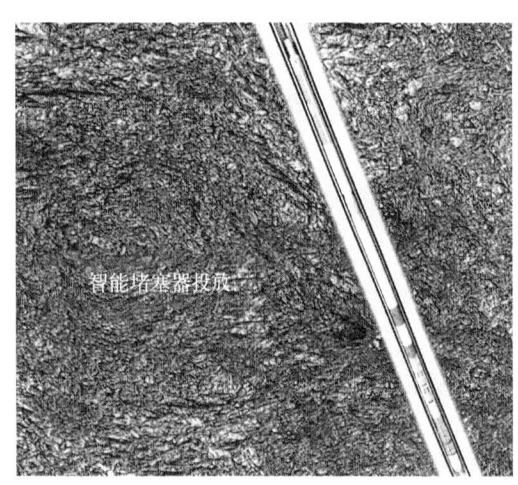

图8 智能堵塞器投放示意图

图9 智能堵塞器在页岩气藏应用

4 配备带压作业装备主动安全防控装备

（1）配备长寿命高压动密封井口装置。通过侧门自激励浮动密封结构，利用井筒压力自激励密封，将单一挤压密封转变为自激励与挤压双重密封模式，克服了因高温高压引起侧门间隙增大而造成的密封失效，使其具有低摩擦系数、强耐磨与高承载性能，可以满足非常规高压气藏带压作业要求（图10）。

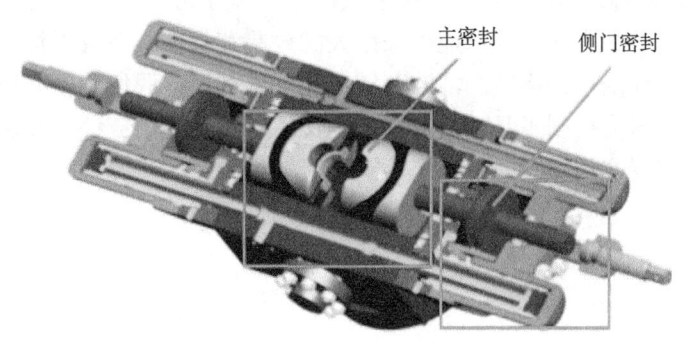

图10 高压动密封井口装置示意图

（2）配备卡瓦工况逻辑自适应互锁装置。实现卡瓦工况逻辑自适应互锁控制，有效避免了管柱失控导致的井喷事故，确保作业安全（图11）。

（3）配备带压井口实时鹰眼系统。实现高温高压井口密闭环境内井下管柱结构实时可视，大幅提高狭小空间作业的精准控制，避免管柱变径、缺陷等异常情况导致的井控风险（图12）。

图11 卡瓦互锁系统图　　　　　　　图12 鹰眼监控系统图

（4）配备非常规气藏带压作业监测与控制系统。克服悬重测量精度低、压力监测难的难题，实现带压作业动态数据监测与控制。同时针对非常规气藏的复杂工况，建立带压作业全过程风险识别与决策系统，实现带压作业"预知性"风险诊断与远程控制。

5　结论

四川盆地作为中国非常规油气勘探开发的主力战场，低渗碎屑岩、页岩等气藏分布众多，资源量极为丰富。但埋藏深、层多、非均质性严重、敏感性强等特点，导致勘探开发和有效动用难度大，尤其是在带压作业领域面临：井下管柱腐蚀，天然气易燃、易爆、高压、高速特点，多相流体混合生产等诸多安全风险，对设备、工具、管理都有更高要求。

本文重点对非常规气藏带压修井作业主要风险因素做了分析，但风险因素远不止上述内容，任何一个小环节的失误，都可能带来巨大的危险和损伤，造成工程事故。所以为保障非常规气藏带压作业安全、高效、清洁、绿色地开采利用，我们应不断完善带压作业配套装备，提升管柱内压力控制工具的可靠性，确保工艺技术的适应性，并建立相关的理论和技术体系，最终实现非常规气藏带压作业安全高效运行。

关于LEC评价修正方法的探讨

沈海凤　张　亮

(中国石油大港油田公司　天津市滨海新区)

摘　要　作业条件危险分析（LEC）方法作为风险评价的方法，由于操作容易、简单实用而被广泛应用。然在其实际应用中，各因素取值偏差影响到风险评价的结果准确性。为了使得风险评价结果更加符合企业风险管控实际，在实践基础上，笔者结合大港油田公司实际提出LEC修正方法，力图更真实反映风险评价的结果，并为深化生产安全风险分级管控提供科学的评价方法。

关键词　危害因素　LEC评价　风险等级　实际水平　修正

引言

作业条件危险分析方法（以下简称LEC法）适合企业对安全风险等级进行半定量化的评价，实际应用中，很多企业管理人员和岗位员工不了解该方法制定的初衷和内涵，只是认为该方法操作容易、简单实用而被广泛应用。但该方法由于仅仅是一种基于风险初步评价的数学模型，存在着主观随意性较强，各因素取值偏差明显等缺陷，影响到风险评价结果的准确性，严重限制了评价结果对于企业日常生产安全风险管控的指导意义，有必要结合实际加以改进并使用。

1　原始LEC法简介

1980年，美国的K·J·格雷厄姆和G·F·金尼针对人们在具有潜在危险环境中作业的危险性，提出了将作业环境的危险性作为因变量（D），将事故或危险事件发生的可能性（L）、暴露于危险环境的频率（E）及危险严重程度（C）作为自变量，以三个分值的乘积来评估作业条件危险性的大小，即 $D=L \times E \times C$。

1.1　事故发生的可能性（L）

发明者在0.1和10之间根据可能性的大小相应的确定七个中间值，具体见表1。

1.2　人员暴露于危险环境中的频繁程度（E）

发明者以0.5和10为参考点，在0.5和10之间根据人员在危险作业环境中暴露的情况进行划分并确定了六个分值，具体见表2。

表1　事故发生的可能性（L）

分数值	事故发生的可能性	分数值	事故发生的可能性
10	完全会被预料到（1次/周）	0.5	可以设想，但很不可能（1次/20年）
6	相当可能（1次/6个月）	0.2	极不可能（1次/大于20年）
3	不经常，但可能（1次/3年）	0.1	实际不可能
1	完全意外，有极少可能（1次/10年）	—	—

表2　人员暴露于危险环境中的频繁程度（E）

分数值	人员暴露于危险环境中的频繁程度	分数值	人员暴露于危险环境中的频繁程度
10	连续暴露	2	每月一次暴露
6	每天工作时间内暴露	1	每年几次暴露
3	每周一次或偶然暴露	0.5	非常罕见的暴露（<1次/年）

1.3　发生事故可能造成的后果

发明者将轻微伤害的可能结果分值规定为1，以此作为打分的最小参考点，而将造成许多人死亡的可能结果的分值规定为100，作为打分的最大参考点，在1和100之间根据不同后果插入相应的中间值，具体见表3。

表3　发生事故可能造成的后果（C）

分数值	发生事故可能造成的后果	分数值	发生事故可能造成的后果
100	大灾难，许多人死亡，或造成重大财产损失	7	严重，重伤，或造成较小的财产损失（损工事件—LWC）
40	灾难，数人死亡，或造成很大财产损失	4	重大，致残，或很小的财产损失（医疗处理事件—MTC，限工事件—RWC）
15	非常严重，一人死亡，或造成一定的财产损失	1	引人注目，不利于基本的安全健康要求（急救事件—FAC以下）

1.4　生产作业条件危险性（D）

发明者规定了将上述3个潜在危险性作业环境的自变量分值相乘得到的乘积，即可得到该作业活动的危险性分值，根据不同得分区域的危险性分值划分了对应的风险等级，具体见表4。

2　原始LEC法存在的主要问题

（1）没有明确与前期危害因素辨识结果相结合。

表4 作业条件危险性大小（D）

分数值	风险级别	危险程度
>320	5	极其危险，不能继续作业（立即停止作业）
160~320	4	高度危险，需立即整改（制定管理方案及应急预案）
70~159	3	显著危险，需要整改（编制管理方案）
20~69	2	一般危险，需要注意
<20	1	稍有危险，可以接受

（2）针对可能性（L）取值，没有考虑到企业的实际管控水平。

（3）不能找到在人、物、环、应急等环节上存在的管理缺陷，没有为下一步实施纠正措施降低风险提供依据。

3 修正思路

（1）针对影响特定事故发生的人的、物的、环境的、应急等四个方面的因素，建立具有普遍适用特征的管理系数打分标准。

（2）针对已经建立的某一特定事故的危害因素集合，采取预先分析与现场查验相结合等方式，具体分析所在单位当前对该类作业活动的实际管控水平。

（3）依据打分标准对其符合程度进行打分，得到一个管理系数，将管理系数与依据 LEC 评价方法得到的原始分值相乘，得到修正后的作业条件危险性（D）的数值。

4 修正方法

（1）依据 GB/T 13861—2009《生产过程危险和有害因素分类与代码》，结合多年事故管理的经验，本着普遍适用的原则，将人员管理内容分为八个方面、将设备设施管理内容分为五个方面、将作业环境管理内容分为四个方面、将应急管理内容分为六个方面作为打分的标准条款。

（2）按照人的管理、物的管理、环境管理、应急工作管理等四个方面对影响事故发生的重要程度，人为设定一个权重系数范围，其中完全符合管理要求时取最小数值，不符合管理要求时取最大值，处于二者中间情况时依据实际情况适度取值，形成了可以适应各种生产安全事故类型的安全管理系数赋值标准，具体见附表5。

表5 安全管理系数赋值标准

危害因素分类	序号	管理措施	分值权重	得分
人的管理M_1	1	接受培训并考核合格持证上岗	0.91~1.4	
	2	了解作业活动具有的风险	0.91~1.4	
	3	掌握施工方案、作业许可及操作规程	0.91~1.4	

续表

危害因素分类	序号	管理措施	分值权重	得分
人的管理M_1	4	工艺纪律得到严格遵守	0.91~1.4	
	5	操作技能熟练，胜任独立操作要求	0.91~1.4	
	6	个人防护用品配备与佩戴齐全有效	0.91~1.4	
	7	现场监护职责能够得到有效落实	0.91~1.4	
	8	生理和心理素质满足上岗要求	0.91~1.4	
		小计		
物的管理M_2	1	设备设施设计先进、性能优良、本体无缺陷	0.92~1.3	
	2	安全防护设施、装置、附件等齐全完好	0.92~1.3	
	3	针对原材料物理性能实施了有效的防护技术手段	0.92~1.3	
	4	针对化学品危险性能实施了有效的防护技术手段	0.92~1.3	
	5	针对上述物的问题能够得到及时解决	0.92~1.3	
		小计		
环境管理M_3	1	作业现场综合性工作环境保持良好	0.94~1.1	
	2	室外操作遇到恶劣天气立即停止作业	0.94~1.1	
	3	设备设施平面布局合理，有足够的操作空间	0.94~1.1	
	4	人机工程学优良，无强迫体位操作	0.94~1.1	
		小计		
应急管理M_4	1	应急组织机构健全，职责分工明确	0.93~1.2	
	2	各级应急预案与处置方案（卡）齐全、有效	0.93~1.2	
	3	各级应急预案与处置方案（卡）培训演练到位	0.93~1.2	
	4	资金投入能够保证应急物资齐全有效	0.93~1.2	
	5	员工队伍素质高，应急响应执行力强	0.93~1.2	
	6	发现问题能及时提出并得到纠正	0.93~1.2	
		小计		
管理修正系数$M=M_1 \times M_2 \times M_3 \times M_4$				

（3）依据安全管理系数赋值标准，针对企业具体作业活动对人的管理、物的管理、环境管理以及应急管理实际表现进行打分，得到一个安全管理系数，将其与依据 LEC 评价方法得到的原始分值（D）相乘，并得到一个修正后的、更加准确的作业条件危险性（D_1）的数值。

$$D_1 = M \times D$$

式中　D_1——修正后的作业条件危险性；
　　　D——修正前的作业条件危险性。

$$M = M_1 \times M_2 \times M_3 \times M_4$$

式中　M——安全管理系数；
　　　M_1——作业人员管理系数；
　　　M_2——作业设备设施管理系数；
　　　M_3——作业环境管理系数；
　　　M_4——应急管理系数。

（4）同时记录不符合标准的具体问题，以提供下一步纠正的对象。

5　调整生产作业条件危险性（D）赋值含义

为了有利于验证修正效果，将原始的作业活动危险性分值对应的风险等级及危险程度描述进行调整，使其更加符合现行国家和中国石油管理要求，具体见表6。

表6　调整后的作业条件危险等级（D）

颜色	分值	风险等级	危险程度
红色	>320	重大风险	不可接受，立即停止作业（制定管理方案及应急预案，并立即整改）
红色	160～320	重大风险	不可接受，需立即整改（制定管理方案及应急预案）
橙色	70～159	较大风险	有条件接受，需要整改（制定纠正预防措施）
黄色	20～69	一般风险	有条件接受，需要进一步完善现有预防措施
蓝色	<20	低风险	可以接受，保持现有预防措施

6　引用一起真实的抽油机机械伤害事故案例进行验证

6.1　作业活动基本情况

某年某月某日，某采油队维修班对某抽油机井实施电动机更换作业活动。作业人员共计5人，其中技术员肖某参加工作两年。涉及的固定设备为游梁式抽油机，移动设备为汽车吊等。主要作业步骤包括：使用刹车系统将曲柄停留在平衡位置、切断电源、挂上刹车辅助保险、拆卸旧电动机、安装新电动机、找同心度、摘掉刹车保险、松开刹车、安装电动机皮带、送电、启动抽油机恢复生产等。

6.2　事故发生经过

工作过程中，在现场人员安装新电动机环节，停留在上止点的曲柄发生旋转并击中站在旋转半径范围内的技术员肖某，送医院抢救无效遇难身亡。

6.3 事故原因分析

事故原因分析包括：人的因素 5 项（略）、物的因素 3 项（略）、环境因素 2 项（略）、应急因素 4 项（略）。

6.4 初始评价

假设前提：假如时光可以倒流，现在让我们回到该起事故发生之前，针对此类作业活动，使用原始 LEC 法对该作业活动风险进行初始评价，过程如下：

（1）事故类型：机械伤害。
（2）危害因素：见调查报告事故原因分析。
（3）评价方法：LEC 法。
（4）原始值取值过程。

①事故发生可能性 L，依据事故发生时间以及之前历史上发生的抽油机机械伤害事故概率数据，平均每 3 年发生一起亡人事故。此时，L 取值为 3。

②人员暴露于维修环境的频次 E，对于抽油机维修作业，依据实际工作制度和维护需求，平均每周一次或偶然暴露。此时，E 取值为 3。

③发生事故可能导致的后果：一旦发生曲柄意外转动可能导致的后果为一人死亡。此时，C 取值为 15。

④该作业条件危险性：$D=LEC=3×3×15=135$。

按照调整后的危险性等级划分标准（表6），抽油机电动机更换潜在的机械伤害风险等级为：较大风险。对应危险程度：有条件接受，需要整改（制定纠正预防措施）。

（5）评价满意度：不满意。理由有：
①危险性数值偏小，风险等级偏低；
②实际管理现状未与评价方法相结合；
③未找出导致事故发生的具体管理缺陷，影响了下一步纠正措施的制定。

6.5 修正评价

（1）根据管理系数权重赋值标准（表5），具体取值见表7。

表7 管理系数权重赋值标准

危害因素分类	序号	管理措施	分值权重	得分
人的管理 M_1	1	接受必要的培训并考核合格持证上岗	0.91~1.4	1.1
	2	了解作业活动具有的风险	0.91~1.4	1.2
	3	掌握施工方案、作业许可及操作规程	0.91~1.4	1.2
	4	工艺纪律得到严格遵守	0.91~1.4	1.2
	5	操作技能熟练，胜任独立操作要求	0.91~1.4	1.2
	6	个人防护用品配备与佩戴齐全有效	0.91~1.4	1
	7	现场监护职能够得到有效落实	0.91~1.4	1.3

续表

危害因素分类	序号	管理措施	分值权重	得分
人的管理M_1	8	生理和心理素质满足上岗要求	0.91~1.4	1
		小计（平均）		1.15
物的管理M_2	1	设备设施设计先进、性能优良、本体无缺陷	0.92~1.3	1.2
	2	安全防护设施、装置、附件等齐全完好	0.92~1.3	1.2
	3	针对原材料物理性能实施了有效的防护技术手段	0.92~1.3	不涉及
	4	针对化学品危险性能实施了有效的防护技术手段	0.92~1.3	不涉及
	5	设备设施及物料存在隐患能够及时发现和整改	0.92~1.3	1.2
		小计（平均）		1.2
环境管理M_3	1	作业现场综合性工作环境保持良好	0.94~1.1	1
	2	室外操作遇到恶劣天气立即停止作业	0.94~1.1	1
	3	设备设施平面布局合理，有足够的操作空间	0.94~1.1	1
	4	人机工程学优良，无强迫体位操作	0.94~1.1	1.1
		小计（平均）		1.03
应急管理M_4	1	应急组织机构健全，职责分工明确	0.93~1.2	1.1
	2	各级应急预案与处置方案（卡）齐全、有效	0.93~1.2	1.1
	3	各级应急预案与处置方案（卡）培训演练到位	0.93~1.2	1.1
	4	资金投入能够保证应急物资齐全有效	0.93~1.2	1.1
	5	员工队伍素质高，应急响应到位	0.93~1.2	1.1
		小计（平均）		1.1
管理修正系数$M=M_1 \times M_2 \times M_3 \times M_4$				1.56

（2）管理修正系数 $M=$ 人员管理系数 $M_1 \times$ 设备管理系数 $M_2 \times$ 环境管理系数 $M_3 \times$ 应急管理系数 $M_4=1.15 \times 1.2 \times 1.03 \times 1.1=1.56$。

修正后的作业条件危险性 $D_1=M \times D=1.56 \times 135=211$。

（3）修正后的风险等级。

按照调整后的危险性等级划分标准（表6），修正后的抽油机电动机更换活动潜在的机械伤害风险等级由较大风险提高到重大风险，对应危险程度为：不可接受，需立即整改（制定管理方案及应急预案）。

（4）修正评价过程发现的主要管理缺陷表现在：

①人的管理方面：员工不完全掌握抽油机作业安全风险以及防控措施、操作规程没有得到有效执行、现场监督监护责任不落实、安全培训教育未发挥有效作用等。

②物的管理方面：抽油机刹车保险装置设计存在缺陷、抽油机刹车系统维护保养不到

位、企业针对设备设施隐患排查不及时等。

③环境管理方面：传统的抽油机电动机安装工艺存在着强迫体位，影响了人员正确站位。

④应急管理方面：没有针对机械伤害突发险情制定应急预案或处置措施、人员缺乏有效的应急演练、面对突发险情不能够实施有效处置措施等。

（5）评价满意度：满意。理由有：

①评价结果为重大风险，风险等级符合中国石油和大港油田公司实际要求。

②通过修正过程找出了导致事故发生的具体管理缺陷。

7 结语

本文在梳理原始的 LEC 评价方法形成背景的基础上，依据事故致因理论，结合国家标准和企业安全生产实际，针对被评价对象的人、物、环境以及应急管理等现状，对 LEC 评价法各项取值进行了适当的修正，力求降低评价人员主观因素的影响，在一定程度上提高了风险评价的准确性，解决了长期困扰企业缺乏科学的风险评价方法的难题，同时提高了风险纠正预防措施的针对性和有效性。

危险化学品企业安全培训空间建设的探索与实践

韩广涛

(中国石油辽阳机电仪研修中心　辽宁省辽阳市)

摘　要　安全培训是为了企业安全生产而进行的一种培训,其终极目标是杜绝人的不安全行为、防范物的不安全状态、根除环境的不安全条件及排除安全管理缺陷,从而在根本上避免安全事故的发生。针对当前危险化学品企业安全培训的专职师资较为紧缺,且未形成体系化的安全培训课程体系,以对软硬件资源及兼职师资形成支撑,因此以建设安全培训空间的方式,梳理、补充培训资源,建设、健全安全培训课程体系,提供相应的数字资源,引入VR仿真技术和三维仿真技术,优化提升专兼职师资能力,以实现对危险化学品企业从业人员优质、实用、高效的安全培训。

关键词　安全培训空间　数字资源　VR仿真　三维仿真

引言

危险化学品企业在发展过程中,不仅需要科技力量做支撑,还应当提供一个良好的生态发展环境,对于企业而言,能够安全经营并为社会不断创造输送有价值的产品是每个企业的使命愿景,企业只有在安全的环境中经营才能保证自身的正常运转,近些年企业在经营过程中由于安全监管力度不够,操作人员安全意识淡薄,违规操作等原因造成企业出现大大小小事故。而降低人为因素失误是保证安全生产有效且关键的方式之一。造成人为失误的主要因素是操作人员缺乏对安全知识、操作技能的认知,安全意识又薄弱,缺乏明确的安全意识和安全知识能力储备,造成"不懂、不会、不注意"。有目的性的安全教育培训能够最大限度地降低人为因素。安全文化的灌输、安全操作技能的培养和行为的纠正都能够有效地减少人为错误,这种安全培训在世界范围内取得了显著的事故预防效果。

近年来,政府有关单位对危险化学品企业的安全运营高度重视,在应急管理部、人社部、教育部、国家煤矿安全监察局针对高危行业领域安全技能提升行动计划的实施意见中提到,从2019年11月到2021年年底,重点整治化学品、煤矿、非煤矿、金属冶炼中的危险化学品,烟花爆竹等高危行业实施安全技能提升活动计划,促进从业人员安全技能水平显著提高。涉及的培训内容包括岗位安全培训、新员工安全技能培训、班组长安全技能培训、特种操作人员培训、高职院校安全培训五项内容。

通过建设安全培训空间,常态化开展通用技能和专业技能培训,以理论授课、实操训练、仿真培训、事故案例分析等内容的多维度融合培训形式,使培训受众体验更深刻、理解更透彻、操作更规范、最终实现培训投资价值落地和培训效果落地的双重呈现。

1 项目建设主要内容

基于整体设计，辽阳机电仪研修中心安全培训空间建设内容包括物理空间、网络空间、管理空间建设的咨询服务，其中物理空间建设包含体验展示区、仿真实训区、实操训练区、事故研讨区四个功能区块的设计、建设及技术服务；网络空间包含网络培训平台、数字化培训资源设计、建设及技术服务；管理空间建设包含大数据管控中心、个人管理空间、企业管理空间设计、建设及技术服务，并与辽阳机电仪研修中心现有网络仿真平台进行无缝集成，以实现系统的网络化远程培训和信息化管理（图1）。

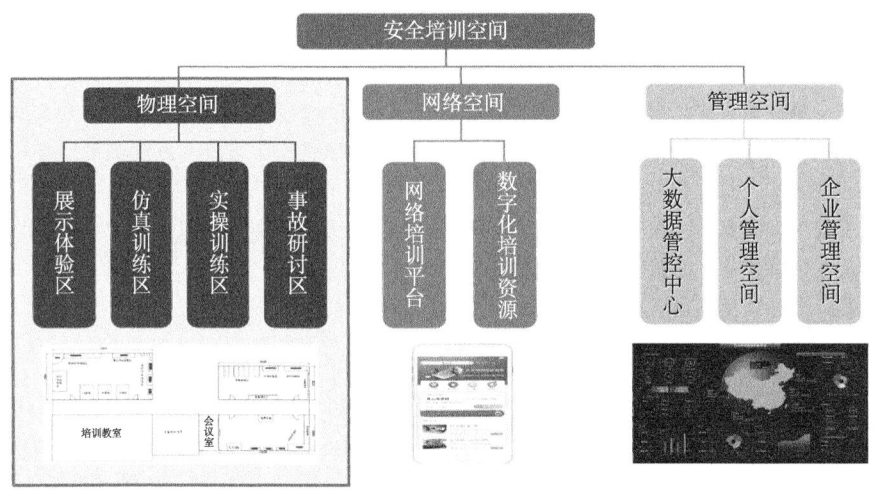

图1 安全培训空间资源建设

1.1 物理空间建设

1.1.1 展示体验区

展示体验区定位以实训为主、展示为辅。营造一个体验式的环境供企业员工进行各类安全文化及PPE的认知与体验、特殊作业环境的认知与体验、消防和应急等方面的认知与体验。通过各类型体验设备，让员工亲自操作，通过亲身体验感受，达到增强员工对安全防护、安全作业的重要性和必要性的认识，增强应急急救能力，增强对环境保护的重视等目的。展示体验区包含安全告知区、安全文化认知区、PPE体验区、特殊作业（受限空间、动火、临时用电、高处、起重、动土等）体验区、消防体验区、应急体验区、急救体验区、设备认知区、VR体验区，依托现有的培训教室进行改造建设，整体的设计平面如图2所示。

展示体验区各区功能及内容设计见表1。

1.1.2 仿真训练区及事故研讨区

仿真培训区与事故研讨区均以机房为实际培训场所，同时能满足仿真训练和事故研讨培训。

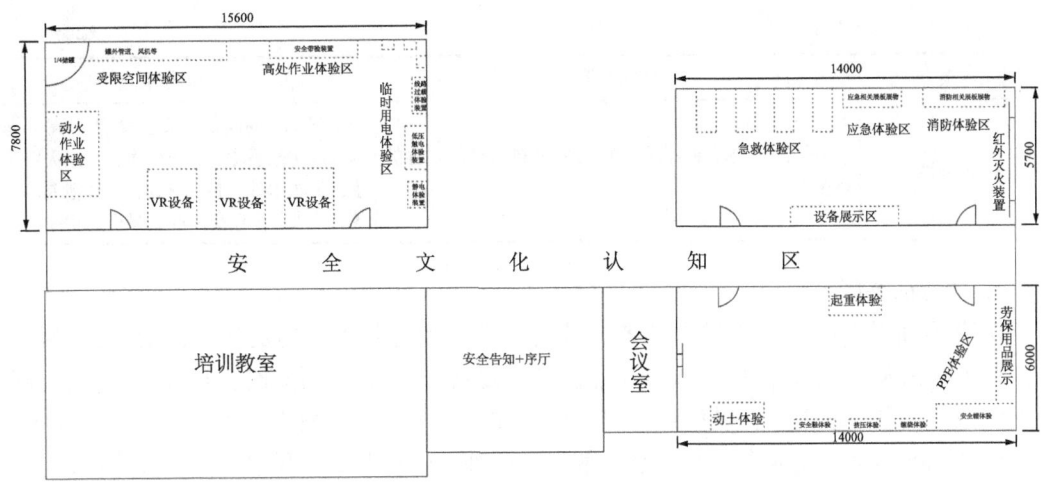

图2 展示体验区平面图

表1 展示体验区建设内容

区域	功能介绍	建设内容
安全告知区	本区域的主要功能包含对培训人员的安全告知、培训前的分组、培训前的测试以及获取学习任务导图等功能	包含危险化学品行业职业危害视频、《中华人民共和国安全生产法》解读视频、中国石油六大禁令视频等
安全文化认知区	本区域的主要功能包含中国危险化学品发展历程的学习、国内危险化学品安全/应急管理要求的认知培训、过程安全管理的认知培训、辽阳石化应急管理要求及成果展示	包含各安全文化展示内容及应急管理与现场急救视频等
PPE展示体验区	本区域的主要功能包含普通PPE的认知体验、培训特殊PPE的认知体验、培训PPE防护设施的认知体验培训等	包含各PPE实体展示、安全帽体验系统、安全鞋体验系统和缠绕体验系统以及氢氟酸泄漏酸灼伤事故警示视频（3D动画）等
特殊作业展示体验区	本区域的主要功能包含各特殊作业的基础知识、学习各特殊作业的作业场景模拟、各特殊作业票证工器具展示与认知、部分特殊作业的伤害体验等	包含受限空间作业、动火作业、临时用电、起重作业、动土作业、高处作业等作业展示装备
消防、应急与急救展示体验区	本区域的主要功能包含各类灭火器的认知培训、各类其他消防设施的认知培训、应急设备设施的认知培训、应急处置相关知识的认知培训、应急演练培训、心肺复苏等急救学习与练习以及消防相关物资、体验设备，应急相关物资及沙盘，心肺复苏体验设备，视频课件等体验	包含消防应急知识及事故应急救援失败案例视频（卡通动画视频）、事故应急救援的基本任务视频（卡通动画视频）、事故应急管理四阶段视频（卡通动画视频）以及AED使用知识、火灾爆炸应急管理视频（卡通动画视频）、中毒窒息应急管理视频（卡通动画视频）、触电伤害应急管理视频（卡通动画视频）等
设备展示体验区	本区域的主要功能包含动设备（如泵、压缩机等）的展示与学习；对静设备（如换热器等）的展示与学习；对于仪表、阀门（如压力表、温度计、气动阀等）的展示与学习	包含危险化学品生产设备相关知识及设备类视频课件

续表

区域	功能介绍	建设内容
VR体验区	本区域的主要功能是以VR的形式来进行事故伤害的体验	包含VR体验设备及高空坠落、高空抛物、脚手架坍塌、机械伤害、仓库火灾逃生、叉车事故、楼梯摔伤、气体泄漏爆炸等八个典型危险化学品场景事故软件

1. 仿真训练区

仿真培训以三维数字化模型及各类辅助资源模型为基础，构建高处、动火、受限空间、起重（吊装）、临时用电等直接作业、各类复合作业（交叉作业）、环保、交通、消防治安保卫等典型作业情景，以角色扮演、情景体验、多人互动操作为主要形式，实现各类作业安全标准培训、相应事故案例警示教育及所涉及作业范围、风险识别、安全措施、参与人员、作业过程等要素的仿真培训及考核，达到提升操作人员安全意识、安全技能与安全习惯的目的。

在仿真场景中可开展在线考试以及模拟现场实际操作（仿真操作）等培训与考核内容。依托网络培训管理平台，能够实现特殊作业环节的网络化远程培训和信息化统一管理。在线考核支持单、多人在线理论考试，支持标记、试题跳转、自动评分、仿真实训、数据分析、系统维护功能。

根据危险化学品企业常用工艺设备建模为背景软件中的人物形象以辽阳石化员工形象为模型，开发仿真培训系统、各类作业数字化模型库。

仿真训练区的资源建设主要包括表2所示的内容。

表2 仿真训练区资源建设

区域	资源
仿真训练区	受限空间作业——进入受限空间D-302检修作业（仿真软件）
	高处作业——控制室外墙刷涂料作业（仿真软件）
	动火作业——公用工程管线动火作业（仿真软件）
	临时用电作业——临时照明送电作业（仿真软件）
	起重作业——吊车起重作业（仿真软件）
	动土作业——换管动土作业（仿真软件）
	断路作业——厂前区断路作业（仿真软件）
	盲板抽堵作业（仿真软件）

2. 事故研讨区

事故警示教育区通过行业权威机构，广泛收集国外、国内与危险化学品企业生产及工程施工相关事故案例，在深入分析各类事故原因的基础上，梳理、统计各类事故直接原因种类，根据各类事故直接原因建立相应的事故案例PPT库和事故案例视频集锦，以此开展警示教育。

事故研讨区的资源建设内容见表3。

表3　事故研讨区课件内容

序号	课件名称	课件内容简介
1	金陵分公司"1·5"突发事故	2011年1月5日,中国石油化工股份有限公司金陵分公司某部门进行停车消缺,在拆除脱碳低压闪蒸槽V6405内分布管作业时发生闪爆,造成承包商南京康华建筑设备安装公司2名作业人员被气浪推出,从65m平台坠落死亡
2	燕山分公司"11·22"新建$45×10^4$t年润滑油氮气窒息事故	2013年11月22日,中国石化燕山分公司炼油三厂委托国家大容量第一检验站,对新建$45×10^4$t润滑油加氢项目中间罐V-203B进行标定时,发生氮气窒息事故,造成2人死亡
3	广州分公司"5·25"污水罐爆炸事故	2013年5月25日,承包商深圳建安(集团)公司在中国石化广州石化炼油二部污水气提三装置检修期间,某污水罐发生爆炸,造成1人死亡,造成重大经济损失
4	上海石化高处作业中承包商发生坠落事故	2008年10月21日,承包商上海安泰钢结构公司在中国石化上海石化碳五分离装置主厂房进行铺设钢格栅工作,作业过程中1名承包商人员踏上未固定的钢格栅发生坠落,经抢救无效死亡
5	江苏太仓"10·29"高处坠落事故	2017年10月29日,江苏太仓某施工现场在吊装钢梁作业中,吊物与脚手架发生碰撞,1人从脚手架上坠落致伤
6	巴陵石化公司某承包商高处坠落事故	2012年3月27日,岳阳安泰起重设备公司员工在中国石化巴陵石化公司环氧树脂车间盐库维修行车时,不幸从高处坠落,造成人员重大伤亡
7	2006年新疆独山子爆炸事故	2006年10月28日,安徽省防腐工程总公司在作业中操作失误导致原油罐区发生爆炸,最终导致13人死、6人伤的重大事故
8	广西石油分公司承包商"6·5"触电事故	2013年6月5日,中国石化广西石油分公司承包商桂林天顺防雷工程公司永福分公司4名施工人员,在罗锦加油站防雷设施施工过程中,搬运钢材时触碰屋顶10kV高压线,发生触电事故,造成1人触电身亡
9	河南油田钻井"4·3"起重伤害事故	2011年4月3日,中国石化河南油田钻井公司新疆分公司70830HN钻井队,在西北油田TP124X井与中油物流公司联合进行搬迁作业,在起吊钻台逃生滑道过程中滑道侧翻,造成重大伤亡
10	上海高桥分公司"11·19"叉车伤人事故	2012年11月19日,中国石化上海高桥分公司炼油一部石蜡精制外操陈某进行作业监护时,被承包商上海高化实业有限公司员工黄某驾驶的叉车撞倒,造成死亡
11	瓦莱罗炼油厂火灾爆炸事故	2007年2月16日,瓦莱罗能源公司McKee炼油厂丙烷脱沥青装置的工艺管道发生泄漏,导致火灾,造成3人严重烧伤,11人轻伤,炼油厂停工2个月,之后一年减量运行,造成了5000万美元的经济损失
12	辽阳石化分公司"6·29"原油罐爆燃事故	2010年6月29日,中国石油辽阳石化分公司承包商辽阳电线化工公司,在原油输转站的原油罐清罐作业中,可燃气体发生爆燃,造成重大伤亡以及直接经济损失
13	丰城电厂"11·24"施工平台倒塌事故	2016年11月24日,江西丰城发电厂进行三期扩建工程,其中冷却塔在施工过程中,施工平台坍塌,导致事故发生,事故导致73人死亡、2人受伤,直接经济损失1亿元
14	兰州石化"8·27"中毒事故	2002年8月27日,兰州石化分公司动力厂污水处理车间附近发生行人及司机中毒事故,造成5人死亡,4人重大伤势,并且造成直接经济损失200万元
15	潍坊华浩农化有限公司"6·5"淹溺窒息事故	2016年6月5日,潍坊华浩农化公司水溶肥生产车间,操作人员在查看原料卧式储罐液位时发生一起淹溺窒息事故,造成重大伤亡及经济损失

1.1.3 实操训练区

实操训练区配置危险化学品装置常见动设备、静设备及电气、仪表、管线及DCS控制系统等，系统中物料用水替代，用压缩空气代替蒸汽、氮气。利用实操装置分角色轮流开展特殊作业实操培训。

实操培训区设置特殊作业标准化模型，包含临时用电作业培训装置、脚手架实训装置、起重作业培训装置、动火作业培训装置、受限空间培训装置、高处作业培训装置、动土作业培训装置以及消防相关装置等。

实操培训区实际依托现有的应急救援基地展开，不另行建设，仅增置脚手架、灭火器、五面防护、电焊机、气瓶等工器具。

1.2 网络空间建设

网络空间建设包括网络培训平台以及数字资源建设，其中网络平台以培训体系（矩阵）为基础，综合多种类型培训资源，融合了"知识管理体系、学习计划体系、岗位培训体系、目标激励体系、效果评估体系"做理念支撑，从"学员、管理员、企业"三个应用视角出发，架构出了"学练模块、培训模块、考评模块、管理模块、数据中心"五大功能模块，为企业员工提供多终端（PC+APP）的全方位培训支持服务。

根据学员培训效果，网络培训平台后续将进行升级，升级内容见表4。

表4 网络培训平台升级内容

序号	子项名称	建设内容
1	培训内容标签	为网络培训班、专题专项、课程、题库、仿真软件、理论和仿真考试模块增加培训类型标签，如安全类、技能类、管理类等，满足后期安全培训档案统计分析需要
2	PC端-APP端积分同步	针对课程学习、题库学习、网络培训班学习、仿真学习四个模块在PC端也可获得积分，与APP端的积分保持一致
3	证书管理	提供标准的上岗证导入模板，可批量导入上岗证信息，证书信息与员工培训档案关联，平台中可以导出证书，导出打印后的证书上带有二维码标识，学员或是管理员可以扫描二维码进行证书真伪校验和查看此证书相关的培训档案信息
4	员工培训档案管理	培训档案模块，增加学时折算功能，可查询到安全培训相关的学时，具体学时计算来源包括课程学习、日常答题、仿真练习、网络培训班等

1.3 网络管理空间建设

网络管理空间主要包括个人管理空间、企业管理空间以及大数据管控中心等。

1.3.1 个人管理空间

学员可通过培训管理平台，进行个人自主学习、体系化学习，参加线上培训、考试，并对个人学习情况和能力进行评估，与他人交流互动，并可将学习积分兑换奖品，培训管理平台还为学员设置了帮助中心，以解决学员在使用平台及学习过程中遇到的问题，学员可通过二维码，查询电子证书（带有学员信息，培训信息等）、如图3所示。

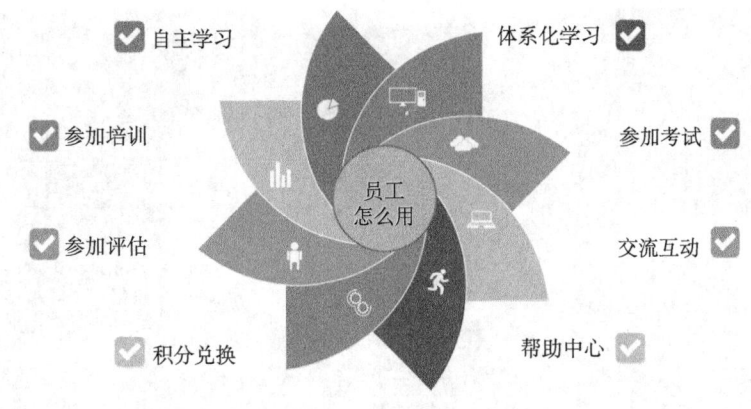

图3 个人管理空间功能

1.3.2 企业管理空间

企业管理空间将"管""控"结合，实现企业对各类培训计划的建设、跟踪、评估、分析，各类培训班的创建与运营，各类培训资源的管控以及培训数据的整合与分析，其主要功能介绍如图4所示。

图4 企业管理空间功能

1.3.3 大数据中心

大数据中心提供更直观、更炫酷的分析报告形式——大数据展示屏，如各工种、人群培训情况统计（受训人数、时长、成绩等），以及某学员的培训情况统计（培训内容、时长、成绩等）等，其效果如图5所示。

2 培训实施流程介绍

安全培训空间各空间资源以及体系搭建出模型后，需要设计相应的培训流程将所有空间的资源利用起来，让学员能够循序渐进地针对安全认知以及实操体验和仿真操作进行学习，其主要培训实施流程如图6所示。

3 安全培训空间效果

辽阳机电仪研修中心安全培训空间建成至今，已有两千余名危险化学品企业员工在这

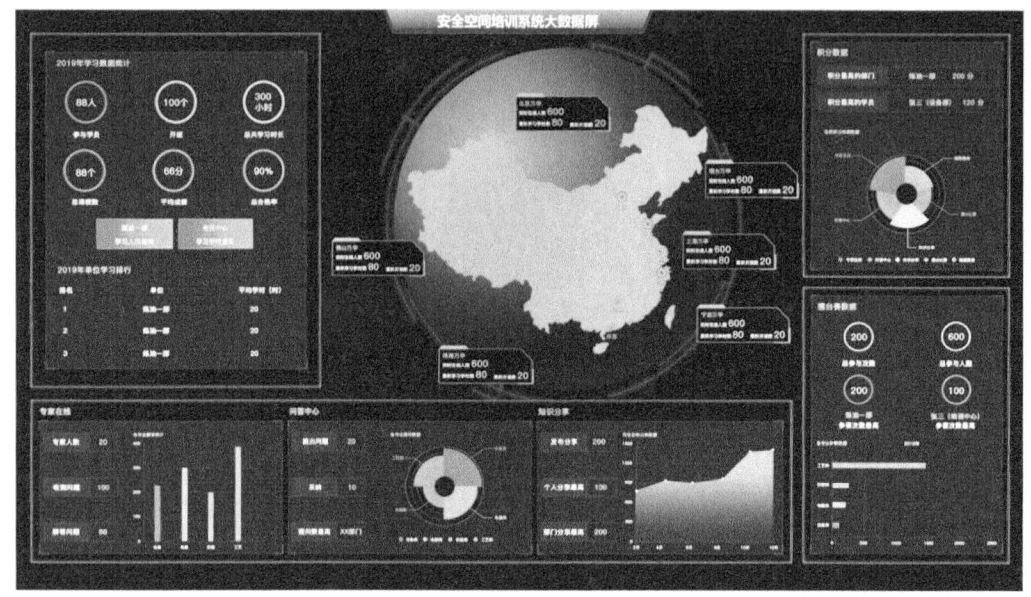

图5 大数据中心

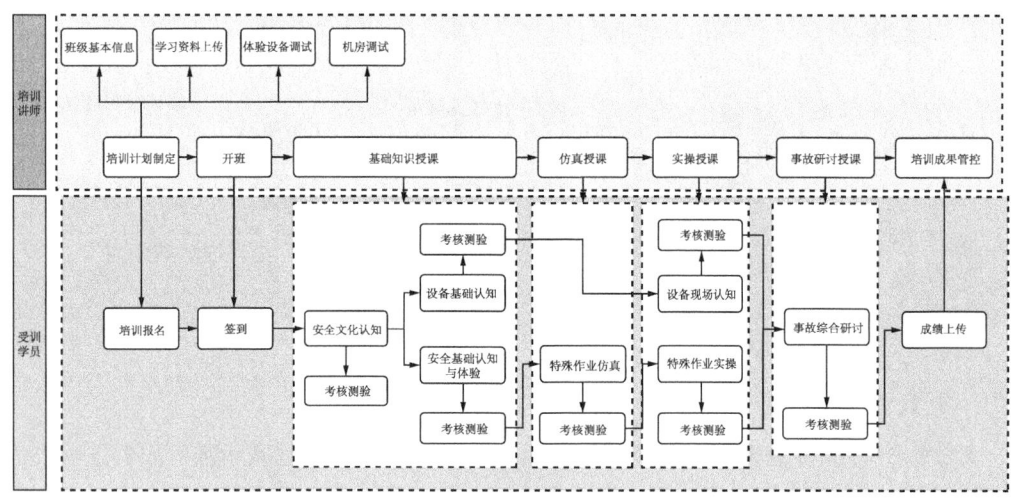

图6 培训实施流程

里完成了培训工作。培训空间通过实操训练与线上仿真及 VR 体验"虚实结合"的新培训模式,为不同基础的学员提供真实的危险化学品实践操作场景,帮助学员迅速掌握危险品操作技能、危险品专业知识,降低了参训员工在实际生产中因误操作、不懂操作等原因引起事故的风险,使危险化学品企业的安全培训落到了实处,达到预期效果。

冰封河流溢油应急处置安全保障策略

陈　昊　管成栋　王泽征

（中国石油海上应急救援响应中心　河北省唐山市）

摘　要　为有效保障冰封河流溢油应急处置作业中人员安全、冰面作业机具安全，针对河流溢油冰面作业安全建立了气温—冰层厚度—承载能力计算公式，并考虑了河流冰上溢油应急作业极限情况，以冀东油区冬季河流为例进行算例研究，得出了冰面溢油应急安全作业条件并制定了安全措施。可通过积累气象信息及实时气象数据，预测实时冰层厚度、冰层承载力，达到保障作业人员设备安全，预先制定冰区溢油应急处置策略的目标，有效提升冰封河流溢油应急处置速度，保障应急处置作业安全。
关键词　溢油应急　河流溢油　冰区作业安全　辐射冰冻度—日法

引言

我国北方地区河流在冬季受低温和寒潮影响，每年均有结冰现象，且特殊年份受极端天气影响，冰情较严重。由于河冰的存在，若发生冰封河流穿跨越管线溢油，其清理难度较大，溢油造成的环境影响时间长、后果严重。以地处河北省唐山市的冀东油区为例，其穿跨越河流输油管线有陆上作业区采油三区、四区（高尚堡）、采油二区（柳赞）、采油五区（老爷庙）、集输公司等，分别跨双龙河、青龙河、溯河、纳潮河四条河流，存在较大原油泄漏风险。冬季气温低时一旦发生泄漏事故，部分溢油将由冰面以下通过，或与地面泥沙混合形成沥青状固体，需要迅速破开冰面后开展溢油围控、回收等工作，围控难度较大。

以往的冰封河流溢油应急处置案例及预案中，执行冰层破冰任务时通常采取人力凿冰、取冰方法，工作效率低，应急设备选型不明确，影响了冰封河流溢油应急反应速度，存在一定作业安全风险。目前已开发出的新型冰封河流溢油处置技术，包括机械化冰面开槽技术，含油碎冰运离、清除技术，冰区溢油围控技术等，实现了冰封河流溢油的源头控制、破冰取冰、溢油拦截、溢油回收、储运清除。但新型冰封河流溢油处置技术应用需要人员及中小型设备开展冰上作业，需首先研究解决处置作业中的人员安全、冰面作业机具安全保障问题，同时需从技术角度协助冰封河流溢油处置策略决策，以提高应急反应速度。

本文主要研究冰封河流溢油应急处置安全保障策略，首先建立气温—冰层厚度—承载能力计算公式以确定冰层理论承载力，同时考虑溢油应急作业极限情况预留安全裕度。以冀东油区双龙河为例进行试算验证，提出作业安全保障系列措施，解决冰面机具作业安全、人员作业安全保障问题，可通过理论及前期气象信息积累预选冰区处置方案，为作业安全提供技术保障，提高应急反应速度。

1 基本理论

1.1 河流积冰的定义

由河水冻结而成的冰称为河流积冰，本质上是淡水冰晶和气泡的混合物，河水结冰过程中，未逸出气体包围在冰晶之间，形成"气泡"。

1.2 冬季气温与冰层厚度的关系

气温降低后，河流水体表面热量散失大于水体从太阳辐射、地表获得的热量，水温逐渐降低至冰点，过冷后形成冰晶。在河水缓流区域，紊流强度不足，表层水体和深度水体对流不足，水体表面温度下降至冰点以下时，形成薄冰层。冰晶进一步增大上浮，形成冰层，或堆积在岸边与河岸结合形成岸冰，进而河冰由河岸开始向河中心逐渐增长。

冰层厚度除与温度有关外，还与水流速度、水深、风速有关系，流速越小、气温越低、水深越浅、风速越大，冰层就越大。对冰厚发展过程，很多学者研究建立了数学模型，其中德国科学家 Stefan 建立了冰冻度—日法冰厚计算公式：

$$h_\mathrm{i} = \alpha \sqrt{\frac{2k_\mathrm{i}}{L_\mathrm{i}\rho_\mathrm{i}}} \sqrt{-\int_0^t T_\mathrm{a}\ t\ \mathrm{d}t} \tag{1}$$

式中，h_i 为冰层厚度，m；k_i 为冰与大气导热系数，W/（m·℃）；T_a 为气温，℃；t 为时间，s；L_i 为结冰潜热，J/kg；ρ_i 为冰的密度，kg/m³；α 为经验系数。

陈柏儒研究表明，式（1）中冰的密度取 $916.7\mathrm{kg}\cdot\mathrm{m}^{-3}$；$L_\mathrm{i}$ 结冰潜热取 $1.401\times 10^6 \mathrm{J}\cdot\mathrm{kg}^{-1}$；$k_\mathrm{i}$ 为冰与大气导热系数取 2.2W/（m·℃）；α 为经验系数，一般取 1 至 1.4 之间。

陈柏儒研究认为，冰冻度—日法对冰厚增长过程的预测较为准确，但该方法存在以下缺点，一是有经验系数，需对河流进行长期观测取得；二是水流、风速影响不是变量，需要依赖经验系数校正。

2011 年练继建等提出了动水冰盖厚度辐射冰冻度—日法微分方程：

$$-\frac{k_\mathrm{i}k_\mathrm{a}}{k_\mathrm{a}k_\mathrm{i}+k_\mathrm{i}k_\mathrm{a}}\cdot T_\mathrm{a}\mathrm{d}t - \frac{k_\mathrm{w}}{h_\mathrm{w}}T_\mathrm{w}\mathrm{d}t - R_n\mathrm{d}t = L_\mathrm{i}\rho_\mathrm{i}\mathrm{d}h_\mathrm{i}' \tag{2}$$

两边积分并近似简化为：

$$h_\mathrm{i} = \frac{-b_2 + \sqrt{b_2^2 - 4a_2c_2}}{2a_2} \tag{3}$$

式中：

$$a_2 = L_\mathrm{i}\rho_\mathrm{i}k_\mathrm{a}\ ;\quad b_2 = L_\mathrm{i}\rho_\mathrm{i}k_\mathrm{i}h_\mathrm{a} + L_\mathrm{i}\rho_\mathrm{i}k_\mathrm{a}h_0 + \zeta\cdot ka\ ;\quad c_2 = k_\mathrm{i}k_\mathrm{a}T_\mathrm{a}\Delta t + \zeta\cdot k_\mathrm{i}h_\mathrm{a} + \zeta\cdot k_\mathrm{a}h_0$$

$$\zeta=\sum_{1}^{n-1}\frac{k_{\mathrm{i}}k_{\mathrm{a}}}{k_{\mathrm{a}}h_{\mathrm{i}}+k_{\mathrm{i}}h_{\mathrm{a}}}\cdot T_{\mathrm{a}}\Delta t+\sum_{1}^{n}R_{n}\Delta t\sum_{1}^{n}\frac{k_{\mathrm{w}}}{h_{\mathrm{w}}}T_{\mathrm{w}}\Delta t$$

式中，h_i 为冰厚，m；k_i 为冰与大气导热系数，W/(m·℃)；T_a 为气温，℃；t 为时间，s；L_i 为结冰潜热，J/kg；ρ_i 为冰的密度，kg/m³；h_0 为冰盖初始冰厚，m；T_w 为水体温度，℃；k_w 为水的导热系数，W/(m·℃)；h_w 为水体边界层厚度，m。

利用动水冰盖厚度辐射冰冻度—日法计算冰层厚度，优势在于将冰盖厚度分为水导冰厚、热导冰厚、辐射冰厚三部分，模拟了结冰、融冰全过程。缺点在于计算复杂、变量数据收集较难。因此本文选用冰冻度—日法冰厚计算公式进行计算，根据公式特征得出冰层厚度增量与气温负积温的 0.5 次方负相关这一特征，并带入冀东油区观测数据参数简化计算后，得出简便公式：

$$h_{\mathrm{i}}=0.0172\alpha\sqrt{-\int_{0}^{t_{\mathrm{d}}}T_{\mathrm{a}}(t_{\mathrm{d}})\,\mathrm{d}t_{\mathrm{d}}} \tag{4}$$

式中，h_i 为冰厚，m；T_a 为当日平均气温，取当日 2 时、8 时、14 时、20 时四个时刻的平均值，℃；t_d 为时间，d；α 为经验系数，为保证安全取较小值 1。若积冰形成地需考虑潮汐影响下的河流盐度，为保证安全，可令 T_a= 实测温度加 1.9℃后带入计算。

2 冰面作业安全研究

2.1 冰层厚度与承载力的关系

冰层形成后，随着空气—冰层—水流三者热交换以及上游冰晶附着，冰层不断增厚，当冰层达到一定厚度时，便具备了承载竖向荷载的能力。一般情况下，冰层密度为水密度的 90%，当无外部载荷时，冰层浮于水体表面并有 10% 的体积高于水面，冰层受到自身重力及浮力共同作用保持平衡。

2.2 冰层承载力的影响因素

2.2.1 冰层厚度

根据弹性薄板理论及工程实践经验，冰层的承载力与冰层厚度的平方成正比，冰层厚度越大，冰层的承载力也越强。

2.2.2 环境温度变化

因冰层融化时其力学特性变化，在冰层状态保持不变的情况下，当日气温超过 −1℃时，就必须检测冰层厚度、冰层强度，当冰上部空气温度大于 4℃时，就应当终止冰上作业。

2.2.3 冰层下水位变化

对于油区内的涉海河流，由于受到涨落潮水位影响，会出现空鼓现象，空鼓时冰层不仅要支撑外部载荷还要考虑自重，这将严重降低冰层的承载力，因此受潮汐影响落潮时出现空鼓的区域，应立即停止冰上作业（图1）。

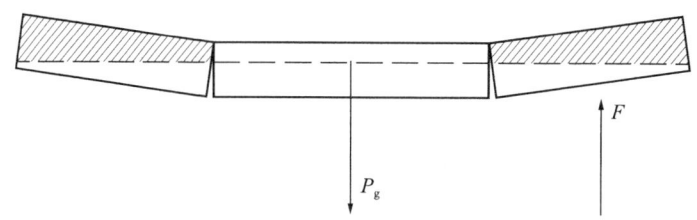

图1 冰盖失效示意图

2.3 冰上通行承载力计算经验公式

鉴于油区内冰层受多种变量因素影响，除进行理论及模型计算外，本项目采用国内外已有研究数据进行参考。

（1）黄美兰等辑录实验数据表明，冰层承载力与冰层厚度存在正比关系，经验公式及实验数据如下：

$$P=4h^2 \tag{5}$$

式中，P 为冰层最大承载力，kg；h 为冰层厚度，cm。

加拿大某实验冰层的承载能力见表1。

表1 加拿大某实验冰层承载能力

h (cm)	P (kg)	h (cm)	P (kg)
5	100	20	1600
7.5	225	22.5	2025
10	400	25	2500
12.5	625	27.5	3025
15	900	30	3600
17.5	1225	32.5	4225

若以无瑕疵、无限大冰面作应力—应变载荷计算，则符合下述公式：

$$P=17.6h^2 \tag{6}$$

式中，P 为冰层最大承载力，kg；h 为冰层厚度，cm。但通常冰面均存在水泡、裂纹等情况，因此认为式（5）偏保守。

（2）解放军总参谋部工程兵有关单位资料摘录，在气温小于10℃时，完整冰盖上不同载荷单点集中载荷的极限值如表2所示。

结合式（5）（6）及摘录资料认为，对冰上通行，冰封河流可检测冰层厚度达5cm时，即可承载人行（行人间隔3m以上）；10cm时可承载400kg小型设备通过（间隔10m以上）；20cm时可承载2t重大型设备通过（间隔15m以上）。

表2 冰厚与通行载荷关系（气温≤-10℃）

载荷类型	总质量（t）	车轴压力（t）		冰层厚度（cm）	允许载荷距离（m）
		前轴	后轴		
单人步行	—	—	—	5	3
牛马	0.5	—	—	10	10
汽车	2	—	—	16	—
汽车	3.5	1	2.5	25	15
汽车	6	2	4	30	15
双轮车	0.8	—	—	15	15
履带拖拉机	10	—	—	32	15

2.4 冰上作业承载力计算经验公式

进行冰上溢油应急作业时，因人员凿冰、取冰作业产生冲击载荷、设备切冰作业等破坏了冰体连续性，因此冰层作业承载力计算，应按照半无限大冰层进行承载能力分析，再加入安全裕度。可应用 Westergaard 半无限冰盖应力公式、Timoshenko 边界载荷应力公式进行分析，认为与同形式 Wyman 拉应力公式相比，冰层承载力应缩小50%，为保证安全，取安全系数为0.4。

石亦平等对黑龙江封冻及融冰过程进行了连续观测、分析，并对完整冰盖同半无限冰盖进行对比分析，得出经验表格见表3。

表3 冰层上单点集中荷载极限值（气温≤-10℃）

冰厚（cm）	荷载（t）	
	完整冰层	冰层边缘
20	2.5	0.8
40	9.2	3.0
60	12.0	7.0
80	33.0	11.0
100	50.9	17.0

结合上述资料认为，理论计算为半无限冰盖边缘均匀加载，经验表格为冰盖边缘单点集中载荷，认为单点集中载荷更符合操作人员单点作业状态；连续载荷更符合多点、多人作业状态，因此综合理论值及经验数据，提出在冰盖边缘开展作业时，单个作业点载荷对冰厚度需求为完整冰盖厚度的$\sqrt{3}$倍，位于同一冰盖边缘作业的人员、设备整体质量小于完整冰盖厚度承载力的0.4倍。

因此在经验值上认为对冰封河流可检测冰层厚度达8.7cm时,即可开展破冰作业；17.3cm时可开展400kg以内设备切冰作业。

2.5 积冰蠕变

积冰除上述原因造成承载力变化外,还因冰晶体的特性,容易发生蠕变。

石亦平等对黑龙江封冻及融冰过程进行了连续观测、分析,并对长时间加载荷对积冰承载力影响进行对比分析,得出经验表格见表4。

表4 冰层上单点集中荷载极限值(气温≤-10℃)

冰厚(cm)	瞬时荷载(t)		100小时荷载(t)	
	完整冰层	冰层边缘	完整冰层	冰层边缘
20	2.5	0.8	0.9	0.3
40	9.2	3.0	3.3	1
60	12.0	7.0	7	2
80	33.0	11.0	12	4
100	50.9	17.0	18	6

因此得出结论,因河流积冰存在蠕变变形的特点,应避免开展长时间作业,休息时间、夜间不应将作业设备置于冰面上。

3 冀东油区河流概况

冀东油区纳潮河位于唐山市曹妃甸区,贯穿曹西铁路桥、希望之舟大桥以及通岛路桥,水面最小宽度约1000m,水深5~8m,流速3~4节。

双龙河位于唐山市曹妃甸区七农场境内,河流南北走向,水深4~5m,河宽约80m,涨落潮河流流速约2节。

青龙河位于唐山市曹妃甸区三农场(高尚堡),距离唐海25km,河流南北走向,水深约4~5m,河宽约170m,涨潮流速约2节,落潮流速约3节。

溯河位于唐山市曹妃甸区柳赞镇,距离唐海47km,河流南北走向,河宽约120m,最宽处约230m,平均水深约2~4m,流速涨潮约2节,落潮约3节。

通过开展定期观测,对上述河流冬季冰情、冰层厚度进行记录,形成冰情概况如表5所示。

4 算例——以双龙河为例

2020年8月—2021年3月乐亭国际交换站气候资料见表6。

表5　冀东油区河流冰情概况表

河流名称	严重积冰期	河流沿岸					河流中心				
		积冰种类	宽度	厚度	状态	是否漂流	积冰种类	宽度	厚度	状态	是否漂流
纳潮河	1月中旬至2月上旬	块状堆叠碎冰、块状浮冰	约150m	碎冰约5~10cm 浮冰10~20cm	堆叠块状碎冰	否	块状浮冰	300m	5~10cm	与水混合冰量较少	漂流
双龙河	1月中旬至2月上旬	冰盖	约3m	冰盖5~20cm	冰盖	否	冰盖	40m	20~30cm	冰盖	否
青龙河	1月中旬至2月上旬	初生冰、蜂窝冰、冰盖	约5m	蜂窝冰5~20cm	冰盖	否	块状浮冰	50m	5~10cm	与水混合冰量较少	漂流
溯河	1月中旬至2月上旬	初生冰、蜂窝冰、冰盖	约2m	初生冰、蜂窝冰5~10cm	冰盖	否	块状浮冰	20m	5~10cm	与水混合冰量较少	漂流

表6　2020年8月—2021年3月乐亭国际交换站气候资料

序号	区站号	年	月	最低气温（℃）	最高气温（℃）	平均气温（℃）	平均最低气温（℃）	平均最高气温（℃）
1	54539	2020	8	17	34.8	26.1	22.9	30.6
2	54539	2020	9	8.8	33.9	21.3	17.1	26.8
3	54539	2020	10	2.5	24.2	13.5	8.2	19.7
4	54539	2020	11	−5.5	18.8	6.2	2.2	11.3
5	54539	2020	12	−15.6	7.4	−3	−6.9	2.5
6	54539	2021	1	−20.1	8.1	−4.4	−8.3	0.8
7	54539	2021	2	−9.5	20.4	1.4	−3.1	8
8	54539	2021	3	−5.8	24.8	7.4	3.2	13.4

以距离双龙河最近的乐亭国际交换站气候资料为数据源，计算2021年1月10日的理论积冰厚度。可得2021年1月10日前累计负积温约为−176.4（℃·d），代入式（4），可得冰层理论厚度为0.2284m。2021年1月10日对冰情进行勘察发现，冀东油区双龙穿越管线区域出现平整的封冻冰，覆盖整个河面与岸线相连；冰厚取样平均厚度25.1cm，与理论计算较为符合，且理论值取值较保守。

将冰层厚度为0.2284m代入式（5），可得此时冰层最大承载力为2086kg，可通行行人和中小型作业设备，若开展破冰作业，积冰边缘单点承载力为695kg，积冰边缘多点作业时承载力累计不超过834kg。

5 冰上作业安全保障策略

经理论分析及应急现场经验总结,制订了冰封河流溢油应急作业安全保障策略。

冰上作业必须做好人员劳保及设备安全防护工作,包括安全教育培训,穿戴防寒帽、救生衣及安全绳等,均佩戴通信设备,现场必须有安全监督人员。现场应急方案需经现场指挥、技术人员、安全人员共同讨论后制定实施。

现场作业人员及安全监督人员应对冰面情况随时留意并进行定期勘察。一般的,冰面出现裂缝提示下部积冰承载力不足,应当立即撤离人员设备,当裂缝迅速扩展或呈现环形,即表明积冰即将破裂,应迅速撤离人员并呼救。要注意河流流量及潮汐情况,当水位变化较大,冰层可能脱离水面,出现空鼓现象,视情况及时冰面垫板或停止作业。

现场开展冰厚测量时,应在作业区中心点及四周边沿取不少于 5 点数据,以最薄数据作为参考。对人员行走路线冰厚应进行测定,并标注(插红旗)。人员要按测定后标注路线行走,不得在规定路线以外行走。冰层厚度大于 15cm 时,冰面通行较为安全,小于 15cm 时作业需要在冰面布设木板或橡胶板等,防止冰层不均匀导致危险。

应禁止夜间冰上作业,若必须开展作业,需加强照明及安全监督;穿水叉作业时,水深不得超过 0.5m,同时做好防冻措施。在冰面使用动力设备时,应尽量避免设备在共振转速长期运行,应做好防污染工作,防止燃油、滑油入水。使用两栖车破冰作业时,应匀速冰面行驶,避免急刹车;若冰面被溢油污染,人员滑倒摔伤风险较大,需采取冰面铺设防滑材料、人员穿防滑鞋等安全防范措施。

6 结论

以制定冰封河流溢油应急处置安全保障策略为研究目标,通过建立河流冬季冰封数据模型,研究季天气与冰层关系、冰层厚度与承载力关系,建立了冀东油区冰封河流的气温—冰层厚度—承载能力间函数关系,形成冰层承载力理论数据并根据现场实验校正经验系数,得出了作业人员、装备与冰层厚度的对应关系,实现利用冬季气象积累信息及实时气象信息,即可建立初步的冰封河流溢油应急处置的人员、设备、HSE 保障方案,有效提升应急反应速度,保障应急人员、设备作业安全。

参 考 文 献

[1] 李吉庭.新疆喀纳斯湖冰物理力学参数及冰面承载力研究[D].东北林业大学,2017.
[2] 陈柏儒.高寒区复式渠道冰盖形成规律试验研究[D].咸阳:西北农林科技大学,2019.
[3] 练继建,赵新.静态水冰厚生长消融全过程的辐射冰冻度—日法预测研究[J].水利学报,2011,42(11):1261-1267.
[4] 黄美兰,于天来.流冰与桥梁结构的相互作用[M].北京:人民交通出版社,2013.
[5] 于浩,于福军,刘伟,等.红旗泡水库冰面裂缝图像信息提取和初步分析[J].水利科技与经济,2010,16(11):1311-1313.
[6] 谭湘.斜面冰载荷研究及其数值模拟方法探索[D].天津:天津大学,2009.
[7] 石亦平,周玉蓉.ABAQUS 有限元分析实例详解[M].北京:机械工业出版社,2006.

输气管道内检测技术在安全管理中的应用

梁守才　孙　皓　孙　超

（辽河油田油气集输公司　辽宁省盘锦市）

摘　要　输气管道因其输送介质具有易燃、易爆特性，管道一旦发生泄漏，会造成火灾爆炸等事故，给人生命和财产带来严重损失，因此对于输气管道应当做好安全管理工作。对管道进行内检测是事先发现各种缺陷和损伤，了解管段危险程度，有效预防和减少事故，保证管道安全的重要措施。目前国内管道内检测技术主要应用于输油管道，但是对于气管道特别是大管径、低压力、小曲率半径的输气管道研究应用较少。通过对传统检测器进行改造，减少检测器停滞蓄力启动压差，成功实施管道内检测并获取有效数据。

关键词　输气管道　内检测　低压　安全管理

引言

在石油开采工程中，管道将油气田、储油设施或陆上处理终端连接成一个有机整体，是油气生产系统的主动脉，是油气运输的重要方式。东北地区管道受季节变化的影响，多为埋地管道。管道在运行过程中，受周围土壤环境以及管内输送介质腐蚀性、防腐层脱落、阴极保护失效等因素，造成管道出现腐蚀穿孔、应力裂纹等问题，易造成管道泄漏，产生环境污染、火灾、爆炸等一系列危害。

油田管道相继进入使用中后期，且由于管道建设年代久远，管道在设计和建设时期技术水平比较落后，阴极保护效果差和检测技术局限等因素的影响，运行过程中存在的安全隐患逐年增加，管道泄漏事件频繁发生，管道的维修、抢修费用不断增加。

1　输气管道安全管理现状与难题

随着国际社会"碳中和"的提出，作为清洁能源的天然气被人们广泛使用。油田生产的天然气主要靠埋地管道输送。基于天然气易燃易爆的特性，输气管道系统运行过程中，一旦天然气发生泄漏，遇到明火会发生火灾、爆炸等事故，给人的生命及财产造成巨大损失。油田天然气管道大多数服役已超过20年，有的甚至于建于20世纪80年代，已超过最大允许输送年限，输气管道泄漏频发。传统的管道安全监管模式是管道运营单位通过管道泄漏监测系统和人员巡线，及时发现管道泄漏，制定维修策略，避免造成事故。随着管道完整性管理的提出，以及管道内检测技术的广泛应用，人们逐渐意识到保证管道本质安全，合理地继续沿用有缺陷存在的老管道，才能从根本上保障管道安全运行。受内检测条件限制，自开展管道检测以来，油田对输气管道检测多采用外检测技术，特别是低压管道，为保证管道安全，仍是管道日常防护为主，管道风险较高。

2 输气管道内检测行业发展与技术瓶颈

国内对于输油管道的内检测技术研究起步较早，但是对于输气管道的检测技术研究只是到了近些年才渐渐得到重视，主要是由于天然气管道较原油管道发展较晚，且原油管道流体为液态石油，被认为是不可压缩流体，运行速度较慢且速度变化较小，管道内检测器运行平稳，很容易得到检测数据且数据完好性、准确度较高。但是若将输油管道检测器应用于输气管道，由于气体具有高压缩比且气体运动速度较快、压降较大，在经过弯头和特殊地势时很容易造成检测器发生堵塞或者速度变化较大，导致检测器无法获得检测数据。

目前国内对于输气管道内检测器研究主要是大管径、高压力的，但是在油田集输系统，输气管道多为大管径、低压力（运行压力小于 1.0MPa）、小曲率半径的管道，管道检测时会发生弯头停球蓄能，产生气爆现象，由于运行压力低，通过弯头后检测器以很高速度弹射出去，会对检测器探头造成一定损坏，并且由于短时间无法将管壁磁化造成检测数据降级，甚至数据缺失，造成检测失败，此类管道检测一直是输气管道内检测技术业界的瓶颈问题。因此研发适用于输气管道内检测器特别是大管径、低压力输气管道的内检测器是十分必要的。

3 输气管道内检测器改造及实验

为实现输气管道内检测，检测人员尝试将管道内输送介质替换为水，以水为动力源进行检测作业。但是改造成本较高，且易发生水击效应。为此决定对检测器进行改造，以实现管道内检测，提高管道本质安全。

3.1 内检测器原理

漏磁检测器主要包括驱动部分、检测部分、磁化装置、存储部分及电源部分。常规输气管道漏磁检测器如图 1 所示。

图1 常规输气管道漏磁检测器

驱动部分是检测器的动力源，主要由驱动皮碗、支撑轮或支撑皮碗组成。驱动皮碗利用管道内气体前后压差使皮碗唇部与管道内壁面紧密贴合，形成密封腔。且皮碗的强度及韧性能支撑检测器在管道内稳定运动。

检测部分是将磁化信号转化为漏磁信号，主要是由霍尔元件组成的磁敏探头。

磁化装置是对管道进行磁化，在管道周向形成一个闭合的磁回路，主要由永磁铁、钢刷等组成。

存储部分对整个检测器进行供电，主要由电池节组成。

存储部分是对采集到的漏磁信号进行存储。

输气管道漏磁检测器主要依靠管道内气体前后压差在管道内移动前进，检测侧在运动过程中，磁化装置对钢质管道进行磁化，磁敏探头采集磁化管道的漏磁信号，并将漏磁信号转化为电信号进行数据存储。

3.2 对漏磁检测器进行改造

由于油田部分输气管道建设时间较早，在设计时未考虑后期实施清管、内检测作业条件，管道选取的弯头曲率半径较小，有的管道甚至存在小于 1.5D 的弯头，且管道输量小、运行压力低。针对大口径、低压力、小曲率半径的输气管道进行背压实验，模拟不同背压下模拟检测器的运行数据，模拟结果如表1所示。

表1 不同背压下模拟检测器的运行数据

压力	0.2MPa	0.4MPa	0.6MPa	0.8MPa	1.0MPa
平均运行时间	停滞	0.77h	0.71h	0.59h	0.42h
瞬时运行速度	—	16m/s	11m/s	9.6m/s	8.7m/s

测试结果表明当管道压力在 0.2MPa、0.4MPa、0.6MPa、1.0MPa 时，模拟检测器的运行均处于不连续状态。尤其是当管道在 0.2MPa 时，模拟检测器在弯头处甚至存在停滞现象，压力在 0.4MPa 瞬时最高速度可达到 16m/s。相对于内检测器运行需要在 0.3～5m/s 且匀速运动下才能准确有效的采集数据，大管径、低压输气管道很难实现匀速运行，而检测器速度不可控可导致以下情况发生：

（1）当检测器在管道中发生停滞，检测器后端的压力增大时，检测器克服摩擦阻力后以较大的速度再次启动，在管道中运行一段时间后又停留在管道中。

（2）内检测器速度太快超过检测器获得数据的有效速度。

无论检测器发生以上哪种情况，检测器都无法获得有效的管道缺陷信号，造成检测失败。甚至在管道弯头或者管道地势高低起伏处检测器因速度过快对管道及管道设施进行撞击，造成管道安全事故。因此控制检测器速度是输气管道内检测成功的关键问题。

3.2.1 降低检测器启动压差

影响检测器运行速度过快的主要原因是检测器停滞蓄力启动，启动压差较大，使检测器产生"气爆"现象。降低检测器启动压差的关键因素是如何减少检测器启动时运行摩擦阻力。对检测器进行牵拉实验，对检测器与管壁接触面的磨阻进行逐个分析，分析结果见表2。

表2 检测器摩擦因素分析

序号	检测器配件	摩擦系数
1	直板型皮碗	0.86
2	碟型皮碗	0.27
3	探头	0.05
4	钢刷	0.15
5	里程轮	0.04

通过牵拉实验发现，直板型皮碗是产生磨阻的主要因素。为减低磨阻，将直板皮碗换为钢刷，再次进行实验，实验结果如表3所示。

表3 检测器改造后摩擦因素分析

序号	检测器配件	摩擦系数
1	钢刷（支撑）	0.15
2	碟型皮碗	0.27
3	探头	0.05
4	钢刷（磁化）	0.15
5	里程轮	0.04

3.2.2 降低检测器弯头通过速度

检测器设备以节数少为宜，节数少弯头通过性好，但是针对于气管道管道易出现超速现象，将检测器由单节变成双节，每节缩短每节长度，既保障了通过能力，又可在通过弯头气爆现象发生时，第二节（非动力节）有一定拖拽作用，可快速降低检测器运行速度。

3.2.3 增加检测器磁化强度

当检测器运行速度超过5m/s时，会影响管壁磁化效果，单纯增加励磁强度会使励磁节增大，影响检测器通过能力。使用加强型钕铁硼（Nd-Fe-B）材料，在保证原检测器励磁节大小不变的基础上，增加了单位质量励磁场强度。

通过以上三步对检测的改造，改造后的检测器如图2所示，检测器的技术指标如表4所示。

4 检测器在实际管道中的应用及效果分析

将改造后的检测器应用于油田输气管道，输送介质为天然气，管道管径820mm×10mm，长度23km，有多处1.5D弯头，管道最大承受压力0.5MPa。在管道沿线设19个检测器跟踪点。

图2 改造后的双节检测器

表4 改造后检测器技术指标

里程轮直径	140mm	检测器通道数量	320个
检测器长度	2860mm	周向通道数量	1个
工作温度	常温	里程通道数量	3个
工作时间	100h	周向偏差	±5°
通过弯头能力	≥1.5D	通过变形能力	≤15%D

4.1 检测器运行速度分析

本次内检测期间漏磁检测器运行速度曲线图如图3所示。

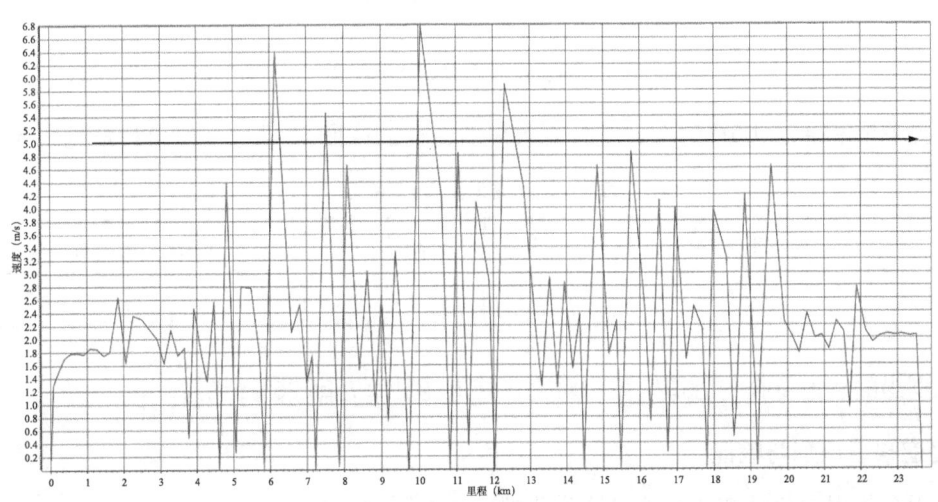

图3 检测器速度曲线

通过速度曲线可知，90%以上检测里程，检测器速度控制在5m/s以下，检测器超速现象从最初最快速度11m/s降至6.8m/s。

4.2 检测器获得数据有效性分析

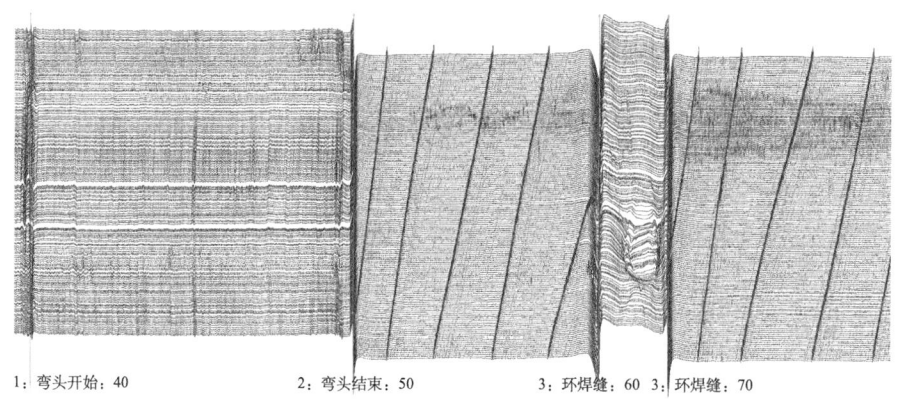

图4 通过1.5D弯头特征图谱

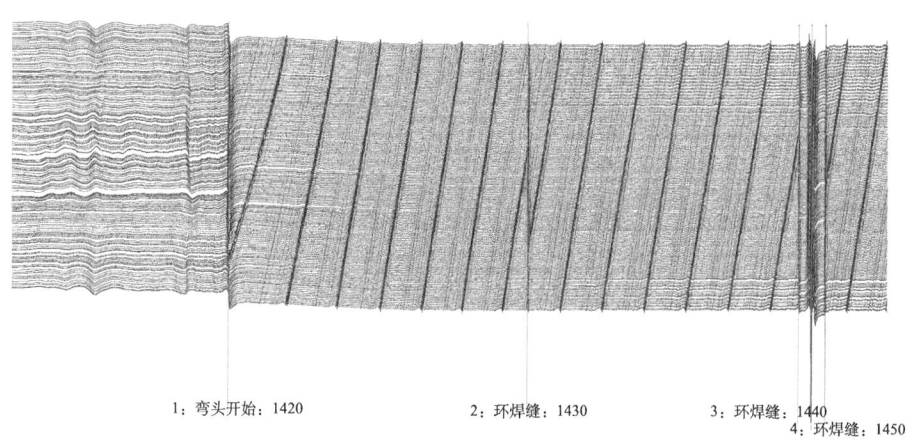

图5 识别管道环焊缝特征图谱

检测器顺利通过1.5D弯头，并且有效识别出管道特征2542个，管道特征见表5。

表5 检测器识别管道特征

弯头（个）	环焊缝（个）	套管（个）	三通（个）	法兰（个）	补疤（个）
72	2217	16	2	3	232

识别出的管道特征与管道实际相对比，管道特征符合率96%。

4.3 管道缺陷识别与验证

发现金属损失总计20346处，缺陷分类如表6所示。

表6 管道金属损失统计表

缺陷深度＞80%	70%＜缺陷深度＜80%	60%＜缺陷深度＜70%	50%＜缺陷深度＜60%
288处	499处	306处	372处

对识别的损失进行开挖验证，验证结果如表7所示。

表7 检测管道缺陷点验证

序号	特征名称	缺陷类型	里程	方位	管节长度(m)	上游环焊缝距离(m)	下游环焊缝距离(m)	长度(mm)	宽度(mm)	百分比	钟点	内外
1	腐蚀	普遍金属损失	10555.6	下游	11.1	10.9	0.2	32	38	67	6:21	外壁
					符合	符合	符合	42	46	65.7	符合	符合
2	腐蚀	点蚀	5780.1	上游	5.5	0.1	3.2	22	28	69	6:12	外壁
					符合	符合	符合	30	35	66.8	符合	符合
3	腐蚀	点蚀	5785.1	上游	3.3	3.1	0.2	26	44	80	6:54	外壁
					符合	符合	符合	31	52	80	符合	符合

选取3处管道缺陷点进行开证，验证结果与分析结果相符合。

5 结论

通过对检测器进行改造，成功对油田低压力、大管径、小曲率半径输气管道实施漏磁内检测。低压输气管道内检测技术的研究与应用，不仅弥补了输气管道外检测检出率低，无法识别管道本体缺陷的技术短板，也将输气管道安全管理能力提升到了一个新高度，通过开展管道内检测作业可以全面了解管道现状，及时排除安全隐患，使管道风险由事后处理向事前预防转变，保证输气管道的安全平稳运行。

参 考 文 献

[1] 刘保余.输气管道内检测器设计及理论研究［D］.北京：中国石油大学（北京），2010.
[2] 周新强，欧阳小业，龚志伟.油气管道保护和安全管理问题及措施［J］.化工设计通讯，2018（11）：40.
[3] 孙建宇.输气管道完整性简介［J］.石油库与加油站，2009（18）：14-17.
[4] 常景龙，李铁.输气管道检测技术的选择和优化［J］.油气储运，2000，19（5）：9-13.
[5] WANG B C, AI C S, ZHAO H H. Pipeline manmade damage prevention monitoring and its locating system [C] // International Symposium on Instrumentation Science and Technology, 2004: 968-972.
[6] 姜锦涛.低压输气管道内检测技术研究与应用［J］.管道技术与备，2020（1）：25-28.

[7] ATHERTON D L. Pipeline inspection tool speed alters MFL signals [J].Oil and Gas Journal.1990,5（1）：84−86.

[8] 李育忠，郑宏丽，贾世民，等.国内外油气管道检测监测技术发展现状 [J].石油科技论坛，2012，31（2）：30−35.

[9] 白世武.中国石油天然气管道行业的无损检测技术发展及其与国外的交流与合作 [J].无损检测，2007，29（12）：685−689.

[10] 杨理践，赵洋，高松巍.输气管道内检测器压力—速度模型及速度调整策略 [J].仪器仪表学报，2022（33）：2407−2413.

[11] 黄松岭，赵伟.天然气管道缺陷检测器泻流装置 [J].清华大学学报（自然科学版），2008，48（1）：13−15.

炼化企业情景构建应急演练三维评估方法体系

甘亦凡　储胜利　李　娜

(中国石油集团安全环保技术研究院　北京市昌平区)

摘　要　为提升针对炼化企业情景构建应急演练水平评估的系统性、科学性与准确性，构建了炼化企业情景构建应急演练情景、组织和任务三维定量评估架构体系与评估模型，可用于确定六种不同演练情景的应急演练水平分值以及各演练角色在应急演练中总体表现情况分值，三维定量评估模型涵盖基于层次分析的炼化企业情景构建应急演练指标权重计算模型，可确定所涉及的所有演练情景、演练组织和演练任务的各项指标权重，此外，还包括炼化企业情景构建应急演练水平模糊综合评价模型，可对演练评估的模糊性程度语言进行量化处理，在此基础上，可确定各演练情景的应急演练水平分值、各演练角色在应急演练中总体表现情况分值以及各演练任务分值。研究成果可为指导炼化企业情景构建应急演练评估工作提供一定的理论和实践依据。

关键词　情景构建应急演练　层次分析　模糊综合评价　三维评估模型

引言

炼化企业生产经营活动固有风险高，突发事故多发，易激化和扩大，重点岗位及专业应急能力提升需求迫切，应急演练是培养初期处置和专业处置能力的最重要手段，是检验应急预案和提升应急准备能力的重要抓手。

突发事件情景构建应急演练是近年在国内外兴起的应急演练新思路和新方法，目前已在多家炼化企业实施应用。在开展炼化企业情景构建应急演练过程中，演练导调主持人向不同参演组织及人员推送不同阶段事故情景、提出演练任务要求，各参演人员根据演练情景和岗位职责，开展针对不同应急演练任务的演练工作，现场评估人员根据各参演人员在不同事故情景中的具体表现，进行演练水平评估，并在演练结束后，及时总结复盘，达到提升应急处置水平、完善应急准备能力的目的。

总结国内外炼化企业情景构建应急演练技术现状与实施案例，目前，炼化企业情景构建应急演练在演练水平评估方面存在以下五个方面问题：(1) 应急演练水平评估侧重于具体演练任务，对不同演练角色和不同演练情景的演练水平关注较少；(2) 应急演练水平评估尚停留在评估人员的主观定性研判上，评估结果无法量化，评估结果科学性不强；(3) 应急演练水平评估涉及的权重大多为人工赋权，评估结果容易受评估人员主观影响；(4) 应急演练评估仅针对全情景应急演练，难以对单个情景或多情景联合演练的应急演练水平进行有效评估；(5) 同一演练人员在不同演练情景中承担不同演练任务，演练人员在多情景演练中的整体演练水平难以准确考量。

基于以上，有必要提出基于 AHP—模糊评价的炼化企业情景构建应急演练情景、组织、任务三维评估模型及方法，以实现针对应急演练水平评估的系统性、科学性与准确性。

1 炼化企业情景构建应急演练情景、组织和任务三维评估架构体系

如图 1 所示，在炼化企业情景构建应急演练过程中，设置演练导调主持人和现场评估员，由演练导调主持人向演练角色逐项推送演练事故情景、提出演练要求，各参演人员根据演练情景和岗位职责，开展针对不同应急演练任务的应急演练工作，现场评估员通过对应急演练各要素进行科学赋权和对各项演练任务进行系统评估。

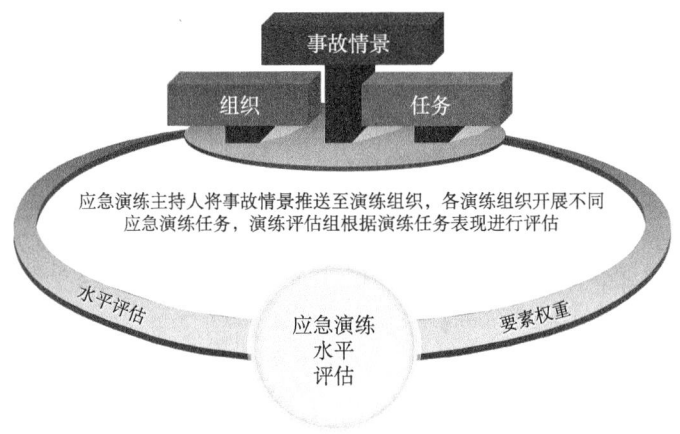

图1 情景构建应急演练水平评估系统框架

基于以上，炼化企业情景构建应急演练涵盖情景 S、组织 O、任务 T 三个评估要素。

（1）在演练情景要素 S 方面，记演练情景为 S_n，其中，n 为所属演练情景编号。炼化企业情景构建应急演练仅针对演练频次高的车间（或生产部）（以下简称"生产部"）及以下管理层级，按照事故演进阶段分为岗位级事故情景（萌芽情景）S_1、班组级事故情景（初起情景）S_2 和生产部级事故情景（发展情景）S_3 三个事故阶段情景，具体如下：

①岗位级事故情景 S_1，由装置区长带领内操和外操等岗位员工主导处置的突发事件情景。

②班组级事故情景 S_2，需要由大班长组织装置区长、内操员、外操员共同完成，并需要包括工艺组、设备组、电仪组和安环组等生产部职能小组作为辅助力量开展的突发事件情景。

③生产部级事故情景 S_3，需要由生产部应急领导小组组织调动整个生产部应急力量协同应对，并需要辖区消防力量协助的突发事件情景。

不同层级情景构建应急演练事故情景权重分别设置为 q_{S_1}、q_{S_2}、q_{S_3}。

（2）在组织要素 O 方面，记演练角色为 O_{nm}，其中，n 为所属演练情景编号，m 为演练情景对应的演练角色编号。"组织"评估要素设置为岗位级 O_1、班组级 O_2 和生产部级 O_3 三个组织结构层级。其中，岗位级组织层级 O_1 包括负责组织指挥装置区域不同岗位人员开展应急响应工作的装置区长 O_{13}、负责岗位级应急响应控制室操作的内操 O_{11}、负责岗

位级应急响应现场操作的外操 O_{12}。

班组级组织层级 O_2 包括负责组织指挥各装置区域负责人员和岗位人员开展班组级应急响应工作的大班长 O_{24}、辅助班组人员开展应急响应工作的职能小组（包括负责工艺调整的工艺组 O_{25}、负责设备检维修的设备组 O_{26}、负责机电仪器运维的电仪组 O_{27} 和负责安全环保工作的安环组 O_{28}）。在班组级应急响应过程中，原本负责开展各项岗位级应急处置工作的装置区长 O_{13}、内操 O_{11}、外操 O_{12} 的角色任务将发生转变，三者将作为班组级应急响应工作的关键成员开展班组级应急响应工作，即装置区长 O_{23}、内操 O_{21}、外操 O_{22}。

生产部级组织层级 O_3 包括负责组织指挥整个生产部成员开展生产部级应急响应工作的生产部领导 O_{39}，辅助生产部人员开展消防救援工作的辖区消防队 O_{310}，具体开展工艺、设备、电仪和安全环保工作的职能小组辅助人员 $O_{35} \sim O_{38}$，在生产部级应急响应过程中，原本作为班组级应急响应工作中组织者的大班长将转变角色任务，作为生产部级应急响应工作中的关键成员 O_{34}，负责带领装置区长及岗位人员开展生产部级应急响应工作，同理，装置区长、内操、外操在生产部级应急响应中亦将转变角色，成为 O_{33}、O_{31}、O_{32}。炼化企业可根据应急管理工作实际，调整各组织层级的演练人员组成。

在不同演练情景中，相同演练人员承担演练角色的重要程度和工作量各有不同，相同演练人员的权重在不同演练情景中各不相同，设置不同演练情景中演练角色权重为 $q_{O_{nm}}$。

（3）在应急演练任务要素方面，记应急演练任务为 T_{nmi}，其中 n 为所属演练情景的编号，m 为对应演练情景的演练角色编号，i 为相应演练组织的演练任务，在不同演练情景中不同演练角色的任务数量各不相同，为提升评估模型的普适性，将每个演练情景中每个演练角色的演练任务固化为 5 项。若该演练角色在实际演练中的演练任务多于 5 项，则将超出 5 项的演练任务纳入 5 项任务中类型相同的某项任务中，转换为一项新的演练任务进行统一分析；若该演练角色的演练任务少于 5 项，则在实际评估中设置该任务分项为空任务，即该任务分项权重为 0，赋予不同演练情景中演练角色权重为 $q_{T_{nmi}}$。

基于针对炼化企业情景构建应急演练情景 S、组织 O、任务 T 三维评估要素分析，构建了情景构建应急演练情景、组织和任务三维评估架构体系，如图 2 所示。

2 炼化企业情景构建应急演练情景、组织和任务三维定量评估模型构建

炼化企业情景构建应急演练情景、组织和任务三维定量评估模型（简称"三维评估模型"，下同）包含用于确定各项指标权重的基于层次分析的情景构建应急演练指标权重计算模型、用于将各项演练任务评估结果的模糊性程度语言进行量化处理的演练水平模糊综合评价模型，以及用于确定不同类型情景和不同演练角色总体演练水平分值的方法。

2.1 基于层次分析的炼化企业情景构建应急演练指标权重计算模型

提出了基于层次分析的炼化企业情景构建应急演练指标权重计算模型，用于确定情景构建应急演练所涉及的所有演练情景、演练组织和演练任务的各项指标权重，解决了目前权重大多为人工赋权、评估结果容易受评估人员影响的问题，具体模型及步骤包括以下四个方面。

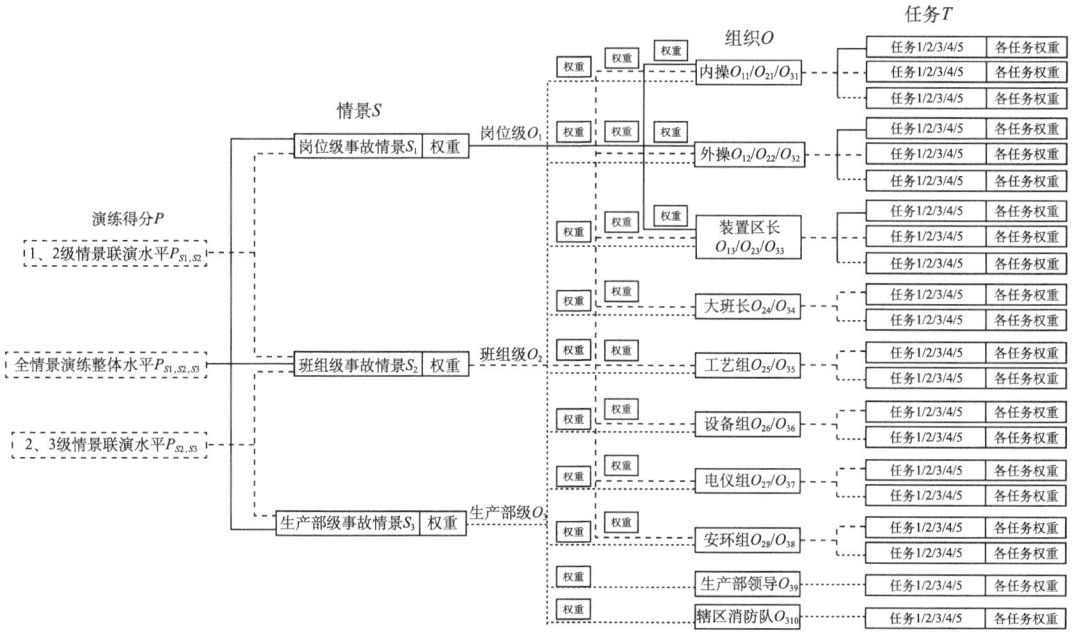

图2 情景构建应急演练情景、组织和任务三维定量评估架构体系

2.1.1 构建指标体系

指标体系以应急演练水平 P 作为目标层，以所开展的演练情景 S_n 作为Ⅰ级指标层，以不同演练情景下的参演角色 O_{nm} 作为Ⅱ级指标层，以不同演练情景、不同演练角色的参演任务 T_{nmi} 作为Ⅲ级指标层。在此基础上，分别构建了用于确定岗位级、班组级、生产部级单情景演练事故情景以及岗位级和班组级联合演练事故情景、班组级和生产部级联合演练事故情景、全情景演练事故情景下各层级要素权重的应急演练层次分析指标体系，如图3至图8所示。

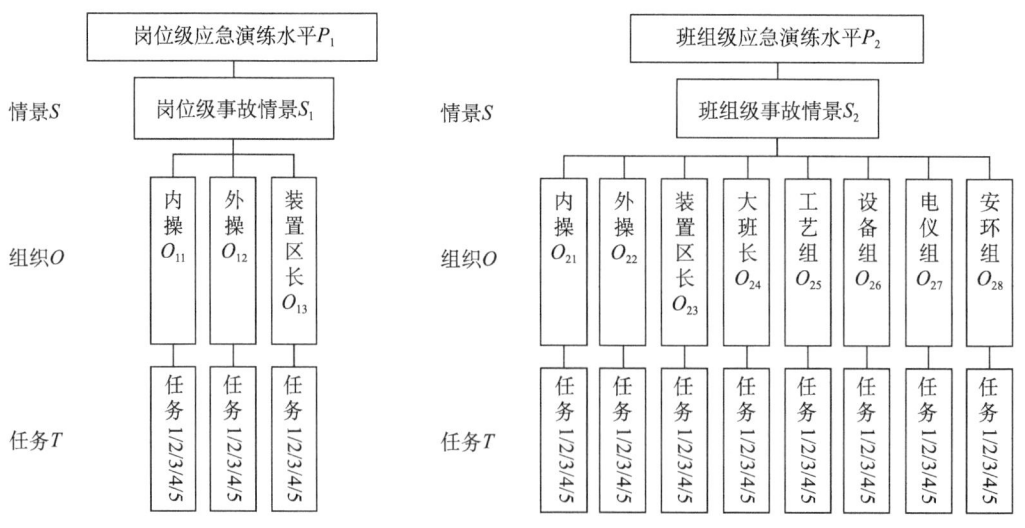

图3 岗位级事故情景演练层次分析指标体系　　图4 班组级事故情景演练层次分析指标体系

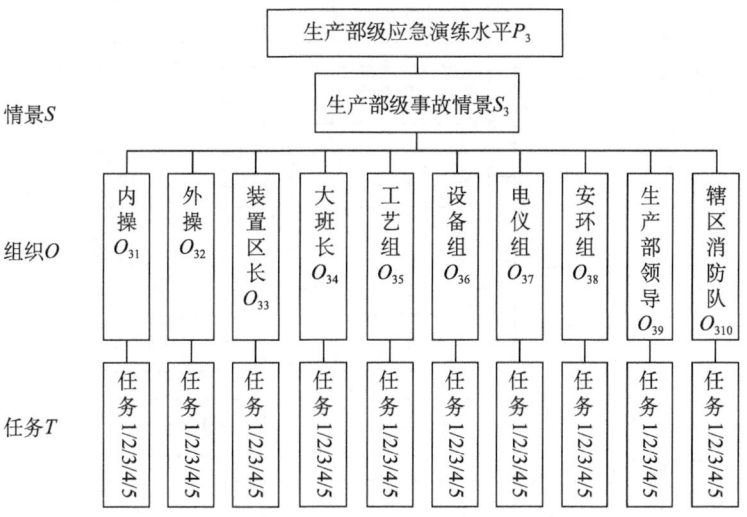

图5 生产部级事故情景演练层次分析指标体系

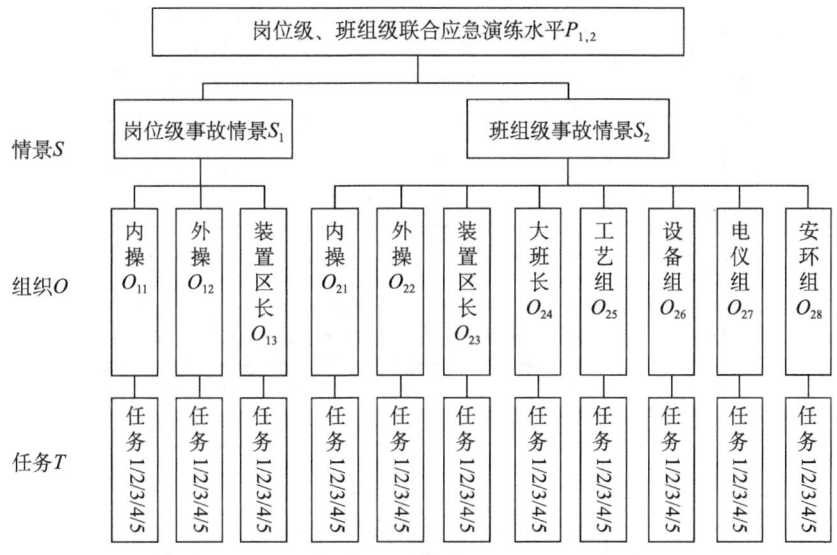

图6 岗位级–班组级联合应急演练层次分析指标体系

2.1.2 构建判断矩阵

在实际应急演练中，经现场评估组研讨，确定任务 T_{nmi} 相较于组织 O_{nm} 的两两相对重要程度、组织 O_{nm} 相较于情景 S_n 的两两相对重要程度、应急演练水平 P_n 相较于情景 S_n 的两两相对重要程度，基于 1～9 标度法，分别构建判断矩阵 T_{nmi}–O_{nm}、判断矩阵 O_{nm}–S_n、判断矩阵 P_n–S_n。判断矩阵样表如表 1 至表 3 所示。对于演练水平——演练情景判断矩阵 P_n–S_n，若为单情景演练，则无需构建判断矩阵，对应情景演练的分值即为应急演练总体水平。

— 105 —

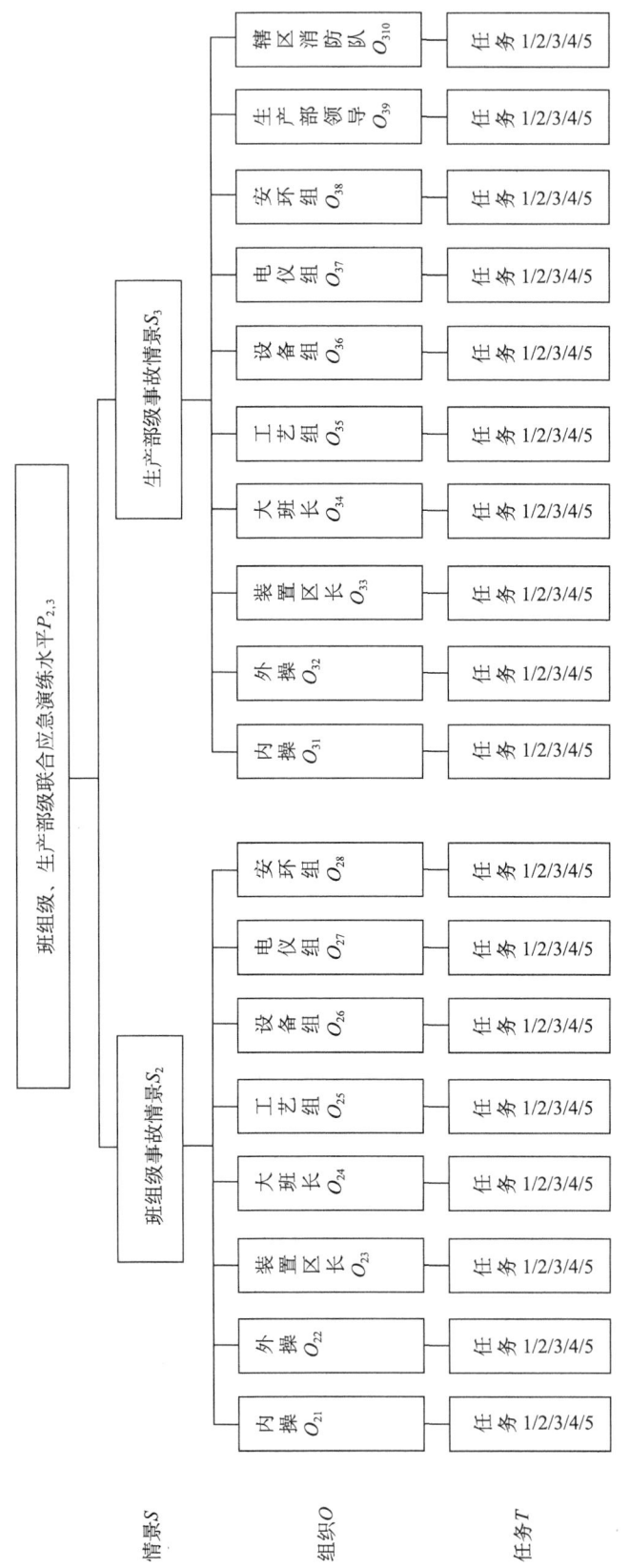

图7 班组级－生产部级联合应急演练层次分析指标体系

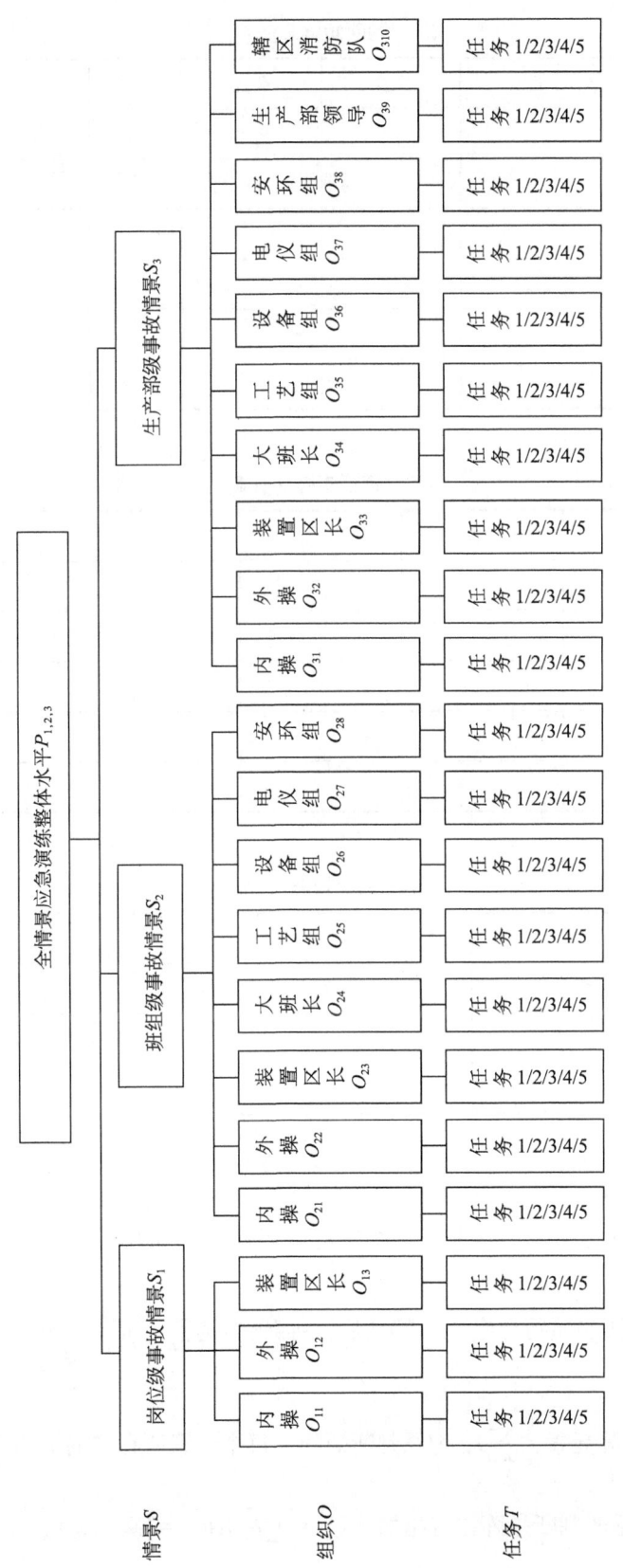

图8 全情景应急演练层次分析指标体系

表1　判断矩阵$T_{nmi}-O_{nm}$

O_{nm}	T_{nm1}	T_{nm2}	T_{nm3}	T_{nm4}	…	T_{nmi}	q_u
T_{nm1}							
T_{nm2}							
T_{nm3}							
T_{nm4}							
…							
T_{nmi}							

表2　判断矩阵$O_{nm}-S_n$

S_n	O_{n1}	O_{n2}	O_{n3}	…	O_{nm}	q_u
O_{n1}						
O_{n2}						
O_{n3}						
…						
O_{nm}						

表3　判断矩阵P_n-S_n

P_n	S_1	…	S_n	q_u
S_1				
…				
S_n				

2.1.3　计算指标权重

设不同判断矩阵为$\boldsymbol{H}$，矩阵中各元素为h_{uv}，各指标层相较于上一指标层的权重计算方法如下：

（1）按列对判断矩阵进行规范化，规范化后的判断矩阵为$\overline{h_{uv}}$，$\overline{h_{uv}}=\dfrac{h_{uv}}{\sum\limits_{k=1}^{r}h_{kv}}$，$(u,v=1,2,\cdots,r)$，

其中h_{uv}为原判断矩阵元素，$\sum\limits_{k=1}^{r}h_{kv}$为原判断矩阵中每个元素所在列的加和。

（2）将规范化后的判断矩阵按行相加，$\overline{Q_u}=\sum\limits_{v=1}^{r}\overline{h_{uv}}$，$(u,v=1,2,\cdots,r)$。

(3) 将按行相加得到的向量 $\overline{Q} = (\overline{Q_1}, \overline{Q_2}, \cdots, \overline{Q_r})^T$ 进行正规化，即：

$$Q_u = \frac{\overline{Q_v}}{\sum_{v=1}^{r} \overline{Q_v}}, (u = 1, 2, \cdots, r)$$

，其中 Q_u 为正规化后的判断矩阵，$\overline{Q_v}$ 为原判断矩阵，$\sum_{v=1}^{r} \overline{Q_v}$ 为原判断矩阵中每个元素的加和。

计算得到的特征向量 $Q = (q_1, q_2, \cdots, q_r)^T$ 即为权重向量，即确定本层级各元素相较于上一层级的权重大小。

(4) 根据方程 $H \cdot Q = \lambda_{max} Q$，计算矩阵 H 的最大特征根 λ_{max}：

$$\lambda_{max} = \sum_{u=1}^{r} \frac{(HQ)_u}{rq_u} = \frac{1}{r} \sum_{u=1}^{r} \frac{(HQ)_u}{q_u}$$

，其中 λ_{max} 为矩阵 H 的最大特征根，r 为矩阵 H 的行数，q_u 为特征向量中的元素。

2.1.4 一致性检验

(1) 判断矩阵偏离的一致性指标 $C.I.$：

$$C.I. = \frac{\lambda_{max} - r}{r - 1}$$

(2) 随机一致性比率 $C.R.$：

$$C.R. = \frac{C.I.}{R.I.}$$

其中，$R.I.$ 为平均随机一致性比率，可通过查询随机一致性指标值表确定。

2.1.5 权重确定

基于以上权重计算方法，确定各元素权重。

2.2 炼化企业情景构建应急演练水平模糊综合评价模型

在实际情景构建应急演练过程中，现场评估员主要采用主观模糊性程度语言对不同演练情景中不同演练角色的演练任务演练水平进行定性评估，造成主观性和模糊性较大，边界不清和无法定量化分析等问题。为此，本文基于模糊综合评价理论，将不同演练情景中不同演练角色各项演练任务评估结果的模糊性程度语言概念进行量化处理，具体包括以下四个步骤。

1. 建立评语集

针对各应急演练任务评估的程度语言"好，较好，一般，较差和差"，建立针对5个等级程度语言的评语集 V，即 $V = \{$好，较好，一般，较差，差$\}$。

2. 建立模糊关系矩阵

根据所建立的评语集，结合针对各应急演练任务的评估结果，逐个计算各演练任务 T_{nmi} 相对于评语集的隶属度，设有 n 个现场评估员对演练任务 T_{nmi} 进行评价，其中有 q 个专家选中评语集中的某一评语等级，则该指标对于该评语的隶属度为 q/n，据此生成模糊关系矩阵 $G=(g_{uv})_{l \times k}$，其中，g_{uv} 表示第 u 个指标对该评语的隶属度。

3. 生成模糊综合评价向量

根据基于层次分析的炼化企业情景构建应急演练指标权重计算模型所确定的各演练任务指标权重向量 Q，将 Q 与模糊关系矩阵 G 用模糊算子进行合成，得到针对演练角色中各项应急演练任务的模糊综合评价向量 Y，其中，模糊算子采用加权平均型算子 $M(\cdot,\oplus)$。

4. 应急演练评估结果量化处理

分别对评语集中的 5 个等级进行模糊化赋值，其中"好"模糊化赋值为 $100 > V \geqslant 80$，"较好"模糊化赋值为 $80 > V \geqslant 60$，"一般"模糊化赋值为 $60 > V \geqslant 40$，"较差"模糊化赋值为 $40 > V \geqslant 20$，"差"模糊化赋值为 $V < 20$。采用加权平均法来确定最终的量化评价结果，即取 5 个模糊化赋值区间的中间值："好"=90，"较好"=70，"一般"=50，"较差"=30，"差"=10，构成赋值矩阵 $P=[90, 70, 50, 30, 10]^T$，将所确定的模糊综合评价向量与赋值矩阵相乘，则确定各项演练任务对应的演练角色 o_{nm} 的评估分值 $P_{O_{nm}}$。对于各项应急演练任务的分值，则根据演练现场评估员给出的评级语言，结合赋值矩阵，通过取不同现场评估员针对演练任务评估分值平均值的方式确定各演练任务的演练分值。

2.3 情景构建应急演练总体演练水平分值确定

为便于现场评估员开展针对情景构建应急演练不同演练情景、不同演练角色和不同演练任务的演练水平评估，制定了岗位级、班组级和生产部级事故情景演练水平评估表格样表（表 4 至表 6），在实际情景构建应急演练过程中，现场评估员根据应急演练实际填写演练情景和演练任务内容，确定情景、角色和任务权重，评估各演练任务水平，并结合三维评估模型，确定不同演练情景、演练角色和演练任务的演练水平分值。

表 4 岗位级事故情景演练水平评估表格

情景级别	情景内容	应急角色	角色权重	任务编号	任务内容	任务权重	演练水平
萌芽阶段（岗位级）事故情景 S_1		装置区长 O_{13}		1			
				2			
				3			
				4			
				5			
		外操员 O_{12}		1			
				2			
				3			
				4			
				5			
		内操员 O_{11}		1			
				2			
				3			
				4			
				5			

表5 班组级事故情景演练水平评估表格

情景级别	情景内容	应急角色	角色权重	任务编号	任务内容	任务权重	演练水平
初起阶段（班组级）事故情景S_2		装置区长O_{23}		1			
				2			
				3			
				4			
				5			
		外操员O_{22}		1			
				2			
				3			
				4			
				5			
		内操员O_{21}		1			
				2			
				3			
				4			
				5			
		大班长O_{24}		1			
				2			
				3			
				4			
				5			
		工艺组O_{25}		1			
				2			
				3			
				4			
				5			
		设备组O_{26}		1			
				2			
				3			
				4			
				5			
		电仪组O_{27}		1			
				2			
				3			
				4			
				5			
		安环组O_{28}		1			
				2			
				3			
				4			
				5			

表6 生产部级事故情景演练水平评估表格

情景级别	情景内容	应急角色	角色权重	任务编号	任务内容	任务权重	演练水平
发展阶段（生产部级）事故情景S_3		装置区长O_{33}		1			
				2			
				3			
				4			
				5			
		外操员O_{32}		1			
				2			
				3			
				4			
				5			
		内操员O_{31}		1			
				2			
				3			
				4			
				5			
		大班长O_{34}		1			
				2			
				3			
				4			
				5			
		工艺组O_{35}		1			
				2			
				3			
				4			
				5			
		设备组O_{36}		1			
				2			
				3			
				4			
				5			
		电仪组O_{37}		1			
				2			
				3			
				4			
				5			
		安环组O_{38}		1			
				2			
				3			
				4			
				5			
		生产部领导O_{39}		1			
				2			
				3			
				4			
				5			
		辖区消防队O_{310}		1			
				2			
				3			
				4			
				5			

根据所确定的演练情景、演练组织和演练任务各分项权重，结合不同演练情景中不同演练角色及其对应的各项演练任务分值，确定不同演练情景的演练水平分值，通过应急演练水平分值评估应对不同事故情景的应急能力目的。

评估模型可用于评估6种不同演练情景的总体应急演练水平分值，分别是：

岗位级事故情景 S_1 的演练分值 P_{S_1}，$P_{S_1}=P_{O_{11}} \cdot q_{O_{11}}+P_{O_{12}} \cdot q_{O_{12}}+P_{O_{13}} \cdot q_{O_{13}}$；

班组级事故情景 S_2 的演练分值 P_{S_2}，$P_{S_2}=P_{O_{21}} \cdot q_{O_{21}}+P_{O_{22}} \cdot q_{O_{22}}+P_{O_{23}} \cdot q_{O_{23}}+P_{O_{24}} \cdot q_{O_{24}}+P_{O_{25}} \cdot q_{O_{25}}+P_{O_{26}} \cdot q_{O_{26}}+P_{O_{27}} \cdot q_{O_{27}}+P_{O_{28}} \cdot q_{O_{28}}$；

生产部级 S_3 事故情景的演练分值 P_{S_3}，$P_{S_3}=P_{O_{31}} \cdot q_{O_{31}}+P_{O_{32}} \cdot q_{O_{32}}+P_{O_{33}} \cdot q_{O_{33}}+P_{O_{34}} \cdot q_{O_{34}}+P_{O_{35}} \cdot q_{O_{35}}+P_{O_{36}} \cdot q_{O_{36}}+P_{O_{37}} \cdot q_{O_{37}}+P_{O_{38}} \cdot q_{O_{38}}+P_{O_{39}} \cdot q_{O_{39}}+P_{O_{310}} \cdot q_{O_{310}}$；

岗位级事故情景 S_1 和班组级事故情景 S_2 联合演练的分值 P_{S_1, S_2}，$P_{S_1, S_2}=q_{S_1} \cdot P_{S_1}+q_{S_2} \cdot P_{S_2}$；

班组级事故情景 S_2 和生产部级事故情景 S_3 联合演练的分值 P_{S_2, S_3}，$P_{S_2, S_3}=q_{S_2} \cdot P_{S_2}+q_{S_3} \cdot P_{S_3}$；

全事故情景演练的整体演练分值 P_{S_1, S_2, S_3}，$P_{S_1, S_2, S_3}=q_{S_1} \cdot P_{S_1}+q_{S_2} \cdot P_{S_2}+q_{S_3} \cdot P_{S_3}$。

评估模型亦可用于评估演练角色在应急演练中的总体表现。由于演练情景的规模各不相同，存在岗位级和班组级联合事故情景、班组级和生产部级联合事故情景、全情景应急演练等多种演练情景，不同演练情景在整个演练过程中的重要程度各不相同，这将对不同演练角色的总体演练分值造成影响，相当于对演练角色总体演练分值进行"打折"，即演练角色总体演练分值为根据演练角色在不同演练情景中的演练水平分值和演练情景权重，计算不同演练情景中演练角色演练水平分值的加权。不同演练角色在应急演练中总体表现分值计算方法如下：

$P_{O内操}=P_{O_{11}} \cdot q_{S_1}+P_{O_{21}} \cdot q_{S_2}+P_{O_{31}} \cdot q_{S_3}$；

$P_{O外操}=P_{O_{12}} \cdot q_{S_1}+P_{O_{22}} \cdot q_{S_2}+P_{O_{32}} \cdot q_{S_3}$；

$P_{O装置区长}=P_{O_{13}} \cdot q_{S_1}+P_{O_{23}} \cdot q_{S_2}+P_{O_{33}} \cdot q_{S_3}$；

$P_{O大班长}=P_{O_{24}} \cdot q_{S_2}+P_{O_{34}} \cdot q_{S_3}$；

$P_{O工艺组}=P_{O_{25}} \cdot q_{S_2}+P_{O_{35}} \cdot q_{S_3}$；

$P_{O设备组}=P_{O_{26}} \cdot q_{S_2}+P_{O_{36}} \cdot q_{S_3}$；

$P_{O电仪组}=P_{O_{27}} \cdot q_{S_2}+P_{O_{37}} \cdot q_{S_3}$；

$P_{O安环组}=P_{O_{28}} \cdot q_{S_2}+P_{O_{38}} \cdot q_{S_3}$；

$P_{O生产部领导}=P_{O_{39}} \cdot q_{S_3}$；

$P_{O生产部领导}=P_{O_{310}} \cdot q_{S_3}$。

3 结论

（1）提出了用于梳理炼化企业情景构建应急演练评估指标要素的情景、组织和任务三维评估架构体系，将炼化企业情景构建应急演练划分为情景、组织、任务三个评估层级，明确了各评估层级的要素组成，规定了相同演练人员在不同演练情景中的演练角色转变规则。

（2）构建了涵盖岗位级、班组级、生产部级事故情景以及岗位级—班组级联合事故情景、班组级—生产部级联合事故情景、全情景演练事故情景下的层次分析指标体系以及数学模型，可用于确定炼化企业情景构建应急演练涉及的所有演练情景、演练组织和演练任务的指标权重。

（3）构建了炼化企业情景构建应急演练水平模糊综合评价模型和方法，包含针对各项应急演练任务分值以及不同演练角色分值的求解模型和方法，可将不同演练情景中不同演练角色各项演练任务评估结果的模糊性程度语言概念进行量化处理，并结合各演练任务权重确定演练角色演练分值，实现将针对应急演练水平的定性研判转换为定量分析。

参 考 文 献

[1] 李思潮. 炼油化工工程项目风险管理探究 [J]. 化工管理, 2019（36）：169-170.

[2] 李安庆. 炼油化工装置突发事件应急管理和事故处置的基本对策 [J]. 石化技术, 2019, 26（1）：273.

[3] 栾国华, 裴玉起, 储胜利, 等. 炼油企业火灾事故统计分析与应急技术需求分析 [J]. 油气田环境保护, 2014, 24（6）：60-63, 66.

[4] 赵永华, 袁纪武, 朱先俊, 等. 石化企业应急能力评估方法与应用 [J]. 安全、健康和环境, 2019, 19（4）：51-55.

[5] 杨振宏, 田甜, 刘鹏刚, 等. 基于可拓理论的化工园区应急管理能力评估 [J]. 中国安全生产科学技术, 2016, 12（8）：104-108.

[6] 袁斐, 巫殷文, 刘建, 等. 基于改进层次分析法的化工园区应急能力评估研究 [J]. 中国安全生产科学技术, 2009, 5（1）：160-164.

[7] 王慧飞, 杨明, 姚宣丞. 基于AHP的城市化工应急能力评估指标体系的构建 [J]. 中国应急救援, 2019（2）：26-30.

[8] 张驰, 陈涛, 倪顺江. 基于层次分析和模糊综合评价的电网系统应急能力评估 [J]. 中国安全生产科学技术, 2020, 16（2）：180-186.

[9] 宋人杰, 陈禹名. 基于变权系数的继电保护状态模糊综合评价方法 [J]. 电力系统保护与控制, 2016, 44（3）：46-50.

[10] 张秋文, 章永志, 钟鸣. 基于云模型的水库诱发地震风险多级模糊综合评价 [J]. 水利学报, 2014, 45（1）：87-95.

环 保 类

电感耦合等离子体发射光谱法测定丁辛醇废水中钠的不确定度评估

于 雪　王 旭　郑 凌

(吉林石化分公司研究院　吉林省吉林市)

摘　要　本文采用电感耦合等离子体发射光谱法测定丁辛醇废水的钠含量，并且以计算测量不确定度的方式客观评估测试结果的准确性，确定提高方法准确度和精密度的关键点。测试结果表明：该丁辛醇废水样品的钠含量为 $(0.59\pm0.02)\%$ $(k=2)$，标准曲线的相关系数为 0.9998，测试结果的相对标准偏差为 0.88%，与原子吸收光谱法的测试结果一致，证明该方法具有较好的精密度和准确度。

关键词　电感耦合等离子体发射光谱法　丁辛醇废水　钠　测量不确定度

引言

作为合成精细化工产品的重要原料，丁辛醇被广泛用于多种化工原料、增塑剂、消泡剂、分散剂、橡胶制品及合成香料等的生产。现阶段，生产丁辛醇的主要方法是以丙烯作为原料的羰基合成法，在生产辛醇的中间反应中，丁醛需要在 NaOH 溶液的催化作用下，进行醇醛缩合反应生成辛烯醛，然而该步骤产生的缩合废水碱性较强，COD（化学需氧量）浓度很高。随着缩合碱性废水的循环和浓缩，装置内积累的 Na 盐逐渐增多，容易产生结晶，将对反应体系的黏度和缩合反应效率产生影响，严重时甚至堵塞管线，影响装置的安全生产。因此建立一种能够精准测定丁辛醇废水中钠含量的方法，对于后续处理缩合废水、减少环境污染和保障生产装置的安全平稳运行尤为重要。

电感耦合等离子体发射光谱法（ICP 发射光谱法）常用于化工原料、产品金属元素的定性和定量，具有较高的准确度和精密度，但采用 ICP 发射光谱法测定丁辛醇废水中钠含量的研究却未见报道。基于上述现状，本文在完成丁辛醇废水样品处理后，利用 ICP 发射光谱法对 Na 元素进行定量，并对分析方法的测量不确定度进行客观评定。该方法不仅具有较好的准确性和重复性，而且 ICP 发射光谱法能够同时检测多种元素，具有一定的通用性，因此在石化行业的产品质量监控和工艺改进方面有潜在的应用价值。同时，本文对实验方法的测量不确定度进行分析和评定，确保了测试结果的准确性和客观性，也为方法的改进优化和推广应用提供了科学依据。

1 材料与方法

1.1 材料与仪器

ICP分析用多元素标准溶液，$100\mu g \cdot mL^{-1}$，国家标准样品，编号：GNM-M250213—2013，国家有色金属及电子材料分析测试中心；盐酸，优级纯，利安隆博华（天津）医药化学有限公司；氩气，纯度＞99.99%，吉林市北方云雀气体厂；测试样品丁辛醇缩合废水自某工厂获得；配制溶液的去离子水均经由Millipore超纯水系统（$18.2M\Omega \cdot cm$）纯化。

BS224S型电子天平，①级合格，德国SARTORIUS公司；ICPE-9000型电感耦合等离子体发射光谱仪，日本SHIMADZU公司；PinAAcle900T型原子吸收光谱仪，美国PerkinElmer公司；RJ-12TP箱式电阻炉，吉林市榕基科技有限责任公司；1mL单标线移液管，A级合格，天津天波玻璃仪器有限公司；10mL分度吸量管，A级合格，天津天波玻璃仪器有限公司；100mL容量瓶、200mL、250mL容量瓶，A级合格，天津天波玻璃仪器有限公司。

1.2 测试条件

优化后，电感耦合等离子体发射光谱仪的工作参数如表1所示。

表1 电感耦合等离子体发射光谱仪的工作参数

元素	波长(nm)	高频功率(kW)	等离子体气流量($L\cdot min^{-1}$)	辅助气体流量($L\cdot min^{-1}$)	载气流量($L\cdot min^{-1}$)	附件
Na	588.995	1.20	14.0	1.20	0.70	标准炬管、加湿器

1.3 试验方法

1.3.1 丁辛醇废水的处理

准确称取25g（精确至0.0001g）丁辛醇缩合废水样品于石英坩埚中，在电加热炉上进行低温加热，至液体全部蒸干后，将其转移至箱式电阻炉中，在750℃下高温灼烧30 min，以除去全部有机组分。取出石英坩埚，待其冷却后，将坩埚转移至电加热炉上，加入适量去离子水和3~5滴以去离子配制的（1+1）盐酸溶液，加热微沸。冷却后，将坩埚内液体转移至250mL容量瓶中，用去离子水冲洗3~5次，并将全部洗涤液转移至容量瓶中，加入去离子水定容后摇匀。用1mL单标线移液管从其中准确吸取1.00mL液体于200mL容量瓶中，以去离子水稀释至刻度线，定容后摇匀，待测。

1.3.2 标准溶液的制备

以ICP分析用多元素标准溶液（质量浓度为$100\mu g \cdot mL^{-1}$）作为标准母液。利用10mL分度吸量管，准确吸取0.50mL、1.00mL、3.00mL、5.00mL、10.00mL标准母液分别置于一系列 100mL 容量瓶中，以去离子水稀释定容后摇匀，即可获得质量浓度分别为 $0.5\mu g \cdot mL^{-1}$、$1.0\mu g \cdot mL^{-1}$、$3.0\mu g \cdot mL^{-1}$、$5.0\mu g \cdot mL^{-1}$、$10.0\mu g \cdot mL^{-1}$ 的标准溶液。其中，Na 的质量浓度为 $0.0\mu g \cdot mL^{-1}$ 的溶液可作为空白溶液。

1.3.3 丁辛醇废水的测定

按照表 1 设定工作参数，利用电感耦合等离子体发射光谱仪分别测定标准溶液和待测试液中 Na 的质量浓度，通过标准曲线的方程和公式（1）计算丁辛醇废水的钠含量。

$$w(\mathrm{Na}) = \frac{\rho(\mathrm{Na}) \times V}{m} \times n \tag{1}$$

式中，V 为处理后待测试液的体积，数值为 250.0，单位为 mL；ρ（Na）表示待测试液中 Na 的质量浓度，单位为 $\mu g \cdot mL^{-1}$；m 代表丁辛醇废水的质量，单位为 g；n 则表示待测试液的稀释倍数，对应的数值为 200；w（Na）表示丁辛醇废水中 Na 的含量，单位为 %。

2 结果与讨论

2.1 标准曲线的绘制

利用电感耦合等离子体发射光谱仪对一系列标准溶液进行 6 次重复测定，获得标准曲线上各质量浓度对应的发射强度（I），详见表 2。以标准溶液中 Na 的质量浓度 ρ（Na）为横坐标，对应的发射强度平均值为纵坐标（$\bar{I}$），拟合绘制标准曲线，对应的曲线方程为 $\bar{I} = 10538.8\rho(\mathrm{Na}) + 3506.8$，相关系数 r 为 0.9998，如图 1 所示。

表2 各质量浓度点对应的Na的强度

质量浓度 ($\mu g \cdot mL^{-1}$)	发射强度 I						发射强度平均值 $\bar{I}$
0.0	4894.1	4921.8	4971.3	4931.5	4961.8	4940.7	4936.9
0.5	8324.3	8345.3	8336.2	8328.1	8358.3	8373.8	8344.3
1.0	12986.9	13002.4	12993.5	12972.6	13008.2	12965.8	12988.2
3.0	35028.3	35016.1	34992.1	35010.4	35027.0	35016.5	35015.1
5.0	56108.5	56210.6	56207.0	56209.2	56348.1	56213.4	56216.1
10.0	109127.7	109085.3	109071.8	109000.0	109014.3	108986.1	109047.5

2.2 丁辛醇废水中 Na 含量的测定结果

按照 1.3.3 中的步骤，采用 ICP 发射光谱法测定试液中 Na 的质量浓度，然后结合公式（1）计算得到丁辛醇废水中 Na 含量的平均值为 0.59%。

2.3 重复性试验

在重复条件下，连续测定 6 次待测试液的 Na 含量，计算获得对应的相对标准偏差（RSD）为 0.88%，表明该方法具有较好的重复性，详见表 3。

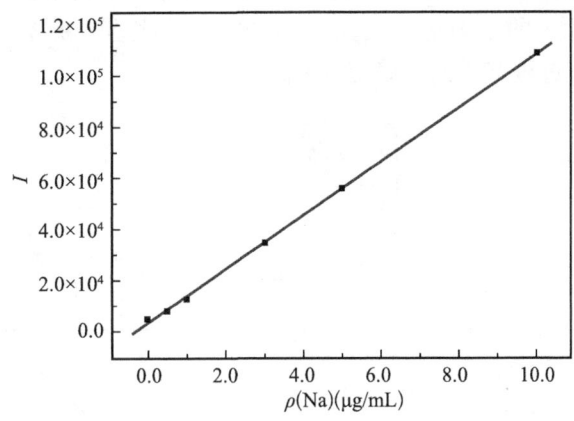

图1 试液中Na的质量浓度ρ（Na）与对应发射强度（I）的关系

表3 重复性试验测定结果

丁辛醇废水 Na含量测定值 w（Na）（%）	丁辛醇废水 Na含量平均值 $\bar{w}$（Na）（%）	Na含量的 标准偏差 s（w）（%）	相对标准偏差 RSD（%）
0.59；0.59；0.59； 0.60；0.59；0.60	0.59	0.005	0.88

2.4 方法比对试验

为评估该测试方法的准确性，在按照1.3.1处理丁辛醇废水后，利用原子吸收光谱法（ASS法）对试液中的Na进行定量。表4列出了方法比对试验的结果，AAS法测得丁辛醇废水的Na含量为0.59%，与本方法的测试结果一致，进一步证明测试结果的准确性。

表4 方法比对试验测试结果

样品编号	AAS法 Na含量测定值（%）	AAS法 Na含量平均值（%）	本方法测定 Na含量平均值 $\bar{w}$（Na）（%）
1	0.59	0.59	0.59
2	0.59		
3	0.60		

2.5 本方法测量不确定度的来源及评定

2.5.1 测量不确定度的来源分析

采用ICP发射光谱法测定丁辛醇废水中Na含量产生的不确定度，主要包括A类不确定度和 B 类不确定度，如图 2 所示，其中 A 类不确定度来自重复性测量，B 类不确定度主要包括标准溶液引入的不确定 $u_{(C标)}$，丁辛醇废水的称重、定容过程带来的不确定度 u_V，以及标准曲线拟合过程产生的不确定度 u_{B5}。

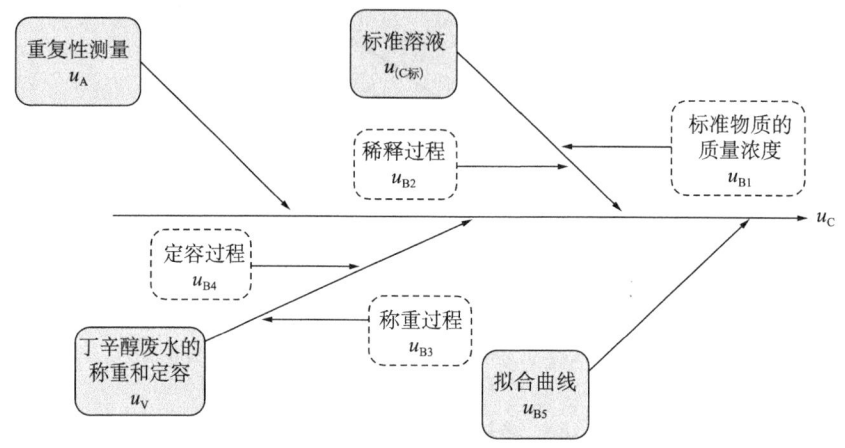

图2　测量不确定度的来源

2.5.2　重复性测量引入的相对不确定度 $u_{rel(A)}$

在重复条件下，采用本文方法连续测量 6 次（$n=6$）待测试液的 Na 含量，计算单次测量结果的实验标准偏差为：

$$s(w) = \sqrt{\frac{\sum_{i=1}^{n}\left(w(\mathrm{Na})_i - \overline{w}(\mathrm{Na})\right)^2}{n-1}} = 0.005\%$$

则由重复性测量引入的相对不确定度为：

$$u_{rel(A)} = \frac{u_{(A)}}{\overline{w}(\mathrm{Na})} = \frac{s(\overline{w})}{\overline{w}(\mathrm{Na})} = \frac{s(w)}{\overline{w}(\mathrm{Na}) \times \sqrt{n}} = 0.35\%$$

2.5.3　标准溶液引入的相对不确定度 $u_{rel(C标)}$

标准溶液带来的不确定度主要包括标准物质的质量浓度引入的不确定度及其稀释过程产生的不确定度。

1. 标准物质的质量浓度带来的相对不确定度 $u_{rel(B1)}$

根据 ICP 分析用多元素标准溶液的证书，由其质量浓度引入的相对扩展不确定度（$k=2$）为：

$$u_{rel(B1)} = 1.4\%$$

2. 标准物质的稀释过程产生的相对不确定度 $u_{rel(B2)}$

在稀释标准物质的过程中，对应的不确定度主要源自使用分度吸量管和容量瓶引入的不确定度。

由于检定玻璃量器的标准温度为20℃，与本方法试验过程的温度一致，故忽略温度对玻璃量器量取体积产生的影响。根据《常用玻璃量器》，100mL A 级容量瓶的容量允差为 ±0.10mL，按照均匀分布计算（$k=\sqrt{3}$），则对应容量允差的不确定度为：

$$u_{(V容,100mL)} = \frac{0.10}{\sqrt{3}} \text{mL} = 0.058\text{mL}$$

在标准物质稀释过程中，使用容量瓶产生的相对不确定度为：

$$u_{rel(V容)} = \sqrt{\left(\frac{u_{(V容,100mL)}}{100.0\text{mL}}\right)^2 \times 5} = 0.13\%$$

规格为 10mL 的 A 级分度吸量管的容量允差为 ±0.05mL，按均匀分布计算（$k=\sqrt{3}$），则使用分度吸量管引起的相对不确定度：

$$u_{rel(V吸量)} = \sqrt{\left(\frac{u_{(V吸量)}}{0.50}\right)^2 + \left(\frac{u_{(V吸量)}}{1.00}\right)^2 + \left(\frac{u_{(V吸量)}}{3.00}\right)^2 + \left(\frac{u_{(V吸量)}}{5.00}\right)^2 + \left(\frac{u_{(V吸量)}}{10.00}\right)^2} = 0.66\%$$

标准物质稀释过程引起的相对不确定度为：

$$u_{rel(B2)} = \sqrt{u_{rel(V容)}^2 + u_{rel(V吸量)}^2} = 0.67\%$$

综上，由标准溶液引入的相对不确定度为：

$$u_{rel(C标)} = \sqrt{u_{rel(B1)}^2 + u_{rel(B2)}^2} = 1.56\%$$

2.5.4 丁辛醇废水的称重、定容过程带来的相对不确定度 $u_{rel(V)}$

1. 称重过程产生的相对不确定度 $u_{rel(B3)}$

经检定，本实验采用的电子天平为①级合格，当质量范围为 $0 \leq m \leq 50g$ 时，对应的最大允许误差为 0.5mg。按照均匀分布计算，在称重过程中两次使用天平引入的不确定度为：

$$u_{B3} = \sqrt{\left(\frac{0.5 \times 10^{-3}}{\sqrt{3}}\right)^2 + \left(\frac{0.5 \times 10^{-3}}{\sqrt{3}}\right)^2} \, g = 0.000408g$$

因此，丁辛醇废水称重过程产生的相对不确定度为：

$$u_{rel(B3)} = \frac{u_{B3}}{m} = 0.002\%$$

2. 待测试液定容过程产生相对不确定度 $u_{rel(B4)}$

在待测试液的定容过程中，需要使用 1mL 单标线移液管、100mL 容量瓶和 250mL 容量瓶，则考虑使用容量瓶和移液管带来的不确定度。在 20℃时，1mL A 级单标线移液管、200mL A 级容量瓶和 250mL A 级容量瓶的容量允差分别为 ±0.007mL、±0.15mL 和 ±0.15mL，按均匀分布进行计算，则定容过程产生的相对不确定度为：

$$u_{rel(B4)} = \sqrt{\left(\frac{u_{(V移,1mL)}}{1.00}\right)^2 + \left(\frac{u_{(V容,200mL)}}{200.0}\right)^2 + \left(\frac{u_{(V容,250mL)}}{250.0}\right)^2} = 0.13\%$$

综上，丁辛醇废水的称重、定容过程产生的相对不确定度为：

$$u_{rel(V)} = \sqrt{u_{rel(B3)}^2 + u_{rel(B4)}^2} = 0.13\%$$

2.5.5 标准曲线拟合过程产生的相对不确定度 $u_{rel(B5)}$

利用 ICP 发射光谱法测定标准溶液，获得 Na 的标准曲线，计算曲线的残差标准差：

$$S_R = \sqrt{\frac{\sum_{i=1}^{n}\left\{I_i - \left[10538.8\rho(Na_i) + 3506.8\right]\right\}^2}{n'-2}} = 773.9$$

计算拟合标准曲线带来的相对不确定度为：

$$u_{rel(B5)} = \frac{u_{B5}}{\overline{\rho}(Na)} = \frac{S_R}{b \times \overline{\rho}(Na)}\sqrt{\frac{1}{p} + \frac{1}{n'} + \frac{\left[\overline{\rho}(Na) - \overline{\rho}_0(Na)\right]^2}{\sum_{i=1}^{n}\left[\overline{\rho}_{0i}(Na) - \overline{\rho}_0(Na)\right]^2}} = 1.10\%$$

式中，I_i 表示每个标准溶液中 Na 的发射强度测定值；b 代表标准曲线的斜率（$b=10538.8$）；p 是丁辛醇废水的重复测定次数（$p=6$）；n' 表示标准曲线中测量的点数（$n'=36$）；$\overline{\rho}(Na)$ 表示待测试液中 Na 质量浓度的平均值，$\overline{\rho}(Na) = 2.95\mu g \cdot mL^{-1}$；$\overline{\rho}_0(Na)$ 为标准曲线上各点浓度的平均值，$\overline{\rho}_0(Na) = 3.25\mu g \cdot mL^{-1}$；$\rho_{0i}(Na)$ 代表各标准溶液的质量浓度。

2.5.6 合成不确定度 u_C

丁辛醇废水中 Na 含量测定方法的合成相对不确定度为：

$$u_{rel(C)} = \sqrt{u_{rel(A)}^2 + u_{rel(C标)}^2 + u_{rel(V)}^2 + u_{rel(B5)}^2} = 1.94\%$$

对应的合成不确定度为：

$$u_{(C)} = u_{rel(C)} \times \overline{w}(Na) = 0.01\%$$

由图 3 可知，本方法的测量不确定度主要源于标准溶液和曲线拟合带来的不确定度，这两个方面也是进一步持续提高测试准确度和精确度的关键。

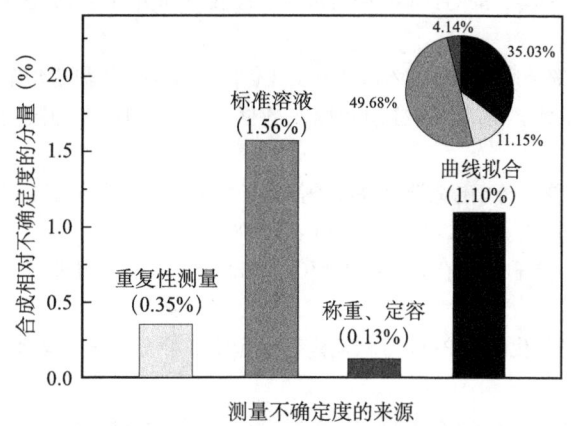

图3　合成相对不确定度的分量

2.5.7　扩展不确定度 U

当置信水平为 95%（$k=2$）时，测定丁辛醇废水中 Na 含量的扩展不确定度为：

$$U_C = u_C \times 2 = 0.02\%$$

2.6　丁辛醇废水中 Na 含量检测结果的报告

采用 ICP 发射光谱法测定丁辛醇废水中 Na 含量：

$$w(\text{Na}) = (0.59 \pm 0.02)\% \quad (k=2)$$

3　结论

本文利用 ICP 发射光谱法实现对丁辛醇废水钠含量的测定，并借助重复性试验和 AAS 法比对等方式，证明该测试方法具有较好的重复性和准确性。同时，本文从测量重复性、标准溶液、丁辛醇废水样品的称量和定容、标准曲线的拟合等方面对测量不确定度进行评估，为客观评价测试结果提供了科学依据，并且明确标准溶液的配制和曲线线性拟合是引入不确定度的主要来源，为后续提高方法的准确度和精密度提供了新思路，也为提升方法的通用性奠定了重要基础。

参 考 文 献

[1] 邓德刚，秦丽姣. 丁辛醇缩合废水高温湿式氧化处理实验研究［J］. 当代化工，2023，52（1）：92-96.

[2] 余黎明，张东明. 国内外丁辛醇发展趋势分析［J］. 化学工业，2011，29（12）：21-26.

[3] 李雅丽. 丁辛醇生产技术进展及市场分析［J］. 石油化工技术与经济，2008，116（3）：28-32.

[4] 关鹏. 浅析丁辛醇装置经济运行［J］. 天津化工，2022，36（1）：17-19.

[5] 申凯宇,郑梦启,何春华,等.厌氧颗粒活性炭折板工艺处理丁辛醇废水效能研究[J].工业水处理,2022,42(12):114-121.

[6] 蒲文晶,郑勃,宁艳春,等.丁辛醇缩合废水处理技术研究[J].化工科技,2012,20(4):27-30.

[7] 岳淳.丁辛醇装置缩合废水治理技术研究及工业化应用[D].上海:华东理工大学,2011.

[8] 项军,张平,李治水,等.丁辛醇缩合废水的处理工艺[J].化工进展,2021,40(2):1097-1105.

[9] 邱丽,古行乾,郑弦,等.电感耦合等离子体原子发射光谱法测定丁辛醇生产工艺催化剂废液中铑[J].理化检验(化学分册),2021,57(1):81-83.

[10] 孙爽.电感耦合等离子体原子发射光谱(ICP-AES)技术的应用进展[J].世界有色金属,2017,491(23):233-235.

[11] 李梦洁.基于高温灰化的ICP-OES法测定石油焦中5种金属元素含量[J].广东化工,2022,49(15):189-191.

[12] Lienemann T. Determination of trace elements in petroleum products by inductively coupled plasma techniques:A critical review[J].Spectrochimica Acta,Part B. Atomic Spectroscopy,2013,88.

[13] Francisco B,Rocha A A,Grinberg P,et al. Determination of inorganic mercury in petroleum production water by inductively coupled plasma optical emission spectrometry following photochemical vapor generation[J].Journal of Analytical Atomic Spectrometry,2016,31(3).

[14] 穆生乐,李昕,李颖,等.测量不确定度评定方法分析与展望[J].电子技术,2023,52(2):232-233.

[15] 黄鹏,邹姣.电感耦合等离子光谱法测定工业硅中铁含量的不确定度评定[J].云南化工,2023,50(1):74-76.

[16] 张海鹏,黄克磊,马跃.测量不确定度的评定与表示[J].中国医疗器械信息,2021,27(5):19-21.

内浮顶储罐挥发性有机物排放模型构建及应用

张璐[1] 李琳[2]

(1. 中国石油天然气股份有限公司东北销售广州分公司 广东省广州市；
2. 中国石油天然气股份有限公司东北销售公司 辽宁省沈阳市)

摘 要 对VOCs排放量进行精准测算，是进行设备技术改造实现有效控制和指导减排措施的制定的基础。本研究通过调研储罐VOCs排放相关研究的资料文献，对存储过程中VOCs的排放现状进行综述和分析，以某油库的汽油内浮顶储罐为研究对象，构建PSO优化BPNN-VOCs模型和GA优化BPNN-VOCs模型，对测算结果使用衡量线性回归指标进行相关度计算，相关系数R^2分别达到0.795和0.837。准确的VOCs排放量测算，将有助于企业和政府部门进行排放统计并落实减排措施。随着全社会重视程度的提升，更多企业将陆续开展VOCs排放治理工作，由政府主导的防治及监管体系也将逐步建立。因此，本研究所建立的VOCs排放模型不仅在油库的储罐排放量测算中发挥重要作用，对于实现储罐排放监管也可以起到参考和借鉴作用。

关键词 内浮顶储罐 VOCs排放模型 反向传播神经网络 粒子群算法 遗传算法

1 绪论

1.1 研究背景及意义

挥发性有机物（Volatile Organic Compounds，VOCs）气体的排放，是贯穿石化行业各环节、全过程最主要的大气污染物，排放量逐年攀升。不紧带来了安全隐患和能源损耗，也对生态环境产生了严重影响。

随着国家和社会对环境问题的重视，如何有效开展在生产作业环节中VOCs排放量的测算，寻找影响排放量的决定因素，从而实现对VOCs排放的有效控制，已成为迫在眉睫的问题。中国石油作为央企，肩负着不可推卸的社会环保责任和"双碳"使命，有义务为大气污染防治工作分忧解难。现有数据显示，储罐存储环节和涉VOCs设备密封点泄漏约占石化行业总排放量的76%。受储罐和浮盘构造的限制，这部分排放是不可避免的，在环境温度、储罐基础条件、周转情况等多种因素共同影响下，精准反演测算排放量和有效控制都极为困难。储罐作为储油库排放的大"股东"，一直以来因技术不成熟缺少有效的监管手段。因此，本文计划重点探究作业相关因素与VOCs排放量之间的内在规律，为今后储存环节的排放监控及指导减排措施的制定提供数据参考。

1.2 研究现状及存在问题

VOCs 排放测算方法一路进化演变而来，目前国内相关机构主要运用半经验半理论法进行储罐 VOCs 排放量的测算，包括 EPA 推荐方法、契尔尼金公式、VOCs 污染源排查工作指南（中国）等。这些方法都是基于理想气体状态方程，通过理论原理建立计算公式，借助实验数据或经验值确定参数的取值依据和范围。在近几年研究领域，2020 年，杨悦等基于 TANKS 模型，定量研究不同因素对固定及浮顶储罐 VOCs 排放的影响。

VOCs 排放量测算领域已经取得了较为丰富的研究成果，目前存在的主要问题在于不同 VOCs 排放核算方法获得的结果不尽相同，甚至可能会得到大相径庭的结论。主要原因在于现场工况条件的差异性导致计算出现较大误差，各类估算方法缺乏大量实际应用的验证和检验，测算系数"本土化"和适用性有所不足。

另外，目前排污许可实行总量控制管控，但计算排放执行情况受人为因素干扰较大，统计人员对储罐基础信息掌握情况、取值的合理性真实性都会很大程度影响计算结果，更有甚者，在填报时故意调低数值以控制排放总量不超过法定限值。同时，大气污染物排放还存在直观性差、追溯性难度大的特点，瞒报造假难以及时发现且验证困难，排污许可总量控制要求无法真正发挥约束作用。

综上所述，我国基于此测算方法下的排污许可管理制度和总量控制监管体系存在诸多的痛点，包括测算方法引自国外适用性不强、储罐信息掌握不准统计应付了事、排放量自主申报造假严重而验证困难等，条条都为偷排、超排留足了可乘之机。因此，寻找一种具有通用性和可靠性的 VOCs 排放测算方法具有重要的现实意义。图 1 所示为本文采用的技术路线。

2 常用的储罐存储挥发量测算

2.1 常用 VOCs 排放计算方法

目前国内对于成品油库 VOCs 排放量测算方式通常采用《石油库节能设计导则》或《指南》。《指南》中将储罐的排放量，即储罐在"大、小呼吸"时的静止呼吸挥发损失和工作损失之和，根据损耗来源将总排放损失划分为边缘密封排放损失、动转排放损失、浮盘附件排放损失和盘缝蒸发排放损失，排放损失计算公式如下：

$$L_T = L_R + L_F + L_D + L_{WD}$$

$$L_R = (K_{Ra} + K_{Rb} v^n) DP^* M_V K_C$$

$$LF = [(N_{F1}K_{F1}) + (N_{F2}K_{F2}) + \cdots + (N_{Fn}K_{Fn})] P^* M_V K_C$$

$$L_D = K_D S_D D^2 P^* M_V K_C$$

$$L_{WD} = \frac{(0.943)QC_S W_L}{D}\left[1 + \frac{N_C F_C}{D}\right]$$

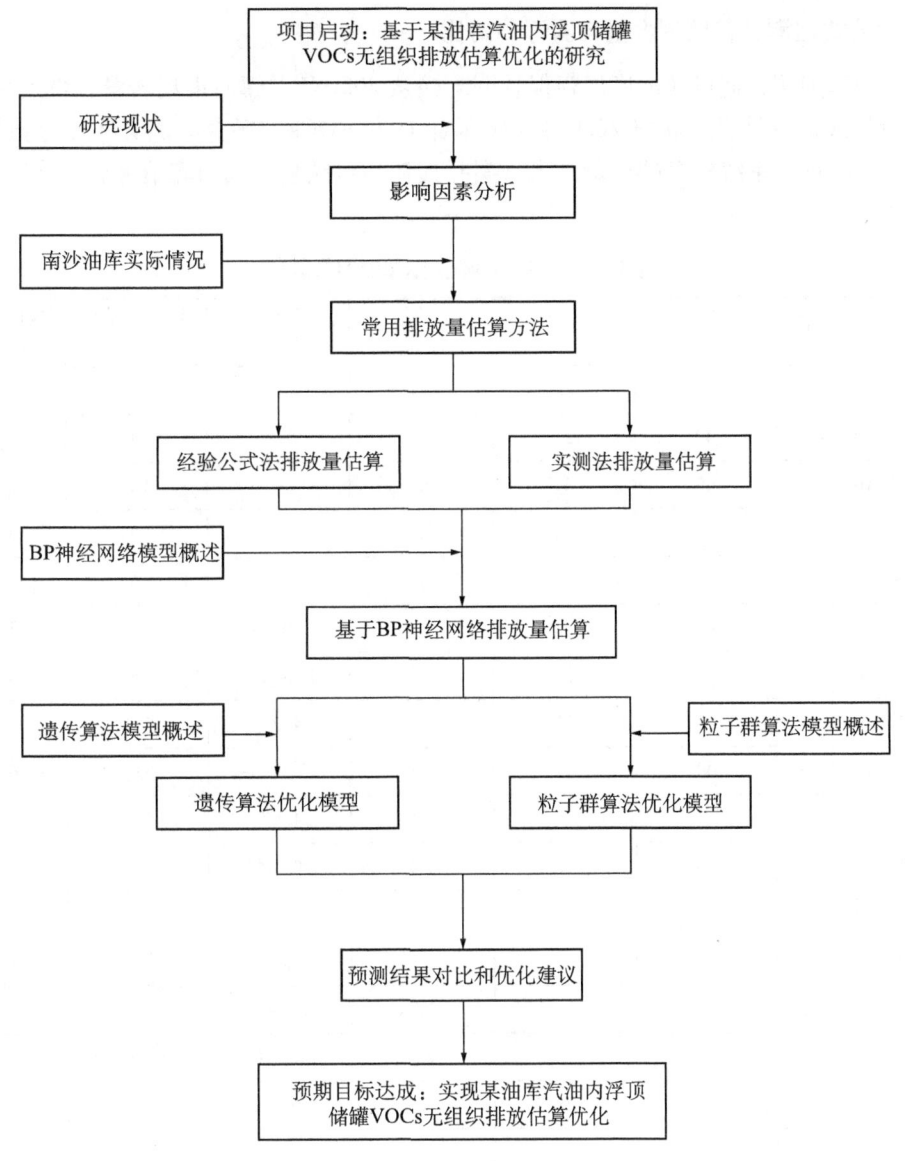

图1 本文的技术路线

相关研究表明,《指南》中测算方法在测算长时间跨度、动转量大时更为准确,公式中油品相关系数的取值与油库当地气象条件和油品性质有所差异,会导致经验公式测算结果与实际值相差较大。

随着我国对环境保护工作的不断重视,碳排放和VOCs管控要求不断升级,特别是在近两年排污许可相关管理规定出台之后,VOCs减排和污染控制正式纳入了大气污染物排放的执法范围,如果不能对排放量有一个正确、合理的测算,就没有办法做好优化减排和实现污染控制。这意味着现行的测算方法已经无法满足国家更精细化的管理要求。

2.2 经验公式法测算存储挥发量与实际值对比

以某油库为例,通过《油库库存保管账》检索 2020 年单罐月度周转量,带入《指南》中半经验公式进行计算,获取 2020 年不同储罐月度 VOCs 排放量,共计 120 月数据,使用该油库自动计量系统保存的计量结果(实际损耗)对经验公式测算结果加以验证,两组数据整理后如表 1 所示。

表1 某油库2020年实际单罐月损耗值

序号	罐号	月份	储罐直径(m)	温度(℃)	风速(m/s)	周转量(t)	排放计算量(t)	实际损耗量(t)
1	TK-101	1	40	23	2.1	17.61	3.32	0.936
2	TK-101	2	40	21	1.7	0	3.48	0.379
3	TK-101	3	40	22	2.3	0	2.91	1.125
4	TK-101	4	40	18	2.0	12129.83	3.83	3.082
5	TK-101	5	40	24	1.8	11498.95	5.57	8.837
6	TK-101	6	40	32	1.7	220.24	5.87	2.027
7	TK-101	7	40	33	1.7	12445.03	5.59	0.214
8	TK-101	8	40	32	2.2	9482.37	5.59	8.534
9	TK-101	9	40	32	2.3	13706.09	5.07	6.959
10	TK-101	10	40	30	2.1	8426.09	4.60	3.234
11	TK-101	11	40	28	2.4	3055.44	3.66	2.139
12	TK-101	12	40	23	1.7	13944.07	2.91	1.904
13	TK-102	1	40	18	2.1	6407.84	2.66	1.279
14	TK-102	2	40	16	1.7	10724.10	2.91	0.997
15	TK-102	3	40	18	2.3	9504.45	3.66	2.698
16	TK-102	4	40	23	2.0	10850.03	3.32	1.682
...	...	...	...	...	...	...	...	...
118	TK-806	10	46	32	2.1	103.99	7.33	2.502
119	TK-806	11	46	20	2.4	10098.44	4.18	3.976
120	TK-806	12	46	28	1.7	7095.39	6.06	1.528

经验公式与损耗量差异主要有以下几个方面原因:

(1)公式计算用的温度、风速值取自计量记录中的温度、风速月平均值,记录中的计量作业时间多数在白天,会导致温度参数高于实际温度。

(2)计算系数需要全面掌握储罐和浮盘基础信息及动态情况,储罐内部的情况较难观察和判断,取值时存在一定的主观性。

(3)测算方法中的参数为实验室结果,受实际环境的影响,不同地区的实际情况与参数划分并不十分吻合。

（4）无论是人工计量还是手工计量，使用的计量仪器或是零点不准、或是刻度磨损，均无法保证得出真值，存在不可避免的系统误差。

（5）不同于实验室相对理想的研究环境，现场情况复杂，受多方因素共同影响，不容易获得准确、全面的环境信息，造成较大的随机误差。

为了解决以上弊端，降低人为和计量器具因素的影响，通过延长损耗统计周期至季度可以在一定程度上缓解，主要在于：（1）经验公式对长周期的排放量预测效果更好；（2）季度损耗要大于月损耗，可以减少测量误差所占的比例；（3）测量产生的人为误差可以在周期内对冲，周期越长，计量结果相对越准确。

2.3 两种测算方法分析

基于两种不同的方式测算的某油库 2020 年各汽油储罐月 VOCs 排放量如图 2 所示，两组月 VOCs 排放数据整理成季度排放量后数值和变化趋势比较一致，如图 3 所示。

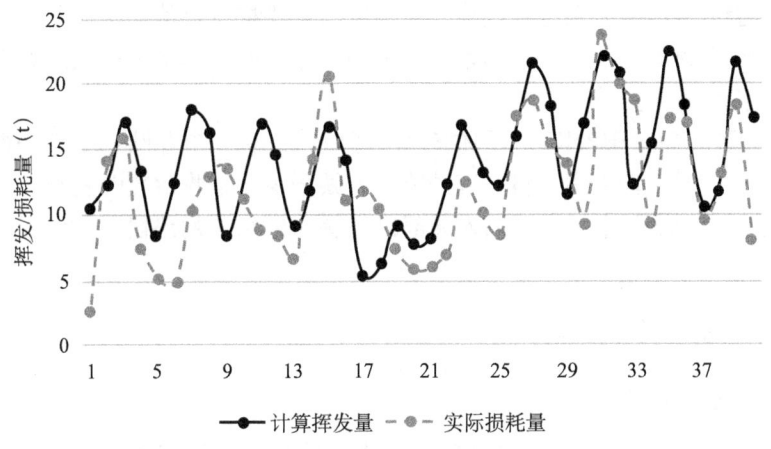

图2 两种方法测算单罐季度排放量

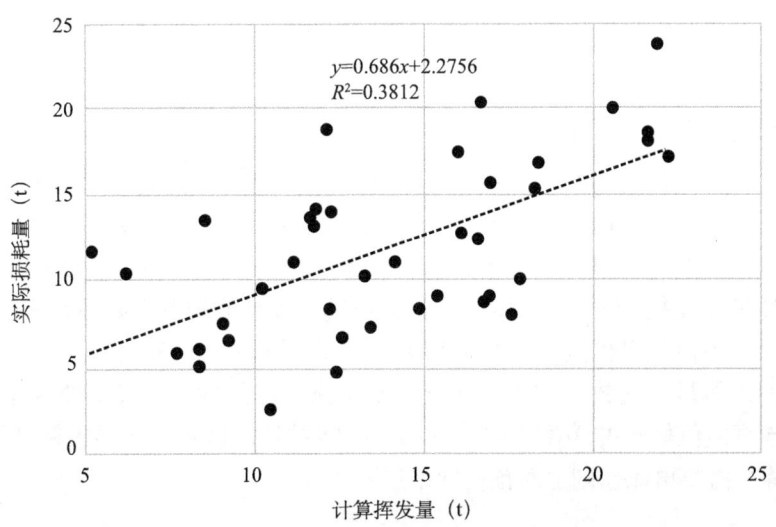

图3 两种方法测算单罐季度排放量

通过对比分析，可以发现实测法得到的挥发损耗量要略低于经验公式计算结果。因此需要用实测值将经验公式的测算结果进行修正，但是这种修正函数极易受到环境因素影响，缺乏稳定性和鲁棒性，这也是根据经验公式计算产生误差的主要原因，仅仅通过两种数据的分析和对比，无法准确得出它们之间的修正关系。

为了解决经验公式参数多、核算方法较复杂的问题，以及找到计算结果偏大的原因和修正方向，考虑采用建立数学模型进行 VOCs 排放量测算。

3 基于BP神经网络的存储排放量测算

3.1 BP 神经网络概述

反向传播神经网络（Back Propagation Neural Network，BPNN）具有能够模拟生物神经网络对信息的处理方式，是一种自组织、自适应的系统，且其传递关系通常不是线性的，它还另具有多层前馈的特点，其技术目前已经非常成熟、广泛应用至各个领域，常用来对存在复杂输入输出关系进行建模。BPNN 的主要特点是信息的"双向车道"传递模式，在这种双向机制下，通过调整初始权值和阈值，不断反馈形成的误差数据，反复迭代直到输出的误差和最小。

在信息处理方式上，BPNN 主要具有以下特点：信息分布存储；信息并行处理；具有容错性；具有自学习、自组织、自适应的能力。缺陷主要是收敛耗时较长；对于非线性系统，不易选择合适的学习率，容易陷入局部最优解；网络与网络隐层神经元的数目呈强相关等。

3.2 基于 BPNN 的存储排放测算

3.2.1 BPNN训练数据来源

在前文中，已经分别列出了 2020 年某油库经验公式法和实测法获得的损耗值。但用于 BPNN 的模型训练，样本数量还是不足以支撑网络架设，难以充分发挥其功能。使用经验公式法获得的测算值用于模型的训练。选取 360 组经验公式计算的季度损耗值和 40 组实测值用于模型训练。

3.2.2 实际值与模型预测差值分析

训练停止条件设定：网络学习误差小于 10^{-9}，或训练次数达到最大值 40000 次。

归一化处理表格中所列输入样本后，输入网络进行训练，网络在第 87 次训练后能够收敛到预期精度。图 4 为 BPNN 训练误差示意图。随机选取 20 组经验公式计算结果和 20 组实测数据对训练结果进行验证，实际计量值与模型预测值的关系如图 5 所示。进行相关度评价，从而得到模型可信度，可见使用 BPNN 模型的 $R^2=0.6535$，可以用于储罐 VOCs 挥发量的预测。但是实测数值过少、无法判断实测值有效性，以及 BPNN 本身存在的缺陷，都使得向真实值修正的精度不够。且训练时间过长，达到上文要求精度要 8min 左右才能完成训练，需要再此基础上对预测网络进一步优化。

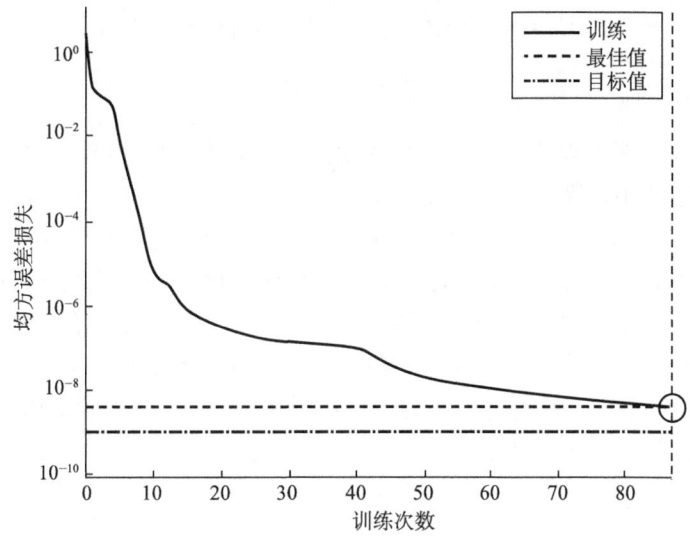

图4 BPNN训练误差曲线

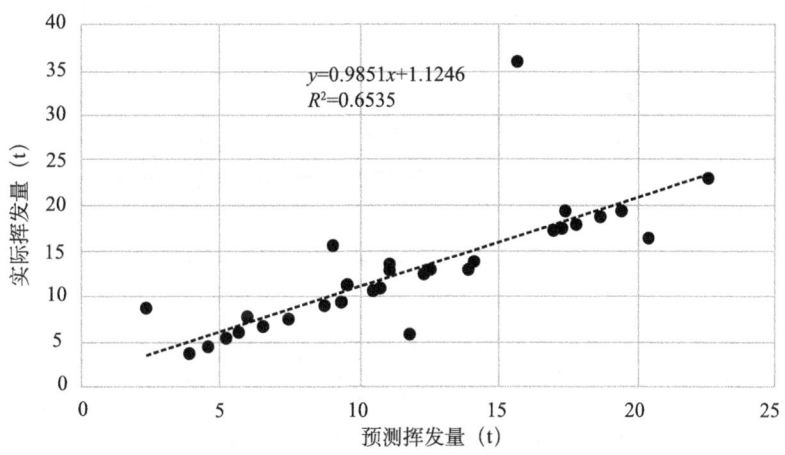

图5 实际值与BPNN模型预测值关系

4 优化的BP网络在存储排放测算中的应用

4.1 PSO 优化模型在存储排放测算中的应用

PSO 是基于群鸟觅食模型寻找最优值。群鸟觅食本质上是一种决策优化过程，作为群体的鸟类，其最终呈现的决策过程和人类的决策过程相似。能够通过自身经验的积累和同类间的传递交流不断优化决策。在群鸟觅食模型中，由鸟类个体组成的鸟群看做一个粒子群，每只鸟所处的位置对于找到食物具有的价值为适应值。则鸟群中位置不断移动，就是不断迭代的过程。

它的位置价值可由将其代入目标函数所得的适应值来衡量，单位时间内鸟群位置变化为：

$$v_i^d = \omega v_i^d + c_1 r_1 \left(p_i^d - x_i^d \right) + c_2 r_2 \left(p_j^d - x_i^d \right)$$

$$x_i^d = x_i^d + a v_i^d$$

迭代终止条件：强制停止—迭代次数达到预定最大值，自主停止—粒子群位置与最优位置间差异达到足够小，满足了最小误差要求。

PSO算法具有原理简单，参数少，易实现；通用性强，不局限于实际问题约束，尤其在无约束非线性函数优化方面性能优越；收敛速度快，使用条件较低；可同时进行局部最优解和群体最优解搜索，提高实现搜寻到整体最优解的可行性等优点。缺点是相较于整体搜索能力，局部搜索能力差，精度低；存在早熟收敛的可能性等。

选取与前面相同的40组实测数据对训练结果进行验证，图6为训练误差，图7为实际值与PSO优化模型预测值关系。

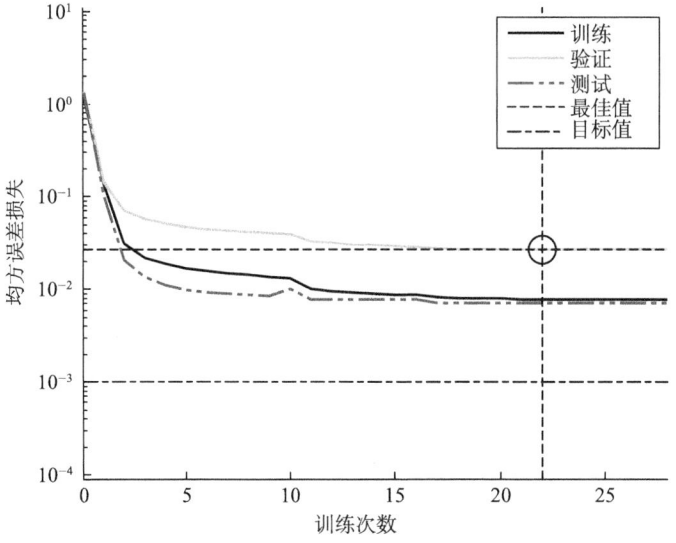

图6 PSO优化的BP神经网络训练误差曲线

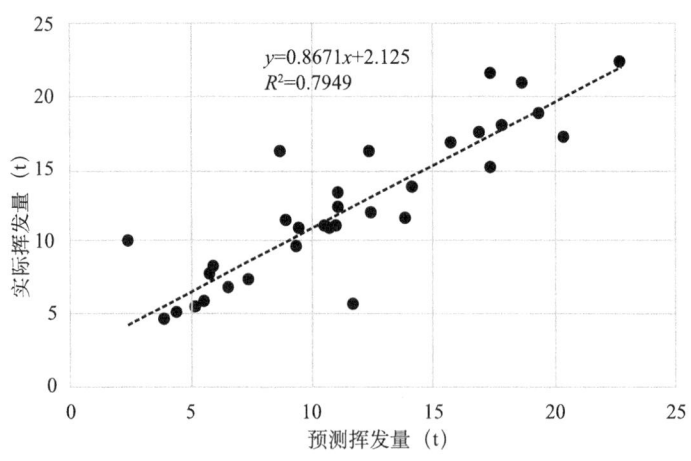

图7 实际值与PSO优化模型预测值关系

4.2 GA 优化模型在存储排放测算中的应用

GA 作为一种群优化特性的模型,其灵感来自于生物进化,通过对生物的模仿来指导算法寻求目标,在进化方向上受到了达尔文生物进化论自然选择的启发,在后代变异方法及基本原则上则辅之以孟德尔遗传学机理的生物进化过程,最终形成了具有搜索效率高、可多线程并行处理数据、搜索范围扩展至全局并可进行优化等特点。在搜索过程中,它实现了空间信息搜索的自动化,可获取后并累积自身信息库,具有一定的生物智慧特点,在搜索过程可根据搜索环境进行"进化",自适应地不断向最优解逼近。

GA 在满足局部搜索的同时,没有以降低其全局搜索能力为代价,对于一些复杂程度较高的问题,也能够较为妥善地解决,因为其具有普适性等特点,故传统的方法难以望其项背。全局搜索能力强。在运行时可以同时运算多个染色体,故而使用限制少,不过于依赖问题;搜索效率高。GA 主要是依靠概率进行搜索,可按群体进行搜索,搜索过程更加灵活,因此该算法也具有较高的可扩展、高度并行处理能力。且 GA 具有较强的鲁棒性,搜索的结果能够很好地收敛于全局最优解,于规避陷入局部最优风险上尤为可靠。但其无法解决没有确定适应度函数表征的"大海捞针"问题,对于搜索动态数据的最优解过程中很可能过早收敛导致后期进化停滞不前等。

使用 GA 对 BP 神经网络连接权值进行优化。大致流程可以分为搭建 BP 神经网络拓扑结构、利用 GA 优化网络的初始权值和阈值、带入回归 BP 网络进行预测三个步骤。

同样选取在前文中提到的 400 组计算损耗和实测损耗的数据作为训练样本,带入 GA 优化的 BP-VOCs 模型进行训练,图 8 为训练误差示意图。

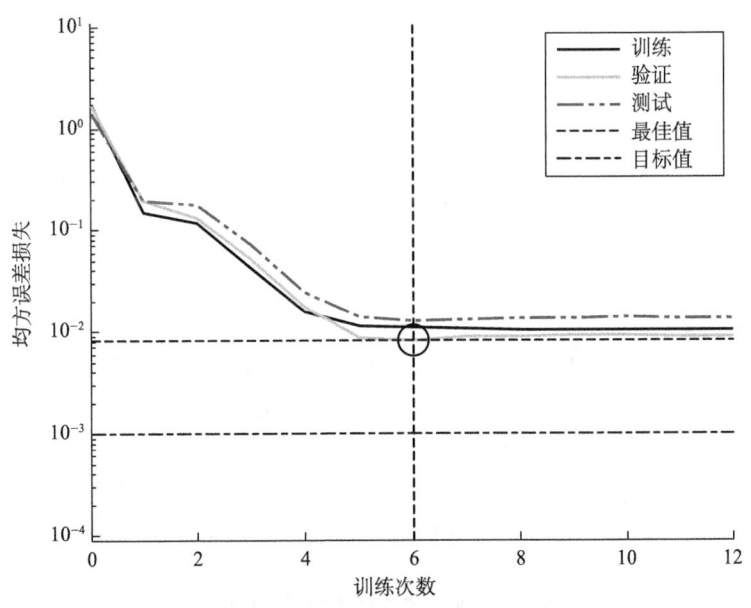

图8 GA优化的BP神经网络训练误差曲线图

选取与前文相同的 40 组实测数据对训练结果进行验证,绘制实际计量值与模型预测值的散点关系图见图 9。

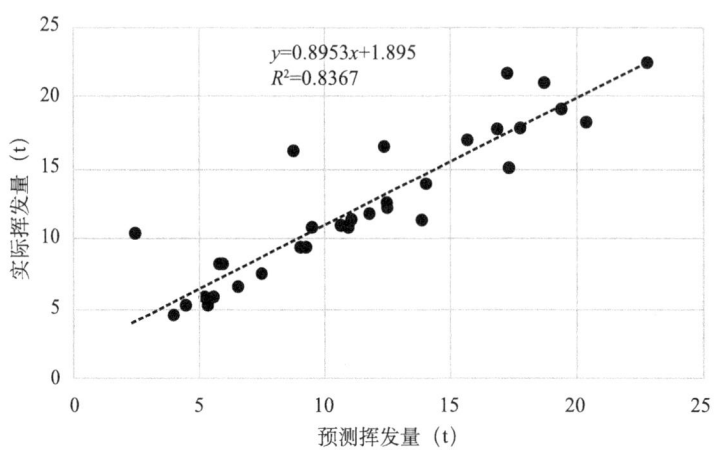

图9 实际值与GA优化模型预测值关系

利用衡量线性回归指标进行相关度计算，得到以上两组数据的 $R^2=0.8367$，可见使用 GA 优化的 BP 网络模型预测准确度更高。

4.3 基于三种模型预测结果分析的优化建议

4.3.1 预测结果误差对比

首先将相同的 40 组输入数据下，三种模型得出的不同预测结果进行对比，实测值与预测结果对比如图 10 所示。

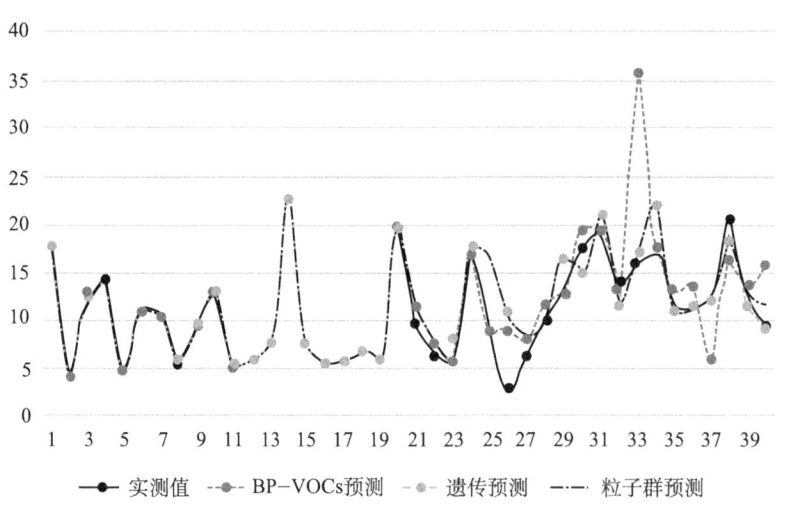

图10 绘制实测值与预测结果对比图

从表 2 所列数据可以看出，优化后 BP-VOCs 模型的预测误差要低于优化前的预测误差，而又以 GA 优化的 BP-VOCs 模型预测相关度更高、误差更低、精度更好。

表2 模型拟合效果表

模型名称	BP-VOCs	粒子群优化	遗传优化
R^2	0.6535	0.7949	0.8367

4.3.2 优化减排建议

GA优化的BP-VOCs可以很好地应用于储罐排放量的测算，那么，同样可以应用该模型分析减排措施及措施效果。在影响排放量的温度、风速、直径、周转量几个因素中，可以通过对储罐喷淋实现降低油品温度，通过合理规划、优化存储方案来规划各罐存量，但周转量受市场需求、炼厂产量、国家政策等多方面影响。因此，本文以温度因素为例，开展减排分析，优先从源头削减和控制VOCs排放。

使用GA优化的BP-VOCs模型预测对16组不同温度下40m直径的储罐非动转状态下的排放量进行预测。将预测结果整理并绘制温度—排放量曲线如图11所示。

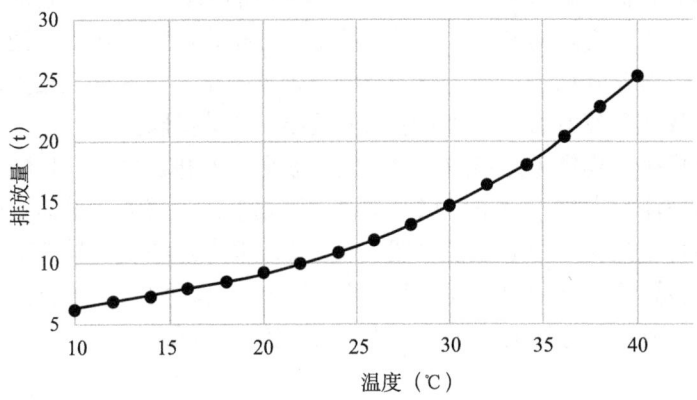

图11 40m直径储罐温度-预测排放量

从图中可以明显看出，排放量会随着温度的升高而大幅上升，当温度越高时，排放量增加梯度越明显。

因此可以得出结论：在高温天气，通过喷淋降温装置，对储罐内所存油品，进行降温，可以得到很好的减排效果。以 $2\times10^4 m^3$ 储罐为例，经现场数据测算，在气温超过35℃的高温天气间歇性对罐壁进行喷淋，可以将油品温度有效控制在30℃左右。按地区平均每年15个高温天气测算，单罐可实现减排约0.95t，折合售价约0.62万元。而现场每日喷淋4h耗水量在4t左右，仅需水费约208元。以上数据可以看出，通过喷淋装置对储罐进行降温，单罐单月可以节约1.2万元的成本费用，且对于实现VOCs气体减排、保护环境方面的社会意义远高于经济价值。

5 结论与展望

5.1 结论

本研究以某油库为研究对象，以目前国内常用的VOCs排放经验计算公式测算方法入手，对影响储罐排放量的因素开展研究，得出如下结论：

（1）运用《指南》对某油库内浮顶汽油储罐进行排放量测算时，得到的结果要偏高于实际排放量的结论。

（2）运用 BP 神经网络数学建模方法，利用温度、风速、直径、周转量四个输入参数和排放量输出参数建立的 BP-VOCs 模型可以取得很好的测算效果，并可以结合现场实测排放损耗量，对使用《指南》结果偏高的情况向真值进行修正。

（3）运用 PSO 和 GA 优化的 BP-VOCs 模型具有更好的预测效率和准确度，相关系数 R^2 分别为 0.795 和 0.837，优于 BP-VOCs 模型的 0.654 指标。

（4）运用精确度更高的 GA 优化 BP-VOCs 模型分析优化减排措施，发现优先使用小直径储罐进行油品存储和通过喷淋降温等方式降低油品温度对于减少 VOCs 排放的效果显著。

5.2 工作构想与展望

参照现有测算方法，综合考虑其他可能影响排放的因素，以及多自然条件协同作用下热力场、风力场分布不均匀的影响，考虑在储罐上方布设温度、风速、液位等传感器以获取实时变量信息，设置五点法采样，积分均值后带入模型，以保证数据拾取的代表性和准确性，不相关参数将在模型的不断训练中权值赋零，自动摘除。

考虑到初始模型偏离修正困难的问题，需要获取实时排放数据，以实现进一步验证和完善。首先考虑在浮盘上方布设采样点，结合太阳辐射、大气湍流等因素的影响，利用流体动力学模拟软件建立扩散拟态模型（图12），实现采样点浓度和排放量的拟合。但仅依靠 FLUENT 模型无法模拟还原复杂的现场实际情况，现场微气象时变特性、复杂非合作靶面、痕量浓度排放水平等均造成了排放浓度反演困难的问题。

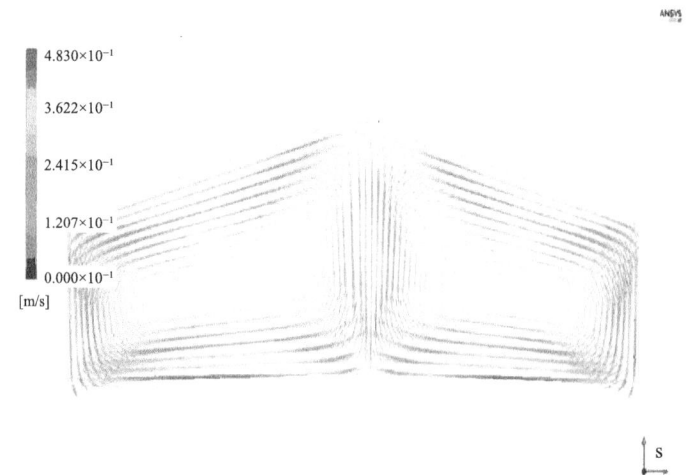

图12　FLUENT模型油气扩散速度矢量图

如需实现精准测量考虑在排放口处进行浓度监测，计划采用多源遥测激光装备，利用同频双波工作方式实现光谱特征解析，通过传输光程、观测位置、网格划分实现空间排放浓度测算，结合超声波气体流量计，拟合实时排放量带入模型进行修正。从而构建一个多嵌套、自学习、自优化、自成长的 AI 测算模型,深度挖掘各影响因素与排放之间的内在作用机理,如图 13 所示。

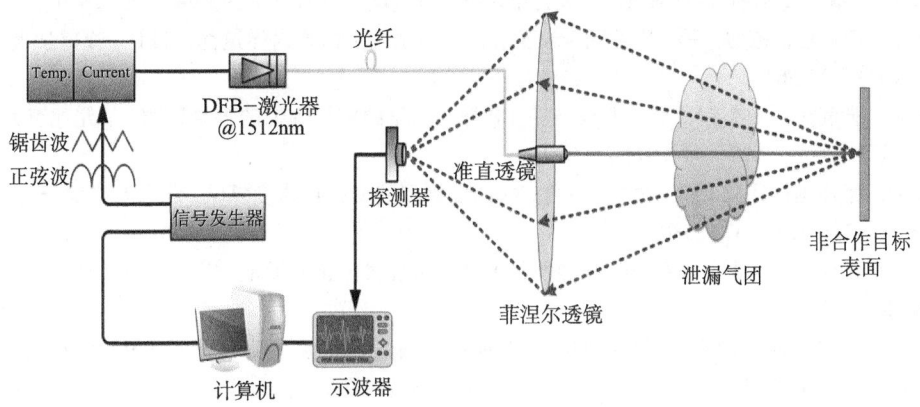

图13　激光遥感浓度检测布设示意图

最终可实现的功能有,通过前端传感器带入模型测算排放量,同时显示实时浓度曲线及减排效益曲线,通过预设控制参数,实现喷淋降温装置的自动启闭和减排效果测算。此外,AI 模型也能通过人工干预的时间节点进行生物学习,优化自动喷淋系统。依托此排放测算模型,还可实现排放安全风险研判预警,浮盘气密性监控,或进一步构想创新的无害化处理措施。

通过构建更加科学、精准、智能的 AI 排放测算系统,可以解决现有计算方式针对性不强的弊端,同时可为排放研究提供丰富的现场数据支持;另一方面减少了人为因素的介入,可填补目前对储罐排放缺少有效监控手段的行业空白,规避单次 10～100 万的超排处罚和漏缴环保税的刑事责任,通过对浮盘状态的实时监控更可避免 200 万～5 亿元的经济损失。在日趋严格的环保政策下,储罐加装排放在线监测已成为必然趋势,如能在集团甚至整个行业推广应用,更将带来不可估量的巨大环保效益。

参 考 文 献

[1] 梁晓琳. 关于 VOC 的排放以及控制措施探讨. 西部资源,2019(04):183−184.

[2] 杨悦,徐家洛,黄银芝,等. 基于 Tanks 4.0.9d 模型的储罐 VOCs 排放特征定量研究. 石油炼制与化工,2020,51(12):85−91.

[3] 邬坚平,何校初,张钢锋. 上海市 VOCs 典型排放行业管理技术规程研究暨上海市典型工业行业 VOCs 排放量估算方法研究. 上海市环境科学研究院,2016−02−01.

[4] 王燕军,吉喆,谢琼,等. 汽油存储过程 VOCs 排放影响因素研究. 环境工程技术学报,2021,11(03):523−529.

[5] 王冠,赵银玲,任万辉. 辽宁省石油化工行业 VOCs 排放量审核要点研究. 环境保护与循环经济,2021,41(04):98−102.

[6] 钱立军,袤著永,赵韩. 基于 BP 神经网络的发动机排放预测. 汽车工程,2005(01):28−30+99.

[7] 杨客. 遗传算法优化的 BP 神经网络在连云港港口吞吐量预测中的应用研究 [D]. 深圳:深圳大学,2017.

[8] 李昊天，徐勇．基于 BP 神经网络的肺腺癌预测．信息技术与信息化，2021（10）：16-18．
[9] 周品．MATLAB 神经网络设计与应用．北京：清华大学出版社，2013
[10] 林英霞．基于改进 BP 神经网络的外卖订单预测研究［D］．大连：大连海事大学，2020．
[11] 曹林，孟吉红，范匆，等．基于混合粒子群优化算法的火箭弹内弹道优化设计．弹道学报，2021，33（03）：57-62．
[12] 董晶，张利民，张燕超，等．基于 PSO-BP 神经网络的转炉炼钢碳含量预测．华北理工大学学报（自然科学版），2022，44（01）：16-23．
[13] 魏娟，张建国，邱涛．基于改进的动态 Kriging 模型的结构可靠度算法．北京航空航天大学学报，2019，45（312）：373-380．
[14] 李晓东，徐文兵．基于 PSO-BP 神经网络的北江大堤渗流预测模型．广东水利水电，2021（12）：16-24．
[15] 靳瑞强，马广昭，耿立卓．基于 PSO-BP 神经网络的光伏发电功率预测方法．信息技术，2021（12）：147-152，158．
[16] 刘磊．基于可靠性和物理规划的多学科协同优化方法研究［D］．成都：电子科技大学，2014．
[17] 任谢楠．基于遗传算法的 BP 神经网络的优化研究及 MATLAB 仿真［D］．天津：天津师范大学，2014．
[18] 鲁欣欣，王淮冬．遗传算法和粒子群算法的现状及发展策略研究．无线互联科技，2021，18（21）：108-109．
[19] 杨彦杰，毛亚峰，唐圣学，等．基于 RTDS 和神经网络的光储微电网线路故障诊断．可再生能源，2018，36（239）：1010-1016．
[20] 陈世新，兰善红，方昆钊，等．液体石化物料储罐雾化喷淋系统的设计．山东化工，2018，47（05）：103-106．

裂解炉氮氧化物在线超标及控制措施

胡永清　程海龙　黄　超

（独山子石化公司乙烯一部　新疆维吾尔自治区克拉玛依市）

摘　要　氮氧化物（NO_x）是大气主要污染物之一，也是目前大气污染治理的一大难题，其排放问题已经受到了环保部门和科研工作者的关注与重视。这里主要介绍独山子石化乙烯一部裂解装置裂解炉氮氧化物监测情况，对10-F-0401炉燃烧器蒸汽喷枪投用情况进行验证总结，并对2020—2022年装置排口类型超标原因进行分析。提出裂解炉氮氧化物排放超标控制思路和处理措施，对裂解装置优化操作，降低氮氧化物排放具有重要指导作用。

关键词　蒸汽喷枪　氮氧化物　排口超标

引言

裂解炉是乙烯装置的核心设备，燃料在燃烧过程中会产生大量氮氧化物（NO_x），乙烯一部现有裂解炉9台。裂解炉全部采用超低NO_x排放的底烧燃烧器，燃料为自产甲烷氢，不足部分由天然气补充。2018—2019年期间9台裂解炉分批次完成低氮烧嘴改造项目，2019年年末增加烟气自动监控系统（CEMS）并与炼化企业环境在线监控系统及集团公司污染源在线监测系统联网，实现自动化实时监控。

1　近三年超标对比分析

2020—2022年各台裂解炉超标趋势如图1所示，超标情况如表1所示。

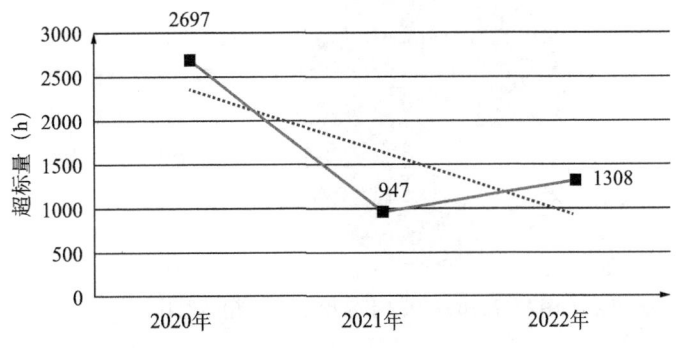

图1　2020—2022年裂解炉超标趋势

表1 2020—2022年各台裂解炉超标情况统计

超标加热炉	2020年（h）	2021年（h）	2022年（h）	小计（h）
1号	397	130	206	733
2号	367	79	166	612
3号	316	76	92	484
4号	125	198	5	328
5号	153	56	4	213
6号	210	134	179	523
7号	312	54	205	571
8号	679	88	205	972
9号	138	46	225	409
总计	2697	947	1308	4952

根据上述图表分析，乙烯一部9台裂解炉燃烧烟气氮氧化物共计超标4952h，其中2020年累计超标2697h、2021年947h、2022年1308h。如图1所示，裂解炉燃烧烟气中的NO_x超标情况总体呈下降趋势。

如图2所示，针对裂解炉3年超标情况具体分析，占比分别为2020年超标55.67%、2021年超标占比17.77%、2022年超标占比26.56%，与运行部废气排口三年超标情况相一致。总结超标原因：2020年由于裂解炉蒸汽喷枪首次使用、技术不成熟，多次调试情况下导致全年裂解炉高备工况超标时间较长。2021年蒸汽喷枪技术应用趋于成熟，可以满足裂解炉在切换烧焦、升降温期间达标排放，但由于压缩装置短停，裂解炉多台高备，依然出现部分时段超标。2022年由于10-E-4112停工消缺，裂解炉退守至高备、低备等非正常工况，喷枪蒸汽量只能满足2台炉使用，造成除投用蒸汽喷枪的10-F-0401、10-F-0501炉外，其他裂解炉长时间超标，全年累计超标时段较2021年有所反弹。

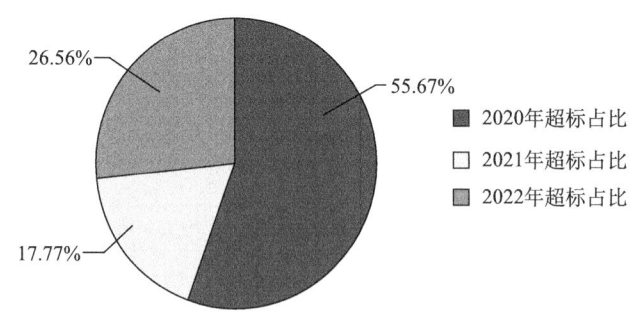

图2 2020—2022年裂解炉年度超标对比

通过对2020—2022年装置排口类型超标对比数据分析，可以发现乙烯一部单台裂解炉2020—2022年超标情况分布，几乎符合三年整体超标情况，依然为2020年最高、2021

年降低、2022年反弹，整体趋于下降的趋势。图3反映了2020—2022年各单台裂解炉年度超标情况。但是也存在2021年4号炉、蒸汽过热炉超标数量增加，2022年10-F-0401、10-F-0501超标数量降低等个别现象。

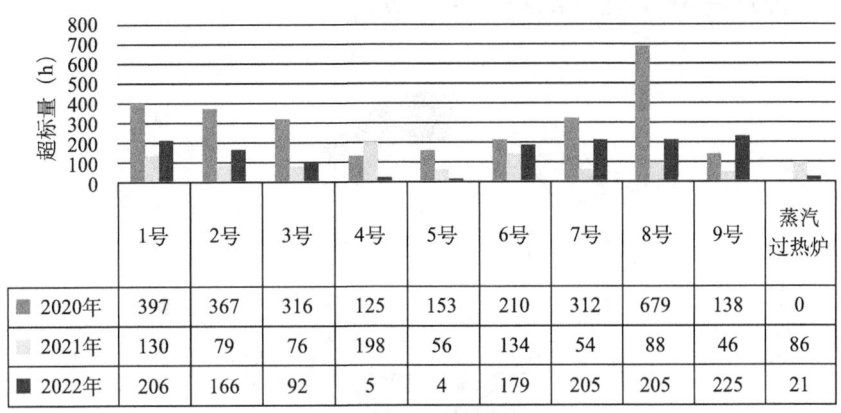

图3 2020—2022年单台炉各年度超标分布对比

结合实际运行情况和工作计划安排，加热炉超标工况主要发生在停开工或多台炉备用期间。2020年由于苯乙烯装置全年连续生产，未进行停开工操作，保障了当年氮氧化物全年达标排放。2021年CEMS投用后首次停开工操作，由于缺乏经验导致全年超标86h。2022年在总结吸取2021年经验教训后，通过优化工艺操作、创新临时措施，将现场蒸汽过热炉漏氧部位，使用密封胶带封堵降低氧含量。同时增加临时蒸汽喷枪，降低火焰燃烧强度和中心温度，有效缩短了氮氧化物超标时间。同理，裂解炉在2021年装置停工消缺时，完全没有使用蒸汽喷枪的10-F-0101、10-F-0401、10-F-0601裂解炉超标时间较长，而在2022年装置停工消缺中，持续投用蒸汽喷枪的10-F-0401、10-F-0501炉超标数量反而最低。

如图4所示，对2020—2022年单台裂解炉炉超标汇总情况进行进一步分析，可以发现10-F-0801炉3年共计超标972h，占比裂解炉超标20.06%；10-F-0101炉3年共计超标733h，占比裂解炉超标15.13%，为所有裂解炉超标数量最高的两个排口。

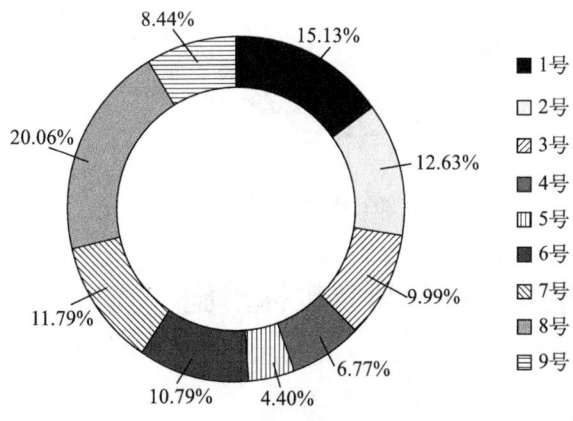

图4 2020—2022年单台裂解炉超标占比

如图 5 所示，按照各年度单台炉超标数据分析验证发现：2020 年 8 号炉共计超标 679h，占比裂解炉超标 25.18%；10-F-0101 炉共计超标 397h，占比裂解炉超标 14.72%，为 2020 年超标最多 2 个排口，符合 3 年超标数据最大值分析。由于 2020 年蒸汽过热炉未超标，剩余加热炉超标占比与裂解炉超标一致。

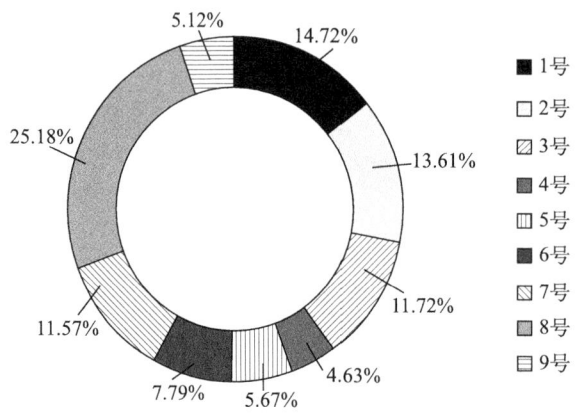

图5　2020年单台裂解炉超标占比图

如图 6 和图 7 所示，分别对 2021 年和 2022 年 1～9 号单台裂解炉超标占比情况进行分析，对比 2020 年裂解炉超标情况分析 2021 年、2022 年数据发现，10-F-0101 炉超标数据 3 年始终处于前列。10-F-0801 炉虽然 2021 年有所降低，但 2020 年超标时间较长直接影响了单炉 3 年超标水平。同时 2021 年 10-F-0401 炉超标数据明显升高，2022 年各裂解炉超标数量均匀，10-F-0401、10-F-0501 炉、蒸汽过热炉超标数量有效降低。

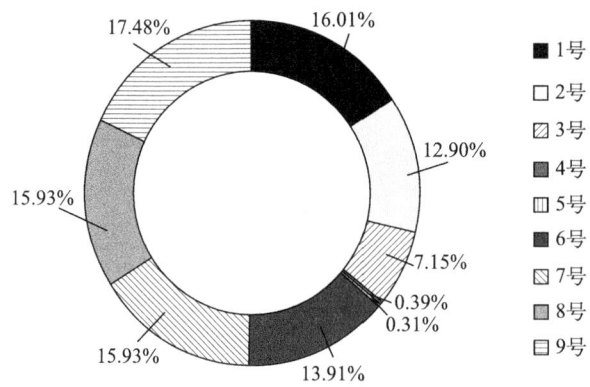

图6　2021年单台裂解炉超标占比

2　2020—2022年装置排口类型超标措施

2.1　主要措施

投退炉、烧焦、高备、升降温时通过投用蒸汽喷枪和工艺调整来控制氮氧化物合格。

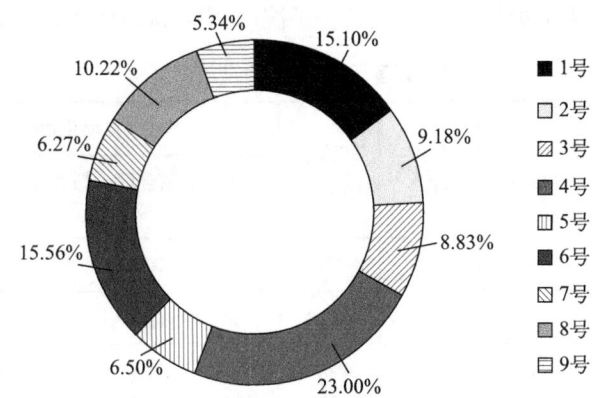

图7 2022年单台裂解炉超标占比

裂解炉氮氧化物主要由于空气中的氮气在高温下氧化而生成NO_x，蒸汽喷枪通过注入LS降低火焰中心温度，可降低热力型NO_x的产生。

为了验证燃烧器蒸汽喷枪投用效果，对烧焦结束的10-F-0401炉做出调整并进行测试，按照烧焦及高备步骤测试投用燃烧器外围蒸汽喷枪，在线监测烟气排放NO_x含量，从而提升环保要求的操作水平。

10-F-0401炉4月16日维持烧焦第九步现状，蒸汽喷枪管线暖管合格，于14点30分投用蒸汽喷枪情况如表2所示。

表2 乙烯一部4号炉烧焦第九步投用蒸汽喷枪情况

项目	参数	项目	参数
蒸汽喷枪流量	2.9t/h	蒸汽喷枪流量	3.9t/h
蒸汽喷枪调节阀开度	83%	蒸汽喷枪调节阀开度	97%
负压	50Pa	负压	50Pa
氧含量	9.2%	氧含量	9.2%
风机挡板开度	12%	风机挡板开度	12%
烧焦空气量	15000m³/h	烧焦空气量	15000m³/h
烧焦稀释蒸汽量	1.5t/h	烧焦稀释蒸汽量	1.5t/h
底烧风门开度	点火2个刻度，未点火全关	底烧风门开度	点火2个刻度，未点火全关
侧烧风门开度	未点火开一个刻度，点火风门一次风全开	侧烧风门开度	未点火开一个刻度，点火风门一次风全开
烟气中NO_x值	283mg/m³	烟气中NO_x值	合格（77mg/m³）

蒸汽喷枪流量为2.9t/h，测定烟气中NO_x高达283mg/m³。蒸汽喷枪流量将FT20301由2.9t/h调整到3.9t/h NO_x值明显下降，达到《石油化学工业污染物排放标准》要求，测试结果合格。

详细分析 10-F-0401 炉烧焦各步骤高备工况时 NO_x 排放浓度,如表 3 所示。

表3 高备工况时NO_x的排放浓度

项目	氧含量(%)	COT(℃)	负压(Pa)	SS温度(℃)	氮氧化物检测表显示				
					负压(Pa)	氧含量(%)	烟气温度(℃)	NO_x折算(mg/m^3)	烟气流量(m^3/h)
760高备	10.75	760	-65	470	-89	12.5	149.9	73	43379
800高备	9.91	800	-65	470.3	-84	11.9	149	68.5	43095
第一步第一小步	9.91	820	-61	480.7	-109	11.8	148.9	78	48135
第一步第二小步	9.793	830	-61	478.3	-113	11.8	147.4	77.8	51847
第二步	9.13	850	-65	479.5	-119	10.9	146.3	71.5	53328
第三步	9.01	850	-55	471.3	-115	10.87	147	72.7	51413
第四步	9.8	827	-57	485	-83	11.956	144	77.5	46584
第五步	9.1	858	-56	503	-66	11.263	146.6	70.2	42074
第六步	9.3	857	-56	518	-68	11.365	147.7	73.2	45026
第七步	9.5	857	-56	520	-64	11.69	149.5	75.6	44856
第八步	9.3	854	-55	522	-65	11.67	151.1	77	46551
第九步	9.2	854	-50	523	-38	11.2	151.4	75	40594

根据表 3 的分析,本次 10-F-0401 炉燃烧器蒸汽喷枪测试,10-F-0401 炉在 760℃ 高备、800℃ 高备和烧焦各步骤时燃烧器产生的烟气中的 NO_x 浓度均未超过 $80mg/m^3$,在烧焦第一步第一小步时 NO_x 排放浓度达到峰值,为 $78mg/m^3$,符合规定排放标准。在烧焦过程以及高备状态下,SS 温度分别为 471.3℃、470℃、470.3℃,均接近平稳率设定值 471℃。出现该问题的原因,初步分析为在该工况下,稀释蒸汽流量以及 COT 调整幅度较大,在之后的烧焦过程中,通过开大风门,缓慢增加稀释蒸汽流量,提高 COT 的方式来稳定 SS 温度,此类问题得到了明显的改善。

2.2 间接措施

正常运行时裂解炉依靠调整风门、风机挡板开度、负荷来控制氧含量从而控制氮氧化物。当裂解炉升降温过程氧含量高于 19% 时,迅速开大风门,保证氧含量稳定在 19% 以上,同时投用未点火烧嘴的蒸汽喷枪。当燃料气压力高时及时点燃烧嘴,氧含量接近 19% 时,迅速关小风门,关小挡板,降低氧含量至 19% 以下,调整时适当减少燃料气用量,防止炉膛温度上涨过快。

同时要注意监控燃料气系统压力及燃料气组成变化,避免引起裂解炉 NO_x 波动。因氢气热值比甲烷高,在燃烧过程中会导致火焰中心温度升高,从而导致氮氧化物升高。尤其关注分离裂解气干燥器并行、冷吹、再生时引起燃料气热值变化,避免氮氧化物整体升高。同时注意解吸气的并入压力、流量及组分变化,避免引起裂解炉 NO_x 波动。

2.3 间接措施

裂解炉运行期间及时查看 DCS 和炼化板块 NO_x 浓度趋势,提前预判和调整。

点火期间关小风门,控制氧含量,同时更换维修点火器,保证一次点火成功。

CEMS 氧表曾出现多次假显,造成氮氧化物折算后大于 $100mg/m^3$,及时联系维护单位瑞天华宇更换新的氧表模块。

优化裂解炉退料、烧焦、升降温期间燃烧器蒸汽喷枪投用量,尤其是冬季投用蒸汽喷枪时,防止管线冻堵,蒸汽注入不畅。保证裂解炉退料、烧焦、升降温期间烟气 NO_x 实现达标排放。

控制停开工过程,缩短升降温过程中,减少超标时间。

开工阶段升温过程中尽可能多点火嘴,保持多火嘴、小火苗状态,降低火焰燃烧强度和中心温度。

2.4 投用蒸汽喷枪后排口类型超标情况

2021 年前裂解炉氮氧化物超标原因为投退炉、烧焦、高备、升降温、检修等,2021—2022 年蒸汽喷枪稳定使用后超标原因几乎为受到装置停工、多台炉被迫高备所导致,日常操作很少出现超标情况。

3 2022年NO_x超标情况分析

2022 年受到乙烯装置短停的影响,9 台裂解炉被迫多次停开工及多台炉备用,燃烧烟气氮氧化物超标较 2021 年有所反弹,但 10-F-0401、10-F-0501 炉由于投用蒸汽喷枪且蒸汽量满足需求,氮氧化物超标得到了很好的控制。

3.1 2022 年超标情况

2022 年 9 台裂解炉超标 1287h。除投用蒸汽喷枪的 10-F-0401、10-F-0501 炉外,其他排口均无有效办法明显改善超标情况。

3.2 2022 年超标原因

3.2.1 直接原因

(1) 2022 年 1 月 19 日 10-F-0801 裂解炉氮氧化物由于 CEMS 氧表假显(氧表显示为 5.9%,氧化锆显示 2.3%,裂解炉膛热量参数均正常,无变化)导致超差。

(2) 2022 年 7 月 3 日至 7 月 11 日装置停工,裂解炉退料至高备状态,氧含量上涨导致折算后的氮氧化物超标。

3.2.2 间接原因

(1) 目前裂解炉蒸汽喷枪总管流量只能满足 2 台裂解炉高备运行,而在装置全面停工时无法满足 9 台裂解炉氮氧化物全部需要。

(2) 蒸汽过热炉在设计上未考虑到全工况达标问题,风门、旋塞阀、烧嘴及烟道挡板均没有相应配套设计。同时在后期的改造过程中也未提出相关要求，本质上蒸汽过热炉烧嘴虽然经过改造，但在设计上并不具备全工况达标的能力。加之蒸汽过热炉采用自然通风，顶部采用烟囱自然对流形式，在蒸汽过热炉升降温期间氧含量的调节空间狭窄，无有效措施控制炉膛氧含量。

3.2.3 管理原因

（1）维护单位工作不到位，导致仪表假显。运行部约谈维护单位负责人，提高认识，做好维护工作，同类仪表再次出现假显，进行严肃考核。

（2）管理人员未能跟踪最新节能减排相关技术，未适时开展相关工作，未能保证裂解炉全工况达标。

（3）2019年大检修低氮烧嘴改造时，蒸汽过热炉全工况达标问题考虑不周全。

3.3 2022年整改措施

（1）提高全员环保意识，将环保指标熟记于心，日常操作维护中勤查勤看，提前发现苗头，提前调整干预，杜绝超标情况。

（2）调整裂解炉氧含量工艺指标，将氧含量下线从1.5%调整至1%，确保裂解炉在低氧含量指标运行，降低氮氧化物。

（3）裂解炉正常运行时杜绝投用蒸汽喷枪降低氮氧化物，避免对烧焦、高备特殊工况下裂解炉蒸汽喷枪抢量。

（4）冬季投炉正常后及时对蒸汽喷枪根部阀倒盲板，防止蒸汽内漏造成分支冻凝，影响下次投退炉，造成NO_x超标。

（5）改变调整思路，全开烟道挡板及风门，提高蒸汽过热炉氧含量至19%，缩短氮氧化物超标时间。

（6）减少现场炉子漏氧的进风口，使用密封胶带封堵炉子风门缝隙，降低炉膛氧含量。

3.4 进一步优化在线管理措施

为进一步优化在线管理，保障在线的稳定运行及减少超标排放。乙烯一部在2023年将通过提升在线管理水平、严格落实相关制度、强化考核机制等一系列优化措施，积极促进在线管理提升，为石化公司环保工作助力护航。具体措施如下：

（1）强化产废管理环节。加热炉操作过程中严格控制燃烧烟气氮氧化物指标，避免烟气超标情况。

（2）严格落实相关制度。当出现燃烧烟气超标或日常在线仪表监盘不认真等情况，严格按照运行部管理细则落实考核。

（3）加强对第三方瑞天华宇及信息网络公司的管理，落实相关职责。要求瑞天华宇每月上报自查问题总结、信息网络公司提交监督检查报告。每季度组织1次联合检查，排除环保在线潜在隐患。同时属地单位每月进行在线仪表维护检查，发现问题落实考核。

4 总结

综上所述,石化公司通过对乙烯装置9台裂解炉更换低氮火嘴后,增设蒸汽喷枪的治理措施,降低氮氧化物的排放量。燃烧器蒸汽喷枪投用正常后,各台裂解炉的氮氧化物排放均能够稳定在95mg/m^{3}以下,达到了国家环保指标的要求。各项措施对裂解炉运行期间环保达标排放是行之有效的,同时对同类裂解炉和相似裂解炉氮氧化物的控制具有非常大的推广和借鉴意义。

参 考 文 献

[1] 胡丹.乙烯装置裂解炉氮氧化物超标的解决办法[J].石化技术,2022(9):248-249.

含油污泥中油类物质提取方法优化研究

张雅坤　王　蕊　彭　鹏　陈　波　张　斌　孔　菲

（吐哈油田技术监测中心环境监测站　新疆维吾尔自治区鄯善市）

摘　要　含油污泥中的含油率是油田危险废物处理过程中一个重要的控制指标。在保证准确性的前提下，通过对《城市污水处理厂污泥检验方法》（CJ/T 221—2005）第11条"城市污泥　矿物油的测定　红外分光光度法"中不同浓度水平样品的取样量及回流时间对比实验，确定了最佳取样量和回流时间。同时探索使用振荡萃取法将含油污泥样品中的油类物质萃取至四氯化碳中，从振荡频率、振荡时间、萃取次数等关键实验参数进行实验研究，在保证分析结果准确性的前提下，找到了准确、快速、低耗的含油污泥样品油类物质提取方法，克服了目前存在的试剂消耗大、试验周期长等不利于大批量监测的难题。

关键词　含油率　萃取方法　优化

引言

目前含油污泥样品中含油率的监测方法主要原理是用四氯化碳萃取物理样品中的油类物质，主要萃取方式有索式提取、浸泡萃取、振荡萃取等。《油气田含油污泥综合利用污染控制要求》（DB 65/T 3998—2017）中引用的含油率测定方法中萃取方式为索式提取，该方法存在试剂消耗大、操作繁杂、费时、能耗大等不利于大批量检测的难点。借鉴《土壤　石油类的测定　红外分光光度法》（HJ 1051—2021）标准规范的萃取方法，结合含油污泥样品实际情况，探索在不改变萃取剂、使用已确定样品取样量的条件下，用振荡萃取法代替索氏提取，改进油类物质提取过程，找到准确、快速、低耗的提取方法，在确保样品测定符合质量控制要求的前提下极大提高了工作效率，取得了降低实验成本的优良效果。

新疆维吾尔自治区地方标准《油气田含油污泥综合利用污染控制标准》（DB 65/T 3998—2017）中含油污泥石油类的监测分析方法为将含油污泥样品中的总油类物质使用索式提取（又称加热回流萃取法，下同）的方式，提取至四氯化碳中进而测定其含量。该方法虽然准确度较高，但操作繁杂、费时、能耗大，一般测定1个样品（包括前期处理）需要30h，该方法主要在样品萃取这一环节受实验条件、萃取样品时间长等因素的限制，无法实现含油污泥含油率测定快速、高效的需求。因此，本文优化了样品萃取环节并进行了实验和验证。

1 现用方法优化

1.1 取样量的确定

选取实际样品中分别具有代表性的高、中、低 3 个浓度水平样品，运用城市污水处理厂污泥检验方法之 11《城市污泥 矿物油的测定 红外分光光度法》(CJ/T 221—2005) 进行不同取样量实验。

依据样品浓度和回流实验装置实际情况，实验选取不同质量样品进行实验并开展平行实验，实验结果见表 1 和表 2。

表1 高浓度样品不同取样量测定含量表

取样量（g）	0.5	1.0	1.0	1.5	1.5
测定含量（mg/kg）	227035	197156	2114115	203867	206899
取样量（g）	2.5	3.0	5.0	5.0	10.0
测定含量（mg/kg）	170237	254681	233764	266371	211137

表2 中、低浓度样品不同取样量测定含量表

取样量（g）	0.5	1.0	1.0	1.5	1.5
测定含量（mg/kg）	27558	26823	29463	28806	29223
取样量（g）	2.5	3.0	5.0	5.0	10.0
测定含量（mg/kg）	27890	26937	27612	28951	27558

考虑到样品的浓度、代表性、平行性等因素，对于高浓度样品（含量高于 100g/kg）的实际的取样量控制在 0.5 ~ 1.0g 左右。对于中、低浓度样品（含量位于 10 ~ 100g/kg）的实际的取样量控制在 1.0 ~ 1.5g。

1.2 萃取时间的确定

根据前期实验中对回流状态的观察，选取不同回流时间进行实样平行测定，确定了不同浓度范围样品的最短回流萃取时间。

由图 1 实验看出，高浓度样品在回流至 4.0 ~ 5.0h 时测得的含量相对较稳定，样品含量偏差最低，而当回流时间达到 6h 时，由于加热时间过长导致水蒸气倒流入萃取液中导致样品含量发生较大波动。

图 2 实验结果表明，中、低浓度样品则在回流 3.5 ~ 4h 时测得的含量最平稳，而同样在回流至 5 ~ 6h 时出现水蒸气倒流入萃取液中导致样品含量发生波动的现象。因此，我们确定高浓度范围样品的最短回流萃取时间为 4h，中、低浓度范围样品最短回流萃取时间为 3.5h。

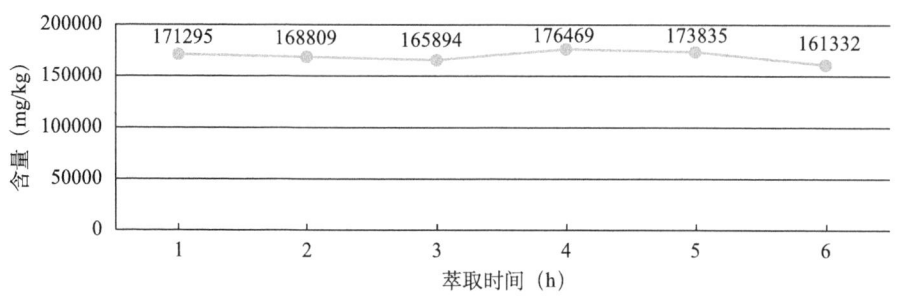

图1 高浓度样品不同回流时间测定曲线图

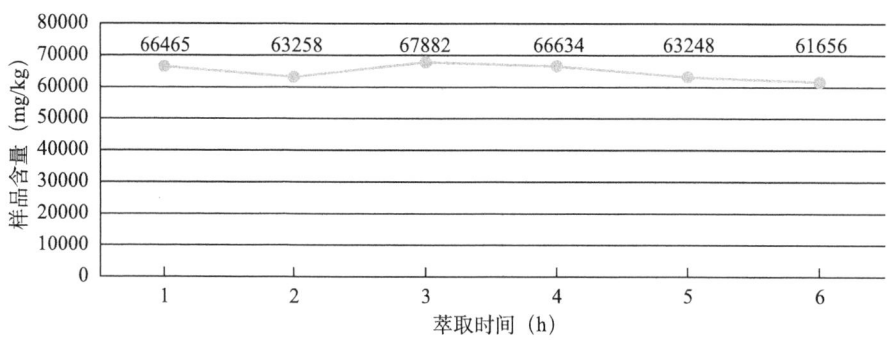

图2 中、低浓度样品不同回流时间测定曲线图

2 萃取步骤优化

由于含油污泥和含油土壤同属含油固体类样品，因此引用生态环境部生态环境监测司在2019年《关于实施生态环境监测方法新标准相关问题的复函》（监测函〔2019〕4号）中"对于国家环境质量标准和国家污染物排放标准中规定的生态环境监测方法标准应规范使用，若新发布的生态环境监测方法标准与指定的监测方法不同，但适用范围相同的，也可以使用"的指示，借鉴《土壤 石油类的测定 红外分光光度法》（HJ 1051—2019）标准规范的振荡萃取法，结合吐哈油田含油污泥样品实际情况，探索在不改变萃取剂和使用前期实验已确定样品取样量的条件下使用振荡萃取方法将含油污泥中的总油类物质萃取至四氯化碳中的改进实验。

通过比对得出，两种方法主要在萃取剂、萃取方法、萃取时间及安全性等方面存在不同之处，但测定原理、测定方法相同。

2.1 确定最佳振荡频率

振荡频次单因子实验样品为通过筛选出的具有浓度代表性的高、中、低三个浓度水平含油污泥样品。根据水平振荡器振荡频次，参考同类其他标准、文献，考虑到实验效果及实验风险，振荡频次实验均选择为100次/min、150次/min、180次/min、200次/min、220次/min、240次/min，萃取时使用40mL四氯化碳，萃取完毕后使用四氯化碳冲洗器皿并定容至100mL测定含量。振荡频次单因子的振荡时间为20min，提取次数为1次。

2.1.1 振荡频次—低浓度样品实验

不同振荡频次下低浓度样品的含量见表3。

表3 不同振荡频次含量表（低浓度样品）

振荡频次（次/min）	100	150	180	200	220	240
测定含量（mg/kg）	1237.6	1319.4	1740.6	1793.5	1772.6	1754.6

图3 实验结果表明，随着振荡频率的增加，测定含量也随之曲线上升，因样品浓度相对含量较低，曲线拐点出现在180次/min，随后进入一个较稳定的浓度范围，振荡200次/min样品含量与振荡240次/min所测含量的相对偏差为1.1%。

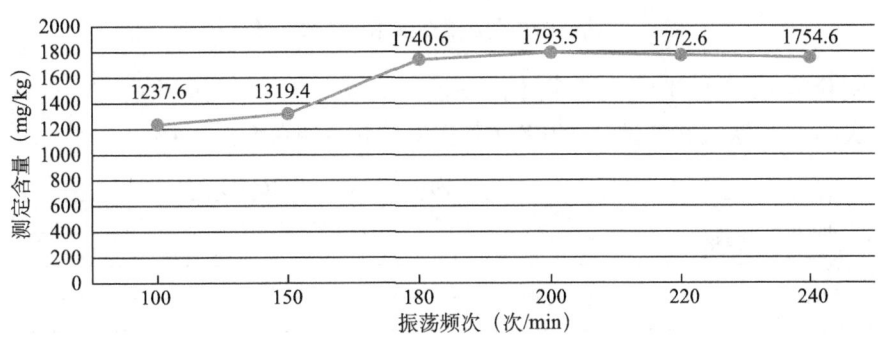

图3 不同振荡频次含量曲线图（低浓度样品）

2.1.2 振荡频次—中等浓度样品实验

不同振荡频次下中等浓度样品的含量见表4。

表4 不同振荡频次含量表（中浓度样品）

振荡频次（次/min）	100	150	180	200	220	240
测定含量（mg/kg）	15559	16350	17295	19222	19014	19404

图4 实验结果表明，随着振荡频率的增加，测定浓度含量也随之曲线上升，曲线拐点出现在180～200次/min，随后进入一个相对稳定的浓度范围，其中200次/min实验含量与240次/min实验含量相对偏差0.5%。

2.1.3 振荡频次—高浓度样品实验

不同振荡频次下高浓度样品的含量见表5。

表5 不同振荡频次含量表（高浓度样品）

振荡频次（次/min）	100	150	180	200	200	220	240
测定含量（mg/kg）	198458	238874	240616	268939	264824	281683	254377

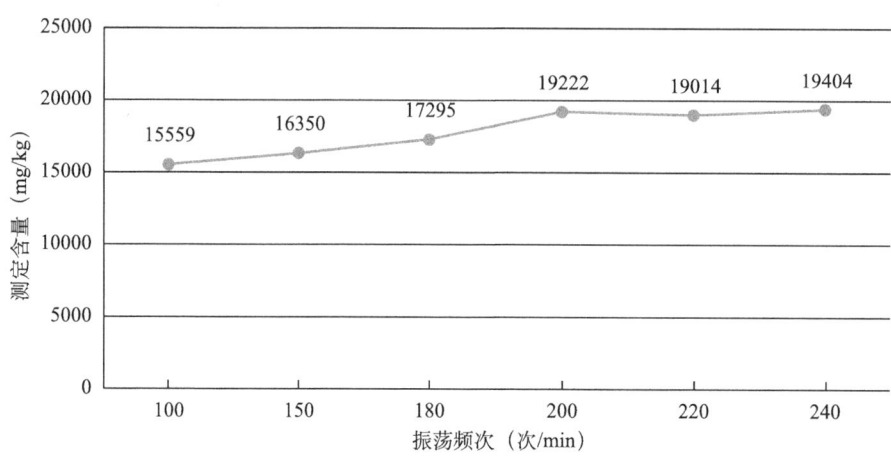

图4 不同振荡频次含量曲线图（中浓度样品）

图5实验结果表明，随着振荡频率的增加，测定含量在振荡频次的范围内持续上升，其中200次/min频次实验含量与240次/频次实验含量相对偏差2.4%。

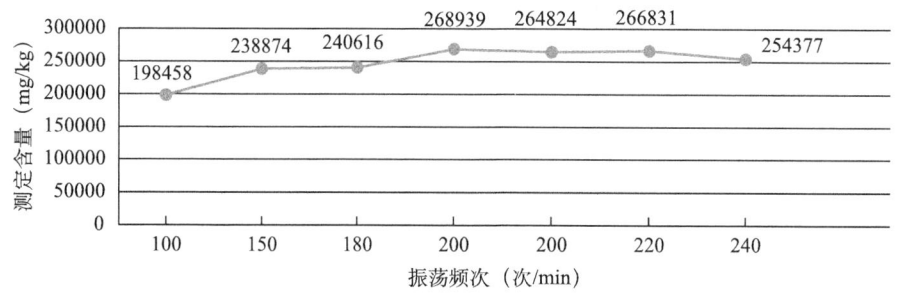

图5 不同振荡频次含量曲线图（高浓度样品）

综合三种浓度振荡频次实验，考虑到样品测定的准确高效性，宜适度增加振荡时间，同时考虑到振荡频次过高，锥形瓶易挣脱弹簧，实验确定含油污泥萃取最佳振荡频次为200次/min。

2.2 确定最佳振荡时间

振荡时间均暂定为20~50min，提取次数均为1次，萃取时使用40mL四氯化碳，萃取完毕后使用四氯化碳冲洗器皿并定容至100mL测定含量。

图6和图7实验结果表明，随着振荡时间的增加，高浓度样品测定含量也随之上升，在30~40min区间内出现了轻微波动，但在50min时由于振荡时间增加样品发生了挥发现象因此所测含量明显有了下降趋势。

2.3 萃取次数的确定

根据前期实验我们将确定含油污泥样品提取次数的条件设置为：高浓度样品的取样量为1.0g，振荡频率为200次/min，单次提取时间为45min，中、低浓度样品的取样量为1.5g，振荡频率200次/min，单次提取时间为35min，两种浓度的样品均设定萃取4次，萃取时四氯化碳总使用量为100mL，每次使用20mL进行萃取，萃取后用四氯化碳冲洗器皿并定容至100mL测定含量，测定结果见表6。

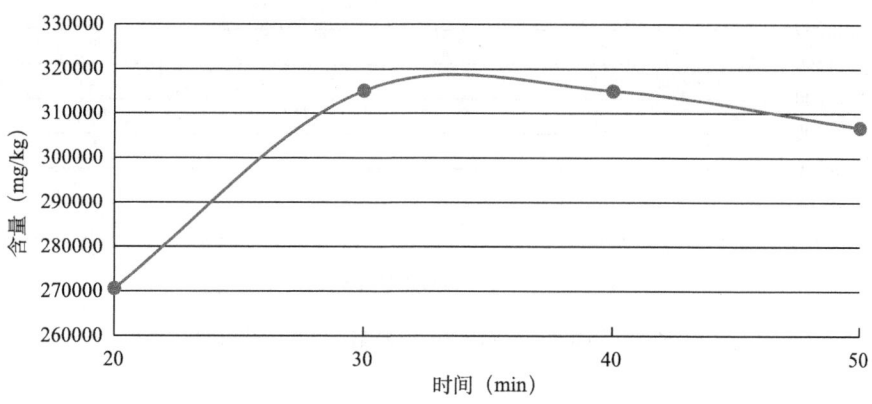

图6　不同振荡时间含量—高浓度样品

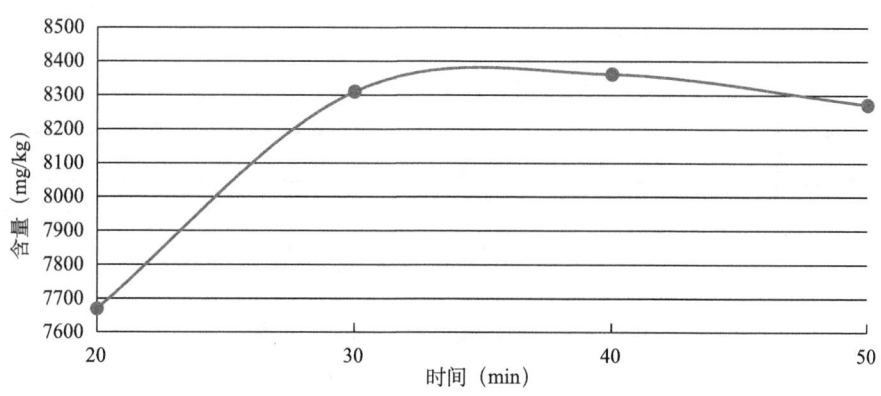

图7　不同振荡时间含量—中、低浓度样品

表6　不同萃取次数样品含量测定表

萃取次数	1次	2次	3次	4次
中、低浓度含量（mg/kg）	21037	22797	22112	20335
高浓度含量（mg/kg）	224353	256918	262377	211967

由图8和图9实验数据可以看出，中、低浓度样品和高浓度样品都在振荡提取第二、三次时测得的数据最为接近，其相对偏差分别为1.5%和1.1%，满足质量控制要求中对平行样测定精密度的要求。

因此，确定振荡提取实验的振荡频次、振荡时间和提取次数分别为：高浓度样品的振荡频率为200次/min，单次萃取时间为45min，共萃取3次，每次间隔5min；中、低浓度样品的振荡频率200次/min，单次萃取时间为35min，共萃取2次，每次间隔5min。

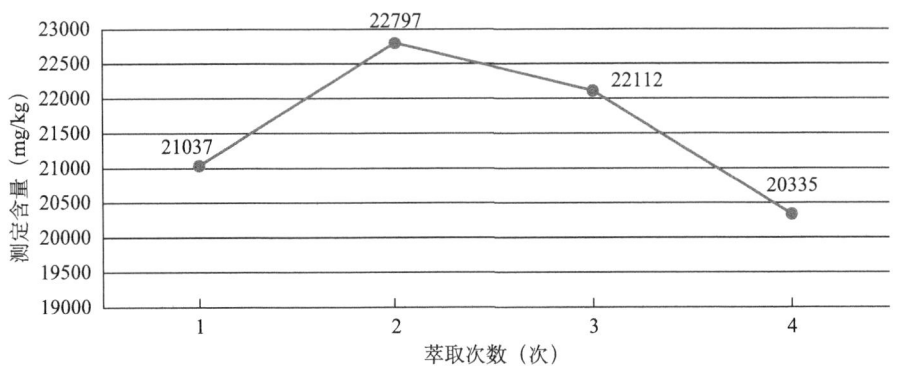

图8 不同萃取次数样品含量测定—中、低浓度

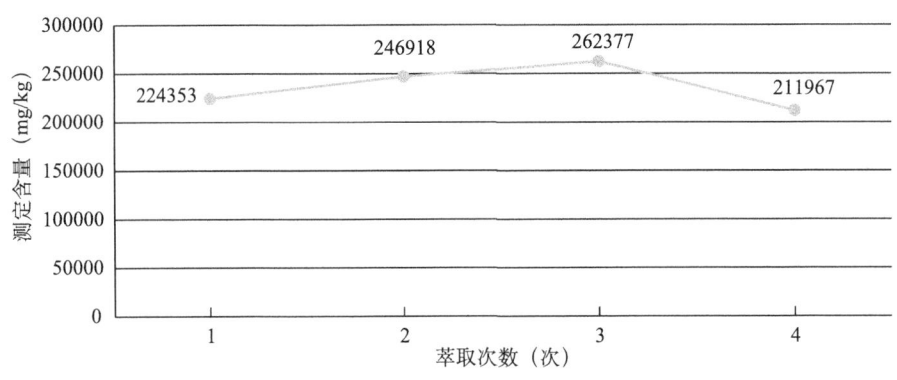

图9 不同萃取次数样品含量测定—高浓度

3 方法精确度和准确度验证

根据质量控制要求，通过平行样和样品加标回收率实验对振荡萃取法进行了精确度和准确度的验证，测定结果见表7。

经实验验证，使用振荡萃取法测得的高浓度及中、低浓度样品的平行双样间的相对偏差（精确度）均可达到质控要求5.0%之内，加标回收率（准确度）也可达到质控要求的70%～120%之内。

4 结论

通过研究建立了油田含油污泥石油类的快速测定方法，该方法省略了加热回流过程，减少了称样量，所需测定时间为原方法的十二分之一，提高了检测效率，减轻了劳动强度，节约了检测成本。该方法具有操作简单、重复性和准确性较好的特点。应用该方法，能够对含油污泥中石油类的含量进行快速有效的测定，对含油污泥利用、处理、排放具有一定的现实意义。

表7 振荡萃取法精确度和准确度数据表

样品类型	含量(mg/kg)	平均值(mg/kg)	相对偏差(%)	加标回收率(%)	样品类型	含量(mg/kg)	平均值(mg/kg)	相对偏差(%)	加标回收率(%)
1号高浓度	90961	94136	-3.4		2号高浓度	152343	159841	-4.7	
1号高浓度平行	97311				2号高浓度平行	167339			
1号高浓度加标样	97581	95179	2.5	73.1	2号高浓度加标样	167019	160910	3.8	74.8
1号高浓度加标样平行	92777				2号高浓度加标样平行	154801			
1号中低浓度	9537	9281.7	2.8		2号中低浓度	6198.1	6109.8	1.4	
1号中低浓度平行	9026.3				2号中低浓度平行	6021.5			
1号中低浓度加标样	9232.0	9475.3	-2.6	90.8	2号中低浓度加标样	6501.5	6342.8	2.5	110
1号中低浓度加标样平行	9718.6				2号中低浓度加标样平行	6184			

参 考 文 献

[1] 许晗，李秋婷，吴效楠，等.索氏提取法测定含油污泥含油量的实验研究［J］.现代盐化工.2019，46（1）.

[2] 梁宏宝，韩东，陈博，等.萃取法处理含油污泥实验研究［J］.油气田地面工程，2018，37（9）.

[3] 朱淑萍，周芳屹，司建敏，等.油田含油污泥石油类快速测定方法研究［J］.油气田地面工程，2017，39（S1）.

关于溶聚丁苯装置VOCs排放超标的原因及治理措施

李玉红　王　路　向辉廷

（中国石油独山子石化公司　新疆维吾尔自治区克拉玛依市）

摘　要　中国石油独山子石化公司橡胶部丁苯橡胶装置，在日常生产过程中存在一定的有机气体挥发、密封面泄漏等情况，这都可能产生VOCs排放，对人类身体健康及环境等产生一定危害。因此，开展降低装置挥发性有机物治理十分必要。通过治理，在保证排放气达标排放的同时减少了油气的挥发，在降低装置油耗的同时改善了生态环境，有利于降低生产成本，符合节能减排、节能降耗的战略要求。通过分析目前装置排放治理现状，从而确定合理的工艺处理措施及设备设施升级，通过技术经济、社会效益对比，实现公司清洁生产、绿色发展。

关键词　罐区　苯乙烯　聚合　后处理　VOCs　分散剂

引言

中国石油独山子石化公司丁苯橡胶装置引进意大利PE公司生产技术。根据需要的产品微观结构，通过连续或间歇反应器中溶液聚合反应，生产出丁二烯苯乙烯共聚物和聚丁二烯产品，具有 16×10^4 t/a SSBR 和 8×10^4 t/a SBS 生产能力。

VOCs的主要成分有烃类、卤代烃、氧烃和氮烃，它包括苯系物、有机氯化物、氟利昂系列、有机酮、胺、醇、醚、酸和石油烃化合物等。工业源是主要的VOCs污染来源，具有排放集中、排放强度大、浓度高、组分复杂的特点。

丁二烯、苯乙烯是主要的生产原料，环戊烷是聚合反应溶剂，丁二烯、苯乙烯、环戊烷在生产过程的各个工段基本都有分布。上述物质一般在密闭的管道和设备中，不易扩散到空气中，但输送上述物料的设备经过一段时期运行后，可能会存在一定量泄漏，使物料逸散到空气中；另外在脱水、干燥过程中，也会有环戊烷等物质挥发到空气中，如通风不良，会造成空气中易燃易爆物质浓度升高。

生产过程中使用的辅助化学用剂较多，有引发剂（主要成分正丁基锂）、活化剂（四氢呋喃、四氢糠醚）、偶联剂、终止剂、防老剂等。上述辅助化学用剂主要存在于引发剂站、化学品配制A、化学品配制B、聚合反应等单元中。装置中的原料、溶剂和许多化学品都属于易燃易爆物质，正常情况下，这些物质不会泄漏到空气中。但是在化学品用剂配制过程中、苯乙烯干燥器装填活性铝的过程中、向混合进料干燥器装填分子筛的过程中，以及在后处理工段进行脱水挤压、干燥挤压操作时候会有挥发性物质释放到空气中去，造成装置VOCs时常超标（表1），现场异味较大，长期接触对员工的身体健康及周围环境造成一定的危害。

表1 总排口气体检测质量浓度（mg/m³）

日期	环戊烷	正戊烷	异戊烷	环己烷	正己烷	3-甲基戊烷	VOCs总和
2019/1/1	2.627	1.842	4.471	14.322	14.399	3.643	847.841
2019/2/1	4.195	4.226	6.381	11.392	9.76	4.748	922.532
2019/3/1	879.768	0.303	0.857	0.237	8.302	4.844	973.604
2019/4/1	39.454	6.754	13.899	4.794	16.761	5.494	228.295
2019/5/1	5.479	5.328	5.962	14.194	13.922	6.633	951.376
2019/6/1	5.529	5.405	5.994	14.431	14.072	6.717	960.16
2019/7/1	5.316	5.195	5.724	14.022	13.637	6.514	920.953
2019/8/1	358.975	9.621	16.797	0.763	12.668	2.535	511.872
2019/9/1	5.382	5.289	5.798	13.965	13.53	6.502	935.092
2019/10/1	5.423	5.273	5.827	14.21	13.756	6.571	950.146
2019/11/1	921.577	1.836	3.417	0.699	12.056	7.495	1048.298
2019/12/1	5.329	5.495	5.965	14.153	13.664	6.537	941.262

1 有机物逸散点分布

正常生产时，丁苯橡胶装置挥发性物料排放主要是出于对安全和生产的考虑，向火炬进行正常排放。生产中正常的排放点：重组分的切重、轻组分的切轻、溶剂塔的放空、聚合的放空、罐区的气相放空、后处理两机的气相排放以及汽提的溶剂回收。为降低挥发性物料向空气中逸散，对装置的各环节进行梳理排查。排查发现挥发性物质主要是苯乙烯床的更换填料、罐区的气相排放、生产线的停工处理，凝液罐的环保控制等情况（图1）。

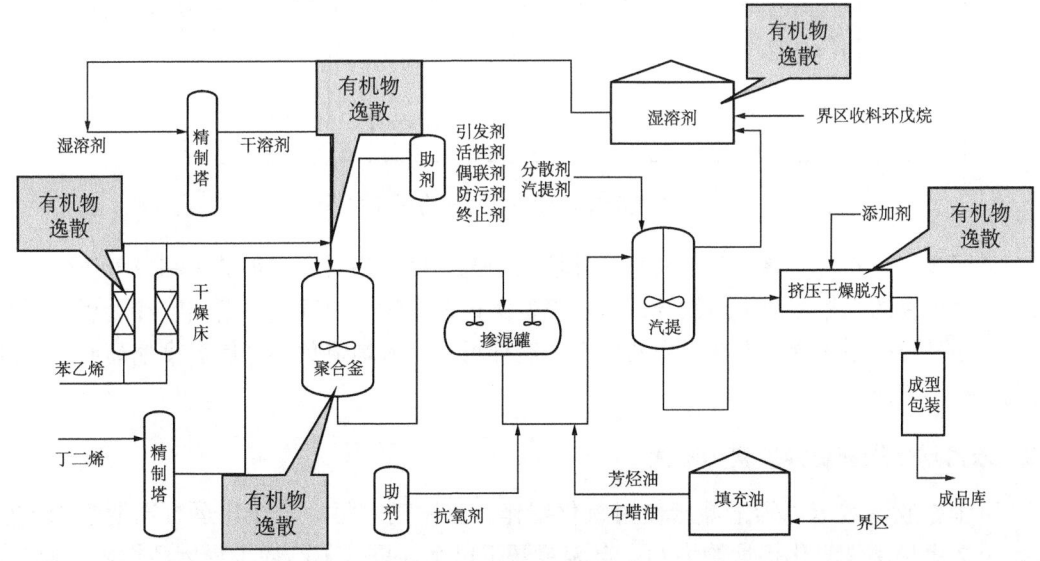

图1 丁苯橡胶装置原则流程图及物料逸散点分布

2 VOCs超标的原因

2.1 溶剂储罐气相外排量大

丁苯橡胶装置溶剂储罐 T-0701/1201/3201/4201 的设计压力为 -490～2452Pa，日常生产过程中的实际压力为 550～1100Pa，受环境温度影响，压力在该范围内波动。

溶剂储罐压力由氮气补压阀 PV-12001B 和储罐泄压阀 PV-12001A 组成的压力控制回路 PIC-12001 分程控制。当储罐压力低于设定压力（800Pa）时，氮气补压阀打开对储罐补压至 800Pa 后关闭；当压力高于 800Pa 时，泄压阀打开泄压至 800Pa 后关闭。储罐 T-1201 的实际压力在 550～1050Pa 波动，这种压力控制模式造成储罐长时间处于补压或泄压状态，增加了氮气消耗和储罐气相排放量，最终缩短了储罐废气吸附器内活性炭的使用寿命，同时导致溶剂储罐气相排口 VOCs 超标。

同时还因溶剂的饱和蒸气压力伴随温度的不同，而溶剂储罐放空和补氮气的时长不同。当储罐温度高时，溶剂的饱和蒸气压力高，储罐的压力随之升高，气相出现排放泄压现象；当温度低时，溶剂的饱和蒸气压力低，储罐的压力随之降低，气相出现补氮升压现场。通过搜集数据，溶剂受温度影响与气相调节阀的开阀时间长短如图 2 所示。

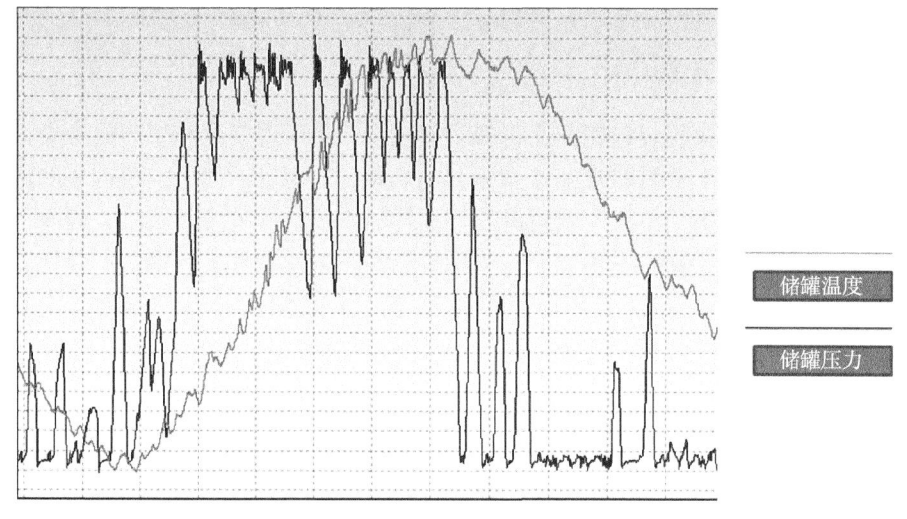

图2 溶剂储罐温度与气相压力对应关系

从图 2 中可知，当储存溶剂的室外环境和工艺温度升高时，溶剂的饱和蒸气压随之上涨，这时更多的气相溶剂排出系统，除了降低溶剂油储罐的温度和溶剂回收冷凝后溶剂的温度，还需要控制储罐压力在更大的范围，这样可以有效地避免溶剂因温度偏高而造成溶剂气相持续排放。

2.2 苯乙烯干燥床更换填料异味大

丁苯橡胶装置苯乙烯干燥床使用氧化铝作为吸附剂，每个干燥床运行周期为 45d 左右，每次更换活性氧化铝量约为 6t。自装置开工以来，更换苯乙烯干燥床活性氧化铝时，采用模式为将床内苯乙烯使用氮气压空，并进行氮气吹扫，吹扫时间大于48h后进行更换填料作业，但由于苯乙烯特性，采用吹扫的手段无法彻底消除在更换填料过程中的异味情况，更换填料时现场异味较大，将填料堆放至废固场时，造成废固场周边异味较大。

2.3 生产线停工过程VOCs异常

丁苯橡胶装置共计5条生产线，每条生产线每年进行检修一次，检修过程中，需对聚合釜进行蒸煮，蒸煮采取的方式为聚合釜进行氮气置换，置换分析合格后，聚合釜进蒸汽进行蒸煮，蒸煮气相通过釜顶预留口排放至大气，未做到生产线的环保停工。

2.4 凝液罐环保控制

丁苯橡胶装置凝液罐主要收集装置各系统产生的低压蒸汽凝液，当凝液罐压力高于设定值时，泄压阀自动开启，罐内气相（蒸汽）由此排口排至地沟。冬季生产时由于防冻等操作，导致凝液罐的压力较高，无法控制，需从顶部安全阀副线放空进行排放，造成现场水汽量大。

凝液罐现场排放蒸汽主要原因是后处理换热器使低压蒸汽的各处用户疏水器存在故障，丁苯后处理换热器使用的蒸汽疏水器是杠杆式浮球疏水器，属于机械型疏水器。浮球式蒸汽疏水阀的一大特征是可以做到连续排水。当凝结水量较大时，便能连续排放，既提高了效率，又达到合理使用的目的。通过排查疏水器故障主要是以下原因：

（1）自动排气阀感温元件故障，不能关闭，蒸汽从排气阀排出和排气阀通过螺纹连接固定。

（2）长时间使用后，排气阀松脱，蒸汽直接冲刷阀体外壳。

（3）主阀长时间使用后，密封面产生磨损，造成少量蒸汽泄漏。

（4）排气阀属于感温元件，长时间使用感温不灵敏时该排气阀处于常开，蒸汽由此排出（图3）。

图3 丁苯后处理疏水器漏气大的原因

2.5 1000线分子筛再生时现场VOCs含量超标

丁苯橡胶装置1000线分子筛床C1401A/B串联使用,首床运行2月或者在线水值超过10μL/L,需要切出进行再生作业。再生使用热氮进行,初期气体排放至火炬系统中,然后将氮气升温至150℃,火炬排放12h,之后切换至现场排放。通过VOCs检测仪检测排放至现场的气体VOCs值为40μL/L左右,VOCs值较高。

2.6 汽提胶粒大溶剂无法从胶粒中析出

装置的汽提单元是把聚合物以胶粒水的形式从胶液中分离出来,使用三个汽提釜和一个胶粒水罐通过胶液与低压蒸汽逆流接触完成。来自掺混罐的胶液、分散剂、汽提剂、后处理来的细胶粒水及第二汽提釜顶部的气相一起进入第一汽提釜,第一汽提釜的顶部气相中含溶剂和水蒸气,经过篮式过滤器后进入循环水冷凝器,冷凝物进入油水分离罐。其油相循环回湿溶剂罐,水相循环回第一汽提釜。第一汽提釜的胶粒水和低压蒸汽一起进入第二汽提釜,通过第二个汽提釜大部分残留溶剂从胶粒中脱除。胶粒水进入第三汽提釜进一步脱除溶剂。为减少蒸汽用量,胶粒水罐操作压力略低于常压。胶粒在该罐闪蒸,闪蒸气相经中压蒸汽为动力的喷射器增压后进入第一汽提釜底部。当胶颗粒大时,胶粒中的溶剂无法完全析出,在胶粒水罐不能起到闪蒸的作用,溶剂等有机物无法在胶粒中析出,则被送入后处理单元,造成下一单元内的物料有机物含量高。

2.7 丁苯橡胶装置后处理设备改造

丁苯后处理气相收集处1号筛的集气罩硅胶帘、热箱的硅胶帘等密封处使用时间长后存在老化等,造成密封不严,少部分的VOCs气体逸散至厂房。

同时干燥机筒体结构复杂,密封面较多,易造成泄漏。再加上工艺介质中还有腐蚀性较强的氯离子,在蒸汽及高温的作用下,筒体腐蚀泄漏非常严重,经常造成筒体漏水、漏气,严重的时候漏胶。由于漏水和漏气严重,造成VOCs从设备中逸出,现场VOCs超标,同时筒体的泄漏对胶料产品的指标也造成一定影响,后处理生产线长期存在挥发分较高,需将热箱及提升机的温度提高至110℃左右,才能够将产品挥发分降低至指标范围内。

3 环保管控优化措施

3.1 优化溶剂罐区压力控制模式,减少排放量

对罐区储罐的压力控制模式进行变更,将原先的氮气补压阀PV-12001B和储罐泄压阀PV-12001A组成的压力控制回路PIC-12001分程控制变更为两个独立的压力控制回路。PIC-12001B的设定压力为550Pa,当储罐压力低于550Pa时,氮气补压阀PV-12001B打开向储罐补压至550Pa后关闭;PIC12001A的设定压力为1100Pa,当储罐压力高于1100Pa时,泄压阀PV-12001A打开泄压至1100Pa后关闭。这种压力控制模式下,当储罐压力处于(550～1100Pa)时,无需补氮和泄压,降低了氮气消耗和储罐气相排放量。

3.2 降低汽提溶剂回收的温度

通过降低回收溶剂的温度，达到降低罐区溶剂温度，以此降低溶剂储罐的气相排放量，主要通过以下措施：

（1）监控汽提油水分离罐顶部换热器的出口温度，当出口温度超高时，将换热的循环水流量调大，增加换热器的撤热量。如果调整换热器冷剂量效果不明显，则对循环水换热器反冲洗操作，以此提升换热器的换热效率。

（2）适当降低汽提釜的中压蒸汽用量，提高低压蒸汽的用量，防止因中压蒸汽压力过大，造成汽提 1 号釜中的胶粒被吹扫至换热器管束，从而导致换热器因堵塞引起换热效率降低而影响回收溶剂的温度。

3.3 优化苯乙烯干燥床的工艺处理模式，减少现场 VOCs 排放

为做到环保检修，改善环境，对苯乙烯干燥床更换填料工艺处理进行更改，具体更改内容如下：

（1）使用氮气将苯乙烯干燥床内物料倒空至干苯乙烯罐。
（2）苯乙烯干燥床使用氮气爆破式置换，泄压至火炬系统，置换次数控制在 25 次。
（3）苯乙烯干燥床泄压后使用溶剂环戊烷进行浸泡 24h。
（4）倒空苯乙烯干燥床内溶剂环戊烷至废烃储罐。
（5）苯乙烯干燥床充压，泄压至火炬，重复 25 次后，改为连续吹扫，连续吹扫 48h。

通过上述操作，目前活性氧化铝更换过程中现场无异味，更换的废旧氧化铝填料无异味。

3.4 生产线停工过程中优化，做到环保停工

装置对停工过程中优化，做到环保停工，具体优化措施如下：

（1）聚合系统前两次升压置换，将系统内溶剂压空至掺混罐。系统吹扫、置换、泄压尾气通过放空线排至火炬。爆破式置换 8h，在聚合釜底部取样点和放空线倒淋处检测 VOCs 浓度合格后停止置换。

（2）聚合系统置换完成后，系统盲板隔离。盲板隔离工作完成后，在釜底出料线短节倒淋处接蒸汽，对聚合釜进行蒸煮，聚合釜顶部预留口连接临时管线，连接至汽提 1 号釜顶部预留口处，将蒸煮气相通过管线输送至汽提釜。在 1 号釜内汽提后进入釜顶冷凝器冷凝，冷凝后的凝液经油水分离罐分离，油相送回溶剂系统，废水送入汽提系统排放，聚合釜内蒸煮水分析合格，排放至地沟，分析不合格后排放至大白桶收集后统一处理，根据分析结果，进行计算需要兑水量，将蒸煮水处理合格后排放至污水池。

（3）汽提系统胶粒水尽可能通过送料泵送往后处理，进入后处理污水系统，经污水预处理处置合格后，外送至净化水处理。

（4）汽提停车倒空后，以前通过通入大量氮气在过滤器顶部泄压进行降温，现改为直接采用引低温的脱盐水降温，氮气补压防止出现负压风险，减少废气外排。

3.5 凝液罐环保控制

丁苯橡胶装置对后处理热箱、提升机等部位疏水器需要进行定期检查,做好疏水器的维护,检查发现损坏后进行更换配件。同时对前装置的疏水器进行维护,确保疏水器正常。将凝液罐排放口引入泄放罐内,通过上述调整及改造,凝液罐未出现异常排放情况。

3.6 优化1000线分子筛再生操作

由于1000线分子筛再生时排放至现场的VOCs含量超标,对再生操作进行优化,减少现场排放,升温后持续向火炬排放,维持热氮温度150℃。经过不断检测摸索,温度升至150℃向火炬排放36h后,VOCs检测值在10μL/L以下,能够满足要求。

3.7 控制汽提胶颗粒大小

通过生产中不断探索和调整,当汽提剂的加入量偏大时,胶颗粒偏小,则容易被汽提的溶剂气相大量带入釜顶过滤器,通过过滤器再进入换热器,从而进入溶剂系统。反之当汽提剂的加入量偏小时,胶颗粒偏大,则不能保证胶粒中的溶剂脱除效果,同时还会堵塞输送胶粒水的调节阀,影响胶粒水的输送。所以控制汽提釜中胶颗粒的大小,需要控制合适的分散剂和汽提剂的加入量。

3.8 丁苯橡胶装置后处理设备改造

利用后处理停车检修期间对1号筛的集气罩硅胶帘和热箱的硅胶帘定期更换,防止使用时间长后硅胶帘老化而损坏。

由于干燥机的泄漏量大,根据此情况,对干燥机筒体改造,将干燥机泄漏频繁的高压段筒体及排气段筒体改成一整段筒节;干燥机中间调压机构改为筒节;低压段筒体改成一整段筒节。为了防止腐蚀,干燥机衬套采用2205双相不锈钢,外部筒体采用316不锈钢。新通体将原来剖分式结构,更换为整体筒节结构,减少了密封面,物料不易泄漏。为了防止剪切螺钉处发生泄漏,在剪切螺钉底部增加"O"形圈,增强了密封效果,降低挥发性物质的释放。

改造后干燥机膨胀干燥效果明显改善,产品挥发分控制在较低水平,将热箱及提升机温度进行降低调整,减少了VOCs的排放(图4)。

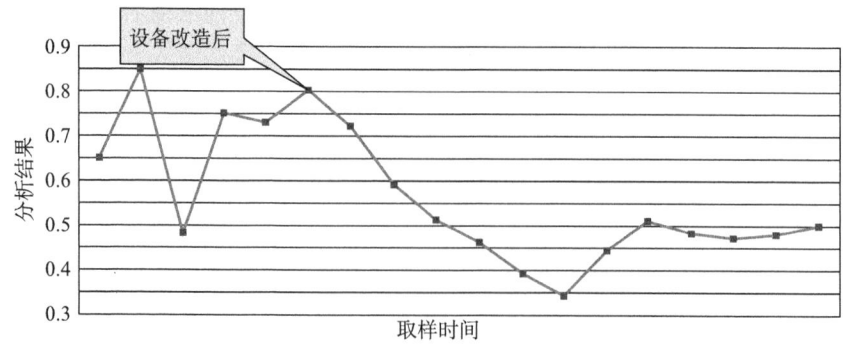

图4 设备改造后成品挥发分含量变化

4 优化后的效果

为检验VOCs治理装置处理后的废气能否达到设计指标，有效评估目前各单元运行效果，在治理设施稳定运行后，开展标定工作。标定期间，连续10天每天对出口进行两次气体检测分析，分析结果见表2。

通过日常工作的细化操作和对停工过程中吹扫、置换、蒸煮尾气处理的优化，大幅降低了停工过程中不合格尾气的排放。通过检测的数据来看，连续10天总排口气体分析数据可知，总排口各项指标均能达到《石油化学工业污染物排放标准》（GB 31571—2015）排放标准要求。此项工作，达到实现更高环保标准，对改善周围环境也起到了积极作用。

5 总结

对装置中的各单元进行细化处理，减少VOCs向周围环境排放；装置检修过程中各储罐、容器在吹扫、置换、蒸煮产生的废气通过冷凝后统一收集，实现了装置日常生产和停工过程"尘不上天，油不落地，声不扰民"的绿色环保目标，为独山子石化环境治理工作做出了相应的贡献。

表2 总排口气体检测质量浓度（mg/m³）

日期	环戊烷	正戊烷	异戊烷	环己烷	正己烷	3-甲基戊烷	VOCs总和
2022/11/1	1.196	0.721	3.302	0.177	0.631	0.223	46.017
2022/11/2	0.645	0.847	2.825	0.154	0.596	0.185	33.46
2022/11/3	2.201	2.007	1.501	0.308	2.927	0.589	47.304
2022/11/4	0.307	0.567	—	0.132	1.073	0.265	35.252
2022/11/5	0.254	0.335	1.105	0.162	0.465	0.135	28.666
2022/11/6	0.626	1.733	3.54	0.349	1.139	0.377	52.005
2022/11/7	0.2	0.673	3.356	0.15	0.585	0.208	46.564
2022/11/8	0.711	1.739	3.82	0.304	1.612	0.496	127.127
2022/11/9	4.098	2.657	2.193	2.033	27.14	6.09	166.132
2022/11/10	0.51	1.501	2.09	0.233	2.035	0.539	127.973

参 考 文 献

[1] 孟海龙，杨建兴，麻艳青，等．苏里格气田挥发性有机物治理工艺技术研究［J］．化工设计通讯，2023，49（10）．
[2] 余成．石油化工企业废气污染治理与控制措施分析［J］．江西化工，2020，36（6）．

[3] 陈晓博,韩小勇,杨昌辉,等.合成橡胶装置挥发性有机物排放治理措施[J].橡胶科技,2020,18(1).

[4] 曲天煜,周健,刘发强,等.炼化企业污水场含烃恶臭气体处理技术进展[J].石化技术与应用,2019,37(2):149-152.

健 康 类

某油田企业非生产亡人情况及影响因素分析

李模刚　曹连伟　冯欣欣

（大庆油田有限责任公司　黑龙江省大庆市）

摘　要　本文针对某油田企业近三年非生产亡人年龄、性别、致死原因等几个方面进行统计分析，发现非生产亡人千人死亡率呈逐年上升趋势，通过数据分析总结其影响因素主要包括员工健康意识、工作环境、突发疾病应急措施等几个方面，并提出针对性建议措施，为切实保障员工生命健康，实现健康企业建设目标提供支撑。

关键词　非生产亡人　健康企业　生理疾病　心理疾病

引言

习近平总书记始终强调，"人民至上、生命至上应该是全党全社会必须牢牢树立的一个理念""人民健康是民族昌盛和国家富强的重要标志"，这体现了我们党对人民健康重要价值和作用的认识达到新高度。习近平总书记在中国共产党第十九次全国代表大会报告中明确提出"实施健康中国战略"。健康中国的核心是人的健康，而职业生涯约占人生的三分之二时间。因此，健康企业建设是推进健康中国战略目标实现的落地基础和有力抓手。而由于地域环境特点、生活方式多样、突发性等多种健康影响因素交织的复杂变化，企业非生产亡人事件还时有发生。这些事件的发生不仅影响员工的生命安全，导致家庭破裂，同时，也给生产作业带来潜在的安全风险，需要引起关注。

为了解非生产亡人发生原因，本文从不同角度、多个层面对2019—2021年企业非生产亡人情况详细统计分析，有针对性地提出建议措施，为切实保障员工生命健康，实现健康企业建设的目标提供支撑。

1　三年总体情况及趋势

通过统计分析发现，企业近三年非生产亡人千人死亡率分别为1.53‰、1.70‰、1.74‰，死亡率整体有潜在上升趋势。通过对致死原因、年龄性别分布、发生场所这三个方面统计分析发现，致死原因分析情况见图1。主要包括生理疾病、心理疾病、意外三大类，其中因心脑血管、恶性肿瘤等生理疾病亡人占绝对比例，占比92.3%；因抑郁、精神分裂等心理疾病自杀亡人占比3.5%，且每年亡人数有缓慢上升；因交通事故、过量饮酒等意外亡人4.2%。人员年龄性别情况主要为男性，占总数的88.6%，女性占比11.4%，见图2。其中患生理疾病的男性平均年龄50.4岁，女性平均年龄为44.0岁。从发生场所看，在岗死亡人数占非生产亡人总数的5.6%。

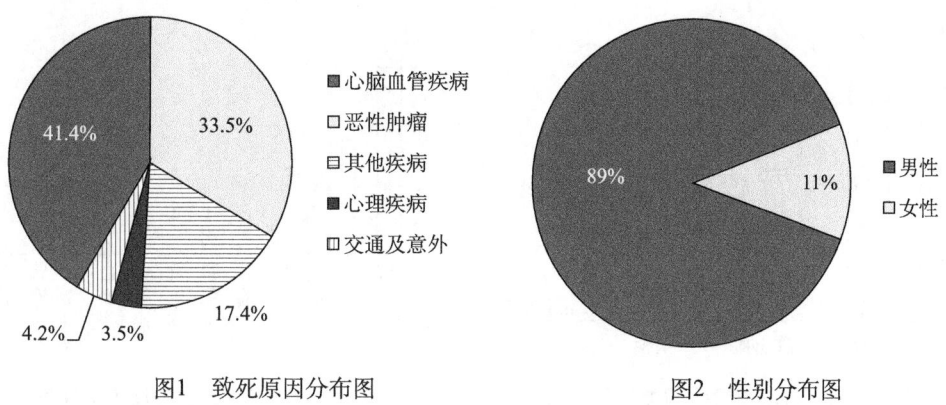

图1 致死原因分布图　　　　图2 性别分布图

2 综合分析

通过对三年非生产亡人数据分析研究，呈现出：生理疾病是非生产亡人的主要原因、生产作业岗位非生产亡人占比较大、在岗突发疾病死亡人数呈上升趋势、因心理疾病自杀人数持续递增、男性占比突出等五个主要特征。

2.1 生理疾病是非生产亡人的主要原因

2019—2021年，因生理疾病产生的非生产亡人数均超过了300人，是非生产亡人总数最主要的影响因素。其中每年非生产亡人的平均年龄、性别比例、各生理疾病占比等基础数据总体趋势基本一致，本文对2021年情况进行重点统计分析。2021年因生理疾病死亡人数占非生产亡人总数的90.9%，平均年龄为49.7岁，主要集中在45～55岁，占一半以上。其中，男性为272人，占比高达88%。

生理疾病包括心脑血管疾病、恶性肿瘤、消化系统疾病、呼吸系统疾病、内分泌系统疾病、其他疾病六大类，从2021年生理疾病致死病因统计（图3）可以看出，心脑血管疾病亡人占比最高，共160人，占比51.8%，主要包括心梗、脑出血、脑梗、心脏衰竭等，其中发生心梗最多，死亡94人，占比心脑血管亡人的58.8%，如图4所示；其次为恶性肿瘤89人，占比28.8%，主要包括肝癌、肺癌、肠癌、胃癌、脑瘤，其中肝癌、肺癌人数最多，共

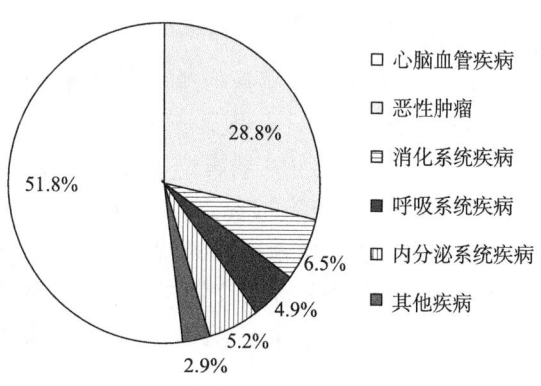

图3 2021年生理疾病致死病因统计图

50人，占恶性肿瘤亡人的56.2%，如图5所示。两项合计249人，占生理疾病亡人数的80.6%。查询国家统计局2020年城镇居民主要疾病死亡率数据，心脑血管疾病死亡率为2.91‰，恶性肿瘤死亡率为1.61‰，统计企业心脑血管疾病死亡率为0.80‰，恶性肿瘤死亡率为0.45‰，均低于国家城镇居民死亡率。

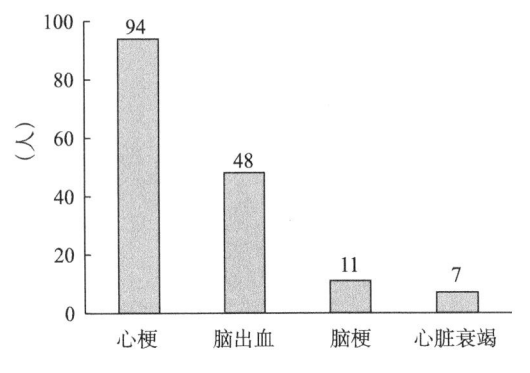 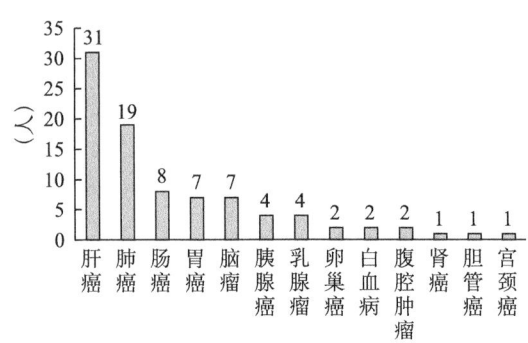

图4 2021年心脑血管疾病类型分布图　　图5 2021年恶性肿瘤类型分布图

2.2 生产作业人员非生产亡人占比大

2021年非生产亡人中,从事采油作业、巡检作业、机械加工作业及野外工程作业等生产作业岗位员工有234人,占比达68.9%,其中,男性占94.4%;从事保洁、食堂服务等后勤保障岗位62人,占比18.2%;从事管理岗位44人,占比12.9%。生产作业岗位因心脑血管疾病和恶性肿瘤亡人占主要比例,分别占比50.0%和27.4%。

2.3 在岗突发疾病死亡人数呈上升趋势

2019—2021年岗位疾病突发死亡人数共计58人,呈逐年上升趋势,2021年死亡人数已达到2019年的两倍。对2021年发病情况统计发现,在岗亡人26名中,有24人由于心脑血管疾病突发死亡,剩余2人由于消化道出血死亡。亡人事件发生地点距应急医院超过20km的16个,占比61.5%。生产作业岗位18人,占比达69%。

2.4 因心理疾病自杀人数持续递增

近三年由于心理疾病自杀人数逐年上升,死亡人数分别为10人、12人、14人,员工的心理健康问题日渐凸显。2021年2月5日某采油厂刘某工作积极肯干,乐于助人,表现良好,但因受直系亲属严重患病以及家庭矛盾积怨的双重压力,在家中自缢。统计2021年数据,因患有抑郁、精神分裂等心理疾病自杀的14人中,从事生产作业、驾驶员、食堂管理员等重点岗位的就有8人,占比五成以上。这些重点岗位的人员,一旦出现问题可能会发生像贵州公交司机开车坠江致21人死亡等事件,引发火灾爆炸、交通意外、食物中毒等重大安全生产事故,需要引起重视。

2.5 男性占比突出,疾病类型存在性别差异

受油田男性退休年龄及总人数占比均较女性高的部分原因影响,2021年非生产亡人中,男性员工300人,占比88.2%,数量远高于女性员工40人,如图6所示。其中,心脑血管疾病男性154人,女性仅为6人,差距达25.7倍;恶性肿瘤男性75人,女性14人,差距达5.4倍,显得尤为突出。此外,男性在心理疾病及意外数量也远高于女性。

通过对死亡疾病类型分析,男性死亡原因以心脑血管疾病、恶性肿瘤为主,心脑血管疾病中心脏病占比63.6%、脑血管疾病占比36.4%,恶性肿瘤主要是肝癌、肺癌、肠癌、

脑瘤、胃癌；女性死亡原因以恶性肿瘤为主，恶性肿瘤主要是肺癌、乳腺癌、卵巢癌，疾病类型上存在明显差异。

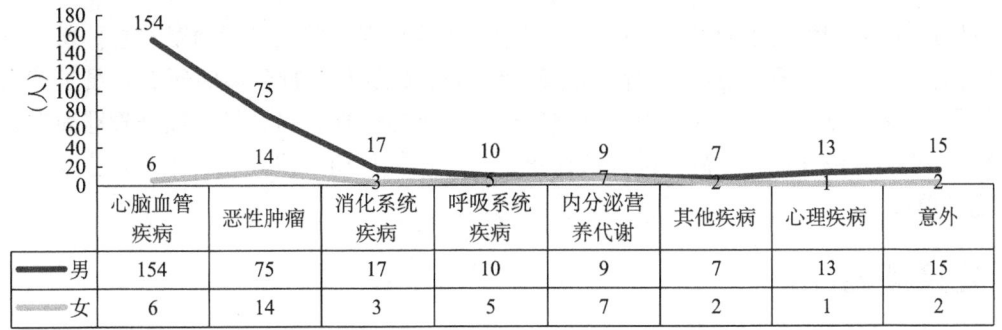

图6　2021年非生产亡人致死因素性别分布图

3　原因分析

通过对非生产亡人统计数据的综合分析，引发非生产亡人的原因主要有以下五个方面。

3.1　部分员工健康意识还需提高

经统计，"十三五"期间企业"三高"症状人群年平均占比为22.88%，其中高血脂人群占13.21%，高血压人群占比5.72%，高血糖人群占比3.94%。经深入调查，该类人群存在高糖、高脂、高盐等不良饮食习惯、不健康的生活行为、体育锻炼运动量不足等生活习惯。尤其是男性，经统计分析非生产亡人中75%以上男性员工存在长期饮酒、吸烟等不良生活习惯，导致相关器官恶性肿瘤、心脑血管疾病频发多发，进而诱发生理疾病的发生。

3.2　心理健康问题关注不足

通过对某采油厂600余名基层员工心理调查，员工普遍对精神障碍和心理行为问题的认知率较低，重视程度不足，受中国传统文化、世俗观的影响，对心理咨询与治疗心存顾虑，未能及时疏导，如果长期压抑无法释放，可能导致抑郁、过激行为。企业对员工心理变化的关注程度需要进一步提高。

3.3　生产作业岗位工作环境还需改善

生产作业岗位员工长期从事倒班作业，部分员工对倒班作业后自身休息时间安排不够合理，存在熬夜、少眠的情况。野外作业员工工作环境单一，活动范围有限，劳动强度大，员工健康活动较少，造成心脑血管疾病发病率较高。

3.4　岗位突发疾病应急响应能力还需提升

2021年有16人由于心梗等在岗突发猝死，错过急救黄金时间。因心梗疾病发病快、易猝死的特征，现场员工在急救技能和技巧还需提升，偏远作业场所及人员密集区等的急救药品及心肺复苏相关设备建设还需进一步完善。

3.5 员工健康管理及早期干预还存在不足

对员工因生理疾病引起的非生产亡人问题，企业已采取健康管理制度建立、增加健康体检频次及费用等一系列措施，提高员工健康保障，但还存在部分薄弱环节：员工健康档案管理缺乏家族史、个人生活习惯、既往疾病史等支撑信息；员工健康数据管理尚未实现风险人群分类分级评估，对高风险人群缺乏"一对一"早期干预，无法有针对性地实现早期干预防控。

4 建议措施

为积极应对当前突出的健康问题，确保实现非生产亡人下降的目标，必须前移关口，采取有效干预措施和用较低成本取得较高健康绩效的管控策略，既是解决当前健康问题的现实途径，也是落实健康中国战略的重要举措。聚焦重大疾病、重点人群和突出问题从五个方面加强管理，持续推动员工健康管理水平迈向新台阶，让企业发展成果真正惠及员工。

4.1 切实推进健康风险评估及管理，实现健康早期干预

一是针对员工健康管理及干预薄弱的问题，进一步构建员工健康管理信息化平台，形成服务型管理模式。实现"一人一档"数字化档案，员工个人信息、健康信息、体检指标信息、岗位接害信息等健康管理业务全面数字化，通过健康风险评估，对高风险人群进行分级管理。二是建立体检健康专家库，由专家组从服药、饮食、运动、心理指导等多方面制定诊疗方案，并通过随访等手段定期对实施效果进行评估。三是同时结合岗位员工健康体检数据，职业禁忌症等指标判定，对不适应关键岗位的员工实现早期预警，早期干预。2023年油田已按照集团公司健康企业建设工作的基本部署，加快推进健康企业建设，构建起"1+3"分级管理体系——成立一个油田健康管理服务中心，并且实施三级管理模式，建立上下联动机制，推动了健康企业建设的各项工作提速增效。

4.2 改善员工工作环境，引导健康生活习惯

逐步改善员工工作环境，以"工作区规范、生活区温馨、休闲区舒心"为目标，指导员工合理安排作息时间，养成良好作息习惯。改善作业现场环境，发挥群团工作的纽带作用，灵活开展丰富多彩的文体活动，满足员工多样性文化生活需求，引导员工养成健康的生活习惯，提升员工的幸福指数。

4.3 开展"一设一开一编"，提高突发事件防控能力

一是落实健康企业要求，设立健康小屋，配备血压仪、心电仪等监测设备，在有条件的情况下为偏远站场及高风险人员集中的场所配备速效救心丸、硝酸甘油等急救药品及自动体外除颤器等急救设备，切实提高员工应对健康突发事件的能力；二是开展应急技能培训，针对突发疾病的时限性，积极开展员工对心脑血管疾病突发前期判断能力及应急救援能力培训；三是编制急救手册，包括症状辨识、现场处置操作等，并以真实的工作环境和

突发事件模拟，配套拍摄急救处置教学视频，实现全员遇到突发疾病情况能快速准确判断病因及现场处置，争取抢救黄金时间，挽救他人生命。2023 年油田公司已逐步完善各级单位健康场所，油田所属单位、成员单位建设健康之家，三级单位建设健康小屋，并合理布置了 AED 急救设备，全面覆盖油田员工。

4.4 加大心理健康服务，推进员工心理干预

一是定期开展心理健康普查与评估工作，全面评估员工心理状况，完善员工心理健康管理，对关键岗位员工进行定期摸排，对存在偏执、抑郁等精神患者实施重点关注，安排专门心理咨询师进行及时疏导；二是定期开展心理健康宣传、教育培训、心理咨询等宣传教育，进一步推广 EAP（员工帮助计划）活动，全面提高员工心理健康意识和素养，有效防控因心理疾病可能导致的健康安全隐患。

4.5 全面推进健康企业，提升员工健康意识

一是充分利用健康企业创建的有利契机，广泛开展职业健康、疾病预防、运动科学、营养膳食等健康教育系列讲座，积极推广工间操、眼保健操等工作期间劳逸结合的健康运动，促进员工实现"要我健康"到"我要健康"的转变；二是全面开展"健康达人"活动，提高员工体质，提升员工健康素养，优化健康环境，塑造积极健康的企业文化；三是推行健康食堂，培养企业健康营养师，建立养生食谱库，从源头上实现减盐、减油、减脂，提高员工健康饮食水平。

5 结论

实现全民健康不仅要针对心脑血管疾病、恶性肿瘤等生理疾病预防，而且还要防范心理疾病的发生，没有全民健康就没有全面小康，必须把员工健康放在优先发展的战略地位，以普及健康生活、优化健康服务、完善健康保障、建设健康环境为重点，加快推进健康企业建设，为实现企业高质量发展打下坚实的健康基础。

参 考 文 献

[1] 李涛，李霜. 健康中国战略与职业健康保护 [J]. 中国职业医学，2020，47（5）：505–511.
[2] 张静波，李强，刘峰，等. 健康管理服务模式的发展趋势 [J]. 山东大学学报（医学版），2019，57（8）：69–76.

炼化企业苯系物作业员工血常规异常及影响因素

于如玉 安 然 王 鹏

(中国石油天然气股份有限公司大连石化分公司 辽宁省大连市)

摘 要 本文对某企业2020—2022年参加健康检查员工的血常规检测结果进行统计，按照性别、年龄、工龄、所处车间不同分析苯系物作业对员工血常规的影响，探讨影响血常规的因素及企业健康干预效果，为日后健康监护及目标干预等提供科学依据与建议。结果显示，性别、年龄与工龄、车间的不同，接触苯系物员工的血常规异常检出率存在差异，且企业健康干预对降低血常规异常率有一定作用。

关键词 苯系物作业员工 血常规 异常

引言

苯系物是指全部芳香族化合物，代表化合物有苯、甲苯、乙苯、二甲苯等。炼化企业存在一些苯系物（主要为苯、甲苯、二甲苯）作业场所，如催化重整车间是以直馏石脑油为原料可以生产高纯度的苯；酮苯脱油脱蜡车间利用甲苯丁酮为溶剂，对石油中的油和蜡进行分离；质量检验车间利用苯系物作为化验试剂；油气储运车间存在苯系物装车装船作业；检维修车间在设备维修保养时涉及储存苯系物的设备打开作业等情况。为了解炼化企业苯系物作业对员工健康影响的特点，对某企业2020—2022年健康检查结果进行统计分析。

1 对象与方法

1.1 对象

以2020—2022年参加健康检查的员工为研究对象，2020年5292人、2021年5238人、2022年5477人；其中苯系物作业员工依次为1063人、1047人、1038人。年龄段分布在18~60岁，具体划分为30岁以下、31~40岁、41~50岁和51~60岁共四个年龄段；工龄分布在1~40年，具体划分为1~5年、6~10年、11~20年和20年以上共四组。苯系物作业员工分别属于催化重整车间、酮苯脱油脱蜡车间、质量检验车间、油气储运车间、检维修车间。另外，选取接触其他有害因素的员工、不接害员工作为对照组，分析苯系物对员工血常规的影响。

1.2 判定标准

《职业性苯中毒诊断标准》（GBZ 68—2022）要求，血细胞技术参考范围依据《血细胞分析参考区间》（WS/T 405—2012），白细胞计数（WBC）< 3.5×10^9/L、中性粒细胞计数（N）< 1.8×10^9/L、血小板计数（PLT）< 125×10^9/L 等均为血常规异常。血常规异常检出率=（血常规指标中≥1项指标异常人数/检测人数）×100%。

2 结果

2.1 不同性别血常规结果的比较

除 2020 年的中性粒细胞计数（N）外，女性白细胞计数（WBC）、中性粒细胞计数（N）、血小板计数（PLT）异常检出率均高于男性，血小板计数（PLT）检出率最为明显，详见表1。

表1 不同性别血常规异常率的比较

项目	年度	2020年	2021年	2022年
血常规异常	男	10.44%	9.59%	9.14%
	女	15.43%	17.10%	15.85%
白细胞计数异常（WBC）	男	6.57%	5.26%	5.53%
	女	5.20%	5.48%	5.69%
中性粒细胞计数异常（N）	男	5.37%	4.72%	4.76%
	女	6.30%	6.45%	7.69%
血小板计数异常（PLT）	男	3.07%	3.27%	2.76%
	女	8.82%	9.68%	7.85%

2.2 不同年龄血常规结果的比较

血常规、白细胞计数（WBC）、中性粒细胞计数（N）异常检出率随年龄增加整体呈上升的趋势，血小板计数（PLT）异常率随年龄增加先增后降，详见表2。

表2 不同年龄血常规异常率的比较

项目	年龄段	2020年	2021年	2022年
血常规异常	30岁以下	5.66%	8.00%	7.78%
	31~40岁	9.35%	12.96%	10.28%
	41~50岁	9.30%	10.00%	10.64%
	51~60岁	10.64%	9.48%	7.28%
白细胞计数异常（WBC）	30岁以下	5.66%	4.00%	4.44%
	31~40岁	5.48%	6.31%	4.26%
	41~50岁	5.43%	4.47%	5.60%
	51~60岁	7.82%	6.16%	4.92%

续表

项目	年龄段	2020年	2021年	2022年
中性粒细胞计数异常（N）	30岁以下	3.77%	4.00%	3.33%
	31～40岁	4.84%	4.32%	3.19%
	41～50岁	4.13%	4.21%	2.24%
	51～60岁	6.89%	4.27%	3.54%
血小板计数异常（PLT）	30岁以下	0.00%	4.00%	3.33%
	31～40岁	2.90%	5.65%	4.96%
	41～50岁	3.36%	4.74%	5.88%
	51～60岁	0.47%	2.69%	2.36%

2.3 不同工龄血常规结果的比较

血常规、白细胞计数（WBC）、中性粒细胞计数（N）异常检出率随工龄增加整体呈上升的趋势，血小板计数（PLT）异常检出率在 6～10 年工龄最高，详见表3。

表3 不同工龄血常规异常率的比较

项目	工龄段	2020年	2021年	2022年
血常规异常	0～5年	7.41%	8.00%	7.69%
	6～10年	9.32%	12.17%	9.35%
	11～20年	9.19%	10.83%	9.30%
	20年以上	10.06%	10.09%	8.96%
白细胞计数异常（WBC）	0～5年	5.56%	4.00%	4.40%
	6～10年	4.24%	4.35%	1.87%
	11～20年	6.01%	5.78%	5.04%
	20年以上	7.07%	5.86%	5.38%
中性粒细胞计数异常（N）	0～5年	5.56%	6.00%	4.40%
	6～10年	3.39%	5.22%	0.93%
	11～20年	4.95%	3.25%	3.49%
	20年以上	6.00%	4.34%	3.07%
血小板计数异常（PLT）	0～5年	0.00%	2.00%	2.20%
	6～10年	5.08%	6.96%	6.54%
	11～20年	1.77%	4.33%	3.49%
	20年以上	2.36%	3.58%	4.10%

2.4 不同车间血常规结果的比较

2020年血常规及白细胞计数（WBC）、中性粒细胞计数（N）异常检出率最高的都是检维修车间，血小板计数（PLT）异常检出率最高的是质量检验车间。2021年血常规及白细胞计数（WBC）、血小板计数（PLT）异常检出率最高的都是酮苯脱油脱蜡车间，中性粒细胞计数（N）异常检出率最高的是储运车间。2022年各项指标异常检出率都在酮苯脱油脱蜡车间。

催化重整车间、储运车间、检维修车间各项指标异常检出率都逐年下降；质量检验车间除血小板计数（PLT）呈上涨趋势外，其他指标异常检出率均逐年下降；酮苯脱油脱蜡装置各项指标异常检出率均逐年上升，详见表4。

表4 不同车间血常规异常率的比较

项目	年度	2020年	2021年	2022年
血常规异常	催化重整车间	9.46%	4.11%	5.41%
	酮苯脱油脱蜡车间	9.38%	15.63%	17.43%
	储运车间	9.02%	9.92%	6.45%
	质量检验车间	9.17%	8.26%	7.69%
	检维修车间	11.00%	9.48%	8.93%
白细胞计数异常（WBC）	催化重整车间	5.41%	4.11%	4.05%
	酮苯脱油脱蜡车间	6.25%	8.33%	11.01%
	储运车间	5.64%	5.16%	2.76%
	质量检验车间	4.59%	3.67%	1.71%
	检维修车间	7.92%	6.19%	5.36%
中性粒细胞计数异常（N）	催化重整车间	5.41%	4.11%	1.35%
	酮苯脱油脱蜡车间	2.08%	4.17%	6.42%
	储运车间	6.02%	4.76%	2.76%
	质量检验车间	3.67%	2.75%	2.56%
	检维修车间	6.37%	4.64%	3.17%
血小板计数异常（PLT）	催化重整车间	2.70%	4.11%	2.70%
	酮苯脱油脱蜡车间	3.13%	6.25%	9.17%
	储运车间	2.26%	3.17%	2.76%
	质量检验车间	4.59%	4.59%	5.13%
	检维修车间	2.12%	2.90%	3.17%

2.5 苯系物作业员工与其他员工血常规结果比较

苯系物作业员工与接触其他有害因素员工的血常规白细胞计数（WBC）、中性粒细胞计数（N）、血小板计数（PLT）异常率相比无明显规律，但几乎都比不接害员工异常率高，详见表5。

表5 苯系物作业员工与其他员工血常规异常率的比较

项目	员工类别	2020年	2021年	2022年
血常规异常	苯系物作业员工	10.07%	9.65%	8.91%
	接触其他有害因素员工	12.01%	12.71%	11.61%
	不接害员工	9.86%	8.07%	8.17%
白细胞计数异常（WBC）	苯系物作业员工	6.68%	5.73%	4.90%
	接触其他有害因素员工	7.21%	6.21%	6.62%
	不接害员工	3.54%	3.84%	4.43%
中性粒细胞计数异常（N）	苯系物作业员工	5.55%	4.39%	3.23%
	接触其他有害因素员工	6.38%	5.95%	5.85%
	不接害员工	3.68%	3.90%	5.13%
血小板计数异常（PLT）	苯系物作业员工	2.54%	3.53%	3.92%
	接触其他有害因素员工	3.37%	4.94%	4.14%
	不接害员工	5.42%	3.13%	1.98%

3 企业健康干预效果

3.1 企业干预措施

近年来，人们的健康意识逐渐增强，企业职业健康管理体系、安全文化也逐渐健全，企业对生产性毒物的管控、人员的健康监护更加严格。

3.1.1 工程防护措施

企业对涉苯系物的设备、储存苯系物储罐、中间罐及输送管道等采取严格密闭措施，且酮苯脱油脱蜡车间过滤机采取负压操作、厂房采取自然通风和机械通风相结合的方式进行通风换气；质量检验车间设置了通风橱；油气储运车间对装卸车、船环节采用油气回收设施，从源头减少苯系物的产生。

3.1.2 个体防护措施

个人防护用品是企业职业病防治的最后一道防线，企业为员工配备了防毒面罩、面屏、防护手套、防护服、报警器等个人防护用品。为规范使用，企业制定了相应管理制度，充分明确不同岗位的个人防护用品发放标准、型号、数量、频次及领取确认要求等内容。此外，还对个人防护用品的使用进行定期培训与检查，确保起到有效防护作用。

3.1.3 健康监护措施

企业对职业病危害因素进行日常监测，确保能够及时发现工作场所职业病危害因素浓度变化情况，若不符合国家职业卫生标准和卫生要求则立即采取相应治理措施。对接害员工建立个人健康监护档案，进行岗前、在岗、离岗职业健康检查，将有苯系物禁忌的员工调整工作岗位，不再接触苯系物，并连续性地监测人员的健康状况。

3.2 企业干预效果

数据显示，企业苯系物作业员工血常规异常的检出率逐年下降，由2020年的10.07%下降至2022年的8.91%，可见健康干预有明显效果，详见表6。

表6 2020—2022年苯系物作业员工血常规异常人数及检出率

年度	2020年	2021年	2022年
苯系物作业员工人数（人）	1063	1047	1021
血常规异常人数（人）	107	101	91
血常规异常率	10.07%	9.65%	8.91%

4 结论

苯系物可通过呼吸道、消化道和皮肤等途径进入人体，其中苯已被国际癌症研究组织确认为Ⅰ类致癌物，苯中毒、甲苯中毒、二甲苯中毒和苯所致白血病均被列为我国法定职业病。

本研究显示，苯系物作业员工女性的血常规异常检出率高于男性，说明女性在苯系物作业人员中更易受到影响，与大多数研究一致。研究表明，女性苯的排泄较男性慢，同时苯系物会损害女性生殖功能。应注重苯系物作业人群的保护，且应更注重女性的保护。

随着年龄及工龄的增加，血常规异常率呈上升趋势，说明苯系物对员工造成的身体伤害具有累积效应，应格外注重年龄较大、工龄较长员工的健康监护与个人防护。从不同车间上看，催化重整车间、储运车间、质量检验车间的各类异常检出率与不接害员工基本持平，可以得出这几个车间的苯系物作业对血常规健康影响不大。整体来看，2020年检维修车间异常检出率较高，主要因为检维修车间相比于生产车间，接触的是管线、设备检维修打开时暴露的苯系物，若防护不当则极容易造成苯系物中毒。除酮苯脱油脱蜡车间外，其他苯系物作业车间异常检出率逐年下降，公司的健康干预与员工个人健康意识的提高、个体防护措施的有效佩戴起到了一定作用。酮苯脱油脱蜡车间异常检出率逐年增加，且相对于其他车间高出较多，在2022年超出其他车间17%。分析发现主要因丁酮与甲苯作为溶剂有极强的腐蚀性，易造成设备管线腐蚀泄漏，使甲苯暴露在空气中，从而对同时间出现在周边的员工造成影响。应加强对检维修、酮苯脱油脱蜡车间岗位员工防护用品佩戴的监督，按时进行职业健康体检对其检查结果进行动态管理，实时跟踪异常指标。同时，必须加强对职业卫生防护的培训与宣贯，进一步引导员工重视自身健康水平，提高对苯系物作业危害的重视，正确使用个体防护用品，最大限度保障劳动者的职业健康。

总体来说苯系物作业岗位员工与接触其他职业病危害因素作业的岗位员工就血常规指标对比结果观察，苯系物作业岗位员工异常率高于不接害员工，证明苯系物作业对血常规有一定影响，但影响血常规的职业病危害因素不仅限于苯系物作业，其他职业病危害因素作业也会导致员工健康指标的异常。企业应继续采取干预措施，提高对苯系物的防护控制效果，守护员工健康。

参 考 文 献

[1] 项莹，余向东，王锐．苯系物对职业健康的危害研究［J］．现代矿业，2021，37（3）：223-225.
[2] GBZ 188—2014 职业健康监护技术规范．
[3] 吴维权，柯伟奕，曾细嫦，等．深圳市电子行业企业中苯系物的职业健康风险评估［J］．职业与健康，2022，38（11）：1450-1454，1459.
[4] 陈健聪，陈惠文，杨绿舜．深圳市宝安区某街道苯作业人员血常规结果分析［J］．中国当代医药，2015，22（17）：164-167.
[5] 王建，林莺，胡玉琴，等．温州市苯作业人员血常规结果分析［J］．现代实用医学，2011，23（1）：26-28.
[6] 林艳，戴欧欢，沈波，等．鞋业苯作业工人血常规异常及影响因素［J］．浙江预防医学，2015，27（12）：1270-1272.
[7] 许欣欣，程琮，张钦凤，等．苯对作业女工健康及细胞遗传损伤的职业危害调查［J］．泰山医学院学报，2003（1）：35-37.
[8] 冷瀚冰，向修传．泄漏检测与修复（LDAR）技术在酮苯装置的应用［J］．当代化工，2021，50（10）：2475-2478.

四川销售公司健康企业创建探索与实践

熊 力 邹晓琴 龙思华

(中国石油天然气股份有限公司四川销售分公司 四川省成都市)

摘 要 在全国各地陆续推动健康企业建设的大环境下,中国石油四川销售分公司结合生产经营环境,基于公司多层级架构、分散式作业场所、定制化现场管理特点,积极探索适合成品油销售企业的健康企业创建模式,推行以点带动全域的"1+N"分类分级建设。企业统筹引领,分公司、基层库站分步实施健康企业创建,实现企业员工健康成长,企业经济价值明显提升,政企合作愈加稳健牢固。

关键词 多层级架构 分散式作业场所 定制化现场管理 "1+N" 分类分级

引言

积极响应国家、集团公司对建设健康企业的号召,中国石油四川销售分公司积极主动投入健康企业建设,结合公司多层级组织架构、分散式作业场所、定制化现场管理等特点,探讨成品油销售企业健康企业创建模式,为企业和员工创造了价值,为政府推动健康企业提供了案例示范,完成了四川省健康企业认证。

1 健康企业建设背景

2019年,全国爱卫办、国家卫生健康委、工业和信息化部、生态环境部、全国总工会、共青团中央、全国妇联联合印发了《关于推进健康企业建设的通知》和《健康企业建设规范(试行)》,各地区、各有关部门和广大企业积极响应,广泛开展健康企业建设工作。2021年以来,集团公司陆续出台多项与健康企业配套的制度、方案、实施细则,四川销售将健康企业建设纳入"11356"治企规划中统筹推进,主动投入到健康企业建设工作中。

2 健康企业建设模式分析

为扎实推进健康企业创建工作,国家、地方政府相继出台了相应的规划、规范、建设及验收标准,指导各地区、各有关部门和广大企业开展健康企业创建。

2.1 健康企业建设模式现状分析

2.1.1 创建模式分析

调研发现,大多数评定健康企业的单位具有经营模式固定、作业环境固定、人员固定等特点,依据健康企业建设及验收标准,通过统一组织实施的方式能够高效、高标准地完成健康企业创建工作。但同时也不难发现,一些组织架构复杂、作业场所分散、作业环境差异明显、工作人员流动大的企业缺乏统一的具有指导性的建设标准。而大多数成品油销售企业均面临此类问题,需要结合已有标准及企业特点,探讨出适合本企业的健康企业创建模式。

2.1.2 创建标准分析

集团公司重点围绕管理制度、健康环境、健康管理与服务、健康文化四个方面指导各板块开展健康企业创建,并将获得属地"健康企业"称号、健康企业典型案例被宣传推广作为加分项,健康企业创建面向所有板块,具有通用指导价值。四川省卫健委重点围绕健康管理制度、环境健康管理、公众健康管理与服务、职业健康管理与服务、健康促进与干预、健康文化等六个一级要素指导区域内健康企业创建工作。两套标准存在交叉重合,结合成品油销售企业生产经营特点,形成一套既满足集团公司验收标准又符合当地政府验收标准的健康企业创建方案意义重大。

2.2 成品油销售企业特点及难点分析

四川销售致力于将公司及所属单位全部纳入健康企业管理,全面推行健康企业创建。结合健康企业建设标准,通过对成品油销售企业生产经营特点分析发现,主要存在以下特点及难点。

2.2.1 多层级组织架构

成品油销售企业通常实行"省公司—分公司—基层单位库站"三级管理模式,以所在省区为单位,在各地市州设二级分公司,下设油库、加油站等基层单位。四川销售作为四川区域成品油销售重点企业,在各地市州设 23 家分公司,管理基层库站 2000 余座,具有多层级组织架构,且各层级管理存在差异,需要分层级推进创建工作。

2.2.2 经营范围点多面广

受经营性质影响,成品油销售企业分公司及基层库站存在数量多、布局分散、规格大小不一等特点。四川销售所属分公司散布全省、基层库站遍布全川,地理位置、库站环境、站内员工素养等均存在较大差异,需要考虑因素较多,同一创建标准不适用于所有单位。

2.2.3 定制化现场管理

成品油销售企业作为危险化学品经营企业,且属于面向社会的服务性窗口,通常以发布的库站细节管理标准为基础,综合考虑安全环保、企业文化及市容市貌等要求,实行定制化现场管理。在创建过程中必须充分考虑企业内部、外界社会以及各级政府的管理要求,争取以最小的投入实现效益最大。

因此,结合成品油销售企业特点及健康企业创建难点,为扎实推进四川销售健康企业创建工作,切实提高创建效率和质量,满足企业实际需求,提出"1+N"分类分级健康企业创建模式,即以一个区域名义统一申报健康企业创建,区域内所属单位为具体实施对象，分类分级开展健康企业创建工作。

3 "1+N"分类分级健康企业实践运用

四川销售启动"1+N"分类分级健康企业建设，开展健康企业创建任务。

3.1 打好基础，精心编制健康企业创建方案

健康企业创建方案是企业开展健康企业建设的指导性文件，方案涵盖健康管理制度、环境健康管理、公众健康管理与服务、职业健康管理与服务、健康促进与干预、健康文化等六个一级指标，同时结合各层级创建主体特点，在确保关键要素不缺失的情况下，引入特色化需求。四川销售在充分调研的基础上，编制了一套总体方案和省公司、分公司、加油站、油库四套子方案，指导健康企业创建。特别是针对不同加油站生产经营、地理位置、作业环境、员工数量等各方面差异，编制分类分级创建实施标准。将加油站地理位置作为分类标准（表1），结合各区域加油站人员配备、作业场所环境、人流量等情况，将其分为A、B、C、D级四个级别（表2）。

表1 加油站分类标准

类别	分类标准
一类站	省会、城市城区加油站
二类站	高速公路、环城快速路加油站
三类站	县城城区、国道及其他干道加油站
四类站	农村乡镇加油站

围绕现场环境、卫生间、垃圾分类、病媒生物、厨房、控烟、健康角、水质、采光和空调清洗、职业卫生、公众卫生、健康文化墙、宣传等13个创建要素，分类分级实施标准化创建、基础创建、简化创建，重点考虑区域示范作用、企业形象、作业场所、员工工作状态等内容。

表2 加油站分级及创建标准

级别	分级标准	创建标准	创建内容
A级站	12人及以上且基础条件较好的加油站	实行标准化创建，重点考虑区域示范作用	围绕13个要素全方位、高标准创建
B级站	高速公路、环城快速路加油站	实行基础创建，重点考虑企业形象	围绕现场环境、垃圾分类、病媒生物、控烟、水质、职业卫生、公众卫生、健康文化墙8个要素高标准创建； 突出卫生间、厨房、健康角、宣传等4个要素实行差异化创建

续表

级别	分级标准	创建标准	创建内容
C级站	12人及以上但基础条件较差或除二类站外7~11人的加油站	实行基础创建，重点考虑作业场所环境	围绕现场环境、垃圾分类、病媒生物、控烟、水质、职业卫生、公众卫生7个要素高标准创建；突出卫生间、厨房、健康角、宣传等4个要素实行差异化创建
D级站	除二类站外7人以下加油站	实行简化创建，重点考虑员工工作状态	围绕现场环境、垃圾分类、病媒生物、控烟、水质、职业卫生、公众卫生7个要素高标准创建；突出卫生间、厨房、健康角、宣传等4个要素实行差异化创建

3.2 抓好关键，统筹推进健康企业建设实施

以健康企业创建方案为指导，贯彻落实"1+N"分类分级实施策略。

3.2.1 企业级健康企业建设实施

依托现有的组织管理体系，采用"企业统筹、逐级实施、分级创建、统一标准、智慧健康"的实施方针，组织全面摸排，对标实施，构建"企业—分公司—基层单位库站"的三级适用型健康管理体系，做好五个统一：统一建立健康企业领导小组，明确小组成员及部门职责分工，设置健康管理专职人员，将健康企业建设工作纳入企业年度工作计划，申请专项经费，编制方案并备案；统一制定促进健康的规章制度、环境管理制度、职业健康及健康体检制度等，协调健康管理方面的专家，定期开展培训；统一建立智能化健康管理服务平台，将健康服务、心理咨询、健康文化宣传、健康知识培训等健康促进措施延伸至最基层；统一签订心理咨询服务协议，进行心理测试和咨询，制定心理援助计划，开展职业病体检和健康体检，建立个人健康电子档案和团体档案，开展健康评估；统一建设具有自主监测、数据上传、健康评估、健康指导功能的智慧型健康小屋。

3.2.2 分公司级健康企业建设实施

分公司在扎实推进本层级健康企业建设工作的同时，重点发挥对基层库站的指导及引领作用。在企业的统筹领导下，按照年度工作计划、实施方案、管理制度等要求，围绕健康企业创建一级指标，执行分公司层级健康企业创建方案。机关层面重点参照《健康企业建设规范（试行）》，围绕健康管理制度、环境健康管理、公众健康管理与服务、职业健康管理与服务、健康促进与干预、健康文化等六个一级指标，优化完善创建内容。同时，指导基层库站开展健康企业建设，协调解决基层库站存在的问题，补充完善相关组织机构、规章制度、操作手册等配套文件体系，统一组织检测检验、文化宣传、合规手续办理等费用化项目实施。

3.2.3 基层库站级健康企业建设实施

（1）油库，油库均实施标准化创建，结合油库实际生产经营特点，围绕健康管理制度、环境健康管理等一级指标有序实施健康企业建设。

(2)加油站,在符合基础健康企业建设标准的前提下,严格落实分类分级创建措施(表3),保障资源的合理调配,切实提高建设效率、优化建设成本、惠及基层员工。同时,在创建过程中结合高海拔地区加油站高冷、高寒的特点,制定了特殊环境的健康标准,优化员工排班上岗,配发便携式应急药品,配备制氧机、吸氧机、血氧检测、人工呼吸球囊等健康设备,推行高寒高海拔地区取暖设施改造等。

表3 加油站分类分级实施方案一览表

类别 内容	A级加油站	B级加油站	C级加油站	D级加油站
现场环境	定期打扫,保证环境干净整洁,超市和卫生间张贴清洁记录	同A级	同A级	同A级
卫生间	(1)卫生间定期进行清洁消毒,保证卫生间干净、整洁、无积水、无蚊蝇(底层窗户设置纱窗)无异味。 (2)卫生间内安装置物架和挂钩。 (3)小便池上方设置提示标语或宣传。 (4)在卫生间内张贴禁止吸烟标识,放置香薰或檀香除臭;张贴清洁消毒记录。 (5)卫生间外部提供卫生纸(可采用扫码出纸的方式),水池旁设置洗手液、消毒液、纸篓(加盖),张贴七步洗手法等	(1)定期清洁消毒,张贴清洁记录。 (2)提供卫生纸(可采用扫码出纸的方式)。 (3)卫生间外洗手池配备洗手液、消毒液等,并定期进行补充更换;洗手池张贴"七步洗手法"	(1)定期清洁消毒,张贴清洁记录。 (2)洗手张贴"七步洗手法"	同C级
垃圾分类	(1)加油区出入口设置四色垃圾桶,厨房设置三色垃圾桶,并张贴分类标识。 (2)垃圾日产日清。 (3)组织员工学习垃圾分类视频和制度,员工会垃圾分类。 (4)现场进行垃圾分类宣传,呼吁社会人员进行垃圾分类	同A级	同A级	同A级
病媒生物	按要求开展病媒生物消杀工作	同A级	同A级	同A级
厨房	(1)台面干净整洁无积水。 (2)张贴食堂管理规定。 (3)张贴营养膳食,膳食指南等相关宣传,提倡节约粮食,光盘行动。 (4)专人煮饭的加油站:煮饭人员健康证进行公示;进行平衡膳食、食品安全相关培训。 (5)就餐场所设置清洁消毒记录、洗手设施	同A级	(1)台面干净整洁无积水。 (2)张贴食堂管理规定。 (3)张贴营养膳食相关宣传。 (4)就餐场所设置清洁消毒记录、洗手设施	同C级
控烟	(1)加油岛、超市、办公楼、楼梯和卫生间设置"禁止吸烟"标识。 (2)会议室设置"禁止吸烟"标识及监督电话(无会议室则公共区域设置宣传海报)。 (3)现场设置控烟、禁烟宣传海报	同A级(根据实际情况选择场所设置)	同A级(根据实际情况选择场所设置)	同A级(根据实际情况选择场所设置)

续表

类别\内容	A级加油站	B级加油站	C级加油站	D级加油站
健康角	(1) 设置营养健康角，可选择在人员较多的地方（会议室、厨房或其他公共区域）。 (2) 摆放身高体重秤、腰围尺、电子血压计等测量工具，并张贴使用说明。 (3) 配备跳绳、拉力器、棋牌等有益身心健康的工具三种以上，并张贴安全使用说明和相应警示标识，定期做好清洁消毒，张贴相应记录。 (4) 摆放限盐勺、限油壶等（有专人做饭的加油站需要）张贴膳食宝塔、限盐勺、限油壶、慢病防治、营养膳食方面宣传海报。 (5) 配置一定数量的健康相关书籍或健康手册，供加油站人员阅读	(1) 设置健康角，尽量在人员较多的地方（会议室、厨房或其他公共区域）。 (2) 摆放身高体重秤、腰围尺、电子血压计等测量工具，并张贴使用说明。 (3) 配备跳绳、拉力器、益智棋牌等有益身心健康的工具三种以上，并附上安全使用说明和相应警示标识，定期做好清洁消毒张贴相应记录	(1) 设置健康角，可依托员工休息室、会议室、办公室。 (2) 摆放体重秤等简易测量工具。 (3) 配备跳绳、拉力器、益智棋牌等有益身心健康的工具两种以上（12人以上需设置三种），张贴设备安全操作规程，并做好相应的使用记录	(1) 设置简易的健康角，可依托员工休息室、会议室或办公室。 (2) 摆放体重秤等简易测量工具。 (3) 根据加油站情况配备跳绳、拉力器、益智棋牌等有益身心健康的工具一种以上，张贴健康相关宣传海报
水质	(1) 含有滤芯的饮水机：定期更换滤芯，做好记录；委托专业机构进行水质检测。 (2) 桶装水饮水机：每季度要求第三方提供水质检测报告，定期进行清洗，做好记录	同A级	同A级	同A级
采光、空调清洗	委托专业机构进行室内公共卫生学检测；涉及中央空调的进行空调检测，不合格需进行清洗	—	—	—
职业卫生	(1) 在醒目位置设置职业病防治公告栏、警示标识及告知卡。 (2) 建立职业卫生五类档案和员工个人档案。 (3) 根据制度进行应急演练。 (4) 加油站站长取得"职业卫生培训证书"。 (5) 对新员工按照要求开展岗前培训（不少于8学时）对在职员工开展在岗培训（不少于4学时），并做好记录	同A级	同A级	同A级
公众卫生	(1) 根据"传染病防治应急预案"定期组织员工进行新冠病毒等传染病防治应急预案演练。 (2) 根据"新型冠状病毒肺炎防控方案（第九版）"要求，时刻保持清醒认识，严格落实戴口罩、场所清洁消毒、测体温、查验核酸、查验行程码以及场所码等常态化精准防控措施。 (3) 有专人做饭的加油站需根据公共卫生应急预案进行演练，并做好记录	同A级	同A级	同A级

续表

类别 内容	A级加油站	B级加油站	C级加油站	D级加油站
健康文化墙	加油站的办公区、休息区或楼梯两侧创建文化墙，内容包括加油站员工风采、团队风采、健康知识传播、饮食健康、高血压防治宣传、慢性病防治宣传等	同A级（根据实际情况选择场所设置）	—	—
宣传	（1）视情况在站内营养角摆放吸烟有害健康、营养膳食、慢病防治、健康素养、垃圾分类等折页或健康手册。 （2）根据情况采用横幅、展板、宣传栏等方式进行慢病防治、吸烟有害、营养膳食、垃圾分类、健康素养等宣传。 （3）利用站内电视，进行健康知识视频播放或健康企业口号宣传	同A级	（1）根据情况采用横幅、展板、宣传栏等方式进行慢病防治、吸烟有害、营养膳食、垃圾分类、健康素养等宣传。 （2）利用站内电视，进行健康知识视频播放（有电视的加油站）	同C级

3.3 守好关口，紧盯健康企业建设验收标准

健康企业认定采取县、市卫健委初评，评分900分以上的企业推荐报送省卫生健康委，省卫生健康委、省爱卫办开展复评并最终认定健康企业。结合企业"1+N"分类分级健康企业创建，在遵循前期政府发文标准、各项指标要素情况下，组织对验收标准不适用项进行修订，形成四川销售《健康企业现场评审评分表》，并经政府相关部门审核通过，确保健康企业验收标准与企业匹配性。同时，结合加油站点多面广等特点，采取按比例抽样验收的举措，确保验收工作有序开展。

4 健康企业建设效果

健康企业建设以来，通过不断深化健康管理体系、细化健康管理服务、优化健康工作环境、强化健康文化，实现了企业健康、安全、协调发展，四川销售顺利通过四川省健康企业认证。

4.1 健康管理体系得到深化

编制发布《健康企业建设工作指南（试行）》《员工健康管理办法》等管理制度，制修订《健康小屋管理规定》《环境管理与卫生间清洁消毒制度》《室内公共场所控烟制度》等14项健康促进管理规定，让健康管理和主动健康意识融入员工的日常工作。

4.2 健康管理服务得到细化

（1）统筹健康食堂建设，细化食堂环境、配餐与烹饪、供餐服务等要求，组织开展营养健康知识专题培训，建立多种类、标准化健康食谱库。

（2）科学合理设置体检套餐，优化体检项目，做优体检服务；定期开展健康风险评估，筛选高风险员工，进行健康干预指导。

（3）搭建覆盖全体员工的健康关爱网络和服务平台，建立健全"一人一档"式员工健康档案。

（4）建成智慧型健康小屋 24 座、健康角 1568 个，实现体脂、血压、血氧、心电图等参数测量，为员工提供近距离、易获取的医疗服务。

4.3　健康工作环境得到优化

（1）注重环境清洁和消杀工作，开展病媒生物防制，"四害"密度控制在国家标准之内，饮用水水质卫生检测全部达标。

（2）成立控烟领导小组，明确控烟监督员，定期检查落实公司控烟管理规定，办公室、会议室设置明显禁烟标识。

（3）开展照度、空气质量等微小气候检测，配置空气净化器、绿植，定期开展中央空调等环境通风设备清洗、更换、检测，检测结果均符合国家相关标准要求。

4.4　健康文化得到优化

（1）将健康培训纳入培训计划，每季度开展健康知识培训，内容涵盖慢性病防治、传染病防治、合理膳食等内容，不断提升员工自我健康管理能力。

（2）建立"健康企业"专栏网页，设置"建设动态""经验分享""健康科普""制度标准"等多个栏目，宣传健康知识。

（3）组织开展职工健步走、广播操、篮球等大型体育赛事，形成"每周协会活动、每月小型活动、半年主题活动"的群体活动机制，推动全民健身与全民健康深度融合。

结语

通过"企业级统筹推动、区域内分公司协同推进、基层库站分类分级实施"的方式高效推动企业健康管理工作，为四川省健康企业创建提供了新思路、新方法，其建设模式入选中国企业联合会、中国企业家协会 2022 全国健康企业建设特色案例，为更多类似企业提供了经验分享。接下来，四川销售将持续深入探索健康管理新模式、新方法，不断提升健康管理水平，为全体员工提供更加全面的健康管理服务。

二 等 奖

安 全 类

大数据分析在HSE管理中的应用实践

徐非凡　杨厚天　田衍亮

(川庆钻探公司质量安全环保处　四川省成都市)

摘　要　大数据时代已经到来，运用大数据等信息技术来提高健康安全环保管理水平十分必要，采用大数据分析方法，尝试从事故事件、违章隐患、动态风险和短板要素四个方面，量化评价公司健康安全环保管理情况，挖掘公司健康安全环保管理的规律特点和趋势变化，分析原因，提出建议，并阐述了开展数据分析的意义，提出了持续改进数据分析和健康安全环保管理的意见建议。

关键词　数据　分析　HSE（健康、安全与环境）　风险　管理

引言

在大数据时代，数据是重要的生产要素。随着更加严格的健康安全环保监管要求，将大数据应用到 HSE 管理中，可以从大量的数据中寻找规律和趋势，从而有的放矢，有效消除和控制风险，遏制事故的发生，提升 HSE 业绩。本文分享了事故事件、违章隐患、动态风险管理和短板要素提升中数据分析的应用实践。

1　数据分析HSE管理中应用

1.1　事故事件管理

1.1.1　事故数据分析

分级、分类统计分析事故发生时间、岗位、工况、伤亡情况、地点或区域等维度分析事故数据。对比分析近三年事故起数、类别变化，分析事故变化趋势和特点，查找内在规律和不足，制定针对性事故预防措施，提高事故预防和管理能力。

表1　近三年交通事故数据统计表

事故	2022年			2021年			2020年		
事故时间、天气	1月5日 15:30，晴天	11月15日 16:56，晴天	2月25日 13:30，阴天	4月16日 11:30，阴天	6月12日 17:54，阵雨转阴		7月5日 11:30，雨天	9月30日 16:53，雨天	12月22日 12:20，晴天
道路状况	油田公路石子泥土路面	县道与国道交叉十字路口	县乡道—右转弯处	国道—右转弯处	国道下坡		县乡道—弯道处	省道左转弯处	城市道路—弯道处

从交通事故统计表中可以看出，事故发生时间段集中在 11:30—13:30（4 起）和下午 15:30—18:00（4 起）两个时段，发生天气主要是在阴雨天（5 起），发生路段主要是在弯道（5 起）。

主要原因：阴雨天气；十字路口、弯道、坡道等高风险路段交通风险较大，午饭和长时间工作后等驾驶员易产生困乏、精神注意力不集中现象。

改进措施：应进一步加强本单位所属车辆及承包商车辆监管，严肃查处超速、疲劳驾驶等违法驾驶行为。针对高风险路段和驾驶员易困乏时段，利用车载监控系统及时进行风险提示，督促驾驶员雨雪等恶劣天气下，严格落实减速等安全规定。

1.1.2 事件数据分析

从近三年生产安全事件总起数、事件上报单位、事件类别、级别、事件发生频次、发生时间（季度、月份、时段）、区域、岗位等维度对比分析，通过多维度对比分析，分析各维度数据变化规律、趋势、特点和原因，制定针对性预警提示及防范措施。

1. 事件类别对比分析

2022 年工业生产安全事件 1873 起占比 64.59%，比 2021 年增加 326 起，增幅 21.07%；其他事件 837 起占比 28.86%，比 2021 年减少 171 起，降低 16.96%；道路交通事件 174 起占比 4.19%，比 2021 年增加 7 起，增幅 4.19%；火灾事件 16 起占比 0.55%，比 2021 年增加了 5 起，增幅 45.45%。工业安全、道路交通和火灾事件的增加，提示我们必须持续强化作业现场安全管控，狠抓现场监管人员责任落实，从而减少工业生产安全事件的发生（图 1）。

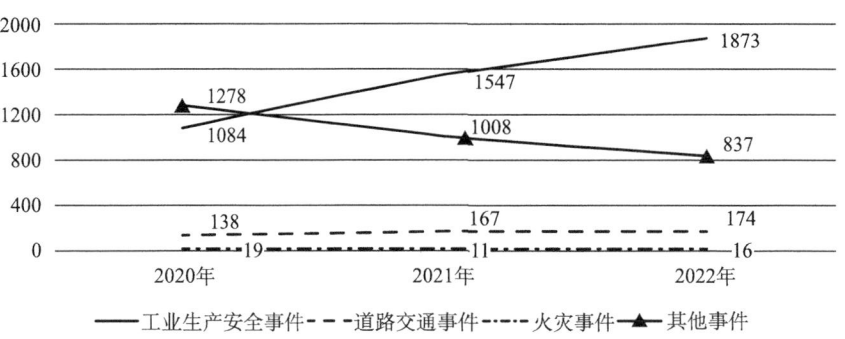

图1　近三年事件分类对比图

2. 发生频次对比分析

2022 年平均每天发生事件 7.95 起，比 2021 年增加了 6.1%；平均每天发生损工事件 2.78 起，比 2021 年增加了 23.6%。平均每天发生事件起数和损工事件起数都呈逐年上升趋势，需要引起高度关注，及时发现事故苗头并预警提示、治理，严防"量变"引发"质变"（图 2）。

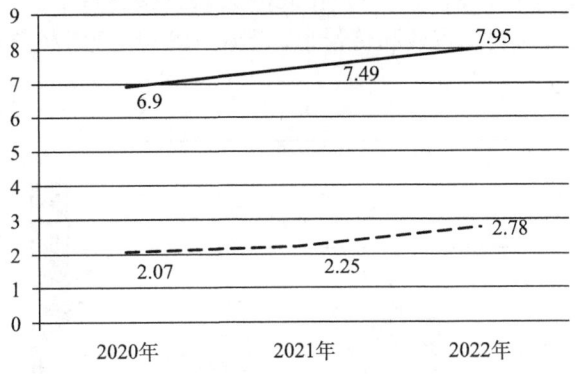

图2 近三年每天发生事件对比图

1.2 违章隐患管理

1.2.1 违章数据分析

按各单位查纠违章和监督查纠违章,从近三年违章总数、级别、类别、工龄等维度对比分析,分析各维度数据变化规律、趋势、特点和原因,采取针对性管理措施。

1. 违章数量对比分析

近三年查纠违章总数、各单位自查违章起数、监督查纠违章起数有波动。2022年各单位自查和现场监督查纠违章起数比2021年均有所下降。其中自查减少12451起,降低27.93%,监督查纠减少8098起,降低21.03%(图3)。主要原因:公司加大了违章记分考核力度,让员工违章后能直接感觉"后果严重性"。各单位应持续保持严抓严管的高压态势,进一步减少现场违章数量。

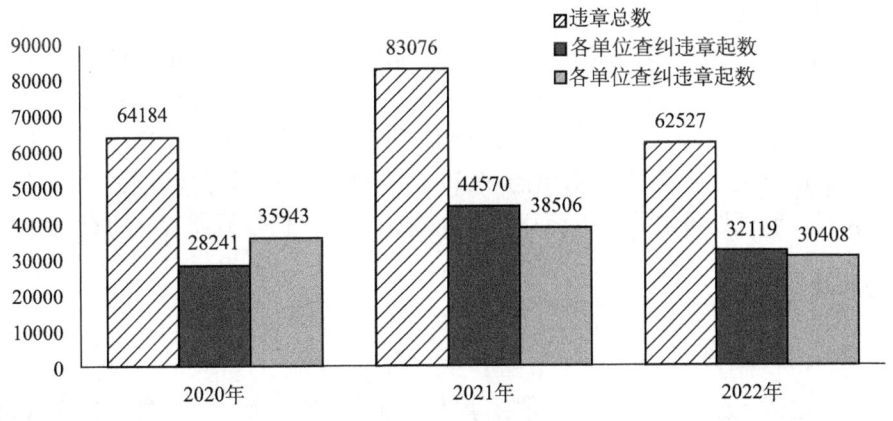

图3 近三年违章数量对比图

2. 违章人员工龄对比分析

近三年自查和监督查纠违章人员工龄五年以上的最多,2022年自查违章中,五年以上工龄员工违章16230起,占自查违章50.5%,这类员工违章原因主要是"无畏"。2022

年监督查纠违章中，一年以下工龄员工违章数量增加了265起，增幅8.9%，新员工违章原因主要是"无知"。各单位需进一步强化此两类人员安全警示教育和技能培训，现场作业过程中针对性开展行为安全审核和传帮带，严格HSE绩效考核兑现，让老员工知敬畏、新员工懂安全（图4）。

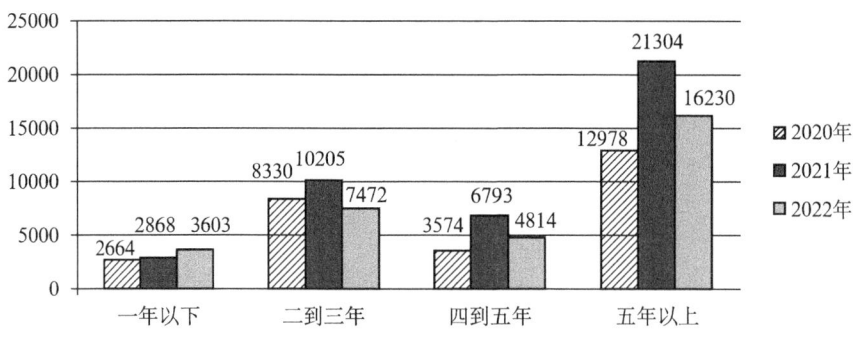

图4 近三年自查违章人员工龄对比图

1.2.2 隐患数据分析

按各单位自查隐患和监督查改隐患，从近三年隐患总数、级别、类别等维度对比分析，分析各维度数据变化规律、趋势、特点和原因，确定下步管理重点。

1. 隐患数量对比分析

近三年隐患总数有波动，各单位自查隐患数、监督检查隐患数不均衡。2022年自查隐患数量比2021年下降251244个，降低38.75%，监督查改隐患增加22763个，增幅5.6%。主要原因有两个方面：一是图省事，有些单位未将自查隐患全部录入系统；二是各单位隐患查纠积极性不强，还是处于隐患排查"依靠监督"的状态。后续各单位需强化查纠主体责任，公司在2023年进一步优化QHSE责任书中隐患量化查纠指标，并严格考核。

2. 隐患类别对比分析

2022年各单位自查数量最多的三类隐患分别是：一般设备缺陷143487个、特种设备缺陷58111个、场所不符合要求57893个，这三类占自查隐患的66.5%；监督检查数量最多的三类隐患分别是：场所不符合要求121804个、一般设备缺陷110123个、电气设备缺陷38335个，这三类占监督查纠隐患的69.1%。反映出场所不符合要求、一般设备缺陷、特种设备缺陷、电气设备缺陷等方面存在的问题比较多，仍是后期管控的重点（图5）。

1.3 动态风险管理

1.3.1 人员风险数据分析

从近三年违章记分6分以上人员数、事故责任人员数、新员工人数、转岗人员数、流失员工数、患有疾病人员数等维度对比分析人员风险，分析各维度数据变化规律、趋势、特点和原因，制定管控措施。

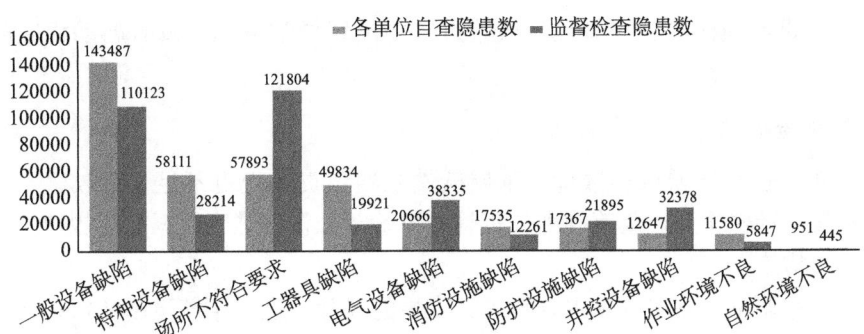

图5　近三年发现隐患分类对比图

违章记分 6 分以上人员的风险。近三年违章记分 6 分以上人员数量波动较大。但 2022 年违章记分 6 分以上人员 3956 人，比 2021 年减少了 3047 人，降低 43.51%。出现大幅下降，一方面是 2022 年查纠违章总起数比 2021 年下降 24.7%，另一方面也说明公司严肃处理违章记分 6 分以上人员，起到了警示作用，2022 年违章记分 6 分以上人员数量大幅下降（图6）。

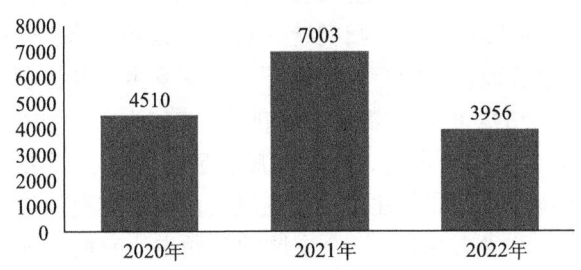

图6　近三年违章6分以上人员数量对比图

管控措施：一是继续做好违章记分结果的运用，从技能水平、安全意识、身体状况、性格特点、家庭情况等多方面分析违章高发人员违章原因，有效落实警示教育、脱产培训、家属告知等措施。二是持续加大违章查处力度，鼓励立足岗位、属地查纠上报违章，定期开展针对性专项违章查纠，严格按要求确定违章级别和记分分值，持续降低违章记分 6 分以上人员数量。

1.3.2　工艺风险数据分析

从近三年"四新"试验数量、井控重点井数量、溢流井次、二级单位级应急预案启动次数等维度分析工艺风险，分析各维度数据变化规律、趋势、特点和原因，制定针对性管理措施。

新技术、新工具试验的风险。近三年试验次数呈逐年增加的趋势，2022 年比 2021 增加 5.23%。新技术、新工具的试验，由于具有试验性质，不可预见性因素比较多，试验中易发生人员伤害风险。

管控措施：一是新技术、新工具试验严格落实"四新"管理要求，编制试验方案并按要求审批。二是认真落实工艺危害分析，完善技术规程，并组织开展针对性培训后方可实施试验。三是加强试验过程管理，试验过程中出现异常情况，及时启动相应应急处置方案。

1.3.3 管理风险数据分析

从近三年队伍跨区域调整数量、基层队站主要负责人变更不足1年数量、制度实施不足1年数量、特殊作业数量等维度分析管理风险，分析各维度数据变化规律、趋势、特点，制定管控措施。

队伍跨区域调整、基层队站主要负责人变更的风险。近三年整建制队伍跨区域调整次数逐年增加，2022年比2021年增加41.3%。每年基层队站主要负责人调整不到1年的人数也有所增加。

管控措施：结合工作量，适当调整管理力量，以"一队一单"的形式梳理评估队伍跨区域调整钻井队变更风险，制定针对性防范措施并交底，抓好新调整基层队站负责人上任前安全履职能力评估和培训考试，抽调骨干驻井帮促，确保平稳过渡。

1.4 短板要素分析

2022年公司上下半年两次审核发现问题的数据分析。把下半年公司审核发现的2288个问题，按公司量化审核标准审核主题归类统计发现：设备设施、生产运行、危害辨识风险评价与控制措施、应急管理、能力培训和意识、消防安全、井控管理、生态保护、制度和规程、标准化建设10个主题的问题数量排名前十，这10个主题的问题数共计1790个，占比达78.23%。对比上半年问题占比，设备设施、应急管理、能力培训和意识、消防安全、井控管理、制度和规程、标准化建设7个主题的问题占比有所增加，生产运行、危害辨识风险评价与控制措施和生态保护，3个主题的问题占比有所下降。说明问题整改不彻底，管理追溯不深入的问题还是存在（图7）。

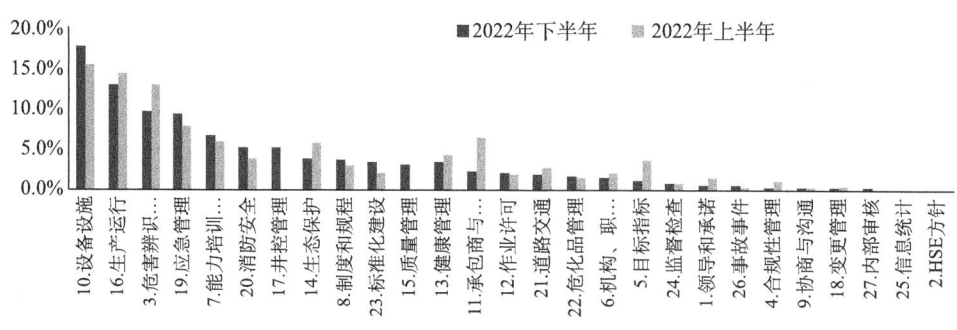

图7 上、下半年审核发现问题数按要素对比图

2 认识和思考

通过运用科学的理论和方法，对系统以往、正在发生的事故事件、违章隐患、动态风险进行分析的基础上，运用预测技术的手段，对系统未来事故变化规律作出合理研判，制定HSE风险管控对策措施和针对特定的安全问题实施各种HSE方案，防范各类风险、杜绝事故发生，实现HSE目标，是HSE管理的价值所在。随着信息技术、网络技术、数

据处理分析技术的不断发展，HSE 管理模式需要从传统方式向数字化、信息化方式转变。HSE 管理数字化、信息化建设的目的是提升企业的 HSE 风险管理能力，从某种程度上讲，HSE 管理数字化、信息化水平是其管理现代化程度的重要标志。

HSE 管理中运用大数据思维，从多个维度统计分析事故事件、违章隐患、动态风险、短板要素数据或信息，挖掘数据反映的规律、特点、不足和趋势，可以准确把握事故事件管理、违章隐患管理、动态风险管理、短板要素提升中存在的规律和趋势。可以给管理者提供较为客观的信息和判断，使各级管理者更好地利用数据做出更科学的决策，提前采取针对性防范措施，有的放矢精准防控风险，有利于减少事故伤亡和损失，有助于 HSE 管理能力的提升。

为继续做好 HSE 管理数据分析，准确、真实地反映实际情况，采取有效的风险防范措施，还需要持续提升数据的完整性和准确性。

2.1 数据的完整性还需提升

一是事故事件数据、违章隐患数据来源于集团公司 HSE 信息系统和公司预警系统，受现场条件限制，有些事件、违章、隐患没有录入系统，统计的数据可能不完整。二是动态风险数据是通过年度统计对比分析的，没有系统导出，2020 年、2021 年的部分数据统计不完整。

2.2 数据的准确性还需提升

一是事故事件数据、违章隐患数据的分级分类，凭录入者经验分类，缺少标准规范指导，分级分类的正确性还需要核实把关。二是动态风险数据，存在重复统计计算的可能性，同一井的数据，好几个单位都上报，存在重复统计，动态风险数据统计截止时间有差异，有些项目，统计人员理解有偏差，存在统计不正确的可能性。

3 改进建议

3.1 持续加强基础管理

应用分析结果，持续加强事故事件、隐患违章和动态风险管理，完善相关管理流程、管理制度和标准规范，指导事故事件、违章隐患、动态风险管理。一是事故事件管理，建议细化事故事件分类的标准，分类不细、分析的维度太少，不利于准确分析和预警提示。二是违章隐患管理建议细化违章隐患的分类，建议增加分类的维度，分类维度的增加有利于运用违章隐患数据，发现整改共性问题、重复性问题。三是动态风险管理，建议规范动态风险的划分标准、时间节点和管理流程，根据不同专业、单位特点，细化动态风险分析维度。

3.2 持续推进标准化建设

推进事故事件、违章隐患、动态风险管理的标准化，完善事故事件、违章隐患、动态风险录入或填报模板，一是事故事件管理，建议完善事故事件填报或录入的模板，增加时间、专业、工况、区域、受伤者工龄等分类项目。二是违章隐患管理，建议增加违章隐患分类的维度，建议细分违章类别、增加违章员工岗位、用工性质、区域等分类项目。三是动态风险管理，考虑不同单位、专业业务风险特点，完善统计模板及表格。

3.3 持续推进数字化建设

大数据经过必要的数据处理和分析之后，便能获得更强的决策力、洞察发现力和流程优化能力，需要持续推进数字化建设，建立模型、算法及系统或软件，协助完成数据录入、审查、统计分析及运用，实现数据采集便捷准确、数据处理快捷高效，数据分析准确，数据结果可视化展示。将数据挖掘、机器学习、智能分析应用于数据分析中，进一步拓展数据分析层次及维度，深入进行数据分析，挖掘数据之间的联系和关系，更准确地反映现场实际情况，更及时地指导工作。

3.4 运用数据分析结果

事故事件、违章隐患、动态风险分析的结果，数据的特点、趋势，从不同维度反映出事故事件、违章隐患、动态风险的大小或高低，要运用分析的结论和数据分析结果，加强HSE管理，采取针对性防范、改进措施，有的放矢，精准施策，提高管理能力和应对风险的能力，防范各类事故发生。

4 结论

HSE管理在实现科学化、体系化管理之后，量化管理是未来的趋势。大数据在HSE管理领域的应用实践，关键是HSE数据加工处理的能力。运用大数据思维，通过事故事件、违章隐患、动态风险、短板要素数据不同维度的分析，查找管理的薄弱环节，发现各主题管理规律、趋势和不足，需要持续强化管理、推进标准化、数字化、智能化，完善管理体系，提高HSE管理水平。

参 考 文 献

[1] 高彩慧．HSE管理体系运行成熟度评价体系的研究［D］．上海：华东理工大学，2013．

多维度全生命周期隐患排查治理体系研究与探索

孙辽东　张　毅　韩文辉　张　良　龚贤忠

(独山子石化公司新疆维吾尔自治区克拉玛依市)

摘　要　大型炼化企业危险化学品生产工艺复杂多样，生产条件苛刻，涉及物料易燃易爆、有毒有害，特别是生产、储存设施能量集中，隐患排查不彻底、不系统，一旦发生事故，往往造成严重后果。企业传统的、片面的、被动式的隐患排查模式，造成隐患屡查屡有，且整改不够系统和彻底，多维度全生命周期隐患排查模式坚持以"问题导向、系统思维、科学方法、突出重点、全面排查、分级治理"六个原则，系统、科学地开展隐患排查治理工作，摸清自家的底细，排查深层次的隐患，利用管理学的思维进行提升，实现"发现一类隐患、提升一类管理、杜绝一类事故"的目标，实现企业管理提升，为企业创造更大的经济效益。

关键词　石油化工企业　隐患排查治理　管理学

1　多维度全生命周期隐患排查治理体系的思路

1.1　通过系统思维，解决运动式、应付式隐患排查模式

坚持以"问题导向、系统思维、科学方法、突出重点、全面排查、分级治理"六个原则，通过横向的"专业+专项+重点"方式进行排查。专业排查主要包括安全基础管理、生产管理、设备管理、仪表管理、电气管理、应急与消防管理、危险化学品管理、应急与消防管理等方面。专项排查主要是防互窜、防冻凝、防泄漏、防腐蚀、接地、配电室、联锁等专项排查。重大检查主要包括重大时段和重点区域，重点时段排查主要是指国家重大活动、节假日前对装置生产是否存在异常和事故隐患、备用设备状态、备品配件、生产及应急物资储备、保运力量安排等方面的排查；重点区域主要是针对危险源固有风险较大的区域，比如老旧装置、高危细分领域、空分装置、加氢装置等开展检查。系统性的隐患排查，分工协作，系统排查装置运行过程中的风险，坚持侧重于现场设施的完整性，对关键装置、重点部位加以特别关注，制定固定的排查频次，有效防范各类事故发生。全周期隐患排查是通过对装置设计、建设、运行、报废不同时段隐患的特点，制定针对性的隐患排查内容，有的放矢、源头管控，开展装置全生命周期隐患排查。

1.2　通过管理思维，解决隐患排查屡查屡有，螺旋不上升的问题

对隐患产生的根源进行分析，从认知层面、方法流程、职责分工、教育培训、监控落实、管理改进"6个维度"对隐患产生的根源进行分析，并提出造成同类隐患的解决办

法。通过先进学习、提高认知，梳理流程、简单高效，文件修订、明确分工，人员培训、能岗匹配，监督落实、过程管控，发现漏洞、持续改进等一系列措施，排查一批隐患，提升一类管理，杜绝隐患重复出现。

2 多维度全生命周期隐患治理排查治理的实施

多维度全生命周期隐患排查治理重点抓住两条线。一是多专业无死角全面的隐患排查模式，主要开展专业排查、专项排查、重点时段排查、重点区域排查。二是要贯穿装置运行的全生命周期，从设计阶段、建设阶段、运行阶段、报废过程全生命周期开展隐患系统的隐患排查，打破以往碎片式的隐患整治模式，加入管理思维开展隐患治理，让隐患排查插上"管理的翅膀"，通过"6个维度"深入分析隐患产生的来源，并从源头上进行消除隐患产生的原因，彻底地消灭隐患，杜绝事故（图1）。

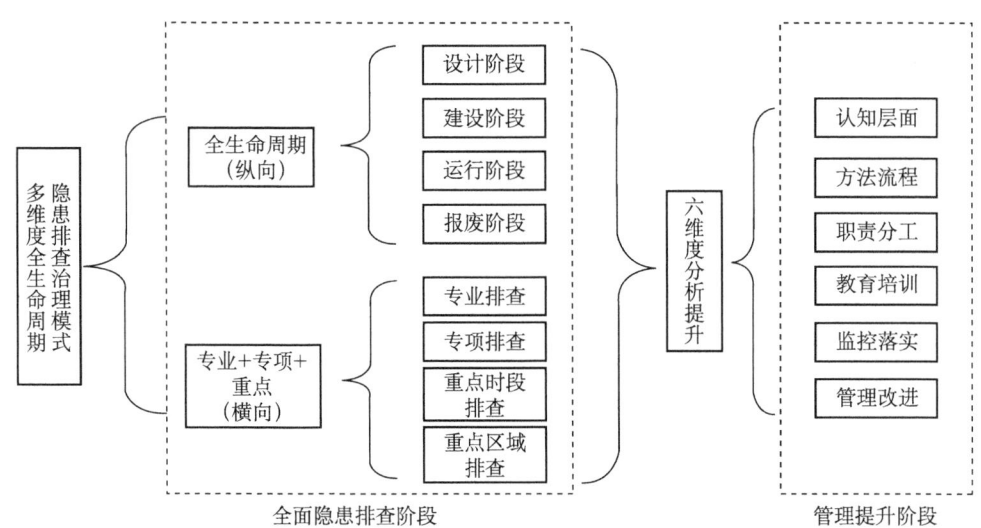

图1　多维度全生命周期隐患排查治理模式

2.1 横向上，多专业无死角进行隐患排查

2.1.1 业务融合，交叉比对，在专业排查上下功夫

按照专业分工每年至少开展一次多专业的全面隐患排查，对照《危险化学品企业安全风险隐患排查治理导则》应急〔2019〕78号相关内容，结合企业实际业务，编制企业内部的风险隐患排查内容，每年由企业主要负责人牵头开展全面的隐患排查，隐患排查至少要包括安全基础管理、安全生产信息、生产管理、设备管理、仪表管理、电气管理、应急与消防管理、危险化学品管理、应急与消防管理等的内容。可以成立专业专家团队，多专业共同发力，针对装置隐患特点，评选出专业重大排查的内容并进行排查。各单位上报的Ⅲ、Ⅳ级根据风险矩阵、国家法律法规要求及影响大小等内容进行排序，突出核心风险重点辨识，开展风险辨识与隐患排查工作；重点对可能导致火灾爆炸、中毒窒息等重大事故的风险进行评估；指导各基层单位开展风险排查工作，确保排查的深度和广度；针对评价

出来的大隐患制定防范措施、修订操作规程和应急预案等内容。

树牢"全员、严管、科学"的安全理念，推进风险分级防控和隐患排查治理双重预防工作整体质量和综合效能的持续提升，夯实安全基础，落实靶向思维、聚焦重点、精准施策，通过系统梳理分析历史上企业内外的隐患、事件、事故、维修作业、维护项目等数据，确定2022年风险隐患排查治理的25个重点领域，达到重点领域的风险要全部识别清晰、管控到位、心中有数；隐患落实防范到位、有序治理、彻底消除；杜绝已排查重点领域风险和隐患屡查屡有的现状。通过持续完善双重预防机制，增强各层级风险管控能力，提升隐患治理效率，快速向"工艺技术零缺陷、设备设施零泄漏、生产过程全受控、员工技能都达标、专业管理无盲区"的新时代优秀企业的本质安全标准迈进。

建立属地横向摸底、专业纵向排查、全员自查保底的立体化隐患排查工作机制。按照"业务归类、聚焦重点、结合日常、精准实施"原则，将工艺流程类似、风险内容相近的直属单位归类，推动同类业务单位之间的交流，确定相同相近风险排查主题，重点划分炼油业务单元（含炼油一部、炼油二部）、烯烃业务单元（含乙烯一部、乙烯二部）、树脂橡胶业务单元（含聚烯烃一部、聚烯烃二部、橡胶部）、储运业务单元（含储运一部、储运二部）、公用工程系统业务单元（含热电厂、公用工程部）共五个业务单元。针对不同业务单位特点，编制季度重点排查内容，具体内容见图2。

炼油业务单元重点领域排查			
第一季度	第二季度	第三季度	第四季度
岗位责任梳理	高硫临氢管线设备	密闭空间存在加热	误操作、误动作
查找职责交叉，职责盲区，防止管理真空出现	利用先进监测仪器，摸清高硫临氢管线设备底数，按照泄漏可能性制定管控措施	对存在电伴热、蒸汽伴热、热水伴热密闭空间加热的塔、釜、罐、管线、设施进行排查	依据历史上事故事件汇编，查找员工容易产生误操作、误动作的过程和部位
介质互窜	小接管	带压堵漏	重要关键控制阀门
重点针对系统物料与危险介质、存在发生反应介质之间、危险介质与危险介质之间的排查，杜绝介质互窜风险	对装置的小接管现状进行统计，按照风险大小分类，分级组织评估检测，确定检维修策略	对装置内存在带压堵漏部位，打卡具注胶点进行排查	按照设备的ACA分级，确定装置的重要关键控制阀门，分类分级开展评估

图2 重点领域排查内容

2.1.2 技术支持，精准实施，在专项排查上下功夫

针对专业排查的问题及装置运行过程中存在的问题，查找企业在安全生产管理方面的薄弱环节，可能造成重大事故隐患的方向，进行精准实施，开展专项排查。如开展过程安全信息的专项排查，对PID图符合性的全面排查，按照流程图和现场一一对应，不落一条线、一个阀门，从PID图到现场核对；开展注剂（水）点管线冲刷减薄隐患、注剂口评价等方面进行排查；对装置高温、高压、烃类气体冲刷腐蚀排查，存在气液两相的部位、原油硫含量酸值上升管线腐蚀排查，找出易腐蚀部位；开展易腐蚀、冲刷、振动管道专项排查、现场小节管管控、异种钢焊接部位、贴壁腐蚀部位、存在腐蚀设备管线等内容进行专项排查；对联锁上下位及设计蓝图的一致性，直接或间接参与联锁参数控制的调节阀完好

性开展专项排查；对特种设备压力容器安全附件完好性、管道检验信息档案、特种设备档案资料、压力管道注册信息专项排查。

2.1.3 重点时段，精心布置，在应急准备上下功夫

国家重大活动、节假日，企业人员放假，应急准备工作不到位，紧急情况下易造成物资缺失、隐患失控、人员不足等事故隐患，因此要根据其特点，在重点时段开始之前，对装置生产是否存在异常和事故隐患，备用设备状态是否正常，备品配件、生产及应急物资储备是否充足，保运力量安排是否到位，化工三剂是否配备等方面开展排查，确保重点时段生产物资充足、生产允许风险受控、人员保运力量到位。

2.1.4 重点区域，难点攻克，在诊断评估上下功夫

重点区域主要是针对危险源固有风险较大的区域，开展诊断式评估，如围绕老旧装置、燃气、高危细分领域等重点内容，组织多部门、多区域对标式隐患排查，专业干部500余人次开展技术培训，确保排查人员技术过硬、标准统一，着力找准排查整治切入点，全面提升工作精准度。同步实行"清单化"管理，排查问题全部录入双重预防平台，持续更新隐患台账。

针对存在可燃气体、粉尘爆炸风险较大的生产单元，成立风险评估小组，评估小组人员全部是公司专业技术能力较强的专家，对单位开展为期10～15天的全面排查评估，从装置建设期的设计图纸、装置经过的历次大修改造、装置目前的管控水平，深挖设计缺陷、变更隐患、违规隐患、管理隐患，通过系统的诊断评估，发现深层的隐患，并加以治理。

2.1.5 分类施策，靶向治理，在保障实效上下功夫

坚持"五定"工作原则，推进专项隐患整治力度。针对公司评定下来的隐患清单，每天落实隐患治理进度，每周对完成情况进行通报，确保隐患得到快速治理。

2.2 纵向上，全周期全方位进行隐患排查

隐患的产生是伴随着装置设计、运行、报废全生命周期过程的，任何一个隐患未得到有效的管控，均会演变成事故风险。因此隐患排查，要伴随着装置的全生命周期过程，根据不同时期隐患产生的特点，制定出不同的排查方向和内容，并加以源头管控，杜绝隐患产生。

2.2.1 设计阶段重点排查本质安全设计方面的隐患

事后诸葛亮，不如未雨绸缪。设计阶段从总平面布局、外部安全防护间距、工艺选择、本质安全设计方面考虑。将隐患排查的重点放在设计阶段，就抓住了隐患治理的根本。只有提前投入，提前行动，才能把事故隐患消灭在萌芽状态。按照金字塔法则系统设计1分安全性，等于10倍制造安全性，等于1000倍应用安全性。意为企业在生产前发现一项缺陷并加以弥补，仅需1元钱；如果在生产线上被发现，需要花10元钱的代价来弥补；如果在市场上被消费者发现，则需要花费1000元的代价来弥补。安全要提前做、提前控，预防为主，尽可能把任何问题都消灭在萌芽状态。

在建设项目前期论证或可行性研究阶段，公司组织设计单位、供应商、专利商等相关单位及人员充分开展危害辨识，分析拟建项目存在的工艺危害、当地自然地理条件、自然灾害和周边设施对拟建项目的影响，以及拟建项目可能发生的泄漏、火灾、爆炸、中毒等事故对周边防护目标的影响进行合理的装置选址、总平面布局。此外，还需要按照GB/T 37243—2019 的要求进行定量风险评价（QRA），开展外部安全防护距离计算，以满足 GB/T 36894—2018 所规定的个人与社会可容许风险标准。编制拟建项目危害辨识报告和定量风险评估报告，指导装置建设，在设计过程中规避风险，提升装置的本质安全水平。2022 年组织新、改建项目 4 项，识别风险 1235 项，通过对风险识别，提出改进建议 482 项，如通过对炼厂干气回收利用项目碳二装置危险与可操作性分析，识别出Ⅰ级风险 3 项，Ⅱ级风险 188 项，Ⅲ级风险 42 项，提出Ⅱ级风险建议数 121 项，Ⅲ级风险建议数 62 项，通过对胺液再生单元风险分析及综合全厂胺液利用，提出胺液系统处理建议，通过减少现场危险源的方式，最大限度地实现了本质安全，并优化了投入成本。

2.2.2 建设时期重点排查按图施工、设备管材质量、施工质量、隐蔽工程存在的缺陷

建设项目严格按照国家法规、规范、标准和设计要求进行施工，保证施工质量。工程监理和工程承包商建立健全工程质量保证体系、监督体系有效运行。组织工程监理对进场的各种设备、材料、预制件、半成品及工程实体的质量状况进行检查；并对查出的问题下整改通知书，督促及时整改。督促工程承包商按照《工程质量监督计划书》的要求进行报验。参与关键质量控制点的验收，抽查其他质量控制点，并签署施工过程资料，组织三查四定，督促承包商落实整改。

2.3 运行阶段严格管控，主要消灭运行过程中新产生的隐患

2.3.1 对标国家标准、行业标准，依法依规排查隐患

近些年国家法规、国家标准、行业标准更新比较快，如果不及时对标，现场将会出现一些不满足标准类隐患。企业根据法规标准的变化，选择适用于本企业的标准规范，进行对标排查，对排查的问题隐患，逐项进行整改，消除现场依法合规类隐患。如某装置对标排查过程中发现 6/0.4kV 配电室与冷油泵房相连（共用墙体），西侧临近轻油泵房（距离 3m），南侧面向装置区，整体位于爆炸危险区域内，配电室地面与装置区地面在一个水平面上，不满足《爆炸危险环境电力装置设计规范》（GB 50058—2014）第 5.3.5 条"变电所、配电所（包括配电室）和控制室应布置在爆炸性环境以外，当为正压室时，可布置在 1 区、2 区内。变电所、配电所和控制室的电气和仪表的设备层地面应高出此面 0.6m。"的要求。装置在 2022 年对标排查过程中，发现不满足国家标准规范 56 项典型问题。

2.3.2 变更带来的隐患

装置在运行过程中，最大的风险隐患是变更带来的，通过对事故调查统计分析 80%以上的事故原因均有变更管理的要素，因此在装置运行过程中要重点辨识变更这一因素带来的隐患，从工艺生产偏离原设计指标，如原料性质的变化、工艺指标的变更等，到装置的扩能改造、技术革新、产品的升级等变更均应充分识别其中的隐患，对变更的有效执行过程进行排查。在企业变更排查过程中，发现变更程序未认真履行、变更过程未开展危害

分析、危害分析不全面、防范措施不到位、防范措施未长期执行，针对变更管理开展隐患排查，发现问题 925 项问题。

2.3.3 排查同行业事故类比带来的隐患

事故类比法隐患排查是通过借鉴事故提升企业管理的有效手段，充分利用事故事件资源，开展有效的隐患排查，通过一起事故事件，消除一批事故隐患。例如，2021 年 12 月 13 日上午 9 时 39 分，云南石化公司渣油加氢装置二系列在操作调整进料量过程中，由于操作失误，操作员工 3 分钟内分四次将阀门开度从 35.4% 调整至 20%，导致进料泵低流量联锁停运，反应进料切断阀和调节阀联锁关闭。炼油一部对加氢装置对进行事故类比法隐患排查，发现高压窜低压重点风险评价，共计排查窜压点 57 处，如加氢进料泵停，若泵出口总管切断阀未关闭，单向阀失效，反应物料可能通过泵体以及泵出口最小回流保护线反窜至加氢原料缓冲罐，造成原料缓冲罐快速超压，导致发生火灾爆炸事故。高压注水泵故障停机，可能导致高压反应产物反窜至注水罐，造成注水罐超压破裂泄漏；对三套操作规程（卡）进行排查，共计排查 16 项事故处理操作卡、6 项开停工操作卡，发现问题 7 项，如 200 万加氢裂化装置的生产恢复操作卡中有反应进料流量低三取二联锁切除的操作要求，未识别到联锁切除后防窜压的保护措施失效的风险。通过事故类比法排查，消除现场事故隐患，举一反三，有效防止同类事故的重复发生。

2.4 停产装置消除危险源，消灭遗留隐患

2.4.1 停用装置的隐患排查

针对长期停用装置，长时间的失修，装置内残存的物料能量一旦失控意外释放，可能造成事故，针对停用装置的特点，制定针对性的隐患排查方案，如停用装置内危险物料是否彻底清理并在系统最近点进行盲板隔离，盲板材质、壁厚是否满足要求，盲板是否每个大修周期进行检查更换，装置内的受限空间（地下泵房）是否上锁，下水系统是否隔离，严禁随意拆除停用装置的设备、管道、阀门等强制性要求，为了确保异常情况下的险情处置，现场消防设施完好。

2.4.2 拆除前的隐患排查

停用装置拆除过程，是极其复杂的过程，由于装置运行时间长、基础资料信息缺失、人员变更等因素，导致现场很多风险隐患遗留，如果在拆除前未及时识别和发现隐患，拆除过程中就可能造成一定的安全事故。因此对拆除装置实施开展充分的风险辨识和隐患识别，梳理装置塔、容器、机泵、压缩机、管线清单，编制装置拆除前验收表，见表 1，逐台设备进行检测，编制防硫铁化合物自燃方案，确保现场拆除过程中无能量的意外释放。

2.5 "6 维度"开展隐患治理管控

通过对历年来体系审核问题隐患大数据分析发现，隐患的治理多以点对点的整改为主，包括上级政府部门的隐患排查，也多数依据检查专家的个人经验，很少企业运用科学的管理思维去剖析隐患产生的根源，进而杜绝同类事故隐患的重复发生。独山子石化公司引入"6 维度"管理流程，通过认知层面、方法流程、职责分工、教育培训、监控落实、

改进管理进行管理判标，查找隐患产出的深层次的原因，并加以弥补，从源头上杜绝隐患产生，通过排查一类隐患，达到提升一类管理的目的。

表1 拆除装置验收表

炼油厂一、二白土、蜡精制装置拆除前验收表

拆除验收装置名称：一、二白土、蜡精制装置　　　　　　　　　　　验收时间：

项目	验收内容	检查方法	车间确认人	负责处室	处室确认人	结论	备注
工艺能量隔离	装置内单体设备、管线放空检测、无放空的管线中段开口检测	查现场		技术			
	执行防FeS自燃方案	查方案		技术			
	拆卸塔、容器人孔时做好个人防护	查现场		安全			
	停工吹扫确认各工艺管线和塔器设备放得空、扫得净，装置内工艺管线低点放空打开，畅通无油污	查现场、记录		技术			
	装置内存放化工三剂已全部处理	查现场		技术			
	系统线与装置所有管线盲板隔离并刷红漆表示	查现场		技术、调度			
	装置所有的地漏、下水井、管沟、隔油池检测验收合格	查现场		安全环保			
	塔（上下）人孔、容器、储罐人孔打开通风，确认无油料，气体检测合格	查现场		技术			
仪电隔离、动设备	装置检修作业区所属动设备已断电	查现场		机动			
	装置内照明电路电源已经停电隔离	查资料		机动			
	装置配电室电源上级供电侧解除接线	查现场		机动			
	装置内仪表相关工艺联锁设备电源解除	查现场		机动			
	装置内仪表相关工艺联锁解除	查现场		机动			
	装置内UPS等电源放电完成	查现场		机动			
	所有散拆的动设备本体油品排放干净	查现场		机动			
	电缆沟位置和要求已做好交底和处置要求	查现场		机动			

3 实施效果

3.1 源头隐患得以控制

从项目设计开始至装置报废拆除结束，针对不同时段隐患产生的特点，开展系统性、

针对性的隐患排查，企业排查隐患的方式更加科学、合理，可以节约更多的时间和精力，为企业高质量发展提供有力的帮助，独山子石化近五年内安全生产事件较之前大幅降低。新建装置实施变更梳理大幅减少，新建装置隐患大幅减少。

3.2 现存隐患得以治理和管控

通过"6维度"隐患治理管控，有效地解决了隐患治理的最后一个环节，实现了管理提升，通过分析隐患产生的根源，解决隐患产生的原因，解决一类管理的缺陷，提高了企业整体管理水平。通过近三年的努力，产生隐患的根源不断被消除，企业员工整体能力得到大幅提升。

作业许可系统在大港石化的应用实践与改进建议

邢 楠 庞丽娜

(中国石油天然气有限公司大港石化分公司 天津)

摘 要 文章主要描述了智能化管控平台作业许可系统在炼化企业的应用实例。通过融合视频监控系统与门禁系统，依托RFID、GPS定位技术及智能人脸识别技术，实现了承包商人员入厂、作业审核、作业过程管理、作业完工验收等全流程信息化管理，并对标"工业互联网+危化安全生产"相关文件要求，对系统下一步优化升级提出了改进意见。

关键词 智能化管控平台 作业许可 承包商管理 工业互联网+

引言

近年来，因施工作业引起的伤亡事故着实令人心痛、惋惜，如北京市长峰医院"4.18"重大火灾事故、湖北钟祥市威龙船厂"4.14"爆炸事故等，均是在动火作业时发生。石油炼化企业作为高危行业之一，本身就潜藏着巨大的固有安全隐患，另一方面，为满足装置安全平稳生产、工艺设备优化等相关需求，常规检维修作业、安装改造项目、装置大修等涉及的危险作业数量庞大，且作业通常较为复杂，往往同时涉及多种危险作业，动态安全风险激增。为进一步削减风险，规范作业行为，有效预防事故发生，作业许可管理在炼化企业中显得尤为重要。

1 系统建设背景

1.1 传统作业许可管理存在的弊端

首先，传统作业许可管理缺少作业预约环节，管理部门难以对企业所有作业进行风险评价，而且对作业的实施过程和进度难以把控，安全监管难度较大。其次，传统作业许可证的签批不符合规范要求，如存在漏签、错签、代签、补签现象，存在非"现场签批"情况，气体检测数据未按要求填写，特种作业人员资质不满足条件等。最后，作业统计分析难度较大，且难以利用历史作业大数据对作业许可进行管理分析及优化。

1.2 "工业互联网+安全生产"大环境使然

国家有关部门先后印发了《"工业互联网+安全生产"行动计划（2021—2023年）》（工信部联信发〔2020〕157号）《"工业互联网+危化安全生产"试点建设方案》（应急厅〔2021〕27号）《"工业互联网+危化安全生产"特殊作业许可与作业过程管理系统建设应

用指南（试行）》《危险化学品企业安全风险智能化管控平台建设指南（试行）》等一系列文件，建设并深化工业互联网与炼化企业安全生产的融合应用以及构建"工业互联网+危化安全生产"支撑体系刻不容缓。

1.3 特殊作业新标准实施

应急管理部组织修订的《危险化学品企业特殊作业安全规范》（GB 30871—2022）于2022年10月1日正式实施。此次修订从适用范围到各类型特殊作业管理均有较大变动，如明确了特级动火范围、盲板抽堵作业管理要求、高处作业有效期等，规定了特级动火作业需采集全过程作业影像、作业过程影像记录应至少留存一个月、特种作业和特种设备作业人员应持证上岗、监护人员持培训合格证上岗等，为此，炼化企业亟需对照新国标修订企业相关作业许可制度和管理要求。

1.4 原有安全受控系统不能满足当前需求

大港石化公司2014年建设的安全受控系统运行缓慢、操作复杂、办票效率较低，已经不能满足当前使用需求。

在此背景下，该公司历时半年新建一套作业许可与承包商管理系统，并通过与门禁系统、视频监控系统融合，实现了从承包商入厂、资质校验、作业票签批、作业过程视频监控、违章检查等全流程信息化管理。

2 作业许可系统功能模块介绍

作业许可系统建设内容主要包括作业许可管理、承包商管理、管理者驾驶舱三个功能模块。依托PC端和移动终端，利用物联网技术，实现作业全过程的信息化及标准化管理，总体功能如图1所示。

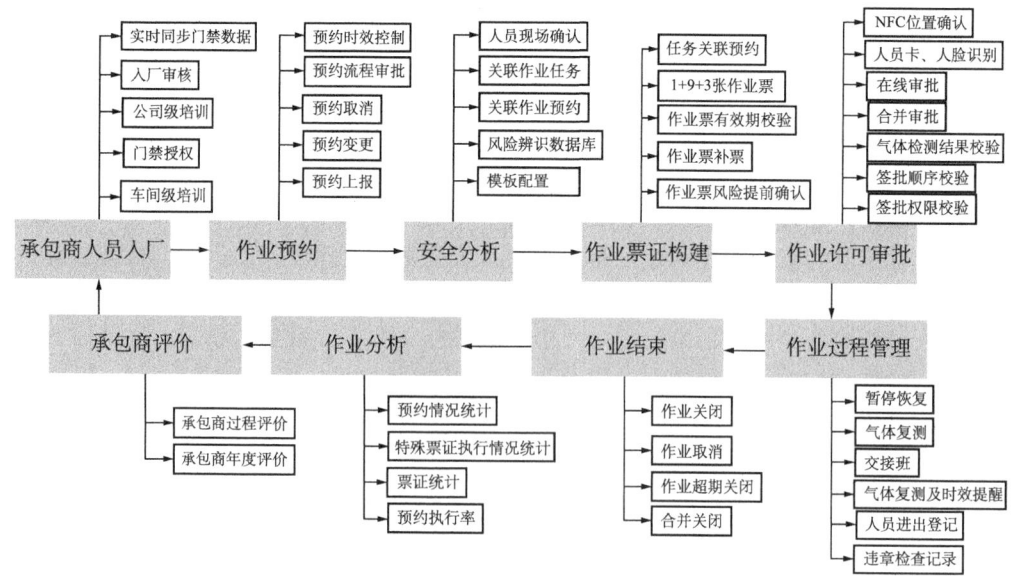

图1 作业许可与承包商管理系统功能概览

2.1 作业许可管理

作业许可管理模块主要由作业预约、安全分析、作业任务、作业台账及统计分析构成。通过对系统进行人员角色、作业地点、危害辨识、检测气体库、安全措施、验收条件等全要素数字化配置，实现了工作安全分析及作业许可票证"1+9+3"的全流程电子化办理。"1"是指作业许可证大票，"9"是指动火作业、受限空间作业、管线打开（盲板抽堵）作业、高处作业、吊装作业、临时用电作业、动土作业、断路作业和射线作业专项作业许可证，"3"是指能量隔离清单、车辆进装置申请单、消防设施停用申请单等施工过程中可能涉及的其他票据。

作业许可审批环节通过RFID位置卡、GPS等定位手段强制执行"现场到位签批确认"，签批环节支持人脸识别、读取人员卡及现场签字。系统支持作业票据合并审批功能，支持特种作业人员及特种设备作业人员资质、属地人员岗位权限校验等。

作业过程中，系统还具备监护人及作业人交接班功能、作业暂停与恢复、气体复测、补票等。

作业结束后，系统自动生成作业台账和作业票台账两种模式，且支持对各类型作业数据进行统计分析并形成报表。

详细作业许可业务流程如图2所示。

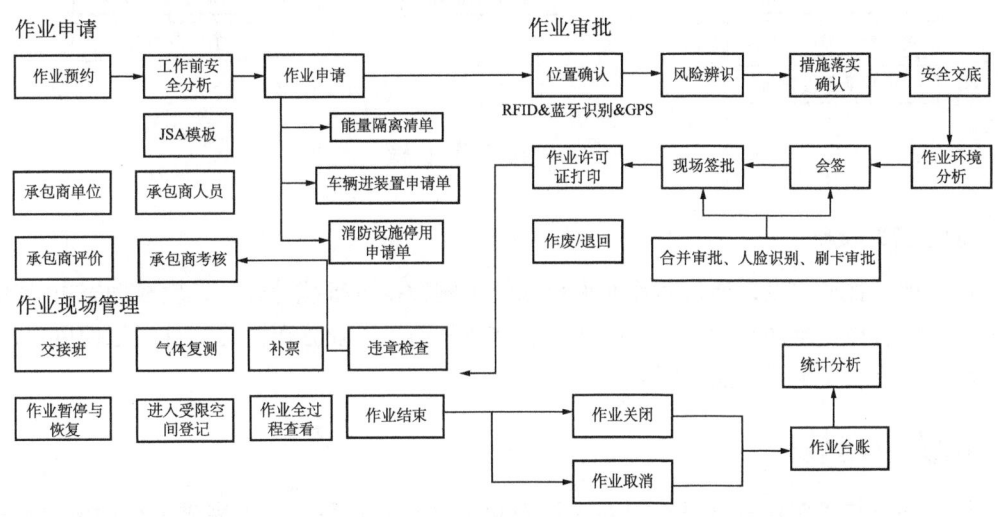

图2 作业许可业务流程图

2.2 承包商管理

承包商管理模块主要由承包商单位、承包商人员、承包商检查、奖惩管理、自主管理、承包商评价等构成。由引入单位在系统中创建承包商单位基本信息并上传相关资质证书，审核通过后生成承包商单位台账。承包商人员模块主要用于人员档案信息管理、特种作业资格证书管理、人员入厂审核、教育培训记录等，且能够与门禁系统智能互联。承包商检查主要用于作业过程管理，与作业许可模块功能联动，支持承包商单位、人员资质、车间级培训等作业许可签批条件验证；支持作业过程承包商违章信息检查录入、业绩与考核确认，支持对违章问题进行分类统计。系统还具有黑名单功能，安全绩效评估或年度评价不合格的承包商单位和涉及严重违章的承包商人员，均可加入黑名单处理，列入黑名单后，该承包商单位或个人将无权入厂。具体承包商工作流程图见图3。

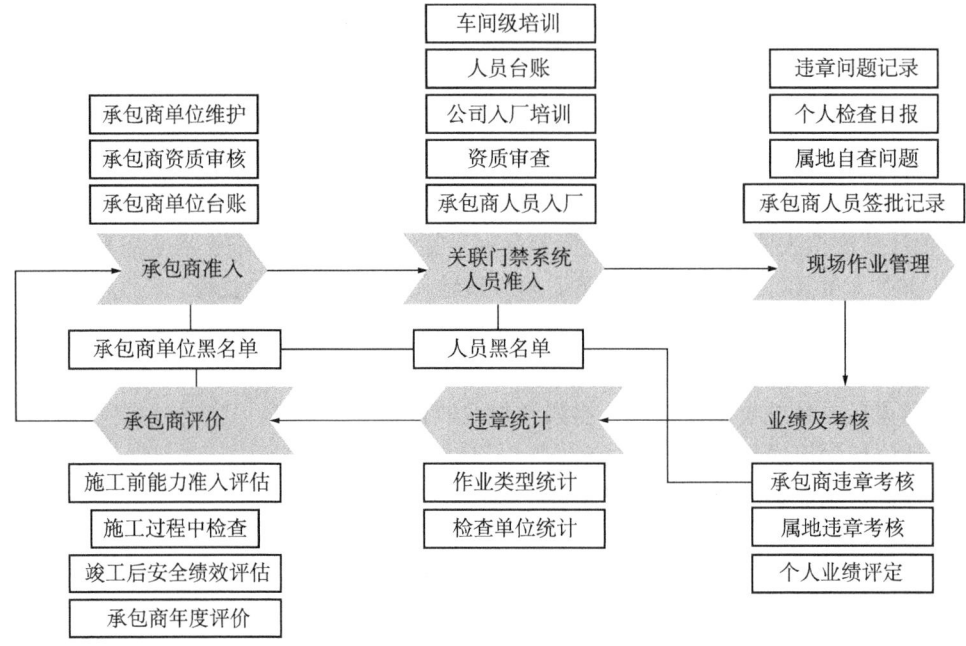

图3　承包商工作流程图

2.3　管理者驾驶舱

从管理者视角出发，通过对作业许可系统关键数据进行统计分析，生成动态更新的实时数据管理看板，全面展示厂区内特殊作业数量和施工作业分布情况，直观把控风险，为进一步提升企业安全管理能力创造良好条件。

3　系统应用效果

作业许可与承包商管理系统已在大港石化公司全面投用，基本完成了初期建设目标，应用效果良好。

3.1　全流程信息化管理

实现了作业预约、作业签批、作业过程管理、作业完工验收等全流程信息化管理。

覆盖全面，实现了工作前安全分析（JSA）及全部作业许可票证的电子化管理，增加了作业过程管理功能，实现了承包商自查、属地检查、安全部门监督检查三级安全监管模式，有效控制现场作业风险。

功能完善，实现了一张作业许可大票配合多张同类型作业许可使用，同时增加了交接班、补票及作业暂停与恢复功能，有效避免了重复性工作反复开票过程。

操作便捷，实现了 PC 端与移动端双向操作、实时互联，随时随地进行作业预约、建票补票、浏览作业票面、查询签批进度等。此外，还可以通过扫描作业许可二维码，快速关联现场检查功能模块，以便及时记录违章信息。

3.2 作业许可签批效率明显提升

采用在线／离线组合签批方式，支持多台移动终端同时对票证进行签发，有效解决了旧系统离线下载作业票，且仅能在一台移动终端操作引发的效率低下问题。

在单独作业许可票证签批的同时，增加了票据合并审批功能，即在同一项作业任务中，支持所有票据中相同的审批环节点由对应的签批人一次审核确认，合并批量签批，签批效率得以明显提升。

3.3 作业许可签批合规性提升

强制时间校验，如专票计划开始时间和计划结束时间应在作业大票有效期内，作业许可有效期不能超出规范及制度相关要求，作业环境气体分析与作业间隔时间超时校验等。

强制流程校验，如未落实全部安全措施无法进入会签页面、动火作业或进入受限空间作业未进行环境分析无法进去会签、会签未完成无法批准等。

强制现场审核，通过使用移动终端利用定位技术进行位置确认，未到达作业现场无法签批。

强制本人签批，将智能人脸识别技术应用到作业许可签批过程，通过移动终端前置摄像头辨识签批人身份，杜绝代签。

有效解决了作业许可票证填写不规范、措施落实不到位、漏签、代签等问题，促进作业许可签批合规性大幅提升。

3.4 规范承包商人员管理

一是作业许可签批与承包商人员资质信息联动，特种作业无有效操作证的，无法完成相应作业人员签批。二是作业许可签批与承包商人员车间级培训信息联动，未在属地单位进行车间级安全教育的，无法签批该属地单位作业许可。在规范特种作业人员管理的同时，还减少了部分监督检查工作任务。

3.5 作业全过程视频监控查看

通过对接移动布控球，实现了特级动火作业及进入受限空间作业的全过程实时监控，作业视频录像与作业台账一并保存，且支持回放，满足《危险化学品企业特殊作业安全规范》（GB 30871—2022）相关要求。

3.6 作业许可票证存档便捷

作业全流程无纸化管理令作业票证存档更为便利。危害辨识、安全措施确认、会签审批、作业交底、现场监护、交接班、作业暂停恢复、作业验收等所有环节记录完整，作业许可票证以及关联的工作前安全分析、能量隔离清单、受限空间出入登记表、视频监控记录等统一归档保存，方便管理与查看。充分完整的票证信息为日后检查追溯提供有效的数据支撑。

3.7 强大的数据统计功能

实现了多维度作业统计分析功能。可以根据属地单位、作业类型、作业状态等维度对作业情况进行统计分析，也可以根据作业预约、作业加急、作业实施等维度进行统计分析，还可以按照时间、区域维度对作业进行统计分析等，强大的数据分析统计功能为公司进一步优化作业监管提供了有力依据。

4 存在的问题及改进建议

（1）操作移动终端签批作业许可过程中，票证签批界面缺少"作业票证浏览"跳转按钮，导致移动终端无法实现不退出签批界面查看作业票据功能，操作不够便捷，而且在实际签批过程中，容易忽略票面基础信息确认过程，造成作业许可票面不规范。建议在票证签批界面增加作业票证浏览链接按钮，或者将签批过程设计为全票面显示签批，实现作业票据实时审功能。

（2）现场在用移动终端数量不满足实际使用需要，导致作业过程管控信息化程度不高，如气体复测数据、受限空间作业进出登记常常需要在打印出的票证中手工记录，承包商违章信息不能及时录入等。此外，设备人脸识别精度也不够高，存在无法识别或识别错误问题，需要调整角度多次尝试，致使现场签批还需依赖人员卡，并配合现场拍照确认人员到位情况。建议增加智能防爆手机作为移动终端使用，防爆手机配置应满足现场使用需求，主要从屏幕大小、像素、系统运行速度、内存、电池容量等方面考虑，最好能够实现现场人员每人一台。

（3）各系统之间的融合深度还不够充分，与理想状态还存在一定差距。建议继续深化与门禁系统间的互联互通，并结合三维建模与人员定位技术，通过预约作业分布限制承包商人员门禁出入权限及活动区域范围；增加与固定式及便携式气体检测仪的联动功能，实现实时接收气体监测数据，出现异常情况时，通过声光警报提醒在场人员；全面融合视频监控系统，在引入移动式摄像头的同时，对接固定式高清摄像头，并利用 AI 智能识别技术，实现承包商人员违章提醒与报警，进而规范人员作业行为。

5 结束语

作业许可系统的投用不仅大幅提高了作业签批效率，解决了多种作业票证审核不合规问题，而且对承包商管理优化提升制定了详细流程，应用效果良好。真正实现了从承包商人员入厂到施工作业完工验收的全过程管控，做到层层有管理，步步有落实，安全责任明确，管理界限清晰，对进一步促进公司安全管理水平提升起到了良好的推动作用。下一步，公司将深入结合国家"工业互联网＋危化安全生产"相关管理要求及企业管理实际应用情况，对系统进行持续升级完善，以便更快捷、更精准、更高效地服务于公司安全生产。

"四化"管理模式在东方物探公司交通安全管理中的运用

陈 静 楚保战 雪 刘炳希

（东方物探公司 河北省涿州市）

摘 要 交通安全管理是企业安全生产管理的重要组成部分，交通安全不仅关系着经济的发展，更关乎着生命和财产的安全，在企业经济发展中起着至关重要的作用。本文主要从车辆监控信息化、行车管理电子化、风险提示语音化、违章直报及时化等四个方面来阐述将智能化管理手段有效运用到交通安全管理中，形成了具有东方特色的交通安全"四化"管理模式。

关键词 交通安全 智能化管理 监控 违章 "四化"

引言

东方物探公司（以下简称"公司"）作为中国石油集团找油找气的先行军和战略部队，勘探足迹遍布全国，车辆运行数量较多，分布面积较广，事故风险较高，给交通安全管理带来了较大挑战。因此，公司将交通风险纳为HSE管理五大常规风险之一，通过智能化管理模式，确保了公司交通安全平稳受控。

智能化管理模式是将先进的信息技术、数据通信传输技术、电子传感技术、控制技术及计算机技术等，有效地集成运用于交通管理系统而建立的一种实时、准确、高效的综合交通运输管理模式。智能交通管理模式可以更加直观、具体地分析车辆运行数据，从而制定有效措施，确保交通安全，是未来交通安全管理的发展方向。

1 交通安全管理难点分析

通过各种数据调查以及现场实际考察，公司在交通安全管理上存在以下四个方面的难点。

1.1 监控平台多

目前，市面监控平台和系统众多，各单位也根据实际情况会选择不同的监控系统，且危货车辆在不同地区当地运管指定平台监管，所以公司目前在用的监控平台有集团公司车辆管理系统（以下简称C5车辆管理系统）、华通空间位置云信息服务平台、VTS全旅程交通安全管理系统以及各单位地方危货平台。各系统操作方法均不相同，对核查车辆造成困扰，且系统功能老旧，数据需要靠监控员逐个轨迹点查询，工作量巨大且繁琐，无法满足日益增多的车辆核查需求。

1.2 工作量大

旧有的工作模式为所有车辆信息均通过 OA 以表格和图片形式报送，再由一级监控室汇总并核查，在报送和汇总信息上浪费大量时间，对各级监控室造成了大量工作负担。且数据信息需每天手动做变更，极易出现错误，造成车辆信息错报漏报。工作流程众多，工作内容繁琐，工作链条错综复杂，急需简化工作流程。

公司车辆运行数量较多，在用车辆达 4500 台左右，平均在线行驶车辆达 2000 台以上，原有车辆审批方式为纸质派车单，存在很多弊端。首先，审批困难，领导不在时不能远程审批，车辆无法及时执行行驶任务；其次，纸质派车单无法实时查看，工作进度不明确、信息不透明，经常存在车辆先行驶后补签等情况，无法核实违规行为；最后，业务主要依靠人员完成，报表众多，管理环节长。

1.3 车辆运行风险大

公司车辆分布较广，野外施工车辆行驶区域多为偏远陌生路段，司机对路段不熟悉，无法提前预知风险，且通信信号较差，无法掌控车辆运行状态。路途风险较高，不熟悉路段隐患状况不明。

1.4 通报查看范围小

公司车辆同时运行、管理数量较多，重点车辆和野外车辆管理困难，存在部分不规范驾驶行为留情面，只在内部处理，对交通管理提出了巨大挑战。同时违章通报只通过 OA 发送通报，仅能在本单位小范围内查看，很多典型违章案例，其他单位无法知晓，无法做违章分析并引以为戒，导致同一路段同一类别的违章重复发生。

综上所述，公司应在直观、实时、准确、高效的智能化模式上实施对交通安全的管理。

2 智能化管理模式的运用

2.1 车辆监控信息化

公司全面实施应用车辆监控管理系统，通过实时在线查询车辆行驶轨迹、视频监控终端预警预报、开发应用交通软件实现车辆信息共享及核查、野外项目工区范围核查等，实现了车辆全旅程全时段智能监控。

2.1.1 统一平台监管

公司所属及各单位运行的机动车辆、外租车辆以及参加项目施工的承包商车辆全部按照要求安装了监控终端。并于 2020 年全部纳入集团公司车辆管理系统监控管理，实现公司所有车辆同一个平台集中核查。

C5 车辆管理系统有 7 大功能模块 41 个功能项和 230 余个功能点，率先开发应用轨迹曲线图进行车辆速度分析查询，可根据自身需要对行驶轨迹回放功能进行自主设置，能够协助监控人员对车辆的运行进行精细化分析。

C5车辆管理系统开发了多车轨迹回放功能，系统可自动生成用户选定的多辆车运行轨迹，监控员根据系统生成的轨迹查找出轨迹有问题或报警较多的车辆，并对重点车辆的轨迹进行详细分析，同时可自动计算设定里程区间内的行车数量。

该系统还可以根据自身需求和各地图版本的不同功能，自主添加多种地图，每种地图均可选择二维和卫星模式，并首次在系统内采用了高德和百度地图下叠加路况和限速信息，使监控员更加直观地查看车辆行驶状态，为陌生路段的车辆核查提供了便利。

该系统及其功能的全面应用，简化了工作步骤，提高了工作效率，使监控员在有效时间内能更加快速地发现问题车辆。

2.1.2 视频监控终端预警预报

根据集团公司和公司相关规定，公司现有一类车（危险货物运输车辆，10座及以上载客汽车）共计567台，全部安装具有智能视频报警技术的监控装置，统一接入C5车辆管理系统。一类车视频终端通过全旅程全时段智能监控，可监测车距过近、急加速、急减速等不安全驾驶行为，并自动拍摄驾驶员的不安全行为，如吸烟、接打电话、生理及分神疲劳驾驶等，车载终端便会发出报警提示，以提醒司机安全驾驶。同时系统会将相关行为自动拍照上传，以供后期图片查询和视频回放查看，方便监控员和管理者对车辆不安全驾驶行为进行分析。各级监控员可根据系统内视频终端报警信息及录像文件回放，核查一类车行驶状况，并将发现的问题及时与各单位基层人员沟通调整。

一类车视频终端的全覆盖安装，彻底改变了以前司机驾驶车辆时一些不安全行为的发生，可以更直观地看出司机的行车状态，同时可根据报警信息进行分类统计分析，提前做出预警，规范驾驶员驾驶行为。

2.1.3 野外项目工区图管理

公司要求野外施工项目开工后，按照工区部署施工范围（实际范围不可盲目扩大）、营地驻扎点、民爆库位置以及车辆经常行驶路线等，以"年度＋二级单位＋基层单位＋项目名称"的格式，及时在监控平台上传该项目工区图，并对各级监控室开放权限，以备核查区域及车辆行驶范围。工区图未上传前，该项目车辆执行电子派车单制度；项目实施中，车辆执行野外"四汇报"制度；项目结束后，及时在监控平台删除该工区图。

如项目工区范围较大，涉及行驶路程超过300km达到长途标准的车辆，需向一级监控室报备涉及的车辆，保证了车辆在较大工区行车管理和里程受控。

各单位工区图统一在C5车辆管理系统区域管理中填报，统一格式，统一要求，方便查看，规范了工区内行驶车辆。

工区图的统一平台规范管理，彻底告别了翻阅纸质工区备案去核对地理轨迹点和各平台多单位点、线、面互相堆叠的核查工区范围，使查找更加简洁便利，彻底规范了工区外行车和夜间行车的管理。

2.1.4 开发应用交通软件

2021年5月，由公司安全环保部和昆仑数智合作研发的HSE云交通管理软件，通过多次测试与验证后，在公司全面推广应用。该系统可以对车辆终端动态台账、车辆信息变更、车辆异常数据、重点车辆信息、节假日"三交一封"值班车辆、周报月报、百万公里违章信息发布等车辆信息进行实时跟踪监控，了解和掌握车辆运行的情况。

该系统是车辆监控核查的基础平台和依据，车辆安装终端后，必须第一时间在 HSE 云平台建立终端台账，并根据车辆类型设置限速。所有重点、异常、"三交一封"等信息的填报均建立在终端台账的基础上，车辆未录入 HSE 云平台，则无法完成上述信息的填报。

2023 年 1 月 VTS 全旅程交通安全管理系统投入使用后，HSE 云与 VTS 技术支持共同开发了电子路单系统对接云系统的重点车辆信息模块，VTS 路单信息直接上传至云重点车辆模块，省去了下载电子路单和上报车辆重点信息的时间，以便更好地履行车辆实时监控工作。

根据监控日常工作模式及 HSE 云模块的分类，公司提炼了"五查两报一精细"的工作方法，即严格核查普通车辆、危货车辆、异常车辆、重点车辆、"三交一封车辆"等五项车辆运行情况，按时上报监控管理周报月报、及时通报违章车辆信息通报，并结合野外现场监督员信息反馈，对野外项目施工区域管理采取精细化管理。

交通软件的全面应用，彻底告别了以往车辆信息全部依靠表格报送，把节约的时间用在车辆核查中，提高了工作效率。

2.2 行车管理电子化

公司实行电子化行车管理，执行非野外车辆"两汇报"和野外施工车辆"四汇报"制度。配套开发了电子路单系统和"四汇报"管理平台，通过信息化手段实现派车手续在线办理，在线管理项目车辆运行，实现车辆派遣全流程电子化。

2.2.1 电子路单系统在"两汇报"管理中的应用

公司安全环保部联合装备服务处开发了电子路单系统，2019 年开始在全公司推广使用，并于 2022 年年底进行全面优化升级，2023 年 1 月新电子路单系统全面推进应用。

新的路单系统按照不同功能分别从用车申请、审批管理以及派车管理三个方面全方位覆盖了车辆审批流程。按照车辆不同行驶任务，统一建立电子路单类型，并严格按照交通管理规定创建不同级别路单审批流程。法定节假日、恶劣天气、敏感时段全部执行全时段升级管理审批流程。

为方便电子路单的填报，公司同时开发了手机微信小程序和短信代码回复等多种审批方式，方便用车人员、路单审批人员、车辆调度第一时间进行路单填报、审批及派车。在每天任务开始前和任务结束后，司机需要通过车辆终端设备、手机短信或小程序等多种方式进行任务打卡，向值班员报备行程，执行行车管理的"两汇报"制度。

电子路单系统在实际运用过程中不断根据用户需求，持续增加、改进板块功能，为公司车辆在线填报提供技术平台。

2.2.2 "四汇报"管理平台在野外项目管理中的应用

野外施工项目因工区内施工车辆点多面广、分散施工，监管难度很大。又因涉及车辆较多，会涉及多次任务，且具有很大的临时性，也不具备执行电子路单审批制度的条件。

因此开发了野外施工"四汇报"管理平台。

野外项目管理员提前做好项目规划及路线管理,并上传到 HSE 云信息管理系统,车辆根据已规划路线执行旅程报告。

车辆出车前、到达后、返程前、返回后均要报告出行任务、目的地、出发时间、出发地、乘车人数和到达（返回）时间。同时野外作业人员要按指定车辆乘坐,不准擅自调车。收工时,驾驶员要清点人数,人不到齐不准开车,防止将作业人员遗落在施工区域,不仅做到实时监控车辆运行状况,同时加强乘车人员的监管。

旅途中变更行驶路线和目的地,驾驶员应先向值班人员报告,得到派车人批准后方可变更。如果车辆未按期到达并超过 1h,无法取得联系时,值班人员应立即通知车辆所属单位主管领导。

项目管理员每天对任务车辆进行查看,对未按时四汇报车辆进行询问,特殊情况及时报备,实时监控车辆行驶及人员安全。

电子路单系统和"四汇报"在线管理平台的应用,实现了公司车辆运行信息在线填报,实现车辆派遣全流程电子化。

2.3 风险提示语音化

公司车辆分布广泛,行驶地形错综复杂,沙漠、戈壁、山地、黄土塬等地形,交通风险系数较高,公司充分利用现有设备并同时开发新功能,将风险及时通过语音播报,在车辆运行中及时发布风险预报,及时防控,降低运行风险。

2.3.1 野外项目建立风险地图

公司根据各野外项目建立了交通风险地图,持续更新道路风险点信息,车辆靠近危险区域,终端自动语音提示风险,实现路途风险全过程智能提示。

交通风险地图综合各地复杂地势条件,会根据各地天气预报及地质灾害预警,及时给当地施工项目做出安全预警。

在监控平台设置风险点语音提示,将风险点如人员密集区域（学校、医院、市场等）、事故多发路段等录入系统标记,当车辆经过标记点前,风险语音提示通过终端自动播报,及时有效地提醒驾驶员注意前方道路风险,从而实现道路行车实时风险预警。

2.3.2 车辆终端和监控平台报警

在车辆终端设置限速报警和疲劳驾驶报警,提醒车辆按照规定限速及驾驶时间行驶,当车辆即将达到系统设置的预警值时,终端会发出报警提示,提醒驾驶员即将超速或即将疲劳驾驶。

根据集团公司监控中心发布的月度分析统计报告和《车辆违章判定标准》,各级相关部门根据集团公司要求,及时更新、完善、调整本单位管控要求,调整部分车辆最高限速和疲劳驾驶时间。

2.3.3 发送文字转语音播提醒

监控员在实时监控车辆的时候,如果发现车辆存在异常行驶状况或者前方有危险路段,可以在监控平台通过 TTS（文字信息下发）功能对该车辆编辑提醒文字并发出,车辆终端就会收到该段文字并自动转语音播报，及时对司机进行安全行驶提示。

2.4 违章直报及时化

公司开发违章车辆直报平台，智能抓取车辆违章信息，通过 HSE 云平台全公司范围通报，后台对违章信息自动统计分析，确保违章车辆排查全时段无死角。

2.4.1 违章直报流程

车辆违章事实确认后，一级监控室在 HSE 云平台填报违章信息，经公司安全环保部审批通过，违章通报在 HSE 云自动推送并发布。

同时一级监控室以书面形式向车辆所属单位通报违章信息，违章单位的安全管理部门需在 24h 内确认违章原因，并在 5 个工作日内向安全环保部和一级监控室报送经主管领导签字确认的调查分析材料。

公司还规定，年内发生 3 起重大违章或 6 起一般违章的二级单位，主管领导需向公司做交通安全管理专项汇报。

2.4.2 违章直报的意义

HSE 云平台按月度、年度、单位和车辆类型以及违章原因进行自动统计，为各单位的违章统计分析提供数据支持。

各单位可通过云平台推送的车辆违章信息进行安全经验分享，通过对车辆类型、行驶路段、违章类型的分析，总结经验教训，并以此为鉴，提醒本单位驾驶员避免违章行为的发生。

3 智能化管理模式的成效

公司在交通安全管理中采用智能化管理，继而形成了"四化"管理模式，实现了车辆全旅程监管，提高了风险防控能力，车辆审批及时高效，开发软件实现信息传递全程电子化，有效提高了交通安全管理的工作效率，提高了公司交通安全管理水平，公司违章数量由 2020 年违章 38 起、2021 年违章 29 起到 2022 年的 19 起，呈逐年下降趋势，公司安全行车 1807 天，安全行驶里程 45851×10^4 km。

结束语

利用大数据分析技术对车辆动态进行全方位全旅程监控，通过统计分析各类数据与信息，提供更加精准有效的管理决策支持，是未来交通安全管理工作的发展方向。智能化交通安全管理不是一朝一夕的工程，需要在实际工作中不断开发、更新、完善，公司切实推进实行"四化"管理模式，以提高车辆监控水平与管理质量，确保行车安全，为公司经济的稳定发展奠定坚实的基础。

油气站场雷电监测预警技术研究与实践

李振清　强　龙　喻　华　王　磊

(华北油田分公司　河北省任丘市)

摘　要　通过采用新型雷电监测预警技术，对油气站场周边落雷进行实时监测和临近预警，以"三级四色"为预警分级规则，实施对应的应急预案处置，最大程度保障人员和作业安全；同时辅助电网线路跳闸故障进行雷击诊断与定位，大幅减少故障巡线查找时间，降低因断电引起的生产损失。

关键词　雷电监测预警　应急预案　油气站场　电网雷击故障诊断与定位

引言

华北油田地处冀中地区，属温带大陆性季风气候，年均雷暴日 40 以上，属于"多雷区"。从历史雷电数据的分析来看，冀中地区雷电活动有以下特点：（1）雷暴周期长，每年从 3 月底开始持续至 10 月，高峰期在 6～8 月；（2）时间分布不均衡，高雷暴日特征明显，几个大型暴雷日的雷电数量接近全年的 80%；（3）雷电运移的局地特征明显，常规的气象预报难以实现对雷暴过程的有效预测预警。

华北油田不断提升安全防范技术措施，利用先进准确的雷电监测预警技术，细化雷暴期各部门安全生产措施，进一步修订和完善应急处置预案，做到对雷电等不利要素的实时监控、超前预警、联动处置、系统事故认定及评估，从而实现华北油田全区域跨部门、跨层级协同联动，提升油田安全生产数字化管理、智能化管控水平。

1　关键技术

以区域中心和电网线路为雷电预警防护核心区域，实时侦测各站场周边 200km 内的雷电发生情况，提供雷电临近预警（2h 以内），为雷电灾害的主动防御提供量化依据，实现安全生产从静态分析向动态感知、事后应急向事前预防、单点防控向全局联防的转变。

1.1　高精准度闪电识别与定位

闪电的定位精度直接关系到监测定位场景的应用效果和雷电预警模型的准确性与有效性，本系统应用的闪电定位网平均定位精度达到了 300m（理论精度最高为 100m）。除了满足实时监测定位的需要，还对覆盖区域的历史雷电数据进行了有效处理和存储，便于后期故障查询和雷暴反演。

1.2 高准确度临近预警模型

雷电大数据预警模型结合云计算、神经网络、统计分析、机器学习等算法技术进行模型建立,在雷暴发生时逐分钟计算当前油气站场的后续落雷概率,并按照"三级四色"预警分级机制进行未来 2h 的临近预警。模型具有学习能力,依托评分工程方法论,充分利用雷电物理特征、多种天气要素信息、GIS 位置信息等多种预测因素,构建自适应的雷电预警模型,并且不断通过参数调优与数据训练提升预警准确性,突破性地解决主动式雷电灾害防御技术难题。

1.3 高雷暴日判别

对于大多数地区来说,一年中 60% ~ 80% 落雷集中在有限几个雷暴日,称为高雷暴日。对于油气站场雷电防护,一年中如果能有效判别高雷暴日并重点加以提前针对,则可以以最小的防护代价获得最大的防护效果,起到事半功倍的作用。因此,高雷暴日的提前预测和判别就成为雷电防护的一项关键技术。

2 应用场景

雷电监测预警系统在提供雷电定位监测、临近预警、击中告警、短时预报等技术功能的基础上,为雷暴天气下的"油气站场作业""装卸油作业""电子电气设备主动防护""线路雷击故障诊断与定位""大数据分析"等重要场景提供支撑,最大概率避免在油气站场收发油、开罐计量、装卸油等作业过程中发生安全隐患,并基于雷电大数据分析,在针对性应急巡检、雷击事故认定、风险评估及防雷资源优化分配等方面提供事实依据。

2.1 油气站场作业场景

2.1.1 雷暴将临本场

根据提前 2 个小时发布的预警信息,执行以下防御性动作。一是作业计划调整,调整或取消 2h 以后的油罐开罐检修或装卸油作业计划;二是应急资源调配,通知消防部门人员集结,消防物资准备,消防设施检查,通知相关部门调整排班计划等;三是对 UPS/EPS 执行状态检查,对浪涌保护器、防雷接地做状态检查等;四是应急动作演练,对可能关停的设备系统执行停复机演练,杜绝隐患等。

2.1.2 雷暴临近本场

根据蓝、黄、红等不同等级的告警,执行以下处置措施。一是推迟尚未开始的危险作业,直至告警解除。二是已开始的作业,在更高级别窗口期能停止的,暂时不停止,在更高级别窗口期不能关停的,需在本级别停止。例如,在红色预警阶段能够完成的人员撤离动作,在黄色预警阶段无需执行,而终止收发油等复杂作业在红色窗口期内无法完成的,就需要在黄色阶段进行终止。三是最高级别告警来临时,应确保所有危险作业停止或可控。

2.1.3 雷暴经临本场

实时侦测每一次雷击,当雷击发生在防护区时,10s 内将雷击位置、类型、强度等信息通过广播、大屏、短信等各种管道通知相关人员和系统，第一时间发现火源点，赢得黄金救援窗口。

2.1.4 雷暴消散或离开

系统会发出预警摘除信息，提示现场人员复工。同时系统会统计本次雷暴过程在站场的落雷点，指导检维修人员对落雷点附近的设施进行隐患排查。

2.2 线路故障诊断与定位

2.2.1 处理步骤1

线路周边15km出现雷击时，发出雷电将临的警告，通知电力维护人员进入待命状态，检查维修工具和应急物资。

2.2.2 处理步骤2

当电网出现跳闸时，从电网系统获取跳闸时间，与"雷电监测预警系统"进行比对，如果跳闸时间与雷电系统记录的雷击时间发生5s内重合，并且雷击落点与跳闸线路相距小于3km，基本可断定此次跳闸为雷击引起，并可根据落雷位置锁定事故发生的杆塔。跳闸之后，如果自动重合闸成功，转入处理步骤4；若自动重合闸不成功，转入处理步骤3。

2.2.3 处理步骤3

由于雷击引起的故障多属于"瞬时性故障"，可以考虑执行远程"一次强送电"。强送电成功，转入处理步骤4。"一次强送电"不成功的情况下，可以考虑"二次强送电"，或者直接转入处理步骤4。

2.2.4 处理步骤4

如果自动重合闸及强送电不成功，需要尽快赶往"雷电监测预警系统"提示的雷击点附近的杆塔，展开紧急巡线和抢修。如果自动重合闸或强送电成功，需要在雷暴过程消散之后，赶往雷击点附近的杆塔，进行隐患排查和事故原因确认。

3 成果与效益

3.1 减少人员雷击伤害

针对频繁发生的户外作业雷击伤害事件，通过雷电预警及分级告警，提醒作业人员及时躲避，有效避免雷雨天气下外场作业、高空作业的人员伤害。

3.2 减少雷击火灾事故的发生概率

针对油品作业过程中的雷击火灾隐患环节，在联合站、转油站、计量站等雷电高风险作业区域引入雷电实时监测和分级告警，实现雷暴天气下作业的"量化时间窗管理"，最大程度减少雷电造成的火灾爆炸等恶性事故的发生概率，为高风险作业增加一道安全保障。尤其是目前安全管理实践中，雷电主动防御尚属新生事物，可以与现有的被动防雷体系构成交叉防护。

3.3 提高雷击火灾的救援效率

通过雷电的实时监测预警，在雷电来临之前获得关键的决策辅助信息，使突发雷击火灾事故一定程度上变为可预知的事件，为应急救援活动的展开提供黄金时间窗口。尤其是雷电监测预警系统同步部署到对口的消防部队，可以实现消防部队与库区的雷电预警联动，当雷电降临时，消防部队提前进行消防集结和物资检查，一旦雷击火灾发生，可争取到宝贵的黄金救援时间。

3.4 减少无效停工

在确保安全的前提下，大幅减少因雷电造成的无效停工，根据相关实践，雷电量化分级的引入，可减少雷电导致的无效停工高达 60%～80%。

3.5 减少电子系统损害

在雷暴将临时，执行电子电气设施的主动防御，可有效降低弱电设备的雷击概率；针对油田输电线路和配电网的雷击跳闸问题，雷电监测定位系统可帮助维修部门第一时间找到故障点，大幅减少停电时间。

4 结语

依托华北油田周边区域布设的闪电定位网，以油气站场和电网线路为目标防护区域，利用三维闪电定位算法，实时进行周边闪电监测，运用机器学习算法模型实时计算本场落雷概率，通过"三级四色"临近分级预警，结合相应的应急预案处置方案进行雷电防护，保障油气站场的作业安全，减少无效停工，同时针对电网线路雷击跳闸等事故可以进行诊断与定位，减少故障巡线时间，快速恢复通电，减少因电网线路故障带来的生产损失。

参 考 文 献

[1] GB/T 38121—2019.雷电防护 雷暴预警系统［S］.
[2] 刘璇.油库雷电预警系统的设计与应用［J］.安全、健康与环境，2016.
[3] 张立国.基于雷电预警系统的大型油库雷电应急响应措施［J］.化工管理，2018.
[4] 高剑.新型雷电预警系统在油气储运行业的应用［J］.中国气象学会年会，2020.

基于失效概率分布的石油化工装置异常早期预警方法

王睿博 俞 快 赵胜楠

(中国石油集团安全环保技术研究院有限公司 辽宁省大连市)

摘 要 石油化工装置由于处理介质的易燃易爆性、操作条件的苛刻性及工艺过程的复杂性，一旦发生异常可能导致温度压力失控，引发泄漏、火灾及爆炸等风险。以石油化工中典型的催化裂化装置为研究对象，提出一种基于失效概率分布的石油化工装置预警新方法。基于样条拟合的原理揭示装置压力、温度、流量等运行参数在一段时间内的变化趋势规律，构建融入偏离速率、偏离量等特征参数的失效概率分布函数数学模型，实现催化裂化过程中的实时风险状态评估及异常预警。结果表明，该方法可以实现运行参数在震荡、阶跃、平缓变化趋势特点下的异常预警，相较于DCS仪表系统预警时间可以提前87s至621s，解决了仪表系统单一阈值报警后异常处置时间有限的弊端。

关键词 安全工程 石油化工装置 异常预警 失效概率分布 样条拟合 运行参数

引言

石油化工作为化学工业中的重要组成部分，对我国国民经济的发展至关重要。炼化是石油化工中重要的组成部分，作用是将原油通过一系列的物理、化学过程转化成汽油、柴油、煤油等石油产品及乙烯、丙烯、丁二烯、芳香烃等常用化工原料。典型的炼化装置有常减压蒸馏、催化裂化、加氢裂化等装置，具有高温高压、易燃易爆、有毒有害、生产连续性强等特点。装置常年在高温高压环境中连续处理含硫物质、酸性物质及其他杂质的过程中容易出现故障，严重时可能造成重大事故。

本文结合数据驱动与模型两类方法，通过对趋势曲线利用微分等数学分析方法挖掘变化速率、偏离量等特征参数；构建基于威布尔分布的装置失效概率分布函数数学模型，采用最大似然函数估计及K-S检验的方法进行模型参数估计，建立运行参数的平均偏离时间 t_s 与装置的平均故障间隔时间MTBF之间的表征关系，将变化速率、偏离量等特征参数融入失效概率分布函数数学模型，该模型克服了受限海量数据训练的不足，能够利用一定时间窗口的运行参数数据快速识别装置运行状态的异常，实现对装置运行参数的失效风险量化，解决了仪表系统预警所运用指标单一导致的异常报警提前的时间有限或漏报问题。

1 理论基础

1.1 三次样条拟合

对于一组分布在 [a, b] 区间上的离散数据点 (t_i, y_i),其中 t 有 $a=t_1 < t_2 < \cdots t_i < t_{i+1} < \cdots t_n = b$,则可以利用离散数据点将区间分成 $n-1$ 个分段子区间。对于任意分段子区间 $[t_i, t_{i+1}]$($i=1 \sim n-1$),采用三阶多项式对各分段进行拟合,可以表述为下述式子:

$$S_i(t) = A(t-t_i)^3 + B(t-t_i)^2 + C(t-t_i) + D \qquad t_i \leqslant t \leqslant t_{i+1} \tag{1}$$

式中,A、B、C、D 为多项式的系数,拟合过程就是求取多项式系数的过程。

拟合出的 $n-1$ 段曲线 $S_i(t)$($i=1 \sim n-1$)在边界处同时需要满足一、二阶导数连续。

$$\begin{cases} S_i'(t_{i+1}-) = S_{i+1}'(t_{i+1}+) \\ S_i''(t_{i+1}-) = S_{i+1}''(t_{i+1}+) \end{cases} \tag{2}$$

满足上式条件的各段三阶多项式拟合曲线连接后构成的整体曲线 $S(t)$,称为区间 $[a, b]$ 上的三次样条拟合曲线。

$$S(t) = \sum_{i=1}^{n-1} S_i(t) \qquad a \leqslant t \leqslant b \tag{3}$$

为增加拟合曲线的光滑程度,在三次样条拟合的基础上引入平滑因子 λ,构成下式约束条件,通过求取多项式的系数使 RSS 值最小,这种方法被称为光滑三次样条拟合。

$$RSS(S, \lambda) = \sum_{j=1}^{k} \left(y_j - S(t_j)\right)^2 + \lambda \int \left(S''(t)\right)^2 dt \tag{4}$$

通过调整平滑因子 λ 的值,来控制拟合曲线的曲率,当平滑因子值为 0 时就是标准的三次样条拟合,拟合出的曲线尽可能通过所有数据点,随着平滑因子取值逐渐增大,拟合出的曲线曲率越小、曲线越平滑,直至拟合出一条直线,即为普通的最小二乘拟合。

1.2 失效概率分布确定

失效概率是指系统、装置、元件在规定的时间、规定的条件内未能完成指定功能的概率,又称不可靠度,是不可靠性的量化指标。它的值在一定使用条件下随系统、设备、元件的运行时间而变化,所以可以用以时间为自变量的失效概率分布函数 $F(t)$ 来表示。

失效概率分布函数的确定通常会基于一些常用分布,如指数分布、威布尔分布、β 分布等,其中威布尔分布通过对其分布参数进行调整后可以与其他多种连续分布模型相等效,适用于描述设备从投入到报废为止的整个寿命周期,具有强大的适用性,所以被广泛应用于可靠性工程中。威布尔分布可由下式表示:

$$F(t) = 1 - e^{-\left(\frac{t-\sigma}{\eta}\right)^\beta} \tag{5}$$

式中，σ 为位置参数，表示失效开始的时间；η 为尺寸参数，可对函数尺寸进行缩放；β 为形状参数，决定函数的整体趋势，不同的取值可表示装置寿命的不同阶段。

以常用分布为基础确定装置失效概率分布函数的过程如下，首先需要收集装置的寿命数据，在剔除异常数据后得到 N 个寿命数据 t_i ($i=1 \sim N$)；利用式（6）对寿命数据 t_i 进行处理，其中 $t \leq t_i$ 的数据有 N_f 个，分别求出每个寿命数据 t_i 下的 $F_N(t_i)$；利用最大似然估计法对离散值 $F_N(t_i)$ 求取在不同常用分布下的未知参数 θ_k，构建分布函数 $F(t)$，最大似然函数估计原理如式（7）；之后采用 K–S 检验法，利用离散值 $F_N(t_i)$ 来推断总体是否服从于拟合出来的分布函数 $F(t)$，选取最优分布函数作为装置的失效概率分布函数。K–S 检验原理如式（8），式中 α 为显著水平，$D(N,\alpha)$ 的值可查表获取。

$$F_N(t_i) = \frac{N_f(t_i)}{N} \tag{6}$$

$$L(\theta_k) = \max \prod_{i=1}^{N} F'(t_i, \theta_k) \tag{7}$$

$$D = \max\{|F_N(t_i) - F(t_i)|\} \leq D(N,\alpha) \tag{8}$$

2 预警方法

化工装置在运行过程中，可以通过其运行参数来定性地判断装置运行是否正常，运行参数的实时数值偏离目标值越大、偏离速率越大、整体变化趋势越不稳定，装置的运行越不可靠。安全仪表系统就是利用装置的运行参数来保证装置运行的稳定可靠，通过按照安全范围内最大能接受的偏离程度设定仪表报警阈值，在参数的实时数值超过这个阈值后进行报警，以达到预警的效果。而这种阈值预警的方式利用指标单一，异常报警提前的时间有限，且仪表进行监测记录数据具有时间间隔，获取到的运行参数数据离散，在两次监测之间的数据未知，此过程中若数值超过阈值会导致晚报警。

为解决上述问题，本文首先对一段时间内的运行参数离散数据采用光滑样条拟合进行处理，获取其变化曲线；通过曲线进行分析，获取整体变化趋势与当前参数的偏离值、偏离速率；之后以导致参数异常装置的失效概率分布为基础，将偏离值、偏离速率等特征参数融入并构建失效概率分布函数数学模型，实现利用参数偏离程度、偏离速率与整体变化趋势的定量评估；当运行参数量化风险值大于一定值后进行报警，实现提前预警的效果。预警模型结构如图 1 所示。

2.1 运行参数的处理

检测仪表系统可以实时监测装置各种运行参数，获取参数的实时数值；对仪表获取到的包含当前时刻的一段时间内的离散数据值 $y[t]$，使用平滑三次样条拟合方法进行处理并获取该段时间的参数变化曲线 $y(t)$，通过对 $y(t)$ 求取导函数可以获取该时间段内参数的整体变化趋势；通过向导函数 $y'(t)$ 中带入当前时间 t_0 求取当前时刻运行参数的偏离速率

$y'(t_0)$。若当前时刻运行参数具有进一步导致参数值偏离目标值的趋势，那么可以求得当前参数按照此偏离速率偏离到危险临界值所需要的平均时间 t_s，如下式表述：

$$\begin{cases} t_{s高} = \dfrac{Y_{高} - y[t_0]}{y'(t_0)} & y'(t_0) > 0 \\ t_{s低} = \dfrac{Y_{低} - y[t_0]}{y'(t_0)} & y'(t_0) < 0 \end{cases} \quad (9)$$

式中，$Y_{高}$ 与 $Y_{低}$ 是运行参数的过高、过低危险临界值，$y[t_0] - Y$ 是参数值较危险临界值的偏离量。

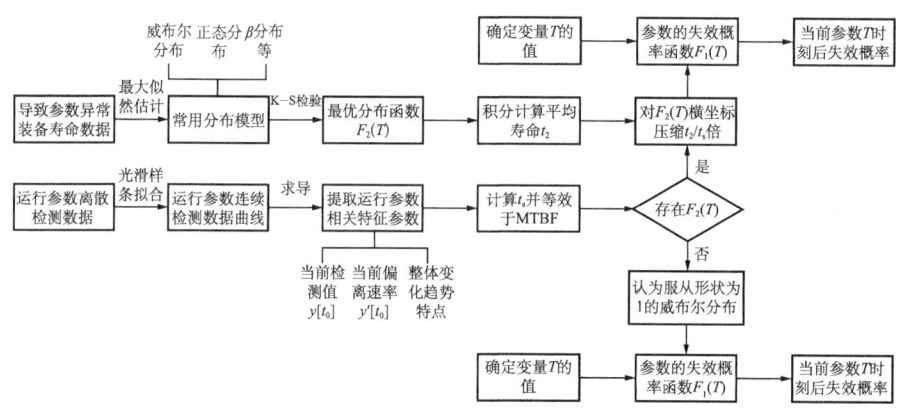

图1　预警模型结构图

2.2　参数风险的量化

失效概率分布函数可以用于量化并表述装置的不可靠性随时间变化的趋势，一个装置由多个零部件构成，当装置投入生产使用时，随着时间的推移，装置零部件逐渐出现磨损，装置的可靠性降低，不可靠性增加。一般认为全新装置刚投入生产使用时，其失效概率分布函数值为零，后续随着运行时间的增加逐渐增大，当运行到一定时间后，失效概率分布函数值变为1，装置的失效概率分布函数与组成装置的各个零部件及其相关性能有关。

本文基于上述装置的失效概率分布函数的有关理论，提出融入偏离速率、偏离量等特征参数的失效概率分布函数数学模型，实现基于运行参数的装置动态失效概率的预测。当前参数值处于正常范围内且具有向危险值偏离的趋势时，其失效概率分布函数值为零，后续随时间的推移逐渐增大，沿偏离趋势偏离一定时间后，参数值大于危险临界值，失效概率分布函数值为1。此时的失效概率分布函数与运行参数偏离量、偏离速率及整体变化趋势有关。

对于装置来说，平均故障间隔时间 MTBF 是指装置由正常到损坏的平均运行时长，可由可靠度函数从 0 到 ∞ 积分得出。对于本文提出的数学模型来说，其 MTBF 就是 t_s，满足以下等式（10）：

$$t_s = \frac{Y - y[t_0]}{y'(t_0)} = \int_0^\infty 1 - F(t)\mathrm{d}t \tag{10}$$

对于装置来说，对收集到的装置故障时间间隔或寿命数据，以常用分布为基础，利用 1.2 部分的方法确定其失效概率分布函数 $F_2(T)$。对于本文提出的数学模型来说，以直接导致运行参数变化的主要装备的失效概率分布 $F_2(T)$ 为基础，利用等式（10）的关系，确定失效概率分布函数 $F_1(T)$，即 $F_1(T)$ 在满足等式（10）的条件下与 $F_2(T)$ 同分布类型。

积分计算出装备的 MTBF 为 t_2，并结合等式（10）可列出式（11），式中 t_2、函数 $F_2(T)$ 已知，t_s 可由式（9）计算得出，函数 $F_1(t)$ 与 $F_2(t)$ 同分布类型但未知。

$$\begin{cases} t_2 = \int_0^\infty 1 - F_2(t)\mathrm{d}t \\ t_s = \int_0^\infty 1 - F_1(t)\mathrm{d}t \end{cases} \tag{11}$$

利用积分的换元方法，并结合式（11）可以推导出以下等式（12），整理后可得以装备的失效概率分布 $F_2(T)$ 为基础的融入偏离速率、偏离量等特征参数的失效概率分布函数数学模型 $F_1(T)$ 如下式（13）所示。

$$\int_0^\infty 1 - F_2\left(\frac{t_2}{t_s}t\right)\mathrm{d}t = \frac{t_s}{t_2}\int_0^\infty 1 - F_2(z)\mathrm{d}z = t_s = \int_0^\infty 1 - F_1(t)\mathrm{d}t \tag{12}$$

$$F_1(T) = F_2\left(\frac{t_2}{t_s}T\right) = F_2\left(\frac{t_2 y'(t_0) T}{Y - y[t_0]}\right) \tag{13}$$

若无法获取相关装置的足够寿命数据求取装置的失效概率函数 $F_2(T)$，由于偶然故障期是装备在其寿命中的主要工作期，此时认为相关装置处于偶然故障期，装置的失效率 λ 较低且可以视为常数，失效概率分布函数服从形状参数为 1 的威布尔分布。那么融入特征参数的失效概率分布函数 $F_1(T)$ 也服从形状参数为 1 的威布尔分布。

$$F_1(T) = 1 - \mathrm{e}^{\frac{-y'(t_0)T}{Y - y[t_0]}} \tag{14}$$

上文所构建的融入特征参数的失效概率分布函数 $F_1(T)$，是一个以 T 为自变量的函数，输入 T 的值可返回当前运行参数的失效概率函数值，T 值越大返回的数值越大，所以可以将 T 视为预警灵敏度。预警灵敏度 T 的确定与运行参数的历史变化趋势有关，后文将做表述。

2.3 预警方法的构建

DCS 仪表作为石油化工领域最常用的装置，以 DCS 仪表系统为基础，使用上述预警数学模型，构建运行参数异常预警方法，方法框架如图 2 所示。

由于预警模型是基于运行参数的,所以对于获取到的运行数据首先采用样条拟合的方法进行数据的处理,将离散的监测数据转换成可导的连续数据后才能进行后续数据分析、特征挖掘工作;而进行样条拟合需要一定数量的数据构成拟合数据集,且由于预警具有实时性,所以拟合数据集中必须包含DCS仪表当前时刻采集的数据,这就需要保证拟合数据集能够实时更新,不断存入最新数据、剔除旧数据并保持拟合数据集的大小Y_{size}不变。综上,拟合数据集即为包含当前时刻的一段固定时间大小窗口期内DCS仪表采集到的数据值的集合。

对处理后的数据按照2.1部分内容进行处理,提取偏离速率、偏离量等特征参数,其中将DCS仪表高(或低)报警阈值视为参数过高(或过低)危险临界值Y,按照式(13)或(14)构建预警数学模型函数,输入经调试的预警灵敏度T,实时计算预警值$F_1(T)$,若预警值大于设定预警阈值则进行报警;绘制时间-预警值图像,可以用于直观表现运行参数风险值变化或进行数据调试。需要注意的是,由于拟合数据集是随着装置的运行实时更新的,所以相应构建的预警数学模型也是实时更新的。

将预警值划分成五个等级,如表1所示,一般认为参数异常发生的可能性很大时视为参数异常,所以可以采用0.8作为预警阈值。

预警灵敏度T的值越大,预警值对运行参数的历史变化趋势的波动越敏感,所以需要用历史运行数据进行调试来确定合适取值。导入历史正常运行状态下的参数数据,输入并调整预警灵敏度T的值,使得预测正常运行状态下的异常等级低于L,即预警值基本控制在0.4以内。

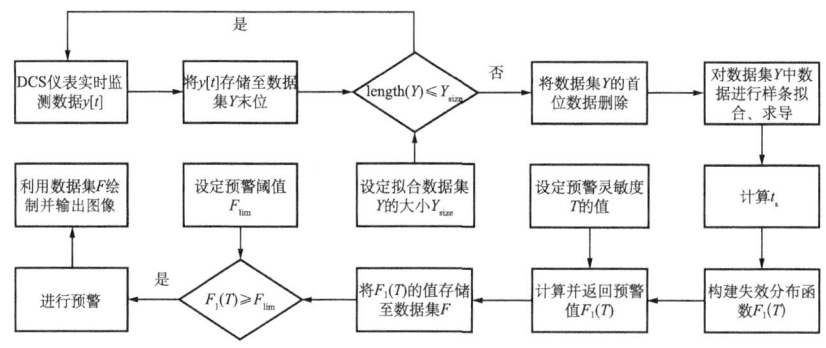

图2 预警方法技术路线

表1 预警等级划分表

预警值	异常等级表示	异常可能性等级	异常发生的可能性
(0, 0.2]	N	很低	发生可能性很小
(0.2, 0.4]	L	较低	发生可能性较小
(0.4, 0.6]	M	中等	可能发生失效
(0.6, 0.8]	H	高	发生可能性较大
(0.8, 1]	S	很高	发生可能性很大

3 案例分析

3.1 分析对象

为验证所提预警方法的可行性,对某炼化企业催化裂化装置进行研究。装置采用高低并列式提升管催化裂化工艺,主要由反应部分、再生部分、分馏部分与吸收稳定部分四部分组成,拥有反应器、再生器、分馏塔、吸收塔、稳定塔等多种化工装备,简略工艺流程如图3所示。反应部分采用提升管反应器,是发生催化裂化反应的主要场所;再生部分采用快速床单段高效中温再生工艺,负责将催化剂上生成的积碳烧除来恢复催化剂的活性;分馏与吸收稳定部分由大量塔设备构成,用于裂化产品各组分的分离。

各装备设有DCS仪表系统,负责对装置的主要工艺参数进行集中监测、记录、指示、控制及报警,保证产品质量与生产过程的安全平稳运行。其中设置有越限警报的仪表所监测的运行参数主要有温度、液位、流量、压力。

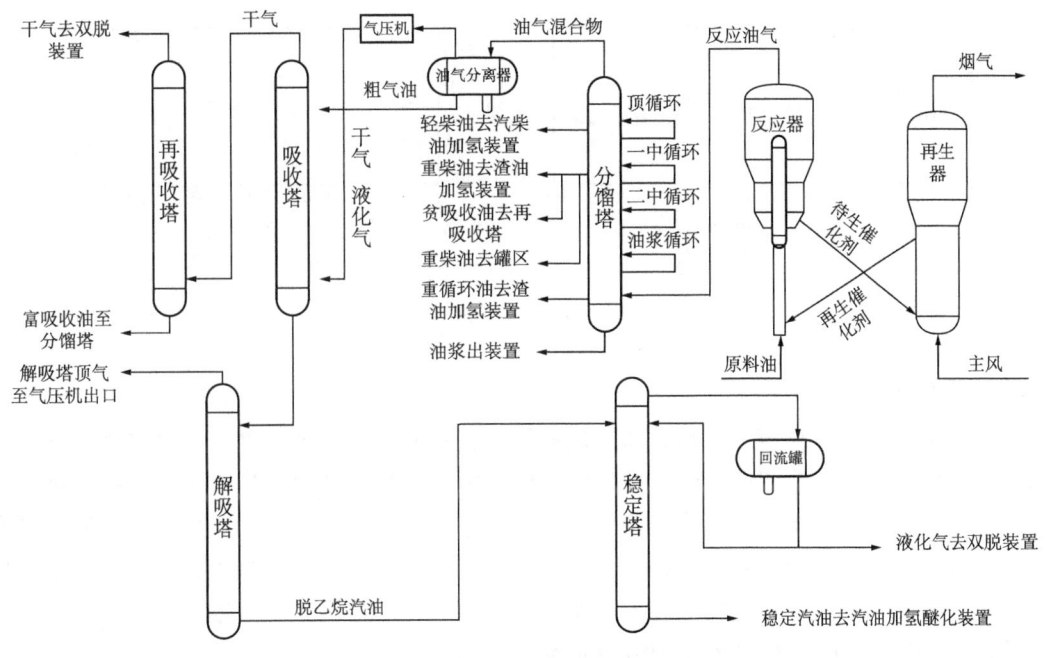

图3 催化裂化简易装置流程

3.2 预警研究

3.2.1 数据选取与处理

选取不同装备上不同特点的运行参数进行预警研究,如表2所示。通过装备上的DCS仪表监测并获取参数的一段时间(3000s)的运行数据,并选用五分钟窗口期的数据作为拟合数据集。

表2 参数及阈值

运行参数	运行装备	DCS报警上限	DCS报警下限
压力	稳定塔回流罐	1.02MPa	0.855MPa
温度	提升管反应器	550℃	470℃
流量	分馏塔循环管	600t/h	100t/h

针对获取的离散数据来说,由于仪表检测数据的过程中可能存在误差或其他干扰,造成数据点的大幅震荡或个别数据点的异常偏离,为减小拟合曲线 $y(t)$ 震荡与过拟合的情况,导致获取到的变化速率过大,同时又需要保证曲线能反映数据点的相对变化趋势,采用光滑三次样条拟合的方法对拟合数据集内的数据进行拟合。以反应器温度一组拟合数据为例,拟合处理效果如图4所示,拟合出的连续曲线震荡明显降低,且数据整体变化趋势基本保留。

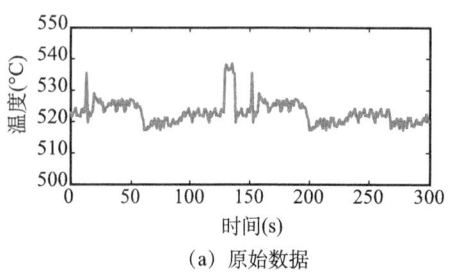
(a)原始数据

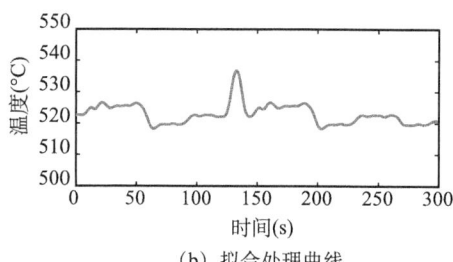
(b)拟合处理曲线

图4 拟合效果

3.2.2 预警调试

分别选取正常运行情况下稳定塔回流罐压力、提升管反应器温度、分馏塔循环管流量的历史数据,进行数据调试,调整并确定预警灵敏度 T 的具体值。通过图5至图7可以看出,回流罐压力的整体变化趋势并不稳定,正常运行时有较大的震荡;反应器温度的整体变化趋势相较于回流罐压力更加稳定,但正常运行时存在温度跃升的情况;管线流量的整体变化趋势最为稳定,为挖掘更多历史变化趋势信息应适当调大灵敏度。当预警灵敏度分别设置5、10、40时,可以控制预警值基本在0.4以内。

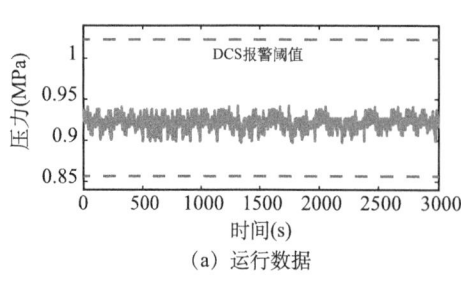
(a)运行数据

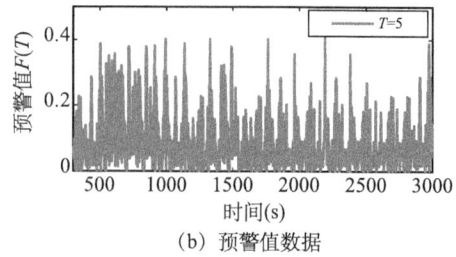
(b)预警值数据

图5 稳定塔回流罐压力数据调试

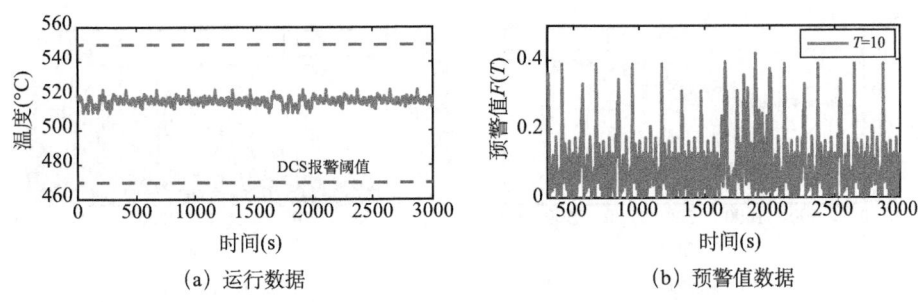

图6 提升管反应器温度数据调试

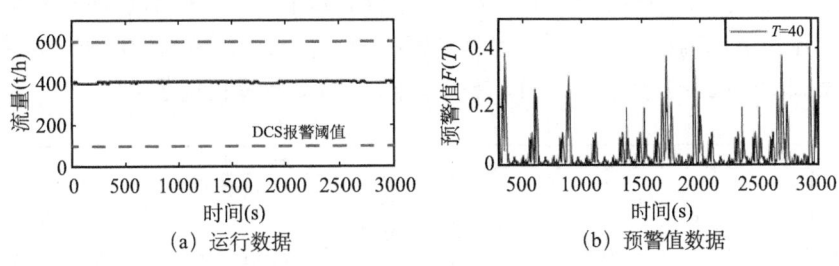

图7 分馏塔循环管流量数据调试

3.2.3 预警结果

获取装置异常情况下相关参数的运行数据,进行预警并绘制时间—预警值图,如图8至图10所示。

由于罐体泄漏,回流罐压力缓慢下降,预警系统第2610s返回预警值0.8458并报警,此时压力值偏离正常值较大且波动增大,该段时间内变化趋势更加不稳定,后续随着压力值进一步偏离反复多次报警,直到第2970s仪表检测到压力低于阈值并开始报警,预警方法相较于DCS预警最大提前了360s。

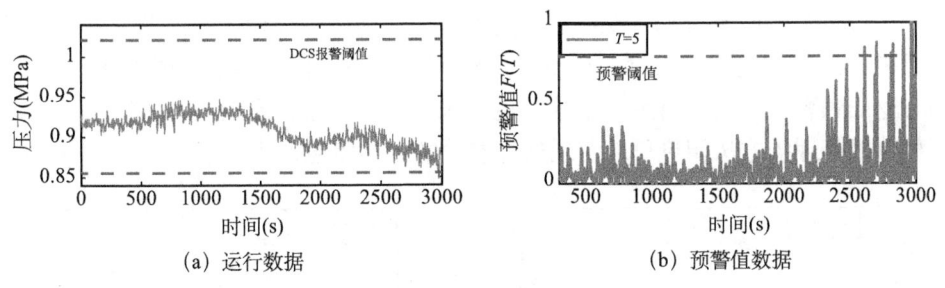

图8 稳定塔回流罐压力数据预警

提升管反应器温度缓慢升高,预警系统在第2295s时返回预警值0.981并报警,对数据分析后发现在第2286至2306s,温度由539.8℃快速上升至546.7℃,后又快速跌回540.3℃,此时温度偏离速率较大,且变化趋势不稳定,后续随着温度进一步偏离反复多次报警,直到第2916s仪表检测到温度550.2℃并开始报警,预警方法相较于DCS预警最大提前了621s。

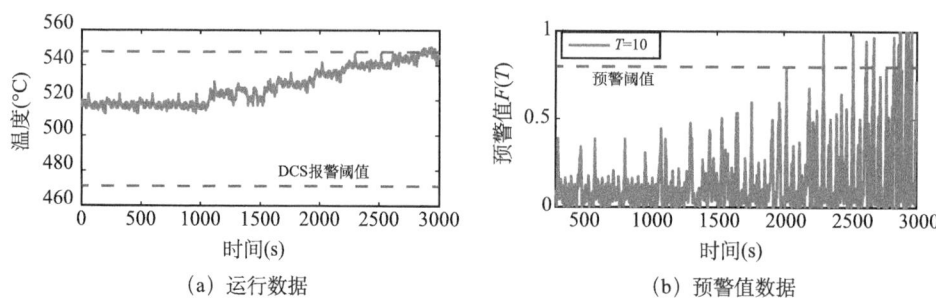

图9 提升管反应器温度数据预警

由于循环泵故障,管线流量缓慢降低,预警系统在第 2898s 时返回预警值 0.8029 并报警,此时流量值偏离正常值较远,且偏离速率较大,后续随着参数的进一步变化持续报警,直到第 2985s 仪表进行报警,预警方法相较于 DCS 预警提前了 87s。

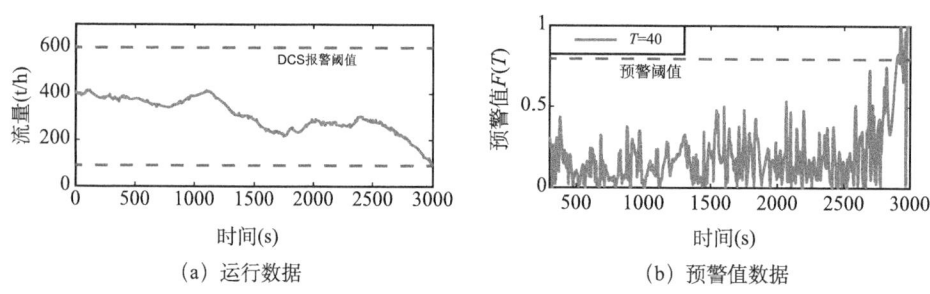

图10 分馏塔循环管流量数据预警

3.2.4 对比验证

本文采用平滑三次样条拟合的方法对数据进行处理,以获取变化趋势曲线及相应的特征参数。若改用较为常见的最小二乘法方法对数据进行三次多项式拟合处理,或不采用任何数据处理方法,直接以仪表获取到的两次数据值的差值比仪表获取这两次数据的时间间隔来表示运行参数的偏离速率,以稳定塔回流罐压力为例,分别采用这两种数据处理的方法进行预警,对相同的运行数据进行调试与预警,绘制出预警图像如图 11 所示。整理报警时间与返回预警值如表 3 所示,不难发现,采取平滑样条拟合的方法进行数据处理要比其他两种数据处理的方法能更早地发现运行参数的异常状态。

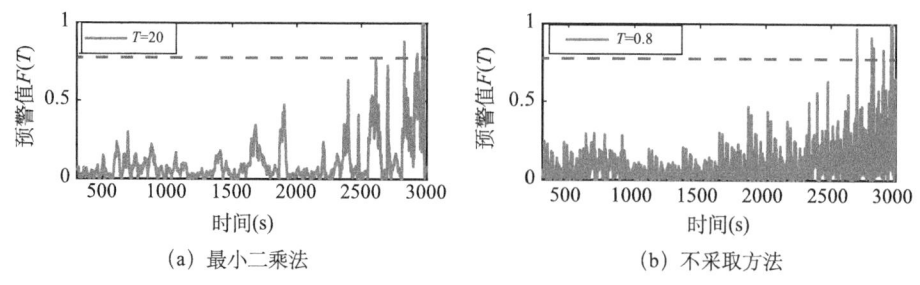

图11 采用其他两种数据处理方法的稳定塔回流罐压力数据预警

表3 结果对比

序号	数据处理方法	报警时间	预警值
1	平滑样条拟合	第2610s	0.8458
2	最小二乘拟合	第2826s	0.8839
3	不采取处理方法	第2697s	0.9716

4 结论

本文以催化裂化装置为例，提出了一种基于失效概率分布模型与数据驱动相结合的炼化装置预警方法，主要结论如下：

（1）基于石油化工装置压力、温度、流量等运行参数，采用平滑三次样条拟合的方法提取运行参数的变化趋势曲线及相应的特征参数。变化趋势曲线可导且可以降低数据波动影响，同时保留了各数据点间的相对距离，剔除正常数据中的异常点或实现异常偏离的预判，有效揭示出运行数据整体变化趋势规律；

（2）采用最大似然估计思想及 K-S 检验方法，结合威布尔分布模型、装置实时监测数据的特征参数及变化趋势规律，构建融入偏离速率、偏离量等特征参数的失效概率分布函数数学模型，实现装置动态失效概率的预测，并与设定的预警阈值进行对比分析来达到石油化工装置的运行异常预警目的；

（3）提出基于上述数学模型的化工装置异常预警方法，通过正常运行数据调整合适的预警灵敏度；对异常运行数据进行预警，预警值随参数偏离程度、偏离速率以及变化趋势波动程度的增大而变大。在震荡、阶跃、平缓多种变化趋势特点下运行参数预警相较于仪表系统具有更好的表现，克服了仪表系统单一阈值报警后异常处置时间有限的弊端，为石油化工装置异常早期预警及动态防控提供了支撑。

参 考 文 献

[1] 吕光贤．石油炼化的工艺流程研究［J］．赤峰学院学报（自然科学版），2016，32（9）：52-54.
[2] 张武星．炼化装置高压串低压事故分析与防范［J］．安全、健康和环境，2022，22（5）：23-27.

集约化管理模式下应急处置优化
——以西南油气田分公司川东北气矿某中心站为例

洪 昱　卢训彬　岳懋滔

(西南油气田分公司川东北气矿　四川省达州市)

摘　要　应急管理作为保障公众生命、健康和财产安全的关键环节，结合目前川东北气矿人力资源现状，为了解决由于自然减员、数字化升级改造后人力资源盘活、新区上产人员需求导致的人员减少与应急处置的可行性之间的矛盾，通过利用数字化手段、优化应急处置程序、合理配置人员等方式实现集约化管理模式下应急处置过程最优化的目的，达到促进应急处置能力提升、保障生产现场安全的作用。

关键词　数字化　集约化管理　应急处置

引言

集约化管理模式是川东北气矿全面落实分公司"油公司"模式改革决策部署，以"组织机构扁平化、气田管理智能化、用工方式多元化"为核心，以信息化建设为支撑，推动生产组织模式和管控方式的转型升级，其最大的特点是"小而精"，减少人力资源41%，实现效率效益和管理水平的同步提升。由于天然气场站综合存在硫化氢中毒、火灾爆炸、噪声、动设备机械伤害等风险，在集约化管理模式下人员在应急处置过程中分工更多、对人员分析判断处置能力要求更高，在多次组织应急演练过程中，发现存在处置时间长、无法有效完成应急演练、处置步骤混乱等问题，因此，对应急处置程序优化就变得尤为重要。本文将探讨如何利用优化措施在集约化管理模式下做好应急处置。

1　某中心站集约化管理模式后应急演练实例

××年××月××日，××中心站开展日常应急演练，两名员工(甲乙两人相隔距离5m，甲已提前知晓演练中扮演的角色)，按照巡检工作质量标准对增压机厂房进行巡检，甲在巡检过程中因为机组发生突然泄漏中毒倒地，同时故意按响身上携带的便携式硫化氢检测仪，乙立即反应过来，随即通过对讲机呼叫中控室当班人员(丙负责异常数据监控、丁负责视频监控)，佩戴逃呼撤离现场，丁同时通过视频监控查看到现场人员倒地，随即摇响值班室旁警报器集合人员，丙立即进行先期处置，通过ESD按钮紧急关停增压机组，关闭井口的过程中，人员已集合完毕、完成分工(现场处置救援组乙戊、警戒组己、调控组丙丁)，丙未能在集合前完成先期处置，人员集合约3min后，丙远程关断进出站气动球阀，完成先期处置。随后乙戊佩戴空呼进入现场，已拿好警戒带对井站前后门进行警戒并随时通过对讲机汇报警戒情况,乙戊到达现场后,戊准备先前往引导火区域进行点火放空,在乙的阻拦下两人先行对倒地人员进行施救,搬离至安全区域后放下中毒人员,再次前往现场,乙戊到达引导火区域就位,丙进行电子点火,但由于两次点火不成功,点火、放空处置约3min,通过观察现场压力表归"0",警戒后现场处置完毕、随后回到安全地带对中毒人员进行救治,但此时乙戊已明显无体力。在现场处置的同时,丙负责汇报调控中心先期处置情况、目前情况、中毒人员情况、拨打120急救电话,丁负责进行总指挥。本次应急演练结束。

2 应急处置程序存在的问题及合理有效性分析

首先对人员集约化管理前后应急处置人员分工进行对比,见表1。集约化管理模式前,某中心站原井站人数为10人以上,按照应急处置卡要求,对人员应急处置职责进行明确分工后均能完成"硫化氢中毒+天然气泄漏"等综合性应急处置。集约化管理模式后,某中心站减员至6人,当人员发生硫化氢中毒、触电等情况时,现场应急处置人数仅有5人,为确保应急演练的有效处置及开展,对人员应急处置过程进行重新分工。考虑到乙、戊在搬运人员过后存在体力不支的情况,由指挥丁进行救治。

表1 人员集约化管理前后分工对比

原井站人数	10人以上 (甲乙丙丁戊己庚辛壬癸)	集约化管理后井站人数	6 (甲乙丙丁戊己)
中毒人员	甲	中毒人员	甲
先期处置	丙	先期处置	丙
指挥	丁	指挥	丁
现场处置(点火放空)	乙、戊	现场处置(点火放空)	乙、戊
现场处置(中毒人员搬运)	庚、辛	现场处置(中毒人员搬运)	乙、戊
中毒人员救治	癸	中毒人员救治	丁
警戒(正大门)	己	警戒(正大门)	己
警戒(后门)	壬	警戒(后门)	己

结合上述演练实例及人员重新分工,依然存在以下问题:

(1)先期处置操作繁琐,在先期处置关井过程中,由于××中心站管理气井较多(10口以上),人员需要对每一口所辖气井井口安全阀通过SCADA系统逐个点击进行远程关闭,耗时较长,未能在人员集合前处置完成,导致人员未能及时进入现场进行处置。在点火、放空处置过程中,存在点火失效的情况,无法对场站含硫天然气进行放空,场站持续泄漏危及人员生命。

(2)本次应急演练是"集输工艺区泄漏+人员中毒"的综合,现场人员在处置过程中通过"自选动作"进行处置,将中毒人员搬离泄漏区至安全地带后,无人员对中毒人员进行救治,错过了最佳救治时期。在处置过程中,处置人员存在明显的体力不支,现场处置效率差,在应急处置过程中存在二次事故的风险,如现场处置人员昏厥、晕倒等。

(3)若天然气发生大面积泄漏,一方面泄漏天然气与地面石子摩擦产生火花容易引发火灾爆炸,且硫化氢浓度高,人员无法进入场站,目前的单井/集输流程天然气泄漏应急处置卡无法进行有效指导。另一方面,中心站周边500m范围内居民户数多,一旦发生大面积泄漏,人员少的情况下难以组织附近居民进行疏散,造成人员伤亡。

3 应急处置优化

3.1 推进数字化气田建设,实现数字化转型

初步建成适应两级管理模式的数字化系统,运用信息化建设成果和技术手段,整合调度优势力量,实现"集约化+直线调度"管理模式。强化数字化管理平台的运用,实行全过程监管,升级SCADA系统,设定紧急情况下"一键关井"功能,通过一键点击,同时自动关闭相关联井站井口安全截断阀,大大降低先期处置难度,确保"两个现场"更加安全受控。SCADA一键关井如图1所示。

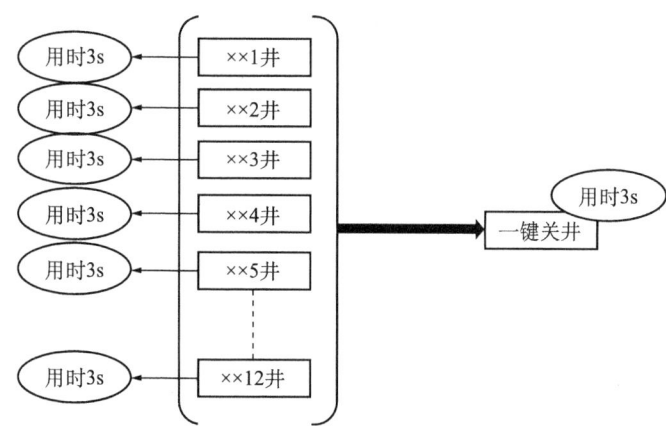

图1　SCADA系统一键关井

现场自动点火失效,通过远程控制自毁式无人机点火,保障紧急情况下的点火放空。无人机远程点火见图2。

图2　无人机远程点火

3.2 明确应急处置卡优先级，合理配置人员

××中心站应急处置程序包括发生天然气泄漏、硫化氢中毒、气田水泄漏、机械伤害、火灾爆炸、化学品和药剂泄漏、触电、电力中断、通信中断、森林火灾、夏季中暑、燃气泄漏火灾等，应急情况的出现有时并非单一，存在着多种情况的可能性，如可能会发生"天然气泄漏+硫化氢中毒""天然气泄漏+火灾爆炸""气田水泄漏+处置过程中的人员中暑"等，更有甚者，面临更加复杂的情况，如"天然气泄漏+硫化氢中毒+火灾爆炸"的情况发生，因此处置的优先级至关重要，能够让人员有序开展应急处置。按照"以人为本"的思路，优先考虑人员遭受伤害情况下，将人员搬离现场，将硫化氢中毒、机械伤害、触电、夏季中暑设置为"Ⅰ"级，考虑到天然气泄漏会引发人员中毒、火灾爆炸，气田水泄漏会造成人员中毒、环境污染，引发二次伤害，应将天然气泄漏、气田水泄漏、燃气泄漏、化学品和药剂泄漏设置为"Ⅱ"级，若不切断爆炸源、火源，无法有效阻止火灾、爆炸的发生，所以将火灾爆炸、森林火灾设置为"Ⅲ"级，最后将电力中断、通信中断设置为"Ⅳ"级。通过明确应急处置优先级，确保应急处置有序有效。应急处置程序优先级设定如图3所示。

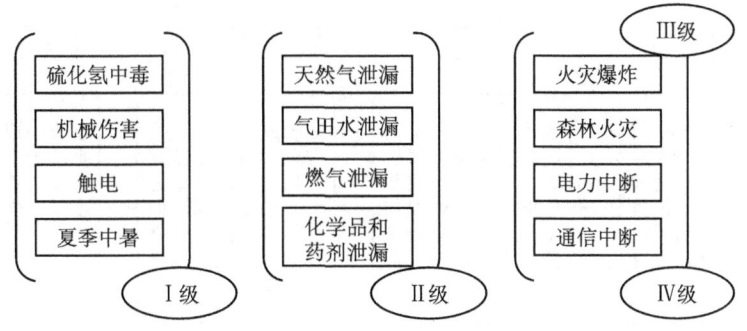

图3 应急处置程序优先级设定

××中心站值班为"三班两倒"工作模式，即两人调度、两人巡查、两人备岗，当发生紧急情况时，以"天然气泄漏+硫化氢中毒"为例，调度组负责先期处置、汇报信息、集合人员、调度指挥、人员救治；现场处置组负责现场人员救助、人员疏散、点火放空、现场警戒；警戒组（通常为1人）对前后门进行警戒、疏散群众、随时观察风向汇报情况、查看处置过程中是否污染环境。集约化管理模式下人员配置情况如图4所示。

集约化管理模式下现有人员身体素质水平低下、人员处理复杂问题和驾驭复杂局面能力不足。针对上述问题，笔者认为应当按照"运动+饮食+作息调节"的方式改善加强身体素质，每月两次不定时开展"综合性"应急演练，针对每次应急演练存在的问题进行纠正、补足短板，每年组织人员参与美国心脏协会AHA证书，提高人员急救水平、能力。

3.3 应急处置卡分类及社区应急联动

××中心站按照井站实际情况将应急处置卡涉及天然气泄漏事件的应急处置分为A类应急处置及B类应急处置，A类应急处置为发生大面积天然气泄漏、井站人员无法进入现场处置的不可控事件；B类应急处置为发生天然气泄漏、井站人员可以进入现场进行先

期处置的事件。人员根据天然气泄漏情况不同,按照不同类别的应急处置卡进行处置,有效指导人员进行应急处置。

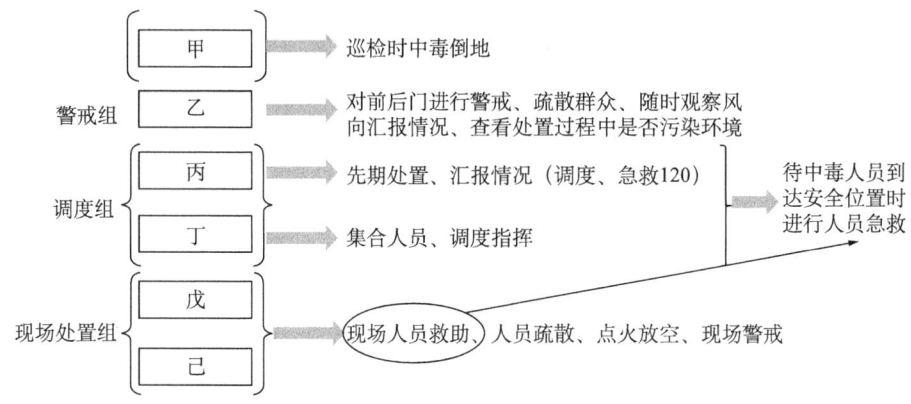

图4 集约化管理模式下人员配置情况

当发生 A 类天然气泄漏时,处置程序见图 5。

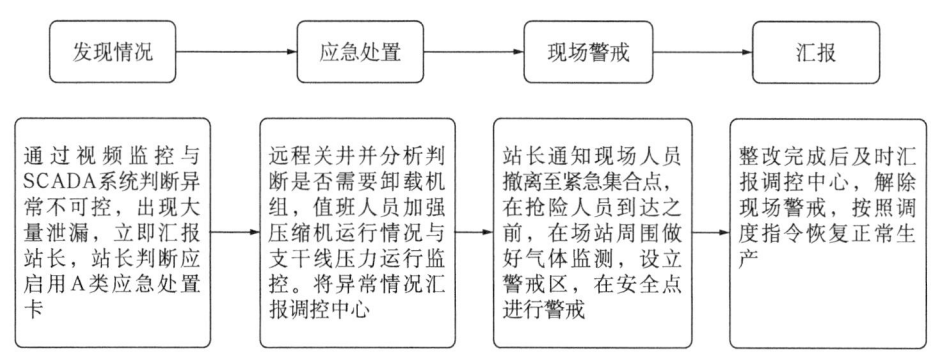

图5 A类天然气泄漏应急处置图

社区应急联动机制依托互联网、社区、无人机建成场站及管道周边应急管理系统,配备一键报警与喊话系统,构建企地应急联动机制,确保紧急情况下的快速应急响应,人员高效有序撤离。

统计以场站为中心半径 500m 范围内居民户数,对居民进行自编号并划分区域,每个区域设置有临时负责人、一键喊话、报警,明确逃生线路、紧急集合点。当场站发生大量泄漏需要紧急疏散时,通过喊话系统、报警通知临时负责人,由临时负责人召集所辖范围内居民按照既定逃生路线进行疏散。社区应急联动机制图见图6。

4 结论与认识

本文主要对集约化管理模式下应急处置优化进行了探讨,优化内容包括充分利用数字化平台、现场攻关科研试验项目、明确应急处置卡优先级 / 类别、合理配置人员解决了先期处置不及时、无法点火放空、处置顺序不明确、处置方式不正确、处置分工不准确的问题,通过建成社区应急管理系统保障周边社区居民及时撤离疏散,避免事故的发生。

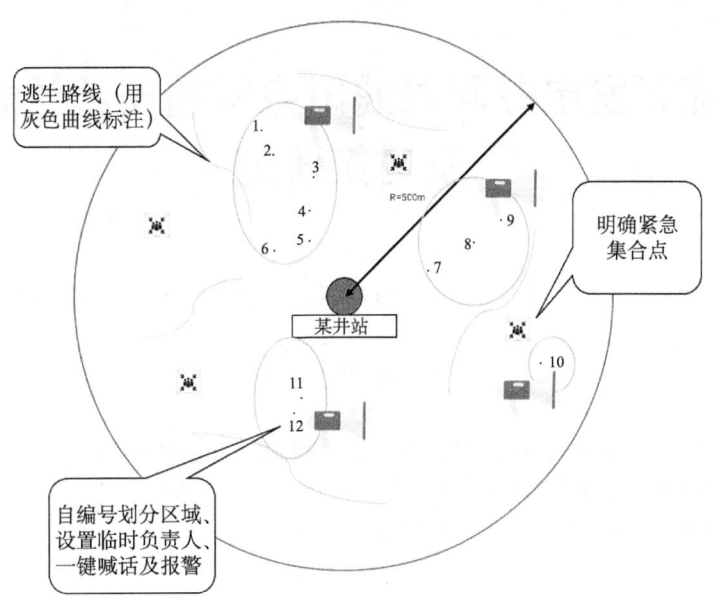

图6 社区应急联动机制示意图

目前还需要持续深度检验集约化管理模式下中心站应急处置程序的科学性、可操作性和实效性，检验人员面对突发情况精准的应急判断力与高效的应急执行力，同时，要深入分析每一次应急演练，从中总结汲取可借鉴、可发展的经验，积极优化完善有关的应急处置程序，主动强化联合应急管理机制，全面促进应急抢险水平再提升，降低和杜绝事故的发生，为"油公司模式改革"奠定良好的基础。

新能源发电并网对油田电网的安全性影响及对策研究

姜一波 马 超 王 成

（大港油田 天津）

摘 要 本文分析了大港油田新能源项目陆续建成发电，并网运行后对电网安全性的影响，结合实际提出了应对措施和管理举措。

关键词 新能源并网 电网调度 继电保护

引言

为积极响应国家"碳达峰、碳中和"要求，坚决落实集团公司绿色低碳发展战略和清洁能源替代目标，大港油田公司充分发挥油田资源技术优势，大力推进综合能源开发利用。新能源发电项目的建设应用，彻底改变了油田电网供电方式，由以前的从上级电网购电，转变为购电与分散自发电两种电源供电方式。如何让新能源发电项目安全平稳接入，确保油田电网的安全运行问题，是当前需要我们重点研究的课题。

1 大港油田新能源发电项目的建设

截至 2021 年年底，大港油田已开发建设了港狮屋顶光伏、中心城区屋顶光伏、井场光伏围栏等发电项目，发电规模 14.23MW，已累计接入上网供电超过 $3400 \times 10^4 kW \cdot h$。

目前大港油田正在建设 48MW 光伏建设项目，计划年内陆续建成并网发电。但随之而来的是，新能源发电的接入，对油田电网再调度与控制、运行方式、保护方式、信息采集模式、监控方式等各环节带来极大影响。如果应对和准备不好，很可能危及油田电网运行的安全性、可靠性以及电力系统作业人员安全。

2 新能源项目并网对油田电网安全性带来的影响

由于新能源项目单个装机容量较小、布局分散、地理位置偏远、数据传输通信资源匮乏，受气象等各类条件的影响，新能源出力不稳定。未来高比例的新能源站点接入油田电网中，必然会影响油田电网运行，尤其是配电网络供电电压质量的下降，严重时可能会引起大面积停电，操作不当甚至导致人员伤亡，严重影响电网运行的安全性及可靠性。

2.1 对电能质量造成的影响

2.1.1 谐波

风力发电和光伏发电受天气影响均具有间歇性特点，会引起电压波动。通过逆变器并网的新能源电源，会向电网注入谐波电流，导致电压波形出现畸变，对变压器、电容器以及用电设备等都造成不同程度的损害和影响。

2.1.2 过电压

一是在配电网运行过程中，当接有新能源电源的线路出现"孤岛"运行状态时，将因失去系统侧的接地点转变为一个中性点不接地的配电网络，如果发生单相接地故障，则有引起接地过电压的危险。

二是分布式电源的有功输出使负荷从系统中吸收的电流减少，如果线路上的新能源电源的有功输出大于负荷功率，将有剩余有功注入系统，使线路上的电压反而大于母线电压。

三是油田电网线路上功率是单相流动，其电压呈由变电站母线到末端逐点下降的趋势，而新能源电源的接入将改变线路上的电压变化规律，采用传统的调压做法，在新能源电源渗透率较高时，将会导致线路上电压超标。

2.2 给电网施工作业安全带来的影响

油田电网接入新能源站点后，由之前的单一潮流方向的受电电网方式转变为多源供电方式，在配电网停电施工与检修维护时，反电点增多，停电检修计划安排的难度增加，配电网施工作业人员安全风险增大。

2.3 供电可靠性的影响

（1）新能源电源的并入会改变配电网故障时短路电流幅值与分布特征。故障线路上故障点上游新能源电源提供的短路电流会抬高并网点电压，造成系统流入故障线路的电流减少，降低了变电站出口保护灵敏度甚至拒动。在其他线路上故障时，本线路上新能源电源故障点提供反向短路电流，可能造成出线保护误动造成误停。

（2）新能源电源的接入还可能影响重合闸的成功率。在线路发生故障时，如果新能源电源在主系统侧断路器跳开时继续给线路供电，会影响故障电弧的熄灭，造成重合闸不成功。如果在重合闸时，新能源电源仍然没有解列，则会造成非同期合闸，由此引起的冲击电流使重合闸失败导致供电中断。

（3）新能源接入后可能出现的"孤岛"现象将降低配电网的供电可靠性。当新能源的本电网与主配电网分离后，仍继续向所在的独立配电网输电，就会形成"孤岛"现象。孤岛中的电压和频率不受电网控制，如果电压和频率超出允许的范围，可能会对用户设备造成损坏；如果负载容量大于孤岛中逆变器容量，会使逆变器过载，进而烧毁逆变器。如果对孤岛进行重合闸操作，会导致该线路再次跳闸，而且负荷可能出现供需不平衡，将严重损害电能质量，从而降低配电网的供电可靠性。

2.4 对电网调度与控制的影响

（1）随着新能源电源的启动，电量也随之增大，进而影响稳态电压分布和无功特性，使电网的不可控性和调峰容量余度增大，电网调度和控制难度增大。

（2）由于新能源电源的运行特点，电网调度人员难以掌握新能源电源的投入、退出时间以及其发出的有功功率与无功功率的变化，使配电线路的电压调整控制变得异常困难。

2.5 对电网设备的影响

（1）在配电网故障时，新能源电源提供的短路电流，会提高配电网的短路电流水平。一方面对断路器的额定容量提出了更高的要求，另一方面也可能造成短路电流超出配电设备的热稳电流，进而损害配电网的设备。

（2）在太阳初升以及落山的时候，光伏设备会因为光照度的不稳定而反复启停三次左右，直到光照稳定后才能稳定持续发电。这种现象对光伏设备、接入光伏的厂站设备以及光伏信号的监控这三方面都造成一定的影响。

2.6 对电网经济性的影响

新能源接入配电网后，配电系统将由原有的单电源辐射式网络变为用户互联和多弱环网络。电网的分布形式将发生根本性变化，负荷大小和方向都很难预测，这使得网损不但与负载等因素有关，还与系统连接的电源具体位置和容量大小密切相关，网损的不可控程度增大，会一定程度影响电网经济性。

3 对策研究

针对上述问题的分析，通过借鉴国内分布式光伏发电先进管理经验，结合大港油田实际，我们着力从油田电网的统筹调度与控制上下功夫，按照"分散发电、集中监控、分级控制"的调度控制原则，从管理措施和技术措施两个方面进行提升，解决新能源并网对人员安全、设备安全和供电可靠性等问题。

3.1 管理措施

（1）持续完善《大港油田公司电力调度规程》，强化电网调控安全管理。

一是积极跟进公司新能源开发步伐，参与光伏、风电、储能、微网等方案制定、技术交底和新能源站点建设，在新能源并网接入、整体消纳及继电保护安全装置配置方面把好关。

二是针对新能源并网后的复杂状况，牢牢管控误判断、误下令、误操作、误处理的调控运行主要风险，严格执行防范措施，保证安全运行。加强新能源电源小概率、大范围的故障预想分析，不断丰富完善应急保电预案及演练，提升调控应急处置效率。

（2）持续完善新能源业务制度和流程。根据公司新能源业务的发展，不断制定完善新能源项目建设、运维、调度等规章制度，理顺管理流程，强化新能源业务管理。

（3）不断完善相关工作标准。做好新能源光伏准入、接入、检测、验收、运行等核心业务的标准制定，细化完善相关内容，确保落实发电量、新能源站点异常故障、电能质量监测、并网离网运行等技术和安全要求。

（4）加强新能源人才及复合型人才的培养。新能源发电的大规模应用，是新技术、新方向，我们在人才培养方面也应与时俱进，大力培养复合型专家人才，从组织上保障新能源业务的发展，同时也应着重培养传统电力与新能源电力的技术结合型人才，注重分析新能源站点接入电网的各项融合工作。

3.2 技术措施

3.2.1 构建独立电网架构，为加强电网调度与控制打好基础

一是接有新能源发电的 10kV/6kV 线路及配电台区上，不宜与其他配电线路及台区建立低压联络；新能源发电系统的接地方式应和上级电网的接地方式相协调，并满足人身设备安全和保护配合的相关要求；小电阻接地时，新能源发电系统应配有相应的零序保护。

二是新能源发电装机容量在 0.4MW 及以下时，采用 0.4kV 电压等级配电箱进行并网；装机容量在 0.4MW 和 6MW 之间时，采用 6kV/10kV 电压等级并网；装机容量在 6MW 和 20MW 时，可以采用一回或多回 6kV/10kV 专线接入 35kV 变电站并网；装机容量在 20MW 以上时，可以建新能源升压变电站。

3.2.2 完善动态监测和信息管理，提升调度对电网感知能力

一是逐步推广应用地理信息系统，将电气图纸与地理环境有机融合，为配网调度的应用打下良好基础。注重收集图纸等技术资料，维护好调度一次单线图，增加全站平面图、间隔布置图、保护配置图、自动化范围图，全面了解变电站、线路属性，从电气拓扑、物理特性、空间分布等特性全面理解调度范围的设备。

二是新能源发电系统纳入调度监控系统中进行设备状态、遥测信息的集中监视，以利于调度对电网的整体调度。根据油田电网及通信等相关条件，各电压等级新能源光伏电站远动接入方式主要采用以下几种，35kV 光伏远动信息上传宜采用单路调度数据网接入调度自动化主站的方式；6/10kV 光伏可采用光纤专网也可采用无线网络接入调度自动化系统。0.4kV 分布式光伏可采用无线公网 VPDN 方式经过相应终端接入调度自动化系统，如果有不具备接入条件的，可以将电表数据接入电量采集系统后转发至调度自动化系统（15min 一次的数据）用以监控。满足新能源电站的可观可测的要求。

3.2.3 研究应用电网智能化调控技术

一是持续完善并应用调度员潮流、自动无功控制等高级应用软件及培训仿真系统 DTS、调度管理 OMS 系统，实现新能源接入后电网调控工作的信息化、智能化。

二是研究智能调度辅助决策系统，实现科学工具与调度经验的有效融合，用工具验证经验，用经验指导工具的改进，使调度决策更加快速、精准。

3.2.4 强化继电保护

分布式电源接入后，电源结构复杂，继电保护整定作为主网联络线以临沂为例，采用的光差保护为主，整定原则未变，考虑连切集中式或规模化接入分布式电源。常规分布式电源以孤岛保护切除为主，配网线路保护定值的整定应与配电自动化配合，自愈和故障隔

离部分应考虑分布式电源的解列和并网条件。

光伏上网后，线路保护配置6/10kV以上专线宜配置光纤差动保护，后备可以采用电流保护带方向。母线有条件的应上母差保护，不具备条件的，上下级设备间应形成交叉重叠，并网点应配备低频低压解列防孤岛保护，逆变器配备有主动防孤岛和被动防孤岛保护。保护间的配合原则不变，保护主要是要防止非计划性孤岛的产生。

3.2.5 构建电力系统潮流计算数学模型，开展负荷端预测

一是按照电网分层分区开展理论线损计算，摸清电网损耗情况。利用调度自动化系统模拟潮流计算分析系统经济运行方式，并结合配电线路线损实测结果，采取调整运行方式或提出改造意见的方法进一步在经济运行上挖潜增效。

二是逐步开展负荷侧管理。收集、整理用户配电室、箱变一次结构及所带负荷情况，掌握负荷的性质及启停规律，以便编制计划检修策略、限电措施等。做好负荷分类，区分基础工业负荷及随季节、气温、特殊日期变动负荷，增加负荷预测准确度，助力计划检修安排和新能源发电匹配。

4 总结

总之，新能源站点大规模接入油田电网后，势必对电网安全、高效运行带来影响，需要我们不断研究新能源系统接入的经济评价、系统安全、消纳评估、标准化运维等方面的技术新题、难题，着力建设安全、可靠、绿色、高效、智能的大港油田电网，打造集团公司规范化建设"绿网"的示范标杆。

参 考 文 献

[1] 王万里. 新能源并网发电系统及其相关技术[J]. 河南科技，2020，27–30.
[2] 沈鑫，曹敏. 分布式电源并网对于配电网的影响研究[J]. 电工技术学报，2015，346–351.

油气生产工艺装置协同控制优化研究与应用

李国荣　宋凤勇　李兵元　赵春雪　司长征　敖开栓　陈子豪

(新疆油田公司数据公司　新疆维吾尔自治区克拉玛依市)

摘　要　针对油田站库间各单元以区域控制为主，油、气、水之间平衡主要依赖于人工调控，控制不及时和不合理将导致缓冲罐溢罐漏油、燃气设备供热能力不足、压缩机负荷不平稳等问题，提出基于异构集成技术和先进控制模型的方案，应用表明：站库间生产工艺全流程的集中监控与装置协同调控、工艺参数共享，使生产过程平稳控制、安全稳定运行，同时促进节能降耗，达到"安、稳、长、满、优"的目标。

关键词　先进控制　协同控制　异构数据集成技术

引言

随着先进控制系统在国内外石油化工企业炼油化工中的逐渐应用，在生产工艺装置协同控制方面也有一定的技术积累。但截至目前，在油气生产方面缺乏应用，长庆、大庆等油田主要采用以单回路 PID 控制和复杂控制为代表的常规控制策略，该技术比较成熟。但油气生产过程多目标优化、多层次协调和多变量控制等还处于起步阶段。

本文针对油气生产工艺装置在单回路控制下存在的不平稳、多干扰问题，提出使用异构集成技术、先进控制系统建立模型并进行验证，通过和传统单回路控制方式相比，利用先进控制系统进行多目标优化、多层次协调和多变量控制，解决常规控制难以解决的控制问题，提高装置生产运行平稳性和抗干扰能力，从而提高装置使用寿命。

1　油田站场现状及面临业务痛点

目前，大型站场的过程控制多依靠 DCS 系统和基础仪表，控制管理多采用单变量强约束控制模型、独立回路控制、人工处理为辅，单装置局部控制优化较多。模型准确性和效率较差，无法及时适应工况变化；缺乏全局优化控制，不能满足严环保低成本控制下多目标变约束的优化控制要求，导致设备运行不平稳、供需调配不均、溢罐漏油等问题时有发生，影响站库平衡稳定生产。

油气生产过程中主要业务痛点：

(1) 独立回路控制协同差，人工辅助调控难度大。采油厂处理站缓冲罐液位需要同时满足液位平衡性和流量平衡性要求，现有控制系统采用单回路方式，存在一定程度溢罐风险，仍需人工辅助调控。

(2) 单变量强约束控制模型，无法有效适应工况变化。DCS 常规控制以 PID 反馈为主,将复杂对象简化为若干个单变量处理,无法满足生产过程多目标相互耦合和变负荷控制要求,从而影响装置平稳生产和供需优化配比,造成供需不平衡和负荷不合理等问题。

(3)单装置局部优化,无法满足节能降耗要求。采油厂处理站气分塔经长时间运行,存在内能耗高,干气换热效果不好,影响混烃收率,导致资源浪费。实现节能降耗,必须摆脱单装置、局部优化的思路,以生产装置全流程优化,实现全局控制优化一体化。

2 协同控制的研究与分析

结合集输处理运行过程控制需求,在DCS基础上,搭建工艺装置协同控制平台,创建先进控制算法模型,克服系统内变量强耦合、非线性、大滞后、进料波动等影响,实对各相关工艺参数的平稳控制,同时通过工艺指标优化和"卡边"操作,实现装置优化控制,从多角度多层次提高油气处理站库运行平衡性。

基于装置测试数据的过程动态模型,结合多变量约束控制,在DCS中建立中间位号,包括被控变量(CVs)及操纵变量(MVs)的输出值、上限和下限、先控开关等,通过先进控制器,实现DCS控制回路设定值的自动改变,使控制变量的波动更小,操作更加平稳。实现卡边控制与实时优化,同时满足先进控制系统与常规控制之间的安全、无扰动切换(图1)。

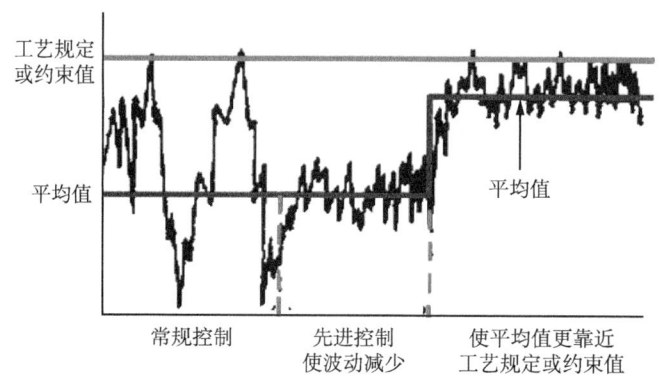

图1 过程动态模型

依托装置历史数据,由FIR算法、SSARX算法、RLS算法等辨识方法,根据操作变量和被控变量相互关系线性时不变动态过程的特性由其脉冲响应来唯一确定。对于稳定过程,脉冲响应将随时间的增加而趋向于零,可对该过程进行时间截尾,得到有限脉冲响应模型,完成模型相关变量的相关性分析、置信度分析,提高模型在流程生产中的适应性和可靠性。

应用多变量预测控制技术实现油气生产装置稳态优化与动态控制,通过动态预测、滚动优化、反馈校正,有效抑制可测干扰的影响,实施定值控制或区间控制,实现石西油田缓冲罐液位、缓冲罐出料量流量、一级燃气压力等多目标协调优化和解耦控制。

3 协同控制的实现与应用

建立油田站库工艺装置参数分析与预测模型、多回路协同控制策略,形成一套油田站库上下游优化控制的协同控制系统，实现原油、天然气及采出水多变量的数据互通，解决独立站库单回路控制运行限制，实现站间优化控制，使装置运行更加平稳，生产优化指导更加及时高效。

3.1 生产数据可视化方面

利用异构数据集成技术，构建基于全流程管理的协同控制与指挥调度系统，实现站库之间实时数据集中动态管理，以多级穿透方式实现集输及处理站库单元油、气、水全流程日常生产平衡调度分析。集成不同厂家 DCS 系统数据点位统一、完整采集、存储和监控，实现生产参数集中动态实时显示。以图形导航、图表联动及多级穿透的方式，快速跟踪并预警油气处理各级站库生产动态和重要关联参数变化情况，实现各单元全流程的协同控制和统一调度指挥。并在此基础上制作站库之间油、气、水工艺关联流程图，通过数据挖掘和二次利用实现报表按需快速订制，利用数据将生产透明化，为日常生产平衡油、气、水、调度分析提供决策支持。

3.2 工艺装置预测方面

建立一种考虑操作变量和被控变量多元线性回归关系动态分析算法，快速得到准确、符合生产实际的协同操作量化分析结果。在此基础上，形成大罐液位、压缩机变负荷、燃气降压解耦器、干气换热分配四种装置控制优化模型，创建中间变量和先进控制辅助位号组态先进控制画面、逻辑组态独立功能块，将稳态优化和动态控制相结合，实现了上下游装置关联分析与操作策略自动优化，有效抑制可测干扰的影响，实施定值控制或区间控制，实现被控关键参数控制平稳，液位、压力等关键被控变的标准偏差降低 30% 以上。同时，为先进控制技术在石油开采及处理系统的大规模应用奠定基础。

3.3 变负荷适应和协同控制方面

大量专家经验通过智能模型的方式应用到现场控制，保障参数控制质量的同时减轻了中控员工的劳动强度。研发站库先进控制系统，实现生产变负荷自动适应与上下游自动控制，满足控制方案一体化（油气生产装置稳态优化与动态控制），高精度的智能控制，实现了产品的卡边控制，提高混烃收率 10%。过压缩机负荷调整预测控制和干气换热自动分配，提出了天然气处理全流程精确控制的策略，实现了压缩机随着气量波动自动加减载，同时将压缩机加减载调整操作由之前的 30min 缩短至 2min，避免了天然气放空和人工对自动阀门大幅度开合调整造成的阀门疲劳损伤。在此基础上利用图形化设计工具，开发两类自定义特殊控制功能模块，使原料压缩机可根据原料气进气量自动调节分配运行负荷，实现跨流程自动控制，提高设备运行时率；同时根据两套装置气氛塔工况，智能调整分配两套装置天然气处理量，使得两个装置气氛塔都工作在最佳状态，提高了系统冷量利用率。

结合工艺级的 APC 优化与流程级的实时优化控制，有效解决生产过程中多变量协调优化过程控制问题，实现站库间油、气、水生产工艺流程装置协同控制，消除"单点控制"壁垒，实现多单元间信息共享与联动调控，为流程动态优化和综合调度提供了技术支撑，提升了站场生产运行智能化和风险管理水平。

4 应用效果

已在油田油气处理站库进行应用,实现油、气、水生产装置协同控制,实现油、气、水生产装置协同控制,关键装置参数标准差控制率提升 37.6% ~ 69.86%,协同控制效率较人工提高 70%,混烃收率增加 10%,提升了站场生产运行智能化和风险管理水平,直接创造收益 1064 万元/年。

经过实际应用表明,在油田生产油、气、水平衡方面,先进控制的模型建立,提高了工艺参数控制的精度、缩短了参数调整的响应时间,可以很好地辅助调度指挥,改善同一生产区域内油气处理装置独立运行、人工调控的现状。生产数据传递准确高效,实时准确反映生产状况,并智能预警,推进生产工艺的"协同互通"。

该项目深度融合先进控制技术与工艺专业理论,对于油田其他装置实施先进控制乃至其他炼油、石化行业特大型石油化工企业同类装置实施先进控制都具有很好的借鉴作用和参考价值,具有较强的可推广性。目标用户包括中国石油、中国石化和中海油下属所有油田公司集输管理岗位技术人员与管理人员,为油田提质增效提供了有力的信息保障,必将助推油田站场无人值守化、智能化发展。

炼化企业作业预约管理技术研究与应用

徐中轩[1]　韩丽娟[1]　王宏刚[2]

(1. 中国石油集团安全环保技术研究有限公司　辽宁省大连市
2. 中国石油抚顺石化分公司　辽宁省抚顺市)

摘　要　根据炼化企业生产安全事故的统计分析及防范重点，对炼化企业特殊作业风险管控现状及存在的问题进行分析，从方案指导、风险分析、监督检查、系统建设、指标引导等环节着手，以作业风险管控关口前移为核心，研讨特殊作业预约管理技术及应用。

关键词　特殊作业　技术标准　风险分析　绩效指标

1　概述

随着炼化企业检修周期延长、老旧装置增多，以及近几年企业纷纷开展的安全环保隐患治理项目、新改扩建项目等，特殊作业数量整体呈现上升趋势。仅2023年4月以来，化工企业的特殊作业、检维修作业数量环比上升了20%，安全风险管控难度不断加大。部分企业因施工组织不合理、工作效率低、有效工作时间短等原因，造成作业数量及作业风险大幅度增加。2023年盘锦"1·15"事故是检维修环节，鲁西"5·1"事故是检维修准备阶段；淄博峻辰"4·29"事故是VOC改造动火作业，这与2021年沧州"5·31"等多起事故类似。企业如何降低作业频次、加强作业安全风险辨识、评估和管控，制定作业方案和应急处置措施，实现作业安全等工作的重要性日益凸显。

对某炼化企业近十年的生产安全事故进行统计，企业共发生各类生产安全事故事件3141起，其中809起事故事件涉及特殊作业，占比25.7%。118起亡人事故中，51起事故和特殊作业活动直接相关，占比43.2%（图1）。

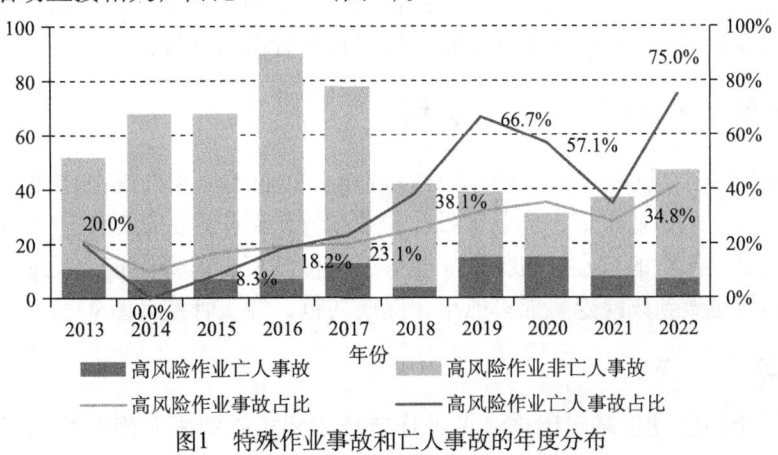

图1　特殊作业事故和亡人事故的年度分布

对特殊作业事故、亡人事故的数量和占比按年度进行统计，特殊作业事故数量自2013年起呈逐年增长的趋势，事故占比和亡人事故占比保持在较高比例。其中亡人事故占比高于事故占比说明特殊作业更容易导致亡人事故。

按照特殊作业分类，以这些事故的作业亡人数的占比（亡人事故数/事故总数）作为事故发生的可能性，以每起伤亡事故的平均死亡人数作为事故后果的严重程度，各类特殊作业事故的人员伤亡风险如图2所示，图中越靠近右上角深色区域作业类型的伤亡的风险越高，越靠近左下角深色区域作业类型的伤亡风险越低。

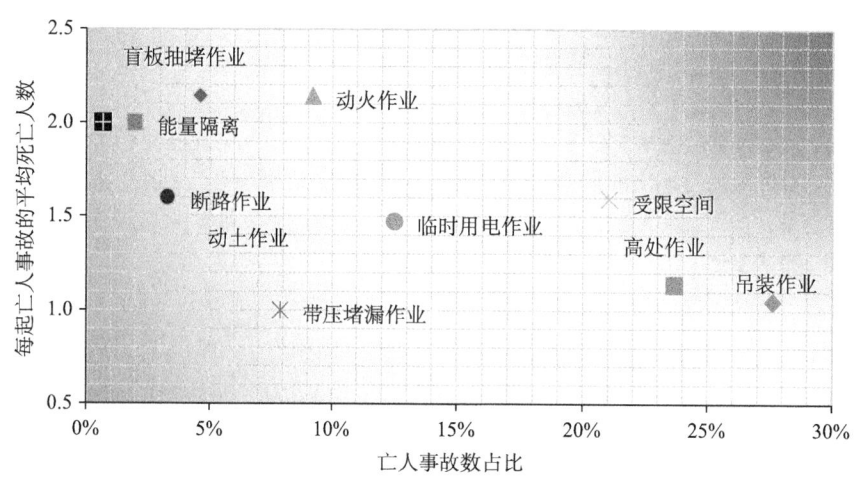

图2　各类特殊作业的人员死亡风险图谱

从统计结果看，受限空间、高处作业、吊装作业风险较高，是诱发亡人事故的主要作业类型，从后果严重程度看，动火作业、盲板抽堵作业容易诱发群死群伤事故。这与应急管理部发布的全国化工事故分析报告中爆炸、中毒和窒息、机械伤害、高处坠落是化工事故防范重点的结论一致。

事故的发生都是多因素叠加、多个安全屏障失效导致的，针对特殊作业事故，由专家通过人工标注的形式，提取导致屏障失效信息及事故关联的管理要素。

从管理要素排序（图3）看，突出的问题是制度和规程不落实、危害辨识和控制措施走过场、安全职责不清及组织混乱等，这些问题大多指向风险预判、措施制订、措施落实等作业前各项准备工作，在作业管理流程中属于预约管理的范畴。

2　作业预约管理技术研究与应用

围绕作业环节全过程管理，研究建立合规作业的业务规则，规范作业许可流程和落实关键风险控制。从作业申请、作业审批、作业中操作到作业关闭整个作业许可管理流程看，作业预约是全流程的核心，包括方案指导、风险分析、监督检查、系统建设、指标引导五个方面，就是做到风险隐患抓早抓小，提前防范，源头管控（图4）。

2.1　方案指导

近年来，全国已发生多起因作业关键环节技术要求不清晰、施工组织不合理导致的生产安全事故，带来严重的人员伤亡和经济损失，同时造成不良的社会影响。想要提高检修管理水平，技术指导是关键，需结合当前政策、法规和技术发展趋势，制定详细可行的方案。

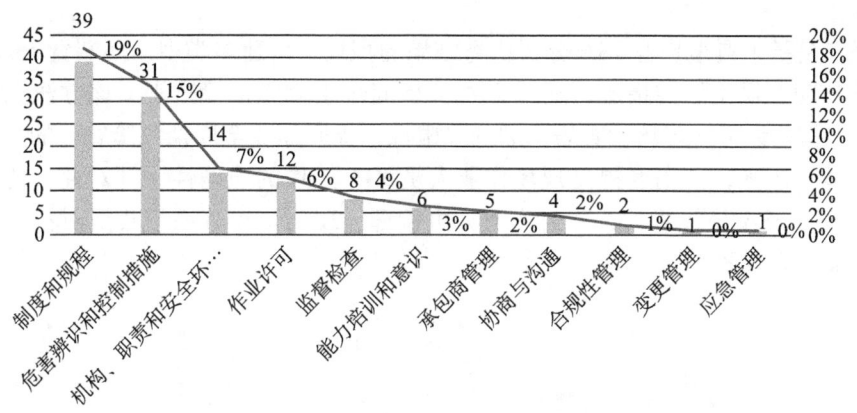

图3　影响事故的管理要素排序

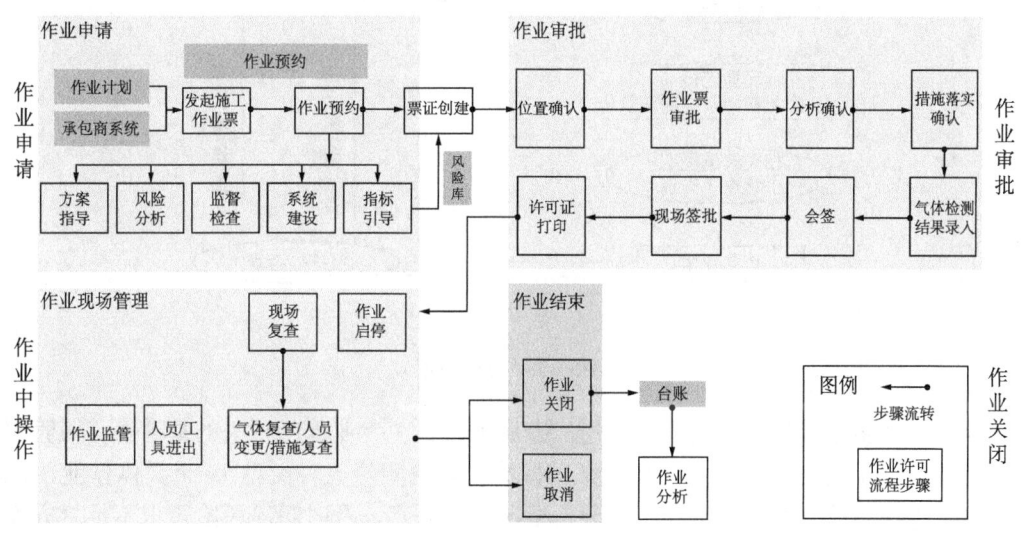

图4　作业许可管理流程

结合特殊作业特点，编制各类型作业技术指导意见，突出高危环节管控，如编制《炼化企业油品储罐清理和浮盘拆除作业安全指导意见书》《内浮顶储罐整改与运维管理指导手册》《炼化企业带压开孔和密封作业安全管理指导意见》等，指导承包商作业方案编制、交底、实施及地区公司作业方案审核、把关、确认工作。

这些技术标准在各地区公司检维修和工程建设项目中得到广泛应用，从工作流程、关键节点方面有效指导了特殊作业方案的编制，为作业风险管控提供了依据。

2.2　风险分析

工作安全分析（JSA）质量对作业预约及后续流程的风险受控至关重要。目前，各地区公司以 JSA 为龙头，设计两条高效便捷路径来实现。

路径一是依托内置 JSA 基础数据库，实现多层级数据架构的逻辑关联，结合现场作业场景特点，智能化推荐危害因素、相关静态风险管控措施，并通过 JSA 分析同步生成作业许可。

路径二是基于典型作业 JSA 分析优秀结果的积累，构建多类型、多装置 JSA 模板库，智能化推荐动态风险管控措施，通过 JSA 分析同步生成监护检查表。该方法克服了传统 JSA 工具与作业许可、现场检查表割裂的局限性，提升作业全周期风险管控的信息化、标准化、智能化水平，大幅度提高现场作业人员 JSA 工作的准确性、针对性、便捷性，满足复杂场景下 JSA 分析需求，并与作业许可管理、现场检查等系统集成对接，实现作业风险的精准控制（图5）。

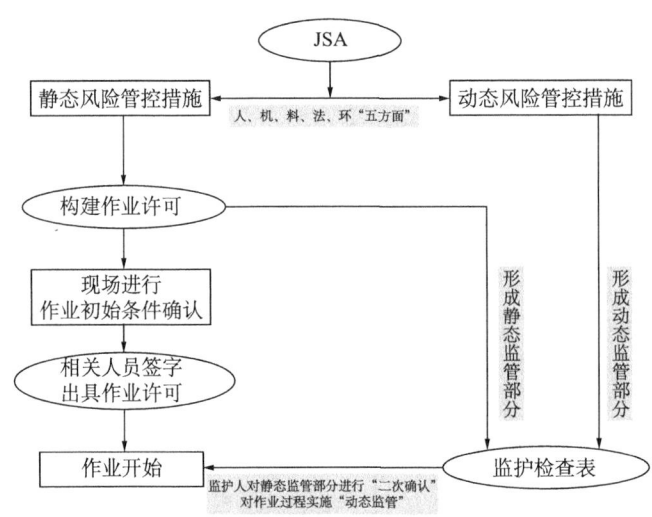

图5 JSA分析应用

该技术在多家炼化企业进行了应用。在属地分析、专业部门把关的基础上，监管部门选取III/IV级高风险作业中的特级动火、特殊受限空间等七种类型14个具体作业予以特殊关注，组织相关专家，对上述作业分析情况进行研判，及时叫停风险辨识不足、方案审批不严、管控措施不细的作业，促进各属地单位提高工作的计划性、统筹性。

2.3 监督检查

炼化企业建立起承包商、业主、内部第三方团队的一体化安全专业监管模式，形成包括检查范围、检查内容、标准要求、人员安排、时间进度等的一体化管理网络，补强企业现有的安全管理力量。

围绕作业预约，以风险管理为主线，开展人员访谈、安全管理策划、承包商管理、施工设备入厂管理、施工方案审查、承包商量化考核、事故应急响应、安全文化氛围营造等安全管理工作。重点解决企业大检修、工程建设、特殊敏感时段安全管理人员数量缺乏、专业能力不足、关键环节风险管控不到位、制度执行不严不实等问题。

自 2018 年起，开展企业内部安全监管技术市场的拓展与应用，累计服务系统内公司 20 余家，仅在 2022 年就服务 6 家企业，有效推动了重点时段、重点企业、重点项目的安全风险管控措施落实。

2.4 系统建设

按照"工业互联网＋安全生产"的要求，搭建信息化管控平台，开发运用作业预约系统平台，将作业预约系统和网络平台有机结合，实现作业从计划、实施到验收的全过程追溯及数据可视化，推动安全监督管理由"人防"向"技防"的有效转变。

作业预约系统平台具备计划编制、审批、作业全过程管理等功能，可实现合理检修计划、细粒度管控工作流程。解决项目管理低效率、程序不规范和风险防控能力不足等问题，实现现场作业、文件资料、管理手段、管理流程、执行过程的规范化，检修目标、任务、项目管控的定量化。根据平台应用情况，公司及时出台《关于进一步加强作业预约及作业许可安全管理的通知》，规范地区公司预约管理、JSA 分析、系统填报、加急作业、升级作业、系统建设等各个环节管理，进一步完善作业预约管控流程。各相关单位和部门信息共享、协同配合，提高了作业预约的管理效率和精细化程度。

该平台目前在三十余家地区公司中得到推广应用，有效解决了信息传输、数据反馈、实时查看、标准统一等问题，对于平台信息查询、数据统计、多维度分析等功能的应用，以及后续施工作业，尤其是作业过程的监督检查也起到了指挥棒作用，全面提升了公司作业风险管控能力。

2.5 指标引导

《炼油和石油化工行业过程安全绩效指标》（API 754）依据海因里希事故金字塔预测关系，将过程安全绩效指标分为四个层级，其中事故事件属于第一级、第二级指标，此类分析属于回顾性分析，是滞后性指标。作业许可合格率属于第四级指标，为领先性指标，细化完善这一类指标，可以协助企业识别和纠正屏障体系中的薄弱点，不仅有利于和其他企业对标，还可以极大提升企业过程安全文化，大幅度提高过程安全绩效。

细化作业分类，将特殊作业分为计划检修、抢修、项目施工三大类，明确分工、落实直线责任。划分作业风险等级，对于重大危险源罐区、危险介质未退料设备管线、周末、节假日、特殊敏感时段特殊动火等地区公司升级管理，针对事故多发、风险较高的特级动火、特级受限等七种类型作业炼化公司升级管理。

梳理作业风险管控的关键要素，设置作业预约、作业管控两个一级指标，加急率、预约作业执行率等十个二级指标，以绝对指标和相对指标相结合的方式，从数据质量、专家研判、统计分析、典型事故等四个方面，引导各地区公司自主建立安全绩效指标，不片面追求作业数量下降及自查问题数量，更关注作业风险管控总体效果。

该指标体系在企业 KPI 指标设置、对标分析、生产经营会、专业例会以及年度业绩排序中已经得到应用，各属地单位还增补了集中限时用火、零违章作业、培训合格率、自查问题率等指标，根据每日作业量指标下达施工作业计划，专业部门进行资源统筹，监管部门提供支持，确保作业预约准确、资源充分利用、执行过程高效。

某炼化企业从 2018 年开始进行作业预约管理技术研究与应用，定制化开发出方案指导、风险分析、监督检查、系统建设、指标引导等关键技术，为企业作业风险防控提出了整体解决方案，从效果验证看，成效显著。一是编制的方案指导，明确了作业风险及管控重点，确保上一道工序为一下道工序创造安全条件，这些文件又被上级公司采纳，形成集团公司级安全管理细则，扩大了适用范围，有效指导了整个集团特殊作业风险管控；二是风险分析及针对重点时段、重点企业、重点项目开展的检查，督促各单位更加关注预制深度，严把施工质量，除大检修、生产急需和连续施工的独立项目建设外，夜间、周末杜绝了生产区域内施工；三是系统建设、指标引导将公司所有下属单位纳入统一指标体系进行考评，推动了下属单位管控作业风险的积极性，促进特殊作业闭环管理，持续改进。

2022年公司共开具作业许可票39.7万项，较2021年的47.1万项同比减少15.7%，周末、节假日期间预约作业数量为1.2万项，较21年同期2.0万项下降41.0%，作业数量下降的同时，杜绝了重大特大事故的发生（图6和图7）。

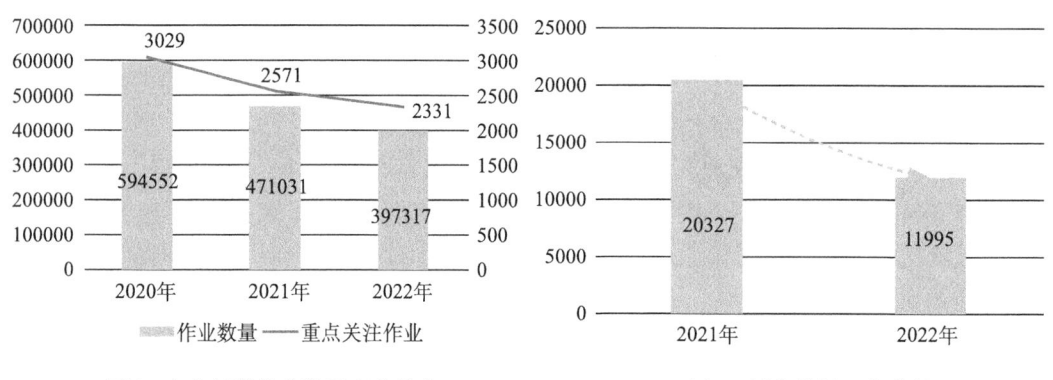

图6 企业年度作业数量变化趋势　　　　图7 周末节假日作业数量

3 结论

作业预约是作业前的一项重要工作，强调的是作业的计划性，目的是提前谋划，提高工作效率，确保施工作业前每项风险评价及管控措施落实到位，实现风险管控的关口前移、重心下移。通过炼化企业特殊作业预约管控技术的研究及应用，在标准流程方面，明确了技术要求，构建了层级健全、覆盖全面的作业预约管理网络，完善了危险作业预约管理机制，提升作业预约有效性。实施作业预约信息风险分析、研判通报机制，精准评估作业数量和风险分析质量，落地了危险作业过程风险管控措施。搭建的作业预约管理系统，针对作业预约管理各个环节，应用新一代数字技术，提高了业务系统集成与协同能力，立足现场管理，服务基层管控。通过安全绩效指标的建立及引导，明确作业分类分级，捕捉了领先指标，促进企业关注作业预约、条件确认、过程管控、改进提升等PDCA循环的各方面指标，实现了压减非必要作业、提高工作效率、管控作业风险、保障作业安全的总体目标。

参 考 文 献

[1] 耿来红，等. 典型化工工艺热安全性分析研究概述. 广东化工，2023. 50（7）：96-98.

[2] 王明章.石化企业电子作业许可系统研发与应用.安全、健康和环境,2022.22(3):13-18.
[3] 王昭华.石化企业承包商及直接作业环节监管策略研究.安全、健康和环境,2020.20(4):48-52.
[4] 卢献瑞.石油化工企业作业许可管理研究.化工设计通讯,2018.44(7):186-187.
[5] 刘涛.于富强,王永胜."工业互联网+安全生产"在工程建设企业项目安全管理中的实践.安全、健康和环境,2022.22(9):46-50.
[6] 张晓华,刘勃.工艺安全绩效指标介绍.安全、健康和环境,2012.12(2):21-24+31.

炼化企业安全网格化监管模式的探索应用

曹进安　郭一帆　郑　杰

(庆阳石化公司　甘肃省庆阳市)

摘　要　目前，炼化企业装置大检修周期大幅度延长，大多为3～5年，大检修期间作业集中、数量多，而炼化企业大检修期间涉及的动火、高处、受限、临时用电等高危作业数量多、交叉作业风险大，任何一项作业都伴随风险，如果管控不好就会发生安全事故，这也为安全管理带来极大挑战。大检修现场"一体化网格化"安全监管方法提升了检修过程安全管控力度和精细度，极大提升了安全管理的效率，确保了安全管理的准确性，并及时弥补了安全管理中出现的问题。本文就网格化管理模式在装置大检修现场的应用进行介绍，为指导安全管理提供参考。

关键词　安全管理　网格化

引言

网格化管理模式可以有效地提升企业在大检修现场安全管控能力和精细度，可以实现属地和施工方有机融合、风险共防、责任共担的目的，该方法也从机制上改变了现有"甲方管乙方、自己管自己"的模式，解决了施工现场甲乙双方各级安全监管力量分散、强度不足的问题，消除了管控盲区，从组织上保障了施工作业活动安全管理全面受控。某石化公司2022年大检修期间，探索应用安全网格化监管模式，整个检修期间安全管理受控，未发生事故事件，应用成效显著，极大地推动了安全管控责任的有效落实。

1　安全网格化管理方法

网格化安全管理模式方法是将检修现场用网格化方法全覆盖划分为若干个大小不等的物理管理责任片区，每个网格责任片区设置"网格区长"，"网格区长"打破甲乙方单位属性和身份界限，由甲方统一授权，"网格区长"负责进入网格责任片区人员管理及施工作业的安全监管。

实施流程包括："网格化"安全管理模式实施方案制定，网格责任片区划分，网格监管力量配置，"网格区长"任职资格与职责确定，"网格区长"选拔、培训与任命，网格责任片区信息公示、网格区长标识、安全监管实施、监管效果评估等。

2 网格化管理实施

2.1 方案制定

制定大检修 HSE 管控方案、大检修 HSE 监督方案，明确网格划分的方法及原则，明确"网格区长"的责任，确立监管模式，制定过程管理细则及考核管理办法。并结合自身实际，创新应用安全网格化管理模式，主要包括：规律性工作网格化管理模式、责任网格化管理模式和监督检查网格化管理模式。

规律性工作网格化管理模式以确保安全行为规范化为出发点，主要以安全生产标准化内容为主，具体体现在操作规程编制与修订、工艺变动管理、设备变更管理、隐患排查治理等方面的安全行为规范与流程约束，以保障本单位各专业范围内的安全事项有序执行，使生产现场各环节符合法律法规及标准规范的要求，不断提升本单位安全生产规范化水平。

责任网格化管理模式构建了精细的责任体系，从岗位操作服务人员到主要负责人，提出每位职员正确的安全行为准则，将责任和奖惩有机结合起来，实现个体职责认知清晰，共同推动安全生产责任有效落实，实现安全生产。这里涉及日常管理的各个方面，本单位从设备设施专业、生产技术专业、安全环保专业及培训专业等方面建立管理细则，规范业务范围与职责主体，确保岗位职责界定分明且工作任务有效落实。

监督检查网格化管理模式以督促安全行为养成为主线，结合现场作业安全监管，具体化管控区域和管控范畴，建立安全监管反馈机制，层层检查督促，严格奖惩落实，切实提高现场作业安全管理水平。

2.2 网格划分

2.2.1 网格划分需要考虑的因素

（1）检修项目数量及作业量大小，避免在物理区域上均匀划分网格，导致部分片区工作过于集中，安全风险得不到有效管控。

（2）施工队伍满足"网格区长"任职条件的人数，确保网格责任区数量与满足"网格区长"能力的人员数量相匹配。

（3）作业活动在"网格区长"的有效管控能力范围内，满足全方位、全过程的协调与监督要求。

（4）满足检修进度，建立高效有力的协调机制，各区域工作协同并进，避免相互产生"牵制"，影响施工进度。

2.2.2 网格划分

（1）一级网格的划分。根据某石化公司扁平化管理的实际，按照基层单位所在区域，即作业所在属地划分为一级网格，包括运行一部等 6 个一级网格。

（2）二级网格划分。以运行一部为例，区域共有常压蒸馏、催化裂化、气体分馏、MTBE、联合脱硫、动力站、航煤加氢等区域，按照检修作业量，以及管理人员日常分工,划分为两个区块,即催化—动力站区块、常压—气分区块,其中催化—动力站区块包含催化裂化、联合脱硫、动力站三套装置,常压—气分区块包含常压蒸馏、气体分馏、MTBE、航煤加氢四套装置。

(3) 三级网格的划分。以运行一部为例,常压—气分区块包含常压蒸馏、气体分馏、MTBE、航煤加氢四套装置,分别划分为四个三级网格。

2.3 确定"区长"

2.3.1 "网格区长"的任职条件

(1) 来自基层属地单位的"网格区长"需熟悉掌握责任片区内生产工艺,应是工艺、设备、安全等专业管理或技术人员或对工艺、设备、安全等业务经验丰富的技师、高级技师、运行工程师、班长(站长、区长、场长);或在基层单位工作五年以上,具备一定的安全管理知识,且经过评估满足"网格区长"履职能力的其他人员。

(2) 来自施工单位"网格区长"应是技术员及以上的施工和安全管理人员或技术人员,并在基层从事本岗位工作一年以上,或者取得安全员C证或注册安全工程师任职资格,并在基层从事专职安全员工作一年以上。

2.3.2 "网格区长"职责

(1) 总体职责。大检修现场网格区长职责是指导、监督检修和施工作业活动各项风险管控措施的落实,确定施工场地规范合理使用,协调落实交叉作业风险防控措施。

(2) 大检修现场属地单位"网格区长"职责。大检修现场属地单位的"网格区长"注重安全措施落实监管、人员资格确认和综合协调,包括:作业许可票证办理合规性、齐全性确认,风险识别及防范措施与现场的符合性确认;盲板隔离、物料清理、放空、通风、泄压、能量隔离等工艺措施落实情况确认;有毒有害介质检测分析的确认,安全交底;消防设施、应急设施、个人防护用品配置及完好性确认;协调安排属地监护人员,负责施工人员及监护人员资格能力确认和履职监督;确认作业结束条件,消除现场遗留问题及隐患,组织关闭作业许可;发现或收到险情预警时,组织片区内作业人员及时避险,及时报警并组织必要的初期应急救援处置。

(3) 大检修现场施工单位"网格区长"职责。大检修现场施工队伍"网格区长"注重施工方案和施工环节中风险控制措施落实监管,包括:指导和确认作业许可办理过程中施工作业部分风险辨识及防控措施制定与落实;安全技术交底内容、接受交底人员、作业许可等符合性指导和确认;监督确认施工方案及风险防控措施的落实;施工设备设施和工机具使用前检查;场地使用协调,安排作业场地的分区使用,规范材料堆放,保证消防和应急通道畅通;协调安排作业施工,避免出现交叉作业;落实工完料净场地清的管理要求,消除遗留问题、隐患;发现或收到险情预警时,组织网格区内作业人员及时避险,立即报警并负责必要的初期应急救援处置配合。

2.3.3 "网格区长"的设置

(1) 一级"网格区长"。属地单位"网格区长"由属地单位主要负责人担任,以运行一部为例,属地单位"网格区长"为运行一部主任,施工单位"网格区长"由施工单位项目负责人担任。

（2）二级"网格区长"。属地单位"网格区长"由属地单位领导班子副职担任，以运行一部为例，属地单位"网格区长"为副主任，施工单位"网格区长"由施工单位分管领导担任。

（3）三级"网格区长"。属地单位"网格区长"由属地单位技术人员担任，以运行一部为例，属地单位"网格区长"为技术人员，施工单位"网格区长"由施工单位技术人员担任。

2.3.4 网格信息公示与网格区长标识

每个网格责任区入口处设置"网格区长"公示牌，明确网格责任区范围、"网格区长"职责、权力范围和联系方式。"网格区长"标识，主要是在安全帽上粘贴甲、乙双方"网格区长"标识，或者佩戴有相关标识的袖章，所有进入网格区内的人员都要服从各级"网格区长"的管理。

2.3.5 大检修网格化管理的实施

（1）确定网格化管理的监管模式。某石化公司建立了以属地单位、专业管理部门、监督部门（包括第三方外聘请专家）三级监督管控体系，相关专业全程参与实现监督全覆盖的原则。专业管理部门班子成员承包一、二、三级网格的监管，负责所监管区块的作业许可证的审批、界面交接的审批、日常管理中的资源协调、区块内的作业安全管控；专业管理部门的一般管理人员分别承包一、二、三级网格的监管，负责日常作业过程安全措施的落实，承包商HSE管理人员的履职情况，检修过程的协调，发现典型违章问题的通报考核；监督部门聘请第三方监督人员承包一、二、三级网格的监督，强化制度执行和过程落实监管，确保过程公正严格。

（2）建立定期检查制度。一级网格对二级及以下的网格履职情况监督检查，针对突出问题组织解决并指导协调，按照项目监督检查方案组织开展日常监督检查工作；二级网格按照项目监督检查方案对各装置所有施工作业项目开展日常与专项安全监督检查，发现问题督促下一级网格及时整改，发现重大安全隐患立即组织整改并向上一级网格报告；三级网格每天工作过程中对作业区域进行安全检查，规范施工作业行为，落实安全措施，确保施工作业安全受控。

（3）风险管控制度。各级网格检查中发现的问题、隐患及时督促下一级网格限期整改，按照PDCA流程形成闭环管理。对于重大安全隐患、典型违章行为形成QHSE监督检查日报并在公示栏内通报，并组织在检修例会上进行提醒、通报、考核，同时列入各级网格专项监督检查进行跟踪督办，坚决杜绝安全风险失控的情况发生；对于重复性发生的习惯性违章行为，通过整改通知、违章罚款、组织约谈、清退人员等方式进行落实。

（4）信息报告制度。各级网格检查中发现重大安全隐患或严重违章行为及时向上一级网格报告并督促整改，对没有按期整改到位的，移交"上一级网格"协调指导处理；对各级网格日常安全检查排查的安全隐患，由二级网格每月汇总并上报一级网格机构；一级网格机构针对突出问题选取典型案例进行剖析，查找管理失效原因，分析判断各区域安全生产状况，定期在检修例会上督办、协调解决问题。

(5)建立奖惩机制。为检验安全网格化管理工作成效，督促各级网格管理人员履行工作职责，落实工作要求，建立安全生产网格化管理工作考核机制，结合日常、专项监督检查和安全风险排查治理等工作，对下一级网格安全检查与治理执行情况进行监督、验证与奖惩。对未按要求开展安全检查与治理的，追究相关人员责任；对发现重大事故隐患且及时避免事故发生的，给予表彰奖励；对因工作不力，未能及时消除事故隐患或导致安全事故发生的，严肃追责处理。

3 网格化管理取得成效

3.1 风险防范方面

"三级网格负责""三级网格监管"模式的实践应用，有效强化了责任落实和过程监管，分区块细分工作任务，现场施工步骤及环节更加精准具体，各级负责人靠实责任，参与风险辨识，使风险识别更全面、系统、准确，完成开停工风险识别及检修项目风险识别两个清单，实现环节、风险、责任、措施等表单化、具体化，进一步提升了风险管控力度和有效性，使责任、进度、质量、安全在"网格"内得到更好的融合统筹，相互促进。2022年大检修期间，某石化公司实现安全、环保、绿色、高质检修。

3.2 行为管理方面

网格管理使得"三管三必须"理念得到进一步有效落实，监管区域更具体，相互监管作用增强，促使作业人员由被动监管向主动管理有效转变。基层单位运行一部以网格化管理为依托，开展大检修监督检查20期，检查典型问题275项，对问题进行统计分析，精准把控了检修现场不安全因素类型，针对主要问题增强管控措施，强化现场教育引导，加大监督检查力度，实现了周环比整体问题总数与典型问题数量同步降低，人员行为得到有效规范，确保了检修施工过程风险受控。

3.3 制度建设方面

通过大检修网格化安全监管模式的探索应用，进一步完善了大检修HSE类方案及规范内容，以运行一部为例（下同），形成了基层单位大检修HSE管控方案、HSE监督方案、装置停开工风险识别及削减控制措施责任清单等管理文件体系，细化了大检修岗位责任制，使得全员安全生产责任制能够更加有效落实。在对检修文件管理条款进行梳理、总结后，结合年度工作计划，对运行部设备、工艺、施工、安全等管理细则进行了修订完善，有效应用过程成果，使其固化为管理规范和制度细则，为检修及日常工作开展积累了丰富经验和管理依据。

3.4 安全培训方面

教育内容更具体，实施效果更明显，有效避免了"一把抓""不对症"等问题，安全教育因"区"施教，内容精练、具体，受教育对象更易理解、接受，属地与承包商作业人员、监护人员的安全风险辨识能力与施工安全意识明显增强。强化警示教育和现场引导，大检修网格化安全管理模式的应用，使得教育培训更便于组织，更便于交流沟通，基层单位每周对典型问题进行曝光公示，能够有效起到震慑和警示教育作用，安全教育资料到进一步完善，促进了安全教育质量的提升。

3.5 机制完善方面

网格化管理使得区域及属地等理念得到更深入理解，主动监管行为得到有效培养，形成大检修"三级负责""三级监管"模式。基层单位结合实施经验，对生产区域进行区块化划分，并纳入到管理分工，职责得到进一步明确，细化了高危作业安全生产责任分工。依托 HSE 监督实施，形成了分级明确、执行高效的奖惩机制，在属地范围内实现"全域、全级、全员"的动态安全监管机制。

4 网格化管理存在问题

4.1 网格化界限问题

按照区域实施划分，在实施过程中由于项目施工的关联性、交叉性较强，容易出现项目与区域相互划分匹配性不强，导致网格划分界限划分不清晰的问题，具体实施过程责任和管辖权限容易出现"干涉"或"空白"区域。

4.2 网格化信息传递问题

多级管理，细分网格容易出现信息传递缓慢、效率低、过程衰减等情况，导致协调联动工作量增加等问题，需要结合实际，综合考虑网格粒度与组织协调相互影响关系，进行科学、有效划分组织。

5 结论

实践证明制定适合企业自身特点的安全网格化管理模式，能够逐步培养起员工的安全生产自主管理思维意识，持续强化企业自主化管理的安全理念，可以有效地控制过程风险、提高作业效率、强化责任落实、完善制度机制、助培安全文化，不但有助于提升基层单位安全管理水平，还能进一步改进企业的监管机制体系，有力保障企业的安全生产和可持续发展。

参 考 文 献

[1] 陈鑫.安全生产网格化管理模式探究［J］.中国高新区，2019（19）：227.
[2] 伊磊，韩伟，张赞玉.安全生产网格化管理实践［J］.现代职业安全，2015（9）：38-39.
[3] 秦玉海.推行消防安全网格精细化管理 网格承载大责任 网格夯实大基础 网格服务大民生［J］.中国消防，2012（6）：10-11.
[4] 张梦伟.基于网格化管理的化工企业安全管理模式构建研究［D］.合肥：安徽理工大学，2020.

基于远程遥控点火装置提升热放空操作安全性的试验研究

白 哲　陈庆辉　孙鸣飞　田镇羽

（大庆油田采气分公司（储气库分公司）　黑龙江省大庆市）

摘　要　天然气采气井开井或遇到生产问题时，需要进行热放空操作，然而该操作需要在气井井口放喷池引燃放喷气体（主要成分为甲烷）。因此，本文提出并设计了一种远程遥控点火装置解决提升热放空操作安全性。试验研究结果表明，设计的点火装置最远可在100米实现远程点火，且点火成功率高达85%，极大提高了操作安全性，为提升天然气采气井井口热放空操作安全性提供了新的研究方向。

关键词　天然气采气井　远程遥控点火装置　热放空　安全性

引言

大庆油田采气分公司（储气库分公司）所辖气井共计×口，采气井生产运行过程中遇到生产问题或开井时，需要在井口放喷池进行热放空操作。本文通过对以往热放空操作中暴露的安全弊端进行分析，有针对性地设计了一款提升气井井口热放空操作安全性的装置，并对该装置的现场实际应用进行试验研究。

1　目前采气井井口常用热放空操作方法及弊端

现在范用的点燃放空池（图1和图2）内放喷气体的方法有两种：第一种是先自行准备一火源（一般为燃烧的废抹布），放在放空池内，再开启采气树放空闸门，放出的气体被火源引燃。此种方法受限很大，大多数气井开始放喷时，会携带大量水，从而将燃烧物浇灭，无法引燃；其次经过雨季，放空池内会存有大量的积水（图3），无法将燃烧物提前摆放。

第二种方法是先开启采气树放空阀门，待放空池内有天然气放出时，操作人员在远处将燃烧物扔到放空池内引燃气体。此方法虽受限少，但存在很大的安全隐患，操作人员手持抛燃烧物容易对自己造成灼伤，并且远处投掷不容易扔到放空池内，需重复多次，加大了受到灼伤的风险。两种方法都需要人工将可燃物引燃，操作过程中有很大的安全隐患。

2　针对安全弊端提出相应解决方法

设计一种便携的可重复使用的气井热放空点火装置。为了操作人员的人身安全，不需要提前引燃可燃物，并且此装置拥有远程遥控功能，操作人员在安全范围之外就可以一人进行放空池点燃放喷气体操作。

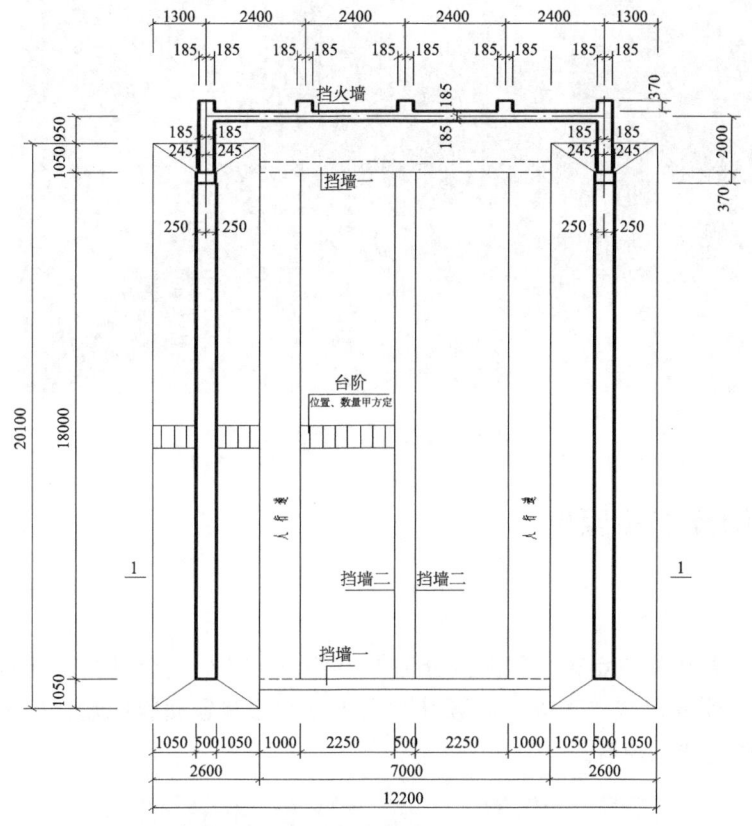

图1 放空池平面图

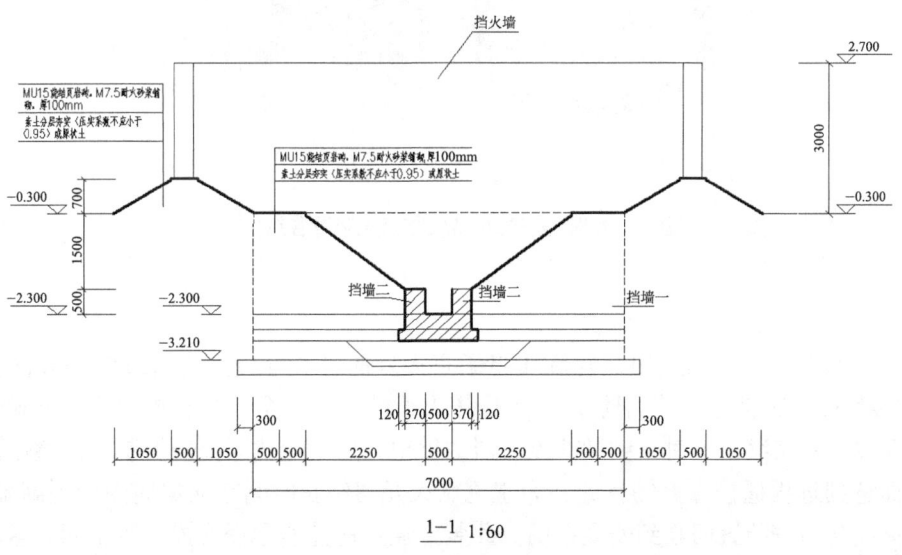

图2 放空池平面图

图3 放空池内存有积水

3 设备结构及工作原理

3.1 结构

远程遥控气井热放空点火装置大致分为七个部分（图4），分别为：①高压电子点火针、②多层阻燃耐高温线、③电子高频脉冲点火器、④装置回收线盘、⑤无线双路继电器、⑥电源、⑦无线遥控器。

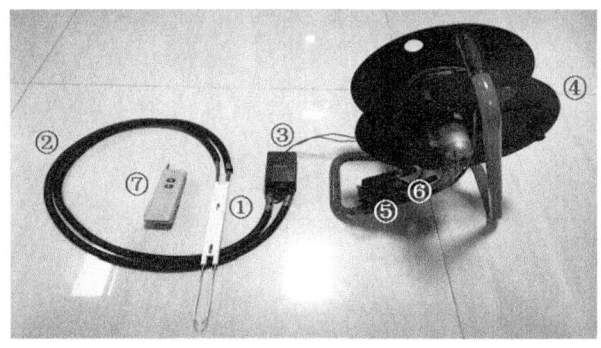

图4 远程遥控气井热放空点火装置各组件

3.2 工作原理

电子高频脉冲点火器通电后在高压电子点火针的针头部位产生持续的高频高温高压电弧（10kV），电弧将天然气引燃。为了操作人员的人身安全，此装置的开关方式为遥控器远程遥控。双路继电器对高频脉冲点火器的供电，通过无线遥控器控制双路继电器的闭合，从而达到远程遥控点火的目的。为避免点火元器件长时间在火焰周围受到高温损坏，需要点火成功后将装置回收到安全范围。此装置通过遥控器远程遥控，控制回收盘，将点火元器件收到安全非高温地点，并且避免人员进入到火焰周围人工手动回收。

4 主要技术指标及技术亮点

4.1 技术指标

（1）电子脉冲点火器产生的高压电火花可以点燃放空池内的放喷气体（天然气湿气）。

（2）电子脉冲点火器，输入电源为 12V 直流电，输出高压 15kV。

（3）具备远程遥控点火功能。通过无线遥控器控制双路继电器模块实现。无线遥控器控制距离不大于 100m，双路继电器模块输入电源为 12V 直流电，负载能力 50W。

（4）为电子脉冲点火器和无线双路继电器模块供电的电源为 2200mA 锂电池组，电压 12V；配充电器可重复充电。电池满电下可连续使用 40～50 次。

（5）设备所选元器件有一定的耐高温特性。尤其是前段高压电子点火针为金属陶瓷包裹结构，可以耐火焰。电子脉冲点火器与高压电子点火针之间的连接线为阻燃耐高温线，耐温 500℃。耐高温线外围包裹一层阻燃石棉纤维管，耐温 800℃。

（6）设备全重仅 3.15kg（含遥控器），体积小重量轻，便于携带。

4.2 技术亮点

（1）通过高频高温电弧的方式点火。传统点火的方法是将引火源引燃放喷气体，每次操作都提前准备引燃物，不能重复使用，而且需要人为引燃火种，人身安全得不到保障，工作效率低下。此技术方案，利用高频脉冲点火器产生的持续的高频高温高压电弧引燃放喷气体，不需要每次都提前准备引燃物，而且避免人为引燃火源，保障人身安全，提高工作效率，安全无污染。

（2）采用远程遥控的方式操控。传统方法可燃物引燃放喷气体时，操作人员需要将引燃的燃烧物扔到正在喷气的放喷池中。这样操作人员处于危险距离以里，暴露在火焰燃烧的危险环境中，有时由于风向原因还可能造成火焰对操作人员的灼烧。此技术方案最大遥控距离为 100m，操作人员在危险范围外，通过无线遥控器控制双路继电器的闭合，完成控制继电器对高频脉冲点火器的供电控制，从而达到远程遥控点火的目的，避免操作人员暴露在火焰燃烧的危险环境中。

（3）采用远程遥控回收盘回收装置。点火成功后，操作人员不能靠近，点火元器件长时间在火焰周围受到高温容易造成损坏。此技术方案将点火元器件连接到回收盘上，点火成功后通过遥控器远程遥控，控制回收盘，将点火元器件收回到低温地段，防止点火元器件长时间在火焰周围受到高温损坏，并且避免人员进入到热放空的火焰周围人工手动回收。

（4）采用体积小巧方便携带的设计实现一机多用。整套设备全重仅 3.15kg，可随采气班组巡检车随车携带，只需要一个设备就可以实现多口采气井的井口热放空操作。

5 技术方案操作步骤及实际应用情况

5.1 具体操作步骤

（1）将设备放在井口放空池边沿上方，高压电子点火针通过边沿顺下悬于池内出气口上方（图5）；电源及双路继电器等装置顺延往后放到安全地带（图6）。

（2）操作人员离开放空池，适量打开采气树放空角阀（图7），打开开采气树放空闸阀。

（3）待放空池有气体喷出后，打开遥控器保险，按下点火开关（图8）即可。按钮控制方式为按下按钮持续点火，再次按下按钮点火结束。

（4）放喷气体点燃成功后，按下回收按键，回收盘自动将装备收回到安全距离外。

图5　电子点火针悬于池内出气口上方

图6　摆放电源及双路继电器

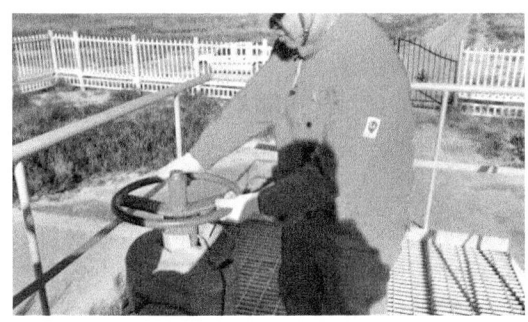

图7　适量打开采气树放空角阀

图8　按下点火开关

5.2　实际应用情况

初步实验测试。挑选两口采气井进行实验研究，共进行20次远程电打火热放空试验，成功17次。测试后，设备运转状态良好，高压电子点火针的针头部位及阻燃耐高温线前端被灼黑，在可控范围内不影响正常工作。

范围推广测试。随后对分公司某作业区的某采气班内两个集气站共18口常开井进行放空点火测试，以每口井10次引燃放喷气体成功为基准进行细化统计，具体测试效果见表1。此轮范围推广测试，累计成功点火180次，其中1次点火成功145次，1次点火成功率80.56%；2次点火成功22次，2次点火成功率12.22%；经3次及以上点火成功13次；多次（3次及以上）点火成功率7.22%。经现场实际分析，一次点火成功率高低与气井含水多少有关，放喷气体内含水较多的井，一次点火成功概率越低，但总体来说点火三次之内可以引燃绝大部分井口放喷气体。

综上多方试验验证，本装置符合实验预期及设计要求，可以范围推广。

表1 现场测试数据统计表

序号	井号	点火成功总次数	1次点火成功次数	2次点火成功次数	3次及以上点火成功次数
1	XS1-P4	10	8	2	0
2	XS6-101	10	7	1	2
3	XS6-102	10	7	2	1
4	XS6-103	10	8	2	0
5	XS6-202	10	8	1	1
6	XS6-301	10	7	2	1
7	XS6-308	10	7	0	3
8	XS6-309	10	7	2	1
9	XS6-313	10	8	1	1
10	XS6-X201	10	9	0	1
11	XS6-X307	10	10	0	0
12	XS603	10	7	2	1
13	XS1-P5	10	8	2	0
14	XS1-P6	10	9	1	0
15	XS1-P7	10	9	1	0
16	XS6-310	10	10	0	0
17	XS6-311	10	8	1	1
18	XS6-312	10	8	2	0
点火总次数		180	145	22	13
点火总成功率		—	80.56%	12.22%	7.22%

6 安全评估

整套设备操作方便快捷，安全环保无污染。不存在违背现行法律法规、标准规范关于安全环保的强制性要求；未涉及国家明令淘汰、禁止使用的危及生产安全、环境保护的工艺、设备；工作温度为常温，工作压力为常压，工作电压为12V直流电处于安全电压范畴；人员操作不涉及腐蚀、粉尘、剧烈震动等伤害。整套设备使用全过程不产生噪声、废气、废水、放射源环境危害因素等。人员可操作距离最大为100m，全程都在安全界限外，极大地减小了人员的操作风险，保障了人身安全，给予操作人员有力的安全保障。

7 结论

综上所述，此技术方案适用于大庆油田采气分公司（储气库分公司）所辖绝大部分采气井的热放空操作。整套设备操作方便快捷，安全可靠，避免人为点燃引火源，保障人身安全，并且只需要一人站在井口放空角阀处就可以实现放喷气体点火、控制放喷气量大小等操作，减少了操作人员的工作强度，提高了工作效率，降低了操作人员的安全风险。操作人员全程都在安全距离外，极大地给予了安全保障。

参 考 文 献

[1] 于山江．麦麦提．采气井井口工艺优化［J］．中国科技博览，2015，000（14）：27–27.

[2] 马骏，林盛旺．采气井口装置安全隐患的整改技术［J］．钻采工艺，2003，26（B6）：4.

五个"标准化"实现装置检修安全管理

张晓惠　亢　鞠

（迪那采油气油气管理区　新疆维吾尔自治区库尔勒市）

摘　要　油田密集复工复产，作业项目集中开工，油气生产装置检维修频繁启动，风险管控难度前所未有。本文充分认清做好当前安全环保工作的极端重要性，坚决扛起防范化解重大安全环保风险的政治责任。建立完善纵向到底、横向到边的全员安全生产责任体系，通过"标准化"建设研究，证明该模式可用于油气生产行业站队装置检维修的现场安全管理。

关键词　标准化建设　检修　质量　安全　高效

引言

企业安全生产设备设施薄弱，安全生产管理不力，安全标准意识淡漠，"三违"现象突出，标准化工作的相关制度、配套政策措施不完善等上述诸多原因是企业安全生产的重要环节，为此必须全面开展安全生产标准化建设，站内坚持问题导向、结果导向，用好PDCA循环工作法，做好制度"立改废"、体系优化、责任制落实等审核"后半篇文章"，加强设备设施管理，强化地面系统标准化设计，为准确把握落实"四全"管理体系，抓好"检修准备、检修项目、站内与站外、上游与下游、检修与产建、质量安全环保"六个统筹，坚持"应检必检、安全平稳、高效组织、协调推进"四项原则完成装置检修各项重点工作，站内完善创建"检修项目筛选清单"实现项目确立标准化、建立检修前三个"准备"实现前期保障标准化、严把现场"三关"实现检修现场标准化、验收用好"确认卡"实现检修质量标准化、创新"检修标准化签证单"做到签证结算标准化，五个"标准化"确保安全、高质、高效地完成装置检修任务。

1　项目确立标准化

将历年检修项目按照安全阀、压力容器、压力管道、阀门、电力、自动化、隐患治理、工程项目、技术改造9个方面逐一分析，分析汇总站内近10年的检修情况编制"检修项目筛选清单"，结合装置现有运行状况，给出2023年检修建议，解决历年检修项目有遗漏，开罐检查不知道"看什么，怎么看"的问题。

针对压力容器部分按照12个装置区121台设备梳理近10年国家强检情况，"深色部分"明确国家强检时间及周期、"浅色部分"明确内防腐及阳极块检查情况，"空白部分"2023年检修建议（图1）。

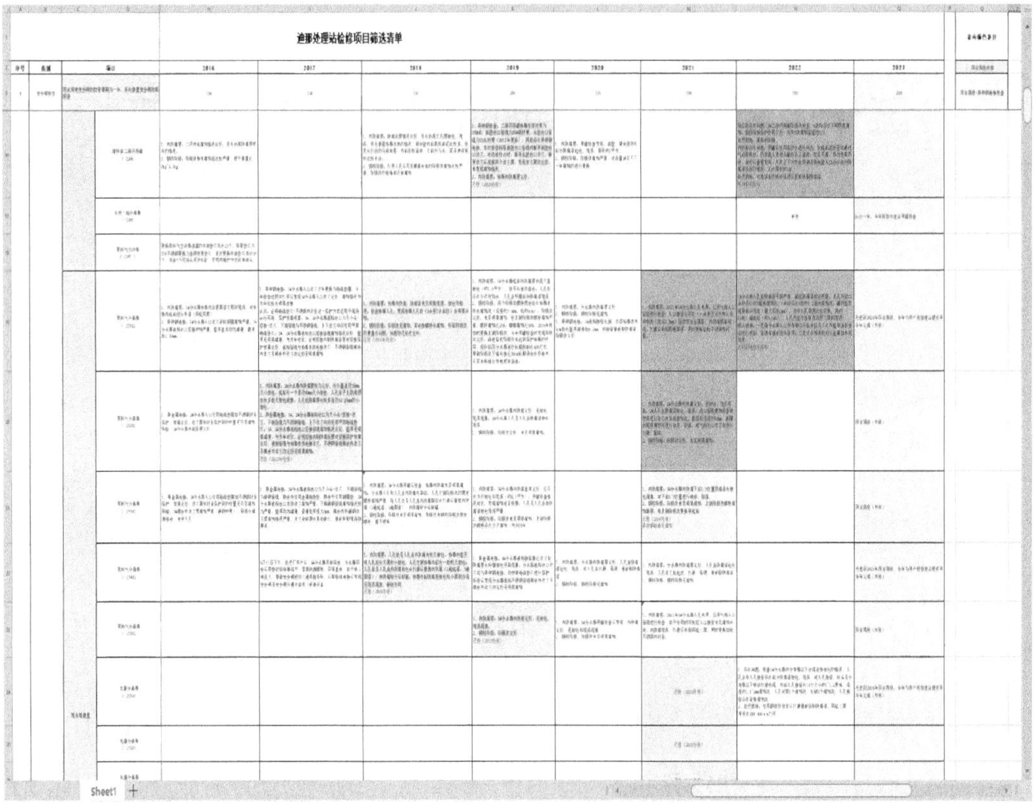
迪那处理站检修项目筛选清单

序号	名称	项目	2016	2017	2018	2019	2020	2021	2022	2023

Sheet1

图1　检修项目筛选清单“压力容器”部分

在清单编制时主要针对风险点重点研究，首先根据站内 8 个装置区针对腐蚀因素逐一分析，判断现有保护措施，根据压力等级、回路状态、腐蚀环境、流速、温度及保护措施对站内 194 个异种钢连接点逐一定级，根据分级标准确定检查周期，建立“建立分级清单”，为方便检修人员明确检查位置，绘制“异种钢连接点风险分布图”，站内风险点一目了然（图 2 和图 3）。

针对电力、自动化等专业，在清单编制时主要探索以提高装置运行时率来提升油气生产能力，从装置探索的角度分析装置不停产检修的制约因素及解决措施，结合现有运行状况给出 2023 年检修技改建议（图 4 和表 1）。

2　前期保障标准化

2.1　物料准备标准化

“专项物资清单”，明确物资到货、存放、数量及单价情况（图 5）。

2.2　机具准备标准化

“机具检查清单”，根据“操作工具、辅助设备、用电设备、防护设备、检测设备、特种车辆”进行划分，明确规格型号、单位、数量、准备情况及注意事项（图 6）。

迪那处理站异种钢连接台账（含容器与管线、管线与管线连接）

序号	装置名称	容器	安装位置	数量	管线材质	管线（容器）材质	管线DN	管线PN	管内介质	操作压力(MPa)	操作温度(℃)	垫片材质	垫片类型	安装方向	风险等级	增加的防腐措施/备注
1	段塞流捕集器 (S2201A/B)		入口管线与容器法兰连接处（汇管）	2	22Cr	16MnR	500	15	油气水混合物	10.8	50	316	八角垫	垂直		压力1+油水混合物3+高流速冲刷1+有措施-1*4 不锈钢内衬套+绝缘垫片+容器接管内防腐，南侧，不锈钢内衬套壳，碳钢套筒
2			气相出口管线与容器法兰连接处	2	22Cr	16MnR	400	15	原料气湿气	10.8	50	316	八角垫	水平		压力1+湿气3
3			液相出口管线与容器法兰连接处	2	22Cr	16MnR	150	15	油水混合物	10.8	50	316+石墨	金属缠绕垫	水平		压力1+油水混合物3+4
4		收球筒 (R2201/2202)	迪那1进站管线与收球筒清管三通管线连接处	1	22Cr	16Mn	300	15	原料气湿气	11.5	35	316	八角垫	垂直		压力1+湿气3，收球筒大多时间处于备用，无介质流动
5			迪那2进站管线与收球筒清管三通管线连接处	1	22Cr	16Mn	300	15	原料气湿气	11.5	50	316	八角垫	垂直		压力1+湿气3，收球筒大多时间处于备用，无介质流动
6			清管三通管线与高压放空管线埋地段法兰	1	22Cr	16Mn	200	15	原料气湿气	11.5	50	316	八角垫	垂直		压力1+湿气3，收球筒大多时间处于备用，无介质流动
7			DN1、DN2出站紧急放空阀后法兰	2	22Cr	16Mn	50	15	原料气湿气	11.5	50	316+石墨	金属缠绕垫	水平		压力1+湿气1*2
8			收球筒建压管线截止阀后法兰	2	22Cr	16Mn	50	15	原料气湿气	11.5	50	316+石墨	金属缠绕垫	水平		压力1+湿气1*2
9			收球筒出口管线系前法兰	2	22Cr	16Mn	300	15	原料气湿气	11.5	50	316+石墨	金属缠绕垫	水平		压力1+湿气1*2
10		湿气汇管	段塞流捕集器气相与汇管连接处	4	22Cr	16MnR	400	15	原料气湿气	11	50	316	八角垫	水平		压力1+湿气3
11			调压放空与湿气汇管连接处	1	22Cr	16Mn	300	15	原料气湿气	11	50	316	八角垫	水平		压力1+湿气3
12			PV2205后手阀前法兰	1	22Cr	锻钢	200	15	原料气湿气	11	50	316	八角垫	水平		压力1+湿气3
13			汇管排污手阀前法兰	1	22Cr	锻钢	100	15	油水混合物	11	50	316+石墨	金属缠绕垫	水平		压力1+湿气3+4，无介质
14		集气装置	汇管出口至气液分离器轨道球阀法兰	4	22Cr	16MnR	250	15	原料气湿气	10.6	50	316+石墨	金属缠绕垫	水平		压力1+湿气2+3
15			入口管线与容器法兰连接处	5	22Cr	16MnR	250	15	原料气湿气	10.6	50	316	八角垫	垂直		压力1+湿气1+高流速冲刷1*3

图2 迪那处理站异种钢连接台账示意图

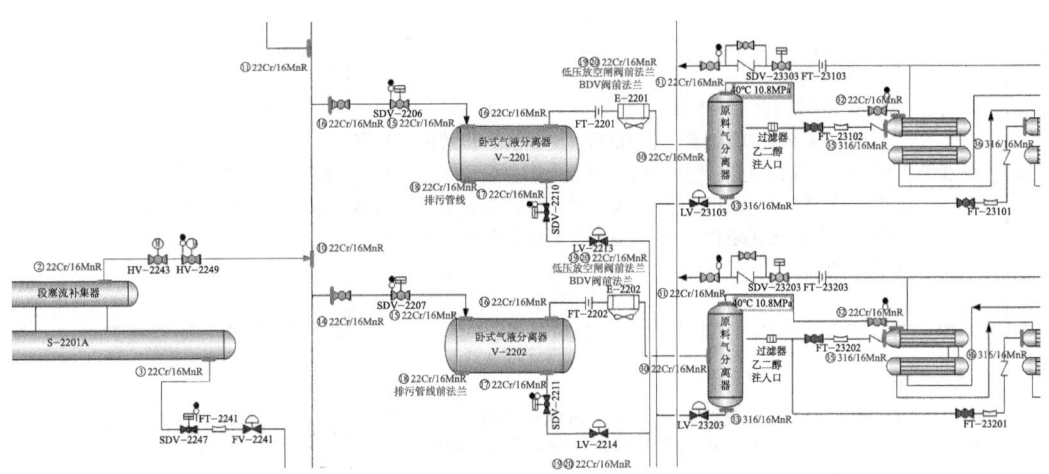

图3 迪那处理站异种钢连接点风险分布图

序号	类别	项目	2013	2014	2015	2016	2017	2018	2019	2020	2021	2022	2023
6	自动化	ESD系统测试 检修原因：保证逻辑联锁正常运行	已检	已检	已检	已检	已检	已检	已检	已检	已检	已检	应检
		服务器冗余测试 检修原因：测试服务器性能	已检	已检	已检	已检	已检	已检	已检	已检	已检	已检	应检
		消防系统测试 检修原因：测试消防系统联锁逻辑正常	已检	已检	已检	已检	已检	已检	已检	已检	已检	已检	应检
		UPS系统测试 检修原因：对UPS主机、电池进行性能测试	已检	已检	已检	已检	已检	已检	已检	已检	已检	已检，存在问题，UPS系统测试过程中，发现主	应检
		控制系统备份 检修原因：备份各类系统程序，系统故障能进行恢复	已检	已检	已检	已检	已检	已检	已检	已检	已检	已检	应检
		控制系统硬件维护及联锁测试 检修原因：对系统硬件及逻辑进行测试	已检	已检	已检	已检	已检	已检	已检	已检	已检	已检	应检
		执行机构检查、调试 检修原因：测试切断阀动作情况及附件正常情况	已检	已检	已检	已检	已检	已检	已检	已检	已检	已检	应检
		自控调节阀拆检 检修原因：测试调节阀动作情况及附件正常情况	已检	已检	已检	已检	已检	已检	已检	已检	已检	已检	应检
		孔板流量计检查 检修原因：计量交接仪表进行强制检定	已检	已检	已检	已检	已检	已检	已检	已检	已检	已检存在问题，1-4#孔板中法兰密封垫片脱落，多处出现电蚀、腐蚀	应检
		仪表校验 检修原因：所有仪表按相计量检定周期进行检定	已检	已检	已检	已检	已检	已检	已检	已检	已检	已检	应检
		其他								中间接线箱的接线及密封状况检查	(1)气动切断阀及安全阀拆检；(2)DCS系统软件升级；(3)液位计取压管拆下、加酸；(4)远程油外输斯EDS诊断试验；(5)自远程I/O柜新增电池电缆至最新油外输程发控制电缆柜紧固接触端子，完成柜内擦拭、进行逻辑确认；(6)双法兰液位计膜片检查		

图4 检修项目筛选清单"自动化"部分

表1 自控系统不停产检修的制约因素及对策

序号	检修项目	项目具体内容	不停产检修影响范围	解决措施
1	ESD系统测试	对处理站全厂及单套ESD系统连锁回路进行测试	单套ESD可采用轮换方式进行；全厂ESD影响迪那1进站、迪那2进站阀门、迪那1、2片区单井、注醇泵运行（延时2min）、凝析油外输、液化气外输	（1）全厂ESD测试时断开ESD系统与站外通信防止关井。 （2）暂时停止液化气、凝析油外输。 （3）关闭ESD放空阀前后手阀。 （4）进出站切断阀可通过收发球流程保持生产（收发球管径较小不能长时间运行）。也可对进出站切断阀加装排气堵头防止其动作（只能测试信号动作情况，无法观察阀门动作状态。 （5）整个测试时间控制在2min以内防止注醇泵停运
2	控制系统冗余测试	对处理站SCADA服务器2台、DCS系统控制器3套、ESD系统控制器1套、消防系统控制器1套、主RTU控制器1套及系统冗余供电电源进行测试	ESD冗余测试及DCS系统控制器切换理论上可在线测试，但有切换失败的风险，失败后所有自动阀进入故障状态将导致全厂停产	ESD及DCS控制全厂自动阀，如需在线测试应做好应急预案
3	UPS检修测试	对处理站6台UPS主机进行清理吹扫，充放电测试，电池电压、内阻检查，连接线紧固，电池柜清扫	理论上可以在线测试，但UPS测试异常可能造成控制系统失效	制定详细方案，按操作步骤进行
4	执行机构检查、调试	对处理站162台气动调节阀，152台气动切断阀进行远程开关测试、行程校验，并对现场阀门执行机构附件（仪表风管路、压力表、过滤减压阀等）进行检查。关键阀门过滤减压阀进行更换	进站、出站阀门关闭将全厂停产	进站阀门调试时来气短时间走收球流程，出站阀门调试时来气短时间走发球流程，可对其进行开关测试；若只需要测试信号逻辑，则在仪表风泄放口加装堵头即可
5	仪表标定	除燃料气总流量计之外，其他均可在线维修	各用气单元、设备停运	进行技术改造，为燃料气总流量计增加前后手阀和旁通阀

序号	按区域或其他方式分类	检修项目	需要物资	单位	数量	单价	物资到货情况
1	集气装置	2号卧式气液分离器（V2202）重做内防腐	八角垫 PN15.0 DN500 0Cr18Ni9 RTJ GB/T9128-	件	1	3667.70	14-35-00-47
			八角垫 PN15.0 DN250 0Cr18Ni9 RTJ GB/T9128-	件	3	1118.30	02-18-03-10
			八角垫 PN15.0 DN80 0Cr18Ni9 RTJ GB/T9128-2003	件	2	497.00	13号库房
			八角垫 PN15.0 DN50 0Cr18Ni9 RTJ GB/T9128-2003	件	3	344.00	13号库房
			八角垫 PN15.0 DN25 0Cr18Ni9 RTJ GB/T9128-	件	4	344.00	02-18-01-06
			内外环金属缠绕垫片DN100 PN5.0	件	2	107.08	货架14-27-02-17
			铝合金牺牲阳极 A11C-2 500*(115+135)*130	块	4	443.59	2022年检修计划
			防腐涂料 JG-01（底漆/面漆）	千克	40/40	70.00	火炬库房
			盲板PN15.0 DN250	件	1	120.00	火炬库房
			盲板PN15.0 DN80	件	1	90.00	火炬库房
			盲板PN15.0 DN50	件	1	80.00	火炬库房
			石英砂	吨	4	900.00	新海2022年1月17日检修
2		3号卧式气液分离器（V2203）开罐检查	八角垫 PN15.0 DN500 0Cr18Ni9 RTJ GB/T9128-	件	1	3667.70	14-35-00-47
			八角垫 PN15.0 DN250 0Cr18Ni9 RTJ GB/T9128-	件	3	1118.30	02-18-03-10
			八角垫 PN15.0 DN80 0Cr18Ni9 RTJ GB/T9128-2003	件	2	497.00	13号库房
			八角垫 PN15.0 DN50 0Cr18Ni9 RTJ GB/T9128-2003	件	3	344.00	13号库房
			八角垫 PN15.0 DN25 0Cr18Ni9 RTJ GB/T9128-	件	4	344.00	02-18-01-06
			内外环金属缠绕垫片DN100 PN5.0	件	2	107.08	货架14-27-02-17
			铝合金牺牲阳极 A11C-2 500*(115+135)*130	块	4	443.59	2022年检修计划
			防腐涂料 JG-01（底漆/面漆）	千克	40/40	70.00	火炬库房
			盲板PN15.0 DN250	件	1	120.00	火炬库房
			盲板PN15.0 DN80	件	1	90.00	火炬库房
			盲板PN15.0 DN50	件	1	80.00	火炬库房
			丝堵	件	4	30.00	待加工

图5 专项物料清单

序号	分类	工器具	规格型号	单位	数量	准备情况	注意事项
1	操作工具	梅花起子	200mm	把	1	已到位	（1）做好工器具入场登记 （2）安全检查
2		活动扳手	300mm	把	1	已到位	
3	辅助设备（不涉及用电）	收油槽	1m³	个	若干	已到位	（1）检查规格型号 （2）核对管径和承压等级
4		收液装置		套	1	已到位	
5	用电设备（含充电、电池、现场接电）	防爆应急灯	海洋王	套	2	已到位	（1）检修期间用电设备的充电工作及备用电池准备工作 （2）入场前做好用电设备规格检查 （3）作业前完成接电检查
6		对讲机	motorola	台	1	已到位	
7	防护设备	长管式呼吸器	巴固	套	2	已到位	按照相关防护标准完成设备完整性及安全检查
8		干粉灭火器	8kg	具	2	已到位	
9	检测设备	气体检测仪	四合一	台	2	已到位	入厂前一周完成设备测试，确认功能正常
10		汞检测仪	RA-915+	台	1	已到位	
11		漆膜测厚仪	HCC-24	台	1	已到位	
12	特种车辆	罐车	50m³	辆	1	未到位	（1）做好车辆入场检查与登记 （2）记录车辆工作时间与进出站时间

图6 机具检查清单

2.3 人员配备标准化

根据施工人员专业及擅长领域进行分组,检修期间流水线作业确保检修质量(图7)。

序号	分级情况	人员配备	工种情况	备注
1	容器检修1组(6人)	李洲业、阚国泰、赵小龙、李发平、贾胜林、外协1人	叉车工1人/其他为普工	颜色对应横道图中人员分配
2	容器检修2组(6人)	柳宝、李云奇、黄荣、曾基勇、李顺全、钟明	焊工1人/司索1人/其他为普工	
3	阀门1组(7人)	张志延、李志虎、王永伟、李大钊、外协3人	叉车工1人/司索1人/其他为普工	
4	阀门2组(7人)	张俊、金辉、王永伟、李大钊、外协3人	叉车工1人/司索1人/焊工1人/其他为普工	
5	防腐1组(9人)	王盈刚(防腐8人)	叉车工1人/其他为普工	
6	防腐1组(12人)	张向金、王博(防腐10人)	叉车工1人/架子工3人/其他为普工	
7	保运组	张俊、张向金、赵小龙、阚国泰、王盈刚	叉车工1人/焊工1人/管工1人/其他为普工	站内紧急运维人员(各组抽调)

图7 人员分配图

3 检修现场标准化

3.1 严把方案关

检修方案采用"图示+说明+附表"的方式细化内容,确保任何参检人员清步骤、知风险、懂防护,采用"视频自证"的方式开展年度检修方案现场确认工作,力争方案写实最优(图8)。

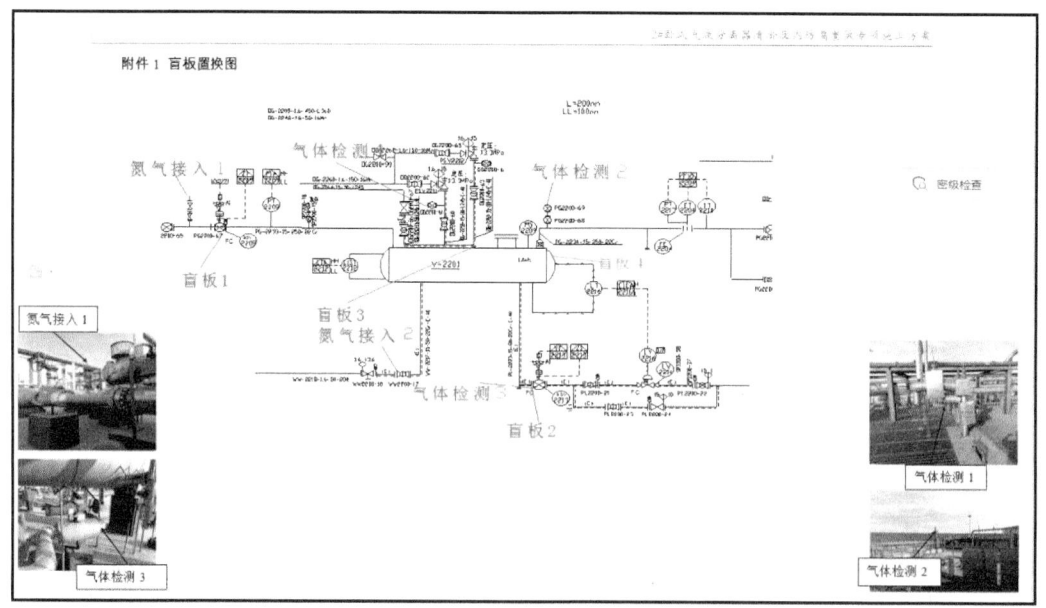

图8 检修方案示意图

3.2 严把人员关

打造承包商入场培训"样板间",入场施工作业流程化,提高服务意识,加快承包商入场效率(图9)。

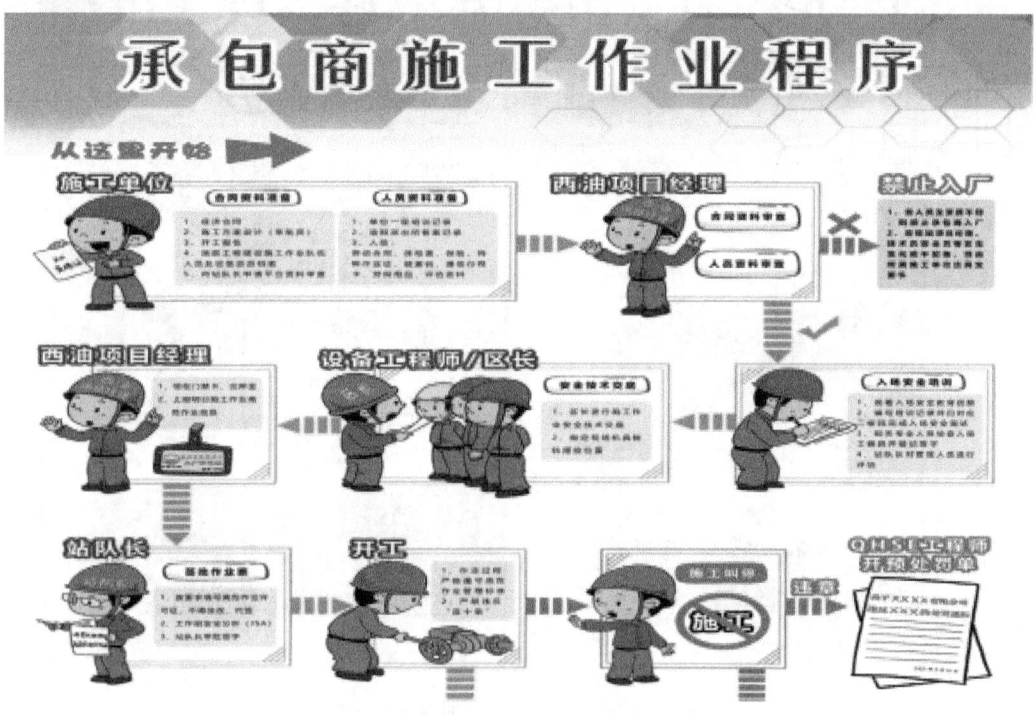

图9 施工作业流程化 提高入场效率

(1)入场安全培训视频化。拍摄制作临时承包商入场须知视频,将安全提示动态化,强调落实入场安全,视频+配音模式让承包商入眼入耳入心(图10)。

图10 培训视频化 落实入场安全

（2）高危作业管理标准图示化。图示化常规应用场景，帮助承包商员工加深高危作业标准理解，为入场施工单位提供学习新思路（图11）。

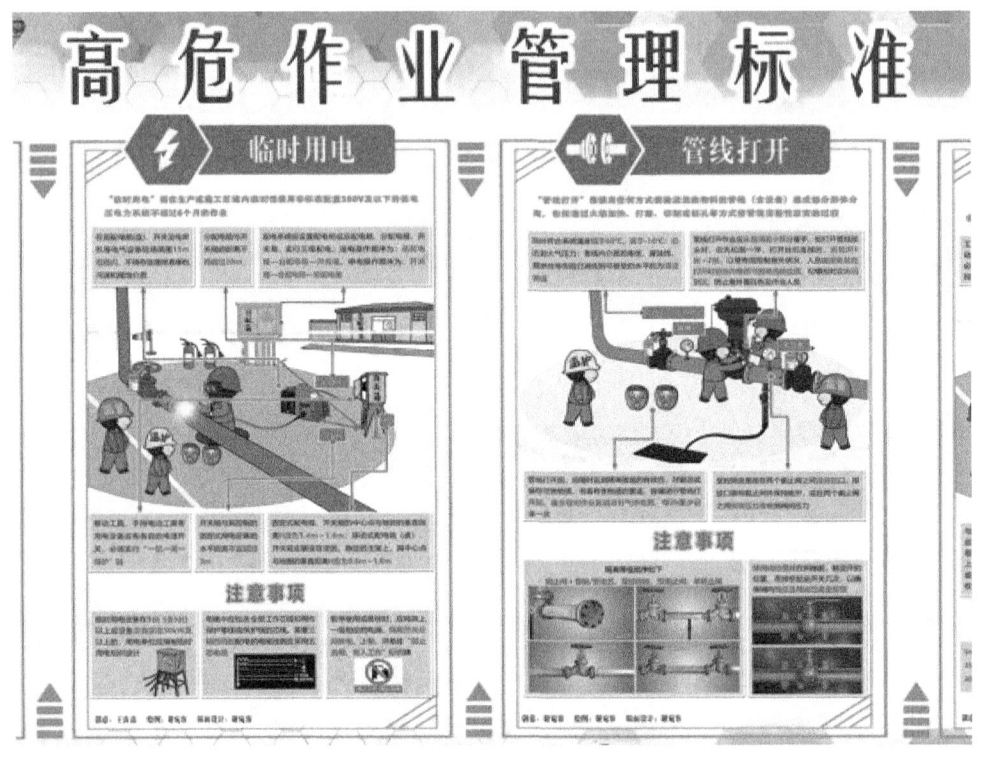

图11　作业标准图示化　加深标准理解

（3）入场安全培训考试无纸化。汇编九项高危作业标准考试题库，扫码答题，减轻培训人员阅卷负担（图12）。

图12　培训考试无纸化　扫码答题减负担

（4）培训情况目视化。考试合格人员粘贴对应标识于安全帽，作业现场可查看培训情况（图13）。

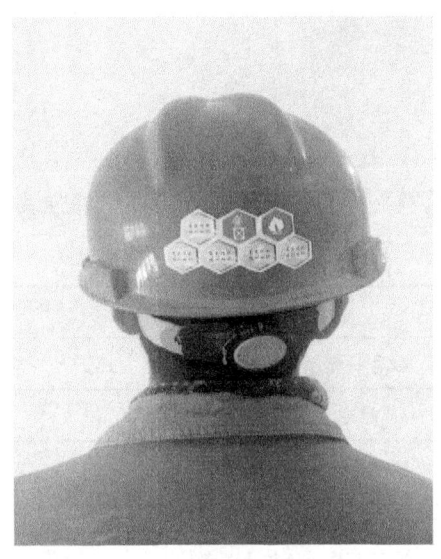

图13　评估结果目视化 一看便知

3.3　严把现场关

结合禁令开展工作安全分析、关键环节开展安全经验分享，针对高危作业编制 7 张高危作业检查卡，现场监督执行“高危作业检查卡”、高风险作业开展视频自证，实施全方位、全过程的监督，确保实现安全高质量检修（图 14）。

高危作业现场监督检查表——吊装作业

项目名称：　　作业地点：　　监督人：　　时间：

项目	检查内容	是（√）	否（×）	不适用	隐患清单对应项
作业票	安全工作许可证批准				较大第5条
	吊装作业许可证批准				较大第5条
	未按授权范围审批作业许可				一般第14条
	未对作业区域内危险能量、物料来源等危害进行辨识				一般第3条
	白色票必须放置在现场；黄色票放置在现场或主控室/值班室；粉色票由相关方留存；蓝色由签发方留存				一般第41条
	特殊时段的作业票审批按照《开发部特殊时段安全生产工作升级管理实施细则》执行				
人员	对进入作业范围内人员进行管控，并对外来人员进行安全提示				一般第229条
	作业监督人全程监护、监督整个作业过程				较大第137条
	现场应急处置方案应与现场实际相符				一般第74条
	作业监督人应参与JSA, 清楚作业风险及控制措施				较大第142条
	汽车起重机司机应由本单位培训评估合格并取得上岗资质				重大第1条
	起重机械指挥在指挥起重作业时应佩戴标识				一般第48条
	起重机械指挥、起重机司机特种作业人员应持有相应的资质证				一般第88条，重大第1条
	劳保穿戴整齐规范				
	身体健康，两眼视力良好，无影响起重机操作疾病和生理缺陷				
	上岗前必须保证足够的睡眠，上岗前无饮酒				
	了解作业内容和作业现场情况，任务明确				
	起吊前起吊前吊车司机与司索指挥应明确指挥信号，有专人指挥				一般第28条，第49条
起重机（司机负	起重部分必须技术监督部门检验，取得准用合格证、并在有效期内				
	汽车起重机行驶部分必须经过车管部门年检（超过使用年限的起重机半年一检）合格				
	卷筒制动器制动灵敏可靠、蓄力器压力达到规定值以上、力距检测器工作正常				
	各部声光信号、仪表显示正常，操作控制开关灵敏有效				
	吊钩无缺陷（吊钩无裂纹、变形；吊钩磨损高度不得超过原高度的10%；吊钩防脱绳保险有效）				一般第46条
	钢丝绳无缺陷（钢丝绳端头固定牢固，吊钩处于最低位置时，卷筒上的钢丝绳不得少于3圈；钢丝绳一个捻距内断丝不超10%，无腐蚀、变形等；钢丝绳润滑充分）				
	滑轮无缺陷（滑轮无裂纹、变形，滑轮槽磨损不得超过原厚度的10%；滑轮绳润滑充分）				

动火　受限空间　高处　吊装　挖掘　临时用电　管线打开

图14　高危作业检查卡

4 检修质量标准化

4.1 容器内防腐工序确认卡

明确内防腐施工关键工序及质量标准及注意事项，加强装置本质安全（表2）。

表2 容器内防腐关键工序确认卡

容器内防腐关键工序确认卡			
设备名称：		监护人：	
序号	关键工序	质量标准	注意事项
1	喷砂、防腐工器具入场检查	电气设备机械完整性、强制检定器具在检定有效期内	设备试运行+刷漆人员试刷（提前两周）
2	施工方案、防腐方案培训	管理人员、施工人员、监护人员熟知方案内容	人员能力评估+方案技术交底（提前一周）
3	搭设脚手架	Q/SY TZ 0494—2017《脚手架安全技术标准》	
4	容器压液	压液完成、压力落零	排液槽摆放需注意风向
5	容器置换、清洗	热洗 置换	（1）热水温度控制在50~60℃； （2）临时用电必须实行"一机一闸一保护"制
6	进出口管线加装盲板	置换合格加装盲板，填写盲板装拆记录	管线打开：确认能量隔离并开展气体检测仪
7	开罐清淤	开罐，填写所需作业票，对容器进行清污，用锯末、大布擦拭罐壁，露出防腐层或金属本体	（1）（卧式气液分离器吊车80t、吊带5t、井口管线1.8t、出口管线4.5t）吊装作业：资质检查、试吊、风力、指挥信号及现场人员清理。 （2）汞含量大于20000ng/m³时，停止作业。 （3）受限空间：佩戴全身式安全带，系救援绳，进入前进行气体检测，佩戴长管式呼吸器；保持罐内通风；可燃气体含量<10%LEL，氧气含量19.5%~23.5%
8	容器内腐蚀情况检查	在容器结构示意图内标注腐蚀情况，并拍照存档	22kg阳极块，阳极块腐蚀量超过原重量的1/3则对牺牲阳极进行更换
9	喷砂除锈/焊缝打磨	磨料选择、锚纹深度、检测部位点数、除锈等级等关键内容按照Q/SY TZ 0391—2017《压力容器内涂层施工及验收规范》执行	（1）喷砂：5~6目石英砂。 （2）锚纹深度仪测量粗糙度，在40~80μm合格。 （3）检测部位点数： 卧式气液分离器（容积：11.62m³） 罐底5，罐壁10，罐顶5，附件5，共计25处； 二闪（容积：67.82m³） 罐底10，罐壁15，罐顶10，附件10，共计45处。 （4）除锈等级：St2.5（无可见的油脂、污垢，无可见的附着不牢的氧化皮、铁锈、涂层和其他异物）

续表

容器内防腐关键工序确认卡

设备名称： 　　　　　　　　　　　监护人：

序号	关键工序	质量标准	注意事项
10	容器表面除尘	表面处理后，应采用干燥、洁净、无油污的压缩空气将表面吹扫干净，压敏粘带法测试清洁度等级应达到GB/T 18570.3规定的3级	灰尘等级应达到3级或3级以下，以正常或矫正视力清楚可见（微粒直径可达0.5mm）
11	容器内表面防腐施工	涂料规格型号、涂层结构、单层厚度、涂料配比、熟化时间、涂装时间间隔、防腐作业温度、适度要求等关键内容严格按照涂料使用说明书与Q/SY TZ 0391—2017《压力容器内涂层施工及验收规范》执行	检测合格后按照JG-01底漆、面漆的配比要求（100：16）人工涂刷底漆2遍面漆3遍，下一道涂料应在上一道涂料表干之后、实干之前，且接近实干的状态涂覆，20℃下，两道涂层施工间隔8~10h，每遍漆膜的厚度为60~80μm
12	内防腐层电火花检测	绝缘涂层用电火花检测：（1）按厚度采取电火花检测方法进行检测；（2）电火花检测电压为5V/μm，以无涂层漏点合格	进行现场检测，每一道涂层表干后，不得有分层起皮、流挂、漏涂等现象，用漆膜测厚仪测量涂刷总厚度（300~400μm），涂层干膜厚度检测，应在涂层固化以后进行检测，涂层厚度检测点数，卧式气液分离器不少于10点，二闪不少于35点，焊缝部位不得少于总点数的20%
13	不合格涂层复涂	检查出的漏点应进行修补或复涂；平均每平方米漏点数不超过1个时，应进行修补；超过1个时，应对该部分进行全面复涂	
14	复涂区域内防腐层电火花检测	绝缘涂层用电火花检测：（1）按厚度采取电火花检测方法进行检测；（2）电火花检测电压为5V/μm，以无涂层漏点合格	
15	牺牲阳极安装	牺牲阳极的安装应符合SY/T 0047—2012《油气处理容器内壁牺牲阳极阴极保护技术规范》规定的"牺牲阳极安装支架与焊缝距离应不小于100mm，牺牲阳极与容器壁的距离宜不小于150mm，当牺牲阳极与容器壁距离小于150mm时，牺牲阳极靠近容器壁的表面应有绝缘防腐层	回装牺牲阳极及内构件，阳极块腐蚀量超过原重量的1/3则对牺牲阳极进行更换（注意安装高度低于15cm的，在阳极块背部须涂刷防腐漆，高于15cm无需刷防腐漆）
16	通风养护	环境温度10℃以上，通风养护7天；环境温度低于10℃，考虑增加加热设施并适当延长养护时间	
17	封装人孔、拆除盲板	人孔回装、盲板拆除，填写盲板装拆作业许可证	
18	拆除脚手架	Q/SY TZ 0494—2017《脚手架安全技术标准》	

4.2 关键程序确认表

锚纹深度、内涂层质量、电火花测试关键节点记录确认（图 15）。

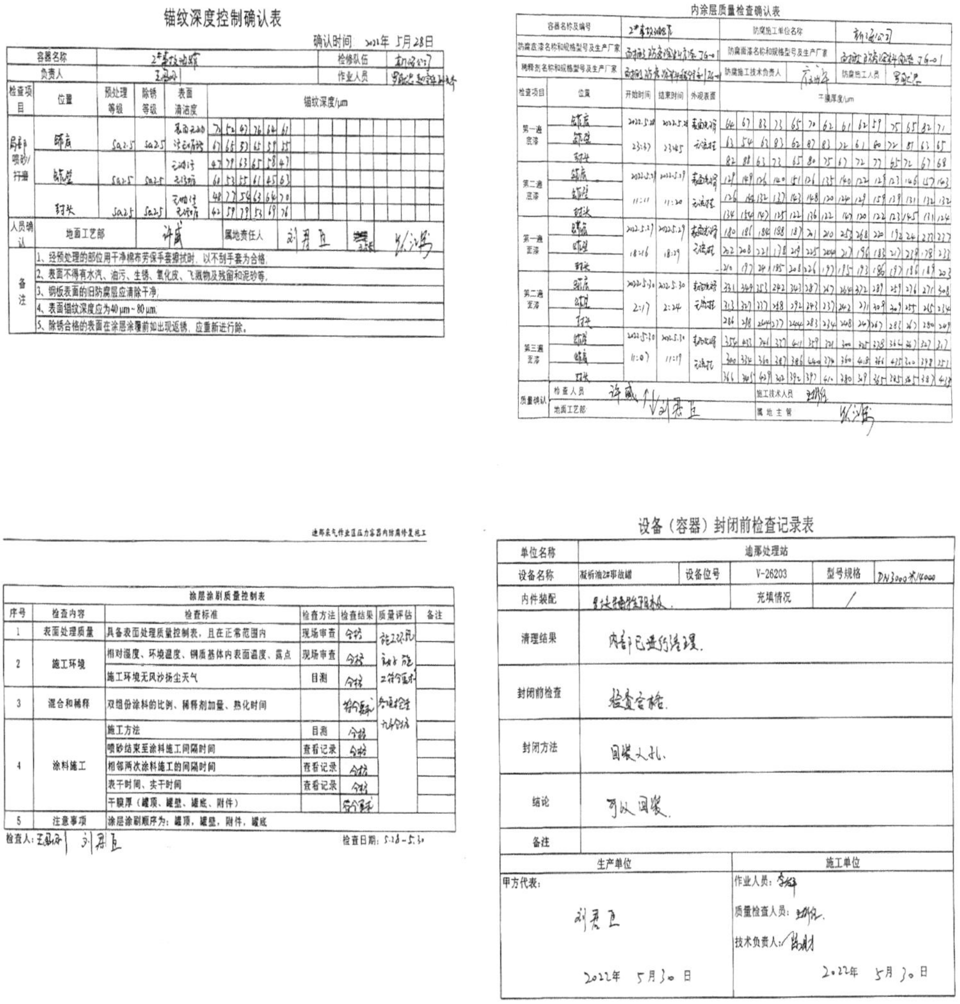

锚纹深度控制确认表

确认时间 2022年 5月28日

容器名称	2#事故油罐								检修队伍	新阳公司
负责人	王晶								作业人员	罗配忠 赵宇 孙
检查项目	位置	预处理等级	除锈等级	表面清洁度	锚纹深度/μm					
局部喷砂/打磨	罐底	Sa2.5	Sa2.5	表面无油污无锈	73	52	67	76	64	61
					67	65	53	65	59	55
	罐壁	Sa2.5	Sa2.5	无油污无锈	47	79	63	65	58	47
					60	53	55	61	45	63
	封头	Sa2.5	Sa2.5	无油污无锈	48	77	54	63	64	70
					62	59	79	53	69	76
人员确认	地面工艺部	许威	属地责任人	刘君良		张江				

备注：
1、经预处理的部位用干净棉布劳保手套擦拭时，以不刮手套为合格；
2、表面不得有水汽、油污、生锈、氧化皮、飞溅物及残留和泥砂等；
3、钢板表面的旧防腐层应清除干净；
4、表面锚纹深度应为40 μm～80 μm；
5、除锈合格的表面在涂层涂覆前如出现返锈，应重新进行除。

内涂层质量检查确认表

容器名称及编号	2#事故油罐	防腐施工单位名称	新阳公司
防腐底漆名称和规格型号及生产厂家	西北防腐涂料底漆 JG-01	防腐面漆名称和规格型号及生产厂家	西北防腐涂料面漆 JG-01
稀释剂名称和规格型号及生产厂家	西北防腐涂料稀释剂 JG-01	防腐施工技术负责人 / 防腐施工人员	方小明 / 罗配忠

检查项目	位置	开始时间	结束时间	外观表面	干膜厚度/μm													
第一遍底漆	罐底	2022.5.28 23:37	2022.5.28 23:45	表面光滑无流挂	64	67	83	73	65	70	62	61	62	59	75	65	82	71
	罐壁				63	54	63	83	62	87	83	72	61	80	72	81	63	65
	封头				82	88	63	73	65	80	75	67	72	77	65	72	67	68
第二遍底漆	罐底	2022.5.27 11:11	2022.5.29 11:20	表面光滑无流挂	129	149	126	140	151	126	135	140	122	128	123	146	157	163
	罐壁				126	149	132	137	163	148	120	124	129	159	139	131	132	132
	封头				134	154	147	125	122	136	122	167	120	122	123	145	131	124
第一遍面漆	罐底	2022.5.27 18:16	2022.5.29 18:29	表面光滑无流挂	180	181	184	188	187	201	210	253	268	220	192	241	237	227
	罐壁				202	208	221	178	219	225	204	217	196	183	217	239	178	233
	封头				210	197	241	195	208	226	197	195	193	186	197	186	189	203
第二遍面漆	罐底	2022.5.30 2:17	2022.5.30 2:24	表面光滑无流挂	331	349	353	242	343	287	267	264	372	289	259	276	271	308
	罐壁				313	327	337	218	292	243	237	242	271	309	309	255	265	234
	封头				286	298	264	277	244	283	234	248	247	267	283	267	280	249
第三遍面漆	罐底	2022.5.30 11:07	2022.5.30 11:19	表面光滑无流挂	356	433	341	377	411	359	321	300	325	328	364	367	327	317
	罐壁				300	334	360	387	386	440	376	360	418	366	435	300	398	251
	封头				366	365	429	302	392	397	410	380	349	365	385	365	387	438
质量确认	检查人员	许威			施工技术人员	王敏												
	地面工艺部	刘君良			属地主管	张江												

迪那采气作业区压力容器内防腐修复施工

涂层涂刷质量控制表						
序号	检查内容	检查标准	检查方法	检查结果	质量评估	备注
1	表面处理质量	具备表面处理质量控制表，且在正常范围内	现场审查	合格	施工环境良好，施工符合要求，各项检查均合格	
2	施工环境	相对湿度、环境温度、钢质基体内表面温度、露点	现场审查	合格		
		施工环境无风沙扬尘天气	目测	合格		
3	混合和稀释	双组份涂料的比例、稀释剂加量、熟化时间		符合要求		
4	涂料施工	施工方法	目测	合格		
		喷砂结束至涂料施工间隔时间	查看记录	合格		
		相邻两次涂料施工的间隔时间	查看记录	合格		
		表干时间、实干时间	查看记录	合格		
		干膜厚（罐顶、罐壁、罐底、附件）		符合要求		
5	注意事项	涂层涂刷顺序为：罐顶，罐壁，附件，罐底				

检查人：王晶 刘君良　　检查日期：5.28－5.30

设备（容器）封闭前检查记录表

单位名称	迪那处理站				
设备名称	凝析油2#事故罐	设备位号	V-26203	型号规格	DN3000*14000
内件装配	罐内无其他杂物		充填情况	/	
清理结果	内部已进行清理。				
封闭前检查	检查合格。				
封闭方法	回装人孔。				
结论	可以回装。				
备注					
生产单位			施工单位		
甲方代表：刘君良　2022年 5月30日			作业人员：李 质量检查人员：王敏 技术负责人：陈 2022年 5月30日		

图15　关键程序确认表

4.3 层级验收模式

由作业人员、属地部门、管理区三级检查验收，确保本质安全（图 16）。

5 签证结算标准化

（1）“先算后干”，做到心中有数：根据检修大表估算当年检修费用。

（2）“干完就签”，做到签证靠实：当日工作结束后统计当天工作量，完成工作量签证，做到签证靠实。

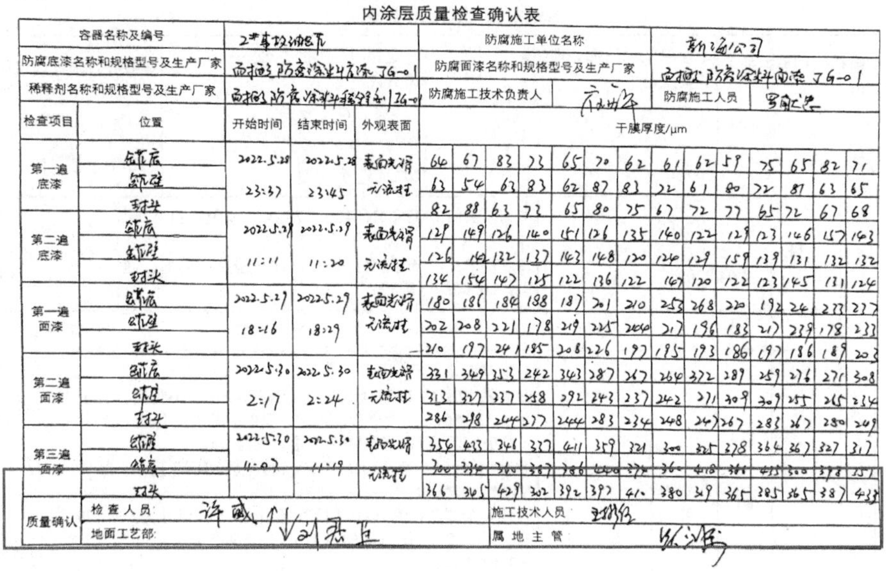

图16 三级验收

(3)"精准预测",做到签证靠前:检修中存在工作量大、时间不确定的情况,为保障当日工作量能够当日完成统计,切实落实签证靠实,根据历年检修工作量及检修固定工作分析,编制"检修标准化签证单",根据施工工序细分为"固定部分"与"可调部分",检修作业后在"工程量"部分填写"有""无"即可,避免工作量核实不清,提高结算时间(图17和图18)。

6 结论

(1)检修项目无遗漏。解决历年"头脑风暴"式检修项目筛选,站内检修项目全覆盖,检修容器无遗漏。

(2)物资保障更精确。确保前期检修物资,明确检查到位情况,精准把控检修进度。

(3)安全更加受控。入场施工作业流程化使场手续办理时间平均缩短50%、入场安全培训视频化使得安全提示具体化,强调落实入场安全,4个月内入场安全相关隐患呈下降趋势、高危作业管理新标准图示化让高危作业相关隐患数量下降80%,违章作业数量下降21%、入场安全培训考试无纸化自设置扫码答题以来,临时承包商主动学习高危作业管理标准,互相讨论,自主答题,极大提高了培训质量,落实了入场安全考试。

(4)质量更有保障。清单管理明确检查重点,关键环节精准把控,层级验收确保装置本质安全。

(5)结算时间大幅度提升。解决检修时间长项目多,工作量写实易混不准,工作量汇总逐一确认时间长的难题。

迪那油气开发部工作量签证单							
施工单位：新疆华油新海石油工程技术有限公司 项目负责人： 2022年__月__日				基层单位：迪那处理站 负责人： 2022年__月__日		专业部门：生产办公室 负责人： 2022年__月__日	业务分管领导或授权委托人： 2022年__月__日	
序号	名称	位号	v-2201/2202/2203/2204/2209	规格参数	型号：P13.6MPaDN1400×7924。容积：11.62m³ 容器类别：III。设计压力：13.6MPa，工作压力：12.95MPa。工作温度：45℃，设计温度：65℃。净重：26500kg（卧式）	作业日期	2022/5/7
1	集气装置	卧式气液分离器	一	固定部分	单位	施工内容	工程量
			作业项目	1.1	保温拆装	项	拆除与恢复： 拆装液相SDV2211阀规格为DN80-PN15.0阀门保温盒1个，尺寸φ380*600，拆装DN80PN15.0液相法兰保温盒1只，尺寸为φ380*350，拆φ89带法兰短接管保温2m； 拆装气相出口DN250-PN15.0流量计阀门保温盒1个，尺寸1000*1000*800； 拆装安全阀DN50-PN15.0接管保温盒1个，尺寸：φ300*300； 拆装卧式气液分离器罐底DN50-PN15.0法兰保温盒1个，尺寸φ300*300； 拆装DN50-PN15.0阀门保温盒1个，尺寸350*400*700； 以上保温做法为：内包憎水型复合硅酸盐板50mm×2层，外包0.75mm铝皮	有
				1.2	系统隔离置换与恢复	项	系统隔离： 拆装卧式气液分离器入口DN250-PN15.0法兰1副，倒换同规格八字盲板1片，加装同规格临时垫片2片； 拆装DN250-PN15.0法兰2副，拆除分水器入口至SDV2209入口球阀间DN250PN15.0带法兰短接管9m1根； 拆装液相SDV2211阀DN80-PN15.0法兰2副，拆除DN80PN15.0长度2m的带法兰短接管2m，加装同规格临时盲板1片，加装同规格临时垫片1片； 拆装气相出口DN250-PN15.0法兰2副，拆除气相出口DN250-PN15.0带法兰短接管11m； 拆装安全阀DN50-PN15.0接管法兰，加装同规格临时盲板1片，加装同规格临时垫片1片； 拆装分水器排污DN50-PN15.0法兰2副，拆除DN50PN15.0带法兰短接管2m； 系统恢复： 拆装卧式气液分离器入口DN250-PN15.0法兰1副，倒换同规格八字盲板1片，加装同规格八角垫2片； 拆装DN250-PN15.0法兰2副，安装分水器入口至SDV2209入口球阀间DN250PN15.0带法兰短接管9m1根； 拆装液相SDV2211阀DN80-PN15.0法兰2副，拆除DN80PN15.0长度2m的带法兰短接管2m，拆除同规格临时盲板1片，加装同规格八角垫2片	有
				1.3	人孔拆装	项	拆装DN500-PN15.0人孔盖1个，清理DN500-PN15.0法兰密封面2个，对密封面涂抹润滑脂，更换DN500-PN15.0八角垫1片，对更换的八角垫缠绕聚四氟乙烯带2层，人孔拆除使用液压扳手（双同步扭矩为25000N/m）1台班	有
							（1）人工铲除容器内含油淤泥0.1m³，用水桶从人孔口倒运至容器外并倒入地面污水桶盛装 （2）使用高压水冲洗容器内壁1遍，将冲洗后的废液用水桶从人孔口倒运至容器外并倒入地面污水桶盛装	

图17 检修标准化签证单"固定部分"

施工单位：新疆华油新海石油工程技术有限公司 项目负责人： 2022年__月__日			基层单位：迪那处理站 负责人： 2022年__月__日		专业部门：生产办公室 负责人： 2022年__月__日		业务分管领导或授权委托人： 2022年__月__日	
序号	名称	位号	v-2201/2202/2203/2204/2209	规格参数	型号：P13.6MPaDN1400×7924。容积：11.62m³ 容器类别：Ⅲ。设计压力：13.6MPa，工作压力：12.95MPa。工作温度：45℃，设计温度：65℃。净重：26500kg（卧式）		作业日期	2022/5/7
		二	可调部分	单位	施工内容		工程量	
		作业项目	2.1	局部内防	m²	（1）副容器内所有接管内孔采用毛毡进行封堵，脱落部位旧漆膜厚度400μm，用电动打磨机打磨，除锈等级达到Sa2.5，人工清理旧漆膜残屑。 （2）采用干燥、清洁、无油的压缩空气将表面吹扫干净，打磨面罐壁用大布擦拭3遍后使用面团粘罐壁1遍。 （3）副容器内壁进行内壁涂腐，采用滚筒人工涂刷JG-01耐酸防腐蚀涂料底漆2道，JG-01耐酸防腐蚀涂料面漆4道，防腐总厚度300μm。（JG-01耐酸防腐蚀涂料、稀释剂、固化剂，均为65元/kg，JG-01耐酸防腐蚀涂料用量为0.5kg/m²·每一遍、稀释剂、固化剂用量为0.3kg/m²·每一遍，刷涂料工具、石英砂及耐酸防腐蚀涂料JG-01为乙方提供）		见施工工作量	
			2.2	保温层拆装	m³	拆装整台设备外部保温层		无	
			2.3	保温层拆装	m²	拆装整台设备外部保护层（0.75mm工业铝皮）		无	
			2.4	焊缝打磨（容器焊缝）	m	设备外部焊缝打磨，打磨环缝3.6m×6道、纵缝1.5m×5道，焊缝两边各打磨150mm宽； 焊缝检测完毕后，二次打磨焊缝处的着色剂，打磨环缝3.6m×6道、纵缝1.5m×5道，焊缝两边各打磨150mm宽		见施工工作量	
			2.5	焊缝打磨（容器接管焊缝）	m	设备容器开口接管焊缝打磨，打磨φ114角焊缝2道，φ34角焊缝3道，φ60角焊缝2道，φ168角焊缝1道，φ530角焊缝1道，焊缝外侧各打磨150mm宽； 焊缝检测完毕后，二次打磨焊缝处的着色剂，打磨φ114角焊缝2道，φ34角焊缝3道，φ60角焊缝2道，φ168角焊缝1道，φ530角焊缝1道，焊缝外侧各打磨150mm宽		见施工工作量	
			2.6	焊缝打磨处刷漆	m²	设备外部焊缝二次打磨后，刷环氧富锌底漆2道（打磨材料及油漆由乙方提供）		见施工工作量	
			2.7	脚手架（独立双排）	m²	搭拆16*3.5____m²（周长C*高h）		有	

迪那油气开发部工作量签证单

图18　检修标准化签证单"可调部分"

参 考 文 献

[1] 李康宁.加强设备管理工作提高设备运行效率[J].设备管理与维修，2011（1）：37-39.

[2] 山何富刚.刘侠.杨辛.PDCA循环在工程项目进度管理中的应用[J].水电站设计，2009（2）.

[3] 杨峰，傅俊.高新技术企业标准化管理的关键要素分析[J].武汉理工大学学报（信息与管理工程版），2011，5：72-74+77.

数字化手段在企业安全监督中的应用

樊正中[1]　宋昌雨[2]　赵艺皓[1]

(1. 中国石油工程建设有限公司　北京
2. 中国石油天然气集团公司　北京)

摘　要　当前，随着经济建设步伐的进一步加快，安全监督工作任务越来越繁重。隐患排查、计分问责、问题统计等各类数据信息不断增加，以往的安全生产监督手段已经无法与新形势下安全生产监督工作的实际需求相适应。企业应根据时代的发展，在安全生产监督中融入先进的数字化手段，如网络技术、数据管理技术和无人机等技术手段，以探索新的安全生产监督方法，进一步提高安全生产信息化管理水平，推动日常安全监督工作效率提高，提升和促进安全监督水平。

关键词　风险管控　智慧工地　无人机监督　大数据分析

引言

科学技术是第一生产力，安全是企业发展的基础。将数字化手段与安全监督结合起来，可以更好地提升安全监督的信息化、智能化水平，从而更好地提升企业安全生产水平，为企业发展保驾护航。

石油天然气工程建设属于劳动密集型行业，施工作业风险高，安全管理难度大。因此，大力推进科技兴安，认真贯彻落实《关于推进集团公司"工业互联网+安全生产"建设工作的指导意见》，完善生产运行和作业过程两大主题领域应用建设，利用数字化、智能化赋能安全生产，是实现安全生产的重要举措。

中国石油工程建设有限公司（以下简称CPECC）在安全监督中应用了风险隐患智慧管控平台、智慧化工地平台、现场安全管控平台、无人机技术和大数据分析技术等，有效提升了安全监督水平。

1　风险隐患智慧管控平台

风险隐患智慧管控平台的开发实现了视频监控、工程信息、应急信息、监督审核信息等模块的一体化管理，实现监督日志、通知书等信息的在线记录，实现对在建工程存在问题、隐患、风险的集中化、可视化管理，为各层级决策提供支持。通过统计分析功能的进一步完善，推进HSE管理工作的无纸化、数字化办公。

平台首页大屏可以显示工程项目的地理定位，点击可连接现场视频监控设备，可实现对工程现场的实时监控。

目前该平台完成 CPECC 一建公司近 50 余项工程信息输入，实现对项目信息、工程里程碑施工进展的掌握。累计完成了近 280 余条监督审核信息的录入。实现对项目部存在的隐患信息的全面掌握，并督促项目及时完成整改，HSE 督察完成验证，确保问题得到闭合管控。目前累计完成 20 余条风险预警信息的录入，实现对项目部存在的项目级风险、公司级风险的及时掌握，以便相关单位及时部署工作措施及加强管理。强化了风险的预判、预防、提前介入的管控。完成所有 HSE 督察信息输入系统平台，进而实现 HSE 督察执行监督检查的全过程线上操作、无纸化办公。

持续开发完善"统计分析"功能，实现对一建公司、项目部、具体工程相关信息的统计与分析，极大减少了线下工作量，提高了员工工作效率。此外还可将统计信息进行导出，进而生成图表，可以更加直观地对项目部管理情况进行剖析。实现对 HSE 督察开展监督审核等工作的统计分析，为督察履职考核提供数据支持。风险隐患智慧管控平台的项目定位、视频监控及数据分析功能见图 1。

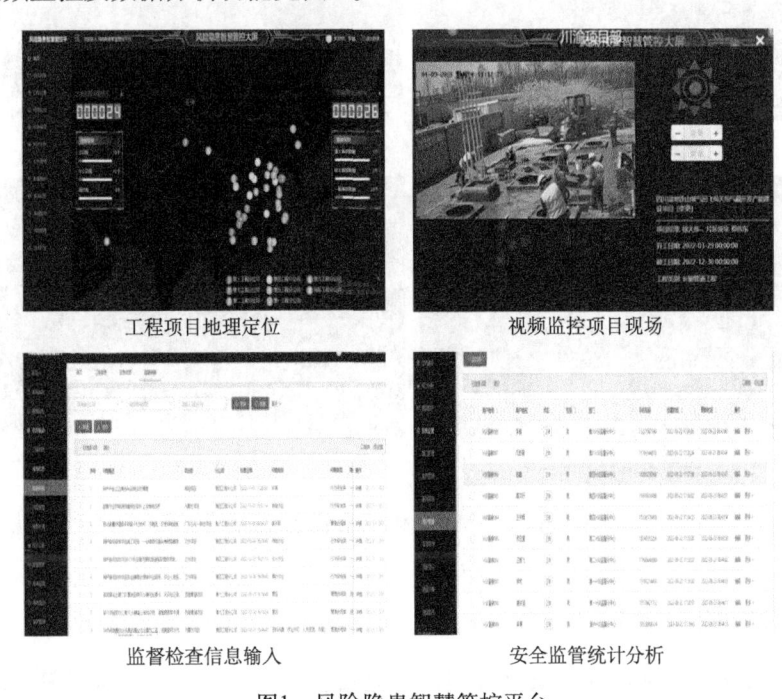

| 工程项目地理定位 | 视频监控项目现场 |

| 监督检查信息输入 | 安全监管统计分析 |

图1　风险隐患智慧管控平台

2　智慧化工地平台

CPECC 西南分公司在塔西南天然气综合利用项目上采用了"智慧化工地"平台系统。该系统能够实现安全帽自动识别、工装自动识别、危险区域接打电话识别、吸烟识别、单人进入危险区域识别、吊臂下站人识别、高危作业人脸识别、违章实时记录及短信报警等功能。有效提升了现场安全管控水平。

2022 年 12 月投入使用以来，平台记录识别违规操作行为 274 件，其中安全帽未规范佩戴 60 件、吊臂下站人 22 件、易燃易爆场所接打电话行为 7 件、吸烟行为 3 件、未穿着红色工装 182 件。

塔西南项目针对 31.25MPa 超高压气压试验采用"智慧化工地"移动监视器远程监控压力表压力、临时接入远传仪表测定压力,确保试压工作安全受控。

"智慧化工地"平台通过全方位监控、AI 识别、及时传送违章信息、数据统计等一系列流程,将违规操作由"事后处罚"转变为"及时发现、及时预警、及时制止"。为项目安全管理即查即改、问题分析、整改提升、改革创新提供重大助力。

通过"智慧化工地"建设与探索,为 EPC 项目安全管理方面"数字化转型、智能化发展"的发展方向取得突破性进展,同时满足集团公司油气和新能源业务"安眼工程"平台的数据交付要求。智慧化工地平台的现场监控、AI 识别违章、数据分析功能见图 2。

现场全方位监控

AI模型—安全帽识别

AI模型—红色工装识别

AI模型—吸烟识别

AI模型—单人进入危险区域

AI模型—危险区域打电话

AI模型—吊臂下站人

AI识别违章

控制室实时监控

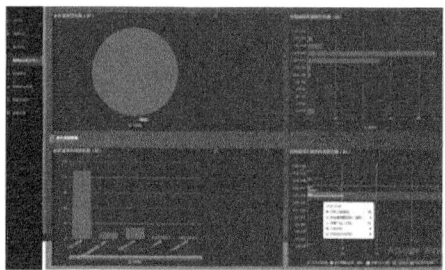
数据统计分析

图2 智慧化工地平台

3 现场安全管控平台

为了加强工程建设项目现场安全管理,避免发生安全生产事故,确保施工现场安全生产平稳受控。CPECC 在广东石化项目应用了现场安全管控平台。通过该平台实现对现场安全隐患问题从提出、整改,到关闭的闭环管理。通过大数据分析和问题数量变化趋势分析,准确找到现场的风险点,并采取措施进行控制。应用隐患问题计分规则,对现场各个项目部进行安全绩效考评,实现量化安全管理,对于安全绩效考评得分较低的项目部进行重点管理,及时补齐安全管理的短板。应用系统定期分析承包商安全绩效水平,实现对承包商的精准管理。

3.1 现场安全管控平台界面

安全管理人员对施工作业现场进行监督检查,将发现的安全隐患问题录入系统中。需要录入的信息包括问题区域、问题描述、施工类型、整改要求、问题等级、问题图片、问题性质、问题类型、整改期限等。

受检项目部安全管理人员组织整改安全隐患问题，并将整改描述、整改人、整改时间、整改图片上传系统。

检查人员对整改情况进行确认，如果整改结果符合要求，则将整改状态修改为整改通过，这样就实现了对现场安全隐患问题的闭环管理。

3.2 现场安全管控定量化管理

施工现场的安全管理一般以定性管理为主，很少能够实现定量化的管理。通过现场管控平台，按照严重问题扣 20 分，较大问题扣 10 分，一般问题扣 5 分的计分规则，对各项目部进行计分考核。

按照以上计分规则，综合得分为 80～100 分的项目部为受控项目部，综合得分为 79～60 分的项目部为基本受控项目部，综合得分为 59 分及以下的项目部为不受控项目部。对于不受控项目部进行通报批评，基层项目负责人做检查。

通过对各项目部的量化考核，能够更加直观地了解每个项目部的安全管理情况，对于不受控的项目部，应加强安全管理，适当对作业人员进行停工教育学习，要求其加强安全表现。根据评价结果对现有安全生产制度规范进行系统分析，针对性开展整理完善工作。

对于长期不受控的项目部，采取分公司领导蹲点整顿的办法，直至该项目部安全考核评分提升至受控状态。

3.3 现场安全管控平台承包商管理

分析目前的施工现场安全管理形势，公司自有队伍作业人员水平较高，违章率较低，现场出现的安全隐患问题较少。承包商队伍人员往往水平参差不齐，违章率较高，现场出现的安全隐患问题多。

针对现场大量的承包商作业队伍，如何有效进行管理，嘉奖业绩优秀的承包商，惩罚业绩较差的承包商，将安全绩效考核不达标的承包商拉入黑名单，是施工作业现场管理的一道难题。

在现场管控平台中，提前录入各项目部在各个装置区域，不同作业类型的承包商名称。安全管理人员发现现场隐患问题之后，将问题录入系统的过程中，可以根据作业地点，作业类型等信息，确定该承包商的信息，从而实现每个隐患问题，都能够落实到具体承包商名称的目的。

现场管控平台实现了对承包商的精准管理，每一起违章事故，都能够找到对应的承包商，通过数据分析，对承包商进行绩效考核。评分较低的承包商，采取批评警告，或者列入黑名单的措施。避免安全管理较差的承包商出现安全生产事故，确保现场安全生产整体平稳受控。

4 无人机技术在安全监督中的应用

近几年，无人机技术快速发展，其在安全领域的应用也得到了极大扩展，其多角度、全过程、近距离、高机动性的特点也使得安全生产工作得到了极大提升。

（1）隐患排查。采用无人机进行安全检查，可以从更高、更全面的角度来查看整个施工现场，可以实现快速、及时的隐患排查。例如，在化工厂进行有毒有害气体检测，使用无人机可以避免产生人员中毒的风险。

（2）应急事件处理。采用无人机可以进行灭火、救生物品投放等应用，无人机具有灵活的特点，使得无人机在应急救援领域有着极大的便利。

（3）高风险作业检查。高风险作业具有较大的危害性。如高处作业可能导致人员坠落，大件设备吊装作业一旦出现吊装事故将造成很大的起重伤害后果。超高压气压试验一旦出现泄漏会造成严重的人员伤亡后果。在这些场合使用无人机技术，可以避免能量直接作用到人体上，从而避免生产事故的发生。通过使用无人机技术进行有害部位检测、高空检查、高风险作业监测见图3。

有毒有害气体检测

高空塔器上方安全检查

吊装作业安全监测

远程观测超高压气压试验压力

图3 无人机在安全监督中的应用

5 大数据分析技术在安全监督中的应用

1914年美国安全工程师海因里希统计了55万件机械事故，其中死亡、重伤事故1666件，轻伤48334件，其余则为无伤害事故。从而得出一个重要结论，即在机械事故中，死亡或重伤、轻伤或故障以及无伤害事故的比例为1∶29∶300。

生产安全事故虽然有意外性、偶然性和突发性，但它也有一定的规律性。要达到预防和减少生产安全事故的目的，就要努力去发现这种规律，并采取有效措施加以防范。

在安全监督中使用大数据分析技术可以发现现场违章问题的规律，找到哪类作业类型的问题最多，风险最大。找到哪些装置区出现的违章问题最多，从而重点关注这些装置区。找到哪些承包商出现的违章问题最多，从而采取约谈或者加入黑名单的方式，防止出现承包商的安全生产事故。以CPECC某项目2022年安全生产隐患问题为例，进行数据统计分析，分析结果见图4。

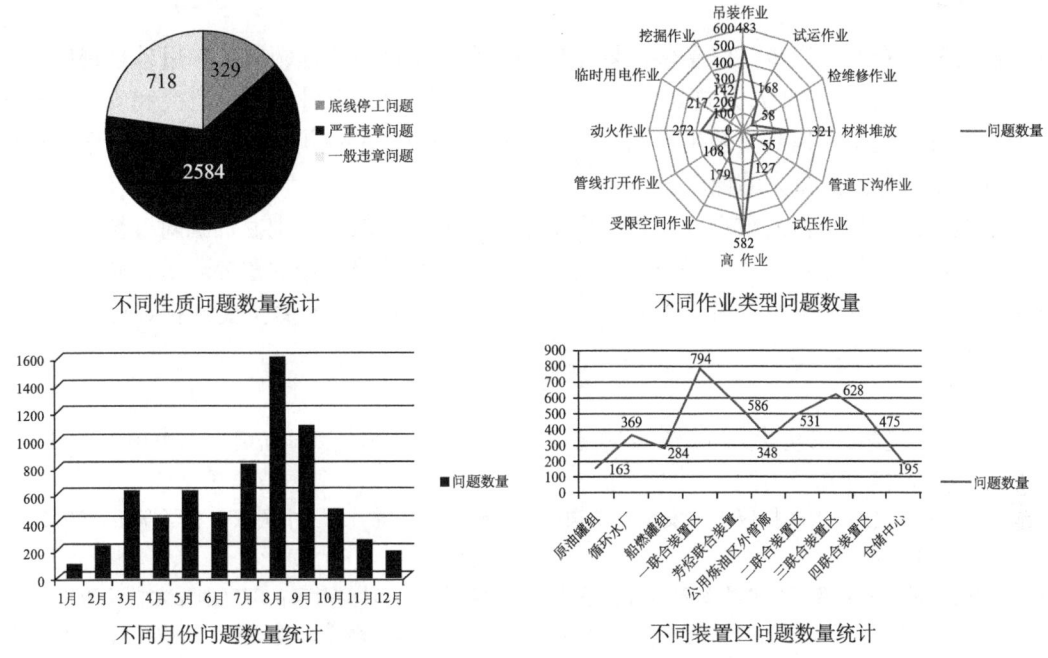

图4 大数据分析在安全监督中的应用

通过对不同月份的违章问题数量进行数据分析，可以掌握企业在哪些月份出现最多的违章问题或生产事故事件。从而便于安全管理人员找到管理重点时段，在问题高发的时段进行重点安全管理。

通过数据分析技术可以知道现场的违章问题数量是在上升还是在下降，从而判断现场的安全生产条件是在优化还是在恶化，为管理者做出决策提供依据。

6 数字化手段应用效果

结果表明，数字化手段在CPECC安全监督工作中发挥了巨大的作用。实现了塔西南天然气综合利用项目、广东石化项目等集团公司重点项目安全生产零伤亡的目标。

运用风险管控平台，实现全方位掌握项目隐患动态信息。强化风险预判、预防、提前介入的管控。完成所有HSE督察信息输入系统平台，进而实现HSE督察执行监督检查的全过程线上操作、无纸化办公。

运用人工智能系统识别现场违章，大幅提升了现场的安全监督水平，真正实现"全天候、全过程、全方位"。利用现场安全管控平台，实现从隐患定位、识别到整改、提升的动态管理。使用定量化手段对项目风险进行预判，实现对承包商的精准管理。帮助安全管理人员进行高效的现场管理，对于提升广东石化项目现场安全水平起到了很好的推动作用。

利用无人机技术，实现对危险作业环境的安全监控，提升安全监督的灵活性，消灭了安全监督的死角。利用大数据分析技术，对安全生产隐患发展趋势进行分析，从而为安全管理人员制定精准的应对策略提供依据。

7 结论

随着科学技术的进步，信息化、智能化手段在安全监督管理领域的应用越来越广。

《安全生产法》第十八条规定，国家鼓励和支持安全生产科学技术研究和安全生产先进技术的推广应用，提高安全生产水平。对于企业来说，将现代化科技手段应用于安全监督管理，是一项意义重大的课题。

安全生产管理工作的重点，是预防和减少生产安全事故的发生。加强对安全监督数字化手段的应用，依靠科学技术保障安全生产是当今安全监督工作的重要环节，是提升企业安全生产水平的有力手段。对于企业保持安全生产平稳受控，有着重要的指导意义。

参 考 文 献

[1] 闪顺章，吴超，王从陆，等．大数据视域下循证安全管理模式研究［J］．中国安全科学学报，2018，28（6）：7-12．
[2] 欧阳秋梅，吴超．大数据应用于安全科学领域的基础原理研究［J］．中国安全科学学报，2016，26（11）：13-18．
[3] 叶秀芳．基于云服务平台的移动安全管理系统的设计与实现［D］．南京：南京理工大学，2017．
[4] 王秉，吴超．基于安全大数据的安全科学创新发展探讨［J］．科技管理研究，2017，37（1）：37-43．
[5] 欧阳秋梅，吴超．安全大数据共享影响因素分析及其模型构建［J］．中国安全生产科学技术，2017，13（2）：27-32．
[6] 雍瑞生，郭笃魁，叶艳兵．石化企业安全链模型研究及应用［J］．中国安全科学学报，2011，21（5）：23．

海外石油钻井安全管理现状及改进策略研究

段晓东　李喜成　赵　晨

(西部钻探国际工程公司　新疆维吾尔自治区乌鲁木齐市)

摘　要　安全生产是海外石油企业赖以生存的最基本要素，石油钻井的安全运行是真正实现企业经济效益和社会效益的必要条件，是企业降低事故损失的有效途径，是直接关系企业经营状况好坏和企业整体形象的重要工作。本文针对海外石油钻井的特殊性，分析了目前海外安全管理的现状，提出改进海外石油钻井安全管理的对策措施，对于促进油田钻井的安全生产具有重要意义，进一步推动石油钻井实现安全生产和提高钻井工作效率。

关键词　海外石油钻井　安全管理　策略

引言

公司海外安全管理，因海外项目地域遥远，中方人力资源短缺，当地员工 HSE 观念和 HSE 技能薄弱、中外文化差异、语言沟通存在障碍等原因具有很大的特殊性，这些导致海外 HSE 工作基础不牢，HSE 工作风险较高，扭转这一现状就必须从海外 HSE 工作的特殊性和实际出发，调整管理思维，落实项目部 HSE 管理主体责任、发挥海外项目 HSE 管理内生动力，并持续改进。

1　海外安全管理的特殊性

1.1　点多面广难以监管

海外项目远离国内，很难受到国内有效的监管，自身的监管也极易弱化。国内的单位安全管理部门可以随时直奔基层检查安全工作，掌握基层安全工作的真实情况，采取针对性的管控措施。但海外项目远离国内，直奔基层去检查并不现实。如果采取远程监控，一是基层现场网络信号普遍难以支持视频传输需求。二是国内外存在时差，对基层的视频巡检需要提前通知，巡查内容的全面性和巡查结果的客观性难以保证。三是巡查工作还要考虑作业队的工况，巡查工作不能影响基层的正常工作。在上述三点受限因素的制约下，国内对项目部基层视频巡检的方式可操作性并不强，加上远离国内监管，海外项目自身对于安全工作职责履行不到位的中方人员没有按照制度进行严格追责和处罚，项目部对基层的安全监管和处罚明显弱化。

1.2　当地化员工占比高

海外项目外籍员工占大多数，国内的安全管理方式方法在海外不一定有效。安全管理最终是对人的管理，目前海外项目中方人员的比例很低，尤其是在前线，中方人员更是有限，有的队站全部是当地员工。因此，安全管理的重点不是管好中方人员，而是管好当地人员。国内管理中方人员的思维和方法对当地员工并不一定有效，甚至国内的一些管理理念、文化和当地员工的观念、当地法律是相悖的。因此还需要转变管理理念，把采取有效的措施管好当地人作为安全管理的重点。

1.3　专职安全人员缺乏

海外 HSE 管理资源非常有限，中方专职 HSE 人员紧缺，当地 HSE 工程师主要管理资料应付政府检查，对现场安全缺乏管理技能和经验。一是海外 HSE 管理人员很少有专职的，尤其是在基层，HSE 管理工作往往是兼职的工作，而且因人员倒班而频繁更换，HSE 工作的连续性和系统性因 HSE 人员的频繁更换而很难保障。二是当地安全工程师不同于国内的 HSE 监督从钻探岗位上逐步成长起来，对作业风险和防范措施有较为全面且深刻的认识，有较为丰富且扎实的安全管理经验，而是以做资料、满足政府检查为主，缺少应对现场安全技术和作业风险防范与安全监督的能力。

1.4　语言交流障碍和文化差异

安全管理的基础与前提是做好交流和认知的对接，因语言障碍和文化差异，项目部与当地员工的沟通效率往往较低，特别是在开展安全培训、安全教育时，当地员工经常存在理解不清或理解有偏差等问题。因此，中方的管理要求、安全理念、主张要在当地员工中入脑入心、内化于行还需要有很大的耐心做好宣传、培训和教育工作，这对中方人员包括外语水平在内的素质是个很大的挑战。

1.5　安全意识和理念不强

尽管我们常说管业务必须管安全、管生产经营必须管安全，但在海外中方人员配置从紧的现实条件下，抓好生产经营是海外的主业，海外的安全管理，在生产经营工作繁忙时极易被淡化和边缘化，管理标准极易出现滑坡现象，对于外籍员工在职责落实方面更是难以考核约束。

2　目前海外安全管理的现状

2.1　国内落实上级例行工作

从国内安全管理部门的工作来看，主要是例行落实上级的安全管控要求，以发通知或转发通知为主，要求各海外项目部自行组织消防、交通、安全用电、危险化学品管理、冬季安全大检查、承包商安全管理状况检查等专项检查以及自行开展 HSE 审核。向海外项目转发事故通报、案例学习资料、HSE 警示、培训资料，下发 HSE 提示，组织海外项目在岗或休假人员参加相关 HSE 培训、会议、讲座等。

2.2　项目落实国内外管理要求

从海外项目的安全管理工作来看，一是落实公司的相关通知要求，组织相关安全检查或开展相关活动，并向公司上报工作总结，公司汇总后再向上级部门上报。二是海外项目的安全生产受当地政府、油田业主和项目部自身的管理。

2.3 国内要求难以有效落地

一是国内例行组织的检查在海外项目的落实参差不齐，落实效果的好坏取决于海外项目的重视程度和各自人力资源配置、具体工作情况等因素。但海外项目整体人力资源紧张，一些工作项目部无力扎实落实，也存在一些项目部对安全工作重视不够，落实力度差，得过且过的问题。二是国内的一些安全检查工作安排和项目部的工作规划、实际运行情况可能存在一些脱节或不合拍的现象，导致项目部落实相关检查工作的积极性不高。从海外项目部自身的管理来看，虽然没有出现什么安全事故，但从HSE内审和海外项目的专项检查来看，海外项目的安全管理存在不小的风险，管理基础有待加强，海外项目部的安全管理主体责任要进一步压实。

3 改进安全管理对策措施

从海外安全管理的特殊性以及管理现状和效果来看，海外安全管理要针对其特殊性和目前管理上的不足，从管理思路上进行调整，以科学、实用、有效、持续改进为指导思想和目标，采取更加务实有效的手段对管理基础进行提升，严格落实海外项目安全管理主体责任，以健全管理机制、做好现场安全管理、提升人员素质、加大考核激励、培育安全文化等为重要手段，坚持"强基础、严监管、零容忍"举措和"识别大风险、消除大隐患、杜绝大事故"思路，持续不断探索改进，推动安全生产工作从治标向治本转变。

3.1 健全管理机制

各项安全管理规定的执行，必须要本着严格、细致、实操性强的原则，不断提高制度的可操作性，促进员工执行力的提升。首先要持续优化用国内安全管理的思维管理海外安全的模式，改变目前围着上级的工作部署，例行地转发文件、组织海外项目形式化地开展所谓的各类专项检查，而是要多和海外项目部沟通，明确问题后，结合各海外项目实际有针对性地开展工作，不搞大而全、一刀切式的HSE管理。比如，每年例行开展的元旦、春节、国庆、春季、秋冬季、井控、特种设备、环保、职业健康、交通和消防等检查，虽然是上级的统一要求，但这些工作确实给海外项目增添了不小的工作负担，也占用了国内安全管理部门人员大量的时间和精力。同时，对于海外的安全生产和经营管理工作来讲，这些活动其实并不是很必要的，让基层HSE管理人员疲于应付，也是HSE管理人员的"累点""痛点"，其表现形式在基层单位，症结要害在上级机关。因此，海外的安全管理必须摆脱国内大而全的管理模式，而是要把有限的资源利用在HSE风险的识别和防范上，用在为安全生产保驾护航的真招实招上。

一是全方面将安全管理责任制度具体落实到生产工作当中去。同时，对于安全生产的理念也应当不断加大宣传力度，确保每个工作人员都能够严格按照安全管理制度去开展相关工作。二是建立钻井安全生产风险分级管理机制，注重对安全生产风险进行识别，对可能存在的安全风险进行分级管控，严格落实四风险管控机制，即"班前识别风险、交班提示风险、班中防控风险、班后总结风险"。三是健全监管机制，设置专门的安全监督员岗位和兼职中方安全监督，负责对项目安全管理工作进行监督和考核，约束员工行为，对岗位安全操作规程和安全管理责任制落实情况进行动态监管，发现问题及时纠正，促进员工责任心的提升。四是进一步完善安全考核机制，让安全意识薄弱、不按要求操作的"惯犯"无法继续从事工作，让员工从心里对安全管理制度产生敬畏之心，进而更好地规范员工行为。

3.2 做好现场安全管理

体系管理其实既是管理思想，更是管理方法。从管理思想上来言，体系管理注重管理的系统性和规范性。但这要结合管理对象的实际，不能搞脱离管理对象的HSE基础和HSE认知去生搬硬套地追求HSE管理的系统性和规范性，而是要把体系的管理原理和核心与海外项目的工作实际相结合，多做具体的工作，做好具体的工作。

一是把观察与沟通、工作前安全分析、作业许可、上锁挂签等HSE工具和方法运用好，而不是追求编制内容全面、严整，但并不实用的HSE管理手册和程序文件。二是体系化的管理也要做好分级分工，不能搞上下一般粗。对于HSE管理手册和程序文件的研究和学习主要是公司安全管理部门和专职安全管理人员的职责，目的是做好顶层设计，对海外项目做好工作指导；对于现场的作业人员、当地员工来言，主要是运用好HSE工具和方法，做好风险的识别和预防，照章操作和应急处置。总而言之，对于HSE管理体系要有正确的认识，有接地气的做法，要分级分重点做好体系的研究和落实。三是开展HSE标准化建设，不断强化"三标一规范"（即标准化管理、标准化现场、标准化操作和规范化风险控制）建设，立足基层站队自身管理，以强化风险管控为核心，以提升执行力为重点，提升基层HSE管理水平。四是大力推广《钻井专业HSE标准化作业程序》，全员掌握标准化操作规程，消除各类违章行为，逐步形成"操作程序标准化、风险识别全面化、防控措施统一化"的基层HSE标准化作业程序，进一步提升一线员工安全操作技能。

3.3 提升人员素质

在石油钻井生产工作中需要工作人员具有较强的综合素质及安全意识，从而保证石油钻井工作的有效开展。以人为本是安全管理的重要原则也是石油企业顺利实施管理体系的关键。因此从根本上提高海外安全管理能力必须培养一支高素质的专业安全管理人才队伍。

一是着力培养一批既懂外语又懂法律、既善于管理又通晓生产流程的高素质复合型人才担当公司海外安全管理骨干。高素质的复合型人才可以通过内部员工国外培训、高薪聘请国外专家、吸收海外学子等多种渠道来广泛吸纳采取有效的激励措施充分发挥国内人才在海外安全管理中的作用，同时也应制定严格的选择、任用、轮换、淘汰和管理制度。二是大力实施海外机构人员本地化战略。要善于利用所在国的人力资源，将少量管理人员派往所在国而大多数管理则雇佣当地人来完成，从而更好地适应所在国的情况，因地制宜，制定和实施相应的安全管理措施。三是培养和用好当地HSE管理的人力资源，真正产生内生的HSE管理力量，实现本土化HSE管理，通过中方员工现场安全业务的实操授课，采取"导师带徒""传帮带"方式带领当地安全工程师采取对生产岗位普遍查、要害岗位反复查、危险作业盯着查、隐患部位跟踪查、特殊施工重点查的方法，潜移默化转变思想观念，提高其识险、控险、防险能力，提升当地安工程师监管能力。

3.4 加大考核激励

海外 HSE 管理的主体责任必要靠海外项目来承担，国内依靠严格考核兑现压实海外安全管理主体责任。

一是要实行属地责任制，强化中方人员只要在现场就是 HSE 监督的理念，有义务负责属地的 HSE 工作，突出监督"属地风险识别、问题隐患检查、违章行为制止、定时巡检"职责落实，强化监督旁站监管职能发挥。二是要实行项目部经理负责制，即项目部经理是海外项目 HSE 工作的第一负责人，HSE 业绩按照业绩合同的约定严格纳入项目部经理的考核。三是实行 HSE 工作述职制度。海外 HSE 管理人员回国定期进行 HSE 工作述职或汇报，切实掌握各层级对本业务范围内的安全风险辨识、风险防控和履职情况，及时掌握海外项目真实的 HSE 管理现状，以便提供 HSE 资源、法规宣传、业务指导，纠正工作问题和偏差等针对性的安全管理措施。四是严格 QHSE 业绩考核。细化 QHSE 业绩指标配套考核细则，坚持过程考核和阶段考核相结合，通过严格月度评分通报，季度考核，确保安全生产责任制的落实，同时项目部要结合所在国法律法规，梳理完善员工劳务合同安全约束条款，制定外方员工安全考核细则，提升基层员工管控能力。

3.5 培育安全文化

文化对人的影响是潜移默化、深远持久的，对于项目部而言，一是加强监督管理的同时充分发挥安全文化的引导作用。在项目部以及整个企业内部积极牢固树立"一个信念、两个理念""安全是最大的效益，事故是最大的浪费"等文化氛围，形成互相监督的局面，促进员工积极主动地参与到安全生产工作中来，实现自我管理，从根源上杜绝安全事故的发生。二是建立安全生产宣传栏，将生产过程中容易出现的错误和注意事项全部放到宣传栏中，对每一位员工进行仔细讲解，建立安全文化氛围，落实"四全""四查"制度文化，提高员工安全生产意识，促使其自觉遵守生产纪律，减少违章，时刻牢记安全生产保命条款，为培育现场安全文化奠定基础。三是开展事故案例教育，强化员工安全意识，规范员工行为，让员工真实感受到安全问题与自身利益息息相关，进而减轻或消除员工对于相关安全文化的抵触心理，提高员工对安全文化的认同感。四是调整国内节假日前重兵部署的"运动式"的安全管理模式，做好常态化管理，以风险管控为中心持续有条不紊地做好日常的 HSE 工作才是更加符合海外实际的做法。同时项目的 HSE 工作也受当地政府、油田业主的管理，因此更需要按照项目实际开展安全管理工作，构建符合当地的安全文化氛围。

结束语

综上所述，在当前海外石油钻井生产工作中，提升海外石油钻井安全管理的重要作用势在必行，需针对石油钻井生产过程中存在的问题有针对性地提出有效的安全管理策略，健全和完善安全管理制度，提升石油钻井工作人员的安全生产意识和能力，严格落实考核机制，促进"全员参与"的安全氛围，奠定安全文化基础，以点带面全面提升安全管理水平，进而形成良性循环，促进石油钻井生产工作高效、有序地进行。

参 考 文 献

[1] 张维柱.加强海外钻井项目当地雇员安全管理［J］.现代职业安全，2021（1）：66-67.
[2] 唐崇杰.钻井现场安全管理存在的问题及改进建议［J］.中国化工贸易，2015，07（26）：54.
[3] 李振民.海外石油安全生产的重要性和人性化管理［J］.科学管理，2021（12）：63-64.

油气田企业HSE管理体系运行存在典型问题及解决对策

王雪梅　周　鹏　朱立新

(大庆油田技术监督中心　黑龙江省大庆市)

引言

党的十八大以来，习近平总书记针对全国安全生产和生态文明建设工作多次发表重要讲话、作出重要批示，提出"发展决不能以牺牲安全为代价"的安全红线，"绿水青山就是金山银山"的两山理论，"人民至上、生命至上"的基本理念，深刻论述安全发展战略、安全生产责任制等重大理论和实践问题。《中华人民共和国安全生产法》将"三个必须""双重预防机制""全员安全生产责任制"正式纳入法条，对企业违法违规行为、主要负责人和直接责任主管人员的违法行为全面加大处罚追责力度。2022年，习近平总书记对安全生产作出16次重要指示，连续两次召开政治局常委会专题研究部署安全生产工作，亲自审定全国危险化学品安全风险集中整治方案，亲自部署开展全国性的安全生产大检查。中国石油继应急管理部约谈中国石化公司后召开安全生产工作视频会，戴厚良董事长对"安全生产十五条硬措施"进行逐条宣贯，并要求所属企业从政治和全局的高度，提高对做好当前安全生产工作极端重要性的认识，增强抓好安全生产工作的主动性和自觉性。在这种安全生产形势愈加紧迫、愈加严峻的情况下，研究分析油气田企业HSE管理体系运行存在问题，提出解决对策，有助于促进保障油气田企业安全环保形势稳定，促进油气田企业HSE管理进一步提升。

1 HSE管理体系发展历程

中国石油HSE管理体系发展经历了五个阶段，1997年以前为注重结果的传统管理阶段，主要是以岗位责任制和安全目标管理为主要特点，对企业的安全管理主要体现在事故统计、安全检查和年度安全生产目标考核；1997—2006年为侧重文件的引入借鉴阶段，按照国际石油行业通行做法，开始推行HSE管理体系，1999年发布实施集团公司《HSE管理体系管理手册》并多次修订换版，逐步建立了文件化体系；2007—2012年为以国际合作为重心的探索实践阶段，提出要"弘扬企业安全文化""培育HSE文化"，安全文化的思想和意识正在形成；2012—2021年为深化发展阶段，全面贯彻落实习近平生态文明思想和安全生产工作重要论述，紧紧围绕全产业链风险管控，建立风险分级防控和隐患排查治理双重预防机制，落实"全员、全过程、全方位、全天候"安全生产管理要求，强化健康、安全与环境管理,持续深化 HSE 管理体系建设。2022 年以来,面对"外在要求+内生动力"双重因素作用,HSE 管理体系亟须进一步创新发展,满足日益增长的国家法律法规要求和企业安全生产需求。开展 HSE 管理体系深化提升及示范应用研究,强化 HSE 体系有效运行与创新引领,以高水平安全保障高质量发展,HSE 管理体系进入创新发展阶段。

2 油气田企业HSE管理体系运行存在的典型问题分析

当前,中国石油所属油气田企业通过建设、运行、保持和改进 HSE 管理体系,在内外部环境分析的基础上,将风险防控理念和要求融入日常管理的各个环节,从最初的传统管理模式到现今的创新发展阶段,HSE 体系已成为保障油气田企业安全环保形势稳定、促进企业管理提升的重要载体。但是 HSE 管理体系仍存在顶层设计不系统、合规运行风险未消除、持续改进机制不健全等典型问题。

2.1 HSE 管理体系顶层设计缺乏系统性

2.1.1 体系文件及其与专业管理未有机融合

目前,部分油气田企业未将体系文件纳入制度管理范围内,各管理部门和基层既有专业管理制度,又有体系文件在发挥作用;没有处理好体系文件和红头文件的关系,没有系统地将内部具有管理性质的红头文件转化为体系文件,造成部分相同的管理事项分别由不同的文件提出管理要求。不但违背了体系文件唯一性的原则,也给基层单位带来沉重负担。部分油气田企业职能管理部门对管理体系要求认识不清,在体系建立和运行维护认识上存在误区,各自为政,导致体系管理与专业管理相脱节,专业管理没有纳入体系控制范围,游离于体系之外,专业部门提出的一些管理要求往往与体系运行要求相矛盾,对体系正常运行带来较大冲击。

2.1.2 体系审核与监督检查工作未有机结合

部分企业专业检查缺乏深度、流于形式,过多注重考评打分,对于"三管三必须"职责落实、风险控制措施有效性、高风险作业和承包商监管等方面的内容检查较少,不能从提高专业管理角度进行分析改进;一些企业没有处理好体系审核和监督检查的关系,未将系统性的全面检查与审核相结合,造成检查和审核频次过多,起不到应有的督促和解决问题的目的。员工被动应付或为检查审核做突击准备工作,形成了恶性循环;不同专家对检查审核标准的理解差异,针对不同现场问题隐患的判定标准五花八门,陷入了检查—整改—再检查—再整改的怪圈。

2.1.3 安全生产信息化建设统筹不足

近年来,各油气田企业信息化建设的系统功能仍然停留在电子台账记录的层面上,对于 HSE 工作的信息化、数智化、减量化并没有太多帮助,甚至存在着既要填写纸质报表,又要录入信息系统的重复性工作。同时,不同部门主导开发的各个系统,未建立数据互通,不能实现信息共享,未能形成综合性 HSE 信息系统环境。

2.2 HSE合规管理仍存在漏洞和不足

2.2.1 全员安全生产责任制尚未有效落实

部分油气田企业人事、企管、安全等部门均对各级领导和管理人员的HSE职责有所要求，但未形成权责一致的统一标准，存在同一岗位在不同文件上的HSE职责规定不一致现象；不同岗位安全生产责任清单中工作任务与岗位实际脱节，上下一般粗，工作标准无法进行量化和考核，工作结果不具有可追溯性；企业安全部门与其他业务部门之间职责归口不清晰、责任界限不明确，导致本应该由直线业务部门完成的工作，全部由安全部门完成；部分油气田企业内部，将业务系统的安全管理工作等同于安全检查，对历次体系审核发现的问题不能从业务领域出发，在资源配置、机构职责、制度规程、培训能力、检查考核等方面进行分析和解决，未真正发挥业务部门管业务管安全的职责。

2.2.2 HSE培训和履职能力评估作用未得到充分发挥

部分油气田企业未从制度层面明确关键岗位的范围，评估对象"一刀切"，增加了评估工作范围，未将HSE履职能力评估结果作为绩效奖金兑现、职级升降、岗位调整或岗位退出的依据，评估工作存在应付现象；同时，未结合岗位HSE培训矩，依据岗位职责和风险防控等要求分专业分层级确定履职能力评估标准，部分管理人员、岗位员工现场表现出的履职能力不合格，但评估结果却是合格；部分油气田企业领导干部"四种能力"中理念意识、法律法规、有感领导等培训内容较为弱化，管理、技术人员HSE制度要求、工具方法、标准规范等培训内容较为欠缺，基层员操作规程、应急处置能力等培训内容缺失。

2.2.3 HSE体系系统化风险管控思想未得到应用

1. 作业许可风险仍未受控

通过HSE体系审核和事故调查等发现，部分油气田企业作业许可制度具体执行上还存在着方案编制不具体、现场确认不严格、过程监督走形式、关闭确认有缺失等典型问题，导致高风险作业现场较大隐患多发、频发。

2. 承包商管不住的风险管控措施不力

建设单位对企业外部承包商统一管理、统一标准、统一要求的主体责任未有效落实，不能按照企业内部承包单位的管理标准严格要求外部承包商；对外部承包商自主管理情况、HSE管理体系运行情况监督检查不到位，对外部承包商设备、人员准入把关不严格。外部承包商的准入、清退机制和管理标准不够量化、细化，企业内部承包单位考核手段乏善可陈，未建立承包商HSE业绩与业务主管部门连带考核机制。属地单位权责不匹配，承包商作业注重项目进度，既要求属地监管，又不给属地资源。

3. 双重预防机制尚未依法建立

双重预防机制建设工作几乎全部由安全部门主导实施，甚至是单打独斗，部分企业除安全管理人员外，业务部门管理人员基本不介入、不组织，也不清楚相关工作要求，基层缺少专业部门指导，危害因素辨识和风险评价标准不统一，无法发挥"风险挺在隐患前，隐患挺在事故前"的真正效果。基层存在"重资料、轻现场""重文本、轻管理"的"两层皮"现象，部分作业活动风险点分级管控清单上所列的风险控制措施，如修订完善操作规程和应急处置程序卡，制定现场检查表和岗位需求型培训矩阵等，在实际运行过程中未得到有效实施。

2.3 HSE 体系持续改进机制仍需推动

2.3.1 事故事件资源未得到充分利用

部分油气田企业事故调查处理还存在"重问责、轻整改"现象，往往处理意见一大堆，改进建议一两条，未能从系统上、源头上实施改进。事故资源统计还存在"重事故、轻事件"倾向，未建立事故预警机制，预测事故发生规律。另一方面，随着事故问责处理力度的不断加大，油气田企业内直线业务部门对安全生产工作愈发抵触，事故问责"吃锅烙"，基层属地"占大头"的现象成为常态。

2.3.2 体系持续改进作用未充分发挥

部分油气田企业在审核实施主体上，仍存在业务部门主导不够、参与不足、被动应付等典型问题。HSE 专兼职审核员受专业限制，管理追溯的深度不足，尽管审核过程中不断强调管理问题追溯，但实际上落实到各级机关层面的问题并不多。在审核实施过程中，审核工作存在"重过程、轻整改"和"重问题考核，轻管理提升"的弊端。审核发现问题整改的责任主体仍是安全环保部门和基层属地，大部分直线领导和业务部门没有有效落实整改验证职责，导致现场审核发现问题隐患屡审屡有、屡改屡犯，重复问题背后暴露的管理缺陷不能完全消除，无法实现重复问题和较大及以上隐患的彻底根除。

2.3.3 管理评审体系要求未有效落实

部分油气田企业评审准备环节还缺少评审决议的后续改进措施及落实情况、事故事件的调查和处理、客观环境变化等必要信息的输入，导致前后衔接不畅，改进链条断裂，持续改进演变成阶段工作的尴尬局面。同时，对于重大隐患治理、重点关键项目实施等重大事项，有的企业未能通过 HSE 委员会议进行风险评估论证，仍然存在"拍脑门"现象。有的企业 HSE 专业委员会未能认真组织落实各项安全环保举措，并定期开展总结分析，持续改进业务领域风险防范措施。

3 解决对策及建议

3.1 改进顶层设计管理体系运行效果

根据国家安全环保相关法律法规、油气田企业生产经营环境和业务发展变化，全面分析评估油气田企业各项 HSE 制度之间以及非制度类规范性文件与 HSE 制度的从属关系、交叉关系以及约束关系，建立制度单元和框架目录，结合油气田企业业务实际，补充完善"四新"安全环保管理、操作规程安全管理等相关制度。将专业管理制度与体系文件相结合，把体系文件与实际生产经营过程中执行的红头文件进行整合，缩减非制度类规范性文件数量，杜绝令出多头、无所适从的现象发生。建立 HSE 专业分委会和业务主管部门联查联防联控工作机制，合理控制各类检查频次，规范检查标准，减少临时检查，避免增加基层迎检负担。

3.2 强化监督检查和审核数据应用分析

秉持"所有问题都是管理问题"的理念,推进"三管三必须"安全生产法定职责落实落地,强化 HSE 监督检查和体系审核数据应用分析,实现"发现一个问题、整改一类隐患、固化一项机制、完善一项制度"。一是建立专业部门系统改进机制,由专业管理部门组织本专业领域问题隐患剖析,研判健康安全环保风险,落实风险管控措施,完善相关管理制度和操作规程。二是建立"督导、考核、追责"一体化巡查机制,成立安全环保巡查机构,正查属地职责、倒追直线责任,督导验证审核问题整改情况、重点工作落实情况和"三管三必须"要求落实情况等,对拒不整改、虚假整改的责任单位和人员进行约谈、绩效考核或行政处罚。

3.3 开展全员安全生产责任制提升研究

建立健全全员安全生产责任制,是做好安全生产工作的"牛鼻子"。一是深入研究油气田企业安全生产责任制,按照 HSE 体系要素框架,修订完善 HSE 职责内容,划清安全部门与其他业务部门的界面,补全业务归口缺失、基层单位代管、职责不合规等 HSE 职责漏洞;二是从安全生产责任清单切入,将安全生产职责工作任务化,梳理关键业绩指标和安全生产重点工作,研究推动全员安全生产责任制落实的有效方法;三是业务主管部门从制度建设、日常管理、本质安全、岗位责任制落实等多方面梳理本业务领域的安全风险,研究制定有效风险控制措施,实现在生产过程中削减控制风险,提升管理成效。

3.4 运用系统思维管控重点领域关键环节

强化系统性管理思维,从全局角度出发,有效整合直线部门管理优势及 HSE 监督检查审核资源。一是在承包商管理上,分类推进企业内、外部承包商安全准入,合理划分业务部门、监督机构、属地单位、承包商队伍、监理单位等监管职责权限,由业务部门主导,分级分类配置监督资源,有效落实"末位淘汰3%、黄牌警告停工整顿3%"管理要求。二是在高危作业管控上,建立工作前安全分析库,将储罐清淤、管线穿孔补焊、电力维护等高风险作业风险控制措施共享共用,实施施工方案表单化,优化审批与监督环节,做细风险告知,让施工单位和基层属地多做填空、少做问答。

3.5 建立双重预防机制提升风险管控水平

发挥专业部门主观能动性,引导直线业务部门主动参与双重预防机制建设,实现专业部门、专业人员干专业的事。一是修订完善双重预防机制建设制度,明确责任分工,建立起安全管理部门指导、协调、检查、推进,业务部门直线负责的职责框架,推动双重预防机制建设职责归位,上下联动、各负其责、主动履职;二是树立全过程"基于风险进行决策"的意识,将 HSE 职责分配、应急预案编制策划、专项检查审核、检验检测评价等与风险识别评估结果进行紧密结合,提高现场风险防控的有效性、精准性,杜绝资料文本建立和现场管控"两层皮"现象,实现双重预防机制真正落地。

3.6 构建互联网＋安全生产培训评估体系

依托油气田企业各类培训基地，拓展"工业互联网＋安全生产"模式应用，大力推进安全实训基地建设。一是利用"互联网＋"、物联网和培训设备深度融合，推动5G、大数据、虚拟现实（VR）等新技术应用，开发具有模拟演示、沉浸式虚拟体验、计算机桌面学习与训练、情景构建等多种形式的教学培训资源，将现场真实操作与模拟计算机仿真操作相结合，开展风险辨识、现场操作、安全监管、隐患排查、应急处置等安全意识和技能实操培训。二是强化领导层、管理人员和岗位员工上岗前、提拔任职前履职能力评估，加大评估结果应用力度，构建"培训有通道、学习有资源、考核有标准"的培训考评与履职能力评估体系，实现"培训—评估晋级—再培训—再评估晋级"的闯关式能力递进提升，确保全员安全管控能力、专业技术能力和操作技能得到持续提升。

3.7 利用事故事件资源持续补齐管理短板

聚焦事故形成机理和演化规律、风险智能感知和监测预警理论与方法研究，强化安全技术对策、安全教育对策和安全管理对策（3E对策），提高技防水平。规范事故上报和建档管理，建立事故分析长效机制，持续改进设计、制度、标准、执行不到位等管理漏洞。本着"无责备"原则，鼓励油气田企业基层单位"真报事件、报真事件"。定期开展事件分析，与监督检查问题有效融合，建立风险预警曲线，实现风险管控从无形到有形、从抽象到具体。定期开展事故警示教育活动，将事故信息、预防措施共享，真正做到"一厂出事故、万厂受教育"。

3.8 规范管理评审流程持续做好改进决策

管理评审作为HSE体系持续改进的最高决策保障，有着至关重要的意义。因此建议全面收集合规检查、体系审核、上次评审决策的落实情况等必要信息，强化评审前准备环节，厘清短板，找准差距，对标先进，科学指导管理决策，做好长期规划，做细短期部署，持之以恒抓好各项工作推进落实。同时，用好HSE委员会议事职能，规范重点项目、重大隐患、重大活动等决策程序，抓好专业委员会HSE事项审议和分析改进落实职责，形成思想统一、方法有效、执行有力的全新管理评审工作格局。

4 结论

"安全生产非一日之功，事故发生非一时之过"。安全生产形势的持续稳定向好和良好的安全文化建设，不是一朝一夕、一蹴而就的，而是体制、机制、法治长期综合作用的结果。油气田企业建立和推进HSE管理体系，需要从源头上强化HSE体系顶层设计，在合规运行、持续改进、改革创新、文化建设方面下真功夫，持之以恒培育安全文化，只有这样才能实现本质安全。

参 考 文 献

[1] 孙宁，王博，余岚，等. 长庆油田HSE管理体系运行中存在的问题与应对措施研究 [J]. 陇东学院学报，2021（9）：69-74.

[2] 崔立江.HSE管理体系运行中的问题及对策[J].北京石油管理干部学院学报,2017(4):50-51.

[3] 孙文跃.辽河油田HSE管理体系运行现状分析及改进对策[J].油气田环境保护,2018(8):56-59+62.

[4] 季博卿.HSE管理体系在石油企业安全管理中的实施[J].现代职业安全,2023(1):76-78.

[5] 那慧玲,王晓鹏.加强油气田企业HSE绩效管理的思考与建议[J].化工安全与环境,2022(9):20-24.

[6] 丁晓刚.溯源分析在HSE管理体系中的应用[J].安全、健康和环境,2022(7):53-55.

录井异常预报技术在塔里木油田的应用

郑鹏飞　王国瓦　胡　伟

(中国石油塔里木油田分公司　新疆维吾尔自治区库尔勒市)

摘　要　塔里木油田勘探开发由寻找相对浅层的大型碎屑岩均质孔隙型构造油气藏逐步向超深的裂缝型非均质油气藏转变，超深层油气藏具有超高压、高含硫等特点，给安全钻探带来极大风险，对录井工艺和装备的要求越来越高。由此，塔里木油田针对钻井安全保障进行系统攻关的强化录井技术，在完善坐岗记录和钻井工程异常预报的基础上，研发出智能化工程录井预警技术，为破解超深度勘探开发地质、钻井难题提供了更加有利的保障和支撑。

关键词　录井技术　异常预报　智能化　模糊理论　专家系统

引言

目前，塔里木油田已进入超深层勘探开发阶段，其钻探过程具有储层压力高、裸眼段长、井控风险高等危险因素，且随着国民经济的发展，社会对安全环保的日益重视，"安全发现""健康环保"等理念逐渐深入到油田勘探开发生产的各个环节，综合录井作为钻井现场唯一具有实时监控功能的先进技术服务，其保障生产的重要性凸显。通过坐岗记录和录井仪器对工程参数的监测，综合录井队能够及时对钻井复杂情况进行异常预报，特别是对井喷量的早期预警，为及时应对各类复杂工程，避免事故发生，加快勘探开发钻完井进程提供了强有力的技术保障。塔里木油田在开展人工异常预报的基础上，组织研发了智能工程录井预警系统，该系统应用独有的录井参数处理方法，建立了独有的多参数预警模型，可以解决微小参数异常和无法多参数联合判断的问题，使预警更加及时、准确，同时也避免了由于现场技术人员缺乏经验而导致的异常漏报、误报现象的发生。内容介绍工程异常预报与智能工程录井预警系统在保障钻井安全中的作用与功能。

1　塔里木油田事故复杂情况分析

塔里木油气勘探异常复杂，主要原因在于塔里木油田勘探具有点多、面广、线长等显著特点，地表环境具备山地纵横、流动沙漠和浮土巨厚地区等恶劣条件。异常复杂的地貌特征、构造条件和工程因素（超深、复合盐层超高压、小井眼、超高压气藏），造成塔里木油田勘探综合勘探费用高。

通过对塔里木油田现场提交的事故复杂异常预报进行统计分析，事故及复杂情况主要集中在井漏、井涌（溢流）、卡钻（遇阻）、钻具刺漏这四大类，发生的因素包括异常地层、工程施工失误、钻井设计与实际不符、突发事件等。

2 工程异常预报和事故隐患预测

2.1 钻井工程参数异常预报方法

鉴于塔里木油田事故较为复杂，由于综合录井仪检测到的参数异常变化与工程事故有直接或间接的关系，因此，工程异常可根据参数的变化规律进行预测。录井仪对钻井工程参数的连续检测和记录包括：大钩负荷、钻压、立压、泵冲、转盘转盘转矩、出口流量、钻时、钻进费用等。利用综合录井仪的异常变化，可以对多种工程事故进行直接或间接的预报。

2.1.1 钻具类事故复杂

钻具类事故复杂主要有三种：断裂、钻孔脱扣，最常见的是钻孔断裂。从钻具受力情况分析，存在着轴向拉力和压力、弯曲力矩、离心力、扭力、纵向振动和动载等作用力，这些交变载荷是钻具事故发生时钻柱疲劳所致的主要原因。钻具类事故复杂导致的参数变化如表1所示。

表1 钻具类事故复杂录井参数变化表

事故复杂类型	工 程 参 数							地质参数		气体参数	
	钻重	悬重	立管压力	泵速	扭矩	流量	钻速	超拉力	岩屑	出口钻井液	烃类	非烃
钻具刺漏			↘	↗	↗	出↗ 入↗	↘			量减	↘	↘
起下钻断钻具		↓			↓			↓				
钻进断钻具	↓	↓		↗		出↑ 入↑		↓	量减	有铁屑	↘	↘

注："↓"指下降，"↑"指上升，"↗"指增大，"↘"指减小，"出"指钻井液出口，"入"指钻井液入口。

导致断钻具事故多是由于钻进过程中发现钻具刺漏不及时，或钻进时因顿钻、溜钻引起扭矩急剧升高及起钻过程中遇卡后的强行提拉操作等。

发生钻具刺漏的原因是使用的钻具比较陈旧，钻井液对钻具有一定的腐蚀作用或钻进时使用的钻井液有较高的泵压。

2.1.2 钻遇阻事故复杂

卡钻是井下较严重的事故，处理难度大。卡钻形成原因非常复杂，各种卡钻产生的机理不同，处理的方法也各异。卡钻的形成通常与砂岩缩径、泥岩垮塌及井斜度有关；当井筒内出现井眼缩径或井壁垮塌，将导致下钻时遇阻，上提钻具时遇卡；如果处理不当，将引起卡钻事故。在钻进和起下钻过程均可能发生卡钻。

起钻过程中，由于井下钻具总体积和质量不断减少，悬重呈逐渐下降的变化，这种变化是一种缓慢的变化；出现遇卡情况时，悬重会出现异常增大和波动，大于钻具的实际悬重，同时扭矩也会有较大幅度的震荡。

下钻过程中，井下钻具总体积和质量不断增加，悬重呈逐渐增加的变化趋势。发生遇阻时，悬重出现异常的下降，且悬重值小于钻具实际质量。发生卡钻时，悬重出现突然减少并小于钻具实际负荷，而同时在上提时大钩负荷又增加且远大于钻具实际负荷，出现上不能提，下不能放的情况。

钻进过程中，随着井深的不断深入悬重持续增加。出现卡钻异常时，悬重和扭矩出现异常波动。其后，上提钻具时悬重异常增加，且远大于钻具的实际负荷，下放钻具钻头未到井底前悬重降低，发生钻具上不能提，下不能放的卡钻事故。卡钻类事故复杂引起的参数变化总结见表2。

表2　卡钻类事故复杂的参数变化

事故复杂类型	工程参数								地质参数	气体参数	
	钻重	钻压	悬重	立管压力	扭矩	出口流量	钻速	超拉力	岩屑	烃类	非烃
起钻卡钻			↗~					↑			
下钻遇阻			↘~								
下钻卡钻			↘		↑	↘					
钻进卡钻	~	↗		↗	~	↘	↘		量减	↘	↘

注："↓"指下降，"↑"指上升，"↗"指增大，"↘"指减小，"~"指波动或跳变。

2.1.3　钻头类事故复杂

钻头是破碎岩石的主要工具，准确判断钻头的使用情况，能避免掉牙轮等复杂的井下事故，对提高机械钻速和安全钻进具有十分重要的意义。钻头异常在钻井事故中所占比重较大，做好钻头异常预报对安全钻井具有十分重要的意义。钻头异常型一般有掉牙轮（牙轮钻头）、掉牙、堵水眼、水眼掉落、钻头泥包、钻头老化终结等。

（1）钻头老化终结：当钻头使用到一定程度时，钻头上的牙齿就会脱落或磨平，这时机械钻速明显降低，钻进成本就会增加。

（2）堵水眼：一般是由于下钻过程中没有做好防范措施，或者钻井液中的大颗粒物体钻入时堵住了水眼，导致钻井液无法循环，只有起钻通水眼，这样就会增加一次起钻和下钻，对钻井时效造成影响。

（3）水眼掉落：由于水眼安装不到位，钻井液顺着水眼的四周向外渗漏，最后将水眼刺掉。钻头掉水眼后，水马力下降，脱落的水眼造成钻头不佳，导致钻速下降，钻头使用寿命降低。

（4）钻头泥包：钻遇大段泥岩时，由于钻头选型不合理或转盘转速、钻压、泵压等工程参数搭配不合理，钻头会出现泥包现象，泥包后钻头机械钻速降低会影响钻井周期，且如果用泥包钻头会诱发井涌甚至井喷。钻头事故复杂导致的参数变化见表3。

表3 钻头类事故复杂的参数变化

事故复杂类型	工程参数							地质参数		气体参数	
	大钩负荷	立压	泵速	扭矩	钻时	流量	钻速	岩屑	其他	烃类	非烃
水眼掉落		↓	↓	↗		↑	↓			↘	↘
堵水眼		↑		↗		↓			量减	↓	↓
钻头终结	~	↗		↗	↘		↓	细小	有铁屑	↘	↘
钻头泥包		↗		↘	↘		↓		泥岩	↘	↘

注："↓"指下降，"↑"指上升，"↗"指增大，"↘"指减小，"~"指波动或跳变。

2.1.4 其他工程异常

钻井现场除上述工程异常外，还经常出现以下几类异常情况（表4）。

溜钻一般是送钻不均匀，在钻头上超压钻进，导致钻具压缩，井深突然增大的现象。顿钻一般是在钻头提离井底后，由于刹把没有控制好，钻具自然下落，突然在钻头上施加超限钻压，造成钻具受压，井深突然增大的现象。经常出现溜钻顿钻，会损害钻头的使用寿命，使生产时效降低，甚至对钻具造成损害。

表4 工程异常的参数变化

事故复杂类型	工程参数							地质参数	气体参数	
	大钩负荷	钻压	悬重	扭矩	流量	钻速	超拉力	岩屑	烃类	非烃
溜钻	↓	↑	↓			↓				
放空	↑	↓	↑						↗	↗
快钻时	↑	↓		跳变	↑	↑				
井壁垮塌	↗↘			↗	↓		↗	大、多	↗	↗

注："↓"指下降，"↑"指上升，"↗"指增大，"↘"指减小。

井壁坍塌一般是由于地层与钻井液性能不匹配，工程中钻具组合不当等原因造成的。当发生井壁崩塌时，会导致钻进及循环工况异常，严重时会造成卡钻。

在砂泥岩剖面钻到储层或盐层时，钻进速度加快；在碳酸盐岩剖面钻到缝孔发育的储层段时，也易出现放空或钻速加快的情况。对快钻时、放空的及时预报，可使工程施工人员有充分的准备时间，应对可能出现的井涌、井喷、井漏、盐水侵、油气侵等情况。

2.2 钻井液参数异常预报方法

钻井液参数主要包括钻井液的入口出口密度、温度、电导率、流量、钻井液体积等。钻井液参数的变化通常直接反映井下地层液体的活跃情况及井筒与地层压力的平衡情况；此外，由于气测参数来自于从井内返出的钻井液中，也能反映出地层的一些情况，所以综合录井常把气测参数和钻井液参数一起进行分析，通过坐岗实时记录钻进及起下钻过程中的钻井液参数变化。重视钻井液和气测参数异常的分析可以对多种地质异常情况进行早期预报，对于避免井喷等重大事故的发生，及时处理油气浸、水浸，为安全施工创造条件。

2.2.1 井漏的预报

井漏是钻井液从井眼漏入洞穴、孔洞性岩层、裂缝性的和高孔隙度的地层而大量损失或全部损失的一种钻井复杂情况。以漏速快慢可区分为渗漏、小漏、大漏和只进不出。钻井液消耗大于井筒内容积的增加量与地面、管线循环过程中正常消耗量的总和，排除其他地面因素，可判为井漏。井漏在高渗透型砂岩或孔洞、裂缝发育地层易发。井漏类事故复杂引起的参数变化总结见表5。

表5 井漏复杂的参数变化

事故复杂类型	工程参数				地质参数	气体参数		钻井液参数
	钻重	悬重	立压	流量	岩屑	烃类	非烃	总体积
下钻井漏		↗	↘	出↘ 入↗				↘
起钻井漏		↘	↘	出↘ 入↗				↘
钻进井漏	↗		↘	出↘ 入↗	量减	↘	↘	↘
循环井漏			↘	出↘ 入↗	量减	↘	↘	↘

注："↓"指下降，"↑"指上升，"↗"指增大，"↘"指减小，"出"指钻井液出口，"入"指钻井液入口。

下钻过程中由于激动压力过大可能引起井漏。在下钻过程中，井内钻具的刚性体积不断增加，相同体积的钻井液被置换出来进入循环池（计量罐）。如果下入钻具返出的钻井液量小于下入钻具体积或不返钻井液就可能是井漏。

起钻过程中判断井漏主要是观察灌钻井液情况，一般提出3~5柱钻具，要灌入一次钻井液，灌入量可根据实际钻具体积计算得到，如果起出3~5柱钻具后，灌入量大于钻具体积量或更多就可能是井漏。

2.2.2 井涌（溢流）的预报

当地层的孔隙压力大于井深的钻井液压力时，地层孔隙中的流体就会进入井中，发生井侵，最常见的井侵是气侵、盐水侵。当发生井侵时，井口返出的钻井液量比泵入的钻井液多，停泵后井口钻井液自动溢出，产生溢流。当溢流进一步加强，钻井液不断从井口涌出时，就成了井涌。高压地层流体进入井筒后，从井口不受控制地喷出，形成井喷式喷涌。总之，井侵、溢流、井涌、井喷失控反映了井下、井口在地层压力失去平衡后出现的种种现象和事故发展变化的轻重不同。

起钻过程中，井内钻具体积不断减少，通过灌注泵，同体积的钻井液从计量罐进入井内以维持井内压力平衡。但由于异常地层压力及起钻引起的抽吸的诱导作用，使地层孔隙压力大于井内钻液压力时，地层孔隙中的可动流体进入井内，发生溢流，进一步加强形成井涌。

下钻井涌的原因是下钻时钻井液液柱压力大于地层压力以及下钻速度过快产生压力激动引发，当钻井液漏失使井筒液面下降到不能平衡地层压力时，地层流体侵入到井筒中，最终发生井涌。

钻进过程中，在钻遇异常压力层段（如油气层）时，当地层孔隙压力大于该深度钻井液压力，地层孔隙中可动流体将进入井内，导致出口流量增大，循环池液面上升，若是钻遇油气层则通常会表现为气体全量显著增加，发生井侵，最终发生井涌（表6）。

表6 井涌复杂的参数变化

事故复杂类型	工程参数			地质参数	气体参数			钻井液参数			
	悬重	立压	流量	岩屑	烃类	非烃	全烃	进/出口密度	进/出口温度	进/出口电导率	总体积
起钻井涌	↘		出↗入↗	大、多	↗	↗	↗	↘	升高	↘	↗
下钻井涌	↗		出↑	大、多	↗	↗	↗	↘	升高	↘	↗
钻进井涌		先↗后↘	出↗入↗	大、多	↗	↗	↗	↘	升高	↘	↗
盐侵								↗		↗	
油气侵			出↗				↗	↘	升高	↘	↗
水侵			出↗				↗	↘		↗	↗

注："↓"指下降，"↑"指上升，"↗"指增大，"↘"指减小，"出"指钻井液出口，"入"指钻井液入口。

3 智能工程录井预警技术

3.1 智能工程录井预警的技术思路

在人工异常预报的基础上，要实现对钻井事故和复杂情况的智能预报，需要在分析大量综合录井现场数据信息的基础上，总结出一套完整有效的事故异常预报方法，最终开发出具有工程事故早期自动化、智能化、给予一定程度或意义上的报警、控制事故发展、将损失降到最低程度的预警系统。

3.1.1 主要内容和重点

智能工程录井预警技术研究的主要内容是通过数学方法和人工智能技术解决事故预报这一难题。重点是建立通过综合录井参数进行事故预报的数学模型，并根据现场使用需要不断进行完善。

模糊数学是研究和处理模糊性现象的数学，模糊数学把传统数学从二值逻辑的基础扩展到连续值上来，本身具有着深远的意义。钻井事故本身具有很大的不确定性和随机性，应用模糊理论解决无疑是很好的解决方案，根据工程事故发生的规律，运用模糊数学、统计理论建立起工程事故预报模型，从而对录井采集参数进行实时的工程事故预警（图1）。模糊推理技术解决了传统录井技术不能及时发现微小异常、无法多参数联合判断和不能预报事故程度的问题，预警更及时、准确。

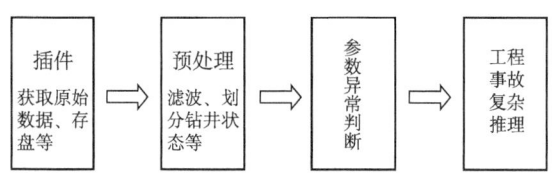

图1 系统简要处理流程图

专家系统结合了人工智能技术与计算机技术，是一种模拟人类专家解决领域问题的计算机程序系统。它可以高效、准确、周到且不知疲倦地进行工作，解决实际问题时不受周围环境的影响，也不会遗漏忘记。通过知识库的升级，可以不断吸收新的专家知识和经验，使系统的预警能力逐步增强，从而实现钻井事故和复杂情况的准确预测。

智能工程录井预警系统的研究重点主要有以下两个方面：
（1）根据大量现场数据和信息分析、研究，构建可靠的事故预报模型。
（2）良好的可定制性，根据现场情况对模型进行修正，通过多种途径扩充知识库，不断提升预报水平。

该技术具有数据插件技术和可定制模型两项创新技术。数据插件技术是指预警软件获取录井实时数据的一种技术，可以适用于多种国内外录井仪器，使该系统具备良好的兼容性和通用性。可定制模型是指预警软件的事故预报模型可以由现场人员进行创建，由使用者结合实际情况对预警过程进行有效干预和定制，从而不断提高预报准确率，逐步提高智能化水平。

智能工程录井预警技术作为石油钻井事故复杂智能预警系统，实现了工程录井预警的智能化。在实际工作中解决了进行人工异常预报的几项难题：
（1）通过数据获取插件可以与塔里木油田各型号综合录井仪无缝挂接，解决了通用性问题。
（2）预处理功能有效滤除传感器跳变等干扰因素。
（3）完整记录钻井过程中各种信息便于后期查询。
（4）预警模型以知识库形式保存，便于改进完善和分享。

3.1.2 智能工程录井预警系统详细设计

智能工程录井预警系统是具有创新概念的录井专用软件，以智能化、自动化的方式对钻井现场工程事故进行预警，从而实现对原始工程数据的有效利用，降低钻井工程风险，充分发挥综合录井指导安全优化钻井的功能，扩大综合录井仪的应用范围。

该系统可应用于商用和个人电脑，目前的主流电脑都能满足要求。软件系统采用模块化设计，主程序通过调用各功能模块来完成数据的计算分析，以及预警结果的显示和输出等功能。软件整体的工作框架如图2所示。

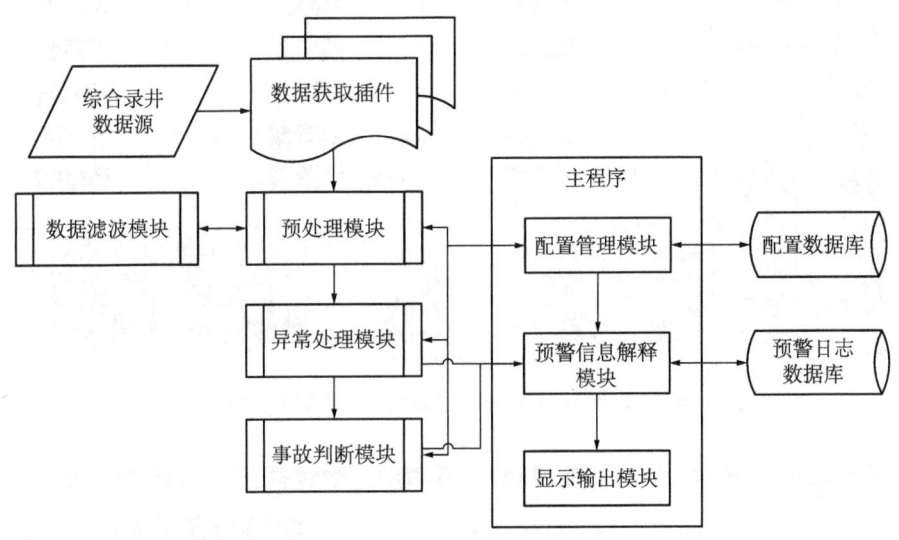

图2 软件总体工作框架

软件系统整体按功能可划分为四大组成部分：主程序、预处理模块、异常处理模块、事故判断模块和数据插件模块。本系统的系统界面（图3和图4）设计采用开放结构，主窗口和停靠窗口可按需要进行添加、编辑和删除等操作，窗口内显示对象也可按需要添加、编辑和删除，实现界面完全定制，具有可视化、直观化、定制化等特点，操作方便快捷，经过简单培训即可掌握方法。

3.2 智能工程录井预警技术存在的问题

智能工程录井预警系统能够满足日常生产的需要，在钻井工程异常预报方面发挥了显著作用，但在应用中还发现了以下几点不足，作为下一步研究攻关的方向：

（1）钻井操作、状态转换、划眼等误报率较高。
（2）起下钻过程中井漏与溢流的监测不够智能。
（3）随钻地层压力监测模块有待进一步研究。
（4）早期溢流预警不够精准。
（5）定向井、水平井、特殊工艺井预警准确率低。

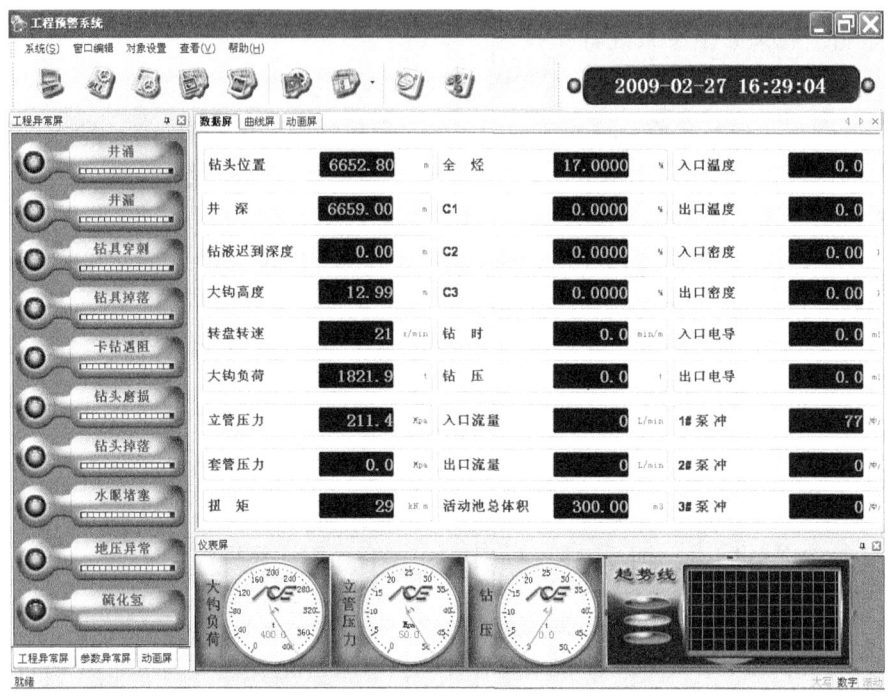

图3 软件系统整体界面（工程异常屏、数据屏、仪表屏）

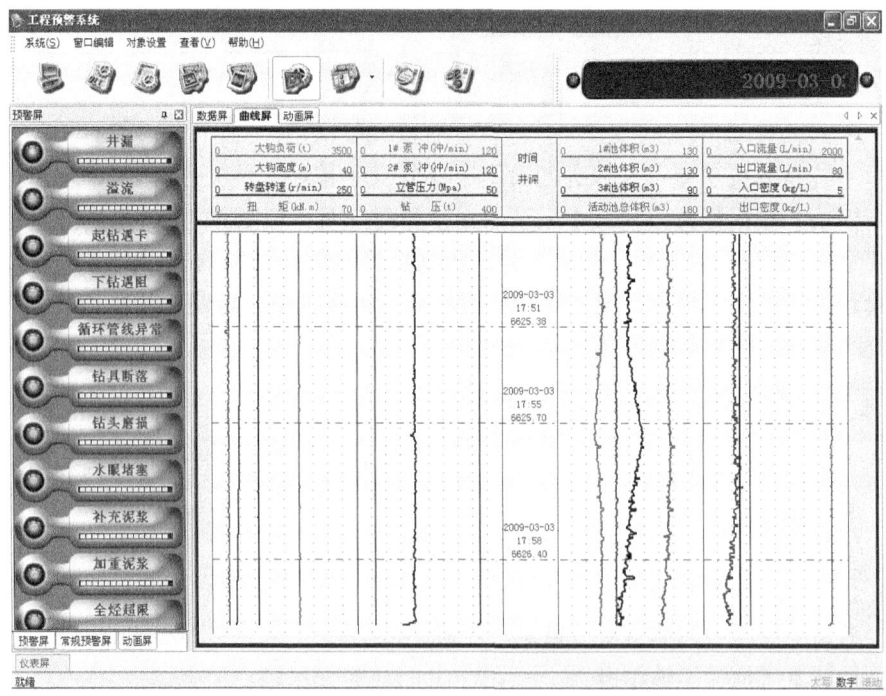

图4 软件系统整体界面（动画屏、曲线屏、仪表屏）

4 结论

塔里木油田为准确预报钻井复杂情况建立了一套录井预警方法,并研发出智能化工程录井预警系统,在油田得到全面推广应用。该系统在人工预报的基础上,实现了钻井工程事故复杂预报的自动化、智能化,同时也弥补了专家预报经验难以共享的不足,解决了人工经验判断准确率不稳定、难以发现细微趋势性异常、积累不足、分享困难等问题。

通过人工异常预报与系统智能预测相结合,在钻井现场运用中,实现了工程事故复杂预报及时率100%,异常预报准确率达90%以上,降低了钻井施工风险,保障了油气藏安全发现,为塔里木油田3000万吨大油气田顺利建成提供了重要技术支撑,对保障国家能源战略安全,加快新疆经济发展具有十分重要的意义。

参 考 文 献

[1] 廖涛,雷军.塔里木油田录井技术现状及市场需求分析[J].录井工程,2015,26(3):9-12.
[2] 王清华,郭清滨,王国瓦,等.超深复杂油气藏录井技术[M].北京:石油工业出版社,2017.
[3] 姚文华.钻井工程异常预警系统的设计与应用[J].石油仪器,2011,25(1):5-9.

"五个安全"方法论在基层安全管理过程中的
实践与应用

孙海鹏　张　磊　高圣杰　吴军良　许益栋　陈吉星

(长庆油田分公司第四采气厂　内蒙古自治区鄂尔多斯市)

摘　要　本文通过对油田公司"五个安全"方法论进行深入剖析,结合生产保障大队安全管理现状,通过业务细化分解系统建立与方法论相对应的安全监管网络,达到与安全管理体系的有机融合,有效指导从管理层到操作层全方位的安全管理能力提升。通过对HSE管理现状进行准确认识,对管理不利因素、有利因素进行深入分析,对基层各班组HSE管理情况进行详细掌握,找出现有安全管理方式与"五个安全"方法论中"想、讲、抓、查、考"的契合点,分类归集系统整合,用创新思维进行管理优化和提升,并高效融合QHSE管理体系要素,最终形成一套完整合理科学的管理方法,为气田基层单位HSE管理提供可借鉴、成熟的管理模式。

关键词　五个安全　安全管理　体系建设　PDCA

引言

天然气作为一个高危行业,安全是永恒的主题,是企业经济效益得以保证的基础,是矿区社会稳定的前提和和谐社会的呼唤,随着人们物质文化生活水平的不断提高,珍惜生命、本质安全是每名员工追求的迫切愿望,特别是近几年来,国家连续出台了《安全生产专项整治三年行动实施方案》《重大事故隐患判定标准》《安全生产标准化管理体系》等安全管理规定,给石油天然气安全生产提出了更高的要求,必须依法依规组织生产,确保员工的安全健康。因此,加强天然气生产安全基础管理,系统建立本质安全型管理体系势在必行。

1　基层单位安全管理现状分析

1.1　人员素质

基层线性管理者HSE专业技术水平有待提高。员工HSE相关知识学习宣贯效果有待加强,HSE管理体系推进后,HSE管理职责由原来的HSE人员明确转变为管工作的线性管理者,但是,对其培训却远远不够,作为基层HSE工作管理人员,其HSE专业技能掌握不足,素质水平不够,导致一方面对本属地HSE工作管理不好,另一方面对直属人员HSE培训不到位,学习宣贯存在走形式、走过场的情况,最终致使HSE管理运行的不畅。

HSE管理工作没有实现全员参与。HSE管理工作就是要实现"全员、全方位、全过程"的管理。HSE体系文件中规定了厂各个部门、各个层次人员的职责，即在制度上实现了所谓的安全责任"横向到边、纵向到底"的目标。但是，在实际中岗位员工没有将HSE的工作与日常工作结合起来，往往很难做到全员参与HSE管理。

1.2 现场管理

一是适用于石油天然气行业的法律法规、国家标准、行业标准、企业标准繁杂，涉及各个领域的专业知识，这就要求我们基层单位现场管理人员必须具备一定的知识素养，对其进行梳理和转化，但是基层单位现场管理人员所学专业相对集中且人员配备数量较少；二是对法律法规、标准规范的培训缺乏计划性和针对性，往往是接到上级部门的专项检查或者通知后才"临时抱佛脚"搞突击培训，再者保障大队对于某项标准规范组织开展培训时大多是组织基层管理人员进行培训，没有深化到岗位员工层面；三是部分现场管理人员的"经验主义"，认为自己是老员工、老师傅，成功地了解过、做过一些工作，而且也没发生意外，所以具备了懂得或者做某事的能力和素质，把自己的经验教条化，不去学标准、用标准，什么事情都拿过去的经验去套，不用发展的眼光去做事，一切促成原来事物矛盾解决的条件和各种因素都随着时过境迁变化了，因此也为自己的行为埋下了安全隐患。

1.3 文件执行

制度执行和责任落实不到位。目前基层单位仍然存在各项安全生产管理制度与实际现场以及新形势、新要求不相符的现象，同时也存在制度交叉重复的现象，使得安全管理工作没有达到常态化、经常化、规范化、精细化，进而暴露出了安全生产责任制分解的缺失，无形中给日常安全管理工作增加了负担。在处理安全与生产的关系上出现了责任落实不到位的现象，安全工作安排多、指导少，安全检查的深度、力度、精细化程度还不足，虽然在月度HSE等会议上布置的工作不少，但对工作落实情况的跟踪评定还不全面，存在随意性；基层单位大部分的精力都在应付各类上级文件的执行上面，但没有全面考虑执行的效果怎么样；在安全管理工作上，没有很好地解决"谁来负责、负什么责、怎么负责、不负责怎么办"的问题，只是一味地要求管理人员下现场、盯作业，却没有切实结合岗位职责来确定具体的安全管理责任，致使一些人员感觉不到压力，工作缺乏责任心。

2 "五个安全"方法论的理论基础

QHSE管理体系的运行，就是在各项管理活动和工作任务中应用PDCA循环管控风险，建立全员参与的安全文化。"五个安全"方法论正是将PDCA循环外化于行、互融互通，核心亦是风险管控，而讲安全正是安全文化建设的有效载体（图1）。

2.1 通过时时想安全，坚决扛起安全环保责任

想安全就是要树立"将安全工作与生产组织同部署，同推进，同落实"的整体意识，严守三个"十条禁令"，紧抓风险管控和环境保护两个关键点，制定岗位风险辨识清单，

领导干部带头想安全,操作人员应用"安全五步法",确保"管业务必须管安全、管生产经营必须管安全"的岗位安全环保主体责任落实落地(图2)。

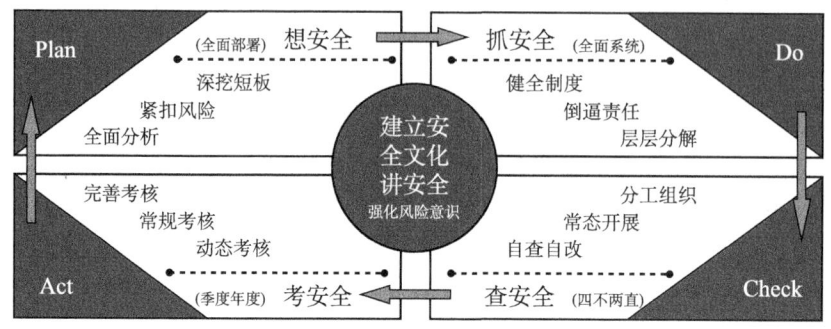

图1 "五个安全"与PDCA循环的内在联系

图2 安全五步

2.2 通过人人讲安全,筑牢全员安全思想防线

以提升全员安全履职能力为目标,从领导、管理、操作"三个层级"入手,扎实开展安全教育培训,营造浓厚的安全生产氛围,全员安全风险辨识、防范化解能力持续提升。

2.3 通过事事抓安全,督促安全措施落实到位

抓安全的重点是各级职责落实,从健全体制机制入手,以责任倒逼,提升全员抓安全的主动性。培养人人都是安全员的参与意识,将安全管理工作细化分解到交通、应急、消防、质量、环保、健康等管理环节,抓实反违章专项整治、安全隐患大排查、危化品专项整治等专项活动组织,严格执行操作过程管控、安全行为约束、风险隐患排查,闭环督办整改等措施,不断夯实安全环保基础。

2.4 通过处处查安全,确保安全风险可控

建立分层检查落实机制,常态化开展基层班站"四不两直"监督检查,严格承包商监管、危险作业管控,强化问题整改、复查验证、责任追究的闭环管理,促进安全管理水平不断提升。

2.5 通过层层考安全，激发自主安全管理动力

考核安全管理是安全管理运行过程的最后一环。通过按照预先设定的安全目标标准，对一定时间范围内安全目标的实现情况进行评价，并依评价结果兑现奖惩。考核的范围应涵盖单位所有层级和承包商，考核的方式应多样化，奖罚并举，考核的结果应广而告之，能形成有效震慑。并在考核过程中探讨安全目标实现过程中存在的问题，总结经验教训，以期为新的安全目标管理循环提供指导。最终实现全员从"被动履职"向"主动履职"的转变。

3 "五个安全"方法论在基层安全管理过程中的应用

本文主要结合生产保障大队在近年安全管理方面的思考和"五个安全"新的管理要求下所做的主要工作，系统总结分析安全管理短板，并针对问题进行一系列管理提升，取得了一定成效，管理层人员有了明确的管理思路，清楚管安全的方式和方向；操作层人员素质技能得到提升，团队协作配合更加默契，基层安全管理的主动性得到加强；同时，通过深入理解和应用"五个安全"方法论，推进了QHSE体系的进一步完善。

3.1 想安全

想安全重在决策部署。任何决策要优先考虑安全，工作安排要有安全要求、工作实施要有安全分析、工作检查要有安全项目、工作总结要有安全内容。把安全要素融入业务工作的全过程，不能独立起来，将想安全作为谋划全局的统领。在具体工作上，要发挥"想安全"的思想统领作用，首先要分析自身在安全管理上存在的不足，通过改进不足从思想上筑牢"安全笼"。

3.1.1 深挖短板，开展隐患问题"回头看"

生产保障大队三年来各级检查出问题947项，其中道路交通安全264项，占比28%；标准化建设194项，占比20%；承包商管理164项，占比17%；能力培训和意识140项，占比15%；其他问题185项，占比20%。针对以上四项数量占比较大的问题进行了管理追溯，制定出13项管控措施，以隐患问题促管理提升。

3.1.2 立足风险，深化双重预防机制运行

生产保障大队从管理活动、作业活动、设备设施等三个方面进行梳理，确定危害因素辨识基本单元，对各生产作业环节存在的各类危害和影响因素进行识别、评价。应用风险矩阵法对大队作业活动、管理活动、环境因素进行了辨识和风险等级划分，将一般风险比较集中的8类作业活动和4类设备纳入管控重点，制定控制措施66项。制定并下发《危害因素辨识及风险评价清单》《风险分级管控责任清单》指导班组进行隐患查改。

3.1.3 结合体系，明确落实"五个安全"管理的总体思路

结合厂2022年度安全管理工作要点，将五个安全方法论与QHSE管理体系运行相融合，分解细化明确了大队全年QHSE管理工作主要内容，形成15类48项工作、措施，统一了大队"想安全"的思路，将"三管三必须"主体责任落实到全员思想认识上来。

3.2 讲安全

"讲安全"是形成、提高和遵守安全行为文化的基础。重点在于将安全管理的工作思路通过层层宣贯，植根于基层单位安全管理的各个环节，通过领导层、管理层、操作层逢场逢会宣讲安全文化、落实安全措施、提高安全素养，营造浓厚的安全文化氛围。

3.2.1 领导干部把大局，带头讲理念思路

安全理念是安全文化的核心和灵魂，更是安全生产的"根"和"魂"，而领导干部要结合所辖业务为团队"培根铸魂"，发挥引领示范作用。在安全管理上，基层单位领导班子牵头制定管理规则，并深入践行和督促落实。比如将安全培训、警示教育作为各级会议的固定内容，要求班组每日必须进行一次风险提示，轮流每周进行一次安全经验分享，每月召开一次安全例会，领导每季度深入现场至少进行一次安全观察与沟通，每年每人在月度例会上进行不少于 2 次安全经验分享。以提升全员安全履职能力为目标，扎实开展安全教育培训，营造浓厚的安全生产氛围。

3.2.2 以班组为单元，落实常态化宣贯教育

班组是企业的细胞，是企业组织生产劳动最基本的单位，企业的各项工作任务都要通过班组来落实，班组安全管理工作也是如此，要引导班组建立完善安全教育培训的良性循环，通过制度固化班组安全培训的内容和形式。建立班前会制度，每天进行一次重点作业风险提示；以周例会、交接班会为平台，班组结合生产季节特点开展多种形式的安全经验分享、小课堂、安全培训，营造安全文化氛围。

3.2.3 强化培训，提升全员安全意识

按照落实两级培训总体思路，坚持按岗培训、按需培训原则，分层次明确培训对象，多途径创新培训方法。年初完成大队级、班组级两级培训计划制定，组织修定《生产保障大队员工培训工作管理实施细则》进一步明确培训计划中各层级的管理要求和责任，将厂关于培训的最新要求明确到制度，宣贯到班组，细化到个人，并与业绩考核相挂钩；建立健全《员工安全培训档案》，完善培训实施证据，将培训过程资料完整存档；重视送外培训，保证特种作业持证人员证件有效；适时开展兄弟单位交流性质学习培训，组织关键岗位管理人员走出去，学习好的安全管理经验，提升安全管理水平。

3.3 抓安全

抓安全是安全管理的重要一环，系统地抓安全要从体制机制建设入手，与 HSE 体系深度结合，有效利用和推进双重预防机制，将长效制度保障与短期安全活动相结合，优势互补促进安全管理纵横有序。

3.3.1 制度入手，健全抓安全的机制

生产保障大队以 QHSE 管理体系建设为抓手，围绕道路交通安全、标准化建设、承包商管理、能力培训意识四项业务管理薄弱环节，持续推进双重预防机制建设，开展危害因素辨识，将辨识控制措施对岗位员工进行培训，从源头抓风险管控。

3.3.2 责任倒逼，提升全员"抓安全"的主动性

按照"全员负责、失职追责"要求从管理层面建立源头安全约束，明确目标，逐层传递压力。按照大队岗位分工组织制定覆盖所有员工的《岗位安全生产责任清单》；全员逐级签订《质量安全环保责任书》《安全承诺书》；组织大队班子结合主管业务编制《个人安全行动计划》，构建责任覆盖全面，边界清晰、上下衔接一体的安全生产责任体系，确保"管业务必须管安全、管生产经营必须管安全"的岗位安全环保主体责任落地。

3.3.3 创新思维，通过向内挖潜齐力推动安全自主管理

一是发掘和培养安全管理力量，编制《安全员轮岗培养实施方案》，刀刃向内，在大队内部开展员工安全轮岗，优选6名表现较好的员工，针对性制定每个岗位轮岗计划，周督办、月通报，压实责任保证轮岗实效，安排1名员工参加审核员培训，提升骨干力量安全管理水平。二是倒逼员工进行安全素质的自我提升。编制实施《员工技能提升方案》，针对3大类61项操作技能对4个基层站队所有操作员工进行操作、安全、应急专项技能培训考核，最终全员通过验收考核。

3.3.4 层层分解，将QHSE基础业务逐项责任归位

以基础业务管理为抓手，横向梳理业务清单，确保管理无盲区，纵向分解管控重点，逐项落实责任，建立起了全面覆盖责任清晰的安全监管网络。

3.4 查安全

"查"即各类检查。以检查为手段，不断发现问题促进管理责任深入落实。围绕人、机、物、环、管的方方面面，查制度、查纪律、查设备、查安全装置、查重大风险隐患，做到安全检查全覆盖，找出问题所在。对查出的问题，根据性质情况深入查找原因严格系统追问，坚持"治标"和"治本"相结合，从根源上找到办法解决问题，杜绝同类问题重复发生。

3.4.1 领导分工带队查管理职责落实

坚持领导示范、以身作则，查班组管理能力、制度执行落实、人员履职情况。重点围绕班组日常业务开展质量、文件宣贯学习落实、培训及应急演练、现场安全管理、制度执行、人员状态等方面进行检查，结合承包点检查，持续开展每周"四不两直"、月度联合检查、季度安全观察与沟通，通过有感领导带头落实"查安全"职能。

3.4.2 两室常态化查班组、承包商管理

发挥大队管理中坚力量合力，建立针对班组业务能力提升和承包商服务提升的监管机制。组织编制质量监测队、器材供应站、探井《网格化检查表》（表1）；对照公司QHSE管理体系量化审核标准，建立针对基层班站资料管理的《要素资料对照检查表》（表2），要求每月20日以两室为主导组织开展"两表"持表检查，检查问题进行上会通报、直线问责，与班组业绩考核挂钩，对承包商严格按照作业过程监督检查要求开展检查，检查问题与月度考核评价挂钩。

表1 器材供应站网格化管理检查表

检查人:					检查日期:	
序号	网格区域	检查项目	检查内容	标准依据	是否符合要求	存在问题
1	器材供应站大门区	数字化	视频门禁箱体完好,箱门闭合,箱体内外卫生清洁,箱内不存放其他杂物,远程对话声音清晰,能够正常开启和关闭	《长庆油田分公司场站视频监控系统管理办法》第十四条 场站视频监控系统的使用、维护单位应当遵守下列规定:(五)建立视频监控系统定期检查和维护保养制度,定期对系统进行维护保养,确保系统正常运行		
2		目视化	"紧急集合点"牌设置位置明显,无破损	《长庆油田分公司安全目视化管理办法》第三十条 必须按国家和行业标准的有关要求,对生产作业区域内的消防通道、逃生通道、紧急集合点设置明确的指示标识		
3			进站须知牌、站名牌内容清晰,完好无污渍	《长庆油田分公司安全目视化管理办法》第一章第四条 每月必须检查安全色、标签、标牌等,以保持整洁、清洗、完整,如有变色、脱落、残缺等情况时,必须及时重图或更换		
4		数字化	网络交换机运行正常,外观颜色无发黄、发黑,闻绝缘材料无异味,无烧糊气味	《长庆油田分公司第四采气厂网络通信系统管理细则》附件2《网络设备及机房巡检记录》中第一项机房环境:(1)卫生清洁;(2)异响;(3)异味;(4)鼠患;(5)照明;(6)窗户密闭		
5			站内摄像头可控制,所有监控画面显示正常	《长庆油田分公司场站视频监控系统管理办法》第十四条 场站视频监控系统的使用、维护单位应当遵守下列规定:(五)建立视频监控系统定期检查和维护保养制度,定期对系统进行维护保养,确保系统正常运行		
6		电气安全	室内电源线、网线及网络交换机后部线路规整有序	《建筑电气工程施工质量验收规范》13.1.2 电缆敷设不得存在绞拧、铠装压扁、护层断裂和表面严重划伤等缺陷		
7			电缆与铁皮接触部位有保护措施	《建筑电气工程施工质量验收规范》13.1.2 电缆敷设不得存在绞拧、铠装压扁、护层断裂和表面严重划伤等缺陷		
8			开关控制箱完好,所有开关张贴标签齐全	GB 50303-2015《建筑电气工程施工质量验收规范》5.2.6柜、箱、盘内检查试验应符合下列规定:4、柜、箱、盘的标识器件应标明被控制设备编号及名称或操作位置,接线端子应有编号,且清晰、工整、不易脱色		

表2 生产保障大队要素资料对照检查表

序号	项目	检查要素及标准	建档资料及要求		负责岗位	检查问题	整改情况
1		1.2.1.5有感领导得到真正体现，如亲自讲授安全课、条自制定并实施个人安全行动计划、亲自主持或参加事故调查、亲自参加体系审核、定期到安全生产承包点检查督导等。 6.3.2.1有明确的HSE职责，定期评审并与岗位工作和风险管控相匹配。 6.3.2.2清楚本岗位HSE职责要求；做出安全承诺，采用公告板、网络等适宜方式对安全承诺进行公示。 6.3.3.1各级领导组织制定本单位、本部门责任清单，做到全覆盖，一岗一清单，进行公示，并逐级备案；清单内容与岗位职责、业务风险相匹配，有明确的职责、工作任务、工作标准、工作结果和安全承诺，并随安全环保责任制定期动态完善；岗位人员熟悉自身岗位的清单内容。 6.3.3.2按照责任清单规定的工作标准完成工作任务，并有可追溯工作结果	资料：《岗位责任清单》 要求：（1）大队主要负责人HSE职责至少包括：建立健全安全环保责任制、组织制定规章制度和操作规程、组织制定实施安全环保培训计划、保证安全环保投入、亲自定期主持召开HSE工作会议、亲自组织编制并实施应急预案；列举相关履职证据。（2）全员签订《岗位责任清单》并承诺，清楚本岗位HSE职责要求	每个岗位建立清单，少一个岗位扣1分	主任、副主任、安全环保岗		
2	领导和承诺	1.3.1.3指导直接下属制定个人安全行动计划；跟踪督促直接下属落实个人安全行动计划	资料：《个人安全行动计划》、有效实施证据 要求：《个人安全行动计划》经上级领导审核，厂网页公示、按计划开展的相关事实证据	未建立《个人行动计划》，少一个领导扣一分；当月检查领导《个人行动计划》未落实，扣0.5分	领导、安全环保岗		
3		5.1.1.1设立了年度HSE目标指标，逐级签订安全环保责任书；制定了质量目标，并符合"零事故、零缺陷、国内领先、国际一流"质量目标要求；各层级目标指标的设置包括结果性指标和过程性指标，设置合理，有针对性并明确相应考核要求；确定目标指标充分结合了质量管控重点和风险评价结果和现状，设置合理、有针对性。 5.1.1.2清楚本部门、本岗位有关的目标指标、安全环保责任书的内容。全部做到，得5分，其他情况，不得分；清楚本层级落实本岗位安全环保责任书内容的保障措施。 5.1.2.1定期对目标指标完成情况进行统计、分析。 5.1.2.2根据分析结果对不适宜的目标指标及时调整优化	资料： 厂与大队签订《安全环保责任书》、层层分解签订《安全环保责任书》 要求：层层签订《安全环保责任书》包括大队长、书记、副大队长、班组、员工	未按时间要求层层分解签订《安全环保责任书》的，扣1分	主任、副主任、安全环保岗		

续表

序号	项目	检查要素及标准	建档资料及要求		负责岗位	检查问题	整改情况
4	风险识别	3.1.2.2梳理并明确业务范围内具有较大HSE风险的管理活动；风险分析时考虑了业务部门之间的横向交叉和管理层次上纵向的延伸。 3.1.4.1按照生产作业活动和岗位实际划分管理单元、分解操作项目、拆分操作和设备设施等步骤，建立生产作业活动清单。 3.1.4.2组织梳理基层属地范围内非常规作业活动和施工作业项目，识别风险，制定控制措施，建立作业清单。 3.1.4.3专业部门分别建立了危害因素清单，且及时进行更新。 3.1.6.2使用适用的工具方法开展风险分析和评估工作，形成评估报告或记录。 3.1.6.4相关人员接受过相应培训，熟悉和掌握风险分析评估的工具方法。 3.1.6.5相关部门及人员清楚与部门业务和岗位相关的风险评估结果。 3.1.7.1各管理层级分别确定了重点防控的风险；相关部门和人员清楚本层级或岗位的重点防控风险。 3.1.7.2企业生产、设备、技术、安全等职能部门，针对本层级重点防控风险明确防控责任和责任人，防控措施符合实际防控需要，并实施风险动态监控；二级单位针对本层级重点防控风险明确防控责任，确定责任部门和责任人，制定落实防控措施，实施风险动态监控；基层单位针对重点防控风险明确防控责任和责任人，落实风险防控措施，且具有针对性和可操作性。 3.2.1.6建立了环境风险清单；可能的突发环境事件情景识别全面，每种情景下环境风险源强、环境风险释放路径、对环境风险受体可能产生的直接或次生后果、现有环境风险防控措施情况以及可能发生的环境事件级别分析合理	资料：《风险辨识与环境危害因素分析活动方案》《质量、健康、安全与环境风险评价报告》《风险辨识调查表》《生产保障大队作业活动清单》《生产保障大队作业活动危害因素辨识及风险评价清单》《生产保障大队作业活动风险管控清单》《生产保障大队设备设施清单》《生产保障大队设备设施危害因素辨识及风险评价清单》《生产保障大队设备设施管控清单》《生产保障大队管理活动清单》《管理活动危害因素排识与风险评价清单》《生产保障大队设备设施安全检查表（岗位级）》《生产保障大队设备设施安全检查表（大队级）》《生产保障大队设备设施安全检查表（厂级）》《生产保障大队网格化管理检查表》《环境因素辨识台账》《危害因素评价记录表》《风险分析评估的工具方法培训记录》 要求：风险辨识评价报告，危害因素清单中生产安全风险由红、橙、黄、蓝色标注四个等级；有风险分析评估的工具方法培训记录；熟悉和掌握风险分析评估的工具方法；询问岗位相关的风险评估结果	风险辨识与评估，每年2次，考核时间节点为厂通知截止时间前5天。按资料清单，每少建立1项扣0.2分	主任、副主任、安全环保岗		

3.4.3 班组内部自觉查管理薄弱环节

将岗位员工作为安全检查最小单元，通过正向激励鼓励员工开展ACT卡、岗位风险写实，对 JSA、PSSR 等安全工具进行班组内部培训，要求员工主动开展岗位风险辨识，班组长班前班后会进行风险提示，在班组内部"结对子"，开展岗位安全监督互查，营造员工自觉查安全的良好氛围。每个班组每月根据业务性质选择 1~2 个要素进行量化审核，由班组长带动班组员工参与审核及审核追溯。从现场问题、监督检查、职责履行、能力和培训、风险辨识和防控等方面倒查管理原因，准确理清问题责任归属，分清问题表象与实质，从而有理有据有节地提出整改要求。

3.5 考安全

"考"即考核，安全考核一般是安全管理的最后一环，是对阶段性工作的考察验证。有针对性地设定企业安全生产责任，通过建立完善的考核管理机制，有效激发员工参与企业安全生产工作的积极性，从根本上预防企业安全生产事故的发生。

3.5.1 制度先行，明确考核标准

以制度为标尺，立规矩、正方圆。建立安全管理目标，分层次设定考核标准。对领导层，重点考核个人行动计划、承包点检查、岗位安全生产责任清单执行情况；对各班组管理人员，重点考核工作计划、工作制度的执行落实情况；对班组员工，依托大队"两表"，设置检查问题考核分值，对重复性问题、较大问题直接问责到员工。

3.5.2 抓实抓细常规考核和动态考核

通过员工绩效挂钩、进行 QHSE 履职能力评估和承包商评估等常规考核手段与"说清楚""安全记分"等动态考核手段的结合，激发安全管理原动力，实现从被动履职向主动履职的转变。每月由大队领导和班组长根据员工职责履行情况进行绩效考核打分，将奖励与扣款分配到个人，充分调动员工管理积极性。

4 结束语

通过 HSE 管理现状分析，从"想、讲、抓、查、考"五个方面与制度宣贯、标准学习、安全培训、对标检查、持续改进等基础管理业务归类融合，建立了内容全面、结构立体的安全系统管理工作思路，通过层层落实执行及效果验证、评价，该系统管理思路可以使 HSE 管理实现标准化、精细化、常态化，解决了 HSE 工作头绪多、通知多、检查多，现场重复问题多，人员安全素质低，制度落实不深入的问题，强化了"纵向到底，横向到边，人人负责"的 HSE 监管网络，构建了以制度执行、人员培训、现场落实为主线思想，以对标管理为核心，以定期检查和动态调整为纽带，以有效的风险管控措施为辅助的管理体系。同时为气田基层单位 HSE 管理梳理总结出一套可借鉴的管理方法。后续工作中，生产保障大队将继续探索创新，优化管理模式，继续深入研究各项工作与"五个安全"方法论的契合点，将时时想安全、人人讲安全、事事抓安全、处处查安全、层层考安全自上而下融入安全管理每一个环节，逐步实现以班组为主体、以目标管理为核心、以操作规程为准绳、以岗位员工自主管理为基础的 HSE 管理目标。

参 考 文 献

[1] 卞立国.大型煤炭企业安全管理体系 [J].国企管理,2022(24):34-41.
[2] 董建蓉.石油企业安全目标管理运行模式研究 [J].西南石油大学学报(社会科学版),2015,01.
[3] 杜峰.企业安全管理体系有效运行的要点研究 [J].中国市场,2023(3).
[4] 陈波.石油企业安全管理中的 HSE 管理体系应用 [J].管理观察,2015(2).

新版《健康安全环境管理体系 第1部分 规范》标准理解

那慧玲

(安全环保技术研究院有限公司 北京)

摘 要 中国石油高度重视健康安全环保工作，始终坚持科学管理，认真学习国际HSE先进理念方法，借鉴国际石油天然气行业通行做法。1997年开始，按照"统一、规范、简明、可操作"的原则，不断探索实践，持续丰富完善，建立并实施了与国际接轨、符合公司实际、具有中国石油自身特色的HSE管理体系，安全生产治理能力稳步提升，安全生产总体形势持续稳定好转，为集团公司高质量发展提供了坚实可靠的基础保障。

关键词 HSE管理 HSE管理体系标准 健康安全环境管理体系

引言

根据国家安全环保工作的新政策新部署，结合国际体系标准的新思想新要求，立足集团公司安全环保新形势新变化和新特点新成果，为进一步强化HSE管理体系标准的指导作用，增强针对性、实用性和有效性，十四五伊始，2021年，中国石油启动了HSE管理体系规范标准的修订工作，并于2022年发布实施。

1 概述

1.1 HSE标准的简要回顾

中国石油HSE体系标准是基于多年以来的管理经验、管理程序、管理组织等要素，系统策划，优化整合，长期积累而形成的具有自身特质的科学有效的管理手段。

1997年，中国石油天然气总公司基于国际化战略需要，借鉴国际石油天然气行业的通行做法和有效实践，参考国际标准化组织最新出台的ISO/CD 14690《石油天然气工业健康、安全与环境管理体系（草案）》，制定了石油天然气行业标准《石油天然气工业健康、安全与环境管理体系》（SY/T 6276—1997），自此开始在中国石油全系统全面建立并实施HSE管理体系。随着重组改革不断深化和对安全环保管理认识的不断深入，2004年中国石油天然气集团公司首次发布企业标准Q/CNPC 104.1—2004版，随着国家安全管理新法规、新政策的要求出台，2007年进行第一次修订（Q/SY 1002.1—2007）版，2013年进行第二次修订（Q/SY 1002.1—2013）版，2018年集团公司标准化归口科技管理部，对标准分类进行了规定，Q/SY 1002.1—2013更改标准号Q/SY 08002.1—2018，内容没有发生变化。

1.2 HSE 标准修订的背景

随着新《中华人民共和国安全生产法》《中华人民共和国刑法》（修正案十一）等法律的实施，从国家层面上进一步明确了企业的安全环保责任，"三管三必须"和"全员安全生产责任制"对企业压紧压实全员安全生产责任提出了更高的要求。近年来，应急管理部先后开展了陆上石油天然气开采、危险化学品等重点行业领域安全生产专项执法检查，充分释放了安全生产问责越来越严的强烈信号，石油石化行业安全环保管理工作将面临更大的冲击和挑战。中国石油的 HSE 战略目标是追求零伤害、零污染、零事故，在健康、安全与环境管理方面达到国际同行业先进水平。围绕这一目标集团公司持续完善 HSE 管理体系标准来贯彻落实习近平生态文明思想和安全生产工作重要论述，推进公司治理体系和治理能力现代化的具体行动，是落实"全员、全过程、全方位、全天候"安全生产管理要求，强化健康、安全与环境管理，实现安全发展、绿色发展、和谐发展，建设世界一流综合性国际能源公司的重要保障。

2 新标准修订主要思路

2.1 保持体系标准的相对稳定性

七个一级要素结构框架及名称不变，与原标准相同，未进行改动。二级要素充分融合 2020 版《中国石油天然气集团有限公司 HSE 管理体系管理手册》相关要求，结构上进行一些局部调整；部分要素参考 GB/T 45001—2020《职业健康安全管理体系要求及使用指南》中的新要求和新定义。

2.2 固化融入中国石油近年来 HSE 管理典型有效做法

将风险分级管控、安全生产记分、领导干部承包点、安全述职、高危作业"区长"制、安全环保履职能力评估、基层站队标准化建设等重点工作和规定要求充分融入标准内容。

2.3 体现石油石化行业特性和中国石油业务实际特点和风险管控重点

新增油气田企业、炼化企业、销售企业、工程技术企业、工程建设、装备制造、后勤服务企业等板块专业特色，分别表述其生产运行管理的风险及管控重点。

2.4 语言文字描述更加通俗易懂，贴合实际

此次标准修订力求做到语言通俗、可理解，并与当前集团公司及所属企业 HSE 管理的实际做法保持一致。

3 新版标准的主要变化特点

3.1 更具石油特色

增加了油气田、炼化、油气销售、工程技术服务等企业生产运行方面的管控内容，体

现了集团公司业务特点、风险管控重点，在部分要素中增加了质量管理的要求。

3.2 更适用于企业

标准站在集团公司角度，综合近年体系运行过程中的成熟做法，做到现代要求与经验传统相结合，合理设置体系要素，以简单易懂的语言明确相关管理要求。

3.3 更符合法规和相关要求

充分考虑了国家和行业有关健康安全环保相关法律法规及标准的要求，融合了GB/T 33000—2016《企业安全生产标准化基本规范》和SY/T 6276—2014《石油天然气工业健康安全环境管理体系》以及国家关于化工企业过程安全管理等有关要求。

3.4 更符合国际惯例

融合了GB/T 45001—2020《职业健康安全管理体系 要求及使用指南》、GB/T 24001—2016《环境管理体系 要求及使用指南》相关要求，突出风险管控和管工作管安全环保的理念。

4 新版标准的主要变化

4.1 术语定义

依据国家相关HSE标准，参考ISO 45001 2018和ISO 14001—2015标准所包含的专业性术语和定义，新版标准由38个术语定义变更为19个，增加1个，删除20个，修改内容10个。旧标准中有感领导、属地管理、直线责任等名词在《中国石油天然气集团有限公司HSE管理体系管理手册（2020版）》中做了解释，不在新标准中出现。

4.2 总要求

将旧标准5.1领导和承诺关于安全文化和安全价值观等内容移至总体要求中。体现出安全管理的长远目标是文化管理，根本文化引领重要性。

4.3 领导和承诺

新标准增加了两个二级要素5.1.1 领导力中将"保障健康、安全与环境管理体系的建立与运行"更改为"确保健康安全环境管理体系融入生产经营全过程"。目的是更加明确要把体系和生产运行紧密融合。5.1.2 社会责任充分体现企业应具备的社会责任。

4.4 健康安全环境方针

新版要素5.2更加明晰企业应建立健康安全环境战略目标，为评审目标和指标提供框架。

4.5 策划

新版要素5.3.1将旧标准5.3.2法律法规和其他要求、5.6.2合规性评价条款内容进行了整合。体现了危害因素的前提法律法规是最基本的要求，依法合规是一切工作的底线。

新版标准 5.3.2 辨识考虑增加了"紧急突发情况",明确了需要针对风险评价结果制定控制措施的要求,针对企业重大风险,要制定管控方案。"落实风险分级防控责任并融入各级管理流程和操作活动中"是双重预防机制建设中"风险分级防控"责任落实的要求。

4.6 组织结构、职责、资源和文件

新版标准要素 5.4.1 机构和职责明确了要建立覆盖全员的安全生产责任清单,予以沟通并定期评审。增加了企业应落实"三管三必须"要求和实施方式,落实安全生产法的要求。5.4.3 要素将旧标准中"依据岗位风险和任职要求确定培训需求矩阵"变更为"建立基层岗位培训矩阵",明确了培训矩阵建立的对象范围。增加了"发挥专兼职培训师人员作用"引导企业建立"培训师"队伍,体现企业培训的内生动力。新增了 5.4.6 HSE 信息化要素,落实数字化转型、智能化发展战略,大力推进企业开展 HSE 信息化建设。

4.7 实施和运行

新标准在之前的基础上新增了建设项目 HSE 管理、施工作业 HSE 管理、危险物品管理、消防安全管理和交通安全管理五个二级要素。目的是针对当前管理的薄弱环节,进一步强化管理。充分体现了与生产经营活动的融合,针对不同专业各类型生产活动细化明确风险的管理要求。

4.8 检查与纠正措施

新版要素 5.6.1 明确了监视和测量的具体方法,通过监视和测量的结果分析为管理提供预警和改进。5.6.2 要素内容重新进行了编写,涵盖了内部审核的方式、流程及相关要求,体现了集团公司开展内部审核的特点。新版标准 5.6.5 要素是新增要素。绩效考核是 HSE 管理体系运行的推动力,良好的绩效考核能够推动责任落实,不断促进 HSE 管理水平提升。

4.9 管理评审

新版要素"5.7 管理评审"划分为"5.7.1 评审要求""5.7.2 评审内容""5.7.3 评审决议"三个二级要素。将新标准管理评审的输入(评审内容)和输出(评审决议)内容更加具体,且通俗易懂。

5 结束语

HSE 管理体系是中国石油健康安全环保管理的主线,也得到政府主管部门的认同、同行业的认可,已成为公司一张鲜明和响亮的名片。只有深刻理解 HSE 管理体系标准的内涵,有效发挥其系统优化和规范改进传统安全环保工作的作用,真正将 HSE 管理体标准要求与企业生产经营活动融为一体,才能实现 HSE 管理体系的规范运行和持续改进。中国石油体系规范标准的持续完善,对有效推动 HSE 管理全面规范,强化 HSE 风险管控,进一步提升中国石油整体安全环保管理水平,促进高质量发展具有重要意义。

参 考 文 献

[1] 中国石油天然气集团公司安全环保与节能部. 中国石油 HSE 管理实践 //HSE 管理体系基础知识. 北京：石油工业出版社，2012.

过程安全管理在炼化污水处理全生命周期中的应用

李星焱 孙江虎 吕 东

(四川石化有限责任公司 四川省彭州市)

摘 要 炼化企业产生的污水水质、水量复杂多变,在污水处理过程中具有易燃、易爆、有毒、有害等特点,发生事故的可能性较高。文章结合目前炼化污水处理过程安全现状和事故案例,分析污水处理过程各阶段存在的风险和安全问题,运用过程安全管理理念和方法,针对污水处理过程中的安全管理梳理出十项关键要素,为有效地防止炼化污水处理过程安全事故发生、提升管理能力和水平提供基本的参考。

关键词 污水处理 过程 安全 污染

引言

炼化企业作为我国经济的支柱性行业和经济基础,为社会发展提供化石能源和基础原材料,其产品类型众多,而且危险性高,主要应用于农业、工业、国防、社会等各个领域。然而,其产生过程产生的污水水质、水量复杂多变,污水中石油类、碳氢化合物等有机物及其衍生物含量较高,可产生易燃易爆等挥发性气体,在污水处理过程中存在较高的不确定性风险。安全管理一直是炼化企业污水处理过程一直关注的核心问题,国内不少大型炼化企业在实践中逐步认识到,建立过程安全管理体系,对控制过程风险隐患、提升装置运行稳定性具有重要意义,但如何结合炼化企业污水处理过程的特点,探索自身过程安全管理体系,形成科学的风险认知,是新时期炼化企业污水处理过程安全管理中需要重点开展的工作。

1 过程安全管理体系及其发展

过程安全管理(Process Safety Management,PSM)是指在危险化学品的生产经营活动中,基于风险管理和系统管理的思想、方法建立起来的安全管理体系,是指在危险化学品生产和使用相应的产品时用于预防事故的工程技术和管理手段,在对生产过程危害识别和全面风险分析的基础上,积极主动地对风险实施有效管控,从各个方面制定预防和控制措施,避免发生事故。过程安全管理是目前国际上比较先进的事故预防和控制的有效方法。

过程安全管理起源于化工企业。很长时间以来,大多数公司在开展事故预防工作时总是将重点放在改进技术、提升管理和人的行为因素上。在20世纪80年代,世界各地化工企业连续发生严重的安全生产事故,直到这时,企业、行业和政府有关部门才开始认识到安全管理系统存在的问题才是导致事故发生的根本原因。在1982—1996年间，先后有美国、欧盟、日本、澳大利亚等发达国家和世界知名化工企业先后施行了过程安全管理体系法案和有关法律法规，其重大事故发生率才开始逐渐下降。在借鉴国外化工 PSM 的基础上，1997 年中国石油天然气总公司颁布了《石油天然气加工工艺危害管理》，从企业角度开创了中国 PSM 规范理性化的先河。随后，国家安监总局从政府角度逐步推进和规范，在 2008 年制订了《危险化学品从业单位安全标准化通用规范》（AQ 3013—2008），2010年颁布了《化工企业工艺安全管理实施导则》（AQ/T 3034—2010），2013 年又印发了《加强化工过程安全管理的指导意见》（安监总管三〔2013〕88 号），明确了与 AQ/T 3034—2010 的 12 个要素相对应的化工 PSM 的主要内容和任务，主要目的是帮助危化品企业实施全员、全过程、全方位、全天候的化工 PSM，推动过程安全管理体系在我国的应用。从导则和指导意见中可以看出，我国施行的过程安全管理要素涵盖了国外 PSM 的主要要素，而且还体现出了我国长期以来积累的安全管理经验。

2 炼化污水处理过程安全现状

2.1 污水处理过程事故案例分析

炼化企业主体装置排放的生产污水中，含有轻烃及油类等易燃可燃物质，当遇到点火源，易发生爆炸或火灾事故。在污水处理全生命周期内的可研、初步设计、工程施工、试生产、连续运行、检维修作业以及发生事故后的应急处置等环节，如果污水处理过程存在工艺安全生产信息管理不全面、危害识别和风险分析不到位、操作规程管理不健全、作业许可管理不规范、教育培训不深入等问题，就有可能引发火灾、爆炸、中毒等安全环保事故，如表1所示。

表1 炼化企业污水处理过程中典型安全环保事故案例

序号	发生时间	事故基本情况	发生环节	过程安全管理要素
1	1997年4月12日	某石化公司炼油厂4号含硫污水罐因硫化亚铁自燃引爆罐内可燃性气体和轻油，发生火灾事故	检维修环节	危害识别与风险分析 作业许可管理
2	2000年12月6日	某炼油厂排水车间污水集水池内由于积聚油气，动火作业时发生爆炸，并引发火灾	检维修环节	危害识别与风险分析 作业许可管理
3	2004年2月18日	某化工集团在实施技改调试过程中，设备出现异常故障，浓度高达2611～7618mg/L高浓度氨氮超标废水直排沱江，导致沱江严重污染，近80万居民饮水严重短缺，造成直接经济损失约 3 亿元	试生产环节	设备完好性管理 应急管理
4	2004年10月20日	某石化公司酸性水汽提装置原料水罐在抢修罐顶与罐壁裂口过程中，罐内可燃性气体遇施工明火发生爆炸，导致7人死亡	检维修环节	作业许可管理 承包商管理
5	2005年11月13日	某石化公司化工车间发生爆炸，不仅存在人员伤亡、财产损失，更严重的是造成下游哈尔滨及俄罗斯部分水源严重污染，带来极恶劣的影响	生产环节	危害识别与风险分析 教育培训管理 应急管理

续表

序号	发生时间	事故基本情况	发生环节	过程安全管理要素
6	2007年1月15日	某石化公司污水汽提装置污水罐更换楼梯及平台板，污水罐发生爆炸，罐顶掀开，喷出的物料起火燃烧。事故造成在罐顶作业的2名承包商员工1死1伤	检维修环节	作业许可管理 承包商管理 危害识别与风险分析
7	2008年6月30日	某石化公司员工使用真空吸污车向隔油池内压排含油污水，在排放作业过程中，另一名员工走过隔油池，站在隔油池盖板上，隔油池突然发生闪爆，池内污油起火，盖板被掀翻，该名员工掉入池中被严重烧伤	生产环节	教育培训管理 危害识别与风险分析
8	2009年9月9日	某石化公司顺丁橡胶装置检修，将大量热水排入污水系统，最后进入车间污水池，与此同时，一名操作工在车间污水池旁驾驶叉车进行装卸作业，在作业过程中引发大火，造成叉车司机烧伤死亡	检维修环节	操作程序管理 危害识别与风险分析
9	2011年7月13日	大亚湾石化区某炼油厂内发生着火事故，事故中所产生的消防污水被紧急排至炼油厂内的应急池，由于连夜的暴雨造成污水外溢，污水流入通向南海的河涌内，进入大海	事故处理环节	危害识别与风险分析 应急管理
10	2013年3月1日	某公司在对硫酸罐进行加固时发生爆炸，爆炸将储罐撕裂并波及到旁边的1号罐，造成两罐的硫酸泄漏。事故造成现场作业的7人死亡	工程建设环节	危害识别与风险分析 作业许可管理
11	2014年5月2日	某炼化公司在对污水处理池加装污水泵，作业人员在没有进行可燃物浓度检测分析的情况下进行焊接作业，引爆可燃气体，事故造成3人死亡	检维修环节	作业许可管理 教育培训管理
12	2018年9月2日	某石化公司污水车间雇请民工清理污水池。在清理前厂方既未对民工进行安全教育，也未采取安全措施，致使民工进入污水池后相继中毒倒下，经抢救无效死亡	生产环节	过程安全信息管理 作业许可管理 教育培训管理
13	2020年7月22日	某石化公司炼油污水处理车间调节池浮油闪爆起火，火灾未造成人员伤亡，经环保部门监测，未对周围环境造成影响	生产环节	安全生产信息管理 操作规程管理
14	2020年9月19日	某石化公司化工三部EO/EG（环氧乙烷/乙二醇）装置附属的废水池在污水提升泵回流管线改造过程中发生闪爆事故，造成1人死亡，2人受伤	试生产环节	变更管理 作业许可管理

从国内近20年发生的多起重大安全环保事故来看，不仅影响到炼化企业生产装置的正常运行，还危及员工及周边社区居民的生命财产安全，甚至社会水环境生态的安全，也进一步说明过程安全事故发生后具有事态后果严重、社会影响广泛、生命财产损失较大等特点。因此，做好炼化污水处理过程全生命周期安全管理是关系企业安全生产、绿色环保、经济效益的重大问题。

2.2 污水处理过程主要安全问题

大部分危化品企业执行国家安监总局 2005 年颁布的《危险化学品从业单位安全生产标准化评审标准》，同时中国石油、中国石化、中国海油等大型国有企业也建立了自己内部的 HSE 管理体系，但在具体的实施过程中与国际先进炼化企业相比差距还很大。通过对国内部分炼化企业污水处理过程进行实地调研与评估，总结我国炼化污水处理过程安全管理面临的突出问题如下。

2.2.1 对过程安全管理认知欠缺

我国炼化企业污水处理过程安全管理仅是从同行业发生的事故事件中吸取教训，才逐渐认识到风险的存在。最初，人员配置文化程度偏低，违章作业时有发生，未对岗位人员进行系统培训，未全面识别生产异常情形，只能凭借操作人员的经验判断，发生报警后未进行原因分析，大部分管理人员还滞留在传统的"经验式"管理认知中，科学先进的"过程安全"管理理念和方法还没有被行业普遍认知。

2.2.2 未全面落实过程安全管理体系

过程安全管理体系的应用与污水处理过程脱节，体系的建立和应用没有全员参与，没有深入研究过程安全管理要素全面实施的具体措施，安全管理偏重于现场作业监督，忽视安全管理基础工作，缺乏系统的隐患排查管理和治理机制，隐患整改"纸面化"形式主义突出，在污水处理设计、运行、管理等过程中没有真正推行全生命周期污水处理过程安全管理方法。

2.2.3 过程安全陷入管理误区

过程安全是一项前瞻性、系统性、科学化的管理体系，然而大多数炼化企业安全管理人员和运行操作人员只侧重于职业安全、行为安全和作业安全等环节的管理，只注重看到的"冰山一角"，强调管理现场违规行为和出现的不安全现象，未从本质安全角度入手系统分析存在的风险，把大量精力投入到重复性的事务性管理中，安全管理水平得不到有效提升和改进。

2.2.4 未形成良好的安全文化底蕴

过程安全管理不可能急于求成，拔苗助长。然而，不少炼化企业污水处理过程把过程安全管理、标准化建设作为一项"运动"或者"口号"来抓，没有从本质上理解其要义，只建立了相应的框架，缺少专业化安全方法支持。由于缺少安全文化土壤，没有安全文化的引领，过程安全管理随意性很大，大多流于形式，甚至应付了事，"以罚代管"现象严重，缺乏高效的沟通与鼓励。

3 炼化污水处理过程风险特点

炼化企业生产过程产生的污水很难降解，仅仅采用一种处理工艺不能做到达标排放。一般根据污水水质、受纳水体、环境标准等制定污水排放标准，综合考虑各种污水处理工艺的优缺点，选择合适的污水处理技术路线并组成处理流程。图 1 为某炼化企业污水处理流程示意图。

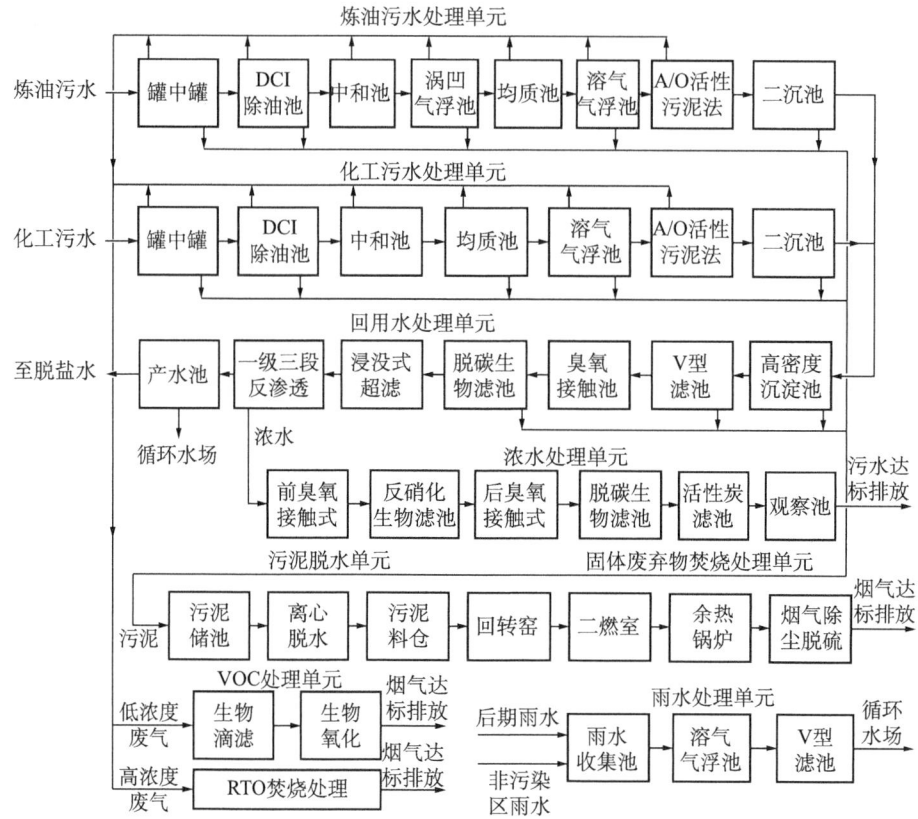

图1 污水处理流程示意图

依据该炼化企业污水处理采用的工艺技术,从安全管理的五个要素,即人(人员)、机(设备设施)、料(原料)、法(管理)、环(环境)方面入手,以污水处理构筑物为基本单元,识别污水处理过程中存在的主要危害和安全风险,以及在日常生产运行过程中出现的行为频率和接触的可能性,如表2所示。

表2 某炼化企业污水处理过程主要危害和安全风险

序号	构筑物名称	主要危害因素	生产过程行为	行为可能性
1	罐中罐、DCI除油设施、均质池、气浮池	火灾、爆炸、中毒	巡检操作,受限空间、动火、设备管线打开等作业	经常、极有可能
2	A/O生化池、二沉池	中毒、淹溺、触电	巡检操作,动火、设备管线打开等作业	不经常、可能
3	高密度沉淀池、V型滤池	机械伤害、腐蚀、淹溺	巡检操作,动火、设备管线打开等作业	不经常、可能
4	臭氧接触池、脱碳生物滤池、脱氮生物滤池、反渗透系统	机械伤害、火灾、爆炸、中毒	巡检操作,动火、高处、设备管线打开等作业	经常、可能
5	污泥储池及离心脱水房	火灾、爆炸、中毒	巡检操作,动火、设备管线打开等作业	经常、极有可能

续表

序号	构筑物名称	主要危害因素	生产过程行为	行为可能性
6	第一、二加药间	火灾、爆炸、中毒、腐蚀、灼伤	巡检操作，动火、高处、设备管线打开等作业	经常、可能
7	污油、废碱液罐区	火灾、爆炸、中毒	巡检操作，设备管线打开作业，装卸车作业，临时用电	经常、极有可能
8	回转窑、二燃室	机械伤害、火灾、爆炸、灼伤	巡检操作，动火、设备管线打开等作业	不经常、极有可能
9	预热锅炉、布袋除尘器、脱硫塔	火灾、爆炸、灼伤	巡检操作，受限空间、设备管线打开等作业	经常、可能
10	VOCs治理设施	火灾、爆炸、中毒、机械伤害	巡检操作，动火、设备管线打开等作业	经常、极有可能

结合图1，从表2分析得出，含油污水在隔油池等设施内易集聚、积累，在生产运行中，如遇点火源，可引发火灾、爆炸、中毒等事故；污水反硝化脱氮过程中使用的乙酸为乙类火灾危险性物质，在装卸、储存、使用中也可引发着火、爆炸事故；污水深度处理过程中使用的氧气、臭氧属于强氧化剂，如遇可燃物质可发生氧化反应引起着火；污水处理调节pH过程中使用的硫酸与储存的设备（管道）金属铁发生反应生成氢气，遇点火源会发生爆炸；污水处理过程高低压变电所、配电室以及用电设备绝缘损坏或发生漏电等故障时，易发生触电；污水处理过程中使用的转动设备（如风机、水泵等），如防护不当，也可造成机械伤害事故；另外，污水处理时设有多个水池进行缓冲均质，水池深度一般在5～7m，有可能发生淹溺事故。由此可见，炼化污水处理过程中存在的风险特点决定着安全工作始终贯穿于污水处理过程的全生命周期，做到本质安全。

4 过程安全管理要素分析与应用

随着炼化企业规模的不断扩大，污水处理设施规模越来越大，工艺处理流程也越来越长，采用的处理工艺也越来越复杂，一旦发生安全事故将对员工生命、企业财产、生态环境造成较大影响，甚至关系到炼化企业自身的生存。《中华人民共和国安全生产法》明确提出"党政同责、一岗双责、失职追责"，坚持"管行业必须管安全、管业务必须管安全、管生产经营必须管安全"的要求。因此，针对炼化企业污水处理工艺的特点，深入认知PSM系统理念，结合安监总管三〔2013〕88号文，对过程安全管理体系中各要素深入分析，重点选取过程安全信息、危害识别和风险分析、操作规程等10大要素，建立以过程安全管理为基础的炼化污水处理全生命周期应用体系。

4.1 过程安全信息管理

建立污水处理可研、设计、施工、运行等过程详细的安全信息文件，帮助技术管理人员和运行操作人员掌握风险识别的能力是过程安全管理工作的首要任务。对污水处理过程来说，重点是建立污水处理过程工艺技术、工艺设备和使用危化品等方面的完整、准确的安全信息资料，包括工艺自控流程图、污水污泥废气系统管网图、工艺操作参数等；在生产物料方面，对污水处理使用的危险化学品，氮气、天然气、蒸汽等公用工程，以及处理过程中产生的污泥等固体废弃物建立物料清单，并对上述物料的物理化学性质、接触限值、化学反应特性、腐蚀特性等信息进行全面收集，建立反应矩阵。把过程安全信息管理全面纳入日常的基础工作之中，不断细化完善，持续改进。

4.2 危害识别与风险分析

危害识别和风险分析是指在风险事故发生之前，通过运用定性或定量等方法系统地、连续地认知各种风险以及分析风险事故发生的潜在因素。从采用的污水处理工艺特点出发，运用不同的安全管理方法、程序和思路，全员、全过程、全系统地辨识污水处理工艺、设备设施、作业环境、人员行为和管理等方面存在的过程安全风险，贯穿于污水处理全生命周期中的每个阶段。例如，在污水处理工艺包设计、试运行等阶段，运用危险与可操作性分析（HAZOP）、保护层分析（LOPA）、定量风险评价（QRA）等方法开展工艺危害分析，做到污水、污泥、废气、固废等全流程、全要素、全覆盖地识别，划分风险等级，形成风险清单，制定技改类、管理类、应急类等管控措施，并以风险责任制方式将管控责任分解到相应的人员和岗位，将风险管理结果应用于日常的管理程序之中。

4.3 操作规程管理

在污水处理现场和岗位上配置规范的操作规程和应急预案是确保员工熟练、完整、准确地执行相应操作程序，确保污水处理过程正常运行的根本保证。在操作规程策划和编制过程中，依据污水处理过程安全信息，结合危害识别和风险分析结果，为每个生产过程和作业项目制定可控的操作程序、标准台账和规范记录，让每一名员工掌握每项作业做什么、如何做、做到什么程度，做到有据可循，量化工作质量和标准，增强规程的可操作性，实现规程管理标准化、操作执行模板化、记录内容数据化，以确保操作程序的准确性和指导性。另外，每年还要对操作规程组织评审，结合技术改造和生产变化情况进行修订，以确保其持续、稳定的适用性，从而指导污水处理过程合法、合规、达标运行。

4.4 教育培训管理

人是过程安全管理最核心的因素。从表1中的安全环保事故案例原因分析中可知，事故的直接原因系人为因素的占70%左右，说明存在作业人员安全风险辨识不足、安全生产意识淡薄、作业操作生疏等问题。因此，系统地开展全员教育培训，一方面，强化专业人才队伍培训，把专业技术管理人员培养成既懂污水处理技术，又懂炼化过程安全管理的复合型人才，推动过程安全管理在炼化污水处理过程中的应用；另一方面，要提升从领导到各级员工包括承包商人员在内的安全意识和基本技能，符合上岗任职标准要求；重视大中专毕业生、在岗转岗员工、维护人员的业务培训，经严格考核合格后，才能上岗操作，杜绝安全教育培训形式主义走过场，时刻把好企业安全生产的第一道防线。

4.5 设备完好性管理

设备完好性管理是指设备设施在物理上和功能上是完整且有效的，设备处于安全可靠的受控状态，贯彻于污水处理全生命周期。机械完好性是污水处理过程安全、稳定运行的基本保障，其核心是设备选型、使用管理、缺陷管理和预防性维护。从污水处理工艺设计之初就全面介入，关注设备选型、安装、调试和验收工作；在日常管理中，重点关注提升泵、风机、臭氧发生器、回转窑等关键设备的运行状态，开展设备预知性维护，科学化保养；对污油储罐、药剂容器、污水池体、呼吸阀等关键静设备定期检查检测，借鉴Shell等炼化企业的经验，在危害识别和风险分析的基础上进行风险分级管控，消除设备重复性故障，制定每台设备的预防性管理策略，打造污水处理设备完好性示范工厂。

4.6 作业许可管理

在作业许可管控上，重点落实罐中罐、DCI隔油池、污由罐区等具有火灾、爆炸、中毒等高风险区域的作业许可管理，对动火、受限空间、设备管线打开等作业加大监管力度，严格作业预约、危害识别、作业交底、票证管理、监护及检测、应急救援等环节的受控措施监督。在火灾、爆炸管控方面，重点关注含油污水物化处理、污油转输、污泥焚烧以及VOCs处理等过程的动火作业管控；在中毒窒息管控方面，应该深刻吸取同行业安全环保事故案例中受限空间作业事故教训，重点对污油罐区切水、污泥脱水、气浮池受限空间等作业的防护，编制作业指导书，压实各级管理人员和操作人员的安全责任，牢固树立安全第一的理念，有效防范和遏制安全事故的发生。

4.7 承包商管理

在炼化污水处理过程中都涉及外来承包商。例如，工程建设局、药剂供应商、保养维护班、后勤保障队等，承包商是污水处理过程中不可或缺的专业力量，然而承包商作业人员业务水平参差不齐，人员流动性大，文化水平不高，致使承包商在企业事故中的占比较高。因此，要建立完备的承包商安全管理制度，将安全资质审查、招标、合同签订、分包、现场施工及监督检查等环节进行系统化管理，把好承包商入口关，签订安全生产管理协议，建立承包商绩效考核机制。例如，借鉴BP公司对承包商安全管理、风险管控方面的经验做法，采用"量化"考核指标，设置违章率、动火作业符合率、脚手架合格率、气瓶符合率等多维度量化考核指标，促进承包商安全自主管理能力的提升。

4.8 变更管理

变更管理是指对工艺技术、设备设施、生产能力等永久性或临时性的变更进行有效控制，明确变更的管理类型、管理等级、实施步骤、存在的风险以及相应的控制措施等。提高污水处理过程变更管理的重要性认识，包括组织、人员、技术、操作、机电仪、公用工程物料、化学药剂、原辅材料等各类变更的管理，对每一项变更带来的风险都要深入进行危害辨识和风险分析，并制定相应的管控措施。2021年国务院安全委会对全国53个危险化学品重点区域开展的指导服务报告说明，个别企业没有建立变更管理制度或变更管理制度存在重大管理缺陷，导致因变更管理不到位引发的事故，甚至重特大事故时有发生。因此，建立和完善适合炼化企业污水处理过程自身的变更管理制度势在必行。

4.9 应急管理

污水处理过程存在的风险虽然可以通过管控措施来控制各级风险，但是，事故发生的概率永远不可能降低为零。因此，要时刻做好事故应急管理。应急预案是应急管理的重要组成部分，结合污水处理过程特点，在危害识别和风险分析的基础上，识别可能发生的突发事件和异常情况，并结合运行经验和事故案例，总结事故教训，编制综合应急预案、专项应急预案和现场处置方案，对各级管理人员、操作人员和承包商进行应急预案培训，定期组织开展应急演练，重点开展实战演练及桌面推演，增加盲演的比重，突出实效性，提升炼化企业污水处理全过程应急处置能力。

4.10 安全文化建设

良好的企业安全文化，是推动企业提升安全生产水平的不竭动力和有效手段。构建良好的企业安全文化，核心是企业的领导团队，关键是企业的一把手，企业的主要负责人要树立科学的安全生产观念，落实安全主体责任，演好企业安全主角色。全员要认识到安全生产是一门多变量的复杂管理学科，只要遵循安全生产科学规律，深入认知污水处理过程安全生产，落实"谁的业务谁负责、谁的属地谁负责、谁的岗位谁负责"，确保事事有人负责，避免责任不清而出现无人负责的现象，把优秀的安全文化传承和弘扬，铸牢安全生产基因，形成健康安全的团队文化底蕴。

5 结论

过程安全管理在炼化污水处理全生命周期中每个阶段的作用是显而易见的，积极运用过程安全管理体系理念和方法，研究各关键要素在污水处理过程中的应用场景，制定符合炼化企业污水处理过程特点的安全管理制度体系，分步实施，通过循序渐进、持续改进取得安全管理的实质性进展。过程安全管理是全生命周期的"风险管理"，是提升炼化企业污水处理过程安全管理水平和安全绩效的必由之路。

参 考 文 献

[1] 韩超一，张晓华，王廷春，等.国内外典型石化企业过程安全管理建设对比研究［J］.石油工业技术监督，2018，34（11）：52-57.

[2] 王浩水.过程安全管理在我国化工行业推广应用的思考［J］.安全、健康和环境，2018，18（11）：1-5.

[3] Kwon H-M. The effectiveness of process safety management (PSM) regulation for chemical industry in Korea [J]. Journal of Loss Prevention in the Process Industries, 2006, 19: 13-16.

[4] 刘国兵，彭远祥.浅析石化企业基于风险的过程安全管理［J］.江西化工，2019（4）：47-50.

[5] 赵蓓.浅谈石油石化企业HSE管理体系实践性研究［J］.现代经济信息，2010（12）：3.

[6] 陈国，宋阳，曲婧.石油炼化企业污水处理场提标改造工作的探讨［J］.工业水处理，2019，39（7）：10-13.

[7] 孙江虎，李艳，郑伟.浅谈炼化一体化事故污水和污染雨水的收集与处理［J］.工业水处理，2017，37（10）：106-108.

[8] 姚力.过程安全管理在石油化工污水处理系统中的应用[J].化工管理,2021(3):30-31.
[9] 屈叶青,余毅,张衡,等.过程安全管理在危化企业的运行情况分析[J].石油化工技术与经济,2021,37(2):4-7.

水锤效应对加油站埋地复合管线管路系统的影响及措施

王爱平　徐晓宇

(中国石油天然气股份有限公司浙江杭州销售分公司　浙江省杭州市)

摘　要　水锤效应在加油站输油管线中普遍客观存在，它对内壁光滑的复合管线出油口末端剪截阀及堵头存在一定的影响和破坏，造成复合管线末端剪截阀、堵头等连接、密封部位泄漏。本文探讨了两种减少水锤效应的方式在加油站运行过程中的应用：一是潜油泵端设置单向阀、设置变频装置减少水锤效应对设备管线造成的影响；二是通过完善复合管线施工等措施降低水锤发生后，降低管件渗漏概率。

关键词　水锤效应　复合管线末端剪截阀　堵头　变频潜油泵　泄漏

引言

　　水锤现象是指当压力系统的阀门突然关闭或开启时，或当泵突然停止或启动时，因瞬时流速发生急剧变化，引起液体动量迅速改变，由于液体及液压运动件的惯性，产生压力冲击，像锤子击打一样。水锤现象分为"正水锤"和"负水锤"，阀门突然关闭或动力突然启动时产生"正水锤"，阀门突然打开或动力突然关闭时产生"负水锤"。前者的破坏力比后者大。水锤现象引起的压力峰值有时是正常压力的几倍，压力的反复变化，除了会引起管道和设备的振动，严重时还会损坏设备。近年来，随着《水污染防治行动计划》的出台，国内大多数加油站在进行防渗改造的同时，埋地输油管线也采用双层复合管线全油品敷设，部分加油机底部均设有复合管线预留口，复合管线末端均安装了剪截阀或堵头。在日常巡检或 LDAR 检测时发现预留口堵头或管线末端与剪截阀连接部分存在油品、油气泄漏现象。

1　水锤效应破坏原因分析

　　加油站加油工艺主要通过油泵把油品从埋地油罐中抽出，经过埋地输油管线以及与管线连接相通的阀门等配件，送入加油机的油气分离器、计量器，再经过油枪加到汽车油箱中。当加油枪突然提枪加油或突然停止加油时，潜油泵立即启动或关闭，会产生"水锤现象"，引起的压力峰值是正常管路压力的几倍，压力瞬间变化，会引起管道和设备的振动。2019 年开始大部分加油站都进行了双层管线改造，对埋地管线由原来的钢制单层管线更换为双层复合管线，复合管线内壁较钢制管线内壁光滑，光滑的复合管线内壁无阻力，因水锤现象引起的管路中瞬间压力峰值更高，对复合管线末端与剪截阀连接部位以及预留管线口堵头存在一定破坏力，另外，若管路系统多起伏，且具有明显折点，则发生停泵时，整个管路系统中便会产生多处"液柱分离"的情况。由于"液柱分离"时，管道系统中将产生真空或负压，油品会迅速气化，这个时候极易发生危害很大的"断流空腔弥合水锤"。另外，若管路系统多起伏，且具有明显折点，则发生停泵时，整个管路系统中便会产生多处"液柱分离"的情况。

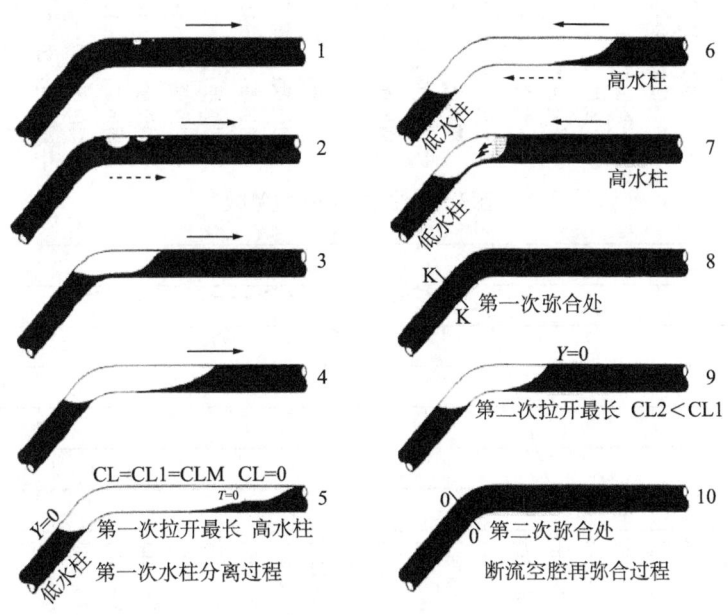

图1　液柱分离情况

2　水锤效应对加油站设备设施的影响

2.1　水锤效应对于加油站管线及附件的影响

由于"液柱分离"时，管道系统中将产生真空或负压，液体会迅速气化，这个时候极易发生危害很大的"断流空腔弥合水锤"。在加油站日常运营中，加油站每天提枪、停枪操作将多次反复，对复合管线末端与剪截阀连接部位以及预留管线口堵头的破坏力将多次反复，导致复合管线末端连接部位处或堵头螺纹部位存在漏油、漏气现象。

2.2　水锤效应对于加油站潜油泵的影响

加油站泵体处产生的水锤有启动水锤、关阀水锤和停泵水锤（由于突然停电等原因形成的）。前两种水锤在正常操作程序下，产生的影响较小，但由于加油站泵机运行区别于市政供水泵的运作模式，其具有启动频繁，一泵多枪的特点，产生的水锤影响也应引起重视。如图所示为我国某加油站每日平均提枪笔数，从图中可以看到，加油站提枪次数最多的时段为每日17时—18时，约为20次，平均每3分钟1次。而提枪次数最多的加油站，分时段提枪次数最多的时段发生在16时—17时，约为130次（图3）。

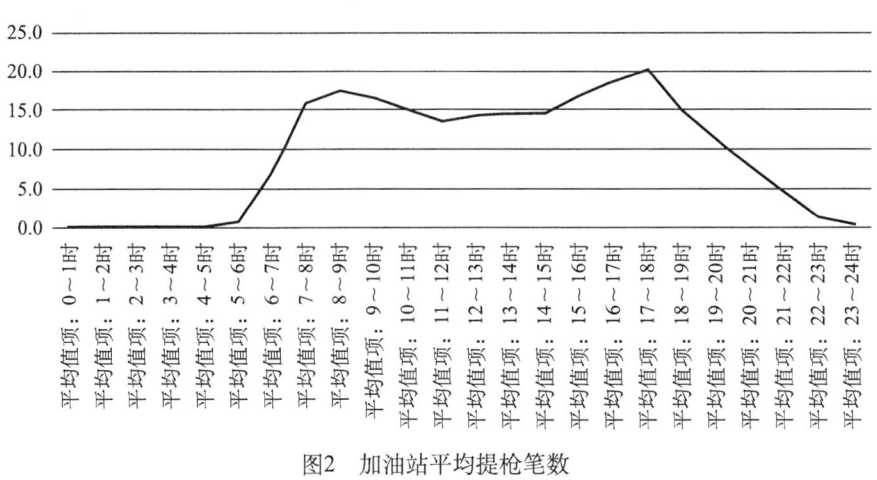

图2 加油站平均提枪笔数

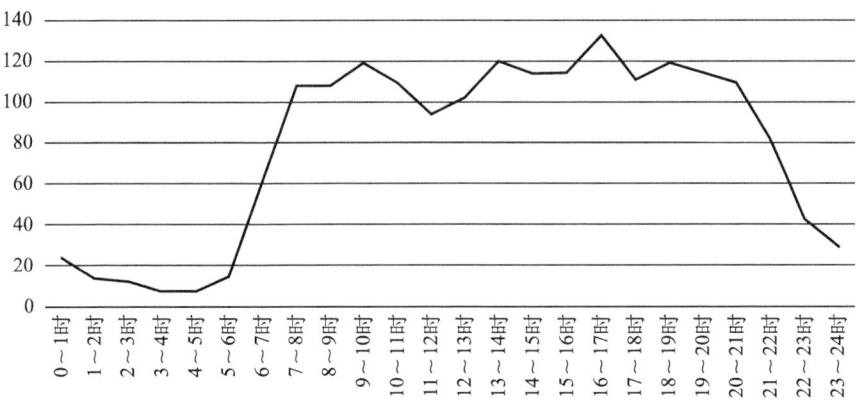

图3 提枪笔数（最大）

停泵水锤形成的水锤压力值往往很大，从而酿成事故。在系统中，泵的特性即作为管道起始一端的边界条件，现在假设潜油泵出口不装止回阀，当事故停泵，泵失去驱动力，泵出油侧阀门无法及时关闭，管道内液体倒流时的水锤过程（或称水力过渡现象）。

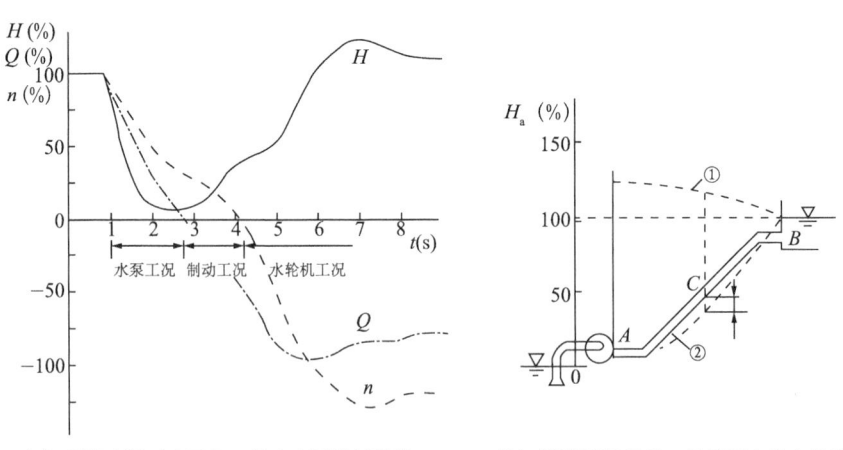

(a) 无逆止阀时水泵出口处水力过渡过程线　　(b) 管道沿程最高、最低压力分布曲线
①——最高压力线；②——最低压力线

图4 无逆止阀时水泵出口水力过渡现象

同时，泵后的压力变化将以水锤波的形式沿着出油管道向油罐方向正射，发生反射后，在出油管道中形成复杂的水锤现象。

3 水锤效应的防范措施

水锤效应存在于加油站整个加油工艺管路系统中，从油泵将油品通过输油管路输送到加油机设备系统中，它就是一套液压系统。可以从整个统中涉及的设备如油泵、管线施工、安装中进行分析，最大程度减少水锤效应，对容易破坏的部位采取措施防范。

3.1 改进潜油泵

加油站使用的潜油泵，是通过设置在油品液面下方的电动机泵组件，将油品通过泵油管、泵头输送至加油设备的一种动力设备，加油站多采用的泵形式为潜油泵，潜油泵与自吸泵相比，安装时沉于油罐油面之下，使输送油品的管路由自吸泵条件下的负压变为正压状态，无论环境温度、大气压力如何变化，均不会发生气蚀现象和输送流量问题，可使油品均匀稳定地从油罐输送到油枪。本文2.2节的论述，可以知道，通过在潜油泵处设置单向阀等措施，可减小水锤对加油站输油管线设施造成的影响。

3.1.1 改进潜油泵下出口设计

加油站设置的潜油泵有水平出口与下出口两种出液模式，相对于水平出口的潜油泵设置形式，设置了下出口的潜油泵因液体在泵头内经过了180°偏转，同时由于操作井管线的水平敷设模式，液体从泵头流出后，需要设置一节90°的弯头，使泵体管线与输油管线连接。发生水锤效应时，液体内部压力经过上述偏转的吸收后，对泵体的影响将会降低，同时90°设置的管线弯头，由于复合管线相对钢制管线具备较高弹性模量的物理性质，水锤效应对弯头做功时，也会减小对泵体的伤害。但需要引起注意的是：上述的减小水锤的模式，对于加油站发生的起泵水锤及管阀水锤的抑制效果较好，但对于停泵水锤，90°的弯头设计，相当于设置了"薄弱环节"，在此处易发生损坏，设备选型安装时，应根据实际情况，对相应位置进行加强。具体如图5所示。

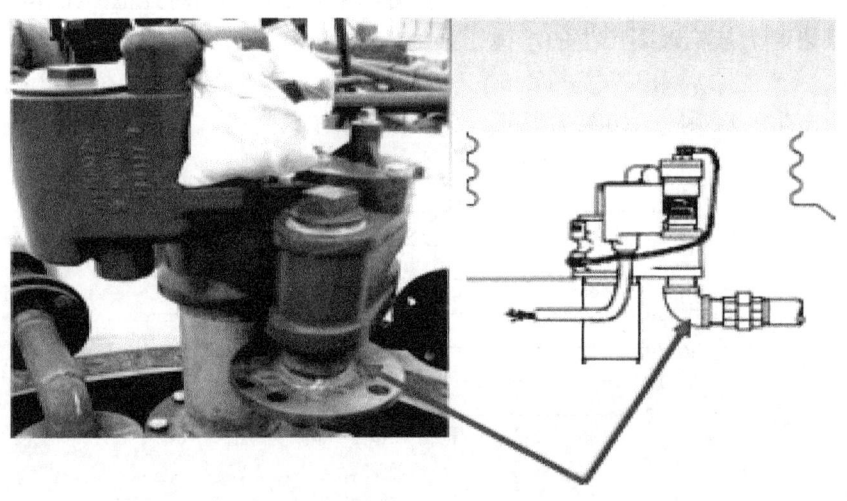

图5 改进潜油泵下出口设计

3.1.2 及时验证潜油泵单向阀的有效性

为了达到增加潜油泵工作效率，降低水锤效应的影响，潜油泵的泵头处通常设置有单向阀，阀设置方式为：利用弹簧弹性，将阀体压在阀座上，通过密封圈保持密封效果，当电动机泵组件运作时，液体介质通过阀体压缩弹簧，打开阀门，建立油路。具体如图6所示。

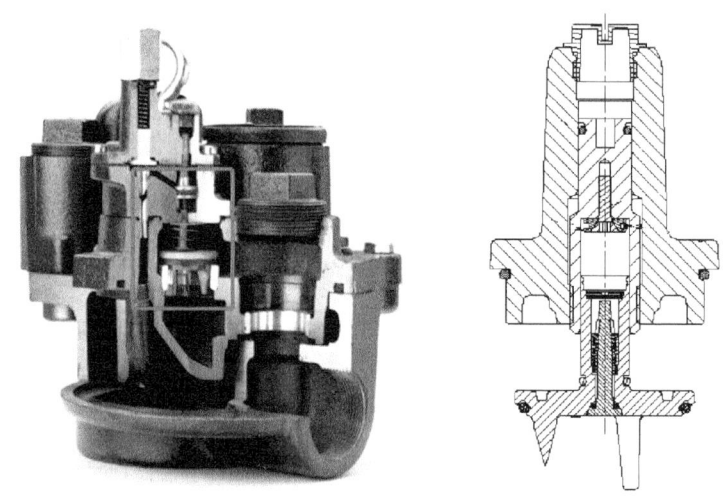

图6 潜油泵的泵头处设置单向阀

设备选型时，应选用设置了单向阀的潜油泵，同时在日常生产运行中，也要及时关注潜油泵单向阀密封垫的有效性、阀体整洁性及弹簧弹性，确保阀门有效工作，发挥作用。

3.1.3 采用变频潜油泵工艺

变频潜油泵，通过潜油泵控制端设置的智能控制器，根据加油枪的提枪信号，改变输出频率，控制泵的流量，实现节能、稳定流速的效果，与此同时，设置变频潜油泵还可以起到减少水锤效应的效果。通过模拟富兰克林潜油泵多枪加油同时挂枪的工作状态，当使用2hp定频泵时，挂枪瞬间产生的水锤压强为152.5psi（1051kPa），当使用2hp的变频泵时，挂枪瞬间产生的水锤压强为65.2psi（449.5kPa），压强明显下降。模拟2把以上加油枪同时挂枪产生的水锤压，如图7所示。

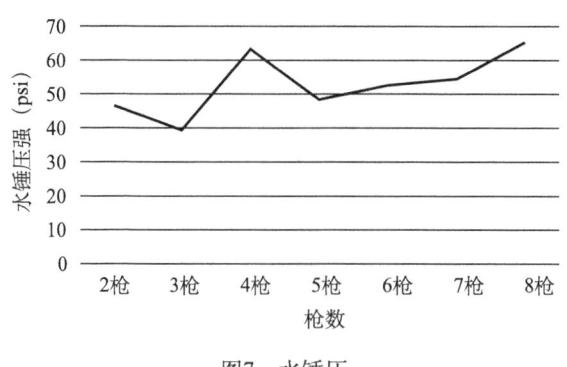

图7 水锤压

3.2 严格管控施工

传统的单层钢制埋地输油管线外侧需要"五油四布"进行加强级防腐处理，所有的工序都要在加油站施工现场制作，不仅工艺复杂，也要求施工单位有很好的工艺细节把控能力，稍有疏忽就有可能达不到预期的效果。因此，现有加油站的付油管线普遍采用双层复合材质，双层复合关系的设置，具有施工工艺简洁、方便渗漏监测系统安装设置的特点。复合管线的安装敷设，需经过切管、削皮、划线、清洁、固定及焊接等工序，若工艺管线安装过程中，未有效执行工艺要求，将造成管线的使用寿命、强度等显著下降，发生水锤效应时，或发生渗漏，因此，严格管控复合管线的安装施工，是降低水锤发生后，管线渗漏概率的有效措施。

3.2.1 复合管线安装过程的管控

切管时，切管刀与管的表面必须呈90°角，否则将产生斜角空隙，影响管线接口处的强度。削皮，即通过削皮刀等工具，在焊接前削去管线表面的氧化层，复合管线与空气接触的部分，会随时间逐渐发生氧化反应，产生氧化层，氧化层的产生，影响焊接的牢固性，需要在焊接前进行去除，未按施工工艺要求去除氧化层，或未使用专用工具去除氧化层，都将影响管线焊接的牢固性，尤其是未使用符合安装工艺要求的去氧化层工具，将造成氧化层去除不彻底或损伤管线表面，是削皮过程中造成管线焊接强度下降的主要原因。

3.2.2 复合管线与加油机的连接过程管控

设置了潜油泵的加油站，因潜油泵的工作模式通常为"一泵多枪"，即一台潜油泵同时供应多支加油枪的油品，这样设置的形式，需要在加油机底部安装紧急切断阀。发生诸如忘记拔油枪车辆拉倒加油机等情况时，加油机底部的紧急切断阀及时关闭，防止同泵的其他加油枪因来不及关闭，导致的油品泄漏。

复合管线与紧急切断阀的安装，有明确的工艺安装要求，要求施工人员按步骤、按手册要求进行安装。作为加油站的建设单位，设置在加油站施工现场的监护人员，除担负着现场安全管控的责任外，对各设备设施的施工质量也要进行管控。明确复合管线的工艺安装要求，现场积极开展管线安装的监督检查，是确保管线施工质量的有效管理手段，也是降低水锤效应影响、减少水锤效应发生时，管线发生渗漏的有力措施。尤其要关注选用的螺纹配件是否与剪截阀匹配，如采用NPT螺纹较普通管螺纹能够禁锢匹配，安装过程中严格做好打胶密封措施等，能有效避免渗油现象。

4 结论

水锤效应在加油站输油管线中普遍客观存在，它对内壁光滑的复合管线末端与剪截阀连接部位及堵头等密封件的影响不可忽视。为了减轻水锤效应影响，防止其对埋地复合管线输油与剪截阀连接部位及堵头产生破坏，一方面是通过潜油泵端设置单向阀、设备变频装置减少水锤效应对设备管线造成的影响；另一方面则是通过完善复合管线施工等措施降低水锤发生后，造成的管件渗漏概率。

新型试压工具的研制与应用

覃 勇 杨 磊 周明亮

(新疆油田公司陆梁油田作业区 新疆维吾尔自治区)

摘 要 在石油开采环节中存在着高温高压、易燃易爆、有毒有害等高安全风险。基于普通井口在执行试压操作过程中没有安全试压通道,若通过油嘴套试压会造成回压阀门超压,存在很大的安全环保隐患。为了保证安全快速完成油井试压,本文通过对井口试压的现状调查,设计并制作了新型试压工具——分体式油嘴套。使用分体式油嘴套解决了试压工具上存在的不足,在安装时能够快速平稳,有效地解决了高压风险,规避了安全环保上可能产生的风险,达到提质增效的目的。

关键词 抽油井 试压工具 油嘴套

引言

目前,石油行业在持续发展中,各个生产环节都需要投入大量的时间与精力,各种作业工具本着提高生产效率,实现安全生产的理念进行创新设计。陆梁油田作业区成立于 2001 年 12 月 17 日,区域位于准噶尔盆地西部古尔班通古特沙漠腹部。石油系统中,作业工具在开采过程中为工作人员操作提供便利。针对生产作业工具设计可为日常作业提供安全保障以及工作效率。作业区目前开发的采油井中,KH62/30-8 环空井口没有试压通道,无法试压;KY65-25B 普通井口有试压通道,但试压操作时间长,作业效率低。井口作业进行过程中,环境条件较差,对人员和设备工具要求也较大,因此,追求"零事故、零伤害、零污染",履行社会责任,建设环境友好型企业,研制一种试压转换工具来消除泵车高压对井口低压部件带来的风险,减少不必要的拆装保温箱时间,实现安全快速试压迫在眉睫。

1 井口试压

试压是对井口装备、地面设施的耐压能力进行测试的过程。目前井口及防喷装置密封性试压,分有井筒封闭和井筒打开两种状态,通常采用下列方法进行:

(1) 新井投产井油层井段未射开时或老井油层被水泥塞、桥塞封闭时(即井筒处于完全封闭状态),拆井口,装防喷器后,直接从套管或油管加液压对设备进行整体密封性试压。

(2) 老井及裸眼完成井,因地层有吸收能力,因此需要下 Y211 封、K344 封及井筒填砂等方法封闭油层后,再对采油井口及防喷装置进行密封性试压。

（3）一些相对简单的方法，如油管挂法（油管挂＋短节＋丝堵法），仅能完成对防喷装置局部试压，不能实现对采油树套管短节处的耐压验证，给下一步的施工（如射孔、酸化、压裂、封堵等高压施工）带来安全隐患，使井控工作出现薄弱环节。

油田生产过程中，当油井出现产量下降等异常情况时，需要通过对井筒内的油管和泵进行试压来辅助判断井下工况，即通过泵车对油管打压（5.00～6.00）MPa±0.5%并稳压10min，通过压力变化情况判断井油管与泵的漏失情况。环空井口由于设计原因没有安全试压通道，若通过油嘴套试压（要求试压5～6MPa）会造成回压阀门超压（回压阀门承压在2.5MPa），存在较大的安全环保隐患（图1）。

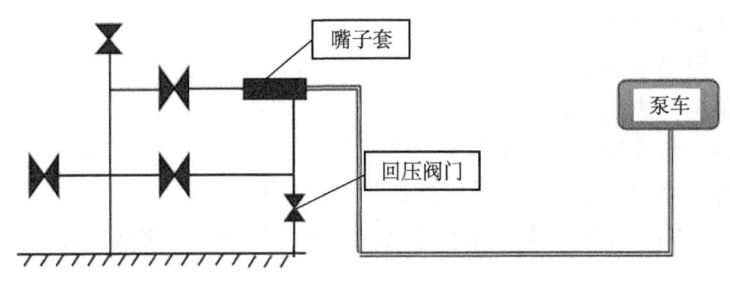

图1　抽油井环空井口试压系统示意图

2　分体式油嘴套

2.1　设计思路

通过对目前井口试压方法的调研分析，从安全性、便携性、降低成本等方面考虑，确定了新型试压方法的设计思路。

2.2　结构

分体式油嘴套试压工具，主要由承压密封内管、扶正支撑外管、旋紧密封套，以及一字手柄组成，如图2所示。

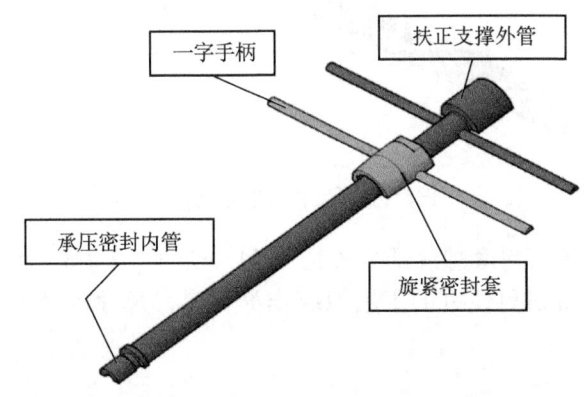

图2　总体设计方案示意图

承压密封内管主要通过连接油嘴套与扶正支撑外管，扶正支撑外管连接承压密封内管与泵车接头，其底部设置的外螺纹与油嘴套的内螺纹相连，顶部与压力源相连，以实现对油嘴套及油嘴套与油管头或采油树两翼螺纹法兰连接处的试压，旋紧密封套在扶正支撑外管外部替代油嘴套堵头形成二级密封，从而保证油嘴套在试压过程中不渗不漏。通过螺纹连接，增加在试压过程中连接处的耐压强度，满足高压力的耐压试验，通过旋紧密封套提高工具的密封性能，三个部件的承压性一致。分体式油嘴套试压工具，加工成本高，但损坏后只需更换损坏部件，维修成本低，一字手柄安装工具更加快速。

2.3 功能特性

（1）满足所有类型井口试压。
（2）承压性可满足试压要求。
（3）安全快速完成油井试压。
（4）安全性：承压等级高，不渗漏。
（5）操作性：使用一字手柄安装时快速平稳，不易打滑。
（6）维修性：螺纹连接，连接处损坏只需更换连接内管，维修性好。

2.4 主要技术参数

承压密封内管：管螺纹M30长度2mm、垫片厚度1.0mm、凸台厚度39mm、内管长度75mm，承压密封内管与油嘴接头连接端的管径ϕ30mm，与扶正支撑外管连接端管径选择ϕ32mm，承压密封内管的通孔孔径ϕ20mm。

扶正支撑外管：空心管与承压密封内管连接的螺纹公扣外径为ϕ32mm，空心管外径为ϕ37mm，内径为ϕ24mm，长度为590mm。试压工具泵车接头部分与泵车管线的打压接头相连接，长度95mm、内径ϕ60mm、外径ϕ74mm（图3）。

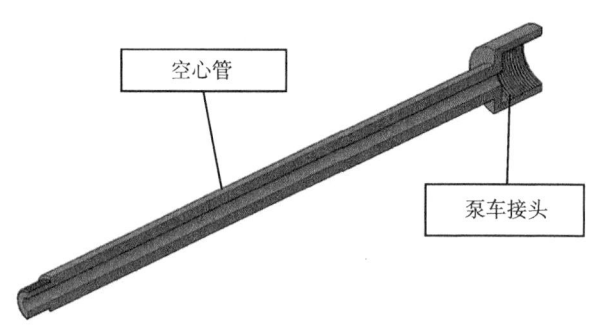

图3 扶正支撑外管示意图

旋紧密封套：旋紧密封套螺纹部分外径ϕ54mm、内径ϕ37.2mm、长度85mm。密封圈以耐油性更好，价格更便宜的丁腈橡胶作为材料，尺寸内径为ϕ36.6mm、外径为ϕ40mm（图4）。

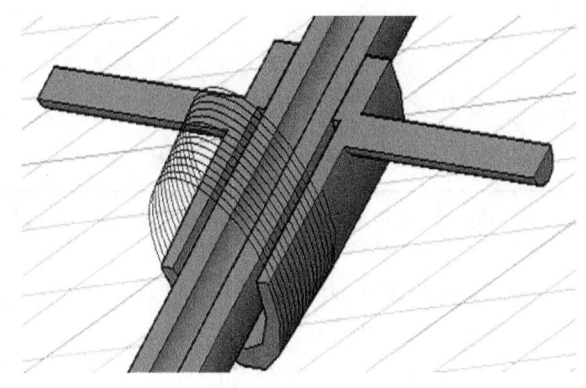

图4 旋紧密封套结构示意图

一字手柄：手柄长度为300mm，管径为ϕ25mm。

3 分体式油嘴套应用效果

3.1 使用情况

分体式油嘴套试压工具研制成功后，在陆梁油田作业区抽油井应用该试压工具进行了试压操作，其中包括245口普通井口和123口环空井口，试压统计情况见表1。

表1 试压情况统计表

单位	石南采油站		玛东采油站		陆九采油站		合计
采油树型号	普通井口	环空井口	普通井口	环空井口	普通井口	环空井口	
抽油井井数（口）	101	59	55	30	89	34	368
平均用时（min）	26.6	27	27	29	23	25	26

可以看出，使用分体式油嘴套试压工具后抽油井试压平均操作时间为26min，可以快速、便捷、精确、安全地进行试压工作，减少了油井停机占产时间，有益提高生产的连续性和高效性，达到提质增效的目的（图5）。

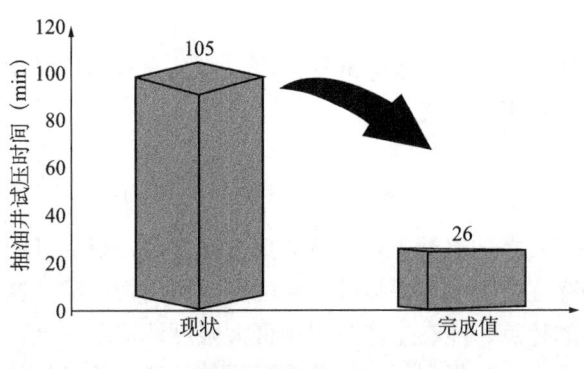

图5 试压时间对比

3.2 经济效益

陆梁油田作业区共使用10套试压工具累计试压368井次，试压统计情况见表2。

表2 活动期经济效益计算表

项目	活动前后用时				节约费用			经济效益（万元）
操作用时（min）	活动前用时（min）	活动后用时（min）	节约用时（min）	节约时间（h）	日产油量（t/h）	产油量（t）	单价成本（元）	
	105	26	79					
井数（口）	368							
节约用时（min）	29072			484.5	0.1	48.45	2149	10.4
					泵车		80	3.9
					罐车		120	5.8
经济效益								20.1
活动成本				净效益				19.5
数量	单价	成本费用（万元）						
10	600	0.6						

单井节省时间79min，累计节省484.5h，折算产油量48.45t，按照原油单价2149元计算，产生经济效益10.4万元，同时泵车与罐车的使用成本节省了9.7万元，减去油嘴套试压工具的加工成本0.6万元，实际产生经济效益19.5万元，应用分体式油嘴套提高的采油效率同时，也降低了采油生产成本。

3.3 社会效益

（1）减少试压操作工序，提高劳动效率的同时极大程度降低了员工劳动强度，推广意义大。

（2）消除油井试压作业带来的安全环保风险，避免人身和机械伤害，对实现油田安全生产、创建绿色油田具有积极意义。

4 结束语

抽油井井口试压工具在陆梁油田作业区应用情况良好，解决了油井试压操作中的不足并消除了操作过程中存在的安全环保风险，在油田应用前景广阔。这一工具结构简单、操作方便、安全系数高的特点，能在生产过程中最大限度地追求安全、效益最大化，降低了员工劳动强度和成本投入，并得到了油田公司工程处和科技信息处的推荐，在兄弟单位推广应用，取得了较好的使用反馈，对推动油田稳步发展及安全生产有着重要意义。

参 考 文 献

[1] 宋正聪,李青,高珊珊,等.一种机抽井口高压转换工具的研制与应用[J].钻采工艺,2020,43(6):88-90+11.

[2] 刘福东.井口采油树现场试压工具简介及工艺研究[J].中国石油和化工标准与质量.2019,39(21):249-250.

桥射联作溢流回注装置的研制及应用

徐嘉超[1]　王继西[2]　贺　剑[1]

(1.中国石油集团测井有限公司物资装备公司　陕西省西安市；
2.中国石油集团测井有限公司天津分公司　天津)

摘　要　本文着眼于桥射联作现场施工中井液飘溅二次污染问题和井液外运二次处理消耗人工成本现象，借鉴溢流回注装置在生产井测井污水回注上的应用，研制出一套在桥射联作施工中使用的回注压力 70MPa 溢流回注装置，将含酯、含砂污水回注到原作业井内，在不注酯或少注酯的前提下，真正实现了零喷溅、零溢流、零污染，成功解决了桥射联作工程中的环境污染问题，极大降低了注酯和后期废液处理成本，为企业降本增效提供了有力技术支持。

关键词　溢流回注　桥射联作　降本增效

引言

在桥射联作现场施工中，由于电缆与防喷器设备之间存在间隙，需要注入密封酯进行密封，但上提电缆时，电缆会把部分井液带出防喷管，井液飘溅造成井场和车辆等设备的二次污染，同时有一部分井液会随溢流、回酯管线进入井液池，井液池的井液必须外运二次处理，需要消耗很多人工成本与生产成本。本文旨在通过对桥射联作溢流回注装置的研制及应用，解决此桥射联作作业施工中的环境污染问题，为企业降本增效提供有力技术支持。

1　工作原理

在不注或者少注密封酯的前提下利用原有防喷管的多级阻流，将溢流量控制在可接受的范围内，通过加装在防喷管最上端的泄压防喷短接，将经过防喷管多级阻流出来的高压液体经泄压后转换为常压液体，再经过其顶端的刮缆处理将电缆表面带出的常压液体完全阻流在防喷集流缓冲腔内，在重力的作用下把在防喷集流缓冲腔内的液体通过溢流管线回流到地面的溢流回注装置内，在控制中心的控制下经过滤并二次加压回注到原作业井内，原理结构如图 1 所示，设备技术参数如表 1 所示。

2　溢流回注装置组成

整套装置由泄压防喷、溢流回注和安全防护三大部分组成。

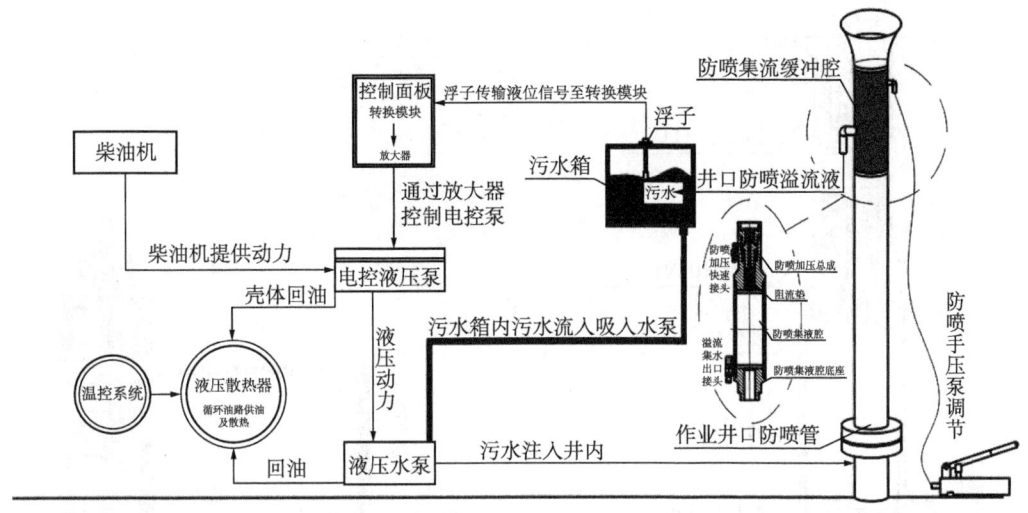

图1 桥射联作液压回注装置原理

表1 溢流回注装置技术参数

序号	技术参数名称	参数
1	回注方式	实时回注
2	回注流量	(0~35) L/min
3	最高回注压力	70MPa
4	最高安全防护压力	105MPa
5	工作温度范围	(-35~40) ℃
6	回注介质	含油含砂污水、压裂液、三元液等

2.1 泄压防喷部分

泄压防喷部分安装于防喷管注酯控制头最上端，由手压泵、防喷加压快速接头、阻流垫、防喷集液腔、防喷集液腔底座、溢流集水出口接头组成，如图2所示。

施工过程中，井内液体通过防喷注酯控制头内多级阻流管后，到溢流防喷集流缓冲腔内，形成泄压过程，高压液体泄压后变为常压液体留在防喷集流缓冲腔内，同时通过对防喷集流缓冲腔上部的刮缆器液压控制，将从电缆表面带出的液体清理干净，防止从电缆表面喷溅或带出液体污染井场；最终由溢流管线将防喷集流缓冲腔内常压液体回流到溢流回注系统污水箱。

泄压防喷系统通过泄压、集流、回注的过程，有效实现了注酯控制头密封防喷的效果，在施工中，通过与多级阻流管搭配，密封防喷效果明显，但随着施工压力的增加，对防喷集流缓冲腔的性能提出了更高要求，为此，根据注酯控制头的长度，可选用多级泄压的方式确保密封防喷效果，如图3所示。

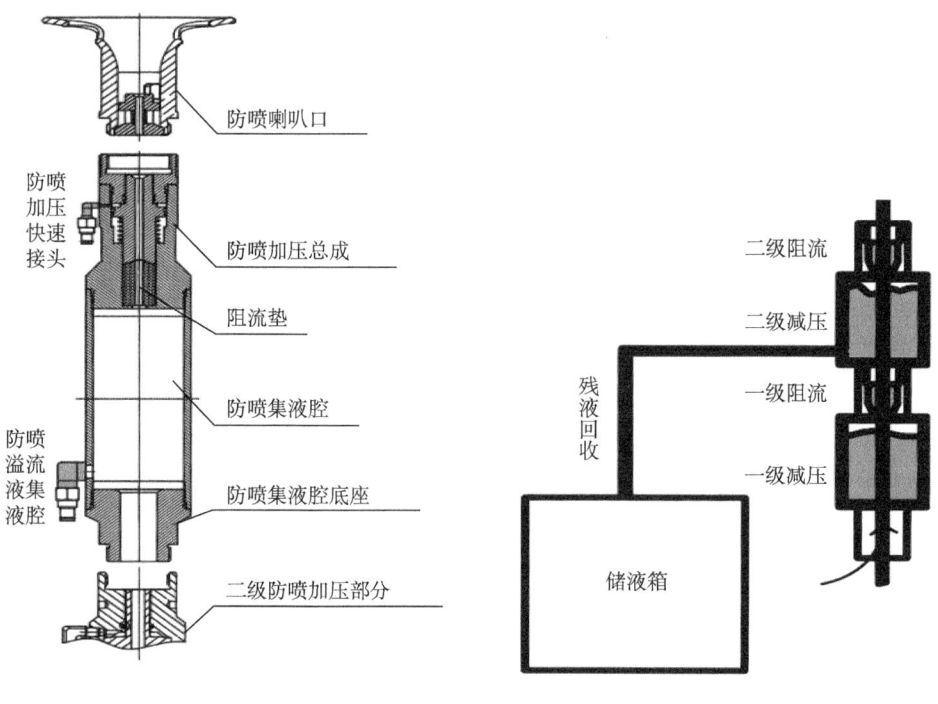

图2 防喷集流缓冲腔　　　　　图3 多级防喷集流缓冲腔

2.2 溢流回注系统

2.2.1 动力单元

依据设计的回注量、回注压力等综合因素选用四缸进口柴油机，为整套回注装置提供动力保障，功率大于110kW。为保证冬季在低温 −35℃正常启动，该柴油机配备了驻车加热系统，为了满足施工要求，自备发电、高压气体储气系统，为电控单元提供电力支持，实现电力自给自足，并为施工结束清理防喷管内残留液体提供动力。

2.2.2 液压油泵

将柴油机提供的旋转动力转换成液压动力，为实现回注量恒液位控制，本套装置选用了电比例控制变量液压油泵。液压油泵驱动液压水泵，能量传递过程中会对柴油机产生冲击，为了不影响柴油机稳定性，液压油泵与柴油机之间采用软连接方式以解决回注系统启动时对柴油机的冲击。

2.2.3 回注单元

回注单元设计的是液力驱动往复式高压水泵，针对桥射联作溢流液高含沙、高含酯、高碱、高黏度特殊性专门研发的一款可注泥沙的耐磨防腐型液力驱动变量往复泵。回注量最大达到35L/min，最高输出压力70MPa，随着回注压力的增加，回注量逐渐减少，见表2。

表2 回注压力与回注量关系

回注压力	回注量
≤20MPa	30~35L/min
20~48MPa	25~30L/min
48~70MPa	20~25L/min
70MPa	15L/min

液压水泵包括调压控制阀组、低压液体回流阀组、高压液体输出阀组、自动分配阀组等。此液压水泵决定了本套系统的可靠性和稳定性，采用了非平衡式设计，以解决桥射联作溢流液含酯黏度过大液压水泵工作时吸入空气形成气阻，因憋泵出现泵不工作情况的发生。假如其中一组出现故障时不影响系统工作，满足空载运行的需求，便于单次作业结束时，吹干单元内残留液体，有效避免冬季施工时堵冻问题。

2.3 安全防护系统

高压液体回注通道为原防喷器预留接口，为保证井控安全，在既不改变原井控防喷系统又能够实现回注目的的前提下，设计了一套安全防护系统，安装于回注接口前端，设计防喷压力105MPa。它的主要作用为防止井下高压液体反向喷出，正向作用为污水回注通道，由两个105MPa旋塞阀和1个105MPa的个单向阀组成。

在不需要本回注装置工作时，将105MPa单流阀上端的105MPa旋塞阀关闭。防喷设备按原有施工方式正常使用。在需要进行溢流回注时，将105MPa单流阀上端的105MPa旋塞阀打开。启动回注装置，利用自动回注方式，实现溢流实时回注。当井内压力超过溢流回注装置最高回注压力时，105MPa单流阀将关闭井液和回注装置的液体回路，起到保护溢流回注装置的作用，当井内压力低于溢流回注装置回注压力时，恢复自动回注状态。同时其所有承压设备均在第三方检测进行承压试验，受回注量的影响所有回注管与溢流管需做加固处理。安全防护系统如图4所示。

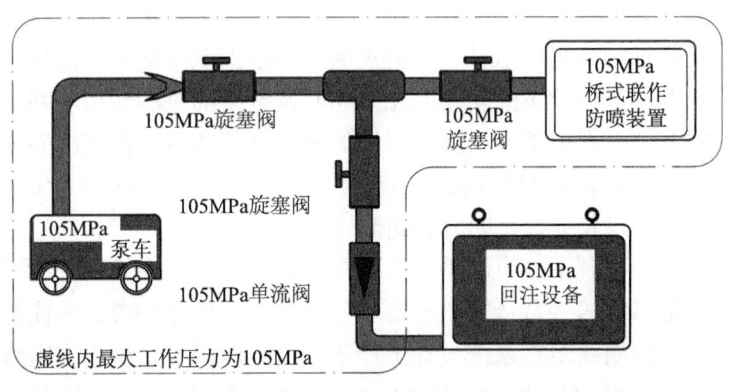

图4 安全防护系统

2.4 中央控制中心

中央控制中心作为本装置的运行中枢，供电方式采用 24V 供电，实现对全系统进行供电管理，系统工作参数设定、工作状态管理及显示，实现了一键操作，智能回注，无人值守，其中包括流量压力等数据采集系统、恒液位控制系统、柴油机工作状态管理系统、实时回注控制系统（图5）。

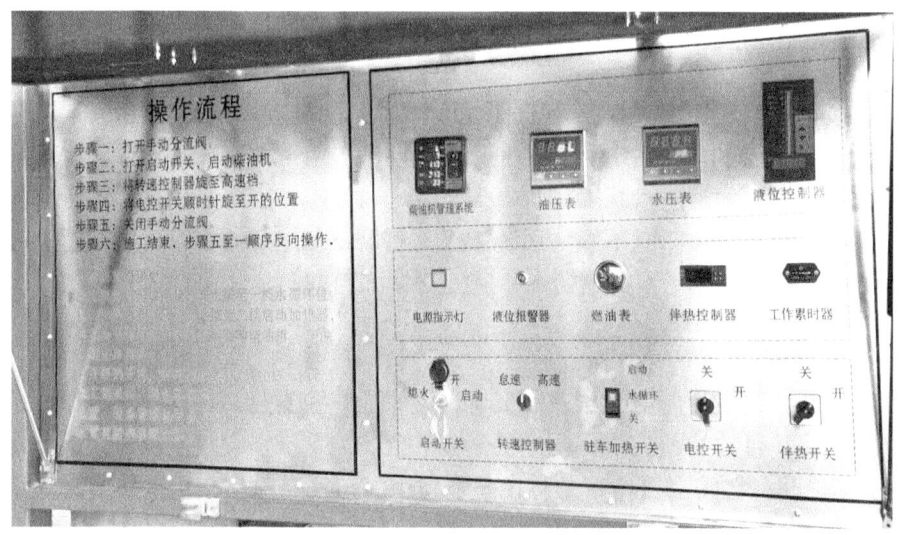

图5 中央控制中心面板

依据数据采集系统提供的井口等多组压力、流量数据，控制中心经恒液位管理系统自动分配回注到井下和回流到蓄液箱内液体比例，同时经实时回注系统自动调整液压油泵的供油量，柴油机管理系统自动调整柴油机的工作状态，实现对回注压力、回注量的自动调整，即实现节能的目的，又解决了因液面过高回注水泵吸入密封酯量过大及因液面过低回注水泵吸入大量砂粒，对水泵造成损坏。

溢流液体由防喷设备通过溢流管线、回酯管线流入蓄液沉砂过滤箱中，过滤箱中的浮子对液位进行监测，流量计对管路内介质流量进行监测，压差传感器进行多点压力差的监测，三路信号采集信息转换为电信号，中央控制中心根据该电信号控制液压油泵，通过控制输出信号的电流大小调节油泵的功率变化，同时调整柴油机的输出功率，从而以恒功率变量的方式进行回注，达到恒液位恒功率回注的效果，其作用是蓄液沉砂过滤箱内液位到达预设高位时开启回注功能，将收集的井液回注至井内，到达预设低位时停止回注功能，防止液压水泵空注时间过长受损，同时起到节能降耗。

在中央控制中心的控制下，自动平衡分配阀组通过对低压液体回流阀组流入的溢流量实时计量和液位计量系统的综合计算结果自动分配高压液体往井内的回注量和蓄液沉砂过滤箱的回流量，调压控制阀组在系统设计工作压力范围内调节系统工作压力，自动控制系统回注压力保持其大于井口压力，实现回注功能。高压液体输出阀组实现超压保护功能，一旦遇有井口压力高于回注系统设计压力时自动截止回注通道，防止井口超高压通过回注管线喷注到井外；在系统设计工作压力范围内，将自动平衡分配阀组分配来的高压液体回注到原作业井内。

2.5 蓄液沉砂过滤箱

采用专利型结构设计,分为四个区域,对由防喷设备溢流管线、回酯管线和防喷集流缓冲腔溢流管线排出的液体进行储存,每个区域都会对废液进行过滤,四级过滤后对井液内的砂子及颗粒状杂物进行筛除,减少其对回注系统的损伤,再通过回注系统将过滤后的井液回注井内。

3 关键技术及应用难点

3.1 往复泵非平衡设计

为了实现在高压下把废液回注到井筒里,对液压水泵的结构提出了更高的要求,通过不断实践采用非平衡式双缸设计的往复泵,解决了两个难题,一是常规柱塞泵由于废液中可能含有沙子,会对柱塞泵陶瓷塞的损伤。二是由于溢流废液中有高黏度密封酯,密封酯有时有气泡,在往复泵工作时会形成气阻,造成双缸卡死不工作,所以采用非平衡式双缸设计。

3.2 新型单向阀设计

正常的单向截止阀在反复工作几万次后,就失去了原有的安全性能,为了解决单向截止阀易受损、易疲劳、不耐用等问题,我们从材质与结构上进行了改进,在结构上设计了限位弹簧,让弹簧的使用寿命大大加强,在材质上使用了新型材料,新型材料在耐磨、抗压方面非常出色,装单向截止阀的筒子上使用了有弹性的柔性体,防止摩擦过多受损(图6)。以每分钟15L回注量计算,往复泵需要工作150次,单层作业时间按2h计算,单向阀需要开闭1.8万次,普通结构、普通材质的单向阀满足不了使用要求。采取以上措施及方案对单向阀的使用寿命以及安全性能进行了升级改造,达到了使用寿命长、安全可靠的标准。

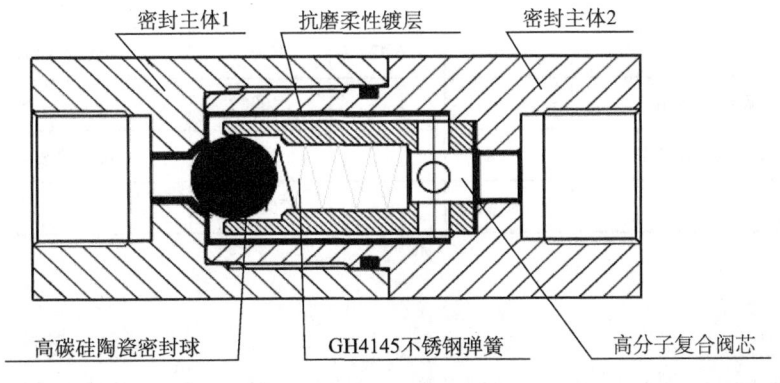

图6 新型单向阀设计图

3.3 恒压差设计

为保证水泵出液方向的单向阀开度，采用了恒压差设计，如果单向阀开度过小，由于受力横截面积减少，泵出的井液会对某一单向阀密封面带来损坏，造成的后果无法估计。通过压差采集器对泵端单向阀压力与机器内单向阀的压力信号处理，通过中央控制中心的运算，当压差大于等于5MPa时，单向阀工作并进行回注，当压差小于5MPa时单向阀进行保护不工作。恒压差设计的好处就是泵出的高压废液始终保持着最大液量，对单向阀的受力横截面积保持一定，对单向阀的平均作用力均匀。

4 现场应用

目前，通过现场实践并不断改进，溢流回注装置已在大庆地区桥射联作施工中应用204段，最高施工压力达到66MPa，设备运行稳定，操作简单，不需要增加任何人力成本，经济效益明显。

按单个班组每年8口井，单井40个层测算，效益表如表3所示。

表3 使用回注装置班组年度费用明细表

序号	费用成本	消耗量	单价元	金额元	备注
1	设备购置费用	10a	50000	50000	设备购置费伍拾万元按十年折旧
2	年度维护维修费		10000	10000	—
3	燃油费	6L/h	6.42	4108.8	单层作业时间2h计算
合计				64108.8	

采用溢流回注装置单个班组年度可节省成本61万元，效果巨大（表4）。

表4 采用注酯密封班组年度费用明细表

序号	费用成本	消耗量	单价元	金额元	备注
1	设备租赁费用	年	30000	30000	按成套设备租赁费一定比例分摊
2	燃油费	6L/h	6.42	4108.8	单层作业时间2h计算
3	密封酯费用			640000	每口井按8万元计算
4	废液外运及处理费用			5000	每口井按5000元计算
合计				674108.8	

结论

桥射联作施工中通过使用溢流回注装置，在确保防喷设备满足井控要求及密封防喷的前提下，溢流排出的井内液体均被回注至井内。

（1）由于应用泄压集流缓冲腔，施工时可以极大减少密封酯的使用量，有效解决由于密封酯随电缆带出防喷设备对井场环境及设备造成污染的问题。

（2）通过回注装置把井液都回注到井中，减少了对通过溢流管线流出的井液保存及处理流程，节约了井液回收的处理成本。

（3）随着降低密封酯的消耗量，降低了施工成本，满足了低成本开发下降本增效的需要。

参 考 文 献

[1] 李洋，焦宗夏，吴帅.应用单向阀配流的高频往复泵的流量特性分析及优化设计.机械工程学报，2013，49（14），153-163.
[2] 张振军.注入剖面测井溢流回注系统的研制及应用.石油管材与仪器，2017，3，59-61.
[3] 姚平喜，张晓俊.液压平衡回路辨析.液压与气动，2005，1，74-76.
[4] 彭惜伟，陈建萍，李金仓.单向阀的特性及应用.液压与气动，2004，1，60-61.

基于LEC方法的天然气井带压作业风险辨识与结果运用

邹长虹　杨　勇　陈　亮

(西部钻探吐哈井下作业公司　新疆维吾尔自治区鄯善县)

摘　要　从人才库中抽取30名专业人员对气井带压作业采用LEC法开展风险辨识，并重点对9项显著及以上危险因素制订风险削减与控制措施，其中"消除"2项，"替代"1项，"工程控制"6项。2021—2022年，在鄂尔多斯盆地354井次的应用证实，运用LEC法较准确地辨识出气井带压作业工艺实施过程独有的风险并依据其结果制订的风险削减与控制措施是有效的，也为进一步提升气井带压作业本质安全水平指明了方向。

关键词　气井带压作业　LEC法　风险等级　消除　替代　工程控制

引言

天然气井带压作业就是利用一套专用设备，在不压井的前提下完成天然气井的投产及措施作业的工艺。近年来，中国石油、中国石化持续加大鄂尔多斯盆地天然气勘探开发力度，具有保护储层显著优势的天然气井带压作业也迎来了从矿场试验到全面推广应用的机遇期，如何有效防范和化解因井口"带压"带来的系列安全风险、筑牢推广应用基础成为各级管理者和技术人员需要攻克的课题。本文选用半定量并且在中国石油油气和新能源业务应用最广泛的LEC法，对利用独立式带压作业机(图1)开展天然气井带压作业的工艺进行风险辨识与评价。

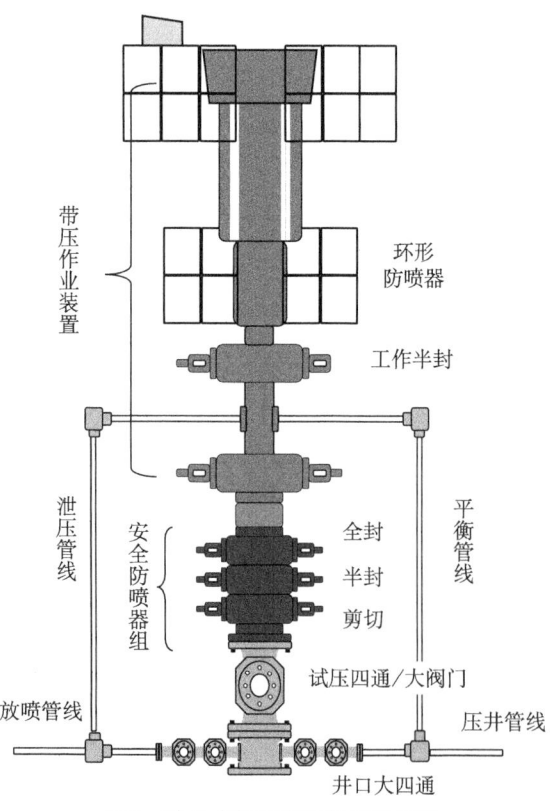

图1　独立式气井带压装置示意图

1　风险辨识与评价

采用穷举法对带压作业独有或风险度明显高于其他专业的风险类别及其细分的危害因素逐一罗列，通过LEC法半定量评价，为风险控制提供可靠依据。从人才库中选取10名安全管理人员、10名工程技术人员和10名气井带压作业岗位操作人员，穷举风险类别并按LEC法分别赋值，按赋值频率最高取值，归纳整理结果表1。从风险辨识与评价结果来看，"极其危险""高度危险""显著危险"共12项（合并后为9项），占危害因素总数的46%。当前带压装置自动化水平不高、井况复杂和该工艺固有的危险特性等多种因素叠加，致使从业人员主观上认为该工艺总体上存在较高风险。

表1 气井带压作业7类风险的风险度取值

序号	风险类别	危害因素	风险评价				风险等级
			L	E	C	D	
1	管柱飞出	卡瓦卡接箍	1	6	40	240	高度危险
		上顶力大于卡瓦夹紧力	0.1	6	40	24	一般危险
		卡瓦磨损或表面不清洁	1	6	40	240	高度危险
		油管腐蚀	3	6	40	720	极其危险
		游动卡瓦和固定卡瓦同时打开	6	6	40	1140	极其危险
2	油管折断	超过油管的抗弯极限	0.2	6	40	48	一般危险
		受力面积突然增大	3	6	40	720	极其危险
		压差突然增大	0.5	6	40	120	显著危险
3	管柱落井	油管腐蚀	3	6	3	54	一般危险
		螺纹粘扣	1	6	3	18	稍有危险
		管柱重量超标	0.5	6	3	9	稍有危险
		游动卡瓦和固定卡瓦同时打开	6	6	3	108	显著危险
4	内防喷失效	预制式堵塞器失效	0.5	6	15	45	一般危险
		投放式堵塞器失效	3	6	15	270	高度危险
		管柱腐蚀	3	6	15	270	高度危险
		管柱断脱	0.2	6	15	18	稍有危险
5	环形空间密封失效	环形防喷器密封失效	0.2	6	40	48	一般危险
		工作防喷器密封失效	0.2	6	40	48	一般危险
		安全防喷器密封失效	0.2	6	40	48	一般危险
		防喷器关闭位置不正确	0.5	6	40	120	显著危险
		水合物影响	0.5	6	40	120	显著危险
6	物体打击	（管柱飞出）	—	—	—	—	—
		转盘误启动	3	6	15	270	高度危险
		高处落物	0.5	3	15	22.5	一般危险
7	装置倾倒	吊车过载	0.2	3	40	24	一般危险
		井口失稳	0.2	3	40	24	一般危险

续表

序号	风险类别	危害因素	风险评价 L	风险评价 E	风险评价 C	风险评价 D	风险等级
8	高压伤害	（内防喷失效）	—	—	—	—	—
		（环形空间密封失效）	—	—	—	—	—
		承压组件失效	0.5	1	15	7.5	稍有危险

2 风险识别结果运用与风险控制

按风险控制的优先顺序，即消除→替代→工程控制措施→标志、警告和管理控制措施→配备个人防护装备，对表1罗列的12项（合并为9项）显著及以上危险因素制定风险控制措施，最大限度地降低气井带压作业风险，确保安全。

2.1 游动卡瓦和固定卡瓦同时打开

在气井带压作业过程中，如果游动卡瓦组和固定卡瓦组同时打开，油管脚高于中和点时则油管极可能从井内飞出同时伴有天然气突然喷出，势必造成人员伤害、火灾爆炸等灾难性后果；如果油管脚低于中和点时，则油管将落入井内，操作人员关井反应不及时也可能造成严重后果。为杜绝人为失误导致游动卡瓦和固定卡瓦同时打开，设计并安装卡瓦互锁装置，在作业过程中启用带压装置该功能可避免游动卡瓦和固定卡瓦同时打开，彻底消除该风险。

2.2 转盘误启动

安装有转盘的气井带压作业装置，在作业过程中如果转盘误启动可造成难以估量的后果。为杜绝人为失误或机械故障导致的转盘误启动，长时间不使用转盘时拆除液压动力管线，暂时不使用转盘时锁好操作杆的限位锁销，以切断能量源，消除该风险。

2.3 油管腐蚀

气井生产过程中，地层水、酸性气体、固相颗粒等介质的腐蚀、冲蚀可造成油管力学性能下降，且时间越长油管腐蚀越严重。未经评估、技术手段确认油管腐蚀程度及其他井下情况就开展带压起原井油管作业，面临起钻过程投入式堵塞器突然失效、油管突然断裂、油管突然穿孔等内防喷失控、人员伤亡的风险。以目前的技术水平尚不能准确判断井下情况，特别是油管腐蚀程度是否满足气井带压作业的要求，因此对于油管使用时间超过5年、含H_2S和（或）CO_2的气井不宜进行气井带压作业起管，宜采用压井后再作业的替代工艺，以确保安全。

2.4 受力面积突然增大、压差突然增大

坐入模拟管挂或油管悬挂器可能出现受力面积或压差突然增大，导致作用于油管的上顶力突然增加超过其抗弯极限发生折断，产生严重后果。带压装置安装完成后，需要用直

径大于或等于油管悬挂器的模拟管挂试过，以检验带压装置、安全防喷器组及其他井口设施的通过性是否满足要求；带压下管柱到位后需要将油管悬挂器坐入井口大四通内完井。起下模拟管挂是极轻负荷状态，油管受到的上顶力大于其重力，且井口压力越高油管受到的上顶力越大，更为关键的是上顶力载荷在固定卡瓦和游动卡瓦间交替转移，并且由于游动卡瓦组的位置在该过程是动态变化的，相应地油管无支撑长度也随之改变。我们知道，力等于受力面积乘以压力（差），而油管的理论无支撑长度又与力的值正相关。公式（1）和（2）中，井口压力（差）或受力面积发生变化必然导致管柱受到的上顶力发生变化。

$$F_{sn}=P \cdot S \tag{1}$$

$$L=\sqrt{\frac{\pi^2 EI}{F_{sn}}} \tag{2}$$

式中　L——理论无支撑长度，m；

　　　F_{sn}——液缸的下压力（在极轻负荷情况下也可简单视为管柱受到的上顶力），N；

　　　E——管柱的弹性模量，一般取 200GPa，即 $200 \times 10^3 N/mm^2$；

　　　I——管柱的惯性矩，其值为 $\pi(D^4-d^4)/64$，mm^4；

　　　D——管柱外径，mm；

　　　d——管柱内径，mm。

模拟管挂全过程关井或通过带压装置的平衡、泄压系统以平衡模拟管挂上下压差，保证受力状态不变，从而确保施工安全。由图2和图3状态可知，模拟管挂坐入大四通前，受力面积为油管截面积，坐入大四通后则突然变为模拟管挂的最大横截面积，上顶力（其值与带压装置液缸下压力相等）则突然增大。表2为鄂尔多斯盆地常用60.3mmN80级油管理论无支撑长度与井口压力、受力面积关系。为减小起下模拟管挂过程受力面积或模拟管挂上下压差突然增大的风险、杜绝因此造成的后果，在现场通常使用侧开槽式的模拟管挂并在起下模拟管挂、完井管挂时全程保持管挂上下压力一致，杜绝意外的发生。

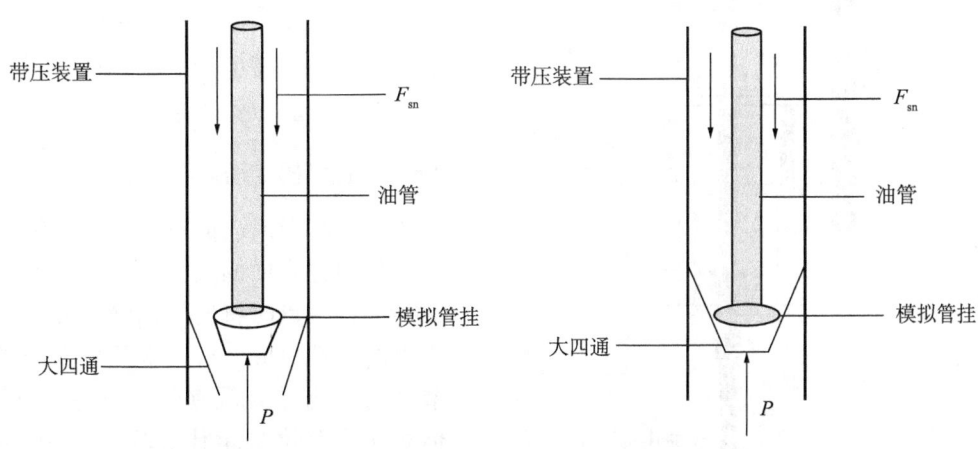

图2　模拟管挂坐入大四通前的示意图　　　图3　模拟管挂坐入大四通后的示意图

表2 60.3mmN80级油管理论无支撑长度与井口压力、受力面积关系

压力(MPa)	受力面积及对应的最大理论无支撑长度		压力(MPa)	受力面积及对应的最大理论无支撑长度	
	60.3mm油管	176mm管挂		60.3mm油管	176mm管挂
2	12.53m	4.20m	12	5.12m	1.71m
4	8.86m	2.97m	14	4.74m	1.59m
6	7.24m	2.42m	16	4.43m	1.48m
8	6.27m	2.1m	18	4.18m	1.40m
10	5.61m	1.88m	20	3.96m	1.33m

2.5 卡瓦卡接箍

卡瓦卡接箍易导致管柱失稳，即卡瓦夹紧力无法平衡管柱受到的上顶合力或重力合力，管柱飞出或落井，造成灾难性后果。目前使用的气井带压装置均有2套4组卡瓦，其中1套游动卡瓦（包括1组游动承重卡瓦和1组游动防顶卡瓦）位于操作平台之上，其位置在操作人员视线范围内，可通过肉眼判断游动卡瓦是否卡接箍；另1套固定卡瓦（包括1组固定承重卡瓦和1组固定防顶卡瓦），位于操作平台之下，不能通过肉眼直观判断卡瓦是否卡接箍，因此应重点防止固定卡瓦卡油管接箍。对于带压下油管而言，固定卡瓦组与操作平台的相对位置是固定的，而接单根时操作平台上油管接箍位置也基本是固定的，只要完井油管单根长度差不大（一般0.2m以内），就可以将新接入油管单根接箍与桅杆的相对位置作为参考，以准确判断过固定卡瓦组油管接箍位置（图4）；对于带压起管，由于井内油管单根长度未知，在参考操作平台以上油管接箍位置的同时，还应通过视频监控观察油管接箍的实时位置。

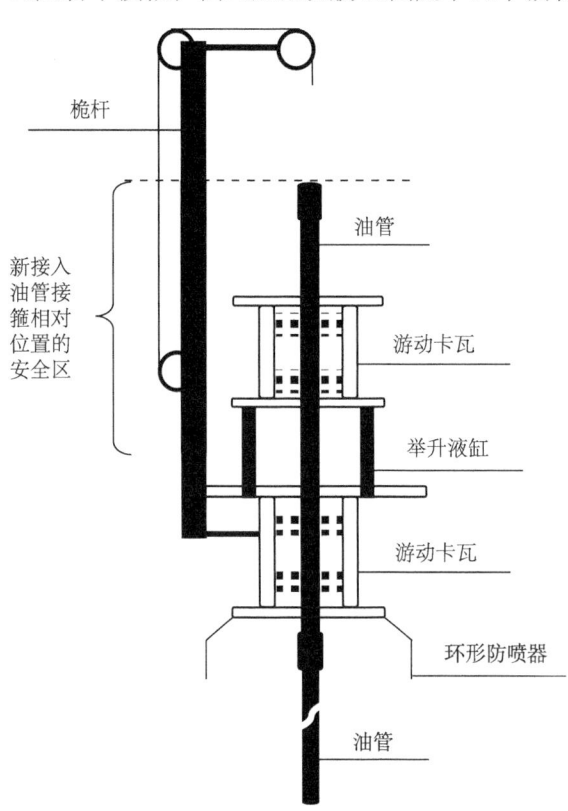

图4 接箍安全通过固定卡瓦组示意图

2.6 卡瓦磨损或表面不清洁

卡瓦磨损或表面不清洁时，施加于油管外圆柱表面的夹持力不足，易导致"溜管"，严重时将发生油管落井或管柱飞出的恶性事故。对于卡瓦外表面是否清洁可凭肉眼直观判断，也易于整改；但对于卡瓦磨损至什么程度应予判废，卡瓦牙没有类似于橡胶轮胎的磨损标记，目前业界也无统一的量化标准，各企业、

各带压队伍都是依靠肉眼观察卡瓦牙尖磨损情况，凭经验判废并更换卡瓦。并且，无论是进口还是国产的气井带压装置对于卡瓦夹持失效没有预判和紧急处置的机构（措施），要求管理者、操作手牢固树立"多投入保安全"的意识，在卡瓦牙有轻度磨损时就及时更换。

2.7 投放式堵塞器失效

对于带压起管柱工艺，应在起管前投入或用绞车投放油管堵塞器，以保证内防喷受控，但其可靠性不仅取决于工具本身，也取决于井内油管的完好情况、清洁程度。特别对于生产时间长的气井，油管腐蚀程度、油管内壁附着物等影响堵塞器锚定、密封的因素存在很大的不确定性，投放式堵塞器失效的可能性更大，带压起管的风险陡然增加。对于这类井，应尽可能采用安全可靠的替代工艺作业，即使必须应用带压起管工艺，也应在进行充分的风险评估并采取可靠的技术、安全措施的前提下才可以实施。

2.8 防喷器关闭位置不正确

气井带压装置工作半封主要作用是在井口压力较高（一般超过 14MPa）而环形防喷器无法有效密封环形空间和倒换起下较长的非标准直径工具时使用，安全半封主要是长时间停止作业和应急情况下封闭环形空间。对于同一套气井带压装置，工作半封与操作平台的相对位置是固定不变的，安全半封在带压装置安装调试结束后其相对位置也是固定不变的，对于带压下管柱作业，参照图 5 所示方法可准确判断油管接箍位置，避免工作防喷器和安全防喷器半封闸板需要关闭时关在油管接箍位置；而对于带压起管柱作业，井内管柱数据完全依赖地质设计提供，起钻过程中油管接箍和非标准直径工具在带压装置内的位置无法准确判定，以目前的技术水平仅可通过释放下工作半封和安全半封之上的压力、根据环形防喷器密封情况分别间接判断下工作半封、安全半封和上工作半封闸板是否关闭在油管本体。当然，在管柱不上下和旋转的情况下，防喷器半封闸板关闭位置不正确产生的后果与卡瓦卡接箍产生的后果相比更可承受，也能立即纠正。

2.9 水合物影响

天然气水合物是在低温高压条件下，天然气的气体分子与水结合形成的结晶化合物。水合物在地面以下的井口附近形成，导致油管、工具下入困难或无法下入；水合物在防喷器和带压装置内形成，导致防喷器无法有效开关，严重时损坏闸板顶密封、前端密封甚至闸板总成；水合物在闸阀、节流阀内形成，导致闸阀开关不到位、节流阀失去作用。低温条件下水合物的形成几乎不可避免，严重影响气井带压作业时效和安全。现场常用电伴热带对带压装置及井口设施保温、注醇类（一般用甲醇）、用天然气在燃烧罐燃烧时产生的热水循环等措施清除地面设施内部及井口附近的水合物。

3 运用效果及应用前景展望

2021—2022 年，吐哈井下作业公司依据天然气井带压作业风险辨识结果与控制措施，立足带压装置的本质安全，制订有效、有针对性的工程技术控制措施，严格落实气井带压技术标准、管理制度和操作规程，在鄂尔多斯盆地安全实施气井带压作业 354 井次，其中带压下完井管柱 333 井次，带压钻磨冲砂 5 井次，带压换管柱 16 井次。

鄂尔多斯盆地是我国陆上三大天然气主产盆地之一，具有典型低压气藏特征。在未来几年，盆地内天然气的持续上产对气层保护有显著作用的气井带压作业工艺有广阔的应用空间，预计年工作量不少于 1500 井次，有广阔的应用前景。

4 结论

（1）数百井次的气井带压作业实践，验证了基于 LEC 方法开展的气井带压作业风险辨识结果及控制措施是客观准确且有效的。

（2）天然气老井井内油管腐蚀等井下情况难以准确判断，对于 5 年内未更换过生产管柱的气井，特别是含硫化氢、二氧化碳等酸性气体的井应审慎进行气井带压作业。

（3）气井带压作业装置仍有改进之处，操作平台无人化是本质安全和降低气井带压整体风险度的必然趋势，卡瓦磨损量化和带压装置内非标准外径探测也是提高气井带压作业工艺本质安全的攻关方向。

参 考 文 献

[1] 于大伟.带压作业装备的过去、现在与未来［J］.石油和化工设备，2019，2022（2）：49-51.

[2] 唐庚，雷清龙，洪玉奎，等.带压作业可通过式堵塞器设计与试验［J］.钻采工艺，2020，43（5）：84-86.

[3] 孙可明，王婷婷，翟诚，等.不同饱和度天然气水合物加热分解界面变化规律［J］.特种油气藏，2018，25（6）：130-131.

[4] 刘庭松，刘妮.甲醇类抑制剂对甲烷水合物形成的影响［J］.原子与分子物理学报，2022，39（1）：011001（1）-011001（5）.

油田热采锅炉安全管理存在问题与对策

汪生有

(辽河油田安全环保技术监督中心　辽宁省盘锦市)

摘　要　本文对油田站场热采锅炉安全管理上存在的问题进行了系统分析，查找出了热采锅炉安全管理存在的主要问题，并针对存在问题提出了改进对策，对提升热采锅炉安全管理具有借鉴意义。

关键词　热采锅炉　安全管理　对策

引言

目前油田站场稠油热采的主要方式是蒸汽驱、蒸汽吞吐、SAGD、火驱等。热注采油就是将处理合格的污水或清水用注汽锅炉（湿蒸汽发生器）加热到所需的蒸汽压力、蒸汽温度、蒸汽干度，注入到油藏区域，降低油品黏度，提高油品流动性，从而达到开采石油的目的，而热注采油的主要设备就是湿蒸汽发生器、高压柱塞泵、储油罐、燃烧器、污水处理设备等与之配套的工艺及电气设备组成，只有注汽设备和工艺满足安全要求才能确保热注生产安全运行，通过对热采锅炉管理存在的问题进行系统分析，查找出了目前热采锅炉安全管理上存在的主要问题，并提出改进对策，对油田热注锅炉的安全管理提升具有借鉴意义。

1　油田热采锅炉安全管理存在问题

1.1　注汽锅炉主要设备设施方面

1.1.1　注汽锅炉房通风、报警装置缺失

部分活动注汽锅炉房、建站时间较早的固定燃气锅炉房未按照标准要求安装通风和报警装置，一旦燃气工艺发生泄漏，不能及时报警并切断燃气工艺或将可燃气体浓度降到爆炸下限以下，容易发生火灾爆炸事故。不符合SY/T 0027—2014《稠油注汽系统设计规范》要求锅炉房要设置通风和可燃气体浓度检测报警装置，超高限报警能与风机联锁启动的规定。

1.1.2　锅炉燃烧器检测不符合标准规定

经过对各单位258台注汽锅炉燃烧器检测情况进行调查，不合格燃烧器211个，占检测数量的81.78%，大多数都有关键检查项不符合要求，如燃烧器无炉膛高低压联锁保护、

阀门自动检漏功能失效、燃烧器点火安全时间大于 5s 和熄火安全时间大于 1s 等问题。不符合 Q/SY 08836—2021《锅炉/加热炉燃油（气）燃烧器及安全联锁保护装置检测规范》技术标准的规定。

1.1.3 注汽锅炉鼓风机进口未安装消声器

有些锅炉鼓风机进风口未按照 SY/T 0027—2014《稠油注汽系统设计规范》的要求安装消声器，造成锅炉间噪声超标，长期在锅炉间工作给员工的健康带来危害。

1.1.4 储油箱顶部透气孔未安装阻火器，直接与大气相通

有些注汽站和活动炉站的储油箱透气孔直接与大气相通，挥发油气向储油箱周围扩散，容易发火灾爆炸事故。不符合 GB 15599—2009《石油与石油设施雷电安全规范》要求的"固定顶金属容器附件（如呼吸阀、安全阀）应装设阻火器"的规定。

1.1.5 锅炉观火孔、侧板密封不严

有些锅炉尾部观火孔密封玻璃不严、锅炉观火孔盖密封处窜烟，对流段弯头箱侧板处焊口开裂，烟气外窜，外窜高温烟气容易造成巡检人员烧伤或烫伤危害。不符合 TSG 11—2020《锅炉安全技术规程》要求的"微正压燃烧的锅炉，炉墙、烟道和各部位门孔应当有可靠的密封"的规定。

1.1.6 注汽锅炉内保温失效

有些注汽锅炉辐射段、对流段、过渡段、后炉门等处内保温失效或脱落，造成锅炉表面局部变色、锈蚀、变形，检测其表面及接缝处温度多数在 150～300℃ 之间，容易造成人员烫伤。不符合 SY/T 6086—2019《油田注汽锅炉及配套水处理系统运行技术规程》要求的"过渡段、对流段表面平均温度不应超过 80℃，最高点不应超过 100℃，锅炉各部位不应漏烟气"的规定。

1.2 注汽锅炉辅助系统方面

1.2.1 工艺管道存在管理缺陷

1. 注汽工艺管道缺陷

有些注汽工艺管道存在保温层破损、缺失，地面注气管道与热采井口连接处悬空，活动注汽管线卡瓦漏汽，运行注气管道未按照标准要求设置"高温高压"禁示标志，有的注汽管道在可能积水的低点处末端串联 2 个高压截止阀等问题，容易发生蒸汽泄漏、人员烫伤事故。不符合 SY/T 0027—2014《稠油注汽系统设计规范》、SY/T 6086—2019《油田注汽锅炉及配套水处理系统运行技术规程》、GB 50264—2013《工业管道及绝热工程设计规范》的相关技术标准规定。

2. 燃气工艺管道缺陷

有的锅炉自动控制系统未设置天然气压力集中显示，报警系统未设置天然气压力低报警；锅炉引燃系统减压阀后未安装压力表；注汽锅炉燃烧器进气管线放散阀组使用手动阀；额定输出热功率大于 1200kW 的燃烧器，主燃气控制阀系统未设置阀门检漏装置；燃气流程两个电动切断阀之间的放散管出口未引出室外或引至移动式锅炉房下部；锅炉自

动燃烧器供气管路未安装快速切断阀；燃气流程天然气放散管缩径等问题。不符合 SY/T 0027—2014《稠油注汽系统设计规范》、TSG 11—2020《锅炉安全技术规程》中相关技术标准的规定。

1.2.2　注汽锅炉安全附件、仪器、仪表方面

1. 注汽锅炉关键部位检测仪表缺失和失灵

有些给注汽锅炉供水的柱塞泵出口未安装压力就地显示仪表；注汽锅炉压力变送器和温度变送器远传的压力和温度数值与就地显示的压力和温度仪表误差较大，影响锅炉安全运行。如某注汽锅炉蒸汽出口就地压力表显示为 15MPa，远传系统显示蒸汽出口压力为 11.8MPa、蒸汽温度为 323.9℃。经查《饱和蒸汽压力与温度对照表》确定蒸汽出口压力为 11.8MPa，蒸汽出口就地显示压力表明显失灵。不符合 SY/T 0027—2014《稠油注汽系统设计规范》和 SY/T 6086—2019《油田注汽锅炉及配套水处理系统运行技术规程》要求的注汽锅炉给水泵出口应有压力就地显示仪表，锅炉各系统调压阀、安全阀、报警开关、检测仪表应安全可靠，灵活自如的规定。

2. 安全阀校验、使用存在问题

有的锅炉蒸汽出口第一道安全阀整定压力和第二道安全阀整定压力，分别超过锅炉允许工作压力的 1.05 倍和 1.08 倍；蒸汽出口安全阀有的铭牌缺失、有的铭牌内容不清楚、有的安全阀试验开启手柄被铁丝捆绑、有的安全阀排汽管未通向安全地点等问题，容易造成锅炉超压运行或人员烫伤事故。

3. 热电偶、压力变送器等计量仪表未及时检定

有些热注站未按照计量管理办法梳理注汽系统计量仪表管理类别，造成热电偶、温度变送器、压力变送器等计量仪表未及时检定，而锅炉报警系统的温度、压力参数来自热电偶、压力变送器采集的数据，如果不准确将影响锅炉安全运行。

1.2.3　注汽锅炉报警系统方面

1.2.3.1　未按规定开展报警值校验工作

有的注汽站《锅炉报警校验记录》中记录停炉对锅炉报警值进行了校验，而《运行日志》中记录该锅炉实际为正常运行状态，没有停炉对锅炉报警值进行校验，锅炉报警值校验工作流于形式。

1.2.3.2　未按标准规定设定报警值

有的燃气锅炉运行时，烟气温度高报警值设定为 320℃、锅炉额定蒸汽温度 353℃，管温高报警值设定为 399℃。不符合 SY/T 6086—2019《油田注汽锅炉及配套水处理系统运行技术规程》中"锅炉安全报警装置要求排烟温度（高点）燃气 170℃、燃油 300℃，管温高报警值为发生器额定饱和温度 +15℃"的规定。

1.2.3.3　员工操作过程中存在习惯性违章行为

检查发现有些注汽站锅炉运行时蒸汽压力低报警切换至旁路状态，未切换至运行状态，锅炉蒸汽压力低报警失效。不符合 SY/T 5854—2019《油田专用湿蒸汽发生器安全规范》7.7.2 g)"锅炉运行期间应随时检查报警值的运行情况，发现异常应及时标定或维护"的规定。

1.3 注汽锅炉运行维护方面

1.3.1 锅炉维修施工管理存在漏洞

锅炉维修方案编制审批存在问题:有的维修未制定方案、有的方案中没有明确具体维修部位及更换部件的公称参数、有的方案未审批、有的方案中未制定锅炉内维修容易发生中毒窒息事故的应急处置程序。

现场管理存在问题:有的对工艺阀门切断后未进行上锁挂牌、有的未对进锅炉内维修人员进行登记,现场临时用电设备安装和电缆铺设不符合标准规定等问题。

1.3.2 锅炉清洗施工管理存在漏洞

清洗方案中未明确清洗过程中监测和记录的项目及控制要求、结垢物的成分分析结果,无清洗系统图、腐蚀指示片在清洗系统中悬挂位置及数量;清洗前未进行结垢样品分析和溶垢试验;清洗人员存在不掌握清洗方案、不了解清洗剂的危险特性、急救方法和自身防护措施等问题。

现场存在清洗工艺连接完毕不进行水压试压、清洗使用泵与备用泵型号不一致、清洗泵入口或清洗箱出口未装过滤网、清洗泵电机未接地;清洗过程存在酸洗时未按规定时间检测酸浓度、Fe^{3+} 和 Fe^{2+} 浓度、钝化时未按规定测定钝化液浓度和 pH 值等,均不符合 GB/T 34355—2017《蒸汽和热水锅炉化学清洗规则》相关标准的规定。

2 管理原因分析

2.1 注汽锅炉主要设备设施方面存在问题的原因

2.1.1 教育培训工作没有针对性

教育培训只进行热注系统知识、技能方面的培训内容多,未将热注相关标准纳入培训计划,相关标准更新后也未及时开展培训,造成各级管理人员和岗位员工不掌握相关技术标准。

2.1.2 管理制度不完善、检查标准没有针对性

没有针对各层级的管理实际,制定检查制度,检查制度中未明确检查责任、检查时间、检查频次等管理要求,检查工作流于形式。

没有针对站场的设备设施、电气、仪表、工艺等实际情况,依据相关标准制定检查标准,造成日常检查、隐患排查及各级检查不能发现存在的隐患和问题。

2.1.3 隐患整改资金投入不足

目前已运行 15 年以上的注汽锅炉占总数的 73%,很多设备、工艺管道、仪器、仪表等出现老化、腐蚀、失灵、误差大等现象,而高压设备维修改造成本高,因此造成一些隐患不能及时得到整改。

2.2 注汽锅炉辅助系统存在问题的原因

2.2.1 未制定报警值管理制度

未制定符合本单位实际的报警值管理制度，造成员工对报警值随意调整；未结合锅炉制造厂家给定的运行参数和相关标准，确定本单位锅炉安全运行报警值。

2.2.2 对计量管理制度理解存在偏差，未能有效执行

未按照计量管理制度对本单位计量仪表检定工作执行 ABC 分类管理，有的单位对 ABC 类仪表分类理解存在偏差，造成仪表检定周期混乱，未能及时按照标准要求及时检定。

2.2.3 锅炉运行管理检查考核不严

现场存在注气锅炉工艺管道渗漏、注汽管道未按照要求设置"高温高压"警示标志；燃气工艺检漏装置失灵，技术人员未按规定设定和校验报警值、岗位员工将报警值设置在旁路等隐患和违章行为时有发生，主要是日常管理检查不认真，管理考核不严造成的。

2.3 注汽锅炉运行维护方面存在问题的原因

主管部门对锅炉维修、清洗方案的制定、审核、审批把关不严，没有按照标准规定制定切实可行的施工方案；未对锅炉清洗过程中的清洗液浓度、pH 值等进行定时检测；现场监督和监护人员能力不足，不能及时发现施工现场存在的各种隐患和问题，给维修、清洗质量及安全带来隐患。

3 改进对策

3.1 在注汽锅炉设备设施管理方面

3.1.1 强化标准培训工作，提升管理人员的能力

收集热注系统相关标准，调查各级人员培训需求，将标准培训工作纳入培训计划，及时开展培训，标准更新后及时组织相关人员再培训，提升各级人员发现问题、解决问题的能力。

3.1.2 制定热注系统管理检查制度、检查标准，持表开展系统检查和考核

要制定切合实际的检查管理制度，明确各级检查人员的管理责任、检查频次、检查问题的整改落实、检查考核等相关要求，严格按照制度开展日常检查；要根据站场设备、设施、工艺、电气等实际情况，依据标准分类制定检查表，各级管理人员依照标准进行持表检查，确保检查全覆盖无死角。

3.1.3 加大热注系统隐患问题的整改力度

根据燃烧器检测结果、锅炉、注汽管道检测结果和上级检查发现的隐患按照隐患风险级别逐步落实资金进行有序整改，对暂时不能整改的隐患要制定监控措施，教育岗位员工

清楚隐患防范措施，熟悉掌握紧急情况的应急处置措施，确保隐患风险受控。

3.2 在注汽锅炉辅助系统管理方面

3.2.1 制定注气锅炉工艺管道、仪器仪表、报警值管理制度，严格检查考核

制定注气锅炉注汽管道、燃气工艺、安全附件、仪器仪表、锅炉报警值管理等相关制度，明确管理责任、管理标准、管理权限、校验周期；按照锅炉制造厂家要求的运行参数和相关标准，确定每台锅炉报警值校验标准，严格按照制度和标准进行检查和考核，推动管理水平的提升。

3.2.2 梳理计量仪表管理类别，确定检定周期，及时检定

按照计量管理制度认真梳理本单位 A 类、B 类、C 类计量仪表，严格按照各类计量仪表的检定周期进行检定，确保锅炉监测数据准确，报警连锁安全有效。

3.3 在注汽锅炉运行维护管理方面

强化锅炉维修、清洗施工风险管控，主管部门要严格审核施工单位方案制定的可行性、有效性，监督检查施工过程是否按照方案施工；对清洗过程使用的化学品要严格按照比例和标准配制，对清洗液定时检测，保证清洗液符合技术标准规定，确保清洗质量；教育清洗人员熟悉清洗液的理化特性、熟练应急处置措施，正确佩戴防护用品，保证维修、清洗施工安全。

4 结束语

在热采锅炉管理上通过强化相关标准培训，提升管理人员能力；完善设备设施、安全附件、计量仪表、报警值检查，校验标准，依据标准检查和考核；对计量仪表梳理分类，按照类别周期及时检定；强化注汽锅炉维修、清洗施工的质量和安全风险管控；加大热采锅炉隐患治理资金的投入，就能有效管控热采锅炉运行安全风险，实现热注采油生产安全运行。

录井实验室安全风险辨识和控制措施的探讨

周丽莉　房　伟　张良伟

(任丘油田第二录井分公司　河北省任丘市)

摘　要　地质录井技术是石油勘探过程中一项相对独立且不可替代的专业技术，专业的录井技术离不开一流录井实验室的支撑，录井实验过程中会使用到机械旋转设备、加热器、压力容器、危险化学品等，存在机械伤害、触电、灼烫、火灾、爆炸、中毒窒息等多类危害因素。本文主要通过对安全风险分级管控、隐患排查治理、现场和过程安全管理等方面的研究，探索并建立录井实验室安全管理工作系统化、规范化、科学化的管理模式。

关键词　录井实验室　风险管控　控制措施

引言

录井实验室是进行物性分析和地层含油气水性研究的重要场所。录井实验室内主要包括岩矿标本、油气显示评价仪、油气组分评价仪、轻烃组分分析仪、碳酸盐岩分析仪、荧光分析仪、三维石油荧光分析仪、核磁共振岩样分析仪、洗油仪等设备设施，在实验过程中会使用到大量的机械旋转设备、加热器、压力容器、危险化学品等，存在机械伤害、触电、灼烫、火灾、爆炸、中毒窒息等多类危害因素。录井实验室内化学反应过程往往会伴随着能量的转换和各种新物质的产生，其过程具有一定的危险性。实验室的安全问题受到越来越多人关注，一旦发生事故，将给实验操作员工和公司造成生命威胁、健康损害和资产损失。建立、健全实验室安全管理机制，积极开展安全风险分级管控、隐患排查治理机制的建设，努力查找人的不安全行为、物的不安全状态和实验室管理中的缺陷，持续改进实验室存在的安全管理薄弱环节。本文主要从录井实验室存在的化学试剂、设备操作使用、作业过程管控的风险辨识入手，制定有效的防控措施，努力实现录井实验室的本质化安全。

1　典型安全事故案例的警示

1.1　典型安全事故案例

近几年，化学实验室的安全事故频发，给实验操作人员和相关单位带来了严重的人身伤害和财产损失。部分典型实验室安全事故案例如表1所示。

表1 实验室典型安全事故案例

事故情况	事故主要原因
某实验室发生爆炸火灾事故,一名正在做实验的博士后当场死亡	实验人员在实验室内使用氢气做化学实验时发生爆炸
某化学研究所一实验室发生爆炸,一名研究员当场死亡	实验人员操作不当,反应釜处于高温高压状态未冷却打开时发生爆炸
某实验室将含有乙醇的物料放入鼓风烘箱烘干,引起烘箱爆炸着火	含有有机溶剂的样品,遇高温引起爆炸起火
某实验室,将正在反应的废液倒入废液桶,反应导致废液桶爆喷,废液四溅	废液处置不当;酸碱废液混放,也会引起爆炸
某实验室实习人员在工作时,将大量的废弃溶剂倒入水池,引起下水道管路溶解漏水,造成环境和地下水污染	实验室工作人员失职,对外来实验人员监管不到位

1.2 事故带来的警示

从表1中的典型事故案例可以看出,大多数实验室意外事故是由于"人的不安全行为"造成的,岗位风险辨识不清、实验操作人员安全技能不足是造成事故的主要原因,同时,在事故发生后,总能发现"风险防控措施不到位、作业过程监管不到位"等管理措施失控,导致事故的最后发生。

录井实验室HSE风险主要包括:

(1) 化学试剂污染:如氯仿、正己烷、盐酸、氧化物等。

(2) 实验过程:实验过程中因操作不当造成安全事故,如灼烫等。

(3) 仪器设备操作:如仪器触电,油气显示评价仪产生的高温,核磁共振分析仪、X射线衍射仪产生的辐射,钻孔机操作过程中造成的机械伤害等。

(4) 人员健康损害:员工长时间在通风不畅、受污染的环境下工作,身体健康受到伤害等。

(5) 灾害:如电器电路的火灾、意外伤害等。

为了控制以上主要风险,应建立、健全好双控机制,对这些风险进行准确、全面辨识、评估,并不断完善隐患排查机制,从"人的不安全行为、实验室设备设施安全、管理措施"入手,采取积极、有效的控制措施,将风险降到最低。

2 安全管理思路和方法

2.1 安全风险分级管控

2.1.1 危害因素辨识

对于危害因素(危险源)的辨识,实验室管理人员和岗位员工应采取"自下而上、上下结合、全员参与"的方式开展。危害因素(危险源)的辨识范围应覆盖实验室的所有设备设施和作业活动。

2.1.2 安全风险评价

安全风险评价方法有很多，我们采用了作业条件危险分析（LEC）法，即：

作业危险性 D= 事故或危险事件发生可能性（L）× 暴露于危险职业安全危害的频率（E）× 危险严重度（C）

安全风险分级标准见表2。

表2 风险等级划分表

分数值（D）	风险等级	控制要求
＞320	极其危险（红色）	不能继续作业
160～320	高度危险（橙色）	需要立即整改
70～160	显著危险（黄色）	需要整改
＜70	可能危险（蓝色）	可接受需要注意

2.1.3 开展实验室安全风险辨识

录井实验过程中会使用到大量的机械旋转设备、加热器、压力容器、危险化学品等，存在机械伤害、触电、灼烫、火灾、爆炸、中毒窒息等多类危害因素。表3中，以实验操作过程中涉及的主要项目为例，举例说明实验室安全风险识别与风险评价情况。

表3 录井实验操作主要安全风险识别与风险评价表

序号	危险因素	危害事件	触发因素	影响及评价					主要风险削减控制措施	削减后风险等级
				L	E	C	危险值（D）	等级		
1	洗油	氯仿中毒	有毒害气体挥发	6	3	7	126	中	（1）室内安装通风和换气系统；（2）戴防毒面具；（3）戴防护手套；（4）进入洗油室佩戴正压式呼吸器；（5）洗油仪停止工作后试剂冷却	低
2	泥浆滤液分析	有毒气体伤害	滤液中有毒气体挥发	3	6	3	54	低	（1）室内安装通风和换气系统；（2）戴防毒面具；（3）戴防护手套	低
3	碳酸岩分析	盐酸腐蚀	皮肤接触盐酸	3	6	3	54	低	（1）戴耐酸碱防护手套；（2）小心谨慎；（3）轻拿轻放。	低
4	原油物性分析	化学试剂中毒	三氯甲烷、无水乙醇挥发	3	6	7	126	中	（1）室内安装通风和换气系统；（2）戴防毒面具；（3）戴防护手套	低
5	定量荧光分析	正己烷中毒	吸入或接触正乙烷	1	6	7	42	低	（1）带防护手套；（2）室内安装排风系统	低

续表

序号	危险因素	危害事件	触发因素	影响及评价					主要风险削减控制措施	削减后风险等级
				L	E	C	危险值(D)	等级		
6	地化分析	氢氧化钠灼伤	碱液溅出接触皮肤	0.5	6	5	15	低	（1）化学品专人专柜管理；（2）加碱液时戴耐酸碱橡胶手套；（3）加碱液时要倾斜、缓慢；（4）残液和固废要指定处理；（5）劳保着装、佩戴护目镜	低
7	废弃岩样	废样污染	有毒成分渗出扩散	3	6	5	90	中	（1）密封；（2）放置在废样间；（3）交给有资质的机构回收处置	低
8	废液废固	环境污染	有毒成分渗出扩散	3	6	5	90	中	（1）密封；（2）放置在废样间；（3）及时交给有资质的机构回收处置	低

2.2 隐患排查治理

2.2.1 隐患排查

隐患排查是一个动态、循环的过程，旧的隐患消除了，随着环境、人员、时间等条件的变化，新的隐患又可能发生，建立健全隐患定期排查非常重要，是将风险辨识的结果与控制措施结合的重要抓手。对于录井实验室来说，应建立并落实从主要负责人、管理人员到岗位员工的隐患排查机制，根据隐患的风险大小，制定分级防控的责任，不同层级按照规定定期开展隐患排查工作，中心每旬、班组每周、岗位每日开展隐患排查工作，及时排查和整改发现的隐患，对隐患实行立查立改的闭环管理。

最重要的是，要防止隐患排查流于形式，一定要抓实。要注重提高员工发现隐患的能力，对及时报告和消除现场隐患的员工，要给予一定的奖励措施，对瞒报、忽视隐患的人员实施处罚。

2.2.2 隐患治理

所有的隐患均应得到及时的整改或治理。安全隐患无大小，必须牢牢盯住那些可能引发事故的重大隐患，研究有效对策，进行综合治理。针对不能立即整改完成的隐患，录井实验室应按照规范和要求开展隐患治理工作：

（1）各单位对各类检查和排查中发现的事故隐患，应建立"事故隐患台账"，制定和落实事故隐患监控措施，并及时告知全体相关人员相关措施。

（2）治理要秉承"五定"原则（方案、资金、负责人、时间、措施）进行检查和验证，对安全隐患进行闭环管理。

（3）各个层级检查发现的事故隐患，均应及时通报事故隐患；岗位员工巡回检查发现的事故隐患应立即报告现场负责人，事故隐患所在单位应立即进行监控和整改，对威胁人员生命安全和生产安全、随时可能发生事故的隐患，应立即停产进行整改。

2.3 实验室主要风险的应对措施

录井实验室 HSE 风险主要包括：化学试剂管理和使用、实验过程中因操作不当造成的安全事故、人员健康损害、电器电路火灾等。

2.3.1 化学试剂管理和使用

当前分公司录井实验室化学试剂的管理和使用日趋规范，依据实验室内设备设施的危害因素制定了规范管理措施，依据操作流程设置相应的实验室，如物性分析室、钻样室、洗油间等，化学试剂依据理化性质进行分类储存等。从制度和现场检查上已经很少发现问题，但仍存在着一些隐藏、隐形的问题，如"五双"等危化品管理制度与执行效果上还存在"两张皮"现象，记录的填写只是为了迎检而失去了真实，相关制度并未能得到真实、有效的落实；实验室危化品的领用不规范，化学试剂存放处的管理人员存在多重身份，既是保管人、发放人，还是使用人，实验室人员实际自由领用、缺乏监管；危化品的回收存在问题，相关的残液、盛装过试剂的瓶体（废固）没有得到全部有效的回收处置；使用台账记录填写不及时，危化品瓶体上的标签脱落或标识不清晰，自行配置的试剂没有标识成分或有效期；领出的危化品未能及时归位，私藏私放等。以上问题的出现，可能对环境造成污染，可能造成人身生命安全问题。如果任由混乱粗放的危化品管理模式，忽视了存在的极大安全隐患，不及时整改和严加管理，稍有不慎就会造成严重的损失或不堪设想的后果。

对于录井实验室来说，有了严格的安全管理制度还远远不够，更加需要考虑管理制度是否与作业环境、设备设施操作的风险相匹配，所有实验操作环节、设备设施和作业环境存在的安全风险都采取了有效的控制措施。在实验过程中要保持整个作业环境干净、整洁。要注意将制度变成员工操作的准则，而不只是挂在墙上。

对于管理人员来说，则要加强对实验室的日常检查，对存在的问题进行及时整改和纠偏，确保实验室作业现场满足四方面要求：

（1）实验物品定置定位摆放，所有物品使用结束应归位，配制的试剂和药品都要有明显的标识。

（2）实验室现场杜绝"跑、冒、滴、漏"等现象。

（3）危险化学品管理务求实际，"五双管理"（双人保管、双人领取、双人使用、双把锁、双本账）的要求不能流于形式。

（4）与分析检测无关人员进入操作现场前必须进行风险告知，确保进入人员知晓操作间的主要风险，全程做好监护。

2.3.2 实验过程中的操作不当

操作不当是发生事故的主要原因。要开展、强化对实验室管理人员和分析操作人员的培训，在加强操作技能的培训前提下，还要认真学习事故案例，从中吸取经验教训、举一反三，实验室员工必须熟悉、掌握实验室内设备设施的操作程序。在日常工作中积极辨识、排查岗位存在的风险，遵守岗位安全操作规程，掌握实验室相关管理制度，积极整改现场存在的隐患问题，操作过程中时刻保持警醒，防止事故发生。

2.3.3　人员健康损害

实验室内，主要是由于化学试剂的挥发性，操作间内有毒害化学试剂对人员健康造成损害。为了防止化学试剂损害的发生，主要是要采取好"管理预防措施"或"个人防护措施"。

1. 管理预防措施

管理预防措施主要有：

（1）实验室布局力求合理，采取切实有效措施，实现有毒害作业与无毒害作业分开。

（2）高度重视、做好实验室的通风换气。实验室的通风系统应包含空气处理、制冷加热和除湿、气流组织、控制、安全等部分，它们应是一个整体而不是独立系统。实验室的通风设计首要解决的问题是安全性问题，要考虑功率与供电线路匹配，系统稳定程度，便于员工操作。如通风换气装置的开关应安装在实验室的室外，确保通风换气十分钟以上后，实验人员才能进入实验室操作。要从安全、舒适、节能、可靠运行方面进行设计，换气量的设计应重点考虑实验室房间的体积和有毒害气体的危害浓度，一般每小时换气量的大小为房间大小的 10 倍。洗油实验室连续工作，应设置送风系统，非密闭实验室的送风量宜为排风量的 70%，并应根据工艺要求确保送风洁净、无危害。

（3）配备与实验过程危害因素相适用的有效防护设施，应按规定配备可燃气、氧气、氮气等气体监测报警装置，确保有效。

2. 个人防护措施

要重视采取好个人防护措施。为接触化学试剂危害的员工提供符合实验室安全操作标准的防护用品，开展好培训，监督、指导员工正确佩戴，落实好防护措施。

2.3.4　实验室火灾

对录井实验室内的各类电气设备应严格管理，电气线路的铺设、电气设备的安装应符合国家有关规范。在使用过程中，应注意防止用电负荷过载、短路。供电线路要连接紧固，绝缘良好，接地连接符合标准。检维修作业中，对设备设施和电路的控制开关采取上锁挂签措施，设置专人监护，确保检维修作业安全。实验设备和电气线路要经常性检查和维护，确保漏电保护器正常，防止带病运转。

对于易燃易爆的化学品要严格执行储存、使用要求，根据化学品的理化性质分类存放，实验过程中规范操作。

3　结论

通过实施好以上应对措施，"风险分级防控、隐患排查治理"机制在实验室管理、实验操作运行各个环节的有效应用，建立完善的岗位责任制和风险防控机制，录井实验室的安全生产责任制明确、规章制度全面细化、操作规程具体规范、风险防控各项措施到位，强化属地管理，不断提高实验操作人员的安全技能，积极、主动地落实各项管理要求，努力实现录井实验室的本质安全。

参 考 文 献

[1] 李玉玲．浅谈高校化学实验室安全管理问题及对策措施．化工安全与环境，2022（46）.
[2] 张高峰．化学实验室安全管理现状与对策探究．现代盐化工，2022（1）.
[3] 赵荣龙，魏宇宁，陈俊华．如何对化学实验室进行安全管理．现代职业安全，2022（11）.

气田水管道泄漏监测技术研究与应用

钟 雪[2] 张文艳[1] 谭龙华[2]

(1. 中国石油西南油气田公司集输工程技术研究所 四川省成都市;
2. 中国石油西南油气田公司 四川省成都市)

摘 要 为了掌握泄漏监测技术在川渝地区气田水管道的有效性及应用效果,采用七种不同直径的限流孔模拟气田水管道泄漏开展现场试验,对比分析动态压力波复合法及负压波与输量平衡法两种泄漏监测技术在不同工况下的监测情况,测试结果表明:(1)当管道满流时,针对2mm孔径以下的泄漏,基本属于泄漏监测系统监测的盲区,动态压力波能实现单端报警但定位无效,而负压波与输量平衡法无法有效报警;(2)管道满流状态下,两项监测技术效果基本一致,平均定位误差约50m,平均报警响应时间约60s;(3)当管道存在空管段塞流时,仅能对5mm及以上泄漏孔径进行报警,但无法有效定位,无法达到系统技术指标;(4)针对气田水管道存在较大高程差,且无法消除管道空管段塞流时,两项技术均不适用。

关键词 泄漏监测 有效性 动态压力波 负压波 输量平衡法

引言

天然气开采中伴随着大量的气田水采出,部分气田水含H_2S、CO_2,气田水管道负责转运,一旦发生泄漏会造成大量环境污染,严重时会造成部分伴随天然气泄漏,危及人民生命财产安全,因此气田水管道安全运行必须高度重视,当气田水管道发生泄漏后,及时发现泄漏情况并准确找到泄漏点位置,才能将因泄漏产生的经济损失和环境损失降到最小。目前针对管道泄漏监测,国内各大油田常采用次声波法、分布式光纤法、动态压力波复合法、负压波与输量平衡法等泄漏监测技术。针对输气管道,常采用次声波法泄漏监测技术,次声波法具有较高的灵敏度,能对2mm及以上泄漏孔径进行准确监测,现场监测效果好;针对输油管道,常采用负压波与输量平衡法技术,负压波与输量平衡法灵敏度和精度都较高,定位准确且费用较低,适用于大长线且发生大泄漏的管道;针对气田水管道,由于存在间接输送,且川渝地区气田水管道所处地形多为管道翻越多、落差大,在正常输送时存在不满流、管道中会形成空管段塞流状态,影响管道监测。本文主要针对动态压力波复合法和负压波与输量平衡法两项泄漏监测技术,通过限流孔现场模拟管道泄漏,验证两种技术在气田水管道泄漏监测的有效性。

1 概况

1.1 技术原理

动态压力波复合法管道泄漏监测系统，通过采集泄漏点产生的动态压力波、管道进出站的压力等参数，结合 GIS 地理信息技术，当管道发生泄漏时，泄漏点压力迅速减小，管道内部介质产生振荡，从而在泄漏点处产生动态压力波，动态压力波从泄漏点沿管道向上游和下游传播，动态压力波信号被传感器采集经数字化仪分析后上传至中心站，结合声速及时间差进行泄漏判定及定位，通过软件分析自动报警并提供准确泄漏位置；负压波与输量平衡法管道泄漏监测系统以负压波法和输量平衡为基本方法，负压波法通过监测泄漏引起的压力下降来判断有无泄漏发生并进行定位，输量平衡法是靠管道两端的流量计实时监测比对进出流量，二者结合就形成了优势互补，当首、末两站间管道某一点发生泄漏时，泄漏点压力突然降低所产生的负压力波将沿管道向两端传播，当该负压波传递到管道端点时，引起首站出站压力和末站进站压力降低及流量变化，压力和流量信号实时传输到监控计算机中，即可实现在线动态监测，泄漏位置不同，首末两个站捕捉的泄漏信号的时间差也不同，根据管道长度、压力传播速度和修正算法等即可准确计算出相应泄漏位置。

1.2 影响因素分析

1.2.1 空管段塞流对监测的影响

当管线出现空管段塞流动的情况，部分管线液体没有满管，泄漏产生的声波从液体穿透到气体再穿透到液体，声波损失很大，空管段塞流的情况下系统基本无法监测到泄漏信号。现场试验的气田水管道海拔最高点至末站落差为 55m 左右，全线最高点海拔 341m，末站海拔 286m，在液体输送过程中，会出现空管段塞流情况。这种情况下，此区域会将泄漏点引起的声波信号截止，致使末站设备无法正常接收到管道的声波信号，从而影响系统泄漏监测效果。为解决空管段塞流的问题，需要在末站来液流程上关小阀门开度，起到适当节流的作用，当管道正常输运时末站压力在 0.08MPa，依据每 100m 水柱压力 1MPa 计算，若管道此时为充满状态时，末站压力应为 0.55MPa，由此可反推出末站部分管道存在空管段塞流，若将末站进站压力控制在 0.55MPa 左右即可逐渐使整个管道处于充满状态，消除空管段塞流，从而达到管线全线满管流的最佳监控状态。

1.2.2 站场噪声对监测的影响

噪声会影响监测系统的监测距离及定位准确性等，场站内传感器采集到的噪声大部分来源于场站内工艺改变产生的流动噪声，如变径、汇管、孔板流量计和启停泵等，通过加装隔离器，与传感器构成传感器阵列来达到降噪目的，开展现场测试前验证分析了传感器降噪效果，传感器阵列降噪情况如图 1 所示，噪声采集数据波形中有三条曲线，深线代表主传感器，深色代表隔离器，点状线代表滤波处理数据，对比滤波后的噪声波形，表明首末场站内原始噪声较大，在首末站采取隔离器滤波后降噪效果明显。

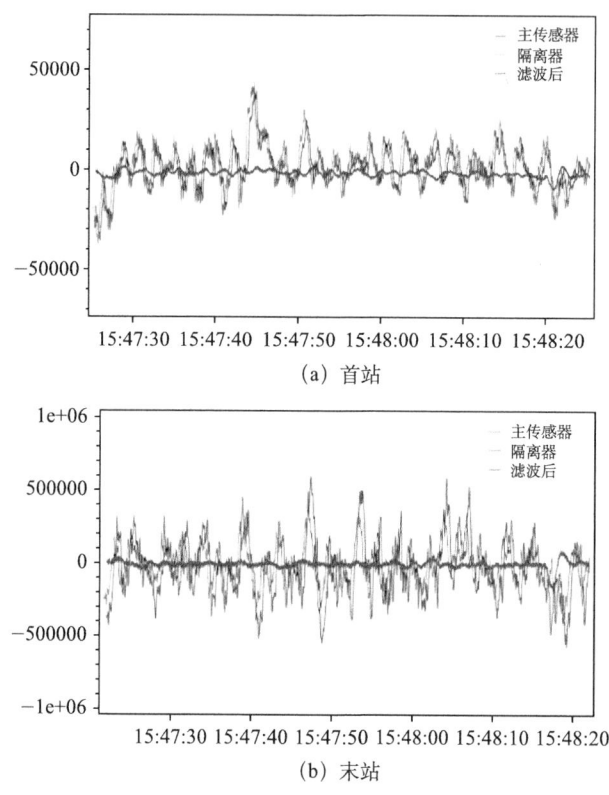

(a) 首站

(b) 末站

图1 传感器阵列降噪效果图

1.3 气田水管道典型泄漏分析

气田水管道一般存在三种典型泄漏模式：管道挖爆、接头处脱落、微小渗漏，对于管道挖爆和接头处脱落会产生较强的声波信号，若管道内不存在空管段塞流时，两种系统均能对泄漏进行有效监测，若管道内存在空管段塞流时，两种系统均能对泄漏进行报警，但定位无效。对于微小渗漏，往往不会产生较强的声波信号，但当经过长时间的微小渗漏后，负压波与输量平衡法能根据流量变化对其进行泄漏报警，但不能定位（表1）。

表1 气田水管道典型泄漏分析

典型泄漏类型	监测效果分析
管道挖爆	会产生较强的声波信号，若管道内不存在空管段塞流时，能对泄漏进行有效监测，若管道内存在空管段塞流时，能对泄漏进行报警，但定位无效
接头处脱落	会产生较强的声波信号，若管道内不存在空管段塞流时，能对泄漏进行有效监测，若管道内存在空管段塞流时，能对泄漏进行报警，但定位无效
微小渗漏	往往不会产生较强的声波信号，但当经过长时间的微小渗漏后，负压波与输量平衡法能根据流量变化对其进行泄漏报警，但不能定位

2 现场测试与分析

2.1 测试方案

管道全长7.8km，管径为$\phi 125$，输送介质为不含硫气田水，管线海拔最高点至末站的落差约55m。先确认首站和末站站内设备工作运行状态，泄漏监测系统工作正常，现场安装3个测试点，分别在首站站外、末站站外及管线中间位置（距离首站4.58km处）安装模拟泄漏套件，现场放水模拟泄漏，测试时快开球阀，持续一定时间泄漏后关闭底阀，观察系统是否在技术指标规定时间范围内准确报警定位。模拟泄漏点连接方式如图2所示，在管道上安装排水球阀，球阀上安装不同口径短丝，包含10mm、8mm、5mm、4mm、3mm、2mm、1.5mm等，短丝上连接排水软管，将排出的水接到蓄水桶里，其中排空软管需要与短丝采用卡箍固定紧，防止排水软管脱落，限流孔选择由大到小，若大孔径测试效果较好则不断缩小泄漏孔径继续模拟泄漏测试，每个孔径测试3次，记录放水测试时间、孔径大小、报警响应时间以及定位误差等信息。

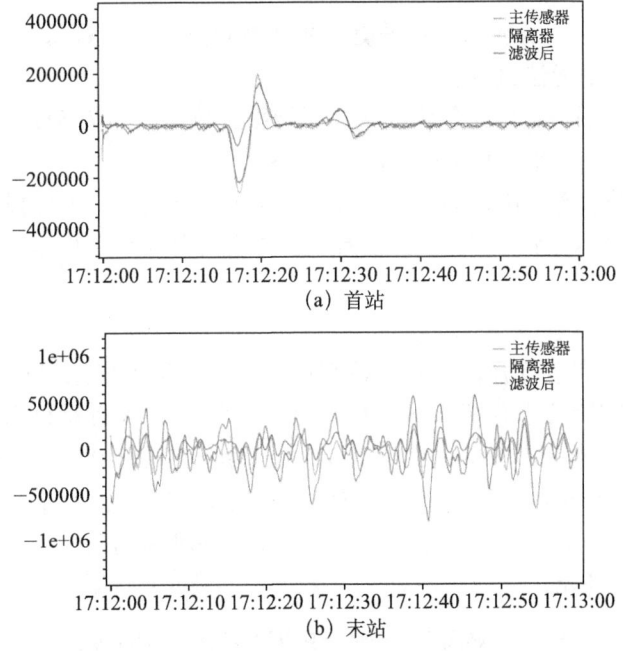

图2　末站阀门全开时10mm孔径泄漏信号

2.2 测试结果及对比分析

2.2.1 管线中间位置放水模拟泄漏测试

1. 消除空管段塞流

开展模拟泄漏测试前，首先通过调节末站阀门开度消除气田水管道空管段塞流，再在管道中间位置采用孔径为10mm、8mm、5mm、4mm、3mm、2mm、1.5mm的限流孔模拟管道泄漏，每个孔径测试3次，当管道运行压力在0.9MPa且在同一位置同一孔径发生泄漏时，对比动态压力波、负压波和输量平衡法两种监测技术的平均定位误差及响应时间，现场测试情况如图3所示。

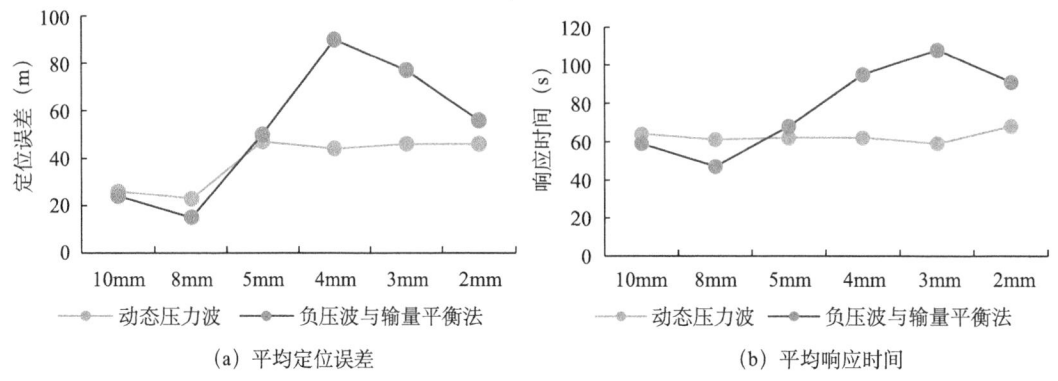

(a) 平均定位误差　　　　　　　(b) 平均响应时间

图3　消除空管段塞流时中间位置放水对比图

由图3可以看出：

（1）动态压力波、负压波和输量平衡法两种监测技术均能对2mm及以上泄漏孔径进行监测，1.5mm的泄漏无法报警。

（2）动态压力波平均定位误差为39m，平均报警响应时间为63s；负压波和输量平衡法平均定位误差为52m，平均报警响应时间为78s。

（3）负压波和输量平衡法较动态压力波平均定位误差更大，平均报警响应更长。

（4）泄漏孔径大小与平均定位误差成反比，泄漏孔径越大平均定位误差越小，报警响应时间较稳定。

2. 末站阀门全开

测试前末站阀门完全打开，首站保持继续输水，由于气田水管道高差达约55m，当末站完全开阀后，末管段会形成部分空管段塞流，测试时管道运行压力0.59MPa，采用10mm、8mm、5mm、4mm、3mm、2mm、1.5mm的限流孔模拟管道泄漏，其中采用动态压力波，10mm孔径泄漏时，首站和末站报警系统报警情况如图2所示。

限流孔孔径选择从大到小，每个孔径测试3次，两种监测系统平均响应时间及定位误差等测试情况如表2所示。

表2　末站阀门全开时管道中间位置放水测试情况

序号	测试孔径 (mm)	平均响应时间（s）		定位误差 (m)	是否报警	是否达标
		动态压力波	负压波和输量平衡法			
1	10	125	47	定位无效	是	否
2	8	133	48	定位无效	是	否
3	5	140	55	定位无效	是	否

由表2可以看出：

（1）当末站出现空管段塞流时，动态压力波、负压波和输量平衡法两种监测技术仅能对5mm及以上泄漏孔径进行报警，但无法有效定位，无法达到系统技术指标。

（2）动态压力波平均报警响应时间为133s，负压波和输量平衡法平均报警响应时间为50s，响应时间更短。

（3）本轮测试报警仅能收到单端监测的报警波形，均为首站报警，末管段因形成部分空管段塞流，末站无法接收到泄漏信号无法报警，导致系统能单端报警但定位无效。

（4）管道出现空管段塞流时，监测系统报警率、准确性均下降。

3. 首站停泵、末站关阀测试

测试前首站停止输水，待完全停输后关闭末站阀门，当停输后导致首站压力无法保持，首站会形成部分空管段塞流，测试时管道运行压力0.459MPa，采用10mm、8mm、5mm、4mm、3mm、2mm、1.5mm的限流孔模拟管道泄漏，每个孔径测试3次，两种监测系统平均响应时间及定位误差等测试情况如表3所示。

表3 首站停泵时在中间位置放水测试情况

序号	测试孔径(mm)	平均响应时间（s）		定位误差(m)	是否报警	是否达标
		动态压力波	负压波和输量平衡法			
1	10	136	50	定位无效	是	否
2	8	140	53	定位无效	是	否
3	5	145	57	定位无效	是	否

由表3可以看出：

（1）当首站形成部分空管段塞流时，动态压力波、负压波和输量平衡法两种监测技术仅能对5mm及以上泄漏孔径进行报警，但无法有效定位，无法达到系统技术指标。

（2）动态压力波平均报警响应时间为140s，负压波和输量平衡法平均报警响应时间为53s，响应时间更短。

（3）在保证首末站具备传感器和隔离器安装前提下，同一管段两端传感器仅有一个检测到泄漏信号可以进行单端报警，其中末站能报警但定位无效，首站受空管段塞流影响无法报警。

2.2.2 管线末站外位置放水模拟泄漏测试

开展测试前，通过调节末站阀门开度消除管道空管段塞流，在管道末站采用10mm、8mm、5mm、4mm、3mm、2mm、1.5mm的限流孔模拟管道泄漏，每个孔径测试3次，当管道运行压力在0.53MPa时，动态压力波、负压波和输量平衡法两种监测技术的平均定位误差及响应时间如图4所示。

其中，4mm孔径和2mm孔径泄漏时，首站接收到的次声波形如图5所示。由图5可以看出：

（1）当管道不存在空管段，塞流在末站位置模拟泄漏时，动态压力波能对1.5mm及以上泄漏孔径进行监测，负压波和输量平衡法仅能对2mm及以上泄漏孔径进行监测。

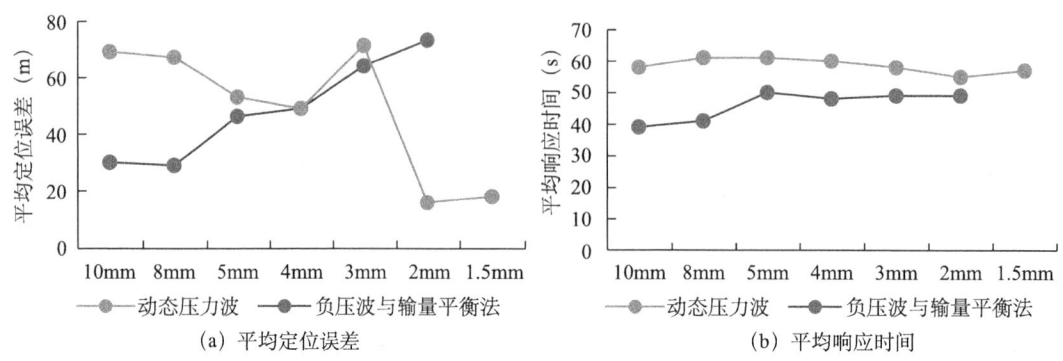

(a) 平均定位误差　　　　　　　　　(b) 平均响应时间

图4　消除空管段塞流时末站放水对比图

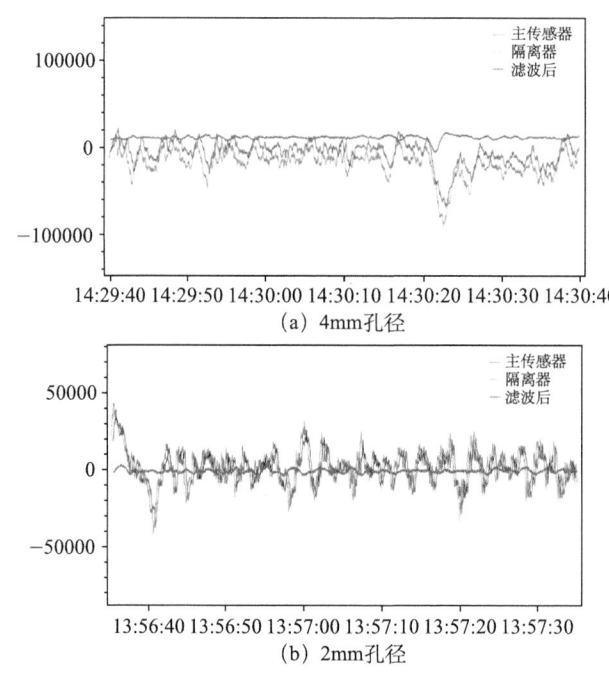

图5　首站泄漏信号

（2）动态压力波平均定位误差为49m，平均报警响应时间为59s；负压波和输量平衡法平均定位误差为49m，平均报警响应时间为46s。

（3）当末站2mm泄漏时，末站传感器虽能报警且定位误差小，但均属于单端报警，且对比首站泄漏信号可以发现泄漏特征并不明显，总体来说泄漏孔径越大，接收到的泄漏信号越明显。

2.2.3　管线首站外位置放水模拟泄漏测试

管道运行压力为1.37MPa，开展测试前通过调节末站阀门开度消除管道空管段塞流，在管道首站采用10mm、8mm、5mm、4mm、3mm、2mm、1.5mm的限流孔模拟管道泄漏，每个孔径测试3次，现场测试情况如表4所示。

表4 首站位置放水现场测试情况

序号	测试孔径(mm)	平均定位误差（m）		平均响应时间（s）		是否报警
		动态压力波	负压波和输量平衡法	动态压力波	负压波和输量平衡法	
1	10	40	28	60	36	是
2	8	43	27	60	39	是
3	5	48	44	61	47	是
4	4	54	47	60	46	是
5	3	60	61	58	48	是
6	2	62	71	55	47	是
7	1.5	68	—	57	—	否

根据动态压力波、负压波和输量平衡法报警情况，对比泄漏孔径与平均定位误差、平均响应时间的对应关系，如图6所示。

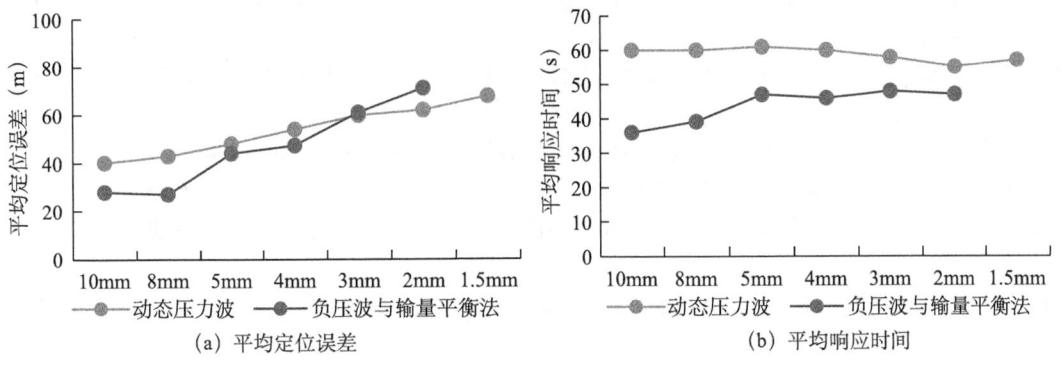

(a) 平均定位误差　　　　(b) 平均响应时间

图6 消除空管段塞流时首站放水对比图

由图表可以看出：

（1）当管道不存在空管段塞流在首站位置模拟泄漏时，动态压力波能对1.5mm及以上泄漏孔径进行有效报警，负压波和输量平衡法仅能对2mm及以上泄漏孔径进行监测。

（2）动态压力波平均定位误差为53m，平均报警响应时间为59s；负压波和输量平衡法平均定位误差为47m，平均报警响应时间为44s。

（3）总体来看泄漏孔径越大定位误差越小，总体报警响应时间较稳定。

3 结论

现场通过模拟不同孔径、不同泄漏位置、不同运行工况下的气田水管道泄漏，验证动态压力波、负压波与输量平衡法两种泄漏监测技术在气田水管道的有效性，得出以下结论：

（1）安装隔离器能有效降低站内噪声，最大程度消除误报警。

（2）在管道满流时，两种技术均能对 2mm 及以上的对气田水泄漏进行较好的监测，两种技术监测效果基本一致。

（3）当气田水管线存在较大高低起伏铺设时，正常输送或停输易导致管道内存在空管段塞流，无论泄漏产生的动态压力波还是负压波信号均不能较好地通过空管段塞流处，系统仅能对 5mm 以上的泄漏报警，但均无法有效定位。

（4）在运用两项泄漏监测技术前，建议对气田水管道环境铺设及运行情况进行全面调研，确保管道中无空管段塞流存在。

参 考 文 献

[1] 朱艳，等．管道两点泄漏动态压力信号特征的小波分析［J］．河南科技，2021，40（12）：51-55.

[2] 王哲，等．压力波法输气管道水合物堵塞检测系统［J］．石油天然气工业，2019，02（6）：84-91.

[3] 朱艳，黎泉，等．基于傅里叶变换的管道两点泄漏动态压力信号特征研究［J］．科学技术创新，2021，（18）：182-138.

[4] 陈传胜，李俊，吴瑶晗，等．实时瞬态模型法在长输天然气管道泄漏检测中的应用［J］．天然气技术与经济，2019，13（3）：58-62.

[5] 宋志俊，马永明，章玮，等．管道泄漏检测技术在安塞油田的应用［J］．石油工业技术监督，2020，36（12）：49-51.

[6] 纪健，傅晓宁，纪杰，等．多相流管道声波泄漏检测技术［J］．油气储运，2020，39（12）：1408-1415.

[7] 朱卫东，蒋晓斌．管道泄漏次声波监测系统开发［J］．石油工程建设，2020，46（2）：29-32.

[8] 刘健．海底管道泄漏监测系统设计应用［J］．石油化工自动化，2020，56（1）：39-42.

[9] 蒋晓斌，张晓灵，闫化云，等．海底管道泄漏监测系统可行性分析［J］．石油工程建设，2017，43（1）：76-79.

[10] 胡炜杰，熊碧波，韦君婷，等．油气管道泄漏在线监测技术研究［J］．管道技术与设备，2022，5（1）33-37.

[11] 李玉星，刘翠伟．基于声波的输气管道泄漏监测技术研究进展［J］．科学通报，2017，62（7）：650-658.

[12] 纪健，李玉星，纪杰，等．基于光纤传感的管道泄漏检测技术对比［J］．油气储运，2018，37（4）368-377.

[13] 方丽萍，李玉星，刘翠伟，等．适用于气液两相流管道泄漏声波信号的时频分析方法研究［J］．油气田地面工程，2019，38（增刊1）：94-100.

[14] 陈方霞．负压波法泄漏检测系统在输油管道项目中的应用［J］．中国仪器表，2022，10：76-79.

[15] 施晓东．基于次声波的海底输油管道泄漏监测系统实施［J］．信息与智能，2022，11（5）：1-3.

环 保 类

过剩氧气对混合燃气锅炉氮氧化物生成的影响

任建宇　代宝鑫　邓光兵

（中国石油广东石化公司　广东省揭阳市）

摘　要　通过实验研究在 320t/h 的固定负荷下，不同过剩氧气含量对混烧天然气、POX 合成气的燃气锅炉 NO_x 生成的影响。结果表明：过剩氧量在 1.5%～2.5% 的区间里，NO_x 的生成量逐渐升高，且增长的趋势逐渐变缓。在过剩氧量 2.5%～3.0% 的区间里，NO_x 含量处于一个基本持平的水平。在过剩氧量 3.0%～4.0% 的区间里，NO_x 含量呈现一个线性的增长趋势。温度并不是决定 NO_x 产生量的唯一主导条件。炉膛中同时存在促进和抑制 NO_x 生成的因素，且都随着过剩氧气含量的提高而被显著强化。

关键词　混合燃气锅炉　天然气　POX 合成气　过剩氧气　NO_x

引言

氮氧化物是工业燃烧产生的主要污染物之一。为了减少氮氧化物对环境的破坏，《锅炉大气污染物排放标准》（GB 13271—2014）对锅炉的排放做出了严格要求，重点地区的限值甚至达到了 150mg/m³。部分省、市制定了更为严格的地方标准，比如天津、上海、北京地区分别要求新建锅炉排放值达到 80mg/m³、50mg/m³、30mg/m³ 以下。由此可见，如何有效降低工业生产中的 NO_x 生成，是当前燃烧科学技术面对的重大挑战之一。

天然气价格昂贵，电力行业普遍使用燃煤锅炉。在炼化领域，也在只有少数新建大型项目选择天然气作为锅炉燃料。目前，学者们对如何降低煤粉炉 NO_x 的排放已经开展了大量研究。但在燃气炉领域，相关研究相对较少，且研究对象多为燃烧一种燃料的单燃烧器，所涉及的炉膛容积比较小，产气负荷也比较小。比如，Zhu 等人对一个长 2.70m、内径 0.55m 的小型燃气锅炉开展了研究，分析了其搭配燃烧器的排放特性，并结合数值模拟确立了最佳的过量空气系数。Schluckner 等人基于长 4.5m、宽 1.25m、高 1.25m 的炉膛，讨论了天然气在不同氮气/氧气比例氛围下，搭配几种不同燃烧器后，NO_x 的排放情况。徐志斌等以负荷 2.5t/h 的天然气锅炉为研究对象，对燃烧器的燃烧过程进行了数值模拟，发现其炉膛出口 NO_x 的含量最低可至 22.68 mg/m³。敖庭禹对负荷 25t/h 的燃气锅炉上的燃烧器开展了数值模拟工作，发现随着过量空气系数的增加，炉膛内部气流平均速度逐渐增大，炉膛中的高温区域、氮氧化物的含量均呈现先增加后减少的趋势。

事实上，为了减少运行成本，炼厂燃气锅炉还可以混烧一部分石油焦制氢装置（POX）产生的合成气。但是，目前国内的 POX 项目非常少，可参考的经验不多。对于混烧天然气/POX 合成气，特别是负荷达到 300t/h 以上的大型燃气锅炉，NO_x 排放相关实验非常稀缺。基于以上背景，对广东石化公司额定负荷450t/h的混合燃气锅炉展开研究，分析过剩氧气含量对NO_x生成的影响，旨在为相关科研提供实验数据支持。

1 实验装置及方法

1.1 实验装置

实验装置原理如图1所示，主体为额定负荷450t/h，额定蒸汽压力12.5MPa的混合燃气锅炉HG-450/12.5-Q5。锅炉一共配有12台ZEECO公司生产的FREE JET C26燃烧器，为典型的非预混、旋流燃烧形式，总最大热输出可达449MW。燃烧器采用三层布置，每层4台。在低温过热器和上级省煤器之间设置左、右各一块氧量表用于探测炉膛出口过剩氧气含量，在烟气进入脱硝装置（SCR）之前的烟道里设置有左、右温度表各两块，NO_x含量表各一块用于监测烟气温度和NO_x含量。此外，炉膛中设置有火焰监视电视（FTV-C，铁岭铁光，中国），用于观察炉膛中的火焰变化。两台送风机用于提供燃烧所需的氧气，两台引风机用于排出炉膛中的烟气。

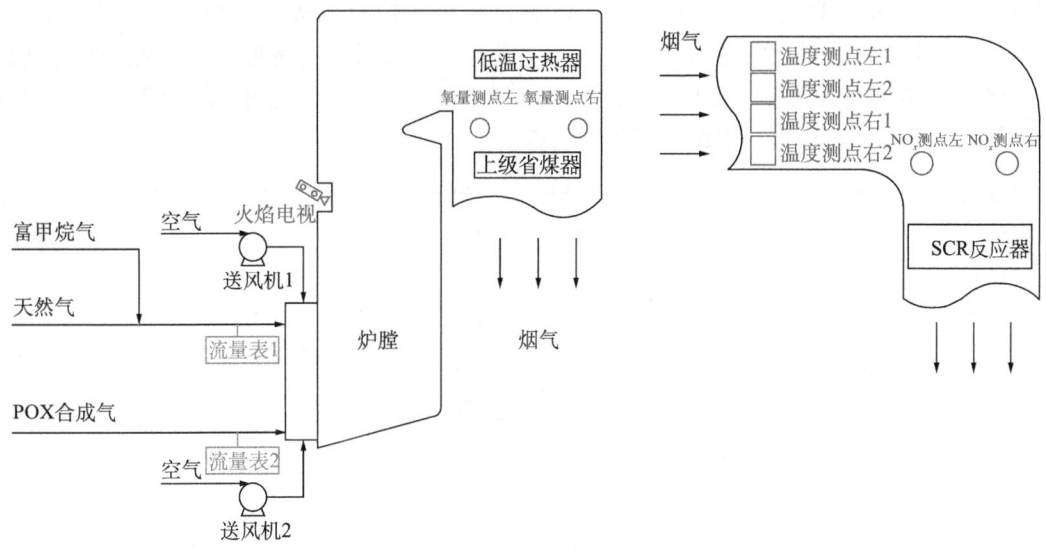

图1 实验装置原理图

1.2 试验材料

广东石化厂用天然气来自西气东输管道，富甲烷气来自厂内化工装置，POX合成气来自厂内POX装置。根据广东石化质检中心最新的分析数据，各燃气中体积百分比大于1%的主要成分包括：天然气，甲烷88.33%、乙烷7.57%、丙烷2.65%；富甲烷气，甲烷84.25%、氢气15.55%；POX合成气，氢气55.64%、甲烷2.55%、氮气1.11%、一氧化碳40.32%。

1.3 实验方法

在燃烧天然气9000m³/h，POX合成气55000m³/h，产气量320t/h的固定负荷下，调整两台送风机的液力耦合器开度,实现不同送风量,调整出对应的过剩氧气含量。同时,调整两台引风机,实现炉膛负一致。通过分析 SCR 入口前的氮氧化物浓度和烟气温度变化,确定过剩氧气含量对 NO_x 生成的影响。最后,通过火焰电视观察炉膛内部的燃烧情况,对 NO_x 含量变化的原因进行深入分析。

值得注意的是,天然气中混入了少部分炼化工装置产生的富甲烷气。单炉富甲烷气管线无流量表,但在整个实验过程中其流量保持固定不变,且由于其成分与天然气接近,因此在本实验中统一作为天然气处理,将两种燃料混合后的单炉总管流量作为天然气流量。

实验过程中,每当调整到稳定工况,相关参数不再大幅变化时,开始采集数据。一共采集三次,每次采集的间隔为 1min,取平均值参与分析,相关误差在图 2~3 中以误差棒形式表示。

2 结果与分析

图 2 给出了不同过剩氧气含量下,SCR 入口 NO_x 的浓度变化。显然,无论是左侧还是右侧烟气,其 NO_x 的变化趋势都是一致的。然而,本次实验中没有观察到 NO_x 随着过剩空气系数的变化先增加再减小,具有一个极大值点的现象。而是在过剩氧量在 1.5%~2.5% 的区间里,发现 NO_x 的生成量逐渐升高,且增长的趋势逐渐变缓。在过剩氧量 2.5%~3.0% 的区间里,NO_x 含量处于一个基本持平的水平。在过剩氧量 3.0%~4.0% 的区间里,NO_x 则呈现出一个线性增长的趋势。

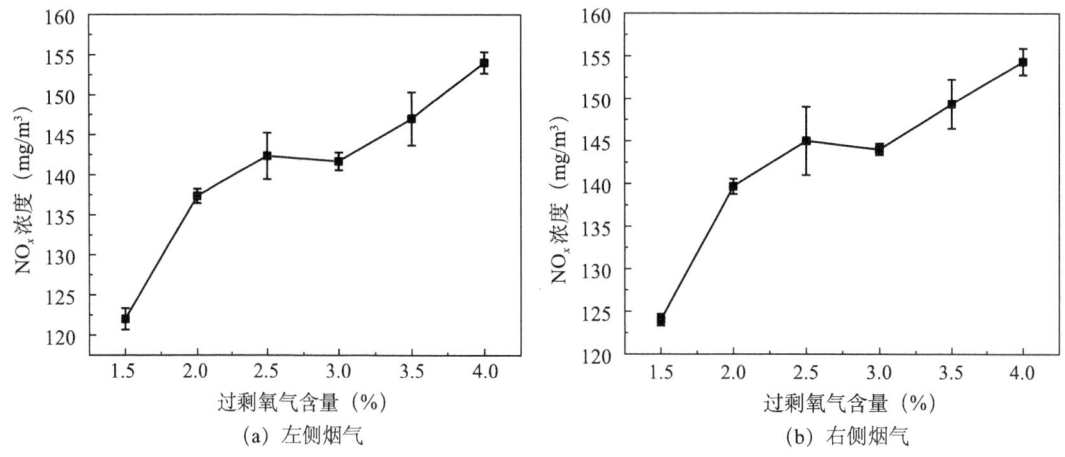

图2 不同过剩氧气含量下的 NO_x 生成量

造成这种不同现象的原因,可能是炉膛中同时存在多种影响 NO_x 生成的因素,因为这些因素相互耦合,相互制约,共同决定 NO_x 的浓度。在多燃烧器、多燃料的炉膛中,不同因素的相互作用则会更复杂。因此,相较于单燃烧器、单燃料情况有了一些差异。

为了解释这种差异,分析了 SCR 入口烟气温度的变化规律。如图 3 所示,左、右侧烟气温度的变化是一致的,都随着过剩氧量的升高而显现出几乎线性的增加。本次实验所用的气体燃料,氮含量都比较少,因此燃烧过程中主要考虑热力型 NO_x。事实上,温度对热力型 NO_x 的生成具有决定性作用,随着温度提高,NO_x 会呈现出指数形上涨的趋势。也就是说，随着过剩氧气含量提高，本次实验的 NO_x 含量应该出现类似于指数型上升的趋势。然而，图 2 的结果并非如此，这表明温度并不是决定本炉 NO_x 生成量的唯一主导因素。

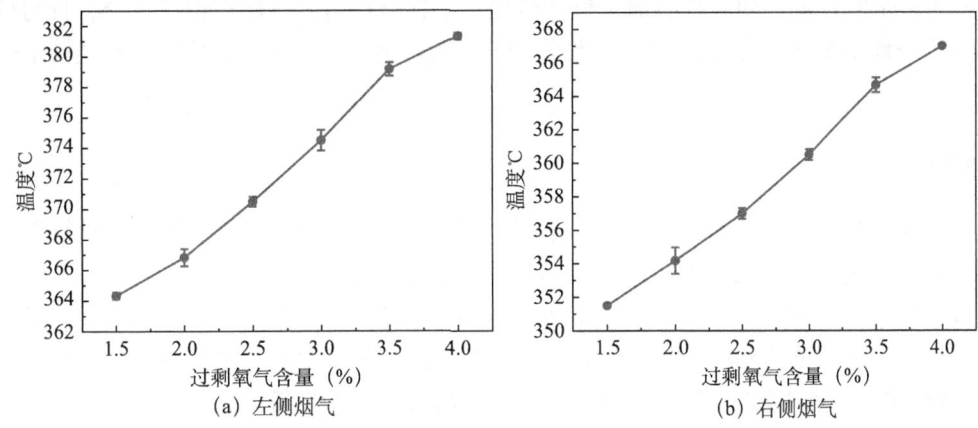

图3　不同过剩氧气系数下烟气温度

为了进一步探究 NO_x 生成量为何会出现图 2 的变化趋势，在另一个稳定的运行工况中，通过火焰电视观察在左、右烟道的平均氧气在 2.5% 和 3.8% 时，炉膛的火焰情况，以此代表低氧气氛围和高氧气氛围环境。如图 4 所示，在高氧气氛围下，整个炉膛更加明亮，说明火焰的温度更高，这与烟气温度反映出来的趋势是一致的。值得注意的是，高氧气含量下，火焰最亮最红的区域，即火焰的高温区域却变小了。同时，火焰的形状也变得更加紊乱和无规则，这意味着旋流火焰卷吸了更多的回流烟气，限制了火焰的高温区域的扩张。

 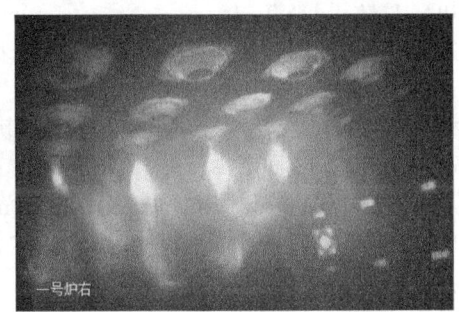

(a) 2.5%过剩氧气　　　　　　　　　　(b) 3.8%过剩氧气

图4　不同过剩氧气含量下炉膛图像

这说明，在本炉中，同时存在两种相反的作用，共同决定着 NO_x 生成。一方面，随着过剩氧气含量的提高，燃烧被强化，火焰温度升高，这极大地有利于热力型 NO_x 的产生。另一方面，更高的空气流速又有助于火焰冷却，更紊乱的流动场也会导致旋流火焰卷吸回流烟气的效果更好，使火焰高温区域的扩张受限，从而减少 NO_x 的生成。

在多燃烧器的情况下，相邻燃烧器产生的火焰和烟气会互相干扰，导致这种抑制作用相较于单燃烧器情况更复杂，这很可能是本次实验结果出现图 2 所示变化规律的原因。

无论是促进还是抑制作用，都随着过剩氧量的提高而得到增强。在 1.5% ~ 2.5% 的过剩氧量区间内，促进 NO_x 生成的效果占据主导，因而 NO_x 表现出增长的趋势，但抑制

NO$_x$ 生成的作用也在迅速得到强化，因此抑制和促进作用的差距越来越小，NO$_x$ 变化趋于平缓。在 2.5%～3.0% 的过剩氧量区间里，两者则能达到一种互相牵制的状态，因而出现 NO$_x$ 短暂持平的现象。随着过剩氧量进一步提高，促进作用再一次占据了主导，且与抑制作用处于一种平衡的状态，因此在 3.0%～4.0% 的过剩氧量区间里，NO$_x$ 呈现线性上升的趋势。

3 结论

通过实验研究了在 320t/h 的固定负荷下，使用天然气、POX 合成气为原料的混合燃气锅炉，其 NO$_x$ 生成量与过剩氧气含量的关系，主要结论如下：

（1）过剩氧气量在 1.5%～2.5% 的区间里，NO$_x$ 的生成量逐渐升高，且增长的趋势逐渐变缓。在过剩氧量 2.5%～3.0% 的区间里，NO$_x$ 的生成量处于一个基本持平的水平。在过剩氧量 3.0%～4.0% 的区间里，NO$_x$ 呈现一个均匀增长的趋势。

（2）烟气的温度随着过剩氧气系数的提高而表现出线性增加。

（3）高氧气氛围情况下，炉膛的颜色更亮、整体温度更高，导致 NO$_x$ 含量升高。但是，更高的空气流速有助于火焰快速冷却，更紊乱的流动场导致旋流火焰卷吸回流烟气的效果更好，使火焰高温区域的扩张受限，这是导致 NO$_x$ 增长变缓和出现短暂持平的主要原因。

参 考 文 献

[1] 马大卫，王正风，何军，等. 安徽煤电深度调峰下机组煤耗和污染物排放特征研究 [J]. 华电技术，2019，41（12）：1-7，15.

[2] 马达夫，张守玉，何翔，等. 煤粉锅炉超低负荷运行的技术问题和应对措施 [J]. 动力工程学报，2019，39（10）：784-791，803.

[3] 袁来运. 超临界煤粉锅炉变负荷燃烧的数值模拟及配风优化 [D]. 东南大学，2019.

[4] Qingyan Fang, Amir A B Musa, Yan Wei, et al. Numerical Simulation of Multifuel Combustion in a 200 MW Tangentially Fired Utility Boiler [J]. Energy Fuels, 2011, 26 (1).

[5] 么遥. 细粉半焦预热燃烧及 NO$_x$ 生成特性实验研究 [D]. 中国科学院研究生院（工程热物理研究所），2016.

[6] Zhu Yongyu, Wang Chunhua, Chen Xu, et al. Combustion characteristic study with a flue gas internal and external double recirculation burner [J]. Chemical Engineering and Processing – Process Intensification, 2021, 162.

[7] C Schluckner, C Gaber, M Demuth, et al. Scrutiny of residual nitrogen content and different nozzle designs on NO$_x$ formation during oxy-fuel combustion of natural gas [J]. Fuel, 2020, 277.

[8] 徐志斌，田莉勤，张健. 中心回燃天然气锅炉低氮燃烧的数值模拟 [J]. 工业炉，2021，3（3）：42-44，65.

[9] 敖庭禹. 燃用天然气低氮燃烧器数值模拟优化研究 [D]. 广州：广东工业大学，2022.

[10] 张杨竣，逯红梅. 天然气部分预混燃烧一次空气系数与燃烧器头部温度关系的模拟仿真与实验研究 [J]. 石油与天然气化工，2015，44（5）：46-51.

[11] 刘建民，薛建民，王小明，等. 火电厂氮氧化物控制技术 [M]. 北京：中国电力出版社，2012.

油气钻井"电代油"减碳量核算方法探讨

周小靖　龙　啸　段　艺

(中国石油集团川庆钻探工程有限公司　四川省德阳市)

摘　要　目前，钻机"电代油"是油气钻井企业节能减碳的主要手段。文章通过排放因子法对油气钻井"电代油"减碳量核算进行了介绍。针对钻机电代油折算系数的获取，分别用测试法、统计分析法、"能耗—影响因素"模型法进行了分析，并对比探讨了不同方法的适用性。最后对不同电网钻机"电代油"达到减碳效果，所需最小的电代油折算系数进行了分析。

关键词　钻井　电代油　减碳量

引言

2022 年，全球年陆地气温较 1850 年至 1900 年平均值偏高 1.67℃，为 1850 年以来第四高。自工业革命以来，人类活动造成的温室效应逐年增强，其引发的气候异常变化、冰川融化、动植物危害、人体健康危害等一系列问题引起了世界各国的关注。为了应对气候变化的挑战，习近平主席先后宣布了中国碳达峰、碳中和目标愿景，提出了一系列国家自主贡献目标及具体政策举措，展现了中国应对气候变化的坚定决心。随着碳达峰、碳中和"1+N"政策体系的提出，各行各业陆续研究制定本行业本企业的碳达峰实施方案，油气钻井作为油气勘探开发中主要的碳排放阶段，是油气田勘探开发行业实现净零排放的重要环节。目前，由于油气钻井作业的特殊性，其碳排放的主要来源是化石燃料——柴油燃烧时排放的二氧化碳。随着电网建设步伐的加快，电力规模不断扩大，油气钻井"电代油"以其经济、低碳的优势逐步在各大钻探企业兴起，愈发成为油气钻井企业节能减碳的主要手段。但企业分析油气钻井"电代油"减碳效果还没有统一的方法标准，本文旨在探讨油气钻井"电代油"减碳效果量化评价方法。

1　排放因子分析

实测法、物料平衡法、排放因子法是当前碳排放测算较为常用的方法。针对钻井作业流动性大的特点，排放因子法是其碳排放测算较为理想的测算方法。

实施网电改造前，柴油发动机或发电机组燃烧柴油产生的排放量按下式计算：

$$E_{oil}=AD_{oil} \times NCV \times EF \times OF \times 44/12 \tag{1}$$

式中　E_{oil}——一定时期内，消耗柴油产生的排放量，以 tCO_2e 计；

AD_{oil}——同一时期内,消耗柴油的量,t;

NCV——柴油的低位发热量,GJ/t,该值选取的优先顺序依次为:监测值,可获得的最新当地或国家公布的数据,缺省值(43.33GJ/t);

EF——柴油的单位热值含碳量,吨碳/GJ,该值选取的优先顺序依次为:监测值,可获得的最新当地或国家公布的数据,缺省值(0.0202吨碳/GJ);

OF——柴油的碳氧化率,取值范围 0~1,缺省值 0.98。

实施网电改造后,净购入的电力消费引起的排放量按式下式计算:

$$E_{el}=AD_{el} \times EF_{el} \qquad (2)$$

式中 E_{el}——一定时期内,净购入的电力消费引起的排放量,以 tCO_2e 计;

AD_{el}——同一时期内,净购入的电力消费,MW·h;

EF_{el}——电力供应的 CO_2 排放因子,$tCO_2/(MW·h)$,电力供应的 CO_2 排放因子等于企业生产场地所属区域电网的平均供电 CO_2 排放因子,应根据主管部门的最新发布数据进行取值。

企业在计算电网用电产生的碳排放量时用区域电网平均排放因子,该排放因子由国家气候中心发布,目前公布了 2010 年、2011 年、2012 年的数据,表 1 为 2012 年中国区域电网平均 CO_2 排放因子。

表1 中国区域电网平均CO_2排放因子(2012年)

单位:$kgCO_2/(kW·h)$

区域	排放因子
华北区域电网	0.8843
东北区域电网	0.7769
华东区域电网	0.7035
华中区域电网	0.5257
西北区域电网	0.6671
南方区域电网	0.5271

由以上分析可知,若使用缺省值,燃烧使用 1t 柴油排放的二氧化碳约为 3.145t;使用 $1 \times 10^4 kW·h$ 网电,不同区域,排放的二氧化碳分别为 5.257~8.843t。

2 电代油折算系数分析

电力和柴油是两种不同的能源,在评估电代油产生的减排量时,需要将净购入的电力消费折算为等效的柴油消耗,即需要得到其电油等效折算系数 α,以此计算其产生的碳排放差异。

计算电代油等效折算系数时,需要保证项目实施前后在相同的可比条件下。根据不同的现场、数据等条件及获取电代油折算系数目的,该系数的获取有不同的方法。

2.1 测试法

2.1.1 效率测试法

钻机"电代油"根据改造前钻机的驱动形式、能源转换设备类型的不同，改造使用网电需要的设备不同，大致可以根据以下几种情况进行分析。

1. 电动钻机或辅助设备使用网电

改造前，电动钻机、辅助设备使用柴油发电机组供电，柴油机燃油消耗率为 g_o，发电机的发电效率为 $\eta_发$。柴油机消耗 Q_{ot} 柴油量的发电量为 $\eta_发 \cdot Q_{ot}/g_o$。改造后，使用网电的用电量 Q_{et} 采用高压计量，在低压用电端要考虑电力变压器损耗，变压器效率为 $\eta_变$，则低压端用电量为 $\eta_变 \cdot Q_{et}$。由于发电机发出的电和网电均是送入电控房，改造前后相同的可比条件可设置为——令两者电量相等，得到：

$$\eta_发 \cdot \frac{10^3 Q_{ot}}{g_o} = \eta_变 \cdot Q_{et} \tag{3}$$

整理得到：

$$Q_{ot} = \frac{\eta_变}{\eta_发} \cdot \frac{g_o}{1000} Q_{et} = \eta_1 \frac{g_o}{1000} Q_{et} \tag{4}$$

式中 $\eta_发$——发电机的发电效率，%；
g_o——柴油机燃油消耗率，g/kW·h；
Q_{ot}——柴油机用油量，kg；
Q_{et}——计量电量，kW·h；
$\eta_变$——变压器效率，%；
η_1——设备效率系数。

柴油发动机燃油消耗率按式（5）计算：

$$g_o = 9.549 \times \frac{Q_o}{M_1 \cdot n} \times 10^6 \tag{5}$$

式中 Q_o——单位时间内柴油消耗量，kg/h；
M_1——发动机输出扭矩，N·m；
n——发动机转速，r/min。

2. 机械钻机、复合钻机采用直流电动机或变频电动机改造

改造前，机械钻机或复合钻机采用柴油机+液力偶合器机组驱动并车传动箱。改造后，由电控系统驱动电动机，再通过减速箱或直接驱动并车传动箱。

改造前后相同的可比条件可设置为——柴油机和电动机对并车传动箱做功相等，得到：

$$\eta_偶 \cdot \frac{10^3 Q_{ot}}{g_o} = \eta_变 \cdot \eta_传 \cdot \eta_电 \cdot \eta_减 \cdot Q_{et} \tag{6}$$

整理得到：

$$Q_{ot} = \frac{\eta_{变} \cdot \eta_{传} \cdot \eta_{电} \cdot \eta_{减}}{\eta_{偶}} \cdot \frac{g_o}{1000} Q_{et} = \eta_2 \frac{g_o}{1000} Q_{et} \tag{7}$$

式中　$\eta_{偶}$——液力偶合器效率，%；

　　　$\eta_{传}$——电传系统效率，%；

　　　$\eta_{电}$——电动机效率，%；

　　　$\eta_{减}$——减速箱效率，%；

　　　η_2——设备效率系数。

3. 机械钻机、复合钻机采用高压交流异步电动机改造

改造前，机械钻机或复合钻机采用柴油机＋液力偶合器机组驱动并车传动箱。改造后，由高压电动机＋液力偶合器驱动并车传动箱。

改造前后相同的可比条件可设置为——柴油机和网电对并车传动箱做功相等，得到：

$$\eta_{偶} \cdot \frac{10^3 Q_{ot}}{g_o} = \eta_{变} \cdot \eta_{传} \cdot \eta_{电} \cdot \eta_{偶} Q_{et} \tag{8}$$

整理得到：

$$Q_{ot} = \eta_{变} \cdot \eta_{传} \cdot \eta_{电} \cdot \frac{g_o}{1000} Q_{et} = \eta_3 \frac{g_o}{1000} Q_{et} \tag{9}$$

式中　$\eta_{传}$——电动机控制系统效率，%；

　　　η_3——设备效率系数。

综上，不同的"电代油"改造方式，其电代油系数主要与改造前后的设备效率有关，如改造前的柴油机燃油消耗率、柴油发电机发电效率、液力偶合器效率，改造后变压器效率、电动机效率等。但由于设备使用环境差异、新旧系数差异，以及使用过程中输出功率处于不断变化中，设备效率不是一个固定的值，即电代油系数受设备使用环境差异、设备新旧系数差异、工况等因素的影响。

该测试方法比较适用于单个钻机"电代油"项目的减碳效果测试，且可以了解各个设备的运行效率；若是在现场测试各个设备的效率，应考虑不同典型工况（起下钻、钻进）的影响，宜利用加权平均综合效率计算设备效率，加权平均综合效率按式（10）计算：

$$\eta_c = \frac{\sum_{i=1}^{n} \eta_{ci} \times t_i}{\sum_{i=1}^{n} t_i} \times 100\% \tag{10}$$

式中　η_c——设备/系统加权平均效率，%；

　　　η_{ci}——在负载 i 下的平均效率，%；

　　　t_i——在负载 i 下的运行时间，min；

　　　n——负载的变化次数。

通过对川渝、新疆、长庆等区域钻井现场柴油发动机的燃油消耗率进行测试，通常情况下燃油消耗率为 200～250g/kW·h，但由于柴油机使用环境差异、新旧系数差异，以及使用过程中输出功率处于不断变化中，燃油消耗率不是一个固定的值，实际值要比现场瞬时测试值高，修正系数取值 1.1～1.2；设备效率系数根据"电代油"改造方式的不同，取值范围为 0.9～1.1；由此可得到电力和柴油进行能耗等效折算的系数 α 取值范围为 0.20～0.33kg/kW·h。在柴油发动机燃油消耗率、效率系数、修正系数获取较困难时，发动机燃油消耗率取值 220g/kW·h，效率系数取值 1.02，修正系数取值 1.1，得到电力和柴油进行能耗等效折算的系数约为 0.25kg/kW·h（或 $2.5t/10^4kW·h$）。

2.1.2 直接测试法

若不需要测试设备效率，可直接测试对比改造前后的系统效率来计算"电代油"折算系数。测试方法如下：

（1）针对电动钻机改造，改造前测试柴油发电机组的输入耗油量，以及电控房的输出电量；改造后测试高压端的输入电量，以及电控房低压端的输出电量。通过计算单位输出电量的耗油量／输入电量，得到折算系数。

（2）针对机械或复合钻机改造，改造前测试柴油发动机组的输入耗油量，以及输出端的扭矩；改造后测试高压端的输入电量，以及输出端的扭矩。通过计算单位输出扭矩的耗油量／输入电量，得到折算系数。

2.2 统计比较法

由于钻井作业最终得到的产品，即工作量是钻井进尺，因此改造前后相同的可比条件可设置为两者的钻进进尺相同，但相应的其他条件应相似或相同。

可通过同类型的钻机的运行记录进行统计，计算出平均油耗，以此作为钻机的油耗基准，然后以同井队、同地理位置、相似地层序列及岩性以及同井段同时段作为条件进行对比，得到同条件的使用网电钻机的井的耗电量。两者进行比较，即可推算出"电代油"折算系数。该方法相对简单，但要人为筛选数据较困难，可借助信息化、数据化等手段进行系统自动分析。

在需要了解某区块钻机"电代油"减碳效果时宜使用该方法，该方法计算"电代油"折算系数较准确，包含了工况对系数的影响，但想要较准确地获取该折算系数，对可比数据的数量有要求且人工获取相对困难。

2.3 "能耗—影响因素"模型法

利用改造前使用柴油的井的大量数据，通过回归分析等方法建立能耗与其影响因素的相关模型如式（11），所建的模型应具有良好的相关性，然后利用改造后使用网电的井的相关变量数据计算改造前的柴油消耗量。通过对比耗电量与耗油量，得到折算系数。

$$E_d = f(x_1, x_2, \cdots, x_i) \tag{11}$$

对钻井作业，其可考虑的重要影响因素包括：钻井进尺、纯钻时间、钻机台月、井眼尺寸等。

使用该方法计算"电代油"折算系数,其准确程度取决于建立数学模型拟合系数的准确度。优点是:该模型的建立可用于同区块待钻井的能耗预测,若数据维度较全面,不仅可以分析该区块所有钻机"电代油"项目的减碳量,亦可指导区块设备的优选配置,开展节能减碳优化分析等。

电代油折算系数不同分析方法的对比如表2所示,其不同的方法得到是折算系数可以相互验证分析。

表2 不同分析方法对比列表

分析方法	适用范围	数据准确性	优点
现场测试法	仅了解某个"电代油"项目的减碳效果;现场历史数据获取较困难	较准确	不需要大量历史数据;效率测试法可清楚了解该井队能耗设备的能效情况
统计比较法	了解某个区块钻机"电代油"整体效果;信息化、数据化条件较好,可比数据较易获得	准确	考虑了工况对系数的影响;方法较简单,无繁琐计算
"能耗—影响因素"模型法	信息化、数据化条件较好,数据丰度和维度较全面	取决于模型准确度	模型的建立可用于同区块待钻井的能耗预测,若数据维度较全面,可指导区块设备的优选配置等

3 减碳量分析

评估电代油项目碳减排量,需要计算电力间接排放量,电代油折算系数,等效柴油燃烧排放量,计算方法如下:

$$E_d = E_{oil} - E_{el} \tag{12}$$

式中 E_d——电代油项目碳减排量,正值表示减排,t;

E_{oil}——项目实施前,燃烧柴油产生的碳排放量,t;

E_{el}——项目实施后,净购入的电力消费引起的碳排放,t。

$$E_{oil} = \alpha \times E_{el} \times NCV \times EF \times OF \times 44/12 \tag{13}$$

式中 α——电力折算柴油系数。

当 α 为 $2.5t/10^4 kW \cdot h$,不同区域电网电代油项目的减排量见表3。

表3 不同区域电网电代油项目减排量 [α为$2.5t/10^4 (kW \cdot h)$]

电代油项目	减排量 [$t/10^4 (kW \cdot h)$]
华北区域电网	−0.9805
东北区域电网	0.0935
华东区域电网	0.8275
华中区域电网	2.6055
西北区域电网	1.1915
南方区域电网	2.5915

由表 3 可以看出，当电代油系数 α 为 $2.5t/10^4(kW\cdot h)$，使用华北区域电网，电代油项目并不能减少碳排放。

使用不同区域电网，电代油项目减碳的最小电代油折算系数见表 4。

表4　电代油项目减碳的最小电代油折算系数

区域电网	电代油折算系数 [$t/10^4$ (kW·h)]
华北区域电网	2.82
东北区域电网	2.48
华东区域电网	2.24
华中区域电网	1.68
西北区域电网	2.13
南方区域电网	1.68

可以看出，钻机"电代油"若要达到减碳效果，所需最小的电代油折算系数对华北区域电网的要求最高，为 $2.82t/10^4(kW\cdot h)$。

4　结论

（1）利用排放因子法核算钻井"电代油"减碳量的关键是分析电代油折算系数，该系数主要与改造前后的设备效率有关，如改造前的柴油机燃油消耗率、柴油发电机发电效率、液力偶合器效率，改造后变压器效率、电动机效率等。

（2）根据测试数据，电力和柴油进行能耗等效折算的系数 α 取值范围为 $0.20\sim0.33kg/kW\cdot h$。在柴油发动机燃油消耗率、效率系数、修正系数获取较困难时，电力和柴油进行能耗等效折算的系数可取 $0.25kg/kW\cdot h$（或 $2.5t/10^4 kW\cdot h$），较粗略地分析钻机"电代油"减碳规模。

（3）针对不同方法获取电代油折算系数，测试法比较适用于针对单个钻机"电代油"项目的减碳效果核算，想要了解某个区块钻机"电代油"整体效果宜采用统计比较法，"能耗—影响因素"模型法可用于同区块待钻井的能耗预测，若数据维度较全面，亦可指导区块设备的优选配置等。

（4）不同区域电网平均 CO_2 排放因子不同，直接影响"电代油"减碳效果，甚至在华北区域某些可钻性高的井，当柴油机组效率高时，由于区域电网平均 CO_2 排放因子较高，"电代油"甚至可能出现不减碳的情况；但随着国家电网逐步趋于清洁、低碳化，"电代油"是发展趋势。

参 考 文 献

[1] 辛雨. 2022 年度全球气候状况报告发布 [N]. 中国科报，2023（1）.
[2] 国家发展与改革委员会. 2022 年要加快完善"碳达峰""碳中和""1+N"政策体系 [J]. 新能源科技，2022（2）：10.

RTO法与催化燃烧法处理有机废气对比综述

赵广权

(中国石油云南石化有限公司　云南省昆明市)

摘　要　石油炼制工业废气污染物排放标准对VOCs排放提出了明确的控制指标(非甲烷总烃、苯、甲苯、二甲苯),对有机废气的处理工艺有吸附、催化氧化、燃烧氧化等多种工艺,其中RTO法与催化燃烧法采用比较多。本文结合应用实例主要对RTO法与催化燃烧法两种工艺的优劣进行对比,为高效处理有机废气提供借鉴。
关键词　催化燃烧　RTO　RCO　有机废气　VOCs

引言

我国的《大气污染物综合排放标准》(GB 16297—1996)规定了33种挥发性有机物的排放标准,将大部分的其他挥发性有机物按非甲烷类烃来处理,并规定了统一的排放标准(<120mg/m³)。去除炼油废气中VOCs的方法也可以分为破坏性方法和非破坏性方法两类。破坏性方法如热氧化法,将VOCs气体转化成CO_2和H_2O;非破坏性方法即回收法。常用的回收法有活性炭吸附法、冷凝法和膜分离法等。而破坏法中利用RTO(蓄热式热氧化炉)去除VOCs已经日益成为主角之一工艺。为了确保废气排放达标,通过对污水场臭气处理系统进行改造,新建RTO单元,主要是对污水处理场高浓度有机废气进行处理,通过对原有废气收集系统、废气处理系统进行改造,完善污水处理场废气"分质收集、分质处理",使处理后的净化废气中污染物浓度达到《石油炼制工业污染物排放标准》(GB 31570—2015)的处理有机废气的污染物排放限值、《恶臭污染物排放标准》(GB 14554—1993)的恶臭污染物厂界限值及恶臭污染物排放限值。该装置于2022年8月完成施工并投用,连续稳定达标排放,可为同类项目的应用实施提供借鉴和参考。

1　RTO法与催化燃烧法工艺原理

1.1　催化燃烧工艺原理

催化燃烧法是一种高效清洁燃烧技术,主要利用催化剂使有机废气在较低的温度条件下充分燃烧。高效催化剂是催化燃烧技术的关键核心,在催化剂的作用下,使有机废气中的碳氢化合物在温度较低的条件下迅速氧化成H_2O和CO_2,达到彻底治理的目的。这是典型的气固相催化反应,其实质是活性氧参与的深度氧化作用。在催化净化过程中,催化剂的作用是降低活化能,同时催化剂表面具有吸附作用,使反应物分子富集于表面提高了反应速率，加快了反应的进行，借助催化剂可使有机废气在较低的起燃温度条件下，发生无焰燃烧，并氧化分解为 CO_2 和 H_2O，同时放出大量热能，从而达到去除废气中的有害物的目的。

催化燃烧装置的工艺流程：废气经阻火器后进入脱硫罐，脱除臭气中大部分硫化物，之后进入脱硫及总烃浓度均化罐。利用脱硫及总烃浓度均化剂脱除臭气中的硫化物并完成臭气总烃浓度的均化。使臭气总烃浓度维持在较稳定的水平。同时，底部的除雾网丝分离出臭气中的凝结水。脱硫均化后的臭气同空气混合，臭气与空气由温控阀分别控制，使浓度满足催化燃烧反应器的进气要求。经催化风机增压至 5.6kPa 后进入过滤器。脱除去臭气中颗粒径 ≥ 20μm 的颗粒物。过滤后臭气进入换热—加热—催化燃烧反应核心单元，臭气中的有机物在适宜的温度和催化燃烧催化剂的作用下，与氧气发生氧化反应，生成 H_2O 和 CO_2，并释放出大量的反应热。处理后的气体携带热量进入换热器，与待处理的臭气进行充分换热，最后处理后的达标臭气通过排气筒排放到大气中，如图1所示。

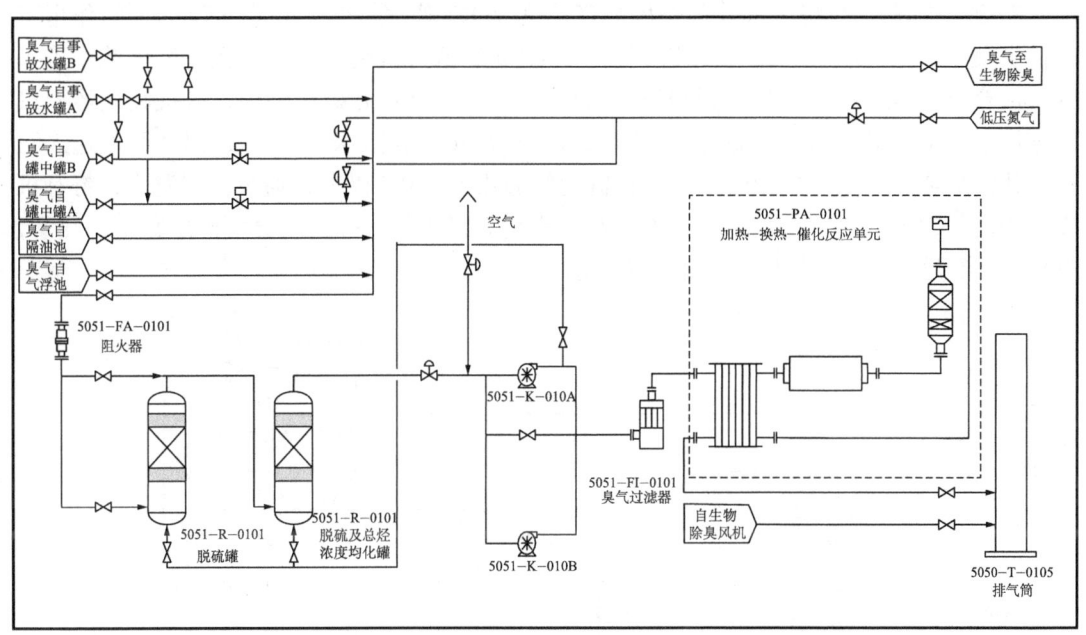

图1 催化燃烧系统流程示意图

1.2 RTO 工艺原理

RTO 工艺原理是把有机废气加热到 760℃ 以上，通过控制温度、停留时间、湍流系数和氧气量，将有机废气中的 VOCs 氧化生成 CO_2 和 H_2O，从而净化有机废气，并回收分解时所释出的热量，以达到环保节能的双重目的，是一种用于处理高、中浓度挥发性有机废气的节能型环保装置。RTO 主体结构由燃烧室、陶瓷填料床和切换阀等组成。该装置中的蓄热式陶瓷填充床换热器可使热能得到最大限度的回收，热回收率大于 95%，处理 VOCs 时使用很少的燃料气，适合于处理有机废气的范围广泛，系统运行安全，稳定，处理效率高。废气分解效率达到 99% 以上。

早在19世纪中期,就有人研究利用蓄热材料回收热能,当时利用格子砖作为蓄热体,由于蓄热室造价高,体积大,换向时间长,预热气体温度波动大,其热回收效率比较低。直到1982年,英国两家公司才合作开发了一种新型的蓄热式陶瓷燃烧器,它是用陶瓷小球作为蓄热体。到20世纪90年代初,日本公司利用蜂窝陶瓷体作为蓄热材料,在陶瓷小球的基础上改造,采用蜂窝陶瓷作为蓄热材料,开发出集合高效热回收和低NO_x燃烧于一体的燃烧装置。相比之下,陶瓷蜂窝蓄热体具有比表面积大、蓄热率高、有效循环面积大、阻力损失小等优点,蜂窝陶瓷作为蓄热体,使得传统的蓄热室发生了巨大的变化。从原来的格子砖到陶瓷小球,再到蜂窝陶瓷体,蓄热室的体积明显减小,比表面积急剧增加,换向时间极大缩短,换热性能极大提高,污染物排放量也远低于环保标准。2001年后,RTO技术在我国逐渐兴起。21世纪初,第一套国产RTO诞生于兰州某一公司。此后,国内制造商不断吸收和消化国外先进技术,在工程实践过程中不断改变和创新。在石油化工、精细化工等处理有机废气中得到越来越广泛的应用。

RTO工艺流程:将污水处理全厂的高浓度VOCs废气收集,在引风机的抽吸作用下保持微负压的工作状态,将有机废气输送至RTO炉区有机废气处理单元。废气首先进入废气混合器,混合后的废气管道设置有机废气三取二LEL分析仪检测,有机废气经引风机增压后,进入碱洗塔脱除硫化氢后进入气液分离罐,去除水雾后再经RTO风机送入三室蓄热式焚烧炉单元内燃烧处理,把有机废气加热到760℃以上,通过控制温度,将有机废气中的VOCs氧化生成CO_2和H_2O,从而净化有机废气,并回收分解时所释出的热量,有机废气经过处理后达标排放,如图2所示。

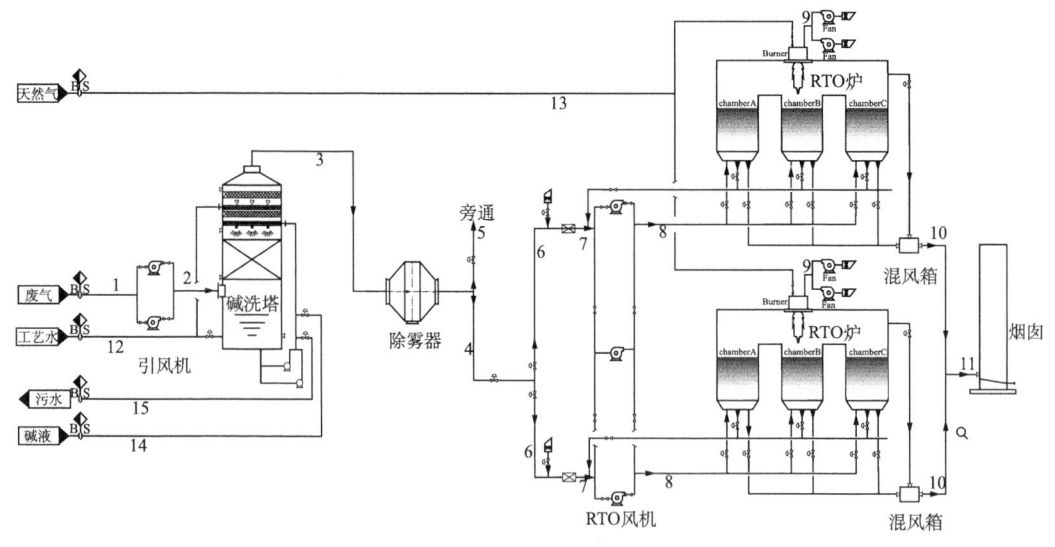

图2 RTO流程示意图

2 两种工艺的对比综述

本文以云南石化投用的两种工艺为例进行对比。图3和图4为两种工艺的局部景观图。

图3 催化燃烧局部景观图

图4 RTO局部景观图

2.1 规模投资对比

催化燃烧系统是云南石化公司 $1300×10^4$t/a 炼油项目配套污水处理场内环保辅助设施之一，采用"强化脱硫—脱硫及总烃浓度均化—催化燃烧"处理技术，对污水处理场的罐中罐、事故水罐、隔油池和气浮池等的散发的挥发性有机废气进行集中处理达标排放，催化燃烧系统设计处理量 5000m³/h，总投资约 2000 万元。

RTO 是云南石化公司对污水处理场高浓度有机废气进行处理，采用上海安居乐科技股份有限公司提供的"碱洗＋安全型蓄热式焚烧（GRTO）"组合工艺，设计处理能力为 40000m³/h，总投资约 2900 万元。

因两套装置处理能力不同，若均折合成处理 10000m³/h，结合污水处理场有机废气量大、浓度高、成分复杂的特点，选用 RTO 工艺处理污水处理场的有机废气更适合。

2.2 适应性、操作灵活性性对比

催化燃烧只能对污水处理场的罐中罐、事故水罐、隔油池和气浮池等的散发的挥发性有机废气进行集中处理，需要与生物除臭装置配合使用；RCO 冷启动快、成本低，适用于间歇性的生产工况有机废气处理。废气中不能有 S、P、As、卤素等使催化剂中毒的成分，催化燃烧处理有机废气若含颗粒性，腐蚀性有机废气需设预处理步骤，否则将影响催化剂的效果，在处理 VOCs 方面 RCO 不如 RTO 应用广泛。

RTO 则可以实现对污水处理全场高、中浓度有机废气进行处理，通过对原有的有机废气收集系统、废气处理系统进行改造，完善污水处理场废气"分质收集、分质处理"。RTO 适用于连续性排放高、中浓度的生产工艺有机废气处理，对有机废气中含有少量粉尘等固体颗粒物不敏感，对于生产工艺中挥发的所有 VOCs 废气都可有效处理。RTO 适合风量大，高、中浓度，成分复杂的有机废气。

操作方面：催化燃烧入口总烃浓度波动大，通过设定反应器入口温度的方式，实现电加热器做功，进行催化氧化反应，相对于操作较为频繁，为防止反应器出口温度飞温，需手动多频次输入，手动控制较多。如图 5 所示为反应器入口温度调整统计图，如图 6 所示为反应器入口温度调整统计图，相对波动较大，调整较为频繁。

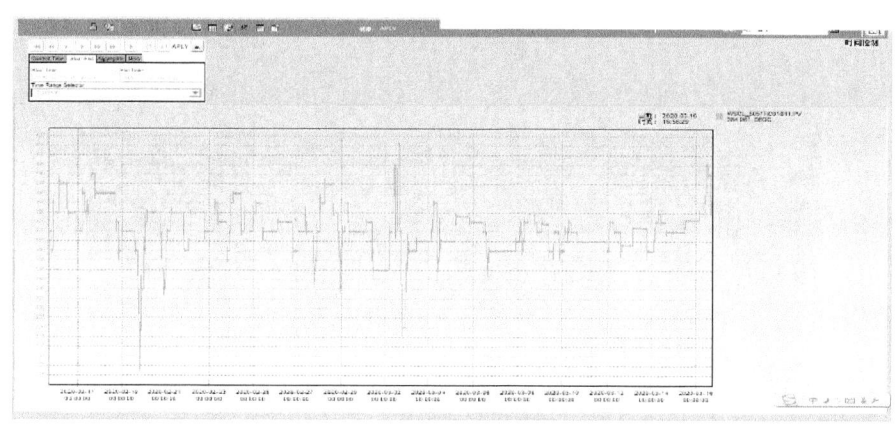

图5 反应器入口温度调整统计图

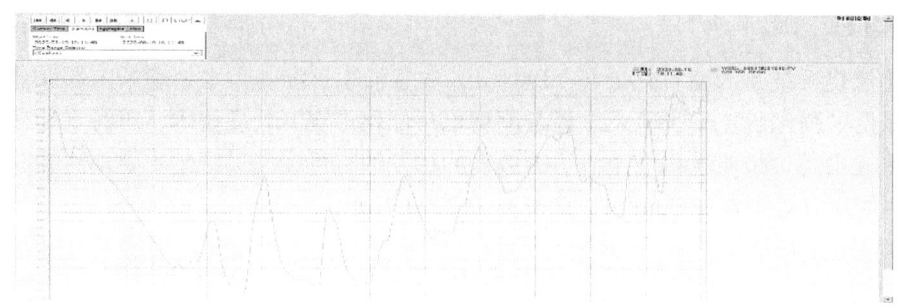

图6 反应器出口温度调整统计图

RTO 则实现自动化 PID 调节，废气首先进入废气混合器，混合后的废气管道设置有机废气三取二 LEL 分析仪检测后，若超出设定值，则实现 PID 在线控制新鲜空气阀开度来调节 LEL 浓度，废气经引风机增压后，进入碱洗塔，脱除硫化氢后进入气液分离罐，去除水雾后再经 RTO 风机送入三室蓄热式焚烧炉单元内燃烧处理，燃烧器系统根据炉膛温度 PID 调节燃料气量与助燃风量配比，实现自动化控制。操作较为简单。如图7所示为某24h RTO 炉膛出口温度统计图。

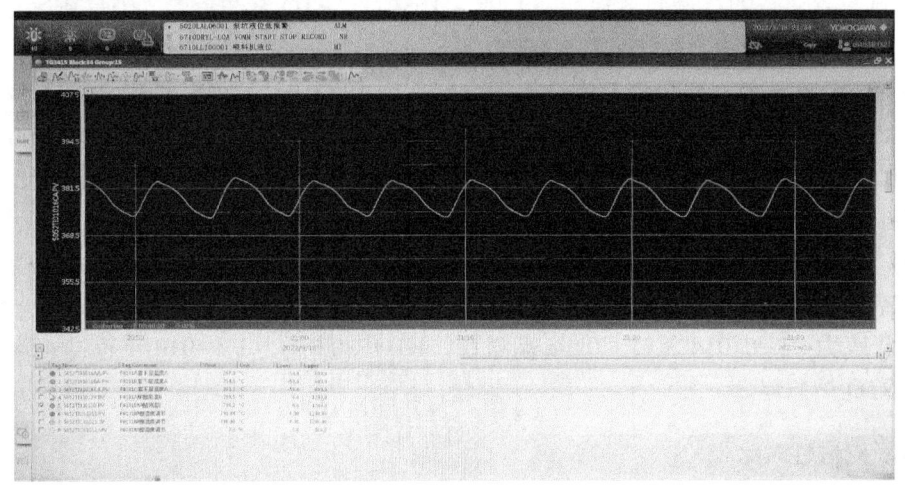

图7 RTO炉膛出口温度

2.3 安全性对比

RCO 可以使用电加热器加热，不产生明火，运行温度低。而 RTO 使用燃烧器燃烧燃料气进行控制温度，从而产生明火，运行温度高。

催化燃烧的联锁保护仅为催化燃烧的反应器入口温度大于高高限480℃，反应器出口温度大于高高限580℃，电加热器内部温度大于高高限500℃，催化燃烧联锁保护，联锁保护动作为关闭电加热器，打开空气阀，切断废气阀，保持催化风机运行，或者催化风机故障，催化燃烧联锁保护，联锁保护动作为，停止催化风机运行，打开空气阀，关闭废气阀，关闭电加热器。

RTO 因产生明火，运行温度高，所以联锁逻辑保护相对于较为全面：

（1）燃烧室下层温度高高、炉膛温度高高、炉膛温度低低、RTO 风机故障、助燃风机故障时，关闭燃烧室进气提升阀、燃烧室出气提升阀、燃烧室吹扫阀、燃烧器停止、助燃风机停止、RTO 风机停止。

（2）有机废气中烃类浓度高高时，联锁关闭燃烧室进气提升阀、燃烧室出气提升阀、燃烧室吹扫阀、RTO 风机停止、助燃风机停止、燃烧器启动、RTO 切断阀关闭、紧急放空阀开启。

（3）有机废气中烃类浓度高、引风机故障、仪表净化空气压力低低时，RTO 切断阀关闭、紧急放空阀开启。

（4）主燃料气阻火器前压力低低、主燃料气阻火器后压力高高、燃烧器熄火报警时，联锁关闭燃烧器。

(5) 燃烧室下层温度高、燃烧室下层温度低低、燃烧室进气提升阀故障、燃烧室出气提升阀故障、燃烧室吹扫阀故障、助燃气压力低低时，联锁关闭 RTO 切断阀。

(6) 碱洗塔液位低低时，联锁关闭碱洗塔循环泵。

(7) RTO 的炉膛温度过高，正常在 760～980℃。若温度≥860℃，则联锁打开热旁通阀 TV-01012；若温度≥920℃，则联锁开启新风阀 TV-01003 补新风降温；若温度≥980℃，则高报警，RTO 废气离线；若温度≥1050℃，RTO 系统急停（废气离线、燃烧器关闭、RTO 系统急停）。

(8) RTO 蓄热室下层陶瓷温度过高，温度达到 300℃时，联锁（PID 调节）开启高温热旁通阀，导出多余的热力控制炉膛。温度达到 350℃时，联锁（PID 调节）开启新风阀，补充新风，降低炉温问题。温控过程为 DCS 程序自动控制，正常情况无需调整。注：以上温度可调。

(9) RTO 炉膛压力正常调整值为（1.0～2.5kPa 属于正常），若超过此范围则可能会对 RTO 炉损坏。控制压力在 1.0～2.5kPa，正常运行控制 RTO 炉膛压力＜2.5.0kPa，RTO 炉膛压力 PT-01014 超过 4.0kPa 高报警。RTO 炉膛压力 PT-01014 超过 4.5kPa 高高报联锁 RTO 炉急停。

2.4 指标先进性对比

RCO 常用为陶瓷蜂窝为载体的贵金属蜂窝催化剂，贵金属钯 Pd、铂 Pt 为活性成分。由于催化剂对废气成分具有选择性，而炼油产生的有机废气浓度较高，因此任何一种催化剂都不能确保所有成分 VOCs 都能够彻底氧化分解。RCO 处理 VOCs 有机废气的综合净化效率最高 97%，在保证非甲烷总烃排放浓度低于 50mg/m^3 条件下，RCO 对于浓度高于 1.67g/m^3 的有机废气处理不能达标排放。

RTO 主体结构由燃烧室、陶瓷填料床和切换阀等组成。采用明火氧化燃烧的方式将有机废气加热到 760℃以上，RTO 处理 VOC 有机废气的综合净化效率最高 99%，在保证非甲烷总烃排放浓度低于 50mg/m^3 条件下，RTO 对于浓度高于 5g/m^3 的有机废气处理不能达标排放。

综合考虑两套装置在运行期间外排 VOCs 指标，对比催化燃烧与 RTO 运行期间尾气排放的各项指标，如图 8 所示，对比过后，RTO 运行期间的 VOCs 在线外排要好于催化燃烧运行期间。

2.5 能耗对比

(1) 从设备制造的经济性能来看，RTO 和 RCO 蓄热陶瓷填充量分别约为 16 m^3 和 8m^3，但 RCO 还需填充 2.7m^3 的催化剂。普通品牌的贵金属催化剂的价格约 17 万元/m^3；RCO 与 RTO 的整体结构和其他配置基本相同。RCO 催化剂的使用寿命为 8000～10000h，如生产工况为 24h，280d/a，即催化剂的寿命约 1.5a，RTO 陶瓷蓄热体的寿命在约 8a，RCO 其他部件的维护和 RTO 大体相同。

(2) RTO 采用陶瓷蓄热体吸收和释放热量，热回收效率高（可达 95% 以上），从而节省 RTO 运行的燃料消耗，RTO 能耗低，正常运行时，因有机废气具有浓度，设备在低功率状态下运行，且 VOCs 浓度达到 1500mg/m^3 以上时，无需过多添加助燃燃料也可实现燃烧。

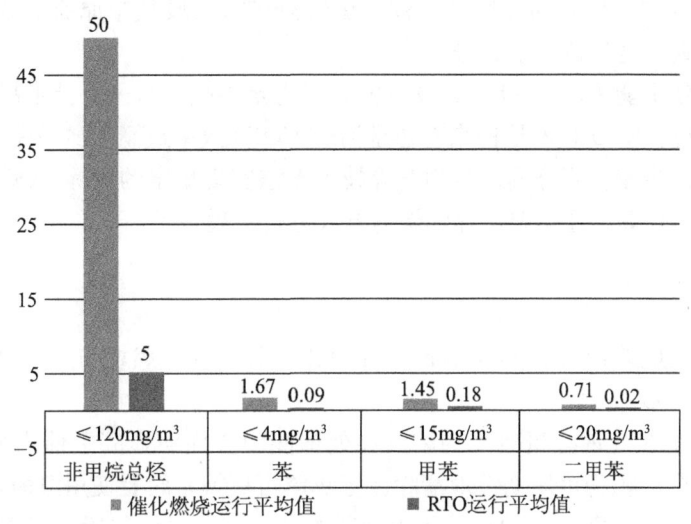

图8 VOCs排放指标对比

(3) 催化燃烧及生物除臭正常运行期间，需运行1台催化燃烧风机，1台电加热器，5台生物除臭循环泵，及1台外排烟囱引风机，正常工况下的功率为304.7kW，目前催化燃烧停运，为保证生物除臭填料维持生物活性，生物除臭循环泵连续运行，除臭系统目前总功率为277.2kW。RTO正常运行为1台引风机，2台RTO风机，2台助燃风机运行，试运行期间的功率为258.5kW，后经改造RTO更换助燃风机后功率为265.5kW，总计降低了20.5kW，在电能消耗方面降低了运行成本，如图9所示。

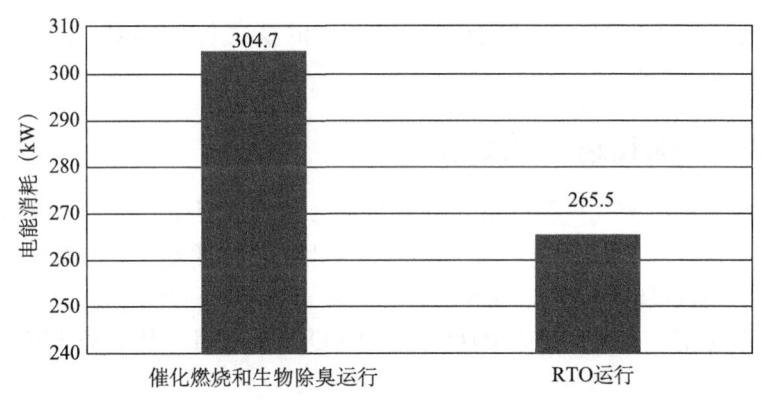

图9 电能消耗对比图

2.6 碳排放方面

具体一台RTO一年消耗多少天然气，这和VOCs排放特性、RTO设计有直接关系，比如废气浓度高，24h连续运行的RTO而言，若设计使用得当，则几乎不需要过多的天然气助燃，甚至还能回收余热进行利用。

采用催化燃烧方式处理VOCs，VOCs被氧化的最终产物也是CO_2，同样有碳排放。

在碳排放比较中，处理同量废气，催化燃烧只排放出废气中原有的碳，而 RTO 额外增加了燃料气的碳，这是该工艺劣势。

那么是不是就不能采用 RTO、RCO 呢？答案肯定不是，每一种技术都有其适用范围，达标排放是第一位。RTO 技术目前来看还是治理 VOCs 效率最高、最彻底的治理技术。对于某些采用吸附、冷凝、膜分离、生物法等技术无法实现稳定的达标 VOCs 组分或者难于回收（或回收成本较高）还是要选择燃烧的方式进行治理。

3 结论

通过对催化燃烧装置与 RTO 装置的总体对比，分析催化燃烧与 RTO 的优劣，可以得出得出 RTO 优于 CO。

（1）RTO 装置在处理有机废气的浓度和处理能力方面明显高于催化燃烧装置，在运行期间，RTO 有机沉积物可周期性地清除，蓄热体可更换，装置使用寿命长。

（2）在操作上，RTO 装置的自动化程度明显高于催化燃烧装置，工作时全自动控制，减少了人工操作，提高了准确性，提高了工作效率，保证了装置的生产流程稳定。

（3）在能耗上，RTO 装置降低了电能消耗，实现了降本增效，正常运行时，因废气具有浓度，设备在低功率状态下运行，采用蓄热载体进行换热，加热速度快，低温换热效率高，排烟温度低，节能效果显著；较高的热回收率使补充燃料的量显著减少，大大降低生产运行费用。

（4）在线外排上，炉内温度整体逐渐升高且分布均匀，燃烧温度高、速度快、噪声低，烟气在炉内高温停留时间长，有效减少 NO_x 的产生，RTO 装置高标准的达标外排，达到了同行业领先水平。

（5）在安全性能上，RTO 装置在高自动化程度的基础上极大地保证了系统运行安全，稳定，处理效率高。

4 对公司RTO优化运行的建议

（1）定期的对有机废气化验分析：明确工艺过程中有机废气的特点及可能存在的突发因素，去除不宜进入 RTO 的有机废气组分如采用冷凝方式回收部分高浓度有机废气组分；设置水喷淋装置吸收洗涤酸、碱类气体，保证进入 RTO 有机气体达到进气指标要求，从源头开始风险防范。以减少进入 RTO 系统中 VOCs 的总量，从而降低有机废气处理的风险。

（2）定期排积液：有机废气常因洗涤塔除雾效果不佳或冷却作用而在风管中形成积液，积液中含有 VOCs 并不断挥发至有机废气中，存在浓度升高现象，须定期排出。在这次开工就曾遇到过有机废气主管积液过多的情况，部门技术人员也制定了定期排放积液的计划安排。

（3）充分利用双旁通设计：对 RTO 系统设置冷旁通、热旁通。其中冷旁通与浓度检测仪、废气导入阀、应急排空阀连锁，当浓度超过 16%LEL 时，废气导入阀关闭，废气无法进入 RTO 系统；应急排空阀开启，废气经冷旁通处理达标后排放。热旁通与新风阀、温度仪、压力计连锁，当 RTO 炉内温度、压力异常时，新风阀开启，稀释浓度降温降压，热旁通阀开启，部分高温废气直接从氧化室排出，经混合器降温冷却后排至烟囱，为确保 RTO 系统安全连续运行，需充分利用双旁通设计并确保双旁通好用。

在首次开工过程中就曾经遇到过旁通阀卡塞，反馈冲程回不到限位的问题，每次炉膛下层温度高旁通联线后需确认阀门的冲程反馈，关注出口温度，若异常升高则需要检查旁通阀是否关到位，一则避免热量损失，二则防止出气温度过高影响排放在线监测设备的损耗。在检查阀门问题后，通过调整阀杆的填料螺栓后阀门基本可以实现关闭时关到限位这一问题，但为优化运行，需要操作人员每次确认冲程反馈，若出现问题及时处理。

（4）根据实际情况调整炉膛压力：在首次开工试运行时遇到了 RTO 燃烧炉 A 炉炉膛压力高高联锁急停的情况，当时实际设定 RTO 炉膛压力超过 2.5kPa 高报警。RTO 炉膛压力超过 3.0kPa 高高报联锁 RTO 炉急停。后根据实际情况调整 RTO 炉膛压力超过 4.0kPa 高报警。RTO 炉膛压力超过 4.5kPa 高高报联锁 RTO 炉急停。根据实际来看运行基本稳定。

（5）DCS 顺控逻辑的调整：为了避免正常开停工过程中应急旁通阀（排放至大气）打开，通过调整 DCS 顺控逻辑，在 RTO 正常启停机的时候，不开应急旁通阀。建议将应急旁通出口连接至生物除臭入口，应急时使用。

（6）出口在线 LEL 的故障处理：目前 RTO 正常运行时出现出口在线 LEL 可燃气体检测表，会出现 BAD 情况，经检查为检测气体带水导致，经厂家和分析仪表处理后这样的情况依然会发生，均为检测气体带水导致，经过仔细分析，炉膛出口气体温度在 90℃左右，经过分析仪表气体检测管道时会有冷凝水产生，影响红外线检测探头导致，建议在气体检测管线进入 LEL 探头检测之前，增加冷凝、排水、过滤设备，保证检测数据的准确性。

（7）加强 RTO 运行维护：建立维护检测记录，对接地线、跨接线、阻火器、RTO 的公用工程等定期检查、维护；同时统筹生产过程中工作，尽量保持废气浓度、气量相对稳定；定期对各传感器（如温度、压力、液位、pH 计、可燃气体检测仪等）进行校验（准），炉膛热电偶建议应有备件，确保 RTO 的运行处于程序控制状态。

5 结束语

随着人们对环保越来越重视，环保监管越来越严格，在处理有机废气方面 RTO 工艺在指标等方面要优于催化燃烧工艺，但在"碳达峰、碳中和"的大背景下，如何降低 RTO 运行过程中增加的碳排放量是一个课题。

催化裂化装置催化剂装卸过程粉尘逸散的管控

刘爱民

(中国石油锦西石化分公司　辽宁省葫芦岛市)

摘　要　锦西石化 100×10^4 t/a 催化裂化装置针对催化剂装卸过程造成颗粒物粉尘逸散的问题，采取在催化剂储罐顶部应用带金属烧结毡滤芯的除尘器、在催化剂储罐下应用吨袋包装机和应用粉尘颗粒罐车运输新鲜催化剂并充装到催化剂储罐等措施实现催化剂密闭装卸和转运，有效控制催化剂粉尘污染，实现清洁生产和减排，消除催化剂粉尘对操作人员身体健康的危害。

关键词　催化裂化　催化剂　除尘　装剂　卸剂　管控

引言

催化裂化装置，在新鲜催化剂加入储罐、催化剂储罐放空、再生系统卸出催化剂和细粉从三旋收集罐排到细粉储罐以及从平衡剂罐和细粉储罐卸出装袋等操作过程会跑损大量催化剂，这些无组织排放的催化剂造成严重的大气颗粒物污染。

锦西石化 100×10^4 t 催化裂化装置反再型式为常规提升管，前置烧焦罐稀相管完全再生，三旋采用大旋风设计。在涉及催化剂装卸转运过程中，装置出现大量催化剂逸散到现场，造成环境污染；新鲜催化剂的跑损，造成经济损失；现场环境卫生差，员工劳动强度高；操作人员与粉尘接触频繁，危害员工身体健康。

随着环境法律法规日益完善和相关标准的提高，烟尘颗粒物是主要控制对象之一，国家标准和地方标准均对大气中颗粒物的浓度的排放限值越来越严格，见表1。

表1　颗粒物排放限值

执行标准	排放限值 (mg/m³)
GB 16297—1996《大气污染物综合排放标准》	150
DB 11/44—2015《炼油与石油化学工业大气污染物排放标准》（北京地标）	30
DB 11-501—2017《大气污染物综合排放标准》（北京地标）	20

1　催化裂化装置无组织排放催化剂粉尘原因

催化裂化装置使用的催化剂是一种微米级颗粒。平衡催化剂粒度范围基本在 20～150μm，新鲜催化剂的粒度较平衡催化剂要宽一些，三旋和四旋收集的细粉为 5～

30μm。平衡催化剂在反应和再生器间不断流化、循环，受催化剂本身机械强度和操作温度、流速等因素影响，颗粒之间、颗粒与流化介质以及容器的器壁之间的摩擦和冲击，造成催化剂破碎，产生大量小于30μm的细粉颗粒。

由于催化剂的失活和损失，需利用小型加料将新鲜催化剂不断地从新剂储罐均匀加入反再系统，通常重油催化装置的新剂补充量大于跑损量，因此需定期卸出部分平衡剂以维持平衡剂藏量和活性平衡。催化剂经三旋和四旋分离出小于30μm的催化剂细粉定期排入细粉储罐。各催化剂筛分组成见表2，无论是新鲜催化剂、平衡剂还是三旋催化剂细粉都含有大量低于10μm细粉颗粒，在加装、卸出等环节如果不采取任何密闭和除尘设施，将对现场环境造成严重的颗粒物污染，对操作人员造成职业病危害。

表2 锦西100×10⁴t/a催化裂化装置各催化剂筛分组成

项目	新鲜剂	平衡催化剂	三旋细粉
0～20μm	0.7	0.2	82.7
20～40μm	11.3	13.5	17.3
40～80μm	42.5	44.6	0
>80μm	45.5	41.7	0

2 催化裂化装置催化剂粉尘逸出的活动过程和部位

从表3可以看出催化剂粉尘逸出产生过程主要集中在储罐装剂和卸剂等活动过程中。催化剂粉尘产生部位主要集中在新鲜催化剂加入料斗和各催化剂储罐罐顶以及催化剂储罐卸剂口处。催化剂储罐罐顶包括新鲜剂储罐、平衡剂储罐和三旋细粉储罐的罐顶。催化剂储罐卸剂口包括平衡剂卸剂口和三旋细粉储罐卸剂口。图1为锦西石化100×10⁴t/a催化裂化装置的催化剂粉尘逸出部位示意图。

表3 锦西100×10⁴t/a催化裂化装置催化剂逸出情况

序号	活动过程	粉尘逸出部位	粉尘类型
1	新鲜催化剂装入到新剂罐	①新剂罐的罐顶放空	新鲜催化剂细粉
		②新剂加入料槽口	
2	平衡剂从再生器卸到平衡剂罐	③平衡催化剂罐顶放空	平衡催化剂细粉
3	三旋催化剂细粉卸到细粉储罐	④细粉储罐罐顶放空	三旋细粉
4	从平衡剂罐卸剂装入吨袋	⑤平衡剂罐卸剂口	平衡催化剂细粉
5	从细粉储罐卸剂装入吨袋	⑥细粉储罐卸剂口	三旋细粉

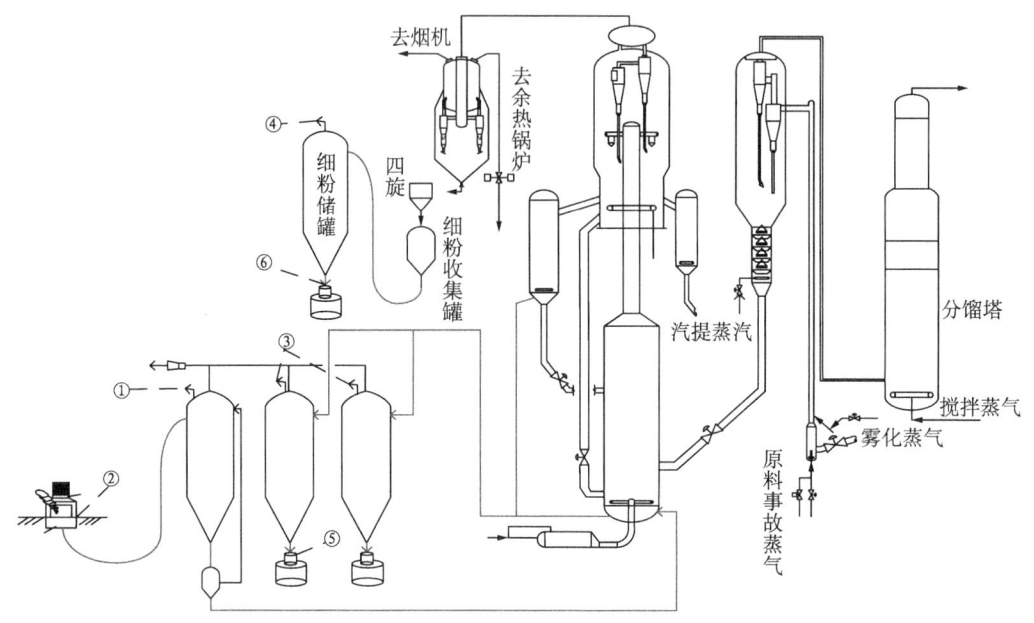

图1 锦西100×10⁴t/a催化装置催化剂粉尘逸出部位示意图

3 催化剂粉尘管控措施

3.1 应用带金属纤维烧结毡滤芯的除尘过滤系统

该催化剂除尘回收系统的核心元件是金属纤维烧结毡滤芯。在过滤过程中，含尘气体从过滤器的下部进入，向上流经滤芯，通过滤芯的筛分作用，固体颗粒被截留于滤芯的外表面，过滤后洁净气体从滤芯内表面脱附后，从过滤器上部排出。当滤芯表面滤饼达到一定厚度（过滤压差达到设定值 0.02MPa）或达到设定时间后，控制系统自动启动反吹系统，反吹气体从过滤器顶部进入，从滤芯的内表面向外表面反吹，使滤芯外表面的滤饼在瞬间反向压差作用下，脱离滤芯表面，滤芯内外压差得到恢复。过滤器中的滤芯管束被分割成几个区，过滤过程中用净化风轮流反吹这几个过滤区域，使滤芯得到再生。滤芯分组反吹，过滤与反吹同时进行，以保持过滤的连续性。

研究表明，金属纤维烧结毡进行过滤，可拦截气体中最小粒径 2μm 的颗粒，其出口排放颗粒物浓度为 1.0mg/m³ 以下，具有耐高温、过滤精度稳定等优点。锦西石化 100×10⁴t/a 催化裂化应用该除尘系统，过滤精度高，5μm 以上的催化剂细粉能脱除 99.9%，过滤后气体颗粒物含量小于 30mg/m³；反吹气体在滤芯之间分布均匀，无盲区，反吹应自动连续运行（图2）。该系统可在常温至 450℃范围内正常运行，过滤系统压降不大于 20kPa，反吹气体消耗不大于 25m³/h。反吹阀采用气动开关阀门，现场采用 PLC 控制。

除尘系统优化设计。催化装置一般有 2～3 个平衡剂储罐，设计时可以优化，实现两个或者多个储罐共用一组罐顶除尘系统，节约投资。如图3所示，锦西 100×10⁴t/a 催化裂化平衡催化剂储罐 D102 与 D101 共用一套除尘系统。

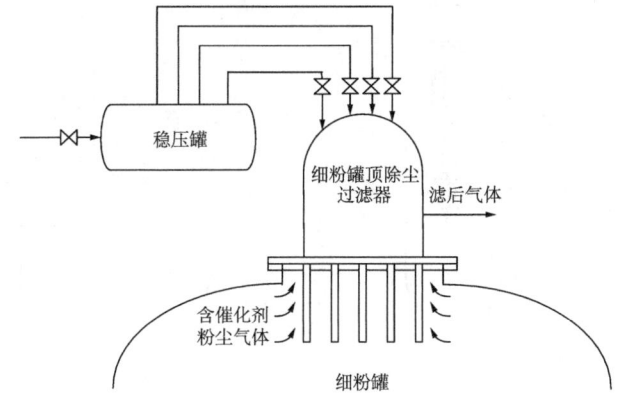

图2 催化剂储罐除尘过滤器示意图

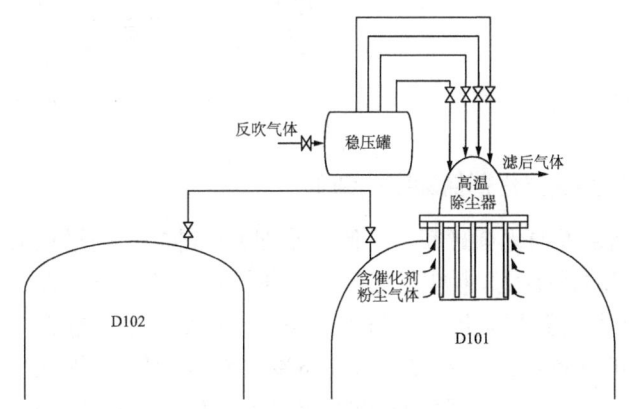

图3 两台同类型的催化剂储罐共用一套除尘系统优化设计示意图

3.2 应用粉尘颗粒罐车密闭运输和充装新鲜催化剂到储罐

传统催化裂化装置的新鲜催化剂使用吨袋或100kg的袋装，加剂过程需要人工逐袋解包倒入到加剂斗中，再经抽真空输送到催化剂储罐中，见图4。新剂解包倒入加剂斗过程中，催化剂加剂槽口会产生大量催化剂粉尘，虽然槽口顶部设置扁袋除尘器进行收集粉尘，但是由于加剂为开放式操作，每次人员解包倒料总会造成大量粉尘外溢，而且催化剂包装袋中残留部分催化剂，在处理包装袋时还会造成二次催化剂粉尘污染。

锦西石化 $100×10^4$t/a 催化裂化装置经与催化剂厂家协商，采用粉尘颗粒罐车运输新鲜催化剂到现场。该罐车利用自带的加压泵对罐体加压到 0.2MPa，现场通过连接管道密闭装到新鲜催化剂储罐，见图5。新剂装剂全过程实现密闭输送，不需要额外配备装剂人员，保证人员健康，同时减少新鲜催化剂的跑损，杜绝传统加剂解包过程造成的绳头、编织袋材料等进入催化剂系统堵塞加剂线路等问题。装剂作业时间由原来3h缩短为1h左右，极大降低员工劳动强度。与罐顶除尘器配合使用，新鲜催化剂密闭输送几乎无任何跑损，有效降低了新鲜催化剂的损失。新鲜催化剂也有采用集装箱方式运输也可实现密闭加料，与之相比，罐车加剂具有现场场地要求不高，投资小，加剂更便捷等优点。

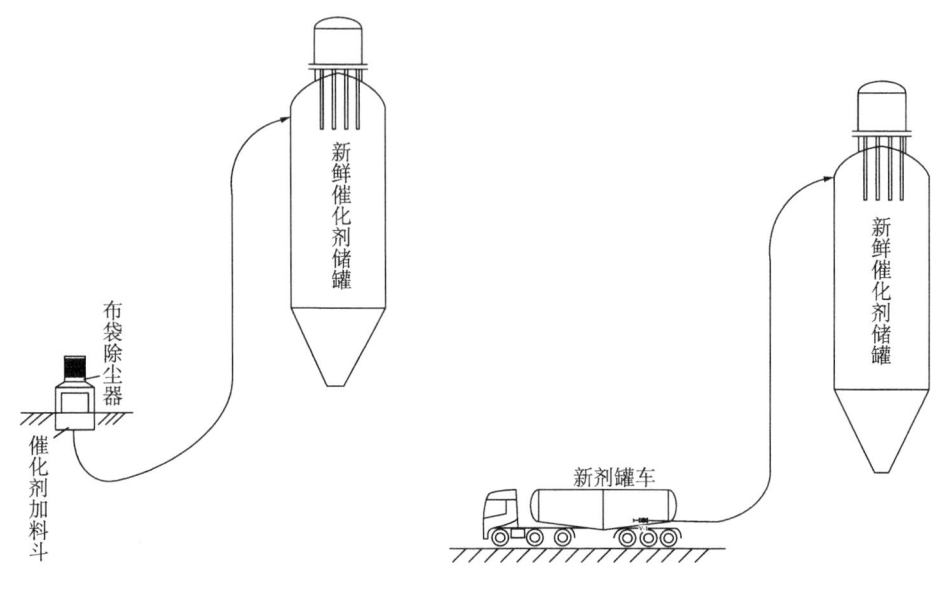

图4 加料斗加剂示意图　　　　图5 罐车密闭加剂示意图

3.3 应用吨袋包装机实现催化剂储罐密闭卸剂

传统的催化裂化装置催化剂罐卸出平衡剂或细粉到吨袋中的过程为敞口式操作。卸剂过程需人工装袋，劳动强度大，粉尘污染严重，长期从事此工作危害人员身体健康；卸剂过程中大量催化剂及细粉跑损至地面，员工还需打扫环境卫生，造成二次粉尘接触。

吨袋自动包装机具备夹袋、吹袋、自动下料、自动升降及墩袋、称重、松夹袋、松脱钩和配套除尘等功能，这些步骤通过 PLC 控制自动完成。收尘器净化的排放气体满足国家排放标准，粉尘浓度 < 20mg/m³。废催化剂密闭吨袋打包系统打包速度不低于 5～10 袋/h。

锦西石化 100×10^4 t/a 催化裂化装置应用该系统（图6）实现密闭卸剂，卸剂过程不需要给催化剂储罐充压即可完成卸剂操作，极大降低了卸剂期间粉尘污染，同时节省充压风，降低操作成本。

4 结束语

催化裂化装置催化剂的装卸和转运环节的粉尘管控技术已经日趋成熟，随着大气污染物排放标准提高，部分地方标准要求颗粒或粉状物料的运输和储存应当采取密闭或其他污染控制措施，装卸过程也应当采取污染控制措施。锦西石化 100×10^4 t/a 催化裂化装置在 2016—2020 年，针对各催化剂逸散点采取相应技术措施，见图7。改造后催化剂无组织排放得到有效控制，达到相关标准

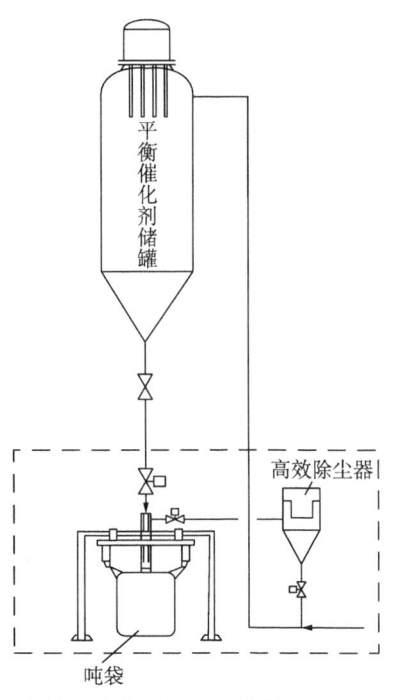

图6 吨袋包装机密闭卸剂示意图

要求。建议，在催化裂化装置新建和改造设计过程中应采取上述相应管控措施设计，以降低催化裂化装置涉催化剂装卸和转运过程产生的粉尘污染，符合将来更严格的环保标准要求。

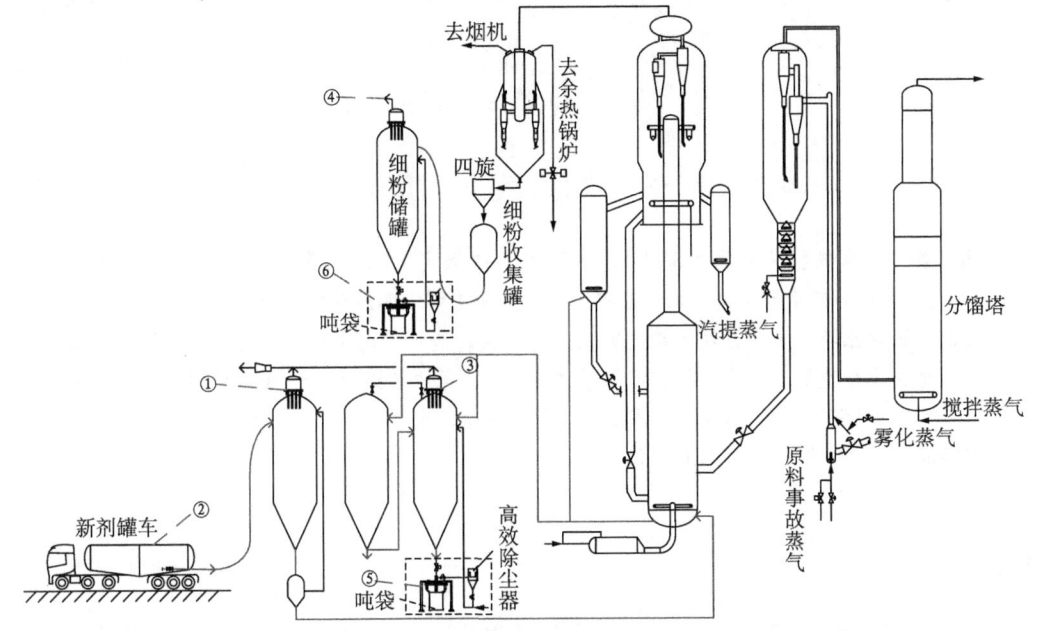

图7 锦西100×10⁴t/a催化装置催化剂粉尘逸出部位控制示意图

参 考 文 献

[1] 陈俊武，许友好. 催化裂化工艺与工程 [M]. 3版. 北京：中国石化出版社，2015，4.
[2] 侯立强，张晓庆，等. 金属纤维毡在高温除尘上的性能测试与分析 [J]. 过滤与分离，2016，26（1）：29.
[3] 苏娜，杨延安，左彩霞，等. 金属纤维毡滤袋在高温烟气除尘领域的优势 [J]. 中国环保产业，2016，2（35）.
[4] 丁昱文. FCC装置催化剂细粉逃逸控制技术 [J]. 石油化工安全环保技术，2015，31（5）：60.

气相色谱—质谱法测定土壤中多环芳烃的方法探讨

刘 超 刘菊会 孙 波

(长庆油田分公司技术监测中心 陕西省西安市)

摘 要 文章依据《土壤和沉积物 多环芳烃的测定 气相色谱—质谱法》(HJ 805—2016),通过静态萃取次数、氮吹浓缩压力、氮吹浓缩温度的对比实验,进行气相色谱—质谱法测定土壤中多环芳烃的最优实验条件探讨。通过对比实验,确定了最优的实验条件:静态萃取次数为2次,氮吹浓缩压力为1psi,氮吹浓缩温度为40℃,加标回收率为81.57%～92.57%,适合实际土壤样品中多环芳烃的测定。

关键词 土壤 多环芳烃 GC-MS法

引言

土壤作为环境的重要组成部分,是人类赖以生存的自然环境和农业生产的重要资源。土壤污染不但影响农产品的产量与品质,而且涉及大气和水环境质量,并可通过食物链危害动物和人类的健康甚至生命。多环芳烃是石油的重要组分之一,是一种致癌、致畸、致突变的"三致"化合物,土壤中多环芳烃含量超标将对人体健康和生态环境造成巨大威胁。因此,我国于2018年颁布了GB 36600—2018《土壤环境质量 建设用地土壤污染风险管控标准(试行)》,规定了土壤中多环芳烃的含量限值和分析方法,这在客观上要求我国相关实验室应具备检测土壤中多环芳烃的能力,作为油田环境监测站提升对油区土壤中多环芳烃的检测能力是十分必要的。

本文通过对静态萃取次数、氮吹浓缩压力、氮吹浓缩温度的对比实验,进行气相色谱—质谱法测定土壤中多环芳烃的最优实验条件探讨,确定了最优的实验条件,提高了检测数据的有效性和准确性,为实验室提供了可靠的质量保证。

1 材料与方法

1.1 方法原理

1.1.1 气相色谱—质谱法

土壤中的多环芳烃采用高压萃取法提取,对提取液进行氮吹浓缩、定容,经气相色谱分离、质谱检测。通过与标准物质质谱图、保留时间、碎片离子质荷比及其丰度比较进行定性,内标法定量。

1.1.2 高压萃取法

将处理后的土壤样品加入密闭容器中，选择合适的有机溶剂，在加压、加热条件下，处于液态的有机溶剂与土壤样品充分接触，将土壤样品中的有机物提取到有机溶剂中。

1.2 主要仪器与试剂材料

1.2.1 主要仪器

APLE-3500 高压萃取仪（北京吉天，34mL 不锈钢萃取池）；MultiVap-10 氮吹浓缩仪（北京莱伯泰科，水浴加热，自动定容）；7890B/5977B 气相色谱—质谱仪（美国安捷伦，配备自动液体进样器）。

1.2.2 试剂材料

丙酮（C_3H_6O）：农残级；正己烷（C_6H_{14}）：农残级；二氯甲烷（CH_2Cl_2）：农残级。

多环芳烃标准储备液：16 种多环芳烃混标，ρ=1000mg/L；内标储备液：萘-d8、苊-d10、菲-d10、䓛-d12 和苝-d12，ρ=2000mg/L；替代物储备液：2-氟联苯和对三联苯-d14，ρ=4000mg/L。

干燥剂：粒状硅藻土，置于马弗炉中 400℃烘 4h，冷却后装入磨口玻璃瓶中密封，于干燥器中保存；石英砂：50 目，置于马弗炉中 400℃烘 4h，冷却后装入磨口玻璃瓶中密封保存。

1.3 气相色谱条件

进样口温度：280℃，不分流；进样量：1.0μL，柱流量：1.0mL/min（恒流）；柱温：80℃保持 2min；以 20℃/min 速率升至 180℃，保持 5min；再以 10℃/min 速率升至 290℃，保持 5min。

1.4 质谱条件

电子轰击源（EI）；离子源温度：230℃；离子化能量：70eV；接口温度：280℃；四级杆温度：150℃；质量扫描范围：45～450amu；溶剂延迟时间：5min；扫描模式：全扫描 Scan。

2 实验设计

为了保证基体稳定，采用空白样品加标的方式进行对比实验，摸索最优实验条件，构建合理的检测方法，再对该方法进行验证，确定方法的应用效果。

（1）HJ 783—2016《土壤和沉积物 有机物的提取 加压流体萃取法》的萃取条件中，静态萃取次数为范围值，摸索相同萃取条件下不同静态萃取次数对测定结果的影响，确定最优的静态萃取次数。

（2）HJ 805—2016《土壤和沉积物 多环芳烃的测定 气相色谱—质谱法》的氮吹浓缩条件为定性描述，未给出氮气压力、水浴温度等具体定量参考条件，摸索不同氮吹浓缩压力、氮吹浓缩温度对测定结果的影响，确定最优的氮吹浓缩压力和氮吹浓缩温度。

(3) 依据《土壤和沉积物 多环芳烃的测定 气相色谱—质谱法》进行空白实验、绘制标准曲线，通过能力验证样品的实验，对选择确定的最优静态萃取次数、氮吹浓缩压力和氮吹浓缩温度等三项实验条件进行验证，确定方法的应用效果。

3 结果与讨论

3.1 静态萃取次数对测定结果的影响

称取石英砂 10g，加入 5g 粒状硅藻土，充分混匀、脱水，加入多环芳烃标准溶液 20μL，配制成 2.0mg/kg 的加标样品，全部转入萃取池。

萃取溶剂丙酮—正己烷混合溶液（农残级，按 1：1 的体积比混合），设置萃取条件，载气压力 0.8MPa，加热温度 100℃，萃取池压力 10MPa，预加热平衡 5min，静态萃取时间 5min，溶剂淋洗体积 60% 池体积，氮气吹扫时间 60s。

分别设置静态萃取次数为 1 次、2 次、3 次，实验考察不同静态萃取次数对加标回收率的影响。在不同静态萃取次数下，分别测定 3 个加标样品的加标回收率，分别对每个加标样品重复测定 6 次，取具有代表性的苯并[a]蒽和苯并[a]芘的测定均值对比分析，结果见表 1。

表1 不同静态萃取次数对测定结果的影响

目标化合物	项目	静态萃取次数1次	静态萃取次数2次	静态萃取次数3次	准确度要求
苯并[a]蒽	测定均值（μg/mL）	17.0288	18.4309	18.4992	(92±44)%
	加标回收率（%）	85.14	92.15	92.50	
苯并[a]芘	测定均值（μg/mL）	15.2703	16.3141	16.3506	(80±30)%
	加标回收率（%）	76.35	81.57	81.75	
萃取时长（min）		35	70	105	—

通过表 1 中的数据可以看出，多环芳烃的加标回收率随静态萃取次数的增加而增加，静态萃取 1 次时，加标回收率明显低于静态萃取 2 次和静态萃取 3 次，静态萃取 2 次的加标回收率与静态萃取 3 次的加标回收率无显著差异，3 种静态萃取次数的准确度均在标准要求的范围内。综合考虑时间、效率、成本、环保等因素，选择确定土壤中多环芳烃的最优静态萃取次数为 2 次。

3.2 氮吹浓缩压力对测定结果的影响

将收集有提取液的浓缩器皿置于氮吹浓缩仪中，设置水浴加热温度为 40℃（参考 HJ 834—2017《土壤和沉积物 半挥发性有机物的测定 气相色谱—质谱法》），开启氮气至提取液的表面有气流波动，且避免形成气流旋涡。MultiVap-10 氮吹浓缩仪的氮气压力可以从 1psi 至 4psi 实现 4 挡调节，但氮气压力为 4psi 时溶剂表面形成明显气涡，不符合标准要求。所以，分别设置氮吹浓缩压力为 1psi、2psi、3psi，实验考察不同氮吹浓缩压力对加标回收率的影响。在不同氮吹浓缩压力下，分别测定3个加标样品的加标回收率，分别对每个加标样品重复测定6次，取具有代表性的苯并[a]蒽和苯并[a]芘的测定均值对比分析，结果见表2。

表2 不同氮吹浓缩压力对测定结果的影响

目标化合物	项目	氮吹浓缩压力1psi	氮吹浓缩压力2psi	氮吹浓缩压力3psi	准确度要求
苯并[a]蒽	测定均值（μg/mL）	18.484	18.3578	18.2372	(92±44)%
	加标回收率（%）	92.42	91.79	91.19	
苯并[a]芘	测定均值（μg/mL）	16.5178	16.4096	16.301	(80±30)%
	加标回收率（%）	82.59	82.05	81.51	
氮吹浓缩时长（min）		49	41	30	—

通过表2中的数据可以看出，多环芳烃的加标回收率随氮吹浓缩压力的增加而减少，且3种氮吹浓缩压力的准确度均在标准要求的范围内。综合考虑回收效果等因素，选择确定土壤中多环芳烃的最优氮吹浓缩压力为1psi。

3.3 氮吹浓缩温度对测定结果的影响

将收集有提取液的浓缩器皿置于氮吹浓缩仪中，开启氮气调节压力至1psi，分别设置氮吹浓缩温度为35℃、40℃、45℃，实验考察不同氮吹浓缩温度对加标回收率的影响。在不同氮吹浓缩温度下，分别测定3个加标样品的加标回收率，分别对每个加标样品重复测定6次，取具有代表性的苯并[a]蒽和苯并[a]芘的测定均值对比分析，结果见表3。

表3 不同氮吹浓缩温度对测定结果的影响

目标化合物	项目	氮吹浓缩温度35℃	氮吹浓缩温度40℃	氮吹浓缩温度45℃	准确度要求
苯并[a]蒽	测定均值（μg/mL）	18.5890	18.5136	18.2679	(92±44)%
	加标回收率（%）	92.95	92.57	91.34	
苯并[a]芘	测定均值（μg/mL）	16.4842	16.4463	16.2784	(80±30)%
	加标回收率（%）	82.42	82.23	81.39	
氮吹浓缩时长（min）		63	49	36	—

通过表3中的数据可以看出，多环芳烃的加标回收率随氮吹浓缩温度的增加而减少，氮吹浓缩温度45℃时，加标回收率明显低于氮吹浓缩温度40℃和35℃，氮吹浓缩温度40℃的加标回收率与氮吹浓缩温度35℃的加标回收率差异不显著，三种氮吹浓缩温度的准确度均在标准要求的范围内。综合考虑时间、效率、回收效果等因素，选择确定土壤中多环芳烃的最优氮吹浓缩温度为40℃。

3.4 实验小结

通过对比实验,确定了最优的实验条件:静态萃取次数为 2 次,氮吹浓缩压力为 1psi,氮吹浓缩温度为 40℃,在优化条件下,加标回收率为 81.57% ~ 92.57%。

3.5 应用验证

3.5.1 空白实验

使用石英砂作为空白样品,按照上述最优实验条件进行高压萃取、氮吹浓缩等预处理后,上机检测分析,检测结果均小于方法检出限,见表4。

表4 标准曲线的线性方程及相关系数

目标化合物	检出限(mg/kg)	测定下限(mg/kg)
苯并[a]蒽	0.12	0.48
苯并[a]芘	0.17	0.68

3.5.2 标准曲线制作

采用坛墨的 16 种多环芳烃混标、坛墨的 5 种内标、安谱的 2 种替代物,分别移取适量的多环芳烃标准溶液、替代物中间液,用丙酮—正己烷混合溶液(农残级,按 1∶1 的体积比混合)定容,配制质量浓度为 2.0μg/mL、5.0μg/mL、10.0μg/mL、20.0μg/mL、40.0μg/mL 的标准曲线,内标质量浓度均为 20.0μg/mL,制作的标准曲线见表5。

表5 标准曲线的线性方程及相关系数

目标化合物	线性回归方程	相关系数
苯并[a]蒽	$y=1.334602 \times x + 0.080542$	0.9904
苯并[a]芘	$y=1.245547 \times x + 0.035155$	0.9937

3.5.3 能力验证样品测定

参加生态环境部环境发展中心环境标准样品研究所组织实施的"土壤中多环芳烃检测(苯并[a]芘和苯并[a]蒽)"能力验证项目(IERM T22-68),按照上述最优实验条件进行高压萃取、氮吹浓缩等预处理后,上机检测分析,检测结果的实验室间 z 比分数分别为 0.76 和 0.23,获得"满意"结果,见表6。

表6 能力验证结果统计表

检测项目	浓度单位	检测结果	稳健平均值	稳健标准差	实验室间z比分数
苯并[a]蒽	μg/kg	1292	1077	283.7	0.76
苯并[a]芘		872	922	217.1	−0.23

说明:z 绝对值≤ 2 为满意结果,2 < z 绝对值 < 3 为有问题的结果,z 绝对值≥ 3 为不满意结果。

4 结论

气相色谱—质谱法测定土壤中多环芳烃的方法，通过对萃取过程、氮吹过程、浓缩过程的对比优化，确定了最优的实验条件：静态萃取次数为 2 次，氮吹浓缩压力为 1psi，氮吹浓缩温度为 40℃。

同时，实验过程要注意以下几点：

（1）分析过程中实验室背景空白要得到有效控制，避免导致检测结果异常。

（2）分析所用玻璃仪器的洁净度要满足分析要求，避免存在待测元素残留而影响测定。

（3）萃取、氮吹、浓缩过程造成待测组分的损失，导致测定结果偏低。

（4）仪器检测时要有效消除基体干扰。

参 考 文 献

[1] 许成君.快速溶剂萃取 水浴氮吹 高效液相色谱法 检测土壤16种多环芳烃［J］.油气田环境保护，2022，2：49-55.

西部压裂返排液环保处理技术的研究与应用

杨晓拂　李芳芳　张　帆

(唐山冀油瑞丰化工有限公司　河北省唐山市)

摘　要　压裂作业完成后,大量的压裂返排液留在井场需要处理,如果不经过处理直接外排,将会给环境造成严重危害。西部探区佳县区块地处陕北黄土塬区域,压裂水资源短缺,绝大部分平台只能靠罐车拉运供水。为缓解佳县区块压裂水资源短缺问题,技术人员开展压裂返排液重复利用技术研究,解决了压裂返排液无法再利用难题,压裂返排液再利用增稠剂,采用一体化压裂液,可根据返排液的矿化度以及影响压裂液的主要因素调整压裂液与清水比例,可完全满足现场性能和使用需求。在佳县某平台应用,施工中正常加砂、施工后正常返排,试验获得成功。

关键词　压裂返排液　环保处理　重复利用　增稠剂

引言

压裂作业完成后,大量的压裂返排液留在井场需要处理。压裂返排液成分复杂,含有原油、地层水、原胶液等多种成分,其中石油类、化学需氧量(COD)、固体悬浮物、总有机碳(TOC)等超标严重,这些污染物如果不经处理直接外排,将会给环境造成严重危害;而将废液集中收集后运回陆地处理成本又非常高。随着我国新环境保护法的颁布,油田作业产生的废水要求实行"不落地"处理,需要一种能够将压后返排液现场进行无害化处理,因此如何有效处理压裂返排液成为油气田开发过程中亟待解决的关键技术问题。

西部探区佳县区块地处陕北黄土塬区域,压裂水资源短缺,绝大部分平台只能靠罐车拉运供水。受制于西部环境、场地、技术水平等因素,无法实现压裂返排液落地处理,针对压裂返排液的处理主要是交给第三方处理,但是成本较高。

为缓解佳县区块压裂水资源短缺问题,技术人员开展压裂返排液重复利用技术研究和论证。解决压裂返排液无法再利用难题,实现压裂返排液不落地即注入,使压裂返排液具有压裂液功能,各项指标均满足标准要求,达到开采致密气藏的条件。

1　返排液再利用技术的研究

1.1　增稠剂在返排液和稀释返排液中的配制

1.1.1　返排液现场情况

根据现场返排的实际情况,返排液初期3～5天返排液量比较大,返排率在30%左右,选用压裂井 3～5 天的返排液,开展返排液再利用实验。

1.1.2 返排液取样及水质分析

表 1 为现场 8 口返排液井返排液水样水质分析,从表 1 中可以看出,返排液总矿化度在 10000mg/L,矿化度较低,pH 值为中性 6.5～7.0,pH 接近中性,固相颗粒最高为 2.006μm,返排液固含量与悬浮物含量较少,增稠剂可直接使用,部分井位水质矿化度较高,可用清水稀释降低水样矿化度。

表1 现场8口井返排液水样水质分析

井号	佳-1	佳-2	佳-3	佳-4	佳-5	佳-6	佳-7	佳-8	合并
水量(mL)	3000	3000	3000	3000	3000	3000	3000	3000	16000
外观	红棕色	红棕色	浅棕色	浅棕色	黑色	黑色	红棕色	深棕色	浅褐色
密度(g/cm³)	1.006	1.002	1.001	1.003	1.005	1.005	1.002	1.006	1.004
pH值	7.0	7.0	7.0	6.5	7.0	7.0	6.5	7.0	7.0
总矿化度(mg/L)	8682	3480	3519	6448	9695	9242	5312	9547	7018
钙镁离子(mg/L)	704	267	252	666	790	719	867	529	591
固含量(mg/L)	54.0	118.0	18.5	46.0	61.0	26.0	9.0	42	50.0
悬浮固体粒径中值(μm)	1.582	1.181	2.006	1.081	无	无	1.711	1.091	1.248
COD(mg/L)	2200	4020	3660	2360	1900	1900	1411	4840	2900

采用上述 8 口井的返排液合并后的总返排液进行各项性能测定与评价。

1.1.3 增稠剂在返排液中的黏浓关系

将增稠剂在返排液中直接配液和返排液与清水稀释后配液,测定不同浓度增稠剂在返排液中溶解后的黏浓关系,见图 1。随着增稠剂浓度的增加,压裂液黏度增加;返排液采用清水稀释的比例越大,体系黏度增长幅度越大。

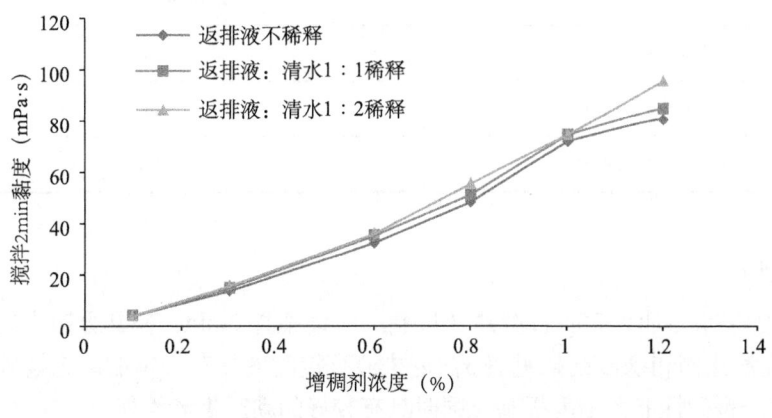

图1 增稠剂在返排液中的黏浓关系

1.1.4 增稠剂在返排液中的黏温关系

将浓度0.8%的增稠剂在返排液中直接配液和返排液与清水稀释后配液，测定增稠剂在$170s^{-1}$下的黏温关系，见图2。随着温度升高，体系黏度降低；返排液采用清水稀释比例越大，耐温耐剪切性能越好。

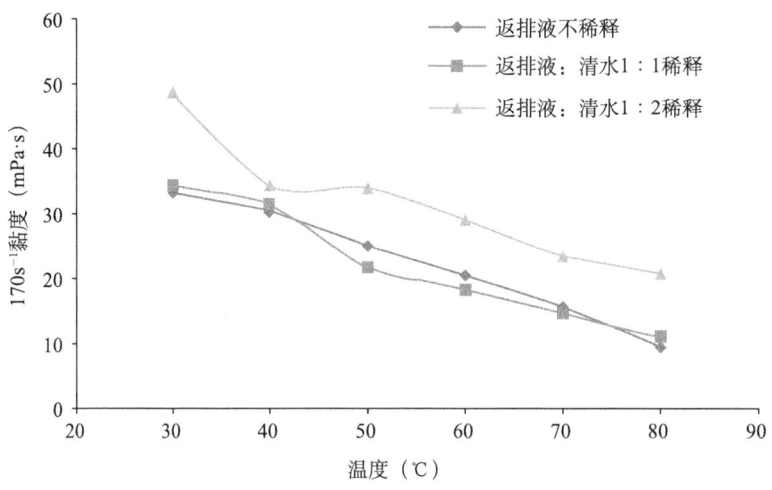

图2 增稠剂在返排液中的黏温关系

1.2 返排液配制压裂液性能评价

1.2.1 耐温耐剪切性能

增稠剂加量为0.8%，采用返排液中直接配液和返排液与清水稀释后配液，测定体系耐温耐剪切性能，配液比例见表2，测试结果见图3。返排液是否稀释，不影响耐温剪切性能。

表2 配液比例及测定结果

配液水	70℃ 100s⁻¹ 剪切90min黏度（mPa·s）
返排液不稀释	26.02
返排液：清水1：1稀释	39.89
返排液：清水1：2稀释	40.77

1.2.2 携砂性能

在100g配液水中加入20g石英砂（40目）手动搅拌2min，使其分散均匀，观察体系携砂情况，配液比例和携砂结果见表3。返排液直接配液具有一定的静态携砂性能，稀释1～2倍后静态携砂性能大幅度提高，同时具有较好的动态携砂性能。

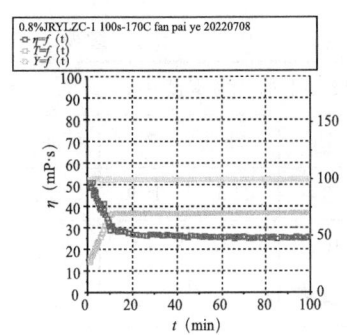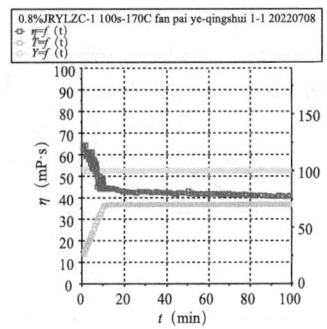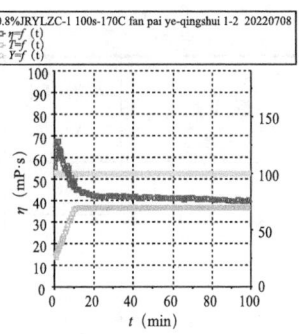

图3 返排液配液和返排液稀释配液耐温耐剪切测试

表3 配液比例及携砂结果

增稠剂浓度（%）	返排液：清水	静态携砂情况	动态携砂情况
1.0	返排液	1min↓28%，2min↓57%	良好
0.8	1:1	1min↓45%，2min↓57%	良好
1.0	1:1	1min↓15%，2min↓28%	非常好
0.8	1:2	1min↓30%，2min↓45%	良好
1.0	1:2	1min↓5%，2min↓16%	非常好

1.3 返排液配液破胶性能评价

1.3.1 返排液配液破胶时间测试

分别采用自来水、返排液、返排液稀释配液，稠化剂加入量为0.8%，在不同温度下进行破胶，测定不同温度、不同时间破胶液黏度，结果见表4。返排液配制压裂液后均能彻底破胶，温度越高，破胶剂加量越少，温度高有助于破胶。返排液配液破胶时间较自来水配液略慢。

表4 返排液配液破胶时间测试

配液水	破胶温度（℃）	破胶剂加量（%）	低温破胶助剂加量（%）	不同破胶时间，体系黏度（mPa·s）				
				0h	1h	2h	3h	5h
自来水	40	0.2	0	66.0	36.0	28.8	24.0	21.3
	40	0.2	0.1	66.0	17.1	9.6	7.5	4.2
	50	0.15	0	66.0	24.3	15.9	7.5	3.0
	50	0.15	0.1	66.0	10.5	6.3	5.4	3.9
	60	0.1	0	66.0	19.5	9.0	3.0	1.2
	70	0.08	0	66.0	10.8	4.5	2.1	—

续表

配液水	破胶温度（℃）	破胶剂加量（%）	低温破胶助剂加量（%）	不同破胶时间，体系黏度（mPa·s）				
				0h	1h	2h	3h	5h
返排液不稀释	40	0.2	0	48.3	23.4	21.3	18.9	15.0
	40	0.2	0.1	48.3	10.8	9.3	5.4	4.8
	50	0.15	0	48.3	24.0	22.5	21.0	19.2
	50	0.15	0.1	48.3	12.6	10.8	7.8	6.9
	60	0.1	0	48.3	20.4	10.9	3.9	1.8
	70	0.08	0	48.3	14.1	4.8	3.3	—
返排液：清水=1：1稀释	70	0.08	0	51	10.5	3	1.5	—
返排液：清水=1：2稀释	70	0.08	0	55.5	10.8	2.4	1.8	—

1.3.2 岩心伤害测试

测试自来水配液与返排液直接配液后的破胶液对岩心的损害率，岩心伤害测试结果见表5和图4。

表5 岩心伤害测试

序号	岩心编号	层位	污染介质	干岩心渗透率（$10^{-3}\mu m^2$）	初始渗透率K_1（$10^{-3}\mu m^2$）	损害后渗透率K_2（$10^{-3}\mu m^2$）	破胶液损害率（%）
1	L41-27-2	露头岩心	自来水配液后破胶液	0.49	0.0810	0.0618	23.7
2	L41-20-1	露头岩心	返排液配液后破胶液	0.49	0.0641	0.0427	33.4

自来水配液的破胶液对岩心的损害率为23.7%，岩心损害率较低；返排液直接配液的破胶液对岩心的损害率33.4%，说明返排液自身存在一定的岩心损害。

1.3.3 返排液配液防膨性能和助排性能

稠化剂用量为0.8%，采用返排液和返排液稀释配液的破胶液测定防膨性能和助排性能，结果见表6。返排液具有好的防膨性能，矿化度越高，防膨性能越好。

助排性能：返排液破胶后表、界面张力均明显低于SY/T 7627—2021《水基压裂液技术要求》中表面张力≤32mN/m、界面张力≤3mN/m的技术要求，具有非常好的助排性能。

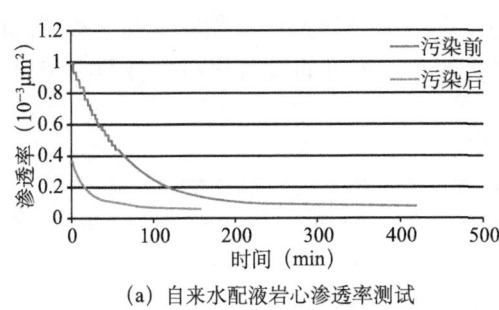 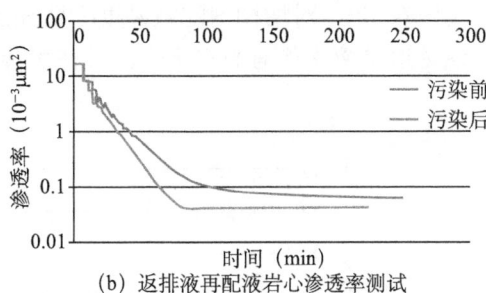

(a) 自来水配液岩心渗透率测试　　　　　　(b) 返排液再配液岩心渗透率测试

图4　自来水配液和返排液配液的破胶液对岩心损害测试

表6　返排液配液防膨性能和助排性能

0.8%增稠剂破胶液	破胶液黏度（mPa·s）	防膨率（%）	表面张力（mN/m）	界面张力（mN/m）
返排液不稀释	3.3	88.06	27.01	1.54
返排液：清水=1：1稀释	1.5	80.6	26.78	0.91
返排液：清水=1：2稀释	1.8	74.33	27.15	1.20

2　影响返排液再利用的主要因素探究及解决措施

2.1　矿化度的影响

图5是返排液矿化度增加对增稠剂配液黏度的变化情况，随着返排液矿化度的增加，增稠剂溶解后黏度降低。因此，对于矿化度高的返排液，现场可采用清水对返排液进行稀释，稀释比例建议2：1或根据现场实际调整。

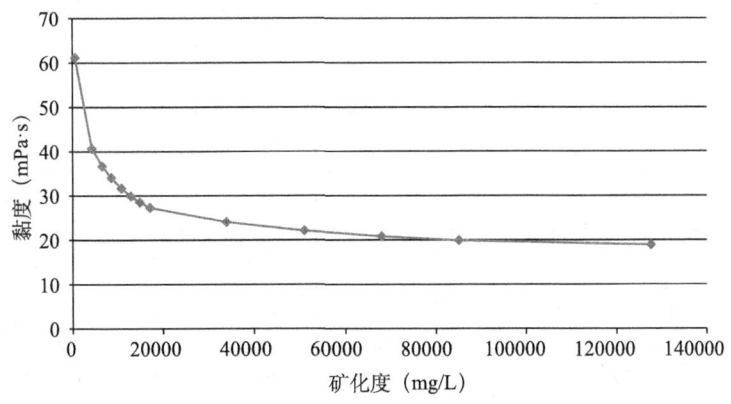

图5　返排液的矿化度对配液黏度的影响

2.2　铁（亚铁）离子的影响

采用不同浓度的铁（亚铁）离子溶液进行稠化剂配液，并在$170s^{-1}$下测定体系黏度，结果见图 6。Fe^{3+} 对增稠剂配液黏度无明显影响,Fe^{2+} 对增稠剂配液黏度有明显影响。因此,现场返排液中如有较多 Fe^{2+},可在水罐中加入一定浓度的过氧化物,将 Fe^{2+} 转化成 Fe^{3+}。

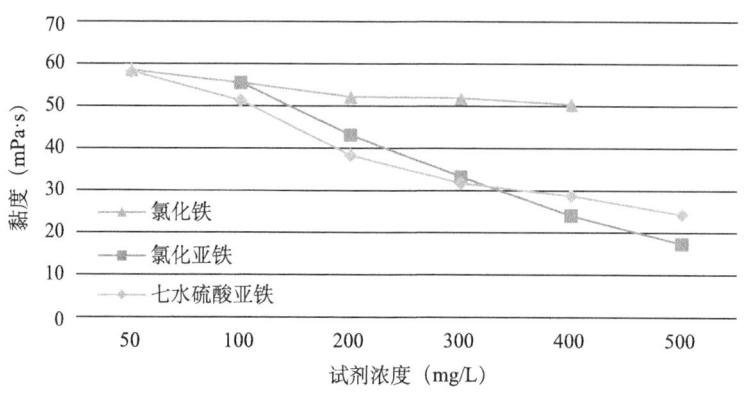

图6 铁（亚铁）离子浓度对配液黏度的影响

2.3 钙、镁离子的影响

从表 7 可以看出,钙镁离子超过 500mg/L 后对黏度影响逐渐增大,现场返排液中,钙、镁离子含量超过 1000mg/L,可添加一定浓度高效络合剂,减少钙、镁离子对配液黏度的影响。

表7 钙、镁离子浓度对配液黏度的影响

氯化钙浓度（mg/L）	0	100	200	500	1000	2000	3000
Ca^{2+}（mg/L）	0	36.03	72.07	180.15	360.3	720.6	1080.9
黏度（mPa·s）	72.9	72	70.9	60.3	45.6	29.7	23.1
氯化镁浓度（mg/L）	0	100	200	500	1000	2000	3000
Mg^{2+}（mg/L）	0	25.2	50.4	126.0	252.0	504.1	756.2
黏度（mPa·s）	72.9	69.0	69.6	55.5	54.3	33.3	27.9
氯化钠浓度（mg/L）	0	100	200	500	1000	2000	3000
Na^+（mg/L）	0	39.3	78.6	196.6	393.2	786.3	1179.5
黏度（mPa·s）	72.9	67.5	73.2	64.5	66.0	59.1	55.5

2.4 暴氧时间的影响

将混合返排液暴氧后进行测试,返排液配液黏度基本没有影响。

表8 返排液配液黏度随暴氧时间的变化

暴氧时间（h）	0	1	4	8	24（敞口放置）
黏度（mPa·s）（170s^{-1}）	51.0	51.3	52.8	51.3	54.0

3 返排液再利用实施方案

3.1 工艺技术路线

经过对压裂液再利用技术的研究，形成了工艺技术路线，见图7。

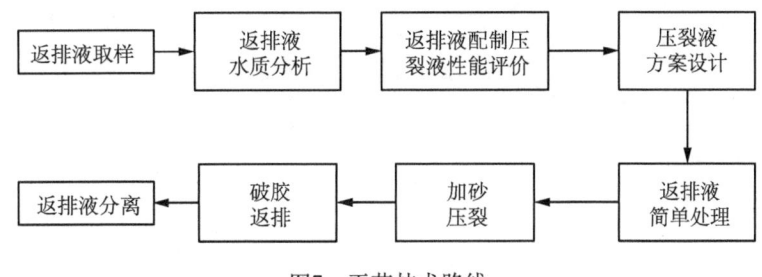

图7 工艺技术路线

3.2 液体建议

（1）返排液处理：根据水质情况，直接使用；或过滤固相等杂质，进行简单预处理。

（2）现场配制前置液及滑溜水：返排液可直接使用，无需稀释。

（3）现场配制携砂液：根据试验研究结果，返排液可直接使用，或将返排液稀释，或适当提高增稠剂浓度。

（4）返排液采用一体化压裂液体系配制压裂液，不必使用防膨剂、助排剂和防水锁剂等助剂。

4 现场应用

在试验数据支持和技术人员现场大力配合下，返排液重复利用方案在佳县某平台应用，施工中正常加砂、施工后正常返排，实现返排液就地再利用，试验获得成功。

5 结论

通过压裂返排液环保处理的研究，返排液配制的压裂液及其破胶液性能满足 SY/T 7627—2021《水基压裂液技术要求》，完成返排液再利用影响因素探究并提出相应解决措施，形成完善的返排液再利用液体实施方案。现场施工中正常加砂、施工后正常返排。压裂返排液环保处理技术的研究实现返排液不落地，既能满足现场性能和使用需求，更是起到了保护环境的作用。

参 考 文 献

[1] 袁文奎,李小凡,郭不民,等.压裂返排液处理工艺及现场试验[J].石油化工应用,2022,41(12):42-47.
[2] 姚兰,李还向,焦炜,等.压裂返排液重复利用技术现状及展望[J].油田化学,2022,39(3):548-553.
[3] 张强,田金川,等.压裂返排液处理技术研究[J].油气开采,2023,49(1).
[4] 任小舟,李佳.压裂返排液环保处理技术研究[J].能源化工,2022,43(5).

健 康 类

国际业务员工健康风险量化评估管理实践

胡喜顺　张胜利　刘炳希

（中国石油集团东方地球物理勘探有限责任公司　河北省涿州市）

摘　要　东方公司国际业务大多分布在沙漠、丛林、山地等偏远地区，自然环境恶劣，医疗支撑严重不足，热带病传染病频发，加之中方员工年龄整体偏大，高血压、糖尿病、高血脂等基础病多发，对海外员工健康管理工作带来严重挑战。

为全面识别、评估国际业务员工面临的健康风险，及时采取健康干预措施，最大限度降低海外员工突发疾病和非生产性亡人风险，国际部开展了国际业务员工健康风险量化评估工作，通过健康风险量化评估工作，及时发现员工存在的健康隐患，通过对员工进行健康风险分级、健康监测、健康改进等措施，降低了海外项目发生健康意外事件的风险，保障了出国员工身体健康和海外业务的可持续健康发展。

关键词　国际业务　员工健康风险量化评估

引言

东方公司国际业务经过30多年的发展，业务范围遍及全球58个国家，大部分项目所在地为欠发达地区，自然环境恶劣，医疗条件差，传染病较多，如疟疾、登革热、埃博拉等传染病，员工面临的健康风险很高。

随着海外员工年龄增大，高血压、高血糖、高血脂等慢性病发病率持续上升，加之当地医疗资源匮乏，一旦突发疾病，救治非常困难。

为全面识别、评估国际业务员工面临的健康风险，及时采取健康干预措施，最大限度降低海外员工突发疾病和非生产性亡人风险，国际部开展了国际业务员工健康风险量化评估工作。

1　制定计划，分步实施健康风险量化评估

（1）首先选定境外试点项目。通过多次开会讨论，国际部最终决定选定沙特项目、科威特项目、孟加拉项目、乍得项目、苏丹项目、安哥拉项目6个境外项目率先进行出国员工量化健康风险评估先行先试，成熟后逐步向各海外项目推广。

（2）2023年1月1日至1月31日，对影响出国员工的健康风险因素进行全面调查，确定影响出国员工的主要健康风险因素。

（3）2023年2月1日至3月31日，形成出国员工量化健康风险评估总体方案，开展出国员工量化健康风险评估试运行。试运行期间保持每2周召开会议进行沟通，针对出国

员工量化健康风险评估出现的问题进行讨论和改进。

(4) 2023年4月1日至4月30日，形成试点项目出国员工量化健康风险评估数据库，并形成成果。

(5) 2023年5月1日至5月31日，制定健康监测、健康改进方案，成熟后向国际部海外项目进行推广。

2 出国员工涉及的健康因素

出国员工涉及的健康风险因素，除自身的基础疾病以外，还受到所在国的气候环境、传染病、当地医疗条件、劳动强度等因素的影响，主要包括以下八个方面：

(1) 基础疾病；
(2) 心理健康；
(3) 年龄；
(4) 劳动强度；
(5) 境外连续工作时间；
(6) 气候环境；
(7) 传染病；
(8) 所在国家的医疗风险。

3 健康风险量化评估

3.1 基础疾病

员工基础疾病分级与分数见表1。

表1 员工基础疾病分级

因素	分级	分数
员工基础疾病	健康风险级别1级	1
	健康风险级别2级	2
	健康风险级别3级	3
	健康风险级别4级	4
	健康风险级别5级	5

注：参照集团公司出国健康体检评估分级结果。

3.2 心理健康

员工心理健康分级与分数见表2。

3.3 年龄

员工年龄分级与分数见表3。

表2 员工心理健康分级

因素	分级	分数
员工心理健康	18～20	1
	16～17	2
	14～15	3
	12～13	4
	＜12	5

注：参照集团公司海外风险预警平台出国人员心理测评评分结果。

表3 员工年龄分级

因素	分级	分数
年龄	35岁以下	1
	35～44岁	2
	45～54岁	4
	55以上	5

3.4 劳动强度

员工劳动强度分级与分数见表4。

表4 员工劳动强度分级

因素	分级	分数
劳动强度	Ⅰ（轻劳动）	1
	Ⅱ（中等劳动）	2
	Ⅲ（重劳动）	4
	Ⅳ（极重劳动）	5

注：根据GBZ/T 189.10—2007《工作场所物理因素测量》第10部分：体力劳动强度分级。

3.5 境外连续工作时间

员工境外连续工作时间分级与分数见表5。

表5 员工境外连续工作时间分级

因素	分级	分数
境外连续工作时间	1～3个月	1分
	3～6个月	2分
	6～9个月	3分
	9～12个月	4分
	12个月以上	5分

3.6 环境因素

员工工作地区环境因素分级与分数见表6。

表6 员工工作地区环境因素分级

因素	分级	分数
工作地区环境因素	最热月日均最高气温＜30℃；最冷月平均气温＞5℃；工作地海拔＜2000m	1分
	30℃≤最热月日均最高气温＜35℃，如伴有高气湿或处于沙漠地带提高一级；-5℃≤最冷月平均气温＜5℃，如伴有高气湿提高一级；2000m≤工作地海拔＜3000m	2分
	35℃≤最热月日均最高气温＜40℃，如伴有高气湿或处于沙漠地带提高一级；-15℃≤最冷月平均气温＜-5℃，如伴有高气湿提高一级；3000m≤工作地海拔＜4000m	3分
	40℃≤最热月日均最高气温＜45℃，如伴有高气湿（相对湿度≥80%RH）或处于沙漠地带提高一级；-25℃≤最冷月平均气温＜-15℃，如伴有高气湿提高一级；4000m≤工作地海拔＜5500m	4分
	最热月日均最高气温≥45℃；最冷月平均气温＜-25℃；工作地海拔≥5500m	5分

3.7 传染病

员工传染病情况分级与分数见表7。

表7 员工传染病情况

因素	分级	分数
传染病	项目所在国未发生出现霍乱、肺鼠疫、黄热病、病毒性出血热（埃博拉热、拉沙热、马尔堡热）、西尼罗热、登革热、裂谷热、脑膜炎球菌病、由野毒株引起的脊髓灰质炎、新亚型病毒引起的人流感、严重急性呼吸道综合征、中东呼吸综合征、肺炭疽和人感染高致病性禽流感等传染病病例，其他传染病为散发	1分
	项目所在国发生流行性感冒、流行性腮腺炎、风疹、急性出血性结膜炎、麻风病、流行性和地方性斑疹伤寒、黑热病、包虫病、丝虫病、除霍乱、细菌性和阿米巴性痢疾、伤寒和副伤寒以外的感染性腹泻病、手足口病等传染病的暴发与流行，如其发病率超过1000/10万，提高一级	2分
	项目所在国发生艾滋病、病毒性肝炎、脊髓灰质炎、甲型H1N1流感、麻疹、流行性出血热、狂犬病、流行性乙型脑炎、登革热、炭疽、细菌性和阿米巴性痢疾、肺结核、伤寒和副伤寒、流行性脑脊髓膜炎、百日咳、白喉、新生儿破伤风、猩红热、布鲁氏菌病、淋病、梅毒、钩端螺旋体病、血吸虫病、疟疾等传染病的暴发与流行，如其发病率超过1000/10万，提高一级	3分
	项目所在国周边国家出现霍乱、肺鼠疫、黄热病、病毒性出血热（埃博拉热、拉萨热、马尔堡热）、西尼罗热、登革热、裂谷热、脑膜炎球菌病、由野毒株引起的脊髓灰质炎、新亚型病毒引起的人流感、严重急性呼吸道综合征、中东呼吸综合征、肺炭疽和人感染高致病性禽流感等传染病病例	4分
	项目所在国出现霍乱、肺鼠疫、黄热病、病毒性出血热（埃博拉热、拉沙热、马尔堡热）、西尼罗热、登革热、裂谷热、脑膜炎球菌病、由野毒株引起的脊髓灰质炎、新亚型病毒引起的人流感、严重急性呼吸道综合征、中东呼吸综合征、肺炭疽和人感染高致病性禽流感等传染病病例	5分

3.8 所在国家的医疗风险

员工所在国家的医疗风险分级与分数见表8。

表8 员工所在国家的医疗风险分级

因素	分级	分数
所在国家的医疗风险	医疗条件较好的国家（地区）包括：澳大利亚、韩国、马尔代夫、日本、新加坡、中国香港、阿联酋、卡塔尔、加拿大、美国、荷兰、英国	1
	医疗条件一般的国家（地区）包括：阿尔及利亚、埃及、博茨瓦纳、肯尼亚、摩洛哥、纳米比亚、突尼斯、马来西亚、泰国、文莱、印度、印度尼西亚、越南、中国台湾、阿塞拜疆、塞浦路斯、阿曼、科威特、沙特阿拉伯、伊朗、阿根廷、巴西、厄瓜多尔、哥伦比亚、哥斯达黎加、古巴、秘鲁、墨西哥、俄罗斯	3
	医疗条件较差的国家（地区）包括：埃塞俄比亚、安哥拉、贝宁、刚果（布）、加纳、加蓬、马达加斯加、莫桑比克、南苏丹、尼日尔、尼日利亚、苏丹、索马里兰、坦桑尼亚、乌干达、乍得、巴布亚新几内亚、巴基斯坦、东帝汶、老挝、蒙古、孟加拉、缅甸、斯里兰卡、哈萨克斯坦、吉尔吉斯斯坦、塔吉克斯坦、土库曼斯坦、乌兹别克斯坦、伊拉克、玻利维亚、圭亚那、委内瑞拉	5

4 健康风险值判定

4.1 权重

出国员工健康因素权重见表9。

表9 出国员工健康因素权重

类 别	权 重
基础疾病	40%
心理健康	20%
年龄	10%
劳动强度	5%
境外持续工作时间	5%
所在国家的气候环境	5%
所在国家的传染病	10%
所在国家的医疗风险	5%
合计	100%

4.2 计算公式

出国人员量化健康风险评估值 = 基础疾病得分 ×40%+ 心理健康得分 ×20%+ 年龄得分 ×10%+ 员工工作劳动强度得分 ×5%+ 境外持续工作时间得分 ×5%+ 所在国家的气候环境得分 ×5%+ 所在国家的传染病得分 ×10%+ 所在国家的医疗条件得分 ×5%

4.3 健康风险分级和评估值判定

健康风险划分为五级，根据出国员工量化健康风险评估值确定健康风险等级（表10）。

表10 健康风险等级

健康风险评估值	健康风险等级	健康风险程度
评估值≤1.5	1级	极低风险
1.5＜评估值≤2.1	2级	低风险
2.1＜评估值≤2.4	3级	中风险
2.4＜评估值≤3.0	4级	高风险
评估值＞3.0	5级	极高风险

5 健康监测和健康改进

海外项目应根据员工的健康风险等级采取相应的健康监测和健康改进措施。

（1）低风险及以下员工，每年定期体检，对自身健康指标进行健康管理。

（2）中风险员工，每月对异常指标进行健康监测，采取饮食管理、运动管理等健康改进措施。

（3）高风险员工，每周对异常指标进行健康监测，并按照医生的要求采取药物治疗、饮食管理、运动管理等健康改进措施。

（4）极高风险员工，按照医生要求做好治疗恢复。如无法达到满意效果，应尽快安排相关员工回国治疗。

6 境外项目员工健康风险量化评估实施情况

目前对国际部六个境外项目262名中方员工开展了健康风险量化评估工作，通过健康风险量化评估对每名员工的健康风险进行了分级：极低风险员工8人，低风险员工99人，中风险员工77人，高风险员工75人，极高风险员工3人（图1）。

境外项目部对员工的健康风险逐一进行了量化评估，并根据评估结果对员工进行健康风险分级（图2）。为了精准把握不同风险等级员工的健康状况，项目部采取了不同的健康监测方式和管理措施（图3）。

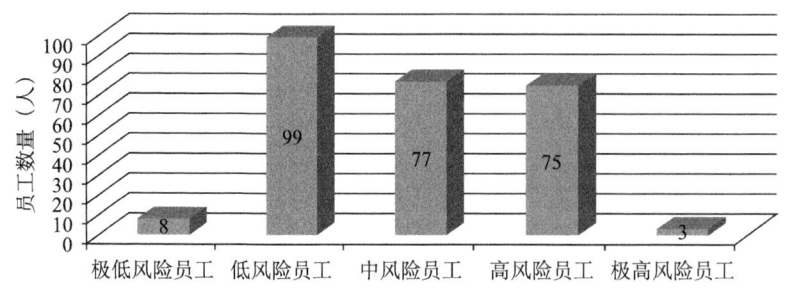

图1 国际部试点海外项目健康风险分级

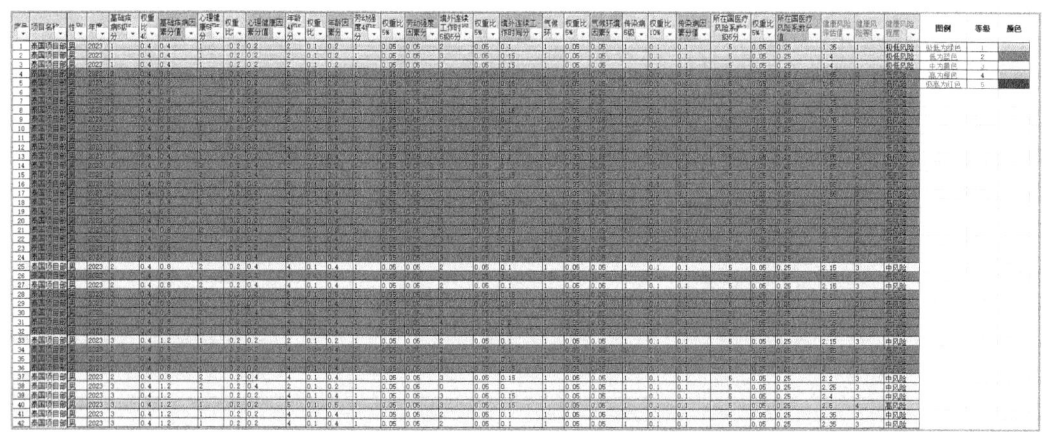

图2 国际部试点海外项目健康风险量化评估数据库

图3 乍得项目健康监测记录

（1）针对低风险及以下员工，项目部提示他们每年进行健康体检，并定期开展健康知识培训，以提高员工的健康意识，同时项目部鼓励员工积极参加体育锻炼活动，注重健康饮食，减少过度油腻、高热量食物的摄入，从而增强体质，提高免疫力。项目部要求员工加强自我健康管理，关注自身健康状况，并注重健康的工作生活方式，如戒烟、戒酒、定时锻炼等，这样能够帮助员工更好地了解自己的身体状况，及时发现并预防健康问题。

（2）针对中风险员工，在"规定动作"的基础上，队医每月对他们进行必要的健康监测，如血压、心率、血糖、体重和身高等，同时给予饮食和运动管理建议（图4）。对于有轻微血压高、血糖血脂稍微偏高、肥胖的员工，队医针对其状况给予特别的健康管理指导，建议采用低脂、低钠、低碳水化合物饮食，注意控制热量摄入，适量增加蛋白质的摄入，保持营养均衡。同时鼓励员工每天步行至少 6000～10000 步，积极参加体育锻炼活动，不熬夜，不抽烟或少抽烟。员工需要自我监测体重，掌握自身健康变化，及时调节工作方式，积极预防疾病的发生。

（3）针对高风险员工，队医每周对高风险员工进行全面的健康监测，包括血压、血糖、血脂、心电图、体重和身高等的监测，这些数据可以较全面反映员工的身体状况，为及时发现健康问题提供了依据。针对不同的健康状况，队医为员工提供了合理化饮食健康和运动健康指导。除了对身体指标的监测，队医还非常关注员工的药物使用情况，通过详细的询问和沟通，了解员工服药情况的细节，判断药物对员工的影响，防止药物产生不良的生理或心理副作用（图5）。对于个别员工的焦虑问题，队医进行了仔细的询问和排查，为员工提供了精心的解决方案，通过心理咨询和辅导，帮助员工缓解压力、调节情绪，让员工在良好的心理状态下工作。

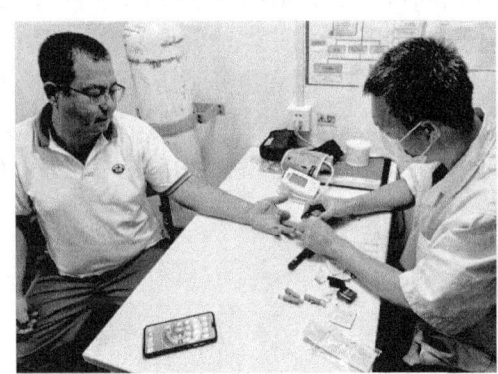 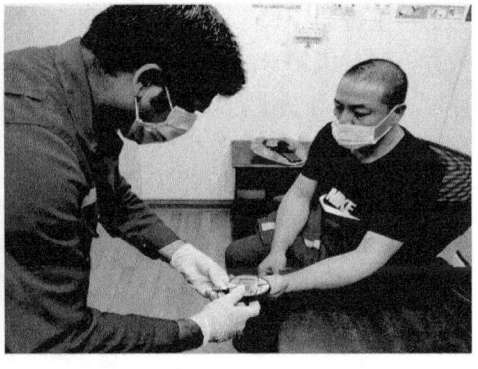

图4 乍得等境外项目队医为员工测血压血糖，开展健康监测

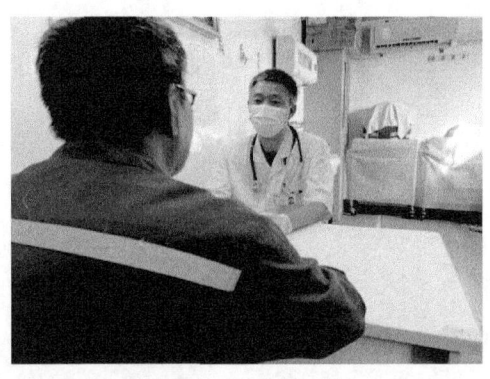

图5 对员工进行饮食、运动、药物使用指导

7　取得的效果

通过将国际业务员工健康风险量化评估在海外项目中的应用，取得了良好效果。

（1）国际部通过开展健康风险量化评估，建立了一套综合的、科学的、客观的国际业务员工量化健康评估标准，形成国际业务员工量化评估管理指南。

（2）国际部通过开展健康风险量化评估，建立了中方员工健康风险量化评估数据库。

（3）国际部通过开展健康风险量化评估，对每名国际业务员工健康风险进行了分级管理，能够清楚掌握每名国际业务员工健康风险等级，明确不同健康风险等级员工需采取的健康监测和健康改进措施，员工个人健康责任及各层管理者健康管理责任得到有效落实。

（4）国际部通过开展健康风险量化评估工作，促使员工更加关注了解自身健康，员工的健康意识逐步提高。

（5）国际部通过开展健康风险量化评估工作，促使员工改善生活方式，针对个人体检异常指标积极治疗和干预，员工的健康状况得到较大幅度改善。高风险人群健康风险得到有效控制，高风险人群比例大幅降低。健康评估不合格率逐年下降，从2022年的1.5%降低到2023年的0.3%。

8　小结

通过对国际业务员工进行健康风险量化评估和对员工健康风险进行分级管理，进一步细化了员工健康管理工作。我们将秉承"以人为本，预防为主"的管理理念，在集团公司、东方公司各级领导的指导与帮助下，进一步做好健康管理和服务工作，开展好员工的健康监测，督促员工进行健康改进，实现健康风险关口前移、过程控制、持续跟踪，避免、降低海外项目健康意外事件的发生，为项目的健康、安全、平稳运作提供有力保障！

高原长输管道施工的健康管理

汪新洲 武国栋 叶广岳

(中国石油管道局工程有限公司第三工程分公司 河南省郑州市)

摘 要 随着国家对西部地区开发力度加大，青海、西藏等高海拔地区能源管道及管网建设日益增多。高海拔地区施工有着复杂的地质地貌、恶劣的自然环境，沿线生活、医疗、社会依托条件差，健康管理矛盾较为突出。高海拔地区能源管道的兴建，使得对高原长输管道施工健康管理的研究日趋重要。本文以高原某工程健康管理为介绍，从健康意识培养、健康保障体系建设、日常健康检测、健康干预等方面进行论述，对高海拔地区长输管道施工健康管理借鉴意义。

关键词 高原 长输管道施工 健康管理

引言

青藏高原地区环境恶劣、物资匮乏、交通不便，所有物资均需通过青藏公路和青藏铁路运输，路途遥远，运输压力大。近年来青海、西藏等高海拔地区能源管道及管网建设日益增多，在加快边疆地区经济建设和社会发展、改善沿线各民族群众生活的同时，也对增进民族团结、巩固祖国边防有着深远的意义。

高海拔地区能源管道的兴建，使得对高原长输管道施工健康管理的研究日趋重要。长输管道线路敷设区域大多在海边 4000m 以上的高海拔地区，沿线多为无人区、自然保护区，极度高寒缺氧，环境艰苦，生活、医疗、社会依托条件差。人的身体长期生活在高寒缺氧环境中会使身体各器官出现病变，严重时会引起高原肺水肿和脑水肿等高原疾病，健康管理矛盾较为突出。

1 高原的健康风险

高原是海拔 3000m 以上，产生明显生物效应（机体反应）的地区，具有高寒、低氧、低气压、干燥、强紫外线辐射等特点。在高原恶劣环境中生产、生活，易引发急性高原反应和其他慢性疾病。严重的高原反应和重度体力劳动可加重机体缺氧程度，引发高原肺水肿、高原脑水肿导致死亡；长期在高原生产、生活影响可诱发高原红细胞增多症、高原心脏病等慢性职业性高原病。

高原沿线多为自然疫源地。如青藏高原地区二道沟、五道梁、沱沱河、那曲、当雄等地几乎每年都流行动物间鼠疫，鼠疫感染后大多是肺型或混合型，传染性强，病死率高。高原沿线大部分处于无人区，缺少社会服务机构依托，生活必需品要远距离运输，可能会导致新鲜蔬菜供应不足，造成营养缺乏，影响施工人员的健康。同时，由于海拔高，水的沸点低，食物加工也会产生一定的困难。高原沿线医疗资源十分匮乏，如青藏高原，唐古拉山以南地方医院有安多县医院、那曲地区医院、当雄县医院、堆龙德庆县医院，可以开展一般性疾病诊治工作；唐古拉山以北沿线仅有沱沱河、西大滩卫生院开展门诊和急诊业务；其他地区只有兵站卫生所，仅为过往部队运输兵服务。这些医疗机构远不能承担施工期间大人群的医疗救治任务。

高海拔、特别在海拔4000m以上地区长输管道施工经验较少，施工单位的项目管理人员和基层员工缺乏高原施工医疗保障工作的经验与参考知识，对高原健康知识和防治经验均明显不足。

2　开展高原健康知识的培训

项目启动前，项目部应通过踏线、调研的方式收集高原健康相关知识、了解沿线高原健康风险，对生产生活中可能存在的健康风险进行辨析、评估，制定相应的管控措施。员工进入施工现场前，项目部根据高原特点，对全体员工开展高原健康知识培训，也可以采用送教上门的形式，与当地医院联系，邀请当地医护人员进行高原健康知识的讲解。

初上高原两周内，是急性高原反应和急性高原病的高发期，要认真做好这一阶段的健康保障工作，督促工作人员充分休息，逐步增加劳动强度。项目部可通过发放高原健康知识宣传册、设置高原健康知识的橱窗、宣传展板等形式，广泛宣传高原健康知识、开展健康教育，学习掌握高原卫生防病知识，了解高原的地理、气候特点，高原环境对人体健康的影响，熟悉高原多发病、常见病和自然疫源性疾病的防治措施，掌握各种适应性锻炼及特殊伤病的自救、互救方法，了解高原生产、生活的注意事项，克服恐惧心理和麻痹思想。

3　建立高原健康保障体系

3.1　建立三级医疗卫生保障体系

项目部应在沿线建立三级医疗机构，以构建高原健康保障体系。一级医疗机构为营地医务室，由工程项目部建立，设医务人员2人、2张留观床位；二级医疗机构为施工当地医疗机构，由施工单位考察具有一定救治能力的当地医疗机构。三级医疗机构为当地大型医疗机构，依托现有省市级大型医疗机构，及当地铁路、军队医疗资源。

一级医疗机构主要负责员工的医疗、预防、保健和早期抢救，保证伤病员在1h内得到有效救治，重点是急性高原病的预防、早期诊断和初期抢救。同时，开展健康教育、生防病和卫生监护，开展常见病、多发病的诊断和治疗。二级医疗机构主要负责管区范围内伤病员的抢救和医疗后送，保证伤病员在2h内得到有效救治。三级医疗机构主要承担一、二级医疗机构后送患者，病情危重患者的救治。

3.2　配备医疗设施

项目部应根据沿线医疗机构情况和医疗后送距离，在营地医务室（一级医疗机构）配备必要的医疗设施，以确保伤病员能够得到有效的初期抢救。海拔4000m以上、后送时间超过2h的营地，应设置高压氧舱或微压氧舱；医务室内应配备心电图仪、自动除颤仪（AED）、无创呼吸机、血压计、血氧仪、血糖仪、吸痰器等医疗设施，以便开展日常健康检测和医疗救治。

3.3 开展健康体检

通过工前、工中、工后开展健康体检，可以有效预防或及早发现高原健康疾病，保障员工身体健康。工前体检可以有效筛选不适应高原环境的人员，把好高原人员准入关。体检要全面详细，根据禁忌证范围筛选合格人员。工中体检可以尽早发现慢性高原病及具有职业有害因素早期损害征象的人员，以便及时采取有效措施。工后体检可以发现慢性高原病患者，以便加强随访。工后体检在返回低海拔地区时进行。临时进入高原工作或工作时间不足半年的人员，体检项目或检查次数可根据医务人员的意见适当精简。有明显心脑血管疾病者、中度以上慢性阻塞性肺病曾经确诊患过高原肺水肿、高原脑水肿、高原红细胞增多症者等高原禁忌证的人群，不宜进入高原工作。

4 做好高原健康检测和健康干预

4.1 习服

进驻高原和重返高原要采取阶梯升高的原则，可在海拔3000m、社会依托好的城市设为工作人员的中转基地，由低海拔进入海拔4000m以上的地区时，要在中转基地"习服"1周左右。在中转基地"习服"期间，初期宜开展轻度体育活动，如早操、散步，以后可采用常速快步—常速—跑步—常速，或常速—快步—跑步—常速的锻炼方式，切忌大运动量及高速率运动。对高原反应明显的人员要检查脉搏、呼吸、血压。

进入高原前3日可服用促进机体正常代谢的药物、提高机体缺氧耐力的药物。进入工地一周内，必须保证充分休息，保证充分睡眠，可从事少量的轻体力劳动，一周后劳动强度要逐步提高，防止过度疲劳。饮食要有足够的热量，以高糖、适量蛋白质、低脂肪食物为主，增加蔬菜、水果的供应，保证职工身体营养需求。进入高原初期，必要时对工作人员进行合理补氧和服用提高缺氧适应的保健品，以消除缺氧症状，缓解高原不适过程。要加强卫生监护措施，限制饮酒和抽烟，严禁酗酒。

4.2 供氧与吸氧

人类与高原斗争的核心是缺氧，当人体暴露于低氧环境时，体内会产生一系列代偿调节，如增加肺通气量、加快心率、肺动脉压升高等机制建立新的代偿机制，适应低氧环境。吸氧能有效地缓解高原反应，调节代偿机制。吸氧不会产生依赖，也不会对身体造成损伤。针对长输管道施工点多线长、住宿集中、施工周期较长的特点，在宿舍、施工现场选择合适的供氧和吸氧方式。

营地宿舍内日间使用10L或40L氧气瓶进行补氧。每个宿舍放置2个40L氧气瓶（2人使用1个氧气瓶），日间吸氧2～3h，以补充体力、缓解疲劳。夜间使用制氧机进行集中供氧，自21:30开始至次日6:30结束。供氧时间根据季节进行动态调整，自睡前

1～2h 开始供氧，时间不小于 8h。受空间、入住人员限制，不具备安装大型制氧机的营地，宿舍内使用 10L 或 40L 氧气瓶供氧。根据宿舍入住人数对宿舍内氧气瓶进行配置，1 人使用 1 个氧气瓶。日间吸氧 2h，吸氧流量设置为 2～4L/min；夜间睡前 1h 开始进行持续吸氧，次日清晨关闭氧气瓶，吸氧流量设置为 1～2L/min。

焊接机组、站场等人员聚集的施工工地设置移动吸氧房进行供氧。移动式吸氧房采用 3m×5m 集装箱制作，内设 40L 氧气瓶、折叠桌、椅子等，同时满足 10 人吸氧需求。管沟开挖、防腐、连头、试压、顶管等小机组采用 40L 氧气瓶进行供氧，氧气瓶采用推车架进行固定、移动。挖掘机、焊接工程车等移动设备内采用氧气瓶进行供氧。每台设备上放置 1 个 10L 氧气瓶，作业时间使用鼻吸管进行补氧，流量设置为 2L/min。

小型车辆供氧采用车载制氧机进行供氧，使用车载供氧机在车内营造富氧环境，小型车辆（越野、皮卡、箱货）随车配备 2～4 个 10L 氧气瓶用以乘客应急状态下的吸氧，中巴客车及运输员工上下班车辆随车配备 5 个 10L 氧气瓶供乘客应急状态下吸氧。

4.3 健康检测和健康干预

员工上高海拔地区施工前，需要做好相关体检，健康评估合格方可进入施工现场。营地医务人员每日对员工进行健康监测和诊治，掌握每个人的身体状况，建立所有人员的健康就医档案。坚持夜间查寝查铺、每日健康监测、班前健康询问等日常健康检测和健康干预，及时发现、适时唤醒可疑发病人员，减少高原疾病的发生率。

施工期间机组负责人要根据施工人员的身体状况对其进行评估，并且需要按规定高原海拔的高度安排工作。施工生产以机械劳动为主，降低体力劳动强度，使体能、机能得到保护。劳动保护需要按规定进行，营养膳食需要进行科学配制，做好防寒保暖、防疫防病的工作。

项目应建立轮休制度。高海拔地区连续施工满 3 个月的人员必须到低海拔轮休一个星期，施工任务不饱和的情况下也可返回内地休息。通过强制轮休制度使员工身体得到及时缓解，最大限度地保障员工身体健康。高海拔地区还需实行营地禁令，如禁止员工饮酒、禁止人员单独外出、禁止熬夜等高原健康禁令。员工外出人员采取请销假制度，签订高原健康承诺书、禁酒令。

5 做好心理健康疏导

在高原进行野外长输管道施工作业，生活圈子小、活动范围窄、生活单调等因素，易使员工出现枯燥感或孤独感。高原社会依托差、高原缺氧也会引发身体上的不适，员工担心身体健康问题，会导致其精神紧张和恐惧，这种情绪又可能引发更多的员工甚至家属惊慌不安。此外，工作时间长、工作压力大、家庭因素引发的紧张焦虑，在一线工作时间长引发的情绪不稳定、暴躁，无法照顾家人引发的自责等情绪，将影响员工的心理健康。

项目部应积极响应《"健康中国 2030"规划纲要》，推进健康企业建设，加强心理健康服务体系建设和规范化管理。把心理健康教育融入员工思想政治工作，加大心理健康科普宣传力度，提升心理健康素养，引导员工科学缓解压力，正确认识和应对常见精神障碍及心理行为问题。

项目部应定期组织线上或线下的心理健康教育活动，通过心理健康教育，把基本心理健康知识及技巧传递给员工，增进员工对心理健康的了解和接纳。同时通过诸如"压力与情绪管理""积极心理学原理之快乐工作""构筑和谐的心理学技巧""健康生活方式"等职业心理健康知识的讲授和分享，让员工学会对自己的职业心理健康进行管理，同时让员工体验到组织的人文关怀，达到积极干预的效果。

项目部应定期开展现场一对一心理咨询、团体辅导（咨询）等活动，进行员工心理疏导，引导员工调节情绪、接纳自我；促使员工通过观察、学习、体验，认识自我、探讨自我、接纳自我，调整和改善与他人的关系，学习新的态度与行为方式，激发员工心理潜能，增强适应能力；以提升员工对企业核心价值理念的认同感，增强员工的归属感、价值感，凝聚团队合作力，增强解决问题的能力。

6 结束语

随着"健康中国"的全面推进，健康越来越受到企业和员工的关注，员工在建设绿色管道、奉献清洁能源的同时，更关注自身健康带来的获得感、幸福感、安全感。高原特殊的地理环境下进行长输管道的建设，对企业的健康管理提出了新的、更高要求。高原环境下的健康企业创建，不仅展现企业文化、企业精神，体现了企业对员工的关怀，医疗设施也为当地牧民、环境保护站工作人员、青藏线旅游人员、边防部队官兵等提供了帮助和救治，体现了大型企业的责任担当和责任履行。

由于国内缺乏相关数据和资料，高原长输管道施工中的健康管理只能是边实践、边摸索、边总结，相关经验和管理方法仍需在实践中进一步完善和改进。高原独特的自然环境下，长输管道施工企业要坚持"尊重科学，敬畏自然"，从实际出发积极应对健康风险变化，创新管理思维解决现实问题，补齐管理短板，不断提升企业健康管理水平、提升员工的幸福感和获得感。

参 考 文 献

[1] 李国锋，张荷枝，闫定弘，等．高原管道施工高原病防治健康管理研究［J］．石油天然气学报，2022（1）．

[2] 何祎，郑必海，郑建保，等．在青藏铁路施工中阶梯式习服对急性重型高原病预防的作用［J］．职业与健康杂志，2010（2）．